FVA

Bodo Kirchhoff in der Frankfurter Verlagsanstalt

Die Romane:
INFANTA
PARLANDO
SCHUNDROMAN
WO DAS MEER BEGINNT
DIE KLEINE GARBO
EROS UND ASCHE
DIE LIEBE IN GROBEN ZÜGEN
VERLANGEN UND MELANCHOLIE
DÄMMER UND AUFRUHR. ROMAN DER FRÜHEN JAHRE
BERICHT ZUR LAGE DES GLÜCKS

Die Novellen:
OHNE EIFER, OHNE ZORN
GEGEN DIE LAUFRICHTUNG
DIE WEIHNACHTSFRAU
DER PRINZIPAL
WIDERFAHRNIS – Deutscher Buchpreis
MEXIKANISCHE NOVELLE

Die Erzählungen:
MEIN LETZTER FILM
DER SOMMER NACH DEM JAHRHUNDERTSOMMER
BETREFF: EINLADUNG ZU EINER KREUZFAHRT

Die Essays:
LEGENDEN UM DEN EIGENEN KÖRPER

Bodo Kirchhoff
Bericht zur Lage des Glücks

Roman

FRANKFURTER VERLAGSANSTALT

und einmal mehr für Dich, die souveräne Leserin

Der folgende Bericht zu treuen Händen – wessen, das wird sich zeigen – geht auf etwas zurück, das eigentlich nicht sein kann und doch der Fall war, zu verstehen höchstens durch Zuneigung, wie alles uns Fremde.

1

Das erste, in einer kalabrischen Tageszeitung, Gazzetta del Sud, aufgetauchte falsche und zugleich richtige Bild der Person, die mir trotz aller Zuneigung und wahrscheinlich auch Liebe bis zuletzt fremd war, zeigt bei nur flüchtigem Hinsehen kaum mehr als einen Streifen Buschland unter blankem Himmel; allein der Hauch eines Wolkenbands schwebt über dornigen Baumkronen am Horizont. Sieht man aber genauer hin, erkennt man etwas entfernt zum sandigen Vordergrund eine weibliche Gestalt mit zwei Kanistern in einer Vorwärtsbewegung: Einer ihrer Füße ist aufgesetzt, der andere bereit für den nächsten Schritt. Sie trägt ein rotes Kittelkleid und wirft einen kurzen Schatten in Gehrichtung; die Kanister, jeweils in einer Hand, die Pendelstellung gegenläufig, beugen durch ihr Gewicht den an sich langen Körper seinem Schatten entgegen, nur der Kopf ist aufgerichtet, das Gesicht dabei wie verdunkelt vor Sonne. Das Ganze könnte die Vorlage für ein Plakat über mühsames Wasserholen durch Frauen an einem zu trockenen afrikanischen Ort sein – und damit wäre über das Bild schon alles gesagt, hätte es jemand in dieser Umgebung auch aufgenommen. Angeblich aber soll es erst einen Tag vor Erscheinen der genannten Zeitung in dem ionischen Küstenort Melito di Porto Salvo entstanden sein, Ecke Via Enrico Berlinguer / Via Madonnuzza mit einem stillgelegten Karussell auf leerem Grundstück; und auf einem der wie galoppierenden Pferdchen soll laut einem Anwohner eine junge Hochgewachsene von dunkler Haut – una giovane donna alta dalla pelle scura – gesessen haben, und das sogar übermütig, so der Zeuge, der sein Allerweltsgerät gezückt hatte, um den Tatbestand im Bild festzuhalten. Dabei herausgekommen sei jedoch das gänzlich andere, afrikanische Motiv, was man nur glauben oder nicht glauben kann. Als durchaus menschenmöglich erschien es mir allerdings, dass sich eine junge Frau auf ihrer Suche nach einem besseren Leben oder dem Glück aus purem Übermut auf eine Attraktion dieser Art am Wegrand setzt.

Neben dem Buschlandbild mit einer Wasserträgerin im Hintergrund gab es noch ein zweites Foto auf der Frontseite der Zeitung, eins, das später die Polizei von dem Karussell gemacht hatte, freilich ohne die Illegale, wie sie offiziell hieß, die hochgewachsene Fremde, die der Anwohner gesehen und fotografiert haben will, nur dass jenes so andere Bild zurückblieb. Das Karussell auf dem Polizeifoto war in kläglichem Zustand, einen ebenso kläglichen Eindruck machte die Straße dahinter; deutlich zu sehen am linken oberen Bildrand das Schild mit dem Namen des tragisch-legendären Generalsekretärs der Kommunistischen Partei – eines Landes, dachte ich, das er wohl kaum mehr wiedererkennen würde keine vierzig Jahre nach dessen Tod. Das unstrittige, von der Polizei gemachte Foto war also ein Bild des Jammers, während das andere solche Rätsel aufgab, dass es der Anwohner und Besitzer des Grundstücks mit dem Karussell darauf an den Leiter der örtlichen Carabinieri geschickt hat, von wo es seinen Weg in die Gazzetta del Sud nahm und damit zu mir, wenige Schritte unterhalb des Lungomare von Reggio mit Blick auf Sizilien an einem der glühendsten Tage des diesjährigen Sommers, der bekanntlich alle Hitzerekorde in den Schatten gestellt hat.

All das war vor zwei Monaten, Mitte August, genauer kurz nach Mariä Himmelfahrt – oder Ferragosto, wie dieser Tag dort heißt –, und auch mein Kauf der Zeitung hatte etwas mit der Hitze zu tun: Er geschah aus Auflehnung gegen die eigene Agonie, eben eine Zeitung in Händen zu halten und wenigstens die Bildunterschriften in fremder Sprache zu erfassen – einer Sprache, in der ich einiges verstehe und leider wenig zu sagen imstande bin, die ich aber ihrem Ton nach im Ganzen liebe. Und das hat dazu geführt, mich auch in den Artikel zu den zwei Bildern etwas einzulesen, und zwar im Halbschatten einer zerzausten Palme vor einer Badeanstalt, der heruntergekommensten, die man sich vorstellen kann. Auf fast jeder der ausgebleichten Kabinentüren gab es die immer gleiche Botschaft in Form einer Kritzelei: das vom Manne gelegentlich Abstehende, samt gestrichelter Fontänen – hier nur deshalb erwähnt, weil vor gut zehn Jahren, die Kabinentüren damals noch von unschuldigem Weiß, die für den Menschen meines Lebens gehaltene Frau auf den Stufen zu einer der Kabinen gesessen hatte, in einem schulterfreien Kleid, obwohl es kühl gewesen war an dem Tag, bloß ihr nicht. Sie hat mich vor einigen Monaten verlassen, und der Grund für eine Zugreise bis zur Meerenge zwischen Reggio und Messina ist für nüchtern Denkende wohl kaum verständlich: Damals hatten wir Kalabrien als Verliebte bereist, per Mietwagen mit einem anderen Paar, und die neuerliche Reise sollte dazu dienen, den anhaltenden Schmerz des Verlassenen durch einen noch ärgeren, aktuelleren Schmerz, den des Wiedersehens mit den Orten des anfänglichen Glücks, zu beenden. Sicher keine Methode, die Psychologen empfehlen würden, eher schon einem Glauben verbundene, mit sich selbst auf Kriegsfuß stehende Leute, die mir näher sind – ich war, um das hier gleich zu sagen, viele Jahre bei einer entsprechenden Zeitung, der Christlichen Stimme, mit meinen immer weltlicheren Beiträgen einer der Totengräber des Blattes. Glauben ist Glaubenssache, und wenn es eine Seele gibt, ist sie nicht von dieser Welt. In die Welt gesetzt aber haben wir Redakteure das Gegenteil, als herrenlose Propheten.

Die Reise durch Kalabrien mit dem anderen Paar hatte im Mai stattgefunden, bei wie gesagt noch kühlem Wetter, aber was spielt das für eine Rolle, wenn zwei das Gefühl haben, ihr wunderbares gemeinsames Leben würde damit beginnen. Nein, eher hat dabei eine Rolle gespielt, dass es eine Autoreise mit einem Neurologen am Steuer war, einem Kenner des Gehirns, der meinte, die Liebe sei höchstens dort dingfest zu machen. Abends beim Wein, und er war auch Weinkenner, zudem im Leben der Bienen zu Hause, hielt er ineinander verschränkte Vorträge über das Gehirn und die Gewohnheiten der Bienen sowie den Anbau von Wein, Vorträge, die anderentags im Auto weitergingen, sanft korrigiert von seiner Frau, einer Professorin auf dem Gebiet der kleinsten Teilchen, dazu an Kultur jeder Art interessiert.

Und nun also wieder Kalabrien, auch wieder ein Mietwagen, nur viel kleiner, und die jetzt geplante Fahrt in glühender Hitze. Noch hatte ich den Wagen nicht abgeholt und bin mit der Gazzetta del Sud in der Hand sozusagen frei am Lungomare entlanggelaufen, wo hinter der alten Badeanstalt tagsüber ein Riesenrad reglos in der Sonne stand, während ein paar Schritte weiter, vor dem Museum für Altertümer, so gut wie reglose Afrikaner Flaschen mit eisgekühltem Wasser anboten. Ich hatte eine der kleinen Flaschen gekauft, vor dem Besuch des Museums, in dem ich die beiden vor Riace im flachen Meer entdeckten und durch den sandigen Grund bestens erhaltenen Bronzekrieger noch einmal lange betrachtet habe, wie damals mit meiner neuen Liebe, sie als Physiotherapeutin mit besonderem Interesse für die so sichtbare, aber nach ihrem Dafürhalten entspannte Muskulatur der beiden Krieger.

Die Flasche war schon halb getrunken, als ich nach dem Aufenthalt im Museum den Artikel zu den Fotos auf der Frontseite der Zeitung doch im Ganzen zu lesen versuchte und so allmählich erfasste, was dort stand, eben dass jenes Foto einer Wasserträgerin im Buschland völlig unerklärlich sei, aber der namentlich genannte Anwohner, der die hochgewachsene

Fremde auf dem Karussellwrack aufgenommen hatte, als verdienter Mitbürger – concittadino meritevole – über jedem Verdacht eines Trickbetrugs stehe, um sich damit interessant zu machen, wie es dort hieß. Es war ein langsames Lesen mit Hilfe des Wörterbuchs, und am Ende war die Flasche leer, und ich kaufte bei den reglosen Afrikanern eine neue, um sie mit Genuss auf dem nunmehr in Betrieb genommenen Riesenrad zu trinken, den Blick dabei auf Sizilien gerichtet, auf den schon seit Tagen wieder einmal Glut verschleudernden Ätna, aus der Ferne gesehen in Strichelfontänen wie die auf den Badeanstalttüren, nur viel größer und viel schöner.

2

Genussvolles Trinken und der Blick auf etwas Entfesseltes, das einem aber nichts anhaben kann, sind Privilegien, die unsereiner, grob gesagt nördlich der Alpen zu Hause, kaum noch wahrnimmt. Südlich davon kann es schon anders aussehen, und einige Breitengrade über dem Äquator ist fließendes Trinkwasser bereits die Ausnahme, und ein chaotisches Geschehen, das man verfolgt, ohne in Mitleidenschaft gezogen zu werden, eine Illusion – gemeint das Geschehen in einem afrikanischen Grenzort, in dem ich mich seit kurzem aufhalte, um diesen Bericht zu schreiben.

Natürlich hat der Ort einen Namen, wie ja auch der Berichtende einen Namen hat, aber beide Namen sind Schall und Rauch, wenn es darum geht, sich an das zu erinnern, was mich hierhergeführt hat. Und weit mehr als der Name des Ortes spielt seine Lage eine Rolle, nämlich an einem Fluss, anscheinend ideal, was die Wasserversorgung betrifft, nur ist es der Grenzfluss zur umkämpftesten Provinz des Nachbarlandes, umkämpft wegen der dortigen Bodenschätze. Alle Abwässer aus den Minen landen im Fluss, und immer wieder sollen auch Leichen unter der Grenzbrücke hindurchtreiben; über diese gesicherte Brücke führt eine der wenigen Verkehrsverbindungen ins Nachbarland, die Straße, die auch Durchgangsstraße durch den Ort ist – der mir nur langsam vertrauter wird.

Die meisten der rohbauhaften Häuser und Wellblechhütten und auch das einzige kleine, noch im Bau befindliche Hotel, zu erkennen nur an einem selbstgefertigten Schild mit den aufgepinselten Worten Moses' Hotel, New Private Rooms, drängen sich an dieser Straße aus rötlichem Lehm; und das hatte von Anfang an den Vorteil, dass von einem Zimmer im oberen Stock dieses Hotels im Werden, dem bisher einzig bewohnbaren Zimmer mit einem noch nicht ganz geheuren Balkon, an seinen Vorderecken gestützt von gestapelten Hohlziegeln, doch viel Interessantes zu sehen ist, in den Abendstunden sogar ein entfesseltes Geschehen. Das heißt, man hat auch hier etwas im Blick oder fast vor Augen, das einem nichts anhaben kann – vor meinen Augen, die sich freilich täuschen können, nur sehen, was mir als typisch erscheint, als lohnend genug, um es wiederzugeben.

Da wäre zum Beispiel ein alter Scherenschleifer mit einem ebenso alten Fahrrad, das, wenn es hinten aufgebockt ist und er die Pedale bewegt, einen Schleifstein über dem Gepäckträger antreibt. Er hat mich, den Fremden, bisher so gut wie gar nicht beachtet, wenn nicht bewusst übersehen, trotz meines zaghaften Winkens, wenn er den Blick hebt, und des Interesses an seiner Arbeit, wie er da funkensprühend Messer nachschleift und auch Schlüssel anfertigt, ja sogar, fast nebenbei, Kinderspielzeug aus alten Drähten biegt, das alles am Rande der Durchgangsstraße, wo jeden Morgen ein Marktbetrieb herrscht und sich vom späteren Nachmittag an ein Rückstau von Lastwagen bildet, die vor der Nacht die Grenzbrücke passieren wollen; der Scherenschleifer räumt dann seinen Platz, und gestern hat er mir, eine Premiere, noch ein leichtes Grußzeichen gemacht.

Nur nach und nach gewöhnen sich die Leute hier an den doch sehr abweichenden Anblick meiner Person, was auch daran liegt, dass ich das Rohbauhotel tagsüber kaum verlasse. Noch in der kurzen Dämmerung, wenn sich die Laster vor der Grenzbrücke über den Fluss schon bis in den Ort stauen – der Fluss so verschmutzt, dass die Besorgteren ihr Wasser aus dem Busch holen, wo es Brunnenlöcher gibt –, sitze ich in der Tür zum Balkon und schaue zum Abendhimmel, den Schlieren aus

Tausenden von Flughunden, die dorthin ziehen, wo die Schwerlaster hinwollen, ins Nachbarland, Laster mit Tanks voll Kerosin, mit Ladeflächen voller Zementsäcke oder alten Autoteilen, während aus der Gegenrichtung Transporte mit riesigen Baumstämmen kommen, mit magerem Vieh, und manchmal ein Karren nur mit geräucherten Fischköpfen, wie man sie hier am Straßenrand geröstet bekommt. Gekocht wird den ganzen Tag, und sobald gegen Abend der Lastwagenstau in den Ort zurückreicht, sieht man Mädchen oder junge Frauen in blauen Overalls, in der einen Hand Spieße mit gegrilltem Hähnchenfleisch, in der anderen einen Eimer mit Getränkedosen. Beides verkaufen sie an die Fahrer, die von weit her kommen; das Fleisch aber stammt aus einer nahen Geflügelfarm, die Chinesen gehört, ebenso die Grillstände. Die jungen Frauen arbeiten für die Chinesen, und natürlich kommt es vor, dass manche Fahrer ein Extrageld bieten, wenn sich die Frauen auch gleich mit verkaufen, als das Fleisch, das ihnen gehört und nicht den Chinesen. Woher ich das alles habe? Von der, die auf einem der Pferde des stillgelegten Karussells in Melito di Porto Salvo, Via Berlinguer / Madonnuzza (Letzteres ist eine Verballhornung der Madonna), vergeblich fotografiert worden ist, im Folgenden Die Afrikanerin genannt – wobei ich ihren Namen selbstverständlich kenne, allerdings für zu klangvoll halte, für zu bestechend, um ihn bei jeder Gelegenheit zu verwenden, als sollte damit Stimmung gemacht werden für sie; stattdessen lieber die Gefahr, dass man mir Verallgemeinerung vorhält.

Namen gehören auch eher in Romane, sie sind deren Lyrik, ganz wegfallen können sie hier freilich nicht, schon wegen der Übersichtlichkeit, und so bleibt der Effekt, dass der Name einer Person Bilder hervorruft, noch ehe im Einzelnen etwas zu ihr gesagt ist, innerhalb eines Berichts in eigener Sache zweifellos problematisch. Das Ich hat alles zu entscheiden, auch den Umgang mit sich selbst und dem eigenen Namen; es ist ein einsames Entscheiden in der ersten Person Singular, eins aus der isolierten, unnatürlichen Ichwelt, und es gibt dabei keine Behauptungen von Gewissheit, wie sie beim Entwerfen eines Romans und seiner Figuren möglich sind, es gibt nur die Gefühle – und die im Augenblick klarsten, so klar, also würde ich nicht in eigener Sache berichten, betreffen die Ausgangspunkte des hier zu Erzählenden.

Der erste liegt ein halbes Jahr zurück und fällt auf den Abend des Karfreitags, an dem mir meine Begleiterin durch die vergangenen zehn Jahre eröffnet hat, dass es in ihrem Leben einen anderen Mann gebe und sie folglich frei sein müsse, ohne Verpflichtungen mir gegenüber, ein bewusst auf diesen Tag gelegtes Geständnis, um mich davon abzuhalten, sie billigerweise Verräterin zu nennen, einen weiblichen Judas. Der zweite Ausgangspunkt ist nicht auf einen bestimmten Tag zu datieren und liegt mehr als einen Monat zurück, irgendwo in den beiden letzten Augustwochen, die kaum andere Meldungen geliefert haben als solche über die Hitze und ihre Folgen. Alles Leben ist ja in diesem Spätsommer dahingekrochen, und unseren Nachrichtenverbreitern blieb nur, aus Mücken Elefanten zu machen – ich sage das, weil ich nicht mehr zu dieser Gruppe gehöre, wenn es je der Fall war. Die Zeitung, die mich gut zwanzig Jahre lang über Wasser gehalten hatte, war eben eine kirchliche, überkonfessionell und eher mit dem Sinn des Lebens im Programm als dem Leben, was der Redaktionskern – vier halbstudierte Männer, zwei ausstudierte Frauen – nur zunehmend vergessen hat. Statt Glaubensnöten nachzugehen, wurden Meinungen zu allem und jedem verbreitet, vornehmlich von den Halbstudierten, häufig gegen die Bedenken der beiden Frauen. Verpackt wurden die Meinungen in Geschichten, zunächst angenehm zu lesen, bis das dicke Ende kam, jeder einfach hinschrieb, was er dachte, um Leserinnen und Leser der Zeitung entweder vor den Kopf zu stoßen oder zu hymnischen Mails zu verleiten. Kurzum, ich kenne mich aus mit Dramaturgie – etwas, das mich auch ohne feste Stelle noch bis zu jenem Karfreitag in einer Balance gehalten hatte, verlorengegangen erst, als sich meine Lebensgefährtin – Lydia, der Name muss auf jeden Fall sein – von mir losgesagt hat.

Lebensgefährtin, ein Verlegenheitswort, um sich andere, schmerzlichere Worte zu ersparen, nicht Frau meines Lebens oder meiner Träume sagen zu müssen; aber genau das war sie, so ist sie vor meiner Erinnerungstour durch Kalabrien noch in mir präsent gewesen: als die, die ich versäumt hatte zu heiraten, Jahr für Jahr, wie ich auch versäumt hatte, mit ihr ein Kind zu zeugen. Wir hatten nie eine Wohnung geteilt, und so nah wir uns auch waren, blieb es doch ein Kreisen um sich selbst; nur ist Lydia darin immer weniger aufgegangen, was mir wiederum immer mehr entgangen ist. Ich rede von den letzten zwei Jahren, in denen sie auf ihrem Gebiet Karriere gemacht hat, mit Händen, die Verspannungen ertasten, wo Betroffene noch gar nichts spüren, aber auch Schmerzen gleichsam in sich aufnehmen können und damit den Geplagten abnehmen. Einer dieser Geplagten aber war Hauptabteilungsleiter in der bedeutendsten Rundfunkanstalt weit und breit, mit einem gehobenen Programm für Nachtmenschen, in das Lydia mich als freien Mitarbeiter hatte hieven können (buchstäblich unter der Hand beim Entkrampfen eines Bandscheibenprolapses). Die Dinge standen damit wieder besser für mich, bis der von Schmerzen Erlöste einem höchst prominenten Kollegen aus dem Reich der Bilder, also des Fernsehens, Lydia als letzte Rettung für dessen Rücken empfahl. Und sie hat diesen Rücken einschließlich HWS-Syndrom so weit stabilisiert, dass Benedikt Cordes – noch ein unumgänglicher Name, wie ein Titel für alles Wahre und Gute, vom Tierwohl über die Aufdeckung von Komplotts bis zur gerechten Sprache für alle Geschlechter – seine TV-Mission als Lebens- und Welterklärer fortzusetzen imstande war, sogar mit der Last einer schusssicheren Weste; und seit Einrenkung der Wirbel, darauf wollte ich hinaus, auch in Begleitung seiner Physiotherapeutin, damit sie ihm notfalls beistehen könnte, und das in jeder Hinsicht.

Ein gewisses Ressentiment gegenüber diesem Mann lässt sich also kaum bestreiten, gepaart allerdings mit einer stillen Bewunderung. Cordes war für mich, schon bevor er in Lydias Leben getreten ist, der Meister der symbolischen Bilder, dazu ein Conférencier des Weltgeschehens vor jeweils beredter Kulisse – und der worauf auch immer fußende Artikel auf der Frontseite einer kalabrischen Zeitung von einer aus dem Ionischen Meer geretteten jungen Afrikanerin, die andere Bilder hinterlässt als die von ihr aufgenommenen, hätte ihn mehr als interessiert: Das war einen Tag nach Erscheinen des Beitrags erstmals ein kurzer Gedanke. Ich hatte nämlich auf dem Weg zu der Mietwagenfirma, um das vorbestellte Auto für meine Tour abzuholen, die neueste Ausgabe der Gazzetta del Sud gekauft und sah zu meinem Erstaunen, dass die Vortagsgeschichte schon erste Wellen schlug. Auf den Artikel hin hatte sich ein bekannter Pressefotograf gemeldet, der für eine Reportage an Bord eines Küstenwachschiffs, der Diciotti, gewesen war; dort hatte er von einigen der aus dem Meer Geretteten, darunter die Hochgewachsene, die später auf dem Karussell saß, Bilder gemacht – beeindruckende Porträts, wie es in der Zeitung hieß, bis auf ein Bild, das nichts weiter als einen Dornbusch unter weißschleirigem Himmel zeigte, ein für den gestandenen Fotografen so unerklärliches Phänomen, dass er es ohne den Artikel mit den zwei Fotos (Wasserträgerin im Buschland u. stillgelegtes Karussell in Melito di Porto Salvo) aus Scham für sich behalten hätte.

All das las ich, wie gesagt, auf dem Weg zu der Mietwagenniederlassung, bei mir eine Reisetasche für zwei Wochen, und hatte diese Augenblicksidee, es könnte einem wie Benedikt Cordes keine Ruhe lassen, würde das Ganze noch weitere Wellen schlagen und er erfahren, dass eine junge Afrikanerin auf der Flucht – für Leute wie ihn ja immer ein Thema – frei über das Bild von sich bestimmen könnte, also in der Lage wäre, es so für sich zu behalten, wie man einen Gedanken für sich behält (Die Gedanken sind frei, kein Mensch kann sie wissen, kein Jäger erschießen – ich erinnere nur an eins unserer schönsten alten Lieder), während dieser doch kaum zu glaubende Zeitungsartikel auf meinem langsamen Gang in schon heißer Vormittagssonne bei mir ein fast vergessenes Sehnen hervorgerufen hat: das nach etwas ganz und gar Unverdorbenem.

Mein Mietwagen, abgeholt in der Nähe des kleinen Flughafens von Reggio, war ein weißer Fiat cinquecento in der sparsamsten Ausführung, ohne Automatik, ohne Navigation, ohne Klimaanlage, dafür aber, bei entsprechender Zuzahlung, mit der Möglichkeit, ihn nach einer Fahrt durch Kalabrien und Kampanien in Rom neben dem Bahnhof Termini wieder abzugeben, das hieß nach Wiederholung der Route, die ich zehn Jahre zuvor mit Lydia und dem anderen Paar, der Neurologe als einzig eingetragener Fahrer stets am Steuer, täglich mit Interessantem über das Hirn, den Wein und das Dasein der Bienen, zurückgelegt hatte. Und nun saß ich selbst am Steuer, schon etwas ungeübt, da ich kein Auto mehr besitze, aber allein die kurze Strecke nach Melito di Porto Salvo entlang der ionischen Küste hatte mir wieder Sicherheit gegeben; auf dem Nebensitz lag eine Straßenkarte des ganzen Landes, darin umringelt die Orte der alten Route, und die kleine Küstenstadt befand sich sogar in der Nähe unseres damaligen ersten Ziels.

Ich hatte das ziemlich trostlose Melito gegen Mittag erreicht, noch vor dem Ersterben allen Lebens für Stunden, mich zu der erwähnten Straßenecke durchgefragt und war dort ausgestiegen, um mir das stillgelegte Kinderkarussell anzusehen. Das heißt, es gab einen Plan, der mit den Artikeln in der Gazzetta del Sud zu tun hatte, einen Plan in Verbindung mit meiner angespannten beruflichen Situation, eben nur dank Lydias Vermittlung an dem Radioprogramm für Menschen, die nachts keinen Schlaf finden, mitwirken zu können – eine Tatsache, die sie bei ihrer Trennung von mir ins Spiel gebracht hat: Sie habe einiges für mich getan, nun sollte ich sie auch ziehenlassen. Sieh mal, ich mag diesen Mann, sagte sie. Cordes hat Mut, er hat Gespür, und er könnte ja ohne mich gar nicht mehr so durch die Welt turnen und etwa von einem Panzer herunter den Leuten bei uns erzählen, was sie vom Krieg zu halten haben – er braucht mich! Das hatte sie wörtlich ausgerufen, er braucht mich!, und vorher über ihn geredet, als hätte ich nie Cordes' Welt gesehen, an keinem zweiten Dienstagabend mir das angetan. Und außerdem, sagte sie noch, könntest du ja mal in einem deiner Radiobeiträge darüber nachdenken, wo für eine Frau in meinem Alter (Anfang März hatten wir noch ihren Vierundvierzigsten gefeiert) das Lebensglück liegt, wenn es kein Kind gibt und nicht einmal mehr eine Katze (die es als Ersatz für ein kleines Menschenwesen drei Jahre lang gegeben hatte, dann war sie, sozusagen noch als halbes Kind, an Krebs gestorben, ein Drama).

Aber Lydias Wunschbeitrag ist ein Wunsch geblieben, er hätte auch nicht in das Konzept der Sendung gepasst. Da ging es, zwischen kurzen Strecken feinsinniger Musik, um möglichst ausgefallene menschliche Geschichten, darunter auch solche, die mysteriös sind und Schlaflose so in ihren Bann ziehen, dass sie den Übergang zwischen Wachen und Träumen gar nicht bemerken. Und so gesehen hatte ich bei der Ankunft in der kleinen Küstenstadt nur eins im Sinn: der Person, von der es bisher nur zwei falsche Bilder gab, auf die Spur zu kommen, bevor Presse und Fernsehen oder gar die Behörden sie am

Wickel hätten und nur noch von Wunder oder Betrug die Rede wäre, während ich von etwas ausgegangen bin, das echtes Kopfzerbrechen bereitet und, will man es so begreifen, dass man davon erzählen kann, viel Geduld verlangt. Mein Vorgehen in der Sache war zunächst recht stur, nämlich trotz sengender Mittagssonne an der bewussten Straßenecke mit einem Allerweltsgerät neuester Art – zu dem mir noch die geraten hatte, die nun eigene Wege ging – Aufnahmen von dem Karussell zu machen. An einen großen toten Paradiesvogel erinnernd, stand es dort im verdorrten Gras, und ich wollte eben über einen niederen Zaun steigen, um einmal selbst auf einem der im Sprung begriffenen Pferdchen zu sitzen, vielleicht auch übermütig oder persuntuoso, wie es geheißen hatte, als ein schon älterer Mann, älter als ich, aber mit noch beneidenswert vollem Haar, auf mich zukam und in die Mittagsstille rief, was ich hier zu suchen habe – wie sich schnell herausgestellt hat, der Anwohner, der das spätere Zeitungsfoto an die örtliche Polizei geschickt hatte. Sein Auftritt war eher theatralisch als empört, im Grunde eitel, und folglich hat es ausgereicht, ihn als prominenten, in der Zeitung genannten Zeugen anzusprechen, um zu erfahren, was es von seiner Seite noch zu erfahren gab, und das war nicht wenig.

Die erst kürzlich aus dem Ionischen Meer gerettete Afrikanerin war, wenn ich ihn richtig verstanden hatte, aus einem Auffanglager am Rande von Reggio entwichen, und zwar in der Agonie des Ferragosto-Feiertags, an dem bekanntlich alles Leben im Land ruht und sich selbst Wachleute des Lagers einige Stunden am nahen Meer gegönnt haben. Dadurch, sagte der Anwohner, sei nicht nur die junge Hochgewachsene aus dem Lager gelangt, sondern auch noch vier weitere von dem Küstenwachschiff Diciotti aus dem Meer Geholte. Und mit gedämpfter Stimme fügte er hinzu, dass sich bereits ein Besatzungsmitglied der Diciotti für ein Selfie neben die so Auffallende, Gazellenartige gestellt habe, um dann aber, nur Gott weiß, warum, das Bild eines afrikanischen Paars vor einer Kioskbude an seine Kameraden hier in Melito zu schicken. Und einer dieser Kameraden, fügte der Mann mit dem noch so vollen Haar hinzu, sei sein Neffe, deshalb kenne er das unerklärliche Bild, was er nur mir, einem aus dem Land von BMW und Mercedes, anvertrauen würde und keinem von der hiesigen Zeitung, weil es der Besatzung von Küstenwachschiffen verboten sei, Selfies mit Geretteten zu machen.

Ich hatte also einen Bonus, obwohl mir beide Automarken gleichgültig waren, und dieser Bonus ließ ihn noch sagen, dass sein Herz geklopft habe bei ihrem Anblick auf dem Karussell. Sie sei ihm da vorgekommen wie eine junge, anmutige Hochspringerin – come una giovane graziosa con un fisico da altista –, sogar in einem alten Sportanzug aus zwei Teilen, weiße Hose, rote Jacke, dazu mit viel zu kurzem, sicher selbstgeschnittenem Haar, was er beurteilen könne, weil er Frisör gewesen sei. Daraufhin zeigte ich Bewunderung für seine Haarpracht, echte sogar, und bekam noch einen Tipp – Pentedattilo, ein Geisterort, nur sechzehn Kilometer entfernt, für Illegale die beste Zuflucht.

Es gab also schon drei unerklärliche Bilder (die Wasserträgerin im Buschland, klein im Hintergrund, der Dornbusch unter schleirigem Himmel, das afrikanische Paar vor einer Kioskbude), und nur zwei Tage nach Erscheinen der ersten Meldung in der kalabrischen Zeitung über eine aus dem Meer Gerettete, die sich nicht abbilden lässt, fand sich in dem überregionalen, durchaus seriösen Blatt La Repubblica, und das ebenfalls auf der Titelseite, ein Artikel zu dem Vorfall, unbebildert als reine Meldung aus dem tiefen, für allerlei Abwegiges in Frage kommenden Süden des Landes, ein Einspalter unter der Überschrift Miracolo o frode?, Wunder oder Betrug? Und ich kann hier gleich festhalten, dass dieser Artikel der Auftakt für eine sich binnen weniger Tage aufschaukelnde Welle hysterischer Vermutungen war: vor allem die, die ihr Geschäft mit Bildern machen, der Gelbblätterwald und das Fernsehen, spekulierten über eine, die sich jeder Umwandlung in Nullen und Einsen zu entziehen schien, und setzten ihre Leute auf sie an, während ich mich noch vor der allgemeinen Hysterie auf die Suche nach ihr gemacht hatte.

Wunder oder Betrug, das war die Frage, die man sich stellte, aber schon bei der Besatzung der Diciotti, durchweg glaubwürdigen Offiziersanwärtern, wie es im lokalen Fernsehen hieß – ich hatte die glühende Mittagszeit in einer Caffè-Bar am toten Lungomare von Melito verbracht und Calabria TV gesehen –, war die Meinung darüber in Richtung Betrug gegangen; nur der professionelle Fotograf, der für eine Bildreportage mit an Bord gewesen war, äußerte sich zurückhaltend gegenüber der Interviewerin des Lokalsenders: Auch wenn er sich das Bild von einem Dornbusch anstelle der Afrikanerin in einer roten, malerische Falten werfenden Decke mit dem Emblem des Roten Kreuzes nicht erklären könne, würde er weder von Betrug noch von Wunder sprechen, eher von einem Phänomen, für das es eben noch keine Erklärung gebe. Ein, wie gesagt, zurückhaltender Mann, bekannt für seine stillen, auf das Wesentliche beschränkten Fotos. Weniger zurückhaltend ging es dagegen in der neuesten Ausgabe der Gazzetta del Sud zu: Dort war schon von einer raffinierten PR-Aktion die Rede, von Werbeleuten, die aus dem Aussehen der Afrikanerin mit dem Bildertrick ihr Kapital schlagen wollten, während der Autor in La Repubblica, ebenfalls der neuesten Ausgabe, zu einem Schlusssatz aus der höheren Vernunft des überregionalen Blattes gefunden hatte: Da müsse man doch sehr an eine Story denken, die mit den Temperaturen in diesem Sommer zu tun habe, der allgemeinen Sehnsucht nach etwas Erfrischendem, nämlich einem Wunder.

Eine Sicht, die man teilen konnte, wobei ich aber eher auf Seiten der Zurückhaltung war, überzeugt davon, dass wir von dem, was zwischen Himmel und Erde ist, höchstens einen Bruchteil wissen, also für etwas Unerklärliches einfach momentan keine Erklärung haben, was es jedoch nicht erlaubt zu sagen, dass es keine gebe. Schließlich hat es auch lange keine Erklärung für Blitz und Donner gegeben, bis dann eine gefunden war; wenn es aber blitzt und donnert, erschrecken wir dennoch. Das Nicht-Geheure hat sich gehalten, es steht über jedem Wissen: Mit diesem Gedanken oder eher in diesem Gefühl hatte ich mich am späteren Nachmittag bei unverminderter Hitze auf den Weg gemacht in dem kleinen Fiat, einen Weg ins gleich schroff bergige Inland, auf einem in der Karte weiß eingetragenen Nebensträßchen, teils ohne Belag und mit nur einem rostigen Hinweisschild zu dem Geisterort – den schon bei der damaligen Tour die an allem Kulturellen so interessierte Frau des Neurologen auf ihrem Zettel gehabt hatte.

Pentedattilo hätte die erste Station auf der ersten Fahrt mit dem Neurologen am Steuer sein sollen, nur war es eine Fahrt in strömendem Regen, bei der sich Lydia und ich leise, aber doch hörbar darüber gezankt haben, ob man einander die Zahl der Vorgänger beziehungsweise Vorgängerinnen nennen sollte, bis wir aus berufenem Mund, dem der Professorin für kleinste Teilchen, erklärt bekamen, dass sich die Moleküle des menschlichen Körpers regelmäßig verflüchtigten, wir daher mit gänzlich anderen Körpern als den vormaligen hinten im Wagen säßen – also Schwamm drüber, was unsere alten Moleküle so getrieben hätten! Eine Theorie wohl auch zur eigenen Beruhigung, weil ihr Mann ein Auge auf Lydia geworfen hatte, und Lydia wiederum diese ganze Reise mit dem Vorträge haltenden Neurologen nur mitmachte, weil sie von ihm rückenleidende Patienten zugeschanzt bekam. Seiner Frau war dieser Zusammenhang klar, und sie hielt sich ganz an mich, wenn es darum ging, die kulturellen Höhepunkte auszukosten.

Einen ersten Beitrag in der Hinsicht hatte ich schon im Museum von Reggio geleistet, und der zweite, das Geisterdorf Pentedattilo, gelegen unterhalb von fünf Felsspitzen, ist dann buchstäblich ins Wasser gefallen, weil der Regen nicht nachließ. Wir hatten schon auf der Abzweigung zu dem Ziel kehrtgemacht und sind auf der Straße Richtung Taranto entlang einer immer öderen Küste im Regen weiter und weiter gefahren, bis es dunkel wurde und der Neurologe das einzige Hotel mit einem erleuchteten Schild ansteuerte, einen sicher von schwärzestem Geld finanzierten schlossartigen Neubau, davor die Straße, ein Bahndamm und der trostlose Strand, ein Hotel für Gangsterhochzeiten, in dem Lydia und ich nach einem überteuerten Essen unter pikanten Deckengemälden ebenfalls unter einem Deckengemälde unsere aktuellen Moleküle aufeinander losgelassen haben – womit auch gesagt sein soll, dass ich nach der halbstündigen Fahrt das verlassene Pentedattilo nicht zum zweiten, sondern zum ersten Mal hoch über der an einem leeren Parkplatz endenden Straße im Abendlicht sah, wie an die hinter ihm aufragenden Felswände geheftet.

Offenbar war ich alleiniger Besucher dieses wie aus dem Fels geschlagenen Geisterortes samt einer kleinen trutzigen Kirche, der einzige auf einem steilen Weg in engen Kehren bis zu den ersten Häusern mit ihren lochartig offenen Fenstern, in einer Stille, die mir noch stiller vorkam, wenn vereinzelt ein Vogel pfiff, um gleich wieder zu verstummen. Ein gottverlassenes Felsennest war Pentedattilo, bedrängt von Kakteen und Agaven, aber mit weiten Blicken in die Landschaft, an einer Stelle auf einem fast trockenen Flusslauf, und dort lagerten vier vermutlich Dunkelhäutige auf den hellen Kieseln, nah an einem Rinnsal inmitten des Flussbetts. Aus der Ferne gesehen, schien es leicht zu sein, mit dem Auto dorthin zu kommen, dem war dann aber nicht so; ich habe mich auf Schotterwegen zwischen hohem Gestrüpp verfahren und bin bei einer Handvoll wie ineinandergeschobener Häuser gelandet, in einem sogar eine Bar, neben dem Eingang zwei Alte mit Mützen auf Plastikstühlen.

Auch der Mann hinter dem Tresen hatte etwas Altes, war aber eher müde als alt; er sah zu einem Fernsehschirm, der über dem Flaschenregal an der Wand hing, obwohl dort nur Werbung lief. Ich fragte ihn nach einem Weg zu dem Flussbett, dafür reichten drei Substantive und zwei Hände, und er beschrieb den Weg, ja machte sogar eine Skizze auf einer Papierserviette, als die Werbung endete und auf Calabria TV eine Vorabendsendung zu lokalen Geschehnissen vom Tage begann. Es ging zuerst um die Folgen der anhaltenden Trockenheit, den Niedrigstand der Stauseen und mögliche Reglementierungen des Wasserverbrauchs, dann kam bereits das Neueste über die, von der es kein zutreffendes Foto gab, nur Beschreibungen derer, die sie gesehen hatten. Und anhand dieser Beschreibungen war ein Phantombild erstellt worden, das auch gleich eingeblendet wurde, untertitelt mit Die Rätselhafte, l'enigmatica. Das Bild war koloriert und zeigte eine Mischung aus schwarzer Kriegerin und Discoqueen, und wenn ich mich nicht verhört habe, ließ es den ältlichen Mann am Tresen strega murmeln, Hexe. Ich dankte ihm für die Skizze und ging wieder zu dem Mietwagen. Und mit dem Gekritzel auf der Serviette als Navigation kam ich auf einem Weg zwischen brüchigem Schilf bis in Rufweite der vier Dunkelhäutigen von sonst wo, die es aber hierhergezogen hatte. Inzwischen saßen sie oberhalb des Flussbetts vor drei Zypressen, wie sie in dieser Gegend eher selten sind, und ich erinnere mich, ihnen schon beim Aussteigen aus dem Fiat so gewinkt zu haben wie einer, der Hilfe braucht.

Wir stammen ja alle von sonst wo, daran sei hier nur kurz erinnert. Man müsste seine Vorfahren bloß weit genug zurückverfolgen können, über das Biblische hinaus, und man stieße auf ruhelose, nach neuen Ufern Ausschau haltende Menschen, ob in den Hochlagen des heutigen Äthiopiens oder im Zweistromland oder entlang der Seen, aus denen der spätere Nil entspringt; ruhelos, nicht weil die Böden dort erschöpft gewesen wären, sondern die Idee von etwas Besserem anderswo unerschöpflich war – natürlich waren das keine Gedanken beim Aussteigen aus dem Wagen, sondern sind Überlegungen des hier Berichtenden, und doch gab es ein stilles Ahnen darum, wie man etwa auch beim Anblick greiser Leute immer die Ahnung hat, unabänderlich selbst auf einen Verfall zuzusteuern.

Ich sprach von drei Zypressen, die es in dieser Gegend eigentlich kaum gibt; aber sie standen dort, im selben geringen Abstand zueinander, so, dass sich ihre dunkeldichten Gestalten leicht und doch innig berührten. In gegenseitiger Anziehung, aber auch Achtung standen sie für mein Gefühl dort und gaben allem ringsherum ein Maß, der ballartigen Abendsonne über ihren Spitzen, dem fast trockenen Flussbett und der kleinen Gruppe in zusammengewürfelter Kleidung. Erst auf noch kürzere Distanz erfasste ich, dass es zwei Männer und zwei Frauen waren. Die Frauen falteten mit langsamen Bewegungen eine große Plane zu einem Bündel, also war man im Begriff, das Lager abzubrechen, um sich auf einen Nachtmarsch zu machen, was sonst. Ich nannte meinen Namen und stellte die einfachen Fragen, die sich Wanderer stellen, wenn sie einander begegnen, woher, wohin, wie lange schon unterwegs, Fragen, auf die ich, dank der Allerweltssprache, auch Antworten erhielt, die etwa Folgendes ergaben: Die vier waren illegale Erntehelfer, aber die Vermittler zwischen ihnen und den Landbesitzern bekamen allen Lohn in die Hände und zahlten kaum die Hälfte aus – sie waren Rechtlose, meist im Dunkeln unterwegs zum nächsten größeren Feld, um bei Tageslicht zu pflücken, was es noch zu pflücken gab. Nach der kurzen Unterhaltung erhoben sich die vier; die Männer strichen den Boden glatt, auf dem sie gesessen hatten, um Spuren zu verwischen, während die Frauen einander Fotos und Kartenausschnitte zeigten, ihre Geräte wie Kleinode in der Hand. Und da erst fragte ich nach einer jungen afrikanischen Frau, groß und mit kurzem Haar, eine in weißer Trainingshose und roter Jacke, ob sie die gesehen hätten, hier oder auf dem Weg hierher – was zunächst Blicke untereinander zur Folge gehabt hat, verstohlene, könnte man sagen, aber auch eine Kopfdrehung einer der Frauen in Richtung der fünf Felszacken, sodann ein Flüstern der beiden Männer und schließlich ein Verneinen mit Worten und Händen – was mir alles in allem gesagt hat, dass sie die Junge mit der Figur einer Hochspringerin gesehen hatten, ja sie sich wahrscheinlich noch in der Nähe aufhielt.

Ein Suchen nach ihr im abnehmenden Licht erschien mir aber wenig aussichtsreich, also galt es, irgendwo die Nacht zu verbringen, und ich fuhr zurück zu der Caffè-Bar, in der jetzt eine wie dort verbannte Bedienung am Tresen stand. Sie fragte ich nach einem Zimmer, so händeringend, dass sie gleich ein Telefonat führte, mit dem Resultat, dass es nur ein Haus weiter ein Zimmer gab, womöglich eigens für mich von den Bewohnern geräumt, weil etwas Geld winkte; in der Bar aber gab es kaltes Bier, ja sogar einen Schinken-Käse-Toast, wenn auch lustlos zubereitet von der Bedienung, die den ältlichen Müden abgelöst hatte. Und während ich noch aß und trank, erschien eine Frau mit blondiertem Haar, meine Wirtin für diese Nacht. Sie fragte, ob ich von einer Zeitung sei, und ich sagte No, worauf sie mit der Bedienung ein Gemurmel anfing, es ging wohl um Geld; danach führte sie mich zu dem Nebenhaus und dort in eine Kammer mit Einzelbett, in der dem Gast nur übrig blieb, sich auf der Stelle schlafen zu legen.

Ich erinnere mich an ein Gefühl von Erlösung beim Erwachen durch die erste Sonne. Waschen konnte man sich im Hof des Hauses, Kaffee gab es in der gerade geöffneten Bar, und so saß ich schon gegen acht Uhr wieder in dem Fiat und fuhr auf schmalen Straßen die Umgebung um den Berg mit den Felszacken ab. Immer wieder gab es Maisfelder bis nah an die Fahrbahn, mit schon vergilbten, aus den Kelchen drängenden Kolben, und bei einer Brücke über den fast wasserlosen Fluss stieg ich aus und sah mich um. Aber da war kein Mensch weit und breit, also entschloss ich mich, noch einmal zu dem verlassenen Pentedattilo zu fahren. Und wieder war der Parkplatz unterhalb des Felsenortes leer, wieder schien ich einziger Besucher zu sein. Außer mir gab es nur die Zikaden, die sich über die frühe Hitze, so klang es, empörten, aber nach der ersten Wegkehre aufwärts immerhin eine kleine Natter auf einem Mauerrest, die mich stehen bleiben ließ. Eingerollt lag sie da in der Sonne, mit delikatem Muster, und ich kam nicht umhin, an die Schlange aus dem ersten Buch Mose zu denken, listiger als alle Tiere auf dem Felde, ein von mir gern aufgegriffenes Wort, als die Christliche Stimme noch ihr dankbares Publikum hatte, und was zwischen den Zeilen meiner Beiträge stand, nicht wenige in Unruhe versetzen konnte – wo sind die Schlangen unter uns, wie sehen sie aus, und welche Früchte bieten sie uns an? Sind Amt und Würden etwa auch ein Apfel, und wer hat in ihn hineingebissen?

Die Natter ist dann in dem Mauerrest verschwunden, und ich bin den Pfad weiter aufwärtsgegangen, nun zwischen niederen, an den Fels gekrallten Kakteen. In engen Serpentinen, zu Recht so benannt, ging ich bis zu den wie mit dem Berg verwachsenen Häusern, alle aus demselben blassrötlichen Stein der Zinnen über dem Ort, ein Gehen in der Stille, bis auf den eigenen Atem – die Zikaden waren verstummt –, und in einem Licht, das halb blind machte. Dazu kam Schweiß, der mir in die Augen rann und alles verschwimmen ließ, auch eine Gestalt unweit der Kirche, eine in den Farben Weiß, Rot, Schwarz, mehr erfassten die Augen nicht, dann hatte sich das Bild in einiger Entfernung, wieder die eines Steinwurfs, auch schon verflüchtigt.

Zwar hatte ich meine Sonnenbrille im Wagen gelassen, aber eine kleine Flasche Wasser dabei, konnte mir also den Schweiß aus den Augen spülen und mit besserer Sicht weitergehen, vorbei an der spitztürmigen Kirche, hinter der es immer noch aufwärtsging, jetzt über Stufen aus losen Steinen, halb verdeckt von Agaven. Mehrfach hoben die Zikaden an und verstummten wieder, und in einer ihrer unerklärlichen Pausen erreichte ich einen seitlichen Felsvorsprung, vormals gesperrt durch einen Draht, der verrostet auf dem Boden lag und keinen mehr vom Betreten abhielt. Einen Fuß vor der anderen setzend, ging ich bis fast an die Kante und sah auf eine Art natürlicher Felsterrasse hinunter, in einer Tiefe, als schaute ich aus meiner langjährigen Wohnung im fünften Stock auf die Straße; daher brauchte es auch etwas Zeit, bis ich mehr erfasste als allein diese Tiefe, nämlich die zuvor nur schemenhaft wahrgenommene Gestalt am Rande des glitzrigen Gesteins.

Die, von der es nur Beschreibungen gab, stand dort unten in weißer Trainingshose und roter Jacke und sah zu mir hoch. Ihr Haar war mehr als kurz, es war wie hastig gekappt, und obwohl sie sozusagen fünf Stockwerke unter mir stand, wirkte sie noch hochgewachsen und schaute zu dem, der zu ihr heruntersah, mit einem Ausdruck, der gar nichts Aufschauendes hatte, eher etwas Abschätziges, jedenfalls in der Erinnerung. Ich sehe sie dort unten noch, wie sie unverwandt zu mir schaut, und komme auch nach einigem Nachdenken zu keinem anderen Schluss als dem, dass es dieser so abschätzige, wenn nicht geringschätzige Ausdruck war, der mich mein zu allem fähiges Gerät aus der Tasche ziehen ließ, erst noch mit der Idee, ein

Bild von der Gestalt in der Tiefe zu machen, dann aber in dem Gefühl, all die Bilder von Lydia in dem Gerät, sicher Hunderte, auf einen Schlag tilgen zu können und mich dazu noch gleichsam unbewaffnet, mit leeren Händen zu zeigen.

Ich ließ das silbrige Gerät in der Sonne funkeln, nur mit zwei Fingern gehalten, ja ließ es pendeln und, wenn man so will, darauf ankommen, ob es mir aus den Fingern fällt – und genau das ist passiert, es ist in die Tiefe gefallen und auf dem Fels mit leisem Klirren so zerschellt, dass seine Bestandteile wegsprangen, ohne dass es mir etwas ausgemacht hätte. Nein, da war nur ein Erstaunen, als die Afrikanerin inmitten der winzigen Teile in die Hocke ging, während hinter mir ein Knacken die Stille unterbrach. Eine Katze hatte einen Plastikbecher, wie er für den Espresso an Buden benutzt wird, mit den Pfoten zerdrückt, und ich musste an Lydia denken – die sich einer solchen Geisterortbewohnerin zu Füßen geworfen hätte, nicht nur aus Katzenliebe, auch um ihr Aufs-Ganze-Gehen zu zeigen: Daran musste ich ebenfalls denken, als die Katze mit dem Becher im Maul verschwand. Und beim erneuten Blick in die Tiefe war auch die Afrikanerin verschwunden, als hätte ich sie mit offenen Augen erträumt.

Und zu Lydia wäre auch noch etwas zu sagen: Eine ihrer Stärken und zugleich Schwächen ist das Beharren auf dem ganz eigenen, unteilbaren Erleben eines nur weiblichen Glücks und Unglücks. Selbst die Sekunden höchster Lust waren allein ihre Sekunden und damit Teil der Tragik, die zu keinem Kind geführt hatte, bloß zu jener von Anfang an kränkelnden Tierheimkatze, bei deren Sterben durch eine Injektion Lydia sich die Lippen blutig gebissen hat. Und der Neurologe hatte schon auf unserer damaligen Fahrt einmal im Spaß gesagt, sie habe den Teufel im Leib – ich denke aber, er ist nur nicht ganz damit fertiggeworden, dass sie über die Spannungen im menschlichen Körper oft auf ihre Art mehr gewusst hat als er.

Die Afrikanerin war also verschwunden, aber musste noch in der Nähe sein, nur: Wie sucht man eine, die vielleicht damit aufgewachsen ist, sich in der Natur zu bewegen, imstande, lautlos von Deckung zu Deckung zu eilen oder mit einem Baum, wenn es sein muss, eins zu werden, die man fast streift im Vorbeigehen, ohne sie zu bemerken – Bilder und Gedanken, die sich ungebeten eingestellt haben und sich auch nicht ohne weiteres abschütteln ließen, höchstens im Nachhinein, etwa im Zuge dieser Zeilen, verleugnen, als wäre mir nichts dergleichen durch den Kopf gegangen. Nur war es aber der Fall, es gab diese Bilder und Gedanken, wie Symptome eines stillen Infekts, mit dem wiederum ich aufgewachsen bin: etwas, an das sich der Geist so gewöhnt hat wie der Körper an Krankheitserreger, mit denen er lebt.

Ja, das war mein Bild von ihr, noch bevor ich sie überhaupt richtig gesehen hatte: das einer jungen Afrikanerin, die sich schnell und geräuschlos bewegen kann und dazu noch so eins wird mit der Natur, dass man sie nicht mehr sieht, in das Dunkel zwischen zwei Zypressen eintaucht, wie sie bei sich zu Hause (ohne dass ich zu dem Zeitpunkt irgendetwas darüber gewusst hätte), wenn sie einen Verfolger abschütteln will – was ich ja letztlich war, ihr Verfolger –, im Einerlei des Buschlands verschwindet; und wenn ich hier so mir nichts, dir nichts Buschland sage, könnte das schon wieder Ausdruck jenes Erregers sein, der in der Sprache seinen Wirt hat, der ihn mästet, mit jedem unbedachten Wort. Andererseits muss aber auch nicht alles zur Sprache kommen, was sich einer gedacht hat auf seiner Suche nach einer Afrikanerin, von der er annahm, sie sei für eine Geschichte gut. Es könnte auch ungesagt bleiben oder gleich so verändert werden, als hätte der hier Berichtende ganz andere Gedanken gehabt, nachdem sich die Gesuchte gezeigt hatte, solche, die all dem Rechnung tragen, was heute von einer Sprache über das nicht Eigene verlangt wird, dass sie frei von jeglicher Last sei, allem, das irgendwen herabsetzen und ihm oder ihr damit schaden könnte, allein der Grammatik verpflichtet. Amen. Und wenn ich Amen sage, dann weil mir diese Art der Sprachreinigung als ein Ersatz von Religion erscheint, gleichwohl oder erst recht mit der Versuchung zum Scheinheiligen. Es lässt sich eben viel sagen, wenn der Tag lang ist, und nichts davon muss stimmen; nur ziehe ich es vor, den eigenen Gedanken, und das heißt den Worten dazu, erst einmal freien Lauf zu lassen, mit dem Risiko, dass sie auf mich zurückfallen können – aber dies ist kein Bericht, um sich reinzuwaschen, es ist einer, um sich zu zeigen: klein mit Hut auf einem Berg von Sprache, darin Schichten bis zu den Eltern der Eltern und deren Eltern (die noch in Hagenbecks Tierpark die Wilden aus Afrika anschauen konnten, wie sie hinter Gittern Brennholz sammeln und einander kratzen, unseren Schnee bestaunen und aus ihrem Frieren ein Tänzchen machen).

Ich aber war – ohne all diese Überlegungen – auf der Suche nach der, die sich schon gezeigt hatte mit ihrer hochaufgeschossenen Gestalt, für mein Empfinden dazu in der Lage, mit einem Baum eins zu werden, um sich vor mir zu verstecken. Ihre Überlegenheit in der Situation stand für mich außer Frage, die Suche hatte damit etwas Aussichtsloses, und ich ging auf dem gewundenen Pfad wieder hinunter, wobei mir Dinge auffielen, die ich am Vortag übersehen hatte, etwa eine elektrische Leitung, die jäh endete und mir das Gefühl gab, selbst an einem Ende zu sein. Es erschien mir jetzt vermessen, nein sogar verrückt im Sinne von krank, nämlich als Ausdruck eines kranken Glaubens an Geräte wie das auf dem Fels zerschellte, einer jungen Frau auf die Spur kommen zu können, die lieber für sich sein wollte, wie es aussah.

Es war schon späterer Vormittag – beim steten An- und Abschwellen des Zikadenlärms, nur noch mit kurzen Momenten der Stille, in denen ich mich ein ums andere Mal umgesehen hatte zu den verlassenen Häusern unter den Felszinnen, jedes Mal in der Hoffnung, sie könnte mir von dort winken –, als ich den Parkplatz erreichte, noch mit dem kleinen Fiat als einzigem Auto, jetzt nicht mehr im Schatten des Berges, sondern funkelnd in praller Sonne; und vor dem Fiat eine schlaksige Schwarze, die mit dem Ärmel einer nicht zur Hose passenden Trainingsjacke, oder was es war – wer weiß schon, wie solche Sachen heißen, die Namen gehen nach den Moden –, mit einer immer gleichen Bewegung den Staub von der Haube wischte.

3

Die Moleküle – so ist mir ein eher beiläufiger Vortrag der Professorin auf diesem Gebiet während unserer Fahrt entlang der ionischen Küste in Erinnerung – sind im weitesten Sinne mehratomige Teilchen, die durch chemische Verbindungen zusammengehalten werden und dabei noch Merkmale dieser Verbindungen aufweisen, was sie zu unsichtbaren Bausteinen des Lebens macht, die nach und nach immer wieder zur Gänze ausgetauscht werden, ohne dass sich die Gestalt, die sie bilden, verändert. Die Steine wechseln, das Gebäude bleibt – ein Bild, das es mir eigentlich hätte erleichtern sollen, in der jungen hochgewachsenen Afrikanerin, die mit ihrem Ärmel den Staub von der Haube des kleinen Mietwagens wischte, nichts beklemmend Schönes zu sehen, sondern nur eine Gestalt aus Fleisch und Blut.

Ich bin langsam auf sie zugegangen, und sie hat einfach weitergewischt, so wie die Autoscheibenputzer vor roten Ampeln einfach weiterwischen, auch wenn man sie nicht dazu ermuntert oder ihnen gar abwinkt; abgewinkt habe ich auf keinen Fall, höchstens ratlos die Hände gehoben, ratlos, weil es mir eben nicht möglich war, nur eine Gestalt aus Fleisch und Blut in ihr zu sehen, gebildet von flüchtigen Molekülen. Nein, ich hätte schon die Augen zukneifen müssen, um einen kühlen Kopf zu bewahren, aber meine Beine gingen einfach weiter, um den Wagen herum, und die Augen hörten nicht auf zu sehen; und was sie sahen, war eine junge, fremde Frau, die nichts von dem Phantombild hatte, das im lokalen Fernsehen gezeigt worden ist. Das kurze Haar war wie abgefressen, und die hohen Wangenknochen hatten etwas Atemberaubendes, was aber auch am Mund gelegen haben kann, an einem schwer erklärlichen Zug in den Lippen – ich rede immer noch vom ersten Blick, während sie weiter und weiter gewischt hat, obwohl es keinerlei Staub mehr auf der Haube gab, von einem Blick, der dadurch zum zweiten Blick wurde, dass sie mich auf einmal ansah, aus Augen oder besser gesagt Pupillen wie in einer rötlichen Lösung schwimmend – was sich hier so ohne weiteres hinschreiben lässt, während es in dem Moment nichts als das Antlitz des Fremden war. Andererseits ist sie mir bei alldem aber auch – und jetzt heißt es, jedes Wort abzuwägen – anziehend erschienen, und zwar im Sinne von umwerfend, womit gesagt sein soll, dass in dem Anziehenden oder unbestimmt Schönen auch etwas ganz Abweisendes lag, spätestens nachdem sie ihr Tun beendet hatte.

Folgendes muss man sich vorstellen: Eine junge Afrikanerin, zu Füßen ein geschnürtes Bündel, ihr Gepäck, steht neben einem kleinen Fiat und klopft sich langsam, fast bedächtig mit einer nicht besonders sachgemäß verbundenen Hand Staub vom Ärmel, wobei auch die in sich lose Mullbinde etwas Staubiges hat, mit einem rostroten Fleck über dem Handrücken. Das alles war unübersehbar, aber am meisten hat mich beeindruckt, dass sie größer war als ich, nicht um einen halben Kopf, aber doch eindeutig größer, obwohl ich keineswegs unter dem Durchschnitt liege. Jedenfalls gab es die Versuchung, mich irgendwie zu strecken, um sie möglichst auf Augenhöhe in der Sprache, die kein förmliches Sie kennt, zu fragen, wie es ihr gehe – was ich auch getan habe mit einem How are you?, obwohl es auf der Hand gelegen hatte, wie es ihr ging, sie im Grunde eine einzige, nicht sachgemäß bedeckte Wunde war, aber zu ihrem Glück oder Unglück eine einzige schöne.

Und als wäre das eine Antwort, zog sie die rote Jacke aus und stand nun in einem ausgebleichten T-Shirt mit Puma-Emblem und der zu weiten, von einem Gürtel gehaltenen weißen Trainingshose da, die Füße in ausgebeulten Laufschuhen, eine Hand in die Taille gestützt, die andere am langen Arm als halbe Faust ausgependelt. Sie sah mich einfach nur an, was in dem Fall auch heißt, dass ich sie angesehen habe, für dieselbe Dauer, bestimmt zehn Sekunden, was ja über das Harmlose schon hinausgeht, nur dass ich nicht sagen könnte, in welcher Weise – war es ein prüfender oder ein offener Blick, lag etwas Spähendes oder ein Erstaunen darin? Ich kann höchstens sagen, was die Augen, meine Augen, an das Hirn weitergeleitet haben, ihr auffallend Fremdes und zugleich Schönes (bei aller Vorsicht vor dem Wort schön), und dass meine Augen an ihrem Mund hängengeblieben sind, etwas Aufsässigem daran, noch betont durch die hohen Wangen – in beidem hat der Phantombildzeichner richtiggelegen –, nur eben auch ihre Art, mich anzusehen, aufgenommen haben, so von keiner Regung, als wäre ich ein Wild, das schon durch einen Lidschlag von ihr vertrieben würde, durch den unverwandten Blick auf mich jedoch gebannt stehen bliebe.

Ganz überraschend ging sie dann allerdings in die Hocke und griff in ihr Bündel; sie holte ein Plastiktütchen hervor, das mit etwas gefüllt war, kam wieder auf die langen Beine und zeigte es mir. Es enthielt die Bestandteile meines zerschellten Geräts, und ich zeigte auf eine Stelle, an der schon Abfälle lagen, und sie sagte Up to you beim Wegwerfen der Geräteteile, übergehend in eine Kopfbewegung hin zu dem von ihr geputzten Wagen: ob ich sie etwas mitnehmen könnte, in der Richtung nach Rom, dort arbeite ihr Cousin in einer Küche. Sie hob das umschnürte Bündel auf, und ich sagte so etwas wie: Rom, das sei ziemlich weit, gar nicht an einem Tag zu erreichen, und sie ging um das Auto herum und zeigte ein Hohlkreuz, und das in den alten Trainingssachen, einer Bekleidungskatastrophe, nur nicht bei ihr: Sie machte die verschiedenen Teile zu etwas Ganzem, wie man es sonst nur von denen kennt, die

Mode vorführen. Und um alles, was sich in den nächsten Minuten, ja womöglich nur der folgenden Minute in mir abgespielt hat, zu erfassen, von seinem Grund her und meinem Verhalten in genau dieser Situation, bedürfte es wohl einer ganzen Erzählung, geschrieben von jemandem, der einen wie mich erfunden hätte und daher alles über ihn wüsste; mir dagegen bleibt nur zu sagen, dass ich ihren Gang mehr als verfolgt habe – den einer jungen Frau, die tatsächlich etwas von einer Leichtathletin hatte. Wie sie da in einem Bogen um das Auto ging, das war, als würde sie einen Anlauf abschreiten, jede Phase des Kommenden innerlich durchgehen, das immer konzentriertere Schnellerwerden bis zu dem Sprung in die Luft, um mit hohem Kreuz über eine Latte zu kommen, die weit höher liegt als die eigene Körpergröße, während ich innerlich durchging, wie sie einerseits an ihr Ziel käme, das ja auch meines war, um dort das Auto abzugeben, und ich andererseits die geplante Fahrt durch Kalabrien fortsetzen könnte. Nun, Rom, warum nicht, sagte ich, und schon kurz nach diesen Worten (Well, Roma, why not) hat die, von der es kein richtiges Bild gab, neben mir in dem kleinen Fiat gesessen, den Sitz ganz nach hinten gerückt und die Knie ihrer langen Beine an der Handschuhfachklappe.

Die rätselhafte Afrikanerin – Mitte zwanzig höchstens, so habe ich sie geschätzt – war also plötzlich meine Mitreisende, und das für mindestens eine Woche, reichlich Zeit, dachte ich, um an eine Geschichte zu kommen, mit der sich eine ganze Radionacht füllen ließe. Sie saß wie eingefaltet da, nein, sie war es auch, sie hatte sich eingefaltet in dem Sitz, um es irgendwie bequem zu haben, und außer einem Thank you beim Einsteigen war von ihr kein Wort mehr gekommen, während ich zur Küstenstraße zurückfuhr. Das heißt, sie saß ganz ruhig neben mir, wohl in dem Gefühl, dass es auf direktem Wege nach Rom ginge, und als wir auf der Straße Richtung Catanzaro und Crotone am ersten grünen Hinweisschild zu einer

Autobahn vorbeigefahren sind, erklärte ich ihr, dass die Benutzung der Autobahn zu riskant sei, weil ja alle möglichen Leute sie suchten, um ein Foto von ihr zu bekommen. Im Fernsehen rede man schon über sie, und die Zeitungen zahlten wohl auch Geld für ein Foto, das sie zeige. Besser also keine Autobahn mit Videoüberwachung, stattdessen nur Nebenstraßen, auch wenn das länger dauern würde, einige Tage, aber dann wäre der Wirbel um sie vielleicht vorbei.

Das alles hatte ich langsam gesagt, immer mehr mit dem Eindruck, dass sie entweder nicht wusste, worauf ich anspielte, oder der Ansicht war, es sei nur die Aufregung der anderen, die mit ihr nichts zu tun hatte. Für Letzteres sprach ihre Entgegnung auf meine Empfehlungen, was die Route nach Rom betraf: dass es ihr auf ein paar Tage mehr nicht ankomme, sie sich aber nicht verstecken müsste, weil sie nichts getan habe, außer sich zu schützen. I just protect myself, sagte sie, und mir fiel darauf nichts Besseres ein, als meinen Namen zu nennen und mir dabei an die Brust zu tippen, eine Geste, die sie nicht etwa dazu gebracht hat, auch gleich ihren Namen zu nennen, im Gegenteil: Sie schwieg sogar eine Weile, eine Hand vor dem Mund, die mit dem staubigen Verband – der Zeitraum, in dem ich das Gefühl bekommen habe, sie mehr als nur mitzunehmen, ja im Grunde auf eine Route zu entführen, die allein meine war. Schließlich aber hat sie doch ihren Namen genannt, ohne sich an die Brust zu tippen, den Namen, der mir als schillerndes Kleid vorkäme, würde er auf jeder Seite hier auftauchen, eins, das alles Unschöne, Wunde so verdeckte wie der lockere Mull um die Hand vor ihrem Mund.

Wir waren jetzt über eine Stunde gefahren – wir, sage ich, weil es rückblickend nur diese Sichtweise gibt –, und in einem der vor sich hin dösenden Küstenörtchen hat sich meine Anhalterin, was sie ja unter anderem auch war, nach einer fragenden

Geste die Straßenkarte genommen, die zwischen unseren Sitzen gesteckt hat. Sie wollte nachsehen, wo wir waren, und wohl auch sehen, ob es auf der Strecke irgendwie nach Rom ginge, was keineswegs der Fall war, und ich legte mir schon etwas zurecht, das sie beruhigen könnte, aber auch mich beruhigen sollte mit dem Gefühl, doch mehr für sie da zu sein als andersherum oder mit ihr als Anhalterin etwas höheren Sinn in das eigene eher flache Leben zu bekommen. Hab keine Sorge, alle Wege führen nach Rom, wollte ich schon sagen, während sie die große Karte freihändig in der Luft hielt; und kaum hatte sie gefunden, wo wir gerade waren, sah sie mich so von der Seite an, dass ich langsamer fuhr, ja fast gehalten hätte. Es war einer der Blicke, vor denen wir klein werden, sozusagen auf die eigene Wahrheit schrumpfen, in dem Fall die Wahrheit, dass es eine Strecke nicht in ihrem vitalen Interesse war, sondern allein in meinem intimen.

Sie hatte die Karte dann wieder zwischen die Sitze gelegt, ohne ein Wort, und um als der, der sie mitnahm, etwas Boden zu gewinnen, wollte ich ihr die Frage stellen, auf die andere schon Antworten hatten, wenn sie von Wunder oder Betrug sprachen, nämlich was es mit den von ihr gemachten Bildern, die gar nicht sie zeigten, auf sich habe. Es war eine einfache und ja durchaus verständliche Frage, die sich geradezu aufgedrängt hat, und es war mir unbenommen, sie zu stellen. Aber das ist nicht passiert auf dieser Fahrt entlang der öden Küste; es ist bei einem Can you tell me steckengeblieben, und wie als Antwort auf dieses Abgebrochene griff die Afrikanerin in ihre Jacke und holte ein Foto in einer wasserfesten durchsichtigen Folie hervor und hielt es mir hin, als ein gerades Straßenstück vor uns lag. Es war ein Familienbild, Eltern und Tochter vor einem Kiosk mit Ziegen an der Seite, und die Tochter, Anfang zwanzig vielleicht, war die, die neben mir saß, noch mit ihrem vollen Haar, prächtigen Rastazöpfen in meinen Augen (tatsächlich waren es

Braids). Das seien ihre Eltern, sagte sie und steckte das Bild wieder ein und griff erneut zu der Karte, aber nur, um sich damit in Abständen auf die flache Hand zu schlagen. Ganze Minuten lang ging das so, bis sie mit Blick auf die Straße fragte, ob das ein guter Weg nach Rom sei, der richtige, und ich erklärte ihr, dass wir hier in einem Mietwagen sitzen würden, abzugeben in Rom, also müsste ich dort hinfahren, nur eben auf einem Weg, der länger dauere, einige Tage bestimmt.

Daraufhin hatte sie geschwiegen, aus Höflichkeit, wie mir schien, als hätte sie gespürt, dass es dafür nur meine eigene kleine Begründung gab. Und wie um das Abwegige noch zu unterstreichen, bin ich bei Bovalino von der rot eingezeichneten Küstenstraße auf eine nur gelb eingezeichnete Nebenstrecke ins gebirgige Inland gebogen; das Ganze war ein Umweg zu meinem Tagesziel, Gerace, einem Bergort der hundert Kirchen, damals unser erster Reisehöhepunkt, immer noch bei schlechtem Wetter. Jetzt dagegen war es eine Fahrt in praller Sonne auf einem Sträßchen, das zunehmend gewundener wurde, auch immer weniger befahren. Bald gab es zu beiden Seiten kuppelartige, bewaldete Berge, braun von der langen Trockenheit, eine in sich verfilzte Macchia, oft bis an die Fahrbahn; erst auf einer Hochebene mit einem Bachlauf längs der Straße wich das Gestrüpp so zurück, dass es zwischen Bach und Macchia einen Grasstreifen gab. Seit meiner letzten Erklärung war kein Wort mehr gefallen, und fast hätte ich angefangen, über den Reiz der Strecke zu reden, als meine Beifahrerin – auch als das hatte ich versucht, sie zu sehen – nach dem Benzinpreis fragte, wie viel hier ein Liter koste, und ich nannte den ungefähren Preis, mit der Folge eines Gesprächs über Vor- und Nachteile von Benzin- und Dieselfahrzeugen – sie kannte sich aus in dem Bereich, viel mehr als ich –, bis die nächste unerwartete Frage kam: ob ich etwas dagegen hätte, wenn sie sich in dem Bach wäscht.

Und kaum hatte ich seitlich der Straße gestoppt, stieg sie auch schon samt ihrem Bündel aus und lief auf das Wasser zu, während ich mich, der Strömung folgend, von ihr entfernte – ein Gang, der mir gut in Erinnerung ist, weil ich mich beobachtet gefühlt habe und daher selbst den Beobachtenden spielte, den, der nur Augen für die Natur hat, nicht für eine junge Frau, die sich in einem Bach wäscht. Um mich war flechtenbewachsener Fels und vereinzelt Oliven von der knorrigen Art, mit nur kurzem, dickem Stamm; gegen zwei war es bei diesem Halt, die Stunde der größten Hitze, und die Olivenblättchen standen so zur Sonne, dass sie wenig Angriffsfläche boten, sie zeigten ihre hellere Seite und erzeugten damit ein silberrauchiges Licht im Geäst. Dazu kam das Lärmen einer einzelnen Zikade aus dem gedrungensten der Bäume, wie ein unermüdlicher Protest gegen die Einsamkeit dieses Streifens Land, und ich ging zu dem Baum und legte eine Hand auf den von Spalten durchzogenen Stamm, mit einer Rinde wie versteinerte Haut. Die Zikade verstummte, vielleicht durch meine Hand am Stamm, wer weiß das schon, und wenn ich an diese, sagen wir, zehn Minuten vor dem Olivenbaum, hinter mir der Bach und eine junge Fremde, die sich darin wäscht, zurückdenke, denke ich nur zum Teil an diese Szene, weil eine andere Geschichte sich davorschiebt; aber um das zu erklären, muss der Bericht hier etwas ausholen.

Vor meiner Ankunft in dem Ort, in dem die Eltern der Afrikanerin ihren Kiosk hatten (zu sehen auf dem mir im Auto hingehaltenen Foto), war ich für knapp einen Monat in dem Dorf, in dem ich das Alphabet gelernt hatte (circa achtundvierzigster Breitengrad, für geografisch Interessierte). Ich habe mich dorthin geflüchtet, kann man sagen, und bin untergekommen im Haus einer alten Kindheitsfreundin, wenn nicht Kinderliebe, inzwischen dortige Pastorin auf, wie ich glaube, verlorenem

Posten. Wir hatten denselben Schulweg gehabt in dem immer noch recht abgelegenen Dorf in einem Hochtal im waldreichen Südwesten unseres Landes, und sie hat mir, obwohl wir uns in all den Jahren nur zweimal über den Weg gelaufen waren, jeweils am Rande eines Kirchentags, sofort ihr Gästezimmer unter dem Dach angeboten, mit Blick auf einen stetig ansteigenden Wiesenhang, endend an einem Wald; zwischen den ersten Tannen – für ein Kind dieser Gegend leicht zu erkennen – die sicher berühmteste Hütte im Lande. Sie verdankt ihren Ruf einem Philosophen, dem sie zu weltabgeschiedenem Denken gedient hat und den mein Vater, seinerzeit ein bei Tisch Vorträge haltender sogenannter praktischer Arzt, der einzige im Dorf, noch hat spazieren gehen sehen und für eine Art Halbgott hielt – Aber der lief da frei herum mit seinen Kniebundhosen, erzählte er bei jeder Gelegenheit. Gleichwohl hat sich dieses Mansardenzimmer (eines früheren Forsthauses) schon bald, wie auch die vertraute Umgebung und Nähe zu meiner einstigen Kinderliebe, als ungeeignet erwiesen, um dort einen Bericht in eigener Sache zu schreiben – mir auch klar geworden durch eine sich wiederholende Szene ähnlich der an dem Bachlauf, als ich vor dem alten Olivenbaum gestanden habe. Die Bewohnerin des Hauses nutzte außer ihrem Bad noch eine von meinem Fenster aus einsehbare Gartendusche, das heißt, sie pflegte in dem ja sehr warmen September dort morgens zu duschen, in der Annahme, ich würde entweder noch schlafen oder mich nicht für sie interessieren. Nur war ich wach und habe die Dusche gehört, mal leise plätschernd, dann wieder klatschend, je nachdem, wo und wie das Wasser auf den Körper traf, und immer war da die Versuchung, ans Fenster zu treten, und der Gegengedanke, dass sie mich sehen könnte, in meiner Neugier, womit von da an etwas zwischen uns gelegen hätte, dass es vorher nie zwischen uns gab, jedenfalls nie in solcher Deutlichkeit, höchstens als unbestimmter Wunsch. Das aber war nur ein Umstand von mehreren, die ein konzentriertes Arbeiten an diesem Bericht erschwert haben, und so war es, bei aller Entfernung, schließlich das Naheliegendste, an den Ort zu reisen, dem die Afrikanerin für immer den Rücken gekehrt hatte, schon um in ihrer alten Umgebung der Erinnerung an alles, was mit ihr zu tun gehabt hat, auf die Sprünge zu helfen, nicht zuletzt dem ersten Tag unserer Fahrt durch Kalabrien mit dem Halt an dem Bachlauf und meinem diskreten Wegschauen.

4

Gut zehn Minuten, sagte ich, habe dieses Stehen vor dem Olivenbaum gedauert (wie als Kind beim Versteckspielen vor einer Wand, einer Tür oder auch einem Baum, während sich die anderen hinter einem verborgene Plätze suchten), aber ich glaube, es waren nur im Rückblick über zehn Minuten, weil ja die noch frische Erinnerung an den Aufenthalt im Haus meiner alten Kindheitsfreundin dazugekommen war. Auf jeden Fall ist die Zeit langsam vergangen, bis es hinter mir in den Kieseln seitlich des Bachlaufs geknirscht hat – von den Schritten der Afrikanerin, folglich konnte ich mich umdrehen. Sie war jetzt in ein zum Kleid geschlungenes rotbraunes Tuch gehüllt, eins, von dem, wie auch von ihrem Namen, etwas irreführend Anmutiges ausging, und darin kam sie auf mich zu. Ob es möglich sei, in der nächsten Ortschaft ein Stück Seife zu kaufen – mehr eine Bitte als eine Frage war das, eine jener Bitten, die eigentlich ganz leicht zu erfüllen sind – man geht in einen Laden und kauft die Seife –, aber zugleich etwas haben, als wären sie nur die Spitze eines Wünscheeisbergs.

Die nächste Ortschaft hieß Cittanova, was nicht gerade vielversprechend klang; zwölf Kilometer weiter, wieder in Richtung der ionischen Küste, lag allerdings schon Gerace, mit seinen vielen Kirchen wie hervorgewachsen aus einem Bergplateau und mir auch in Erinnerung durch eine schöne lange Pause, weil der zentrale Dom über Mittag geschlossen war und seine Besichtigung im Programm gestanden hat. Ich wollte mich auf jeden Fall dort aufhalten und erklärte Gerace als ideal für den Kauf einer Seife. Und überhaupt bekäme man dort alles, sagte ich, auch den Käse, die Salami oder den Honig der Gegend, dazu noch hundert Kirchen und den besten Kaffee. Irgendetwas hatte mich dazu gebracht, in ein falsches Schwärmen zu kommen, wie es in heutiger Zeit doch eher passiert, wenn man kleine Meldungen über sein Befinden oder etwas gerade Erlebtes verbreitet, und das Ganze ist so weit gegangen, dass ich in einer scharfen Rechtskurve zu ihr gesagt habe – Rechtskurve, weil sie zur Fahrerseite geneigt war –, sie würde es nicht bereuen, dass es mir gelungen sei, sie zu finden.

Es war einer der Sätze, wie wir sie gern vergessen oder uns später nicht mehr an sie erinnern wollen, an ihr schon Peinliches, und ich hätte ihn wohl auch vergessen oder, schlimmer noch, verleugnet, wenn meine Beifahrerin nicht nach einigem Schweigen, einem verneinenden, auch wenn ich nicht sagen könnte, womit, auf einmal erklärt hätte, sie habe mich gefunden und nicht umgekehrt. Danach sah sie in die Gegend, ohne jede Regung, als dürfte sie weder Unglück noch Glück zeigen, nur Gleichmut, und ich versuchte, wie sie in die Gegend zu sehen und dabei noch auf die Straße zu achten, aber auch Gleichmut zu zeigen, ja zu atmen wie sie, zuerst adagio, dann largo, um es musikalisch auszudrücken, passend zu ihrer Ruhe – die mir so als zu viel des Guten erschienen ist wie ihr Name.

Gegenden oder Landschaften gehen ja an einem vorbei, wenn die eigenen Belange zerklüfteter oder berückender sind: Was können mir schon Berge sagen, wenn neben mir die sitzt, die ich seit jeher gewollt habe – so war es mit Lydia gewesen, auch von ihrer Seite. Wir waren uns hinten im Wagen einander genug, während das andere Paar nicht genug bekommen konnte von einer Gegend, die erst jetzt, auf dieser Wiederholungsreise, an mich herankam. Da gab es Bergformationen von mineralischer Klarheit, nur düster, wo sie bewachsen waren, dagegen metallisch im Übergang zum Karstigen, wo höchstens kleine Ölbäume standen. Ich fuhr bei offenen Fenstern, eine wie verdickte Luft zog herein, mit Gerüchen nach aufgeweichtem Asphalt und noch etwas anderem, kaum einzuordnen, bis mir aufging, dass es gar nicht von außen kam – die Afrikanerin hatte sich mit etwas eingerieben, und ich fragte sie, was das sei, und sie sagte ein Wort in ihrer Sprache, zu fremd, um es sich merken können; eingeprägt hat sich dafür, wie sie mit ihren Daumen an den Schläfen entlangstrich, um dort noch etwas von dem, was nach Weihrauch roch, zu verteilen, eine Geste, wie mir schien, nur für mich – sieh, was ich kann, mich selbst beruhigen, dazu reichen mir die Daumen.

Und von da an bin ich etwas schneller gefahren, als die Straße es eigentlich zugelassen hat, um den Willen zu zeigen, sie an ihr Ziel zu bringen (das in der Gegenrichtung lag), und bald sah man das Felsplateau, auf dem Gerace errichtet war, und wieder kam von ihr nichts, aber was hätte sie auch sagen sollen, etwa: Gott, wie schön, da möchte man leben, es erinnert an die Akropolis! Es gab von ihrer Seite nichts zu sagen, also sagte ich auch nichts, ganz ihr Chauffeur; die Straße führte in engen Kurven den Berg hinauf, endend an einem Parkplatz mit nur zwei Fahrzeugen. Es war noch immer die Zeit der Mittagsstille, selbst mit stillen Vögeln. Ich schlug vor, dass sie im Wagen bleiben sollte, ich würde die Einkäufe erledigen, samt der Seife – aber erstens waren alle Läden noch zu, und zweitens wollte ich in einer Caffè-Bar auf dem kleinen Platz vor dem Dom auf das Dreiuhrläuten warten, so wie damals – oder gestern für mein Empfinden – mit Lydia, während der Neurologe und seine Frau im einzig offenen Geschäft waren, einem nur mit handwerklichen Produkten der Gegend. Lydia hatte mir, eng an meiner Seite wegen des kühlen Winds, gesagt, dass sie es kaum abwarten könnte, bis wir abends im Bett lägen, sie auf mir oder umgekehrt: Daran wollte ich mich mit Blick auf den Dom erinnern, an diese Aussage, ja sie ungestört vor mich hin flüstern mit Lydias oft etwas hastiger Stimme, und das hieß, wieder einmal die Bestätigung dafür zu erhalten, wie sehr das

Gefühl, geliebt zu werden, doch die Fläche, auf der ein Mensch verletzt werden kann, verbreitert. Aber meine Mitreisende ließ sich nicht dazu bewegen, allein im Wagen zu bleiben, sie schüttelte beharrlich den Kopf und bat um meine Sonnenbrille und eine Kappe, die auf dem Rücksitz lag, eine mit der Silhouette des Kolosseums. Und auf diese Weise, wie soll ich sagen, getarnt, dazu in dem Tuchkleid statt dem Trainingsanzug aus zwei Teilen, ging sie neben mir durch eines der steinernen Tore in den Ort, um die Zeit noch in einem Schlaf, wie ihn ein glühender Nachmittag eben mit sich bringt.

Den Laden mit den lokalen Erzeugnissen, unter anderem auch Seife, gab es noch, und er führte jetzt sogar Brot und Weine und alles mögliche Eingelegte in Gläsern und warb auf einem selbstgemachten Schild über dem Eingang damit, dass man dort auch über Mittag etwas kaufen könnte: Eine einladende Frauenhand mit roten Nägeln wies auf die offene Tür hin. Und nach dem Kauf der Seife – sie hatte an jeder gerochen und sich dann schnell entschieden – und einigen Proviants, Brot, Käse, Salami, eingelegte Tomaten, drei Dosen Sardinen, genügend Wasser und zwei Flaschen vom Weißen der Region – setzten wir uns auf die Stufen vor einer der vielen Kirchen, einer kleinen mit Kuppeldach, das an ein Panzertier denken ließ, und aßen dort ohne ein überflüssiges Wort.

Ja, ich meine, dass wir sogar nur gegessen und getrunken haben, wie die Leute hier in dem Grenzort unterhalb des dritten Breitengrads, wenn sie ihre Arbeit unterbrechen und irgendwo am Straßenrand sitzen, auf den Knien eine Plastikschüssel oder geöffnete Tüte, darin Reis mit einer Soße und Fetzen von Fleisch oder Fisch, und nichts anderes tun, als diese Nahrung mit den Fingern aufzunehmen, vorübergehend losgelöst von der Welt, wie ich es bei dem Scherenschleifer am Rand der unbefestigten Durchgangsstraße schon mehrfach beobachtet habe. Er hat sein Fahrrad mit dem Schleifstein immer am selben Platz und nimmt dort auch sein Essen ein, neben dem Rad auf einem Werkzeugkasten sitzend; es genügt, den Kopf von der Arbeit an diesem Bericht zu heben, um ihn mittags mit seiner Schüssel auf den Knien zu sehen – der Arbeit an einem soliden Holztisch vor der offenen Balkontür meines Zimmers, des einzig bewohnbaren in dem kleinen Rohbauhotel.

Und dieser Alte, der nicht nur Scheren schleift und Messer, sondern auch, wie gesagt, Spielzeug aus Drähten zurechtbiegt, hat mir gestern erstmals zugewinkt, als wäre ich von nun an ein Bekannter, der wie er täglich arbeitet, nur an einem anderen Gerät (einem alten Notebook noch aus den Zeiten geregelten Einkommens, bei dem bereits zwei Zeichen ausgefallen sind, das Komma, was sich verschmerzen lässt, und auch das I, ersetzbar mit der 1). Sein Winken wirkte belebend auf mich, wie auch anderes, was es von meinem Platz aus zu sehen gibt. Da stehen etwa junge Männer den lieben langen Tag um einen Mercedes aus dem vorigen Jahrhundert, der ganze Wagen dermaßen verstaubt, dass man das Modell kaum erkennen kann, vermutlich ist es ein hundertneunziger Diesel, schon mit Kastenform, die Motorhaube aufgeklappt, gestützt von einem Stock. Einer der Männer werkelt am Motor, die anderen schauen zu. Und wenn ich in die Gegenrichtung sehe, zur Grenzbrücke hin, liegt dort, sobald das abendliche Verkaufsleben im Gange ist, Kleidung und Ausrüstung wie für einen Krieg oder Kriegsfilm längs auf der Straße, Drillichhosen, Springerstiefel, Tarnjacken, Helme und Dolche, aber auch Puppen in militärischer Aufmachung und gleich daneben welche in Burkas und Hochzeitsgewändern.

Es ist ein Teil des Abendmarkts, und der zieht sich, vorbei an der Grenzbrücke, bis zu einem länglichen Platz nah am Fluss mit ambulanten Schönheitssalons und Ständen voller magischer Dinge gegen jedes Leiden, besonders die männlichen; mit Garküchen und fliegenden Händlern, aber vor allem, am Ende des Platzes, mit dem einzigen Tages- und Nachtcafé, das es hier gibt, halb in einem Bretterbau, halb unter freiem Himmel, dem Café Elijah mit wechselnden Gerichten und auch wechselnder Live-Musik, aber den immer selben Typen auf oder eher in weißen Plastikstühlen an weißen Plastiktischen, übersät mit Bierflaschen. Seit einem nächtlichen Überfall auf den Ort ist das Café konkurrenzlos: Der Besitzer des Rohbauhotels hat davon erzählt, abends im Hof hinter dem unverputzten Gemäuer. Moses Offaka, wie auf seinen immer scharf gebügelten sandfarbenen Hemden steht – anzureden auf eigenen Wunsch mit Mister Moses –, sprach von Angehörigen einer versprengten Truppe, die nachts über den Grenzfluss gekommen seien, plünderten, Feuer legten und wieder verschwanden, ohne dass Polizei oder Militär eingegriffen hätte. Dadurch seien das einzige Restaurant im Ort außer dem Nachtcafé und noch ein Kiosk in Flammen aufgegangen: eine Geschichte, die ich auf der Fahrt im kleinen Fiat schon einmal gehört hatte, sogar im Detail, aber ich ließ mir nichts anmerken; sich dumm zu stellen erweist sich in der Fremde oft als klug. Und im Übrigen bin ich hier auch immer wieder der Dumme, selbst den Bettlern gegenüber.

Vis-à-vis meinem provisorischen Balkon steht auf der anderen Straßenseite eine große Samsung-Werbetafel, höher als der zweistöckige Hotelrohbau, und am Fuße dieser Tafel, das heißt ihres Gerüsts, liegt Tag und Nacht ein Bündel von Mensch, das Gesicht hinter einem feinmaschigen Stoffgitter, also eine Frau; meist liegt sie reglos da, wie schon verendet. Nur wenn jemand in etwas besserer Kleidung vorbeigeht, einer wie ich, kommt schnell eine knotige schwarze Hand als Schale aus dem Bündel, und selbst wenn ich eine Münze hineinlege oder eher vorsichtig fallen lasse, um mit der Hand nicht in Berührung zu kommen, fühle ich mich als der Dumme oder wie ein Teil des Motivs an dem Gerüst, dem überlebensgroßen Bild eines überfütterten afrikanischen Jungen, der in schneeweißem Bettzeug neben seinem smarten Gerät von Samsung selig schläft – ein Bild, das nur zu ertragen ist, wenn den Vormittag über storchengroße Vögel auf dem Gerüst hocken, an kaputte Regenschirme und mit ihren langen Schnäbeln auch an Winkeladvokaten auf alten Karikaturen erinnernd, die Marabus. Sie warten nur darauf, mit vielen anderen, die in Bäumen hocken oder auf Dächern, dass sie im kleinen örtlichen Schlachthof zum Zuge kommen und noch übrige Fleischfetzen aus den Blutlachen picken können.

Marabus – ich hatte die Afrikanerin, als wir in der Caffè-Bar an dem kleinen Platz vor dem über Mittag geschlossenen Dom von Gerace saßen, gefragt, ob es dort, wo sie herkomme, wilde Tiere gebe, oder welches Tier man am häufigsten sehe – ein Versuch von Konversation, um nicht nur dazusitzen bei einem Espresso, nachdem wir gegessen hatten. Und da erwähnte sie eben die Marabus und brachte auch den Vergleich mit kaputten Schirmen; man würde diese hässlichen Vögel überall sehen, wilde Tiere dagegen kaum, nur tief im Buschland. Dort gebe es Schakale und Strauße, manchmal auch Hyänen oder ein vereinzeltes Nashorn, aber das liege alles hinter ihr. Damit schloss sie das Thema ab, die Konversation war also beendet, und uns wäre nur ein Schweigen von der Art geblieben, die keinesfalls mehr ist als reden, hätte der Dom nicht wieder seine Pforte geöffnet nach der langen Mittagspause – eigentlich schon das Ende meines Erinnerungsaufenthalts in Gerace, aber die Afrikanerin fragte, ob wir den Dom besichtigen könnten, folglich kaufte ich Eintrittskarten.

Niemand sonst tat das an dem glühenden Nachmittag, und so betraten wir als Einzige den nahezu kahlen Innenraum mit einer schon metaphysischen Leere, die man nur mit sich selbst füllen konnte oder ignorieren; und während ich einfach die Kühle in dem Domschiff genoss, ging meine Begleiterin für eine Bekreuzigung in die Knie, ein im Grunde vertrauter Anblick, nur blieb sie die junge Fremde mit langen, für Momente eingefalteten Beinen, dazu noch imstande, sich mit einer fließenden Bewegung wieder aufzurichten. Danach ließ sie sich mit dem Einzigen, das es in dem Raum zu besichtigen gab, Zeit, einem wie dort abgestellten Beichtstuhl mit schwarzen Samtvorhängen; sie ging langsam um ihn herum, sie bewegte auch einen der Vorhänge mit dem Finger, zwischendurch sah sie zu mir, ob ich ihr Tun etwa missbilligte, und ich tippte nur an meine Uhr, um anzudeuten, dass wir weiterfahren sollten, obwohl es weder ein Tagesziel gab noch irgendeinen Zeitdruck, nur ein Gefühl der Beklemmung: mit ihr allein zu sein in dem Dom, mit allem, was ich nicht von ihr wusste, oder anders gesagt: allein zu sein mit meinen Ideen von ihr.

Und als wir kurz darauf wieder in dem kleinen Fiat saßen, sie erneut mit den Knien am Handschuhfach und die Kappe mit der Kolosseumssilhouette in die Stirn gezogen, erklärte sie – als wäre nach dem Aufenthalt im Dom noch eine Frage offen –, dass ihr die Eltern den Besuch einer Missionsschule in der nächstgelegenen Stadt ermöglicht hätten. Mehr sagte sie dazu nicht, sie kam gleich auf etwas anderes: Warum wir wieder ans Meer fahren würden, wollte sie wissen und zeigte dabei in Fahrtrichtung, auf einen Glitzerstreifen in der Ferne, die Küste, die wir schon verlassen hatten, mit einem für alles Urlaubige ungeeigneten Strand in meiner Erinnerung, geeignet höchstens, um dort irgendwo ungesehen die Nacht zu verbringen. Von den gekauften Lebensmitteln war noch genug übrig, und so gab es keinen Grund, sich an dem Tag noch einmal unter Leute zu begeben – Leute, die vielleicht auf den Gedanken gekommen wären, die so hochgewachsene junge Fremde an meiner Seite könnte die sein, von der es nur Beschreibungen gab sowie ein Phantombild von Männerhand.

Ja, wir würden ans Meer fahren, sagte ich, kurz bevor wir die Küstenstraße erreichten, und das dürfte sich für sie angehört haben, als müsste sie wieder in ein Schlauchboot, und es ginge zurück übers Meer. Aber sie schob nur die Kappe etwas höher und sah mich über den Rand meiner Sonnenbrille an, einer nicht ganz billigen, die ich, um Lydia zu gefallen, einmal unterwegs gekauft hatte, vielleicht aus dem gleichen Übermut, aus dem die Afrikanerin auf ein stillgelegtes Karussell gestiegen war, und die im Moment ihres Blicks auf mich bloß noch das war, wozu sie diente. Es war ein Blick, der mir schon hätte klarmachen können, dass diese ganze Fahrt allenfalls aussah wie eine Reise zu zweit, in Wirklichkeit aber eine Flucht war, der Ernstfall des Unterwegsseins. Aber das sah ich nicht, ich sah nur die Straße und mit halbem Auge meine Beifahrerin und die Küste, die auf ihrer Seite lag. Und schließlich sagte ich, irgendwo müssten wir übernachten, am besten dort, wo keine Menschen seien, niemand sich herausnehmen könnte, von ihr ein Bild zu machen, und ihre ganze Antwort war wieder nur Up to you, diesmal aber so, als würde sie mir nicht zutrauen, einen geeigneten Platz für die Nacht zu finden, überhaupt mit der Nacht zurechtzukommen. Ja, es hatte sich angehört, als wäre ich in ihren Augen ein hoffnungsloser Tagesmensch, der nur an das glaubt, was er sieht, und daher nicht an Gott glaubt wie sie, der nur Auto fahren kann und Einkäufe machen, aber nicht beten, bloß herumsteht in einer Kirche und vielleicht über Gott nachdenkt, ohne im Kopf zu haben, dass der Mensch nur zu sehen und zu denken vermag, was Gott nicht ist. So hat sie mich jedenfalls über den Rand meiner Sonnenbrille angesehen, während es schon etwas dämmerte.

Und an diesem frühen Abend ist unsere Fahrt bis hinter Riace gegangen, in etwa dorthin, wo man die Bronzekrieger im

Meer entdeckt hatte, in nur acht Metern Tiefe nach über zweieinhalbtausend Jahren im Salzwasser fast unbeschadet, während ich schon nach einem Tag im Element dieser großgewachsenen und neben mir meist stummen Afrikanerin nicht mehr ganz der war, der sich am Morgen aufgemacht hatte, sie zu suchen, nämlich schon ein Stück entfernt von der Idee, sie wäre genau die Richtige für eine Radionachtgeschichte, die mich beruflich weiterbringen könnte.

Das Mittelmeer, so wird es uns in dramatischen Animationen erzählt, werde eines fernen Tages durch die fortschreitende Kontinentalverschiebung verschwunden sein, Afrika also zu Europa aufschließen oder umgekehrt, womit es für alle, die ihr Glück weiter im Norden suchen – wenn man es zu Ende denkt –, leichter wird, falls es dann noch Glückssuchende oder überhaupt Menschen gibt. Derzeit aber stellt dieses Meer noch das größte Hindernis auf dem Weg ins Glück dar, unüberwindbar ohne das nötige Geld und den nötigen Schneid – in der Weise ist es jedenfalls abends vor dem Café mit dem Prophetennamen herauszuhören, wenn ich dort noch ein Bier trinke, Nile Gold Crystal, und am Nebentisch junge Männer rauchen und eine einzelne Flasche kreisen lassen und sich die Köpfe heißreden. Einige sind Moslems, sie rauchen nur und reichen das Bier mit höflicher Gebärde weiter, und die, die ein Kreuz um den Hals tragen, sehen darin wohl nichts Besonderes. Sie kommen hier miteinander aus, die Religionen, das ist mein Eindruck. Es gibt mehrere kleine Moscheen im Ort, wie Spielzeughäuser mit ihren Minarettchen, und es gibt zwei Kirchen mit Glocke auf dem Dach; und wäre mir mein Gerät für alle Zwecke nicht aus der Hand gefallen, ob mit halber oder voller Absicht, und in seine Teile zersprungen, würde ich meiner alten Kindheitsfreundin, die mich aufgenommen hatte, Bilder dieser Kirchen zukommen lassen.

Der Abschied von ihr, der Pastorin auf weiß Gott verlorenem Posten – Vorname Marion, aber seit jeher Maren genannt –, war ziemlich abrupt, also wäre es mehr als geboten, von mir hören zu lassen, auch wenn ich nicht sicher bin, wie sie ein solches Lebenszeichen auffassen würde. Maren ist nicht der Typ Frau, der sich leicht einschätzen lässt, in ihren Augen – südlichen Augen, mit Vorsicht gesagt – liegt in einem Moment etwas Spöttisches und im nächsten etwas Distanziertes, eine unbestimmte Entschiedenheit; in der Summe aber liegt darin, denke ich, ein stilles Verlangen nach verschärftem Leben, etwas Heilloses, als wäre ein früheres Forsthaus am Waldrand die falsche Umgebung für sie, eine, die auch nicht richtiger wird durch die vielen Bücher im Haus. Maren war schon immer eine Leserin, die sich von Büchern, und gemeint sind Romane, die Bibel ihrer Ansicht nach eingeschlossen, mitnehmen ließ, wenn man es nüchtern ausdrückt, im Grunde aber immer wieder auch fertigmachen ließ, als wäre das Lesen eines Buchs jeweils eine Affäre auf Leben und Tod. Gleichwohl übt sie ihren Beruf aus, besucht die verstreuten Gemeindeteile in der überwiegend katholischen Gegend und hält an Sonntagen bis zu drei Predigten. Oft haben wir uns nur am späteren Abend in der Küche gesehen, dort noch etwas getrunken, außer an ihrem freien Tag, da ließ sie sich sogar im Schwarzen Adler, in dem wir schon als Kinder vor einer Bluna mit zwei Strohhalmen gesessen hatten, einladen, was nur schon während des Essens solcher Gerichte wie Zwiebelrostbraten oder Ochsenbäckchen kein harmloses Zusammensein war, sondern von ihrer Seite eins von der Schwere des Essens. Und ich glaube, es war auch ihr immer etwas fragender Blick, ein ständiges stilles Wer bist du, was willst du, was ist deine Wahrheit, dem ich am Ende ausgewichen bin; ja selbst meine Aussicht aus dem Gästezimmer über die Gartendusche hinweg zu dem mehr und mehr ansteigenden Wiesenhang bis zu dem Waldrand mit der Hütte des heute immer noch berühmten Philosophen ist mir zu viel geworden, obwohl mir dessen Begriff der Existenz immer näher war als die Idee einer unsterblichen Seele. Gleich am Anfang meines knappen Monats in dem Pfarrhaus wollte Maren mit mir zu der Hütte gehen, wie um mir zu zeigen, dass es dort kein Leben mehr gibt, die Religion ohne Gott gescheitert ist, aber ich konnte sie davon abbringen, weil zu der Stunde ein Gewitter in der Luft lag, und so gingen wir nur ein Stück auf dem Feldweg, der zum Pfarrhaus führt. Zu der Zeit wusste sie schon von der Afrikanerin und meinem doppelten Motiv auf der Autofahrt durch Kalabrien, mir Lydia aus dem Kopf oder Herzen zu schlagen und zu einer Geschichte für das Radionachtprogramm zu kommen. Maren hatte nicht danach gefragt, ich hatte ihr das abends in der Küche erzählt; nun aber, auf dem Feldweg, es war an einem Mittwoch, ihrem freien Tag, fragte sie auf einmal nach der ersten Nacht mit der Afrikanerin, wie das gewesen sei, und ich erzählte von dem verlassenen Strand bei Riace, wie sie sich dort, nachdem wir die Essensreste geteilt hatten, vor einer Böschung einfach niedergelegt hat, zugedeckt mit dem festen Tuch, in das sonst ihre Habe eingerollt war, und wie sie offenbar mühelos in den Schlaf fand, während ich, ausgestreckt neben dem kleinen Fiat, immer wieder zu ihr hinsah.

Es war die ungewöhnlichste erste Nacht mit einer Frau, an die ich mich erinnern kann, sagte ich, als wir dort, wo der Weg von einem Feldkreuz her auf den Wald zubiegt, umkehrten; da verdunkelten sich die Wolken schon, und ich machte zur Eile drängende Bewegungen, aber Maren war ganz woanders als beim Wetter, sie wunderte sich über eine Präposition. Wieso mit, fragte sie, was hattest du mit ihr zu tun, was war da genau?, und ich verbesserte mich: In Reichweite einer fremden Frau, das war jetzt meine Formulierung, obwohl auch die nicht ganz stimmte – es hatten sicher vier, fünf Schritte zwischen uns gelegen. Also war es die ungewöhnlichste erste Nacht neben einer

Frau, sagte Maren, aber warum ungewöhnlich? Sie ging jetzt ein paar Schritte vor mir und sah beim Reden über die Schulter, das hatte sie schon auf unseren Schulwegen getan, und ich rief, weil es ein Strandlager gewesen sei, vor uns das Meer, reglos, über uns Massen von Sternen, hinter uns Schilf und ein Bahndamm – eine Antwort, die ihr zu wenig war (auch das hatte mich den Aufenthalt bei ihr beenden lassen, ihr Immer-alles-genau-wissen-Wollen). Dieses nächtliche Strandlager, das sei ihr noch nicht ganz klar, sagte sie, und natürlich steckte auch darin eine Frage, wenn nicht mehrere Fragen – was war da unter freiem Himmel, wer lag da wie in Reichweite, und dieser leere Strand, das so ruhige Meer, die Stille ringsherum, die Sterne, kann man da überhaupt schlafen? Sie lief jetzt wieder neben mir, mit schnelleren Schritten, weil inzwischen warmer Wind Staub von dem trockenen Weg aufwirbelte und es jeden Augenblick schütten konnte (an einem der geradezu tropischen Tage noch im September). Und es hatte dann etwas Erlösendes, erlösend von dem Thema wie auch von der Schwüle, als wir doch noch in einen jähen, prasselnden Regen kamen und meine alte Kindheitsfreundin – nach wie vor mit Pferdeschwanz, darin ein feines Grau, auch nach wie vor mit einem blassen, aber vollen Mund – sich bei mir unterhakte, den Kopf, ich will nicht sagen: an meiner Schulter, aber doch zugeneigt, was mit einem Schutz vor dem Regen wenig oder auch gar nichts zu tun gehabt hat.

Der leere Strand an dem so ruhigen Meer war grobkieselig, mit einer überwucherten Übergangszone zu dem Bahndamm. Ich hatte das Schild für eine Abzweigung von der Straße zu einer Unterführung gerade noch rechtzeitig gesehen, dadurch konnten wir bis an die Gestrüppzone fahren und von dort an den Strand laufen, wo ein feuchtwarmer Wind Papiere, lose Ballen von Zweigen und leere Plastikflaschen auf uns zubewegte; an Wochenenden mochten hier Menschen sein, nun aber war –

rekonstruiert anhand eines Kalenders – Dienstag. Meine Mitreisende ging zu einem Wasserlauf, der aus einer Röhre unter dem Damm kam, und folgte dem Lauf zu der erwähnten Böschung mit katastrophal ineinander verwachsenen Agaven; davor legte sie ihr Bündel ab und öffnete es, und es war die Art, sich so zu verhalten, als gäbe es mich gar nicht, als wählte sie allein ein Nachtlager auf ihrer Wanderung, die bei mir erneut den Gedanken aufkommen ließ, dass aus ihrem Leben, ihrem Dasein, ihrem Rätsel keine Geschichte zu machen sei, in der ich nicht selbst eine Rolle spielte – sie hatte bisher kaum etwas und doch schon zu viel erzählt, als dass ich einfach nur Zuhörer gewesen wäre. Nein, ich war ihr Zuhörer, wie ich ihr Fahrer war, aber auch der, der mit ihr dorthin fuhr, wo sie gar nicht hinwollte, sie also entführte, so wie sie, gewollt oder ungewollt, schwer zu sagen, begonnen hatte, mich in ihr Dasein zu verwickeln, und sei es nur mit einem Kniefall. Das heißt, wenn es etwas Unheimliches an der Liebe gibt, dann ist es ihr schon Ansteckendes, ohne dass sie sich in irgendeiner Weise zeigen muss, ja alle Anzeichen können sogar gegen die Liebe sprechen, und dennoch breitet sie sich in uns aus – was ich nicht beweisen kann, nur hier einmal so festhalten.

Es war unser erster Abend vor der ersten Nacht, ich wiederhole es, weil die Menge der Einzelheiten suggerieren könnte, dass es schon die zweite Nacht war, aber jedes nur halbe Wort und jeder kleine Handgriff hatte den ganzen Sog des Neuen. Nachdem ich alles von dem Einkauf noch Übrige auf einem meiner Hemden ausgebreitet hatte, entnahm sie ihrem Bündeltuch, einer eingenähten, schmalen Tasche darin, ein Messer, wie man es nicht jeden Tag sieht, eins mit fingergerechtem Holzgriff und zur Spitze hin leicht gekrümmter, wie sogar zum Rasieren geeigneter Klinge. Und damit schnitt sie die restliche Salami ohne Unterlage, also frei in der Luft, in genau gleich dünne Scheiben, die mir in die hingehaltene Hand fielen.

Das Messer, erfuhr ich an dem Abend, stammte aus dem Schlachthof in ihrem Ort, sie hatte es dort mitgehen lassen, als sie zwei Ziegen zum Schlachten brachte, um an etwas Geld zu kommen. Wie nebenbei sagte sie das, nur hörte es sich an, als hätte sie an den Ziegen gehangen und das Messer aus Rache mitgenommen. Was da vorher passiert sei, fragte ich, und statt zu antworten oder anstelle einer Antwort spielte sie mit dem Messer; immer wieder zog sie seine Spitze so über ihre blassbraune Handschale, dass ich die Frage schon bereute. Dann aber legte sie sich wie zum Schlafen hin, das Messer jetzt irgendwo unter der Kleidung, und begann, von dem Vorher zu erzählen, allerdings so, als würde sie mit sich selbst reden, leise und ohne mich auch nur einmal anzusehen. Es waren Ziegen, die, soweit ich ihr folgen konnte, ein Feuer überlebt hatten, das Niederbrennen ihres Elternhauses, eines Kioskladens mit angeschlossenem Wohnbereich. Mit anderen Worten: Es waren die beiden außer ihr – sie in jener Nacht zum Glück in ihrer Missionsschule – einzigen Überlebenden, die sie aber zum Schlachten führen musste, weil für das letzte Schuljahr noch Geld fehlte. Nach diesen Informationen – genau das war es: reines Informieren – hat sie sich auf die Seite gedreht, mit dem Rücken zu mir, und leise weitergesprochen, und ich erfuhr, wozu das Messer gedient hatte: um Hammeln, Rindern oder Ziegen die Kehle zu durchtrennen, wenn sie noch leben. Es war das Messer zum Schächten, und sie hatte sich damit das Haar abgeschnitten, und zwar in einem libyschen Lager. Ihr Resthaar, das war mein Eindruck trotz der Dunkelheit, nur immer wieder mit etwas Licht von der Straße, sobald ein Auto vorbeifuhr, hatte dadurch etwas Ruiniertes – sie sollte einen Hut tragen statt der Kappe mit der Kolosseumssilhouette: einer meiner Einschlafgedanken. Einen Lederhut und dazu passende Kleidung, Blouson, Jeans, Ballerinas; immer gab es ja irgendwo einen Markt, wo man das alles preiswert bekäme. Und am nächsten Vormittag, als wir im Auto saßen, ohne Frühstück im Magen unterwegs in Richtung Crotone, erzählte ich von solchen umherziehenden Straßenmärkten, mit ihren Ständen voller Schuhe oder blecherner Kochtöpfe, mit an Schnüren hängender Unterwäsche und Bergen von Billigspielzeug, und von statt irgendeines Zeichens von Erwartung oder gar Vorfreude war da nur ein höchstens halbes Lächeln, weil sie natürlich ganz andere Märkte kannte.

Ich hatte ihr Crotone als Ausgangspunkt für eine Route quer durch Kalabrien und damit schon ein Stück ihrem Ziel entgegen auf der Karte gezeigt, ja, die kleine Stadt am Meer sogar angepriesen und einen Finger auf ihren Namen gelegt, aus Gründen, die allein mit Lydia und mir zu tun hatten, und sie legte ihren Zeigefinger – lang, schmal und trotz abgebrochenen Nagels noch, sagen wir, so anziehend, wie ein Finger anziehend sein kann – eine Daumenbreite daneben, auf eine rot eingezeichnete Straße bei Catanzaro: ob man denn nicht dort schon abbiegen könnte, um an der engsten Landstelle zum gegenüberliegenden Meer zu fahren (dem tyrrhenischen bei Santa Eufemia). Gar kein unvernünftiger Einwand war das, ich musste schnell dagegenhalten und schob meinen eher durchschnittlichen Finger erst neben ihren und dann in einem Zickzack über die rote Straße und sprach von schlechten Verhältnissen auf dieser Strecke, Baustellen, Fernverkehr, Umleitungen. Besser der längere Weg über Crotone, sagte ich, und sie nahm ihren Finger zurück, in eine Hand, die zur Faust wurde mit hellen Knöcheln.

Crotone, das war damals ein Verlegenheitshalt, weil der Regen angedauert hatte und erst kurz vor dieser im Reiseführer kaum erwähnten Stadt der Himmel aufriss, für das andere Paar schon Grund genug, eine Übernachtung vorzuschlagen, zumal der an allem interessierte Neurologe Crotone als Wahlheimat des Pythagoras ermittelt hatte, die zu besuchen sich lohne, während Lydia und ich nur darauf aus waren, in der Altstadt ein kleines Hotel mit auch kleinen, zum Zusammenrücken animierenden Zimmern zu finden, der Größe unseres Glück eben gerade nicht von der Geometrie her angemessen. Und dieses Hotel hatten wir auch in der auf einem ummauerten Hügel gelegenen Altstadt gefunden, ja sogar ein Zimmer mit kleinem Balkon und Blick auf die eher trostlose Hafenbucht von Crotone, wie überhaupt die ganze Stadt einen trostlosen, verarmten Eindruck gemacht hat; umso besuchter war der Dom bei der frühabendlichen Messe. Von einer Caffè-Bar aus sahen wir die Leute hineinströmen, junge und alte, ganze Familien oder Sippschaften, und der Neurologe stellte Vergleiche mit den Bienen an, wie sie sich sammeln, während seine Frau, die Teilchenforscherin, in einem Modegeschäft neben der Bar ein Kleid kaufen wollte, aber nur mit der Adresse des einzigen feinen Restaurants von Crotone zurückkam. Dort aß sie dann mit ihrem Mann, ohne Lydia und mich; wir verbrachten den überraschend milden Abend auf dem Balkon, der uneinsehbar war, und liebten uns auf der ins Freie getragenen Matratze, ein Geschehen, das diesen Abend als den Abend der Makrelen aus der Dose, des zu süßen Rotweins und der Wörter, die in keinem Wörterbuch stehen, unvergesslich gemacht hat, jedenfalls für mich. Zuvor hatten wir in einem gelassartigen Lebensmittelladen mit einer Tafel an der Tür, dass hier auch Zigaretten als halbe Packung zu bekommen seien, die paar Sachen gegen den Hunger gekauft, aber der wahre Hunger war einer nach Nähe, und den haben wir an dem Abend einander gestillt. Und das kleine Hotel Rizzuto und womöglich das Balkonzimmer von damals noch einmal als Gast zu betreten, das wäre der Schmerz, sagte ich mir, der den Schmerz des Kaltgestelltseins überbieten könnte: Dann, ja dann würde es keine Rolle mehr spielen, mit wem Lydia sich abgibt. Ein Wunschgedanke im Auto war das, neben mir die Afrikanerin, schlafend, hätte man meinen können, Augen zu und Kopf im Nacken, eher aber auf diese Art lauernd, womöglich voller Argwohn, was mich betraf – auch wenn ich seit Pentedattilo nicht mehr zu denen gehört habe, die in der Lage sind, jederzeit alles und nichts im Bild festzuhalten (oder das Nichts mit nichts zu füllen, als ließe sich das Fehlen eines Gesamtbilds vom eigenen Dasein mit Hunderten von Einzelbildern irgendwie wettmachen), dank eines flachen Geräts mit Rechenfertigkeiten, vor denen ein Pythagoras auf der Stelle in den Boden versunken wäre.

Aufgehalten durch zwei Staus erreichten wir die Küstenstadt erst am späteren Nachmittag, dafür fand sich gleich ein Parkplatz an der Meerespromenade, sogar kostenlos, weil den Bewohnern oder Bewohnerinnen von Crotone offenbar das Geld für Parkgebühren fehlte. Meine Mitreisende – sie hatte seit dem zweiten Stau nichts mehr gesagt und da auch nur, dass die andere Strecke vielleicht doch die bessere gewesen wäre – fragte, warum wir hier aussteigen würden, und ich brachte wieder Gründe an: Wir müssten Lebensmittel kaufen, für heute und den morgigen Tag, und für sie etwas zum Anziehen, damit man nicht so leicht auf den Gedanken komme, sie könnte die von den Phantombildern im Fernsehen sein – ein Argument, dem sie sich durch einfaches Schweigen angeschlossen oder gebeugt hat, wobei ich mir nicht einmal sicher war, ob sie von den so schamlos ins Bild gesetzten Ideen hinsichtlich ihres Aussehens zu dem Zeitpunkt überhaupt etwas wusste.

Auf jeden Fall bin ich mit ihr zum Domplatz gegangen, wo es noch immer das Bekleidungsgeschäft gleich neben der Caffè-Bar gab, nur wollte ich dann doch erst in dem kleinen Hotel von damals Zimmer reservieren, zwei natürlich, und führte die Afrikanerin mit absurden touristischen Argumenten durch die ansteigenden Gässchen der ummauerten Altstadt. Das Hotel lag ganz oben, mit seiner Front wie aus einem über der Mauer liegenden Fels gewachsen, und der gelassartige Lebensmittelladen lag etwas unterhalb an einer Treppengasse – ich erinnerte mich an die Gerüche von pikantem Käse und Fasswein, auch an das selbstgemachte Türschild, das den Verkauf von Zigaretten betraf, um das Monopol der Tabacchi-Läden zu umgehen. Und als hätten mich die Gerüche geführt, wie sie einen Hund führen, fand ich den halb versteckten Alimentari auch bald, an seiner Tür hing sogar noch das Schild, jetzt mit dem Hinweis, dass man Zigaretten auch einzeln bekäme. Wir betraten den halbdunklen Laden als Paar, und ich bat sozusagen meine afrikanische Frau, unseren nächsten Proviant auszuwählen, in einem Durcheinander von teils gestapelten, teils lose herumliegenden Waren, eine Bitte, der sie auch gleich nachkam – ein schöner Anblick in meiner Erinnerung: wie sie langsam an den Waren entlangging, einen Finger des Erwägens auf den Lippen. Und während sie das tat, lenkte ich den wie in seinem Gelass geschrumpften Ladeninhaber mit Fragen nach dem Hotel Rizzuto von ihr ab, obwohl das Hotel fast nebenan lag, und erfuhr, dass es schon seit Jahren leerstand. Es kämen kaum noch Fremde, erklärte er, nicht einmal Badeurlauber trotz der anhaltenden Hitze. Er nannte dafür alle möglichen Gründe, nur hörte ich kaum mehr hin, mich beschäftigte, dass es kein Wiedersehen mit dem Hotel und dem Zimmer von damals gäbe, kein Öl ins Feuer der Lydia-Wunde, um sie damit auszubrennen.

Die Afrikanerin hatte ihren oder unseren Korb gut gefüllt, und ich ergänzte den Einkauf noch um eine Flasche Rotwein, den teuersten im Angebot, konnte aber alles mit nur zwei Zehnerscheinen bezahlen, um dann den Gewölbeladen wieder als Mann und Frau zu verlassen, jeder mit einer Tüte in der Hand, und die Frau bemüht, sich etwas kleiner zu machen, auch noch auf der Treppengasse. Ihr wahrer Wuchs kam erst wieder zur Geltung oder ließ sich nicht mehr länger verbergen, als wir auf den Domplatz traten; dort sammelten sich jetzt schon welche, die zu der Sechsuhrmesse wollten, alle mit den Ihren beschäftigt, so kamen wir ungesehen in das Bekleidungsgeschäft.

Eine Verkäuferin in löchrigen Jeans trat auf das Läuten der Türglocke aus einem Hinterraum, in der Hand einen Aschenbecher, in dem sie noch eine Zigarette ausdrückte, und so, wie sie uns ansah, war mir gleich klar, dass sie die Hochgewachsene an meiner Seite mit der in Verbindung bringen würde, von der es nur Beschreibungen gab. Daher sagte ich, dass meine Ehefrau, mia moglie, ein Kleid für sich suche, aber die Afrikanerin wollte kein Kleid. Sie sah sich um und entschied sich für sandfarbene Chinos aus der Männerabteilung, wo die Beine immerhin so viel Länge hatten, dass ihre Waden bedeckt waren. Danach probierte sie, auf mein Bitten hin, noch Schuhe, Ballerinas und Mokassins, die sie nur den Kopf schütteln ließen; sie hing an ihren alten Laufschuhen, entschied sich aber noch für ein T-Shirt mit der berühmten Formel des Pythagoras über der Brust (a-Quadrat plus b-Quadrat gleich c-Quadrat), eine Formel, die sie kannte, die sie mir vorsprach, und während sie Hose und Hemd in der einzigen Kabine anzog, bezahlte ich den Einkauf. Bis dahin war alles gutgegangen, aber als sie in den neuen Sachen wieder auf den Domplatz trat, da hatte sie wohl – dem eigenen Urteil ist in dem Fall kaum zu trauen – etwas so Unwiderstehliches, dass ihr die Verkäuferin aus dem Laden nacheilte und mit ihrem handlichen Gerät, dem Vademecum unserer Epoche, ein Bild von der frisch Eingekleideten schoss oder knipste – die eher naiven, kindlichen Tätigkeitswörter in Verbindung mit Fotografieren erscheinen mir hier am angebrachtesten. Das Ganze war jedenfalls nicht zu verhindern gewesen, ich hätte höchstens die Tüte mit ihren alten Sachen, dem Trainingsanzug aus zwei Teilen, vor ihr Gesicht schwenken können, nur wer ist schon so geistesgegenwärtig, wenn er selbst mit großen Augen dasteht, und ich muss wohl mit großen Augen dagestanden haben bei ihrem Anblick auf dem Domplatz, wenigstens für Sekunden, bis sie mich am Arm nahm, als wären wir tatsächlich ein Paar, eines im Streit, und mich dort hinzog, wo unser Fiat geparkt war.

Aber es hatte auch von mir aus keinen Grund gegeben, noch länger in der Stadt zu bleiben. Crotone war ohne das Hotel von damals für mich gestorben, jetzt blieb nur noch, ins Inland zu fahren, in Richtung der nächsten Orte auf der damaligen Route, jeder schon im Gebirge, bei Helligkeit nicht mehr zu erreichen. Und das hieß, ich müsste wieder einen geeigneten Platz für die Nacht finden – weniger für die Stunden der Nacht als den Zustand, der in Menschen wie mir ein Bild der Dunkelheit weckt, eins, das mich bereits auf der Fahrt aus der Stadt heraus beschäftigt hat, ja beunruhigt, als könnte mir, anders als in der ersten Nacht, etwas zustoßen, auf das ich nicht vorbereitet wäre. Die Afrikanerin, nun mit den bloßen Füßen an der Leiste über dem Handschuhfach, die neue Hose wie eine zweite, helle Haut um ihre Beine, sah mich gelegentlich von der Seite an – kurze, abschätzende Blicke in meiner Erinnerung, solche, die einem zu denken geben, was der andere oder die andere in dem Fall sich denken könnte: ob der, der dort am Steuer sitzt, sie fährt und ihr Kleidung gekauft hat, sich vielleicht irgendwelche Hoffnungen macht, sie betreffend, ihren Körper, und ob er überhaupt der Richtige wäre, sie nach Rom zu bringen, zu ihrem Cousin. Etwas in der Art hat mich beschäftigt; aber ich könnte nicht sagen, dass sie gegen mich gewesen wäre auf dieser Strecke, nur sie war auch nicht auf meiner oder gar unserer Seite. Sie war in jeder Hinsicht reserviert oder, wenn man so will, einfach vorsichtig wie jedes Lebewesen in fremdem Gelände; ich war das fremde Menschentier in der fremden Umgebung, das drückten ihre Seitenblicke aus – Blicke, die sich erst geändert haben, etwas auch Neugieriges, Interessiertes bekamen, als schon die Straße ins Bergland Richtung Cosenza erreicht war und sie auf einmal fragte, ob wir nicht die Nacht durchfahren könnten, so hätten sie es immer in der Wüste gemacht, mit GPS oder den Sternen.

Und meine Antwort, verbunden mit einer Handbewegung in die weite Landschaft, die im Abendlicht über den Bergen auch etwas Unwiderstehliches hatte, war, dass wir noch fahren würden, solange es hell sei und man etwas von der Gegend habe, dabei aber schon nach einem Schlafplatz suchen, nur in keiner Ortschaft, keinem Hotel – ein Platz, an dem dich keiner sieht außer mir, sagte ich noch in meiner Sprache, und als Entgegnung kam ihre Faust, mit einem sachten Stoß an die fremde Schulter: so nicht mit ihr zu reden, auch nicht, wenn ich das Sagen hätte, am Steuer säße und sie nur daneben, geduldet. Und heute weiß ich, dass es der Moment war, in dem die Idee, aus ihr eine Geschichte zu machen, etwas Himmelschreiendes bekam, der Holzweg war gegen den schon stillen Gedanken, dass sie ganz einfach mit mir fuhr, als die Weggefährtin, die ich im Grunde mehr als alles andere gesucht hatte.

5

Landschaften lassen einen erstaunen, wenn sie den Schleier der Gleichgültigkeit, den das heutige Leben über die so leicht zu bereisende Welt gebreitet hat, zerreißen: Was sich gleich auf dem ersten Stück landeinwärts im Abendlicht gezeigt hat, waren beherrschende Bergformen – einzelner, wie in die Landschaft gepflanzter Berge – in voneinander abgesetzten Farben, Schiefergrau, Schwefelgelb, Rostrot. Ihre Südhänge, auch die steilen, waren terrassiert, mal gab es Weinstöcke, mal kleine Oliven in Reihe; andere Hänge waren dagegen wie geschält, mit schroffem Fels, vertikale Wüsteneien. Näher zur Straße dann Nadelbirnen, wie gestauchte Kakteen, dazwischen Lavendel und immer wieder, besonders in engen Kurven, ein Agavengewucher bis auf eine Straße fast ohne Verkehr, manchmal nackterdig, feldweghaft, gemacht für Mensch und Tier, nicht für Autos. Einmal war da etwa ein Mann mit schwarzem Hut, der sein auch schwarzes Fahrrad bergan schob, auf dem Gepäckträger ein praller Sack, oben offen, ein Sack voll roter Zwiebeln; und einmal war da ein Esel neben einem einzelnen Olivenbaum mit kurzem, beulenhaftem Stamm. Hoch darüber fielen mir zwei Raubvögel auf, Milane vielleicht, ein Pärchen; immer wieder kamen sie sich nahe, um dann sofort auseinanderzufliegen. Und längs der Straße trockene Bachläufe vor brachem Feld, oder es stand da ein einzelnes Haus ohne Dach, davor welkes Gras, leuchtend gelb. Noch war es hell über den Bergkämmen im Westen, und vor Anbruch der Dunkelheit wollte ich den Platz für die Nacht gefunden haben, möglichst mit Wasser in der Nähe.

Die Afrikanerin saß wieder in sich eingeklappt in ihrem Sitz, Füße jetzt angezogen, Arme um die Fesseln gelegt, keine sehr bequeme Haltung. Seit der Nachtfahrtfrage hatte sie nichts mehr gesagt, ein Schweigen, das jedoch kein Verstummen war, eher ein stummer Antrag – lass uns die Fahrt bis an mein Ziel so fair wie möglich hinter uns bringen, du bist der, der mich mitnimmt, dafür schenke ich dir mein Vertrauen, das ist alles, was ich besitze. Auch sie sah in die abendliche Landschaft, aber eher unter der Perspektive, wie wir in dem kleinen Auto darin vorankämen, und als die Straße über ein Flussbett ging, das noch Wasser führte, fragte ich, warum sie so still sei, woran sie denke – Letzteres ja schon die Frage, die wir stellen, wenn wir selbst einen Antrag machen, lass mich wissen, was in dir vorgeht, damit ich der sein kann, der über dich im Bilde ist.

Nach der Brücke folgte die Straße dem Flussbett, und ich fuhr jetzt langsamer und mit Licht, obwohl es noch hell genug war, um den richtigen Platz zu finden, in meinem Sinne richtig: dass man dort sicher wäre, auch wenn ich gar nicht hätte sagen können, was uns oder mich bedrohte. Zehn Minuten mochte ich so gefahren sein, als die Afrikanerin sagte, dass sie an ihre Eltern gedacht habe. Und nach einem fragenden Blick, wohl nicht sicher, ob sie in mir den geeigneten Zuhörer hätte, einen, der ihr folgen kann und nicht nur folgen will, hat sie etwas erzählt, das ich hier so wiedergebe, als wäre sie eine Romanfigur, von der ihr Autor alles wüsste. In dem Grenzort, aus dem sie kam, hatten ihre Eltern den beliebtesten Kioskladen betrieben, mit allem, was man zum Leben braucht, vom Ei bis zum Bleistift, vom Rum in Plastiktütchen bis zur Handyhülle, von Kopfwehtabletten bis zu Verhütungsmitteln und Lippenstiften, aber auch täglich frischen Waren wie Obst und Gemüse. Und so hatten die Kioskbesitzer nicht zu den Ärmsten im Ort gehört, denen, die unter Planen lebten oder im Busch, ja, es gab sogar das Geld für die Missionsschule in der Provinzhauptstadt, Geld für das einzige Kind nach dem frühen Tod zweier Geschwister. In dieser Schule hatte sie die Sprache gelernt, die sie weit besser als ihr Zuhörer sprach, und neben Naturwissenschaftlichem und Geschichte sowie den Hauptströmungen der Kunst freilich auch alles, was eine Christin über ihre Religion wissen muss; in dem Zusammenhang hat sie auch einen großen farbigen Druck im Eingangsbereich der Schule erwähnt, nach da Vincis Anna selbdritt oder Anna Metterza, und der Zuhörer verkniff es sich zu sagen, dass er vor dem Bild schon gestanden hatte – Arm in Arm mit Lydia in einem Saal des Louvre, als alles noch aussichtsreich erschien mit uns.

Das Abendlicht war in einen tintendunklen Himmel mit Fetzen noch glühender Wölkchen übergegangen, und ich peilte die Umgebung eines mit seinem Namen kaum von der Karte abzulesenden Ortes an, zu erreichen auf einer weiß eingezeichneten Nebenstraße, auf der wir schon eine Weile fuhren. Die Afrikanerin, dachte ich, hätte das Abbiegen gar nicht bemerkt, eben weil sie mir vertraute, auch auf diesem Sträßchen zu dem Bergort San Giovanni in Fiore unweit eines Sees, des Lago Ampollino, meinem Ziel an dem Abend, weil wir auch damals dort eine Pause gemacht hatten, nach der etwas knappen Besichtigung von San Giovanni in Fiore, in meiner Erinnerung mit vielen Treppen und steinernen Bögen und Häusern wie auf dem Kopf stehenden grauen Schachteln, dazwischen Gassen in aalartigen Windungen, schimmernd von Nässe – es hatte wieder geregnet, daher nur der kurze Rundgang damals. Wir waren ja zu viert, ich wiederhole es, das andere Paar, der Vorträge haltende Neurologe und seine auf stille Art gebildete, an jeglicher Kultur interessierte Frau und Erforscherin der kleinsten Teilchen, hatte den Ort als Abstecher empfohlen, und schließlich hatten wir uns vor dem Regen in eine der Kirchen geflüchtet, die Chiesa di Santa Maria delle Grazie, einen Namen, den ich mir nur gemerkt habe, weil ihn mir Lydia mehrfach ins Ohr geflüstert hatte, um mich gegen die Professorin zu wappnen; und die machte dann in der Stille der Kirche den Vorschlag eines weiteren Abstechers für den kommenden Tag, zu einem der sogenannten albanischen Dörfer, zu besichtigen vor dem geplanten nächsten Übernachtungsziel, Altomonte.

Warum ich von der in der Karte gelb eingetragenen Straße abgebogen sei auf eine noch schmalere Straße, fragte meine Mitreisende plötzlich, und wenn mir je als Erwachsener noch die Ohren gebrannt hatten, dann infolge dieser Frage, weil es darauf keine vernünftige Antwort gab. Sie hatte das Lämpchen neben dem kleinen Spiegel in ihrer Sonnenblende angemacht und fuhr die Strecke mit dem Finger ab, und um ihr irgendwie zu antworten, sagte ich, es sei der kürzeste Weg nach San Giovanni, und wollten wir dort nicht hin, um an einem See in der Nähe einen Schlafplatz zu suchen? Das heißt, ich habe die Frage mit einer Gegenfrage mehr abgetan als beantwortet, dazu auch noch Wir gesagt, wollten wir dort nicht hin, und wie ein Argument für das Ganze nannte ich ihr den See, Lago Ampollino, worauf sie sich die Kappe mit der Kolosseumssilhouette halb über die Augen zog, auf den Knien noch die gefaltete Straßenkarte. Dann wiederholte sie den Namen des Sees, wie eine Vokabel, die zu lernen wäre, in der Hand meine jetzt nicht mehr nötige Sonnenbrille, und nach nochmaligem Wiederholen, einem Mir-Vorsprechen nicht ganz ohne Ironie im Ton, nahm sie einen der Bügel zwischen die Lippen – unwillkürlich, würde ich sagen, aber gerade deshalb ist mir erneut aufgefallen, wie verboten ihr Mund war, eine nicht unwichtige Information, gleichrangig mit der, dass sie in jedem Moment zu wissen schien, ob wir uns, auf welcher Straße auch immer, ihrem Ziel näherten oder uns von Rom entfernten. Mit anderen Worten: Die Afrikanerin war hellwach, trotz Kappe über den Augen, und hatte dieses Verbotene – ich beharre auf dem Ausdruck –, auch an einem Brillenbügel kauend und mit dem so grob selbstgeschnittenen Haar am unbedeckten Hinterkopf; und im

Übrigen hat sie die Kappe mit dem Daumen der verbundenen Hand einmal leicht angehoben und in den kleinen Spiegel gesehen, den eigenen Mund betrachtet, bevor sie das Lämpchen in der Sonnenblende ausknipste.

Verboten schön, das hatte der Neurologe in San Giovanni über Lydia gesagt – sie bei dem Regen damals auf unserem flüchtigen Rundgang in einem Herrentrenchcoat, secondhand, sandfarben, aber von all der Nässe verdunkelt, sein Kragen hochgeschlagen, darauf ihr brünettes Haar, ebenfalls dunkel vor Nässe, der Gürtel lose gebunden, an den Wangen Regentropfen, dazu ihre Art, sich an die Lippen zu fassen, wenn sie sich gut fühlte; und sie hatte sich gut gefühlt, als sie mir den Namen der Kirche soufflierte, so, dass der Neurologe es hörte und auch sah, wie sie flüsterte, und nicht mehr umhinkam, sie verboten schön zu nennen – was mir wieder eingefallen ist, als die Afrikanerin an dem Brillenbügel kaute, und woran ich immer noch dachte, als wir den Bergort erreichten, fast schon bei Dunkelheit. Da war allein das Grau in Grau der verschachtelten Häuser, alle schwach beleuchtet, lediglich die Kirchen umgab ein wie vom Himmel gesandtes Zusatzlicht. Ich hatte vor einem Kreisel, wie es bei uns heißt, dort sagt man Rotonda, einem mit Kriegerdenkmal in der Mitte gehalten, um ein richtiges, nämlich warmes Essen zu besorgen, in Sichtweite gab es ein Pizzeria-Schild. Und meine Beifahrerin, gefragt, was für eine Pizza sie möchte, ob mit Salami, mit Thunfisch, mit Tomaten und Zwiebeln oder Käse, machte eine Geste, dass es ihr egal sei – eine Handbewegung vor den Augen, die mich, ich könnte nicht sagen, warum, den Autoschlüssel hat abziehen lassen, ehe ich ausstieg.

Man glaubt ja sonst was von sich, wenn es um Kleinigkeiten geht, dass man großzügig sei, ohne allzu viel Bedenken, oder entspannt, wie es heute auch heißt (unter denen, die es sich leisten können, fünfe gerade sein zu lassen), und dann sorgt man doch dafür, buchstäblich im Handumdrehen, dass einem der andere nicht so leicht davonkommt, zieht den Schlüssel ab und läuft damit los, über einen Platz mit Läden und Lokalen am Rand. Die Pizzeria hieß Ampollino, wie der nahe Stausee; nur drei Männer waren am Tresen und tranken Rotwein aus kleinen Gläsern, während der Pizzabäcker bei seinem Ofen stand und zu einem Fernseher sah, der gegenüber an der Wand hing. Dort lief ein Spot für neue Audi-Modelle, als bekäme man sie praktisch umsonst, und ich bestellte zweimal Margherita zum Mitnehmen, die Pizza, bei der man am wenigsten falsch machen kann. Der Mann am Ofen wiederholte die Bestellung, um dann mit Getue ans Werk zu gehen, einem Schwung, der schon nachließ, als im Anschluss an die Werbung der landesweite Wetterbericht kam. Die Temperaturen stiegen immer noch an, der eigentlich endende Sommer schien seinen Höhepunkt noch vor sich zu haben; es gab keinerlei Aussicht auf Regen, die Flüsse versiegten, die Felder verdorrten, und einige der Stauseen im Süden waren angeblich nur noch Pfützen – die Überleitung zu Nachrichten aus Kalabrien. Der Lago Ampollino sei kaum mehr halb gefüllt, hieß es, und dazu passend, als hätte es mit dem fehlenden Regen zu tun, gab es wieder etwas zu der rätselhaften Illegalen: Noch immer könnte niemand sagen, warum auf den gemachten Fotos von ihr hinterher etwas anderes zu sehen sei als die Große mit dem Gesicht einer schwarzen Katze, wie sie ein Besatzungsmitglied der Diciotti genannt habe. Das Verlässlichste seien daher Phantombilder, und als Beweis wurde das zuletzt erstellte eingeblendet, mit der Folge eines Gemurmels der Männer am Tresen; und auch der Pizzabäcker hatte jetzt nur noch Augen für den Schirm an der Wand, nicht für die Margheritas im Ofen.

Das neue Bild erinnerte an die Frauengestalten in den Religionsheftchen in der Dorfschule, die ich mit meiner Kindheitsfreundin Maren besucht hatte, solche mit Tonkrügen auf dem

Kopf, die in stiller Anmut durch Galiläa schreiten, nur mit dem Unterschied, dass für den Kopf der Afrikanerin vier in Frage kommende Perücken eingeblendet wurden, unter denen sich ihr Kurzhaarschnitt verbergen ließe, Perücken mit Frisuren von Punk bis Femme fatale; danach folgte ein Beitrag über die guten Seiten der anhaltenden Hitze mit dem Beispiel leerer Städte, in denen man sich als Radfahrer jetzt frei bewegen könnte. Der Mann am Ofen ging wieder seiner Aufgabe nach, während die drei am Tresen Ansichten über die große Wundersame, la miracolosa grande, wie sie in dem Beitrag genannt wurde, austauschten. Und die paar Worte, die auch ein harter Dialekt nicht kleinkriegen kann, sagten mir, dass sie in ihr eine Gefahr für jeden sahen, der ihr begegnete, ja einer schien gar darauf wetten zu wollen, dass sie sich, um an Geld zu kommen, nachts an irgendeinem Autobahnzubringer verkaufte, mit besseren Chancen als alle anderen Frauen dort. Das Gespräch wurde daraufhin leiser, als hätte jeder seine Erfahrung mit Frauen in Autobahnnähe, auch der am Ofen, immer wieder mit Blicken zu dem Fernseher, bis er die Pizzen hervorzog, in Stücke schnitt und verpackte. Ich ging mit den Kartons zum Tresen und kaufte noch zwei Dosen Bier, damit sie uns schläfrig machten, wo immer wir unser Lager aufgeschlagen hätten – wir, dachte ich auf dem Weg zum Auto, meine Mitreisende und ich – ein Gedanke oder eher Wunsch im Gewand eines Gedankens, in der Erinnerung verbunden mit einem Schrecken, als ich im Inneren des Wagens den Schein einer Flamme sah: Anstatt sich klein zu machen, saß die Afrikanerin aufrecht da, vor sich die Karte und in der Hand ein Feuerzeug, sicher Bestandteil ihrer Habe, und im Gesicht, von der zittrigen Flamme mitbeschienen, etwas Anbetungswürdiges.

Wir greifen ja oft zu theatralischen Ausdrücken aus einer Art Spracherschöpfung, wenn wir eigentlich etwas sagen wollen, zu dem uns der Schwung fehlt und auch der Mut, in dem Fall: Ja, das ist das Gesicht, in das ich mich zu stürzen bereit bin, ohne zu wissen, warum, das Gesicht, das mich sprachlos macht und zugleich dankbar – obwohl es für Letzteres gar keinen Grund gab. Und dennoch war es so: Während wir im Fahren aßen, beide heißhungrig, gab es dieses Gefühl von Dank. Die Afrikanerin reichte mir immer wieder ein Pizzastück und zuletzt die Serviette aus dem Karton, das war schon in Sichtweite des Sees, seines freiliegenden Grunds als einem dunklen Kranz, abfallend von den Ufern. Kleine Schlamminseln standen aus dem verbliebenen Wasser, auch vereinzelt tote Bäume, in der Dunkelheit mehr zu ahnen, als zu sehen. Es war der Eindruck eines entblößten Sees, einer von langer Trockenheit in die Landschaft geschlagenen Wunde, und meine Beifahrerin deutete an, dass wir am Ufer lagern sollten. Sie machte nur Fingerzeichen, dabei aber zu mir gebeugt, weil der See auf meiner Seite lag, und an einer Stelle, an der die Straße nah an dem dunklen Kranz vorbeiführte, bog ich ab und fuhr zwischen Büschen bis an den Schlickrand. In meinen Augen war es kein Platz, um dort eine Nacht zu verbringen, aber die, die schon weiß Gott wie viele Nächte im Freien verbracht hatte, musste es wissen – kaum aus dem Wagen gestiegen, hat sie damit angefangen, Äste aus den dürren Büschen zu brechen und mit ihrem scharfen Messer die Zweige abzuschneiden, bis sie vier gleich lange Stöcke hatte, als Stützen für ein Dach aus gazedünnem Tuch, zuvor gefaltet in ihrem Bündel. Zügig und ohne ein Wort der Erklärung tat sie, was getan werden musste, wie auch den Boden des Lagers mit einem Stein glatt stampfen und darauf trockenes Laub verteilen. Das heißt, ich habe ihr zugesehen in dem nur von einer vagen Milchstraße erhellten Dunkel, jeder ihrer Bewegungen – dem Beschneiden der Äste und Einrammen in den Boden, dem Ausbreiten des Tuchs über die Enden und seinem Befestigen mit Gummibändern, die sie zwischen den Lippen hatte, dem Verteilen des Laubs, und wie sie dann durch den Schlick ans Wasser ging, um sich zu waschen –, und habe mich, kann man sagen, verirrt in all diesen Bewegungen, ohne dabei verlorenzugehen, wenn man voraussetzt, dass verirrt nur ein anderes, gelasseneres Wort ist für das viel zu oft und viel zu leichtfertig gebrauchte Wort mit derselben Vorsilbe.

Früher, im Dorf meiner Kindheit, hieß es, jemand habe sich verschaut in den oder die, und gemeint war natürlich verliebt; nur war und ist es tatsächlich die Anschauung, die einen abstürzen lässt als Verliebten, mich immer wieder, in der Zeit zwischen zwanzig und dreißig in einer Art nicht endender Krankheit mit immer neuen Fieberschüben. Später, in den Jahren bei der Christlichen Stimme, ist es nur noch bei echten Gelegenheiten passiert, etwa auf Kirchentagen, wenn die Teilnehmerinnen ohnehin schon geöffnet waren, und einfach nur anwesend zu sein im rechten Moment – gar nicht viel zu sagen, sondern zuzuhören, Kopf in den Händen, die Augen verträumt – manchmal schon gereicht hatte, dass sich gleich zwei verirrt haben. Mit anderen Worten: Es gab etliche Liebschaften vor Lydia, aber keine einzige während unserer Jahre, und ich fühlte mich, als wäre meinem Ich ein Gipsverband abgenommen worden, und alles wieder Freiliegende müsste auch alles wieder erwerben, was es einmal gekonnt hatte, als sich die Afrikanerin schließlich neben mir ausstreckte in dem alten Trainingsanzug, anders als in der Vornacht wirklich neben mir, und das auch noch unter einer Art Dach, an den Seiten von Büschen geschützt und nach vorn mit Blick auf den halbleeren See, eine der Schlickinseln darin.

Sie hatte sich gleich von mir weggedreht, um sich auf das zu einzustellen, was geboten war, nämlich zu schlafen, während ich auf dem Rücken lag und jede Bewegung vermied, damit das Laub nicht unter mir knackte, und darauf hoffte, dass sie noch irgendetwas sagen würde, um selbst noch etwas sagen zu können – was versprichst du dir von dem Cousin, den du in Rom treffen willst, etwa auch Arbeit in einer Küche, wo er höchstens den Herd putzt für einen Hungerlohn? Und hast du eine Ahnung, wie viel von deinesgleichen durch Rom ziehen, dort Arbeit suchen, zu allem bereit sind, jeden Dreck erledigen würden? Außerdem gehörst du in keine Küche, oder ist dir nicht klar, wie du aussiehst? Weißt du überhaupt, wie du auf andere wirkst, was von dir ausgeht? Aber ich habe nur Good night and sleep well gesagt, obwohl sie vermutlich schon schlief, ihr Nacken fast vor meinen Augen, die nicht zufallen wollten, offen- oder wachgehalten von der Idee, dass unsere Reise weiter gehen könnte als bis Rom und sie am Ende mehr als nur eine Beifahrerin wäre, aber nicht die große Wundersame, von der im lokalen Fernsehen die Rede war, und auch nicht die irre Schöne aus dem Meer in den Augen junger Marinesoldaten mit zu viel Hormonen, sondern das unscheinbare Wunder einer Fremden, die neben mir, dem für sie ebenso Fremden, schläft.

So habe ich es gut einen Monat später meiner alten Kindheitsfreundin gegenüber dargestellt, als etwas, das einem, je mehr man sich darüber den Kopf zerbricht, immer unwahrscheinlicher vorkommt, wie das berühmte Geschenk des in dem Fall nächtlichen Himmels. An einem immer noch sommerlichen Septembersonntag war das, Maren am Steuer ihres Dienstwagens, VW Passat, schwarz, passend zu einem Talar auf dem Rücksitz, ich der Beifahrer, auf meine Bitte hin mitgenommen zu einem ihrer verstreuten Gottesdienste, eine ruhige Fahrt, jeder in Gedanken, bis sie auf einmal nach der zweiten Nacht mit der Afrikanerin gefragt hat, wie das für mich gewesen sei. Und das mit dem unscheinbaren Wunder einer Fremden, die neben einem ihr ebenso Fremden schläft, das kam dann sogar in der Predigt vor, in einem Raum des örtlichen Wandervereins, darin allenfalls zwanzig Gläubige und ein junger Mann mit

Gitarre für die Begleitung des Gesangs. Maren in ihrem schwarzen Umhang mit weißer Halskrause, dem Beffchen, hatte etwas von einer Schauspielerin, aufgefordert zum Improvisieren, während sie von einem Christus sprach, der historisch nicht zu fassen sei, nur metaphysisch, und dem man allein mit der Idee des Göttlichen näherkomme, dem Vertrauen in diese Idee, und ich erinnere mich an Zeichen von Langeweile bei den Versammelten (Gewohnheit spielt ja in Glaubensdingen eine Rolle, Pascal hat darauf hingewiesen); die Leute in dem Raum waren es wohl nicht mehr gewohnt, für eine halbe Stunde ihre Aufgeklärtheit, einschließlich aller Apps auf ihren Smartphones, hinter sich zu lassen, sie hielten die Geräte in den Händen wie das Gesangbuch. Maren wirkte erleichtert auf der Rückfahrt, als wäre sie einen Ballast losgeworden. Sie fuhr bei offenem Fenster, ohne Band im Haar, und beim Überholen kam es vor, dass ihr das Haar ins Gesicht wehte und ich es wegstrich – vermutlich hat ihr das gefallen, sonst hätte sie ja das Fenster höher gestellt oder das Überholen sein gelassen. Sie hat mich dann bei sich abgesetzt und ist gleich weitergefahren zu einer Taufe in einem anderen Gemeindeteil, ich war den Nachmittag über allein im Haus – am alleinsten, wenn es das gibt, in der Stunde zwischen zwei und drei, als wäre es ein Sonntagnachmittag der Kindheit gewesen, nach dem Essen im Schwarzen Adler wie umschlossen von der Stille im Gastraum, vor der Tür zu den Aborten der auch stille Spielautomat, der mir verboten war, mein Vater, der Dorfarzt, noch mit dem Wirt in der Küche, ich ganz für mich im Herrgottswinkel, mit einem Strohhalm den Gekreuzigten an den Füßen kitzelnd – im Rückblick wahre Daseinsminuten, Vorläufer für das Wachliegen neben meiner so fremden Mitreisenden.

Die reine Erschöpfung hatte mich irgendwann einschlafen lassen, bis tief in der Nacht das getrunkene Bier seinen Tribut forderte, etwas abseits unseres Lagers, hinter Gestrüpp und vor einem Stück Wiese mit liegenden, wie toten Schafen, zehn bestimmt. Es war ein schon biblisches Bild, wie sie dort lagen, aber mehr beunruhigend als beruhigend (etwa wie die schlafenden Apostel auf dem Ölberg), und umso beklemmender war die Gestalt der Afrikanerin neben dem Schlafplatz, als ich zurückkam. Sie stand reglos da, eine Hand hinter dem Rücken, und fragte leise, ob alles in Ordnung sei, eine Frage wohl aus der Erfahrung ihrer vielen Nächte im Freien, und als Antwort zeigte ich ihr, wie von der Situation verleitet, einen aufgestellten Daumen, das lächerlichste Zeichen, das man nur machen kann, und sie wiederum ließ mich, alles andere als lächerlich, das hinter dem Rücken hervorgeholte Messer sehen.

Das Ganze hatte etwas Unwirkliches, als wäre es Teil eines Traums, aber für Momente war da auch die Angst, sie könnte zustoßen, um an das Auto zu kommen und etwas Bargeld, obwohl es abwegig war, ja schon bei geringstem Nachdenken völlig absurd, nur funktionieren wir nicht so, nicht, wie wir sollten. Wir sagen uns nicht, es ist hirnverbrannt, auch bloß für Augenblicke anzunehmen, eine junge Afrikanerin könnte uns abstechen, um an einen Mietwagen zu kommen, mit dem sie höchstens auffallen würde, wenn sie überhaupt in der Lage wäre, ihn zu fahren; nein, wir sagen oder soufflieren uns: Es könnte ja möglich sein. Und so waren es bange und auch dumme Sekunden, bis sie You never know sagte, was ja nur heißen konnte, dass nachts mit allem zu rechnen sei und sie jeden, der ihr zu nahe käme, die Klinge spüren lassen würde; Letzteres war ihrem Blick zu entnehmen, der Art, in der sie mich ansah: Als könnte ich nicht das Geringste für sie tun, käme es hart auf hart. Ganz in der Nähe seien Tiere, sagte sie, wahrscheinlich Schafe – Didn't you see them? Und diese leise Verneinung war, wenn ich es richtig gehört und sogar gesehen habe im Dunkeln, mit einem auch leisen Lächeln verbunden, einem über meine Blindheit, obwohl ich die Schafe ja bemerkt hatte, aber eben nicht schon vorher gespürt.

Das heißt, sie hatte Menschenkenntnis, nur nicht die übliche, eher eine Nase, ein Ohr und ein Auge für Schwächen des anderen, wie meine Unruhe, als wir wieder nebeneinanderlagen, ich außerstande, das Laub unter mir als Bett zu empfinden, stattdessen nur als Quelle von Geräuschen bei jeder Bewegung. Don't move, sagte sie, sleep – für einen Moment mit einer Hand an meiner Brust, ihrer Hand mit dem Verband, und da fragte ich, was das für eine Verletzung sei, und sie gab mir ihr Feuerzeug, offenbar immer griffbereit, damit ich Licht machte. Also ließ ich die kleine Flamme aufschnappen, und in ihrem Schein zog sie den schon gelockerten Verband zur Seite, von einer noch nicht verheilten, lochartigen Wunde zwischen den Knöcheln am Handrücken. Ihre Schuld, erklärte sie. Von einem Schraubenzieher bei einer Reparatur im Boot, am Motor, als sie geholfen habe. Sie bedeckte die Stelle wieder, und ich ließ die Flamme ausgehen und glaubte der Erklärung so weit, dass ein Gegenstand die Wunde verursacht hatte und also nichts Symbolisches an ihr war, nichts, das ihr Unerklärliches noch steigern könnte, im Gegenteil. Ja, der Gedanke an einen Schraubenzieher, mit viel Druck aufgesetzt und durch Schlingern des Bootes abgerutscht und in die Hand gefahren, die ein Motorteil festhielt, hatte fast etwas Beruhigendes. Ja, gut, so was kommt vor – das war nichts als Pech. Ihr Pech: Dieses kleine böse Wort ist mir durch den Kopf gegangen, wie ein Halt in der Dunkelheit. Danach, soweit ich mich erinnere, nur noch ihr und mein Atmen, und wenn ich mich auch nur etwas bewegt habe, das Knistern des Laubs unter mir. Sie lag jetzt auf dem Rücken, einen Arm über den Augen, und ihre Art zu atmen, leicht beschleunigt durch die Nase, ein leichtes Forte, sagte mir, wie ernst sie es gemeint hatte mit dem Messer.

6

Laub ist hier, unterhalb des dritten Breitengrads, kein Zeichen von Herbst, sondern eines immerwährenden Welkens, ausgeglichen durch ein auch immerwährendes Keimen; ein Baum kann sogar Blüten tragen und zugleich Laub verlieren, neues Leben hervorbringen und altes abstoßen. Gestern ist mir das erstmals aufgefallen, bei zwei Eukalyptusbäumen am Rande des kleinen Schlachthofs, ihr Laub wie ein Ornament auf dem teils blutgetränkten Boden. Manche Blätter waren so hellrot wie das noch frische Blut, andere dunkler oder blasser, dazwischen auch abgefallene Blüten, von den Zweigen gerissen, wenn sich ein Marabu schwerfällig, mehrmals die großen Flügel öffnend, von einem der Äste erhob, um gleich darauf in einem der rötlichen Rinnsale zu landen, wie sie beim Reinemachen nach dem Geschlachte entstehen, mit Fetzen von Innereien, die sie aufpicken und ihre langen Hälse herunterschlingen.

Das heißt, es ist vorgestern zu einer Besichtigung dieses Schauplatzes gekommen, um dort mit anzusehen, in welcher Weise ein Messer wie das der Afrikanerin eingesetzt wird; gegen eine Zuwendung von fünf Dollar an das Büro des Schlachthofs ließ es sich sogar aus nächster Nähe verfolgen. Ein Langhornrind wurde mit Hilfe von Stricken um seine Fesseln zu Boden geworfen und in den Schlachtbereich gezerrt. Dort bog ihm ein Mann in grauem Kittel mit Griffen an die Hörner den Schädel zurück, und die geweiteten Augen des Rinds verdrehten sich bis zum Weißen hin, noch ehe ein zweiter Mann, bärtig und mit rundem Käppchen auf dem Kopf, ein Messer derselben Art nahm wie das, das mir nachts gezeigt worden war, es noch kurz wetzte, um dem Tier dann mit nur einem Schnitt die Kehle zu durchtrennen. Das auf der Stelle hervorstürzende Blut war von solcher Menge und dermaßen leuchtendem Rot, dass ich es, keine drei Schritte davon entfernt, kaum glauben konnte, wie man ja überhaupt am plötzlich verströmenden Leben entweder zweifelt oder gleich verzweifelt. Das große Tier wehrte sich noch mit den Hinterläufen, die heftig ausschlugen, und einmal warf es den Kopf hin und her, ein letztes Aufbäumen gegen sein Sterben – das Bild, das ich von dort mitgenommen habe, auf einem Weg am Grenzfluss entlang, vorbei an schiefen Uferhütten auf Stelzen und Kindern, die vor den Hütten wie kleine dunkle Dämonen im Schlick standen, aus Schlauchteilen irgendetwas inhalierend; Dämonen deshalb, weil sie alt aussahen, schon mit den gleichen Falten zwischen den Augen und auf den Wangen, die mich bei meiner Mitreisenden durch Kalabrien erschreckt hatten, wenn sie, einen Moment zuvor noch an die Frauen in den Illustrationen alter Kinderbibeln erinnernd, ihr Gesicht zusammenzog – so geschehen am Morgen nach unserer zweiten Nacht, als von weitem eine Polizeisirene zu hören war und sich alles in diesem Gesicht zu der Bereitschaft geballt hat, das Messer, wenn es sein muss, eher durch die eigene Kehle zu ziehen, als dorthin zurückzukehren, wo sie hergekommen ist.

Der Morgen an dem halbleeren See, genauer die frühmorgendliche Luft dort, hatte etwas Warmfauliges, das von dem freiliegenden Grund kam, darin eingemischt der Geruch nach feuchtem Fell, dem der Schafe, die nachts im Gras gelegen hatten und jetzt nur wenige Schritte entfernt in seltsamer Erstarrung standen, jedes mit gesenktem Kopf halb unter dem Bauch des nächsten. Es war ein Anblick, wie man ihn jemandem erzählt, der etwas für Tiere übrighat, und natürlich dachte ich an Lydia – Lydia, stell dir vor, da waren morgens diese Schafe, jedes mit dem Kopf halb unter dem anderen. Sie schliefen im Stehen, während wir es nicht einmal im Bett liegend geschafft haben, uns so zu vergessen, dass wir zu Schafen wurden – es gibt kein Glück ohne Selbstvergessenheit, meine ich, und vielleicht sind wir auch daran gescheitert, dass wir nie aufgehört haben zu denken, ja vorauszudenken, wo und wann wir auf welche Art glücklich sein könnten, und wenn es dann so weit oder fast so weit war, haben wir schon wieder Glückspläne geschmiedet. Aber glückliche Paare denken nicht voraus, sie denken meist gar nicht, wozu auch.

Die Afrikanerin – vor mir auf den Beinen, am Wasser in dem alten Männertrainingszeug aus verschiedenen Teilen, in dem sie geschlafen hatte, die Hose bis über die Knie gekrempelt – war schon mit dem Abbruch des Lagers fertig, als die Schafe immer noch regungslos dastanden; erst als ich im Wagen saß und den Motor anließ, fanden sie aus ihrer Starre, als käme in eine Tierskulptur auf einmal Leben. Es waren elf Schafe, und sie erschienen mir in ihrem Zu-sich-Kommen wie neugeboren – oder war ich das, der sich an dem Morgen so gefühlt hatte, vielleicht nicht als neuer Mensch, aber als anderer, einer, der aufgestört ist von sich selbst, nicht mehr weiß, wie es weitergeht, wo er mit sich hinsoll. Ich erinnere mich an einen von keiner Silbe, keiner Geste, von nichts gelenkten Start in den Tag, von Sein und Schweigen als ein und demselben, wenn man so will, und das ist so geblieben, bis wir auf der Straße waren und an einem Ausläufer des Sees entlangfuhren mit mehr Sandinseln als Wasser, da fragte ich, halb nach rechts gewandt, ob es nicht falsch sei, den alten rotweißen Trainingsanzug zu tragen, der ja in Verbindung mit ihrer Person erwähnt werde, wir hätten doch neue Sachen gekauft, und sie sagte, im Übrigen wieder meine Romkappe auf dem Kopf, die Sachen wollte sie lieber schonen, auf dem nächsten Markt finde sich bestimmt etwas anderes, Einfacheres.

Sie ging also davon aus, dass ich irgendwo halten würde, in einem Ort mit Kleidermarkt, und ich sah mir die Route nach Altomonte an. Der kleine Bergort war damals einer der Höhepunkte, aber einer der inoffiziellen nur zwischen Lydia und mir, wir beide in einem ungeheizten Hotel in der Burg von Altomonte und dort im sogenannten Königinnenzimmer mit zusätzlichem Schlafraum – dieses Wiedersehen, das musste sein; meine Begleiterin, dachte ich, hätte ja ein Bett für sich. Und bei Vermeidung der Autobahn sowie anderer schneller Verbindungen gab es entlang einer gelb und später sogar nur weiß eingezeichneten Straße außer einem der sogenannten albanischen Dörfer keinen auf der einstigen Route besichtigten Ort. Das heißt, ich war frei in der Entscheidung, wo wir Halt machen sollten, um auf einem Markt die Kleidung zu kaufen, die ihr für die Weiterfahrt geeignet erschien. Und es hatte etwas Bodenloses, als wir nach kurzer Fahrt mit zwei Bechern Kaffee und Keksen, die ich an einer Tankstelle besorgt hatte, etwas abseits der Straße im Wagen saßen, zwischen uns der Kartenausschnitt, von ihr gehalten, mal näher an meinen Augen, mal weiter weg, weil sie nicht sicher war, wie es um meine Nahsicht stand; etwas Bodenloses, das mich betraf: den, der so tat, als wüsste er, was zu tun sei. Anfangs verschwammen die auch sehr klein geschriebenen Namen der kleinen Ortschaften noch vor meinen Augen, dann hielt sie die Karte in der richtigen Distanz, und der erste lesbare Name an einer Nebenstrecke mit vielen Windungen in der Nähe eines Berges war Longobucco, ja sogar die Höhenangabe des Berges ließ sich jetzt lesen, eintausendvierhunderteinundachtzig. Und ich sehe noch, wie ich einen Finger auf den Punkt gelegt habe, und höre mich den Namen mit wisserischem Nachdruck aussprechen – da würden wir den geeigneten Markt finden und könnten einfache Alltagskleidung für sie kaufen. Ein Versprechen ins Blaue war das, und die Afrikanerin legte einen Finger so neben meinen, dass sich die Nägel für Momente berührten, um dann mit dem Finger die Karte hinaufzufahren bis zur Faltkante, hinter der irgendwo Rom liegen musste – für sie, nicht für mich. Ich sagte, Rom sei auch von dort noch weit, sehr sogar, mit Bergen dazwischen, was mir schon beim Aussprechen leidgetan hat. Aber wie oft sagt man nicht etwas, nur um sich etwas Freiraum zu verschaffen, auch wenn es dem anderen auf sachte Weise die Luft nimmt.

Für bestimmt eine Stunde hat sie nur in ihrem Sitz gesessen, als hätten wir nicht das Geringste miteinander zu tun, und sie wäre auf mein Halten hin eingestiegen, um bis zur nächsten Ortschaft mitzufahren, eine streunende Afrikanerin von zweiundzwanzig, dreiundzwanzig, oder wie alt sie war, auf jeden Fall stumm wie ein Fisch, offenbar nicht imstande, auch nur ein Wort zu sagen. Nur war es eben in jeder Hinsicht anders, und weil mich ihr Alter schon beschäftigt hatte beim Fahren, fragte ich schließlich, wie alt sie sei. Das war bereits auf einer Hochlandstraße, von der später die noch kleinere Straße Richtung Longobucco abging, und sie sagte zum dritten Mal Up to you, in dem Fall mit Blick aus dem Fenster, das Gesicht abgewandt, damit es auch ganz in meinem Ermessen lag und nicht an ihrem Anblick, wie alt sie für mich war. Twenty-four, sagte ich, und sie sagte May be, was nach einem Ja klang. Und kurz danach hat sie wieder etwas von sich erzählt, das heißt vom Kiosk der Eltern, in dem sie ausgeholfen hatte, wann immer die Schule ihr Zeit dazu ließ. Sie hat die Suppe für den Mittagstisch gekocht und an Wochenenden abends Fleischspieße an die Lastwagenfahrer im Stau vor der Grenzbrücke verkauft, um etwas zum Schulgeld beizutragen – ohne Geld, sagte sie, sei man nichts. Auch bei den amerikanischen Nonnen an der Schule nur etwas mehr als nichts.

Eher ruhig als beißend und mit Blick aus ihrem offenen Fenster hatte sie das hinzugefügt, just a little bit more than nothing – einem Blick auf Gestrüpp, das bis an die Straße reichte und steil anstieg, dazwischen Fels in der Farbe von Schwämmen; wir waren in ein schmales Tal eingebogen, und immer noch mit Blick aus dem Fenster sprach sie jetzt über das Pendeln zwischen ihrem Zuhause und der Schule in der Provinzhauptstadt – mit etwas Geld hinten auf einem Pick-up. Ohne Geld, aber mit etwas Glück hinten auf einem Mopedtaxi. Und ohne beides zu Fuß, viele Meilen mit kaum Schatten im Buschland und nur einer Stelle, auf der Hälfte der Strecke, mit frischem Wasser, auch gegen Geld. Und sie erzählte von einer Kahlgeschorenen ganz in Lumpen, totally in rags, die im Busch lebte und das Brunnenloch mit dem besten Wasser kennen würde und die ein Mädchen in ihrer Obhut habe, das ein Hexenkind gewesen sei. Alles, was sie hätten, seien etwas Mais, eine Ziege und das Wasser, sagte sie – was in meinen Ohren geklungen hat wie ein Märchen, so dass ich mich umso mehr auf das Reale der Straße konzentrierte, die Hänge zu beiden Seiten voll brauner Macchia, so trocken, dass ein Glassplitter in der Sonne gereicht hätte, das Ganze zu entzünden.

Was das sei, ein Hexenkind, wollte ich fragen, und als hätte sie die Frage geahnt oder den Gedanken daran wahrgenommen, obwohl sie mir halb den Rücken zukehrte bei ihrem Blick aus dem Fenster, sagte sie, solch ein weggegebenes Kind, das sei eins, das sich zu oft in der Nähe von einem Unheil aufgehalten habe – bis es irgendwann heißt, dass es Schuld an allem Unheil hat, wenn zum Beispiel vor seinen Augen ein Huhn überfahren wurde oder sich ein Nachbarkind verletzt, die eigene Mutter erkrankt ist oder der Vater beim Würfeln immer wieder Geld verliert. Und diese Kinder gibt man dann zu Frauen, die irgendwo allein leben. Das ist verboten, aber es passiert. Oder passiert in Ihrem Land – ich glaube, das You war zu diesem Zeitpunkt noch als Sie gemeint – nichts Verbotenes?

Das konnte ich nur verneinen, und zu dem anderen war

schwer etwas zu sagen, das konnte man sich nur anhören und darüber den Kopf schütteln – was ich auch getan habe, auf einem engkurvigen Straßenabschnitt, und dadurch vielleicht zu ausgiebig getan, zu sichtlich ungläubig im Sinne von Das gibt's doch nicht, wie kann man einem Kind so etwas nur antun. Das heißt, ich zeigte mich auch empört, wie es ja sein sollte, wenn man von Dingen erfährt, die einen schockieren, auch wenn man schon von Ähnlichem gehört hat, aber bisher nur aus zweiter, dritter Hand etwas weiß oder mit halbem Auge Beiträge über Aberglauben im Fernsehen verfolgt hat. Die Afrikanerin zog die Trainingsjacke aus, darunter trug sie das neue T-Shirt mit der Pythagoras-Formel; sie warf die Jacke auf den Rücksitz und streckte befreiend die Arme, ihre linke Hand streifte dabei – versehentlich, was sonst – mein Haar, das ohne eine Dusche am Morgen grau und wirr abstand, normalerweise ein Grund, jedem aus dem Weg zu gehen. Ob ich Kinder hätte, fragte sie auf einmal, eine Familie, und ich schüttelte den Kopf, was in dem Moment etwas Dürftiges hatte, höchstens der Wahrheit entsprach, ohne sie auszusprechen, oder die dürftige Wahrheit mit einer Botschaft verdeckte: Sieh mich an, sieh mein Kopfschütteln, ich bin allein, ich bin frei, da ist niemand, der sich zwischen uns stellen könnte. Nein, keine Kinder, keine Familie, keine Frau, nichts, sagte ich nach einer Pause – und hatte, wenn ich mich richtig erinnere, diese Leere an meiner Seite zum ersten Mal nicht nur gesehen, sondern auch empfunden, als etwas Peinliches, wie eine lange verdeckte Pleite, die sich plötzlich offenbart.

Wir waren inzwischen abgebogen, kurz hinter dem Talende auf die noch schmalere, in der Karte weiß eingezeichnete Straße, das heißt, ich war abgebogen, während meine Beifahrerin oder Mitreisende, den Kopf im Nacken, wieder zu schlafen schien, auf jeden Fall ganz bei sich war, bei der, die ein Ziel vor Augen hatte, bis sie wissen wollte, wie weit es noch bis Longobucco sei, und auf die Karte tippte, mir zu verstehen gab, dass wir längst da sein müssten, und ob ich mich etwa verfahren hätte – einer ohne Familie, ohne Anhang, muss nicht darauf achten, wohin er sich bewegt, sagte sie. Er ist allein und frei, blind zwischen Himmel und Erde – blind between heaven and earth, um ihre Worte zu gebrauchen –, und ich erwiderte, wir seien jetzt bald da, und ganz sicher gebe es dort einen Markt mit Kleidung aller Art. Außerdem würde ich mich nicht blind bewegen, im Gegenteil, ich würde sie ihrem Ziel, Rom, mit jeder Meile – Meile, das musste sich vertrauter für sie anhören als Kilometer – ein Stück näher bringen.

Ich hatte sie also weiterhin umgarnt, wie man sagt, mich aber dadurch mitumgarnt, ohne es zu merken (weil man Lebensfehler, so hatte Lydia an dem Karfreitag ihrer Trennung von mir gesagt, gründlich begehen muss, um sie als Fehler zu sehen). Ein Reden beim Fahren war das, als würde ich jede Kurve kennen und natürlich auch den angepeilten kleinen Ort; ja, ich kam fast ins Schwärmen für dieses Bergnest, als schon die ersten Häuser von Longobucco auftauchten, auf den Dächern, neben den ins All gerichteten Schüsseln, noch Antennen, wie Reste einer zerstörten Zeit. Es war ein Nest der gedrängten schmalen und dadurch hoch wirkenden alten Häuser, viele der Fassaden in einem ausgelaugten Blau. Und tatsächlich gab es auf dem Platz vor der Kirche einen Markt mit Kleidung an gespannten Schnüren, von mir mit einer Handbewegung präsentiert, als wäre es eine zu Füßen gelegte Welt – sieh nur, du kannst mir vertrauen, das ist der Markt, zu dem ich dich fahren wollte, zwar auf der Erde gelegen, aber vor einer Kirche, also dem Himmlischen nah.

Wir hatten hinter der Kirche gehalten, und die Afrikanerin zog sich die Romkappe in die Stirn, sie bat auch wieder um meine Sonnenbrille, und ich schlug vor, beides, eine Kappe und eine für sie passende Sonnenbrille, auf dem Markt zu kaufen, dazu noch ein Kleid und eine Jacke ihrer Wahl; aber anstatt aus dem Wagen zu steigen, knickte sie ihre langen Beine und schlang die Arme darum. Ich sollte ohne sie ein großes, möglichst dunkelblaues Tuch besorgen, kein Kleid, vielleicht auch eine Jeansjacke, in meiner Größe, und eine Sonnenbrille, die mir gefalle. Und ich sollte nicht lange wegbleiben, sagte sie noch und hängte an diese stille Bitte meinen Namen so an, dass es ein Schrecken war, als hätte sie mir von hinten in den Nacken gefasst.

Das Mieten eines Autos, auch nur für Stunden, stellt hier ein Problem dar, wenn man das Buschland als vages Ziel angibt. Die Autobesitzer trauen einem Fremden nicht zu, auf den Pisten und Pfaden abseits der Lastwagenroute den Überblick zu behalten. Man bot mir aber einen Pick-up mit Fahrer an, wenn ich etwa in die Gegend der großen Affenbrotbäume wollte, und als Alternative kam ein Mopedtaxi in Frage, genannt Bodda-Bodda (was ursprünglich from border to border hieß, von Grenze zu Grenze). Ich hatte mich dann für den Pick-up mit Fahrer und Beifahrer entschieden, beide mit Stirntuch, beide mit verspiegelter Sonnenbrille, ich zwischen ihnen ohne Stirntuch, nur mit Brille, und das Ganze für dreißig US-Dollar plus fünf für den Beifahrer. Aber ich wollte gar nicht in die Gegend der alten Affenbrotbäume oder Baobabs, wie sie hier heißen (der Gattung Adansonia digitata, für botanisch Interessierte), ich wollte zu der, die das Brunnenloch mit dem besten Wasser kennt, so sagte ich es dem Fahrer, und der murmelte etwas mit seinem Beifahrer, und beide machten sie, so klang es, Witze über das Mädchen, das angeblich verhext war; freilich konnten sie nicht wissen, dass ich von dem Mädchen wusste, ja nur ihretwegen dorthin wollte; ich hatte sogar ein Geschenk dabei, gekauft bei dem Scherenschleifer, der nebenbei alle möglichen Spielzeuge aus Drähten und Stoffresten herstellt. Es war ein kleines Einrad an einem langen steifen Draht, dessen Ende man führt, um das Rad über den Boden rollen zu lassen, mit dem Effekt, dass sich die Pedale und damit die Beine eines Stoffpüppchens auf und ab bewegen, das alles für den Preis eines Bechers Kaffee bei uns. Der Fahrer und sein Gehilfe wunderten sich über das Spielzeug, und von mir gab es dazu keine Erklärung.

Der Mann am Steuer kannte den Weg zu der Wasserhändlerin, trotzdem tat er so, als wäre das Ziel schwer zu finden; nach einer halben Stunde Fahrt, teils im Kreis, wie mir schien, fing das murmelnde Witzereißen wieder an, zu verstehen war nur so viel, dass die zwei sich ausmalten, ihr Toyota hätte im Busch einen Platten, verursacht durch das Hexenkind, dazu lachten sie wie über ein Ammenmärchen, an das sie aber doch auch glaubten. Und auf einmal stoppte der Fahrer wie bei einer Haltestelle, obwohl alles gleich aussah, gleich flach mit vereinzelten dürren Schirmbäumen und Inseln aus Gestrüpp, dazwischen welkes Gras. Es gab überhaupt nichts Auffallendes, aber nach kaum einer halben Minute kam die, von der die Afrikanerin erzählt hatte, aus einer der Gestrüppinseln, wie ein Teil davon in ihrer Lumpenkleidung, einen Kanister auf dem geschorenen Kopf. Der Beifahrer stieg aus, um mich aus dem Wagen zu lassen, er sah auf die Uhr – fünfzehn Minuten, dann würden sie mich abholen. So be on time, my friend, sagte er noch und stieg wieder ein, und kurz darauf war der Pick-up hinter Staubwolken verschwunden, während ich mit dem Geschenk im Arm dastand – was sich vielleicht alles wie gerade geschehen anhört, noch zu lebendig, um mit der nötigen Distanz wiedergegeben zu werden, als etwas Abgeschlossenes, aber dem ist nicht so; es ist hier nichts weiter als schlichtes Erzählen, das sich durchsetzt, das Imperfekt, das uns spüren lässt, dass wir noch die sind, die wir waren, als das geschah, von dem wir sprechen.

Nur vier, fünf Schritte lagen zwischen mir und der Frau mit dem Kanister, und umso überraschender war es, als ein Mädchen mit wie verklumptem Haar hinter ihr vortrat, nur die Hüften mit einem Tuch umwickelt, als könnte es auch ein Junge von acht oder neun sein. Ich weiß nicht, was mir gesagt hat, dass es kein Junge war, sondern ein Mädchen, das Schuld an allem Unheil in seiner Nähe gehabt haben soll, unter Umständen waren es nur die vor Schmutz starrenden und dabei immer noch zierlichen Füße. Dann ließ ich schon das Einrad über den sandigen, nicht gerade dafür geeigneten Boden rollen, aber die kleine Stoffpuppe bewegte dennoch die Beine, ein unwiderstehliches Bild: Das Mädchen löste sich von der Frau in den Lumpen oder Fetzen, es kam auf mich zu, und ich übergab das Geschenk, ein formloser Akt, und kaum war es in ihren Händen, schob sie das Einrad mit der Puppe bereits an, die Drahthaltestange fest im Griff. Das Mädchen, das auch ein Junge hätte sein können, spielte mit dem Geschenk, erst noch zögerlich, wie eben mit etwas ganz Neuem in seinem oder ihrem Leben, und stieß dazu Laute aus, als hätte es eine ganz eigene, nur an sich selbst gerichtete Sprache, während die Ziehmutter, oder was sie war, den Kanister vom Kopf nahm und mir von dem Wasser anbot, offenbar unentgeltlich; sie bot auch eine Trinkschale an, was mir als Prüfung erschien, und kaum war diese Prüfung, ebenfalls zögerlich, bestanden, tauchte der Pick-up schon wieder auf, kam aber nur auf Steinwurfweite heran. Der Fahrer winkte, und ich ließ das Mädchen einfach stehen – für ein Abschiedswort war es viel zu beschäftigt mit dem Geschenk.

Auf meinen Wunsch saß ich bei der Rückfahrt auf der Ladepritsche, als Sitz den Reservereifen, und konnte so in die weite Landschaft mit einem auch weiten, von kleinen Wolken wie betupften Himmel sehen, dort, von wo wir kamen, schon rötlich, am Horizont ein Band aus Dunst, und vor diesem Band, wenn man länger hinsah, die Gegend der alten Affenbrotbäume, die dort wie in Reihe standen, aber mit Abständen, ihr Geäst nicht nur dornenkronig, auch wie die nach allen Seiten gestreckten erstarrten Arme von Fabelwesen. Ich sah noch zurück, bis mir Staubwolken die Sicht nahmen; der Pick-up fuhr auf der Fernroute hinter Lastwagen her, die allen Sand von dem Belag aufwirbelten.

Es ging auf den Abend zu, und ich kann sagen, da war eine Vorfreude auf das Zimmer mit dem schrägen Balkon und einem Blick auf den Markt, der erst bei Dunkelheit richtig in Schwung kommt, wenn Wunderheiler ihre Mittel anpreisen, Verjüngungssäfte in Phiolen und Halsketten aus Raubtierzähnen, getrocknete Fledermausköpfe und Gläser mit Pulvern aus zerriebenem Horn; oder wenn in ambulanten Schönheitssalons bei flackerndem Neonlicht Kraushaar unter erhitzten Zangen mit Zischgeräuschen in pechschwarzes glattes verwandelt wird. Es ist ein einziges befristetes Lager entlang der Durchgangsstraße, und immer wieder gibt es Musikanten, die auf etwas spielen, das sie selbst gebastelt haben, oder etwas benutzen, von dem keiner gedacht hätte (keiner bei uns), dass es Töne erzeugen könnte. Und so ließ ich mich absetzen, wo eins dieser Instrumente zu hören war und kurz darauf auch schon zu sehen: zwei große leere Plastikflaschen, mit ihren geriffelten Seiten schnell und rhythmisch gegeneinandergerieben. Ein Junge von sechzehn, siebzehn spielte das Plastikflascheninstrument und tanzte dazu verzückt, und das vor der Bude mit dem Arsenal gegen Männerleiden, dargestellt auf einer Tafel mit Vorher-nachher-Zeichnungen – ich will das hier alles nicht überbewerten oder gar im Fremden schwelgen, wie es in der Christlichen Stimme oft der Fall gewesen war (alles Fremde hatte als gut gegolten, alles Heimische als verdächtig), aber ganz entziehen kann sich ein von weit her Gereister derartigen Eindrücken auch nicht. Man kann sich nur vor Schlüssen hüten wie dem, dass eine, die hier aufgewachsen ist, auch von ganz anderer innerer Beschaffenheit sein müsste als man selbst, ein anderer Mensch.

Die Afrikanerin hatte wie schlafend, noch in sich eingefaltet, meine Kappe halb im Gesicht, in dem kleinen Fiat gesessen, als ich nicht mit den von ihr beschriebenen Sachen, nicht ganz in der gewünschten Version, von dem recht bescheidenen Markt in Longobucco zurückkam. Zwar hatte ich ein großes Tuch bekommen, aber nicht dunkelblau, dafür in loderndem Herbstrot, dazu eine gebrauchte Denimjacke, fast in meiner Größe, sowie eine mit Sicherheit falsche Tom-Ford-Sonnenbrille; und ich hätte auch noch eine Kappe mit Ferrari-Emblem kaufen können, wollte ihr aber die Romkappe mit der Kolosseumssilhouette überlassen. Ich zeigte ihr die Käufe, und sie schnellte nicht etwa aus dem Sitz, sondern schob nur die Kappe so weit zurück, dass sie sehen konnte, was sie entgegennahm. Die Jacke schien ihr zu gefallen, so, wie sie über den Kragen strich, auch das Tuch war von der Größe und dem Stoff her in ihrem Sinne, ganz anders die Sonnenbrille – sie hatte mir meine zurückgegeben, ja sogar aufgesetzt, als ich beide Hände zum Ausparken brauchte, und etwas später, als wir schon auf der Straße hinter dem kleinen Bergort waren, die Tom-Ford-Brille zunächst inspiziert und gleich als falsch erkannt, um dann im Rückspiegel, kurz auf die Fahrerseite gebeugt, zu sehen, ob sie ihr steht, kommentiert mit nur einem Wort aus der eigenen Sprache – der ihrer Kindheit, nahm ich an –, einem, das allein durch seinen Klang alles sagte: eine Sonnenbrille zwar, bloß keine für mich.

Schließlich sagte sie aber Thank you, zwei Finger dabei an die Schläfe gelegt, und aus dieser Geste heraus machte sie Anstalten, mir die Kappe zurückzugeben, und ich sagte nur Keep it, einfach, weil ich sie sehen wollte mit dieser Kappe – die mir Lydia nachts an einem römischen Kiosk gekauft hatte, aus einer Laune heraus nach dem Besuch unseres Lieblingslokals, der Osteria Pinciana am Borghese-Park. Wir waren betrunken, sie mehr als ich, und sie sah diese Kappe und sagte: Die musst du tragen, die erinnert an den Ort, an dem die Christen wilden Tieren vorgeworfen wurden, weil sie nicht bereit waren, von ihrem Glauben zu lassen. In der Redaktion musst du sie tragen, als Mahnung für die Schlaffen. Und wenn du mit mir ins Bett gehst, als Versteck für dein graues Haar. Tust du das? Zwei-, dreimal hat sie das gerufen, Tust du das?, und ist dabei um mich herumgetanzt; Lydia wurde zum Kind, wenn sie betrunken war, einem lachenden, etwas boshaften Mädchen, das man nur lieben konnte oder die Finger von ihm lassen, und dann hat sie die Kolosseumskappe gekauft und mir aufgesetzt, frech nach hinten gerückt, als offenes Visier – wie die Afrikanerin sie trug, als wir wieder durch eine Berglandschaft fuhren, als Einzige weit und breit.

Es war ein Fahren ohne Ziel, was die kommende Nacht betraf, und so ging es zunächst weiter, als gäbe es ein Ziel, über die kleinen Ortschaften Cropalati und Paludi und den größeren Flecken Rossano, schon wieder nahe am Meer, von dort allerdings erneut in Richtung des Sila-Gebirges, in einer Kehre, von der ich annahm, meine Mitreisende hätte sie gar nicht bemerkt. Sie saß unbewegt da, Arme um die Knie geschlungen, aber etwa auf halber Strecke zu dem Nest San Demetrio – ich hatte nur einmal kurz, wie um mich rückzuversichern, in die Karte gesehen –, auf einer kurvigen Straße mit immer wieder anderem und bald schon niedrigem Sonneneinfall, machte sie auf einmal Zeichen, dass ich halten sollte. Ich nahm an, ihr sei übel von der Fahrerei, und hielt in einer Kurve mit größerer Bucht, und sie stieg augenblicklich aus und lief an den Rand einer steil wuchernden Macchia. Aber sie übergab sich nicht etwa, sie stand dort nur, die falsche Tom-Ford-Brille in der

Hand, und schaute ruhig zum Wagen, bis ich ebenfalls ausstieg, bei mir die Karte. Wir würden wieder dorthin fahren, wo wir hergekommen seien, rief sie. Why?

Knapp und nur halblaut hat sie mir dieses Why zugerufen, kaum als Frage, eher als Antwort – seit zwei Tagen fahren wir durch die Gegend, wie es dir gefällt, aber ich muss nach Rom, meinen Cousin dort finden, sonst bin ich verloren. Einzig ihre Augen sagten mir das, und nach einem Blick in die Karte wusste ich, dass wir gar nicht auf der Strecke nach San Demetrio waren, weil sie ohne Kurven eingezeichnet war, ich also irgendwo falsch abgebogen sein musste. Sie wiederholte ihr Why, fast leise jetzt, eine Hand in die Taille gestemmt, und da ist passiert, was ich bisher vermieden hatte: Aus ihrem Warum, das nur eine umständliche Strecke betraf, wurde mein Warum im Hinblick auf alles, was sie war oder nicht war. Warum gibt es kein Bild von dir? Wie kann es sein, dass man dich aufnimmt und etwas anderes herauskommt? Sag mir das und steh nicht da, als wäre an alldem nichts dran. Und wer bist du, wenn das Ganze kein Trick ist und auch kein Wunder, wenn es zu dir gehört? Falls du überhaupt weißt, dass es zu dir gehört. Vor zwei Tagen in dem verlassenen Ort hättest du auch einfach verschwinden können, bist aber zum einzigen Auto gegangen, das auf dem Parkplatz stand, und hast den Staub von der Haube gewischt, warum? Und warum, glaubst du, nehme ich dich mit, weil ich mit dir ins Bett will? Ich denke nicht, dass ich das will. Es würde nichts besser machen, das zu wollen, weder für mich noch für dich. Ich bin bloß dein Fahrer, nichts weiter.

Das hatte ich tatsächlich gesagt, alles andere eher vor mich hin gedacht oder auch das eine oder andere vor mich hin gesprochen – ich erinnere mich nur genau an die letzten Worte, I'm just your driver, that's it!, ihren Ton mit einiger Schärfe, und dass sie daraufhin etwas in ihrer Sprache gesagt hat, beängstigend leise, und gleichzeitig die Sonnenbrille in der verbundenen Hand zerbrach, dass es knackte wie bei einem Tischtennisball, auf den man tritt, und dass sie mir die Teile der Brille auf dem Handteller zeigte, die gebrochenen Bügel, die kaputten Gläser; sie kam dabei auf mich zu, mit etwas in den Augen wie Triumph, und bewegte die Hand, dass die Teile herausfielen, mir fast vor die Füße, wie ein Sieh her, das passiert mit Dingen, die ich nicht will, und es könnte auch mit dir passieren. Sie war stehen geblieben, den Kopf leicht im Nacken, was sie noch etwas größer machte, und ich sagte, sie sollte mir vertrauen, ich hätte nur eins vor, sie sicher an ihr Ziel zu bringen, nach Rom. Und unterwegs würden wir eine neue Sonnenbrille kaufen, eine, die zu ihr passe. Ja, ich hatte wirklich geglaubt, es sei bei dem Ganzen um die Brille gegangen, wie wir ja gern daran glauben, dass nur etwas Sichtbares schuld an dem sein könnte, was wir nicht verstehen. Erst als sie anfing, sich an der Hand, mit der sie das Gestell und die Gläser zerdrückt hatte, den schon losen Verband abzunehmen, mit ruhigem Blick zu mir, als ein Sieh dir auch das an: Das passiert, wenn man helfen will, aber das Falsche macht, ist mir aufgegangen, dass ihre Größe einen nicht sichtbaren Teil hatte, wie verdeckt von den langen Beinen und Armen, ihrem schlanken Hals und Kopf. Sie warf den Verband zu den Brillenteilen, dann nahm sie mir die Karte aus den Händen und stieg in den Wagen. Und kaum saß ich eben als ihr Fahrer wieder hinter dem Steuer, tippte sie an die Karte, die Gegend, in der wir ungefähr waren, und sagte No way, machte dabei aber Zeichen, dass es in der eingeschlagenen Richtung weitergehen sollte, obwohl wir ja vorher falsch abgebogen waren. Also blieb ich auf dem gewundenen Bergsträßchen, ohne zu wissen, wohin, und auch ohne zu wissen, wer da mit mir fuhr; ich wusste nur eins – wenn wissen hier der richtige Ausdruck ist, eher war es ein Erfassen, wie man im Dunkeln etwas erfasst, eine Tischkante, und damit Orientierung hat –, dass ich ihre Gegenwart mehr brauchte als sie die meine.

Und nach Erreichen eines Hochtals, eingeschlossen von kahlen Bergrücken, kamen wir über eine weitere Abzweigung am Ende doch noch nach San Demetrio, bestehend aus kleinen und kleinsten Häusern, zusammengeschart wie ein ängstliches Rudel, und am Rande dieses von keinerlei Erinnerungen an die damalige Reise belasteten Fleckens hielt ich bei einer Caffè-Bar in einem frei stehenden würfelförmigen Haus, im Fenster neben der Bartür ein Schild, camere / rooms. Es war wie ein Wink, und ich wollte die Lage klären, was für Leute in der Bar säßen, und ob zwei Zimmer frei wären. Endlich wieder ein Bett und eine Dusche für sie und mich, sagte ich, bed and shower for you and me! – eine Emphase, die dazu geführt hat, dass die Afrikanerin mich ansah, wie sie mich bis zu dem Zeitpunkt noch nicht angesehen hatte, als Mann, um dann achselzuckend zu sagen – für mein Gefühl achselzuckend, sie hat sich gar nicht bewegt, nur die Brauen etwas zusammengezogen –, dass ein Zimmer reichen würde. Und mit diesem Freibrief, oder was es war, bin ich ausgestiegen und die paar Schritte zu dem möglichen Quartier gegangen.

In der offenen Tür zu der Bar hing ein Vorhang aus bunten Plastikstreifen mit Lücken dazwischen – ich musste gar nicht eintreten, um zu sehen, dass an den drei, vier kleinen Tischen niemand saß und nur ein junger Mann mit Zopf allein hinter dem Tresen stand; dort tat er nichts weiter, als ein Bild nach dem anderen von sich zu machen. Es war ein Geschehen, bei dem man nicht stören wollte, also sah ich ihm zu, wie er jedes Bild wieder löschte, um sofort das nächste zu machen, als wäre das Selfie zugleich Beweis und Gegenbeweis für die Erkenntnislücke, die Kant aufgezeigt hat: Was wir an sich sind, bleibt für uns unerkennbar, ein ewiges Fehlen, mit dem ein auch ewiges Sehnen einhergeht. Folglich strecken wir immer wieder den Arm für ein neues Bild, das auch wieder nur zeigt, wer wir für einen Augenblick waren, und nicht, wer wir sind. Und genau das hätte Kant wohl triumphierend den dürren Zeigefinger heben lassen: Wenn es denn aber immer neue Bilder sein müssen, dann ist damit doch bewiesen, dass sich das, was wir an sich sind, weder gedanklich erfassen lässt noch in ein Abbild unseres unbedeutenden Äußeren zwingen!

Ich weiß nicht, ob mir das vor Betreten der Bar auch nur ungefähr so durch den Kopf gegangen ist wie in der Erinnerung an die Szene, ich weiß nur, wie sehr mich die Beschäftigung des jungen Mannes in Bann gehalten hat und dass ich an Kant denken musste. Und wie ich noch in diesem Bann war, ist die Afrikanerin dazugetreten, erst bemerkt, als sie neben mir stand; sie verfolgte, was ich verfolgte, zwei Finger an den Lippen, Finger der Hand mit der lochartigen Wunde, die aufgegangen war und blutete – ein für mich lichterloher Moment. Und im nächsten Moment war schon der Streifenvorhang auseinandergeschoben, und ich betrat die Bar, und der junge Mann legte das Gerät, das ihn nicht weitergebracht hatte, auf den Tresen, als hätte ich mir alles Vorherige nur eingebildet.

Mitte zwanzig mochte der in sich Vernarrte gewesen sein, und hätte ihn das plötzliche Auftauchen eines Zeugen und einer Zeugin nicht etwas erröten lassen, wäre ich vielleicht ohne die gewünschten Auskünfte wieder gegangen. So aber erfuhr ich, dass es zwar zwei Zimmer über der Bar gab, was dem Plural auf dem Schild, camere / rooms, entsprach, aber nur eins mit Bad und einem Balkon, das haben wir genommen. Und wenn ich wir sage, denke ich an einen Seitenblick der Afrikanerin, der es mir leicht gemacht hat, sehr leicht sogar, sie dem Ertappten gegenüber in der Allerweltssprache meine Frau zu nennen, My wife, und für uns beide das eine, bessere Zimmer zu wählen – leicht in diesem Moment, während es schon kurz danach, als ich bei dem jungen Mann mit Zopf noch Bier und Chips kaufte und einen Espresso bestellte, um ihn an einem der

Tische langsam zu trinken, damit meine Begleiterin in Ruhe duschen konnte, etwas von einer unlösbaren Aufgabe hatte, als Paar in dem Zimmer untergekommen zu sein.

Das heißt, nichts war mehr leicht, was sie und mich betraf, oder anders gesagt: Höchstens Blicke in Landschaften sind harmlos, Blicke auf Bilder können es schon in sich haben, und Seitenblicke wie der, der mir gegolten hat, sind Berührungen, ohne dass eine Haut an die andere gerät, nur stellen sie einen vor dasselbe Problem wie die Berührung: reagieren zu müssen, als wäre man etwa gestreichelt worden – ein Erwidere meinen Blick, ein Lass mich dich sehen, damit wir beide nicht mehr im Dunkeln tappen (der Blick, unerschöpfliches Romanmaterial, das Paradies und die Hölle auf kurze Distanz). Nach dem Espresso und noch ein paar Schritten im Freien hatte ich an unsere Zimmertür geklopft, so, wie es sein sollte, wenn man sich nicht kennt, und bin erst auf ihr Yes hin eingetreten, und da saß sie auf dem Bett, um sich ein Handtuch mit Peanuts-Figuren, das gehörte zur Ausstattung, im Bad hing ein zweites. Sie war mit ihrer verletzten Hand beschäftigt, die lochartige Wunde zwischen den Knöcheln mit Toilettenpapier abzutupfen; zwischendurch sah sie mich an, wieder mit dem Blick, der einen vor Probleme stellt. Das Wasser in der Dusche werde nicht richtig warm, sagte sie, als wären wir schon eine ganze Weile auf Reisen und jede Nacht in einem anderen Zimmer, mal mit guter, mal mit weniger guter Dusche. Warmes Wasser, darauf kam es im Moment nicht an, ich wollte mir nur den Schweiß abwaschen, und nachdem das getan war, sah ich, dass sie unsere restlichen Lebensmittel auf einem weißen Plastiktisch, der auf dem Balkon stand, ausgebreitet hatte, und stellte das Bier und die Chips dazu. Ready for dinner, sagte ich, und alles erschien plötzlich so einfach wie diese Aufforderung zum Abendessen, ja, ich erinnere mich, es mir als Film vorgestellt zu haben: zwei, die einander völlig fremd sind, der eine mit kleinem Mietwagen und etwas Geld unterwegs, um sich eine Frau aus dem Kopf zu schlagen, die ihn verlassen hat, sich die Geschichte mit ihr so zu erzählen, dass er gut aus ihr herauskommt, und der andere, oder die andere, wie es heißen muss, nur mit sich selbst unterwegs, um ihr Glück zu finden, an ein besseres Leben zu kommen oder überhaupt ans Leben. Aber dieser Film hat auf dem Balkon mit Sicht auf das Sila-Gebirge im Abendlicht geendet, wir beide auf knackenden Plastikhockern, die zu dem Tisch gehörten.

Die Afrikanerin, immer noch in das Peanuts-Tuch gehüllt, trank das Dosenbier wie eine Verdurstende, und sie nahm sich auch von den Chips, bis die Tüte leer war; ab und zu sah sie zu mir herüber, als wäre ich noch fremder für sie als andersherum. Es war nicht leicht, ihren langen Beinen unter dem Tisch auszuweichen, es war auch nicht leicht, ihr Stillsein zu ertragen, sie nur essen und trinken zu sehen, bis sie, ich weiß nicht, warum, wie aus dem Nichts heraus nach meiner Arbeit fragte, wovon ich leben würde, und ob das eine Arbeit sei, die mich glücklich mache. Tell me, hat sie leise gesagt, und überhaupt sprach sie fast nur leise, wie mit gestauchter, schon häufig zum Schweigen gebrachter Stimme. Are you happy with your work? – eine Frage mit Blick zu dem Gebirge, wodurch ihr Profil zu sehen war, scharf abgesetzt gegen den Abendhimmel und in dem Moment wie ein Beweis, dass der Mensch kein Zufall ist, sondern Schöpfung, eine unfassbar gute Idee.

Aber wenn ich an diese Stunde im abnehmenden Licht zurückdenke, ist da auch der Gedanke an eine falsche Antwort: dass ich für einen Radiosender arbeiten würde und mein Gebiet die Glaubensangelegenheiten seien. Das heißt, ich nannte eine Arbeit, die es lange gegeben hatte und seit dem Aus der Zeitung in keiner Weise mehr gab, die ich nur während des Redens darüber noch einmal heraufbeschwor, indem ich von Reisen zu Zentren des Glaubens sprach, um von dort zu berichten, Rom, Assisi, Jerusalem, bis meine Zuhörerin – nach einer Pause, in der ich sie nichts als angesehen hatte, ihr bei allem Dunklen im Grunde helles Gesicht – wissen wollte, was mit mir sei (statt etwa zu fragen, wie es um meinen Glauben steht als Besucher solcher Orte), woran ich denken würde, wenn ich sie ansähe. Es war die Frage, die auf eine Parkbank oder in eine Bar gehört, eine der Fragen von ersten Abenden, die man zusammen verbringt, vielleicht auch der ersten Nacht: Was denkst du, wenn du mich ansiehst, wer bin ich für dich? Und wer bist du, wenn du meinst, mich zu sehen, wie ich bin. Woran ich denke? Daran, dass wir alle aus deinem Kontinent abstammen, von einer kleinen Gruppe, die ihn vor sechzigtausend Jahren verlassen hat, um sich über die ganze Welt auszubreiten, sagte ich, was an sich sogar richtig war, meines Wissens zutreffend, aber als Antwort wieder falsch, weil es mir erst nach der Frage durch den Kopf gegangen ist, während ich vorher, als ich sie angesehen habe, an gar nichts dachte, nur etwas empfand, für das es höchstens im Nachhinein Worte gibt, aber dann solche, die man nicht sagen möchte, aus Schlagern, aus Filmen, der Werbung – Schau mich bitte nicht so an, Wie verdammt schön du bist, Dein Mund gehört verboten und so weiter. Aber davon nichts, stattdessen die Abstammungssache, wir Heutigen alle als Nachfahren von nur ein paar Hundert Kühnen – klein, dunkelhäutig, vermutlich behaart, aber mit dem Genom, das wir noch in uns tragen –, Menschen, die auf lebenslangem Weg ihre Wiege verlassen haben, um die Welt zu erobern, und die Afrikanerin sagte mit etwas Verspätung dazu, unsere Bierdosen gegeneinanderstoßend, ob ich etwa glauben würde, wir seien Verwandte. Das seien wir nicht. Oder glaubte, dass sie mir glauben würde, ich hätte an die Verbreitungsgeschichte der Menschheit gedacht, als ich sie ansah wie ein Bild. You didn't, sagte sie im Aufstehen, bereit, sich schon schlafen zu legen, dabei um den Mund einen Ausdruck wie manchmal die zwei

Frauen im Redaktionskreis der Zeitung, die von männlicher Seite in Grund und Boden geschrieben wurde – nahe am müden Lächeln, wenn einer der vier Halbstudierten wieder einmal mit einem Beitrag die Welt und gleich auch noch das Leben im Ganzen erklärt hatte. Beide Frauen, promovierte Theologin die eine, die andere aus dem Therapiemilieu, hatten präzise Kleinarbeit geleistet, während wir bei jeder Gelegenheit Fundamentales zum Besten gaben, ja uns einmal sogar, aus Anlass der weltweiten Bewegung für Maßnahmen gegen die Erderwärmung, zu einem Beitrag zusammengetan haben, einer gemeinsamen Erklärung der Welt zur Verbesserung derselben, so wie zu ihrer Zeit Schelling, Hegel und Hölderlin gemeinsam ein Grundsatzprogramm des Idealismus verfasst hatten, mit folgendem Größenwahnschluss, uns von den Frauen mit eben diesem Lächeln unter die Nasen gerieben: Ein höherer Geist, vom Himmel gesandt, muss diese neue Religion unter uns stiften, sie wird das letzte, größte Werk der Menschheit sein, Zitat Ende.

Die Afrikanerin schlief bereits, zugedeckt mit einem Laken und zur Wand gedreht, als ich mich neben sie legte, unter dasselbe recht große Betttuch. Es war nahezu dunkel im Zimmer, aber etwas sagt einem, dass der andere abgewandt liegt, wie man auch spürt, welche Wärme er aussendet, die einer bloßen oder von Kleidung bedeckten Haut; und bei der Suche nach dem Teil des Lakens, das für mich übrig war, kam meine Hand an eine Art Wall, bestehend wohl aus Dingen, die sonst in dem Bündel waren, also auch dem Messer. Ich konnte es nicht ertasten, aber wusste, dass es zwischen uns lag, wie man es eben im Dunkeln erfasst, ob eine Bedrohung nah ist oder weiter weg, weil man nachts vielleicht etwas weniger Mensch von heute und etwas mehr der ist, der noch in uns lebt seit seinem Aufbruch in die Welt; ertasten konnte ich nur ein Feuerzeug und ließ die Flamme aufschnappen, wie ich als Kind nachts manchmal Licht gemacht hatte, um irgendeinen Spuk an meiner Zimmerdecke zu beenden.

Sie schlief auf dem Bauch, das Gesicht aber halb zur Wand gedreht, ohne Kissen. Ihre eine Hand lag vor dem Gesicht, die andere auf dem Wall zwischen den Betthälften; es war die Hand mit der Wunde, das sah ich noch vor dem Kappen der Flamme, und das Letzte, an das ich mich erinnern kann, bevor der Schlaf kam, ist das vage Bild einer Sehnsucht: nach den Jahren, in denen alles noch leicht war zwischen einer Frau und mir, das Bild von einer Umarmung auf dem Boden am helllichten Tag, zwei Beine um mich geschlungen – einer Sehnsucht nach der Zeit, in der es noch keine Navigation und keine Allerweltsgeräte gab, man nicht von Fitnessplänen und Aktien sprach und ich noch nie ein Glas Barolo getrunken hatte.

Wie weit wir heute kommen würden, hat mich meine Mitreisende gefragt, als wir nach einem sehr eiligen und auch sehr provisorischen Frühstück im Wagen saßen, auf einer Straße, die wieder bergan führte, abschnittweise fast ohne Belag, so dass schon zu fürchten war, sie könnte gleich enden. Wir kämen bis Altomonte, sagte ich, als wäre es ein Ort, den man kennen müsste, ein Etappenziel auf dem Weg ins Glück, oder was ihr vorschwebte, wie sie da neben mir saß, mit meiner Kappe, die ihr zu gefallen schien, die Karte in Händen und die nackten Füße auf der Ablage über dem Handschuhfach. Sie suchte das von mir umkringelte Altomonte, hinter den Kringeln sogar noch zwei Ausrufezeichen, und sie fand es auch und addierte die Kilometerangaben entlang der Strecke, dabei so die Lippen bewegend, als sollte ich sehen, wie sie unsere Fahrzeit berechnete; nur hatte ich schon während der Nacht beim Wachliegen für bestimmt eine Stunde – von der anderen Bettseite war eine Wärme ausgegangen wie von einem Heizkörper – an eine Route gedacht, die nicht direkt an das Tagesziel führte, sondern über eins der albanischen Dörfer, damals von Lydia und mir besucht, mit Verirrung in einem Labyrinth schmalster Gassen. Und ich begann dann, über dieses Dorf, Civita, mehr als nur zu reden, nämlich von seiner Lage an einem Berghang schon fast zu schwärmen, bis sie mir eine Hand auf den Arm legte und Stop it sagte; und ich weiß noch, wie mich dieses Ins-Wort-Fallen für einen Moment erbost hatte, bevor sie die Hand zurückzog, nicht etwa schnell, sondern verzögert. Die Afrikanerin nahm die Hand, wenn man so will, wieder an sich und bedeutete mir, dass ich einfach fahren sollte, fahren und auf die Straße achten und nicht reden, um dann aber, nach einer Weile – mein Zeitgefühl, was diese Fahrt betrifft, wenn nicht unsere gesamte Reise, ist so relativ wie das in Träumen – selbst zu reden. Sie sprach von tausend Geschichten, die sie auf ihrem langen Weg gehört habe, zuletzt in einem Lager in Libyen, um über die Nacht zu kommen, in einer Enge und Hitze, in der man nicht schlafen konnte, wie wunderbar es da und wie wunderbar es dort sei, ja, sie gab sogar Beispiele solcher Geschichten, die aber an mir vorbeigegangen sind, weil ich allein auf ihre Stimme gehört habe, das Leise darin, das im Grunde gar nicht leise war, eher wie die Rückseite eines Schreis. Und so plötzlich, wie sie angefangen hatte zu reden, hat sie auch wieder aufgehört und die Hand mit der schlecht verheilten Wunde aus dem Fenster gehalten, um sie im Wind zu kühlen, bis ich irgendwann – ich glaube, wir waren schon zwei Stunden unterwegs und kaum einem Auto begegnet – fragte, ob das wirklich ein abgerutschter Schraubenzieher gewesen sei, worauf sie nur sagte, ich müsste nicht alles wissen – großzügig übersetzt; soweit ich mich erinnere, hatte sie You don't have to know all the details gesagt, wieder mit dieser schreiend leisen Stimme.

Und um die Mittagszeit, schon in der allgemeinen Stille, war Civita erreicht, und der Fahrer machte eine Handbewegung hin zu den gedrängten, wie an den Berghang genagelten

Häusern, als hätte seine Beifahrerin die gleichen Erinnerungen daran wie er. Ich fuhr, soweit es erlaubt war, in den unteren Ortsteil und hielt auf einem kleinen Platz mit Brunnen und einem Stück Wiese. Alles war dort noch wie damals, oder wie ich es behalten hatte, einschließlich eines Wegs entlang der Wiese zu einem Aussichtspunkt, und ich bat die Afrikanerin, im Wagen zu bleiben, nur für eine Minute, und stieg auch schon aus, ohne jede Erklärung, wie es eben passiert, wenn uns die Erinnerung überwältigt, wir nur noch dorthin streben, wo einmal ein Glücksmoment war. Das heißt, ich bin zu dem nahen Aussichtspunkt mit Blick in eine Schlucht gelaufen, ja fast gerannt, wie vor Jahr und Tag Lydia hinterher, ihr, die immer zu solchen Stellen vorausgeeilt war, um schon gelassen zu sein, wenn ich erst zu staunen begann, aber in dem Fall hatte sie noch mitgestaunt über die Tiefe der Schlucht und mir etwas ins Ohr gesagt, das die kommende Nacht in Altomonte betraf (von dort waren wir nach Civita gefahren), unsere Nacht in dem Königinnenzimmer in dem Kastellhotel, etwas, das man nicht vergisst, wie man seinen ersten Kuss nicht vergisst, und mir innerlich vor Augen stand, als ich zum Auto zurücklief, bis ich die Afrikanerin neben dem kleinen Fiat bei zwei Ziegen sah, die sich von der Wiese zu ihr gesellt haben mussten, als hätte sie über alles Lebendige in ihrer Nähe eine Macht, mich womöglich eingeschlossen.

Sie war in das Tuch gehüllt, das ich am Vortag gekauft hatte, nur fiel es mir jetzt erst als ganz und gar passend zu ihr auf, als sie da stand und sogar einiges über die Ziegen sagte, ihre Euter und den Ernährungszustand, das Fell und die Temperatur der Nasen. Wie nebenbei oder tatsächlich nebenbei – das war schwer zu unterscheiden bei ihr – sagte sie das, und ungefähr auch in dem Ton schlug ich ihr einen Gang durch den steilen Ort vor – in dem sich Lydia und ich damals hoffnungslos verlaufen hatten –, ein Vorschlag, der sie fast an mein Handgelenk greifen ließ, um auf meine Uhr zu sehen, daraus aber machte sie eine Geste hin zu den wie geschichteten Häusern und zog die Kappe in die Stirn: das Zeichen ihrer Bereitschaft, sich mir anzuschließen, so viel hatte ich verstanden von ihr. Und sie ist dann sogar vorausgegangen, über Stiegen und unter Torbögen in Windungen immer weiter aufwärts, bis zu den letzten, schon wie mit dem Berg verwachsenen Häusern, ich immer hinter ihr, bemüht, nicht zu keuchen, manchmal so dicht dahinter, dass ihre Hüften wie zu Greifen waren, wenn es über Stufen ging; und durch dieselben spaltartigen Gassen in verwirrendem Zickzack zwischen Häusern, die für mich alle gleich aussahen, hat sie zurückgefunden. Wie ihr das gelungen sei, fragte ich, als wir wieder im Wagen saßen, sie nur mit Perlen auf der Stirn, ich nass im Gesicht, und sie sagte, nach einem Abschiedsblick zu den Ziegen, mit Gottes Hilfe, auch wenn es zweifellos Orientierungssinn war, geschult auf all den Wegen, die sie hinter sich hatte.

Und unter Umständen auch mit göttlicher Hilfe – ich bin gar kein religiöser Mensch, nur einer, der an den Glauben an sich glaubt, also daran, dass nicht alles von dieser Welt sein muss – kamen wir nach teils engster, kurvigster Reststrecke an das Ziel, das allein meins war, Altomonte – auf der damaligen Fahrt von einer weiblichen, auf den heimatlichen Ton getrimmten Navigationsstimme als Altemotte ausgesprochen, was sehr zu einer Überschwangsstimmung beigetragen hatte, die Lydia und mich an dem kalten Maiabend in dem ungeheizten Kastell absteigen ließ, während das andere Paar ein neueres Hotel am Ortsrand vorzog. Altomonte liegt, wie der Name schon sagt, auf einer Anhöhe, einer Art Tafelberg mit dem alten Kastell als höchstem Punkt (Il Castello dei Conti, lange mit der belgischen Krone verbunden, zuletzt ein Zufluchtsort der lebenslustigen bis schwermütigen Königin Paola, aufgewachsen in Rom und zu speziellem Ruhm gekommen durch ein seufzerisches Lied, das ihr der Schlagersänger Adamo gewidmet hat, Dolce Paola).

Hier würde sie niemand vermuten, sagte ich zu meiner Begleiterin, als wir die steile Auffahrt zu dem Kastell hinter uns hatten und in eine Art Burghof einbogen, wo nur ein einzelnes Auto mit lokalem Kennzeichen stand. Man werde uns für ein spleeniges Paar halten, eins, das im größten Zimmer eine Nacht verbringen will, dem Zimmer mit zweitem Schlafraum – Das heißt, du hast ein eigenes Bett! Ein Ausruf in meiner Sprache, aus Gewohnheit, während wir ausstiegen, sicher kein spleeniges Paar, aber auch nicht gerade ein unauffälliges, als wir in den unteren Burgsaal kamen, und dort saß, als hätte er sich zehn Jahre lang nicht weggerührt, der ergraute Besitzer des Kastells und löste, wie schon damals, als wir den eiskalten Saal betreten hatten, in einen Mantel gehüllt Kreuzworträtsel. Auch diesmal sah er kaum von einem Rätselheft auf, er warf nur einen Blick auf meinen Pass und nannte den Preis samt Frühstück für das royale Zimmer mit Zweitgemach, und ich zahlte im Voraus, entschlossen, nicht auch noch im Burgrestaurant zu essen; der Ober von damals, inzwischen mit gefärbtem Haar, rabenseidigen Locken, stand schon Weinkühler bei Fuß. Wir seien für ein Abendessen zu müde, sagte ich im Vorbeigehen, die Afrikanerin für einen Moment an der Hand – und ich meine, dass sie den leichten Griff sogar erwidert hat.

Und nachdem das letzte noch Essbare aus dem Wagen geholt war, betraten wir das salonartige Zimmer, in dem Lydia und ich, obwohl es darin eiskalt gewesen war, alles getan hatten, was Adam und Eva nach der Vertreibung, wenn man an diese Geschichte glaubt, wahrscheinlich erst recht getan hatten, um sich ein Paradies zu erschaffen, in dem Gott nichts zu sagen hat – der Gott, von dem es bei Thomas von Aquin heißt, dass zwar die Kreatur ihm ähnlich sei, nicht aber er der Kreatur, also etwa uns Menschen, die in Betten übereinander herfallen.

Wie ein weicher Altar stand dort noch das Königinnenbett, und an der Wand über dem Kopfteil hing auch noch die große, gerahmte, von Glas geschützte Schwarzweißaufnahme der bekanntlich melancholischen Paola, das Bild, das Lydia auf etwas gebracht hatte, das ich nach Kräften aus meinen Gedanken fernhielt, während die Afrikanerin noch alle Räumlichkeiten so in Augenschein nahm, als könnte das Ganze eine Falle sein, die zuschnappt, wenn ihre Wachsamkeit nachlässt. Sie sah sich auch das Foto über dem Bett an, sogar aus nächster Nähe, wodurch ihr Kopf mit dem Kurzhaar etwas Erhobenes und damit Royales bekam, als würde eine junge Königin, als Gast inkognito, die andere betrachten. Wir könnten essen, sagte ich, als auf einem runden Tisch in der Sitzecke, damals schon dort gestanden, alle Reste ausgebreitet waren, Brot, Schinken, Käse, zwei Dosen Sardinen und eine Packung Biscotti, dazu der in Gerace gekaufte Wein.

Ich war noch dabei, den Korken zu ziehen, als meine Mitreisende zu dem Tisch kam, in den Augen und mehr noch um die Augen eine Mischung aus Verletztheit und Beherrschung – etwas, das während des picknickartigen und so gut wie wortlosen Abendessens nie wirklich verschwunden ist, aber auch nie klar genug war, um fragen zu können, was mit ihr los sei. Ich fragte nur More wine?, more bread? und dergleichen und tat schließlich, was viele tun, wenn sie nicht wissen, wie es weitergeht, nämlich zur Fernbedienung greifen; das heißt, ich stellte einen großen Fernseher an, der zur Sitzecke gehörte (bei Lydia und mir hatte an derselben Stelle noch eine prächtige Vase mit frischen Blumen gestanden), und wir verfolgten minutenlang eine amerikanische Serie, in der es darum ging, die Aufdeckung eines wahren Gewaltverbrechens zu rekonstruieren, das Ganze in der Sprache, die sich bei Opern bewährt hat. Und vielleicht hatte es mit dieser Serie zu tun, Bildern einer furchtbaren Bluttat, aber plötzlich hat die Afrikanerin auf das

Foto über dem Bett gezeigt und etwas sagen wollen, nur zuerst gar keine Worte gehabt und weiter auf das Bild gezeigt, mit kurzen Bewegungen des Fingers, bis sie sagte, das sei eine belgische Königin, so stehe es dort, und ich sollte wissen, dass man noch dem Vater ihrer Mutter, die aus dem Kongo geflohen sei, als Sechzehnjährigem die rechte Hand abgehackt habe, damit er nicht zu den Waffen greifen könnte gegen die Belgier.

Sehr ruhig war das gekommen, als Information, nicht als Vorwurf, und ich erwiderte, dass mich die Verbindung dieses Kastells mit dem belgischen Königshaus genauso überrasche wie sie, eine Lüge, aber hätte ich sagen sollen, ja, war mir bekannt, und ohne dieses verglaste Foto über dem Bett wäre ich gar nicht hier, weil das dünne Glas eine Rolle gespielt hat, als ich schon einmal in dem Zimmer war, vor zehn Jahren mit einer Frau, die ich mir aus dem Kopf zu schlagen versuche, indem ich hier die Nacht verbringe: lauter Wahrheiten, die sie nicht verstehen würde, das war mein Gedanke, wie es ja oft unser Denken als Zuflucht ist, dass der andere etwas nicht verstehen könnte, das uns zu nahegeht, also dürfen wir ihm sonst etwas erzählen. Es tut mir leid, das mit den Belgiern und diesem Foto, sagte ich und ging zum Kopfende des Bettes und nahm das Foto von der Wand – wie ich es schon einmal von der Wand genommen hatte, auf Lydias Wunsch, woraufhin das gefolgt ist, an das zu denken nicht auszudenken war.

Ich brachte das Bild in den Nebenraum und legte es dort auf eine Kommode, mit dem Motiv nach unten, ein Akt für die Afrikanerin, die aber so tat, als hätte ich nichts unternommen. Mit einem Ausdruck von Gleichgültigkeit sah sie weiter zu dem großen Schirm, und über den liefen jetzt die Hauptabendnachrichten, erst zu diesem und jenem aus aller Welt, dann zu Landesangelegenheiten, den wichtigen wie der anhaltenden Trockenheit und dem nicht anhaltenden Strom von Illegalen, die in Schlauchbooten über das Meer kommen, um dort Fuß zu fassen, wo niemand sie haben will. Das aber war schon der Übergang zur wichtigsten der weniger wichtigen Meldungen, und für Momente hatte es etwas Irreales, dass die, von der jetzt die Rede war – aus dem Mund einer blonden Fee, bei sich einen Experten auf dem Gebiet der übernatürlichen Phänomene –, neben mir saß, etwas Irreales auch für sie: Erst mit Verzögerung stieß sie einen Laut aus, darin enthalten sowohl Erstaunen als auch Schrecken, wie etwa bei jemandem, dessen Blindsein plötzlich geheilt ist und der sich im Spiegel sieht. Der Experte kommentierte ein weiteres unerklärliches Foto, das aufgetaucht war, eine afrikanisch ärmliche Straßenszene, angeblich aufgenommen in Crotone. Die Inhaberin eines Modegeschäfts, sagte die blonde Fee aus dem Off, habe die Rätselhafte an ihrer Figur erkannt, ganz nach den Beschreibungen, erkannt beim Kauf einer Hose, und später das Foto gemacht, vor ihrem Geschäft, nur sei dann eben etwas ganz anderes zu sehen gewesen. Und dieses ganz andere war immer noch eingeblendet, eben die offensichtlich afrikanische Straßenszene, von dem Experten als kollektives Albtraumbild erklärt, über das tatsächliche Foto gelagert, nach Art eines Palimpsests, sagte er, von der Moderatorin der Sendung gleich gebeten, den Begriff zu erläutern, was er ziemlich umständlich tat, während die, um die sich das Ganze drehte, jetzt wie aus schwarzem Gestein gemacht am Rand eines von zwei Ohrensesseln saß, ihr Gesicht in den Händen, als könnte es sonst in das weiterhin eingeblendete Bild gesaugt werden.

Zu sehen war eine Bretterbude mit aufgeklappter Doppeltür und einem gewellten Dach aus mehreren übereinandergelegten Plastikteilen; auf dem Dach, von dem Kabel herabhingen, zwei Holzschilder mit Aufschriften in losen Buchstaben, Mugie Comput Services und Unisex Fashion. Vor der Bude standen offene Säcke mit Zwiebeln und Tomaten und ein noch geschlossener Sack, darauf eine junge Frau, mit dem Rücken zur Kamera (die es ja gegeben haben muss), in einem Kleid mit Schlangenhautmuster, das lange, zu vielen Zöpfen gedrehte Haar über einen der bloßen Arme fallend; sie war – oder ist, wenn man von einem Bild mit Bestand ausgeht – nach vorn gebeugt und sortiert Kleidung, die am Boden liegt, könnte also mit Mode befasst sein. Durch die offene Tür aber sieht man im Inneren der Bude einen Tisch mit drei Notebooks darauf, den Comput Service. Auffallend war außerdem noch eine Wäscheleine, von einer der Dachkanten zur Seite hin gespannt, ohne dass man ihr Ende sah; an dieser Leine hing ein großes blaues Tuch neben einem T-Shirt mit der berühmten Einstein'schen Formel von Energie und Masse. Und die lediglich von hinten zu sehende junge Frau mit schmaler Taille und Schultern wie Fäusten, das konnte nur, naheliegendster Gedanke, meine Afrikanerin in ihrer alten Umgebung sein – meine sage ich ohne jeden Anspruch auf Besitz, nur um es hier unmissverständlich zu sagen.

Natürlich ließ sich das nicht alles so im Einzelnen während der Einblendung des Bildes erfassen, aber kaum waren die Nachrichten vorbei, kaum hatte ich den Fernseher abgestellt, stand die, nach der ohne triftige Gründe weiter mit Phantombildern gesucht wurde, von dem Ohrensessel auf und ging in dem großen Zimmer hin und her; sie ging von der Sitzecke zur Tür und von der Tür zu einem der Fenster und wieder zurück und sprach dabei über die Details des Bildes, als wäre es das Allernormalste, das etwas in der Art herauskommt, wenn jemand sie knipst (ein kaum noch gebräuchliches Wort, aber es trifft den Nagel auf den Kopf). Und schließlich ist sie vor mir stehen geblieben, erschreckend groß, zumal ich gesessen habe, im anderen der zwei tiefen Sessel, und sagte etwas in ihrer ganz eigenen Sprache, der ihrer Eltern, nahm ich an, und ich ließ eine Chance verstreichen, ihr erneut die Frage der Fragen zu stellen – wie kannst du bestimmen, was auf Bildern von dir zu sehen ist, weißt du überhaupt, was du uns damit zumutest? Metaphysik in Zeiten von Google und Instagram. Das lag mir auf der Zunge, als sie in voller Länge vor mir stand, eine Hand in die Taille gestemmt, still herausfordernd – los, was willst du wissen, wie es zu diesem Bild kommen konnte? Ganz einfach: Es war so in mir.

Etwas in der Art hat sie aber nicht einmal angedeutet, und ich sagte nur, wir sollten jetzt schlafen gehen, damit wir morgen schon früh losfahren könnten, für eine ziemliche Strecke, bis zu einem Ort mit berühmten Altertümern, nicht mehr sehr weit von Rom entfernt – Worte der Beruhigung waren das, so an mich gerichtet wie an die, die auf mich heruntersah, immer noch mit Argwohn, aber jetzt auch mit einem Hauch von Bedauern, wie mir schien, darüber, wie wenig ich von ihr wusste oder wie viel sie noch zu erzählen hätte, damit wir auch nur annähernd auf gleicher Höhe wären. Und schwer zu sagen, wie lange sie so dagestanden hatte, inzwischen mit Faust in der Taille, ihr anderer langer Arm auspendelnd, während ich in dem Sessel förmlich versank, wie eins mit seinem Weichen und Kardinalroten; je länger aber die ganze Situation anhielt, desto müder wurde ich – eine Müdigkeit, wie sie einem weiterhilft, wenn man nicht weiterweiß.

Mir hat sie zu einem etwas steifen Good night verholfen, mit dem ich aus dem Sessel gekommen bin, um in den Nebenraum zu gehen und dort ins Bett zu fallen; für Momente aber habe ich noch vor der gestanden, die auf dem unerklärlichen Bild höchstens von hinten zu sehen war, wenn überhaupt – zu nah vor ihr, um noch etwas sagen zu können, aber nicht nah genug, um es stumm auf etwas ankommen zu lassen, eine Frage von Millimetern, nicht den äußeren, messbaren, den Millimetern zwischen Ja und Nein in uns selbst.

7

Das Wort Altertümer, antiquities, hatte ich aus gutem Grund gebraucht – mein noch geheimes nächstes Tagesziel hieß Paestum. Genau dort waren wir damals nach einer langen, aber beglückenden Fahrt, zunächst im Gebirge abwärts auf engster Straße durch eine Art Nebelwald, dann entlang der Steilküste, teils schwindelerregend über den Klippen, und zuletzt durch das sanft hügelige Cilento hinein in die Ebene Kampaniens, wo wir gegen Abend vor dem größten noch vollständig erhaltenen dorischen Tempel, einsam am Rande des weitläufigen Areals, für Momente den Atem angehalten hatten, und das in der bis dahin nur ersehnten Maisonne, niedrig schon, aber noch wärmend über dem nahen Meer, alles in allem ein Tag fast zu schön, um wahr zu sein.

Und auch der Morgen nach dem Schlaf in den einstigen Räumen einer nur den Umständen nach lebensfrohen jungen Königin – ihr gerahmtes Foto mit eher in sich gekehrtem Ausdruck hatte ich nach einem Frühstück im Gewölbesaal wieder übers Bett gehängt, als Abschied für immer von einem Erinnerungsstück – war der Beginn eines lupenreinen Sommertages. Wir hatten im einzigen Lebensmittelladen von Altomonte noch Vorräte gekauft, das heißt, ich hatte sie nach genauen Angaben meiner im Wagen gebliebenen Reisegefährtin – so nahm ich sie wahr an dem Morgen – gekauft, vier große Flaschen Wasser, Brot und Salz, zwei Melonen und kleine Tomaten, Ziegenkäse und gekochten Schinken und wieder eine Salami, fein gepudert: Die schien sie für sich entdeckt zu haben. Wir waren also für den Tag gut ausgestattet, dazu auch ausgeschlafen und gewaschen, jeder mit frischer Kleidung, sie in ihren neuen Chinos, die nun doch nicht geschont werden sollten, dazu das Pythagoras-Shirt und auf dem Kopf die Kappe, die mir Lydia nachts in Rom gekauft hatte, ich in bequemer Leinenhose und einem kurzärmligen Hemd.

Die Afrikanerin hatte mit keinem Wort oder fragendem Blick auch nur angedeutet, dass sie wissen wollte, wohin die Fahrt an dem Tag führte; sie ging weiterhin von Rom als Ziel aus und damit von mir als dem, der sie am Ende zu dem Cousin bringt. Allerdings bemerkte sie etwas zu meinen Einkäufen nach einem Blick auf den Kassenbon: dass sie so viel kosteten wie in ihrem Ort drei Hühner, gute, gesunde Hühner. Sehr viel mehr hat sie auf dem ersten, kurvigen Streckenabschnitt nicht gesagt, dafür achtete sie als Beifahrerin auf die Straße und machte vor besonders unübersichtlichen Stellen Zeichen, um meine Aufmerksamkeit zu erhöhen, nur könnte ich gar nicht genau sagen, womit; manchmal war es bloß ein schärferes Lufteinziehen durch die Nase, dann eine Fingerbewegung, die gar nicht meiner Fahrweise gelten musste, und immer wieder gab es auch Seitenblicke, als wären wir ein noch unsicheres Paar, unterwegs ins auch Ungewisse, in immer engeren Kehren abwärts, dem Meer entgegen. Es war ein Fahren durch steilsten Gebirgswald, die hohen, ineinanderreichenden Bäume standen bis an die Straße und waren in den Kronen so dicht, dass sogar ein Eindruck von hochgelegenem Regenwald aufkam, als könnten dort Gorillas leben, ein Eindruck verstärkt noch durch Abschnitte mit Nebel in zerrissenen Schwaden und den Umstand, dass kein einziges anderes Fahrzeug entgegenkam, als wären wir an dem Tag allein unterwegs.

Ja, es hat sich angefühlt, als wären wir ganz allein auf der Welt, zwei im kleinen Fiat, die nur das Nötigste sagten, obwohl es einiges zu sagen gegeben hätte, Fragen, die in der Luft lagen, kurz davor, ausgesprochen zu werden – was ist da wirklich mit deiner Hand passiert, was war da in den Lagern in Libyen?

Oder: Warum fährst du mich auf Umwegen nach Rom, eine, die du nicht kennst, warum kaufst du ihr Essen und Kleidung, was verlangst du dafür? Und wieder andersherum: Wer bist du, dass man von dir kein richtiges Bild bekommt, was macht dich aus, das ich nicht verstehe? Halb gedankenverloren beim Fahren hatte ich sie mir selbst gestellt, die Fragen, auf die es keine Antworten gab, bis der Wald aufbrach und man in einer Kurve weit unten das Meer sah, nichts als Blau mit dem schäumenden Rand der Brandung gegen Felsen, die sich in Stufen nach oben hin fortsetzten, um erst nahe der Straße in einem Gewucher aus Agaven zu enden. Look, sagte meine Reisegefährtin mit Blick auf das weite Blau, fast ein Ausruf, mehr, als ich auf dieser Fahrt noch zu hoffen gewagt hatte.

Kurz hinter dem Ort Belvedere, zu Recht mit diesem Namen, weil auf einem Felsbuckel hoch über dem Meer, erreichten wir dann die steile Küste, und ich hielt jeweils an Aussichtspunkten mit kleinem Parkplatz nach der besten Stelle für eine Rast Ausschau; nach ihrem Ausruf war die Afrikanerin wieder die In-sich-Verpuppte, auch wenn sie manchmal, halb an mir vorbei, auf das auf der Fahrerseite liegende Meer hinuntersah. Die Strecke zog sich hin, weil die Straße jeder Bucht bis ans Ende folgen musste, das alles bei zunehmender Hitze, und ohne dass uns eine Unterhaltung abgelenkt hätte – uns, sage ich, weil sie in Rechtskurven zu mir sah, sich kaum gegen die Fliehkräfte stemmte, und als wollte sie es mir oder sich oder uns beiden noch schwerer machen, schwer im Sinne von unbegreiflich wie die Bilder, die sie nicht zeigten und doch zeigten, begann sie vor sich hin zu summen, den Kopf zurückgelegt und die Knie ans Handschuhfach gedrückt.

Es war ein anhaltend eintöniges, zugleich aber auch aufreizendes Gesumme, eins, als könnte man es weder länger mitanhören noch ertragen, dass es einfach endet; ein Lebenszeichen am Rand des Schlafs, in Gedankenfetzen vielleicht bei ihrem alten Zuhause (für mich zu dem Zeitpunkt ja nur ein Phantasieort), bei Gesang auf einer Bretterbühne unter einer Lampionkette, im Hintergrund Kinder und ein paar Ziegen, das Ganze auf lehmigem Boden und in stickig öliger Nachtluft. Etwas in der Art mochte ihr durch den Kopf gegangen sein, schon leicht bemächtigt vom Traum, so ist es jedenfalls mir durch den Kopf gegangen, während sie summte und ich fuhr. Und allmählich glaubte ich, zwischen allem Möglichen, das mir improvisiert klang, auch Bruchstücke einer Melodie herauszuhören, etwas, das an ein Kirchenlied denken ließ, eins, das ich schon gesungen hatte im Dorf meiner Kindheit und das mir auf der Zunge lag, wie einem manchmal ein Name auf der Zunge liegt, mit ein, zwei Buchstaben, aber einfach kein Ganzes werden will, ein Bruchstück bleibt. Erst als die Straße von der Küste wegführte, wir durch das gartenhafte Cilento Richtung Agropoli fuhren, hörte das Gesumme so unerwartet auf, wie es begonnen hatte, und in der ersten Ortschaft an der Strecke hielt ich bei einer in frühnachmittäglicher Stille vor sich hin dösenden Caffè-Bar – drei leere Tische unter einer Markise und ein schlaffer Vorhang in der Tür.

Es war nur als Stopp gedacht, für die Toilette und einen Espresso im Stehen, aber als ich vom hinteren Bereich der Bar mit bloß einer Kabine für Mann und Frau wieder zum Tresen ging, stand dort die Afrikanerin, als wollte sie ihre jetzige Aufmachung – meine Romkappe, das Pythagoras-Shirt und ihre langen Beine in den Chinos – gegenüber der Barista mit Tattoos auf den Schultern testen, ob es Maskerade genug wäre. Und so, wie sie dort stand, auf einem ihrer sehnigen Füße, das andere Bein leicht angewinkelt, die Hände auf dem hellen Granit, hatte sie, leider, etwas von einer schwarzen Berühmtheit, Sängerin etwa oder im Filmgeschäft, einem jener Pakete aus Fleisch und Blut und Talent, die uns vergessen lassen, dass alles von Staub gemacht ist und wieder zu Staub wird (Prediger 3,

Vers 20, früher von mir gern zitiert). Sie hatte sich eine Cola bestellt, und die Frau mit den Tattoos schob ihr das Glas in einer Langsamkeit hin, die kein gutes Zeichen war. Ich bestellte meinen Espresso, und solange die auf jung getrimmte Barista mit wieder auch trägsten Bewegungen ihre Maschine bediente, begann ich über Einzelheiten der Tempelanlage von Paestum zu reden, als wäre ich persönlicher Reiseführer der schwarzen Berühmtheit, sie unerkannt unterwegs, um etwa morgen in Rom aufzutreten, zuvor aber Paestum auf dem privaten Programm. Ich schilderte, was es zu sehen gäbe, vor allem den großen Poseidontempel im Abendlicht (Lydia und ich hatten bis Schließung der Anlage zwischen den Säulen gesessen, davon geträumt, dort die Nacht zu verbringen), ein Anreden gegen das Zischen der Maschine, und als ich die kleine Tasse bekam, samt dem Bon für Espresso und Cola, und gleich bezahlte, hatten die Worte schon eine Wirkung. Meine Begleiterin fragte, wie weit es bis Paestum sei, und ich sprach von zwei Stunden und einer schönen Strecke, während die Tätowierte zum Rauchen vor die Tür ging, die Zigarette schon im Mund – das heißt, es hatte so ausgesehen, als wollte sie nur rauchen, denn als wir die Bar verließen, tat sie, als würde sie telefonieren, um dann schräg hinter der hochgewachsenen Fremden zu knipsen. Doch statt in den Wagen auf der anderen Straßenseite zu flüchten, ließ sich die Afrikanerin Zeit. Sie überquerte die Straße und zeigte ihr Hohlkreuz, ihre Schultern und den erhobenen Kopf, ein Gang aus den Hüften, wie man ihn kaum erlernen kann; und so, wie es aussah, war ihr bewusst, wie sie da über die Straße ging, sie war im Bilde, was sie tat, und wie sie es tat, ja, überhaupt erschien mir das jetzt als ihr Wesen: im Bilde zu sein, wozu also noch Bilder, die sie zeigten?

Ich kann nicht sagen, dass ich das so vor mich hin gedacht hätte, während wir beide aus dem Wagen stiegen, höchstens so vor mich hin empfunden, wie man ja überhaupt nur selten denkt in der Nähe des anderen, der einen beschäftigt, und eben viel eher etwas vor sich hin empfindet, falls aber der andere fragte, woran wir gerade denken, antworten würden, wir hätten an dieses oder jenes gedacht. Und umso überraschender, oder wie soll ich sagen, verblüffender war es, als meine Mitreisende nach ein paar Minuten Fahrt fragte, was beim Einsteigen in den Wagen mit mir gewesen sei. Sie sah dabei in die Karte, den neuen Ausschnitt bis in die Höhe von Rom, und meine Antwort kam erst nach Zögern, als würde es wie im Quiz um Geld gehen: Das sei nicht so leicht zu sagen, es habe mit ihr zu tun gehabt, aber auch mit mir, wie ich sie sehen würde. Und darauf passierte das nächste Verblüffende: Sie fragte nicht weiter, sondern sah in die Gegend, die etwas von einem sich selbst erhaltenden Garten hatte, vielleicht zum ersten Mal mit dem Blick für das Schöne einer Landschaft seit ihrem Unterwegssein. Es war ein Ausdruck, ohne den ich kaum auf den Gedanken gekommen wäre – jetzt kann man von Gedanken reden –, noch einen Abstecher zu machen, zu einem Aussichtsort, Castellabate, wo sich Lydia und die Frau des Neurologen in einem Laden mit Sicht auf das tief unten liegende Meer mondäne Hüte gekauft hatten. Die Gegend werde noch schöner bei Castellabate, ganz nah an unserer Strecke, erklärte ich, als hätte sie etwas Entsprechendes geäußert – Almost war mein Wort für nah, was ja fast oder beinahe heißt, als wären es nur ein, zwei Kilometer; aber es waren mehr als zehn auf kurviger Nebenstraße, und wie um dagegenzuhalten, gegen das neuerliche Verzögern der Ankunft an ihrem Ziel, erzählte sie wieder vom früheren Kiosladen der Eltern, im Grunde von einem eigenen Raum und einer eigenen Zeit.

Ein Laden nach unseren oder meinen Vorstellungen, das ließ sich auf der Fahrt nach Castellabate heraushören, war dieser

Kiosk nicht, und doch bekam man, ihren Worten nach, alles, was man zum Leben brauchte, dazu ein Mittagsgericht unter schattenspendendem Vordach und ein Abendbier mit Chips am selben Platz, wenn der Kioskfernseher lief und Fußball kam, Liverpool gegen Barcelona, Dortmund gegen Chelsea oder Cape Town City gegen die Wakiso Giants aus Kampala, angeblich das letzte Spiel vor dem nächtlichen Überfall, bei dem der Kiosk in Flammen aufging, mit ihren Eltern und allem, was es bis dahin dort gab – hier wiederholte sie sich, als hätte ich es beim ersten Mal nicht glauben wollen –, von frischem Obst über Aspirin und Schnürsenkel bis zu Kondomen und Heftchen; von Konserven über Nagellack bis zu Windeln, Schreibzeug und Schrauben jeder Art, von Bonbons als kleinen Wechselmünzen und einzelne Zigaretten (wie in Crotone) bis zu Glühbirnen und Batterien; aber man konnte auch Lose kaufen und anschreiben lassen, ja sich sogar Rat einholen bei leichteren Krankheiten und Eheproblemen. Und ich erfuhr, dass ein gerahmtes Hochzeitsfoto ihrer Eltern in dem Kiosk gehangen hatte, sowie ein Bild der Eltern mit ihr, aufgenommen am Tag der Einweihung, und dass die Leute in ihrem Land, sobald jemand mit einer Kamera auftauchte, photo me, photo me! riefen, und hierbei hat sie mich angesehen, als wären meine Augen zwei Linsen, die jetzt und nur jetzt Gelegenheit hätten, einzufangen, worauf sie gerichtet waren; danach sah sie nur noch in die Gegend.

Teils in weiten Kurven führte die Straße vorbei an tatsächlichen Gärten und ganzen Buschgebilden aus rostroter Bougainvillea zu dem Bergort mit Burg und Meerblick. Dort aßen wir auf dem Parkplatz im Schatten einer Pinie von unserem Eingekauften, heißhungrig und ohne zu reden – ich erinnere mich nur an Sätze wie You want some salt? und dergleichen –, wir waren ein essendes Paar, kann man sagen. Und nach unserer Pause suchte ich den Laden mit den mondänen Hüten, die

Afrikanerin an meiner Seite, aber fand nur noch die Räumlichkeiten von damals, darin jetzt eine Cocktailbar mit Meerblick. Also ging ich gleich weiter, äußerlich unbewegt, eine Treppengasse hinunter bis zu einer kleinen Kirche; in der gab es keine Bänke, nur wie schon im Dom von Gerace einen alten Beichtstuhl vor einer der Seitenwände. Sie strich über das Holz und warf einen Blick ins Innere, dann wollte sie zurück zum Auto, wie in plötzlicher Sorge um sich und vielleicht auch um mich. Es war nicht zu verstehen oder allein mir unverständlich, sie hatte den Schritt einer Schnellgeherin, aber eleganter, mit einem Ausschwingen der Arme, das den, der hinter ihr hereilte, alt aussehen ließ. Und als ich sie am Auto einholte, keuchend, da lachte sie zum ersten Mal – ja weiß Gott, sie hat gelacht, ich kann mich an kein Lachen vorher erinnern – und sagte, Sport rette das Herz, beichten rette die Seele, und ob diese Tempel, zu denen ich fahren wollte, nur etwas zum Anschauen seien in der Abendsonne oder mehr.

Ich glaube, sie hatte das so gesagt, als wir in den Fiat stiegen, ich bin mir nicht sicher, es könnte auch sein, dass ich mich verhört habe bei meinem Gekeuche, oder überhaupt die Erinnerungen an diese Reise, die sich mischen mit Erinnerungen an das Geschehen zehn Jahre zuvor, inzwischen etwas Luftspiegeliges haben, flimmernd über dem Gewesenen. Jemand muss ja nur verschwinden, auch jemand, den wir lieben, und schon beginnt das Bild dieser Person, einschließlich dessen, was sie zu uns gesagt hat, ob in einem Auto unter südlicher Sonne oder flüsternd in einem Bett, sich entweder aufzublähen oder zu verkleinern; es nimmt die unklaren Farben von Träumen an und auch den verlorenen Ton darin, es verschwimmt. Und doch würde ich die Hand dafür ins Feuer legen, dass die Afrikanerin erstens gelacht hat, über den, der da noch keuchend in den Wagen gestiegen ist – mein Atem hatte sich erst beruhigt, als wir wieder auf der Straße nach Agropoli und Paestum waren –, und zweitens von Seele gesprochen hat, so selbstverständlich wie andere von ihrer Bandscheibe.

Der Körper ist die Werkstatt der Seele, in der der Geist seine Übungen abhält, kann man bei Hildegard von Bingen lesen, gedacht und geschrieben im zwölften Jahrhundert, gültig noch in unserer sich überschlagenden Zeit: die einzige Heilige, auf die ich mich gelegentlich berufen hatte. Dieses eingängige Bild weiblicher Disziplin und Klarheit fällt mir ein, wenn ich an die Fahrt nach Paestum zurückdenke, an meiner Seite eine nach wie vor Fremde, wie maskiert von ihrem Äußeren, einer Schale, unter der ihr Geist ganz andere, eigene Wege ging, eben seine Übungen abhielt; und eine dieser Übungen schien die gewesen zu sein, mich immer wieder von der Seite anzusehen, anstatt in die Landschaft zu schauen, und so den Eindruck zu erwecken, als gäbe es etwas zu sagen, sehr viel sogar, das sie aber besser für sich behalte, weiterhin eingeschlossen in der Werkstatt mit so sprachlos machender Fassade, auch wenn es alle möglichen Wörter dafür gibt, jedes im Angebot.

Ich hatte Agropoli auf einer kleinen, gelb eingezeichneten Straße umgangen, und kaum lag die Stadt hinter uns, war es, auf noch schmalerer Straße bei langsamer Fahrt, wie ein Erobern der Landschaft, des beginnenden Kampaniens, so, als wäre der kleine Fiat ein Esel, auf dem wir in die Ebene zwischen dem Meer, schon dem Golf von Salerno, und den Bergen ritten – Malariagebiet noch zu Zeiten der Besetzung durch Soldaten aus meinem Land, eine Ebene des Fiebers, obwohl bereits von den Römern entsumpft, und eine des Lichts und der Blicke, den Griechen ideal erschienen, um dort ihren Göttern einen Wohnort zu errichten. Wie nebenbei hatte ich angefangen, den Reiseführer zu geben, und die Afrikanerin sah jetzt nach draußen, als suchte sie für jedes heraufbeschworene Bild die Bestätigung, mal an ihrer Seite, aus dem offenen Fenster, mal an meiner, halb an mir vorbei gebeugt, wie um zu sagen, erzähl mir nichts, ich habe selbst Augen, die können es prüfen und die Wahrheit sehen oder sehen, dass etwas nicht stimmt, nur Gerede war, um mich zu täuschen.

Wir fuhren auf einem geraden Abschnitt unter hohen Pinien, schon am Rande des Ausgrabungsgebiets von Paestum, bis die Straße einen weiten Bogen machte, zu beiden Seiten freies Feld, und nach Ende des Bogens, zwischen weiteren Pinien und auf den ersten Blick kaum zu glauben, das auftauchte, was vor zweieinhalbtausend Jahren zu Ehren des Poseidon in die Landschaft gesetzt worden war, unwirklich in seiner Wucht, nur real in den Abmessungen, in Zahl und Umfang der Säulen, die einen Fries aus gewaltigen Blöcken immer noch tragen. Ich parkte den Wagen auf einem dafür vorgesehenen Platz unweit der Umzäunung um das große Areal mit noch anderen Tempelanlagen, dorischen wie römischen, und sagte der Afrikanerin, man könnte die alten Bauten gegen Eintritt aus der Nähe anschauen, ja sogar betreten, keiner würde sie beachten, weil alle nur Augen für die Zeugnisse der Vergangenheit hätten. Darauf von ihr eine stumme Zustimmung, mit einem Blick leicht über mich hinweg, wie in eine ungewisse nahe Zukunft; also lief ich mit ihr zu einem Einlass in der Nähe des Parkplatzes, um zwei Karten zu kaufen, obwohl es schon auf den Abend zuging. Und an der Kasse hieß es denn auch, dass die Besichtigungszeit eigentlich vorbei sei, heute aber nach Anbruch der Dunkelheit am Poseidontempel ein Konzert stattfinde, bei freiem Eintritt, auf die Weise könnten wir doch noch etwas sehen.

Es war ein Glücksfall, so sagte ich es auch sinngemäß, We are lucky; bis zum Beginn des Konzerts blieb noch Zeit, daher holten wir die Lebensmittel aus dem Auto, und meine Mitreisende nahm sogar ihr Bündel – als hätte sie schon die Idee gehabt, in dem Tempel die Nacht zu verbringen. Und so einigermaßen ausgestattet, betraten wir das Ausgrabungsgebiet bei letztem Sonnenlicht auf den haushohen Säulen und gingen, ich will nicht sagen ehrfürchtig, aber doch, was mich betraf, auf das eigene Kleinsein gestoßen, um den Poseidontempel herum, an seiner zum Sonnenuntergang hingewandten Front vorbei bis zu der Seite, die nach Süden ging, wo schon Stühle in Reihen aufgestellt waren, vor einer Art Bühne am Sockel des Tempels. Kaum die Hälfte der Stühle war besetzt, meist von Älteren, es schien nicht sehr verlockend zu sein, das Konzert, daher wohl der freie Eintritt, und ich sah mir das Programm an, wie es einem Zettel, der auf jedem Stuhl lag, zu entnehmen war. Ein Jugendorchester, zusammengesetzt aus der ganzen Region, spielte unter der Leitung eines Maestros Bertini und mit den Stimmen einer Sängerin und eines Sängers, die angeblich Opernerfahrung hatten, Melodien von Wien bis Neapel, da Vienna a Napoli, wie das Motto hieß, und ich bereitete die Afrikanerin auf etwas eher Volkstümliches vor. Sie hatte die Kappe mit der Kolosseumssilhouette in die Stirn gezogen und trug jetzt die Jeansjacke von dem Markt in Longobucco und sah mit ihren Beinen und der Art, sich aus dem Hohlkreuz hervorzubewegen, alles in allem aus, als wäre sie der Überraschungsstar der Veranstaltung. Wir setzten uns auf Stühle in der letzten Reihe, eine gute Wahl, weil sich dort die Mädchen und mehr noch die Jungs des Orchesters gegenseitig feinmachten, etwa die Fliege zurechtrückten, das Haar nachkämmten, den Schweiß abtupften und sich noch schnell im Bild festhielten vor dem Auftritt – auch wenn keine fünfzig Interessierte auf den Stühlen saßen, war es doch Lampenfieber, das von diesen letzten Verschönerungen ausging. Und als die Mädchen in langem Kleid und Jungs im Frack bei ihren Instrumenten Platz nahmen und endlich der Maestro unter dünnem Applaus die Bühne vor dem jetzt blassorange angestrahlten Tempel betrat, schien meine Begleiterin näher an mich zu rücken, jedenfalls war da die Wärme ihrer nackten Schulter, nachdem sie die Jeansjacke ausgezogen hatte. Das heißt, ich spürte ihre Nähe, was auch daran gelegen haben konnte, dass der Wien-Neapel-Abend mit An der schönen blauen Donau eröffnet wurde, einer Melodie (Johann Strauss, Opus 314), bei der sich meine Mutter, im Dorf nur Frau Doktor genannt, weil ihr Mann ja der alleinige Arzt war, gern unter Tränen zu mir geneigt hatte.

Ich will mich, was jenes Konzert vor dem Poseidontempel an einem heißen Spätsommerabend betrifft, nicht im Detail verlieren, nur noch sagen, was dazu beiträgt, den weiteren Verlauf dieser Nacht zu verstehen. Von den Wiener Melodien – das Lied Wiener Blut gesungen von den Opernerprobten, beide klein und dick – ging es bald über zu dem, was den Leuten geläufiger war und auch weitere anzog, nämlich Melodien aus Neapel, gipfelnd in dem unsterblichen Funiculì, Funiculà (Jamme, jamme, 'ncoppa, jamme jà), gesungen nur von der Männerstimme in einer Weise, von der sich die Afrikanerin – unter Vorbehalt gesagt – so weit hat anstecken lassen, dass es bei ihr zu kleinen ruckhaften Schulterbewegungen kam, einige recht nah an meinem Kopf.

Und so war dieser neapolitanische Teil des Konzerts der Auftakt, um später, als alle Stühle leer vor der auch leeren Bühne standen, nur der Poseidontempel sich noch wie zuvor in dem blassorangenen Licht vor der Dunkelheit des weiten Areals abhob, einfach auf dem Gelände zu bleiben. Wir hatten auf einer der warmen Steinplatten zwischen den Säulen unsere Reste gegessen und den Wein aus Plastikbechern getrunken, von meiner Seite mit ein paar Bemerkungen zur Populärmusik, die sich bis heute kaum geändert habe aus den und den Gründen – ein Kurzvortrag zwischen antiken Bruchstücken, die um uns herumlagen, eins davon bestens geeignet, um darauf mit dem Schlachthofmesser das Brot zu schneiden. Seine Besitzerin aß in der Hocke und hörte zu und war doch woanders mit ihrem Geist, so schien es, wieder bei einer Übung, der ihrer Verflüchtigung, ohne sich zu bewegen, während mir die Worte ausgingen, ich bloß noch still vor ihr saß, als das ganze umzäunte Areal längst den Katzen gehörte; schemenhaft strichen sie über die alten Gesteinsbrocken, mal sah man eine, mal war da nur entferntes Fauchen, so wurde es Zeit, sich innerhalb des Tempels einen Platz für die Nacht zu schaffen.

Und der Platz befand sich in einem Halbgemäuer inmitten der Säulen, zwischen Steintrümmern um eine Vertiefung mit glattem Boden, geschützt vor der Nachtbeleuchtung und wohl auch geschützt vor Tieren – ich weiß nicht, warum, aber es gab die Idee von Vipern, die auf dem Gelände zu Hause wären, erst nachts aus ihren Spalten kämen. Wir breiteten auf der Bodenplatte das Tuch aus, das sonst zum Bündel geschnürt war, in der Mitte mit dem schon bekannten kleinen Wall aus Kleidungsstücken und Gegenständen, der symbolischen Grenze, hinter der sich meine Mitübernachtende zu einer Schlafhaltung rollte, eine Hand unter der Wange, aber mir zugewandt, das war neu. Und nach einer Weile, vielleicht nur Minuten, in denen sie noch einmal, so schien es, eine Übung machte, nun die der Geistesgegenwart, während der Körper schon in einem halben Schlaf ist, fiel bei mir jedes auch noch so leichte Zeichen von ihr auf das Gebiet der Phantasie, was sie und mich betraf, zum Beispiel, dass ihre andere, freiliegende Hand an dem Wall zwischen uns noch kleine Änderungen vornahm, spielerisch, als wollte sie sehen, wie ich darauf reagierte; und ich kann nur sagen, dass sie mich mit dieser Schlafhaltung, ohne zu schlafen, von einem Moment zum anderen so angezogen hat, wie es mir zuletzt, und das lag weit zurück, mit Lydia passiert war, noch vor unserem Anfang, ich ihr Patient und sie mit meiner Schulter befasst.

Ja, sie hat mich angezogen in dieser Nacht von Paestum, so plötzlich, so überfallartig, dass ich schon glaubte, sie könnte mir etwas anmerken oder, schlimmer noch, ich ihr, ohne es zu merken, irgendwelche Zeichen machen, die ihr zu verstehen gäben, was mit mir war. Natürlich hätte ich mich wegdrehen können mit einem Good night, aber das wäre nur ein äußerstes Mittel gewesen, und schließlich bat ich die, die so tat, als würde sie schlafen, noch etwas mehr von ihrem früheren Zuhause zu erzählen. Es war das erste Mal, dass ich sie ausdrücklich um etwas gebeten hatte, und sie sprach von dem Ort, in dem sie aufgewachsen war, als wäre er verflucht in seinem Überfluss an Staub und Zeit, einer immerwährenden Gegenwart, nur mit dem nächsten Tag als Zukunft und einem Polizeikommandanten ohne Frau, dem sie nach dem Tod der Eltern den Haushalt geführt hatte, Major Ayago – ein Name, der sich mir auf der Stelle eingeprägt hatte. Ich hörte ihr zu, ohne Fragen zu stellen, und obwohl sie von einem zum anderen kam, entstand doch ein Bild: Die zurückgelassene Welt war, wenn ich sie richtig verstanden hatte, eine Welt zwar der kleinen, schäbigen Straßenmärkte, aber betrieben von Frauen, die alles andere als klein oder schäbig waren, die etwas Großes hatten zwischen ihrer Ware, ja etwas Prächtiges mit ihren farbenreichen Gewändern und Turbanen. Und es schien eine Welt junger beschäftigungsloser Männer zu sein, die ihre Gefühle nicht nacheinander fühlten, sondern alle auf einmal, wenn sie rauchten und tranken, darunter einer mit Namen John, der ein Mopedtaxi fuhr – bis zuletzt ein guter Begleiter, erklärte sie. Auch er lag hinter ihr und mit ihm seine Welt der knatternden Zweiräder, die einen bis in die nächste Stadt bringen, wenn man dafür bezahlt – aber nie wieder würde sie abends Fleischspieße an Lastwagenfahrer verkaufen, auch nie wieder das Haus eines Polizeikommandanten in Ordnung halten, nie wieder abends mit dem Major im Café Elijah sitzen, von allen angestarrt (hier hatte ich auch diesen Namen zum ersten Mal gehört, Café Elijah). Und natürlich wollte ich etwas mehr über den jungen

Mann mit Namen John erfahren, was er für sie gewesen sei, und ihre ganze Antwort war eine Handbewegung, die alles Mögliche heißen konnte, ein Bekannter oder nur Nachbarsjunge oder Kumpan mit Moped. Erst nach einer Pause sagte sie, er, John, habe ihre Eltern gefunden, halb verkohlt auf dem Boden des niedergebrannten Ladens in einer Haltung, als würden sie um Entschuldigung bitten, das waren ihre Worte, die letzten in dieser Nacht. Danach drehte sie mir den Rücken zu, sah aber noch einmal über ihre faustartige Schulter, und das mit einem der Blicke, an die man sich vielleicht noch erinnert, wenn das meiste, das man für wichtig gehalten hat, schon nicht mehr zählt, wie etwa Reisen, Wohnen, Essen oder der Beifall von anderen, es nur noch darauf ankommt, das eigene Herz am Schlagen zu halten – wobei in dem Fall sicher die Kulisse auch eine Rolle gespielt hatte, die großen Tempelsäulen im warmen Schein ihrer Nachtbeleuchtung.

Alles in allem zu viel, um ganz bei Verstand zu bleiben, auch ein Zuviel an Nähe, und so war die Grenze zwischen Träumereien und Traum, einem Noch- oder Schon-wieder-Wachsein und dem Schlaf mehrmals fließend in der Nacht, bis hin zur Morgenkühle, einem zeitigen Wecker. Noch in der Dämmerung sind wir über den Zaun in der Nähe des Parkplatzes gestiegen, die Afrikanerin hat mir die Räuberleiter gemacht und ist danach ohne Mühe über die Höhe von gut zwei Metern gekommen, und schon auf dem kurzen Weg zum Auto sah man, dass am Himmel Bewegung war, das Wetter umschlug, wenigstens das Zuviel an blauem Himmel ein Ende hatte: Von den nahen Bergen kommend, zog ein Gewitter herauf. Ich hatte mich am Vortag noch nicht festgelegt auf unser nächstes Tagesziel und Rom gar nicht erst in Betracht gezogen, obwohl es über die Autobahn in drei Stunden zu erreichen gewesen wäre; nach dem nächtlichen Blick von ihr über die Schulter wollte ich aber noch wenigstens ein, zwei Tage herausschlagen, weit abseits der Route von damals, ohne irgendwelche Erinnerungen an Lydia und mich – so gesehen, kam mir das Unwetter doppelt entgegen. Ich sprach von Staus auf der Autobahn bei Starkregen, von möglichem Hagel und der Chance, hinter der Wetterfront, also in den Bergen, den Abruzzen in Richtung Rom, auf freie Straßen zu treffen. Ich redete wie ein besorgter Vater, während die Afrikanerin, eingehüllt in ihr neues Tuch, einen Arm aus dem Fenster hielt und kein Wort sagte; noch war es windstill, aber über ausgedörrten Feldern kreisten Vögel wie in Erwartung von etwas.

Ich fuhr der Front entgegen, und sie summte jetzt wieder, auch noch als erste Tropfen vorn gegen die Scheibe schossen, ein Vorspiel, das mich noch bremsen ließ, ehe es so zu schütten begann, dass ich anhielt, und der Lärm auf dem Autodach auf der Stelle beängstigend war – nichts jedoch gegen den Schrecken, als meine Reisegefährtin ohne Ankündigung ihre Tür öffnete und sich ins Freie schwang und sich dort in voller Größe, Arme ausgebreitet, in den Wasserfall aus den Wolken stellte. Gut zehn Sekunden lang stand sie so da, Kopf im Nacken, Mund weit auf, dann ein Sichschütteln, und schon saß sie wieder in dem kleinen Wagen, völlig durchnässt, wie eins geworden mit der Natur, noch weiter davon entfernt, dass ich oder meinesgleichen – ein Mann, ein Weißer, fast dreimal so alt wie seine schwarze Anhalterin, dazu im Herzen Europas gemeldet, Pass und Mastercard in der Tasche – sie je verstehen könnte, so groß auch sein Vorrat an Worten ist, mit denen sich Verstehen vorspiegeln lässt. Das heißt, ich zwang mich, nichts zu sagen oder mir mit Blicken anmerken zu lassen, wie unbegreiflich sie mir erschien; ich saß nur da, über die Straßenkarte gebeugt, und fuhr die weitere Route mit dem Finger ab, während sie den durchweichten Tuchstoff von ihren Armen und Schenkeln löste. Das Prasseln auf dem Autodach hatte aufgehört, aus dem Schütten war ein Regen geworden, wie davon eingehüllt, saßen wir in der Kapsel unseres Fiats, die Scheiben so beschlagen, dass die Welt auf sie und mich, das ungleiche Paar, geschrumpft schien. Aus ihrem Kurzhaar tropfte es, nachdem sie sich zu mir gedreht hatte, Tropfen, die ihr die Wange herunterliefen, manche bis zum Mundwinkel, die nahm sie mit der Zungenspitze auf.

Ein, zwei Minuten mochte das so gegangen sein, ich immer noch in dem Bemühen, mich auf die Karte zu konzentrieren, dann fragte sie plötzlich, wie ich sie sehen würde, nicht im Moment, sondern überhaupt, mit welchen Augen, und ich sah von der Karte auf und sagte so etwas wie: Mit meinen Augen, was denn sonst, andere hätte ich nicht, und sie sagte, als hätten mir meine vorigen Gedanken auf der Stirn gestanden, den Blick jetzt auf mich gerichtet – aus Augen, die zu beschreiben mir unter Umständen gar nicht zusteht, weil darin immer schon ein Stück Deutung liegt, als wüsste man über die Seele dahinter Bescheid –, also mit den Augen eines Mannes aus einem Land mit reichlich Wasser und Strom und Straßen ohne Löchern, und ich sagte, ja, das sei der Fall, nur könnte ich mir die Augen deshalb nicht ausstechen und auch nicht alles, was ich denken würde, auf eine innere Goldwaage legen und am Ende den Mund halten und auf ihre Fragen nur mit Achselzucken antworten, und sie, die noch immer Tropfende, erwiderte, wenn ich mich richtig erinnere, sie wisse so wenig von mir wie ich von ihr, nur liege in meinem Blick auf sie eine Art Vorwissen, wie ein böses Erbe – a bad heritage, you know? Und ich sagte, ja, das heißt, nein, das heißt, ja, ja vielleicht, und sie sagte nichts mehr und sah dabei in einer Weise über mich hinweg, zu der es kaum ein Wort gibt, für das ich geradestehen könnte – müde höchstens. Doch, ja, es hatte etwas Müdes, wie sie über mich hinwegsah, während aus dem Regen Getröpfel wurde. Schon riss der Himmel auf, die Straße dampfte, und Vögel pfiffen, als würde der Tag neu beginnen; mein Ziel für den Tag hieß Rizzone, aus der Karte gepickt auf halber Strecke nach Rom. Ich ließ den Motor an und gab die Karte weiter, aber die Afrikanerin warf nicht einmal einen Blick auf die angedeutete Route; sie tat jetzt nur alles, um rasch zu trocknen, während ich alles tat, um nur auf die Straße zu sehen.

Wenn ich nicht bei dir bin, bin ich nirgendwo, hatte Lydia am Ende unserer Kalabrienfahrt, nach dem Hutkauf in Castellabate, hinten im Wagen leise zu mir gesagt, ich mit unter der breiten Krempe des Huts, so etwas wie eine Formel für alle Zeiten: Bei dir sein heißt, überhaupt zu sein, also kann ich nur bei dir bleiben – und an diese Formel unter der Hutkrempe musste ich denken, als sich die Afrikanerin vom Fahrtwind trocknen ließ, bis sie sich plötzlich zu mir drehte und auf den Mopedtaxifahrer mit Namen John zurückkam – der sei ein Bruderfreund gewesen, ein guter Geist bei der Beerdigung ihrer Eltern und ein guter Geist auch an dem Abend, als sie mit anderen hinten auf einen Pick-up stieg, um nicht mehr zurückzukehren. Ganz zu mir gedreht in ihrem Sitz und wie in der Nacht zuvor in einer Art Schlafhaltung, eine Hand unter der Wange, sprach sie auch etwas schläfrig, manchmal kaum zu verstehen, und doch wusste ich hinterher mehr als vorher. Der Bruderfreund hatte an ihrer Stelle geweint bei dem Abschied und ist auf seinem Moped noch ein Stück neben dem Pick-up hergefahren. Ohne das Moped, abzuzahlen bei Chinesen, hätte er sich mit ihr auf den Weg gemacht bis ans Ende der Welt oder den Anfang einer besseren Welt. Dort hätten sie geheiratet und Kinder bekommen, weil ein Bruderfreund auch ein Mann sei – Brother and man in one person, sagte sie und legte den Kopf zurück und bedeckte ihre blassbraunen, wie gezirkelten Lippen mit den Fingern. Fast von einem Augenblick zum anderen war sie wieder nichts als Abwesenheit, wie sehr sie auch neben mir saß, die unendliche Abwesenheit der toten Eltern und ihres ganzen einstigen Zuhauses, des Scheins der Karbidlampen in der so frühen Dunkelheit, der Frauen, die vor ihren Hütten sitzen, von Faltern umschwirrt, der grellen Schönheitsbuden auf dem Nachtmarkt, wo sich bei lauter Musik krauses Haar in glattes verwandelt, der Garküchen an jeder Ecke: Von alldem hatte sie gesprochen, all das Abwesende war sie und fuhr dabei auf Umwegen ihrem Ziel entgegen, dem Cousin in einer römischen Küche. In diesem Bergdorf, Rizzone, sagte ich nach einer Weile, lebten sicher nur noch alte Leute, die sich kaum für sie interessieren würden – dort kaufen wir etwas zu essen, dort bist du sicher, dort finden wir irgendwo außerhalb unseren Platz für die Nacht.

Die Pronomen der Intimität, we, you, our, waren mir entschlüpft wie aus brüchigen Schalen, so leicht, dass ich es gar nicht bemerkt hatte beim Sprechen, nur ihren Widerhall hörte. Gut, fahren wir beide dorthin, sagte die Afrikanerin – mit einem Well, das an die amerikanischen Schwestern in der Missionsschule denken ließ, wenn sie unzufrieden waren und vielleicht gerade noch eins ihrer hellblauen Augen zugedrückt hatten –, um dann noch einmal, für eine Stunde oder länger, gar nichts mehr zu sagen. Erst nachdem wir die Autobahn Richtung Rom bei San Giuseppe unterquert hatten und bei Avellino auch die Autobahn in Richtung Bari und ich ihr den Vesuv gezeigt hatte, völlig frei nach dem Unwetter, gut zu erkennen als Vulkan, und wir erneut ins Land fuhren, in eine wie verbrannte, den Abruzzen vorgelagerte Öde, sagte sie wieder etwas. Der große Vesuvausbruch, neunundsiebzig nach Christus, ob ich wüsste, warum Gott ihn zugelassen habe – um die Römer für die Christenverfolgung zu bestrafen. Und später hätten ja große Ausbrüche mehr in unchristlichen Ländern stattgefunden, vor allem die Explosion von Krakatau achtzehnhundertdreiundachtzig, davon habe es farbige Zeichnungen in der Missionsschule gegeben. Krakatau, da sei die ganze Welt bestraft worden, wie sie heute bestraft werde, mit Kriegen, mit Seuchen, mit Erderwärmung.

Das alles sagte sie halb zu mir, halb zu sich, es war mehr ein gesprochenes Denken als reden, und daraus hervorgehend kam sie zum ersten Mal auf die Zeit in einem Lager bei Bengasi zu sprechen; sie erzählte nichts im Einzelnen, sie sagte nur, ihr seien dort neue Wörter beigebracht worden, außer diesen Wörtern habe es für junge Frauen keine Hilfe gegeben. Nach einem fragenden Blick hatte sie sich meine Sonnenbrille genommen; sie kaute an einem der Bügel beim Reden, und ich verstand nur noch so viel, dass sie sich an diese Fremdlaute geklammert hatte wie früher an Bibelworte, nur um irgendeinen Sinn in dem zu sehen, was sie zu tun hatte, um aus dem Lager nahe der Küste herauszukommen. Dazu mussten sich die Frauen Geld verschaffen, wenn es niemanden mehr gab, der Geld hätte schicken können, amerikanische Dollars, und schließlich hatte sie genug beisammen, genug dafür getan – was, das sagte sie nicht –, und man brachte sie frühmorgens an den Strand, wo sie mit sechzig anderen, Männer, Frauen und Kinder, in ein großes Schlauchboot gesetzt wurde. Das war etwa der Inhalt ihres Rapports – nichts anderes war es: eine leise, ja fast gemurmelte Meldung von Vorgefallenem –, und ich verbürge mich nicht für jedes Wort; ich verbürge mich nur dafür, dass sie ohne Unterlass an dem Brillenbügel gekaut hat und immer wieder mit dem Kopf, seinem Scheitel, an die Oberkante ihres offenen Fensters stieß, nicht weil der Wagen so klein war und sie so groß, sondern weil sie es wollte, weil es sein musste, sich an dieser Kante zu stoßen, während ich so tat, als würde das Fahren meine ganze Aufmerksamkeit erfordern. Tatsächlich geschah es fast wie im Schlaf auf der entlegenen Strecke, in einer Landschaft von großartiger Eintönigkeit, umrahmt von kahlen Bergrücken, an Knochen erinnernd; zu beiden Seiten der Straße Felder, teils aufgegeben, teils verdorrt – eine Gegend, der alle Farbe genommen zu sein schien und die einem, ich will nicht sagen, Angst machte, aber ein Gefühl von Beklemmung gab, als führte kein Weg mehr aus ihr heraus. Immer noch kaute die Afrikanerin auf einem der Brillenbügel, immer noch stieß oder rieb sie sich mit dem Hinterkopf an dem Fensterrahmen, bis sie sich unerwartet zu mir beugte und ihrem Bericht, von dem ich nur Bruchstücke verstanden hatte oder hatte verstehen wollen, mit der Verspätung von bestimmt einer Stunde noch etwas hinterherschickte, jetzt ohne den Bügel zwischen den Lippen. Alle hätten gelacht und geweint vor Freude, als das Schlauchboot morgens ins Meer gestoßen sei, sagte sie. Und beim Versinken der Sonne, schön wie auf Kalenderbildern, sei schon Wasser im Boot gewesen, und viele hätten nur noch geweint. Sie aber habe gedacht: Wozu solche Sonnenuntergänge, wenn sich nicht Gott darin zeigt, der, der sie retten könnte. Die Geschichte von den Staubpartikeln in der Luft als Ursache solcher Flammenfarben sei vielleicht richtig, nur mache sie keinen Sinn. Auch in der Missionsschule hätten die amerikanischen Schwestern diese Erklärung bezweifelt – So, what do you think? Sie sah mich an, und ich wusste nicht, was sie hören wollte, ja nicht einmal, wie ich selbst dazu eingestellt war, man ist ja heute fast verpflichtet, in der schmutzigen Luft eine Ursache aller möglichen anderen Übel zu sehen, und warum sollte sich Gott, wenn es ihn gibt, nicht dieser Partikel bedienen, um sich zu zeigen. Ich tat, als würde ich nachdenken, mir den Kopf zerbrechen über die Frage, auch weil sie immer noch herübergebeugt war, sich mit dem Brillenbügel jetzt an die Lippen tippte, ihren wie gezeichneten Rand – den mit der Fingerkuppe nachzufahren mehr war als bloß eine Idee: Es war mein Wunsch, das zu tun, während sie förmlich auf eine Antwort lauerte, im Grunde auf meine Blamage, was die Rolle von Staubpartikeln in der Luft betraf, auf eine Antwort ohne metaphysische Kraft, aber da tauchten zum Glück die ersten Häuser des so willkürlich gewählten Tagesziels auf, und es bot sich an, über das Hoffnungslose in einem kleinen Abruzzendorf zu reden, die fehlende Arbeit, die fehlenden Farben, das fehlende Leben.

Und Rizzone war, wie sich bald gezeigt hat, ein Ort, von dem sogar in der eigentlich lebhaften Abendstunde etwas Erschöpftes ausging, trotz oder gerade wegen eines kleinen Rummels mit Karussell und Buden vor einem Lidl-Markt mit Holz- und Glasfassade zwischen den teils unverputzten Häusern, wobei der ganze Ort, von der Kirche und ihrem Vorplatz abgesehen, etwas Hautloses, Rohes hatte. Ich war in den Markt gegangen, um für den Abend und den nächsten Tag einzukaufen, die Afrikanerin war im Auto geblieben, eine Abstimmung nur mit Blicken, aber als ich mit zwei vollen Tüten wieder zum Wagen kam, war der Beifahrersitz leer. Meine Mitreisende seit Tagen und neben mir Schlafende seit Nächten war weg, und im ersten Moment glaubte ich, die zurückliegenden Tage und Nächte seien nur eine Art Traum gewesen, ein langer Irrtum: ich zu zweit unterwegs durch ein altes Land, an meiner Seite das Kommende, Neue, noch ganz Unfassbare, nun zerplatzt. Es hatte etwas von einem Abgrund, auf den ich zuschritt, als wäre eine Kraft am Werk, die mich anweist, dahinzuschwinden, ohne gleich zu sterben, in der auch etwas Verlockendes lag, alle Verantwortung los zu sein, für den anderen und mich selbst; und dann sah ich sie als Einzige vor dem Karussell, das sich zu einer glöckchenhaften Musik langsam drehte, wie extra für sie in Betrieb genommen. Ein Mann im Unterhemd stand neben dem Kassenhäuschen, in dem eine junge Überfütterte saß, und ich konnte nicht anders, als hinzugehen und die Afrikanerin zu fragen, ob sie nicht eine Fahrt mitmachen wollte. Fünfzig Cent sollte es kosten, die hielt ich ihr entgegen, worauf sie meine Hand zurückschob – die erste gewollte Berührung, soweit ich mich erinnere –, Momente später aber doch das

Geld nahm und es der Überfütterten an der Kasse gab. Sie erhielt dafür einen Chip, den sollte sie dem Mann im Unterhemd geben, das tat sie noch zögernd, um dann fast hastig auf das angehaltene Karussell zu steigen, auf eine der blinkenden Mondraketen. Wovon sie in Melito di Porto Salvo vielleicht geträumt hatte, erfüllte sich jetzt, auch wenn sie weiterzuträumen schien, immer wieder die Augen schloss auf der Fahrt; ich winkte ihr zu, wenn sie die Augen aufhatte, aber auch dann sah sie mich nicht oder wollte das Winken nicht sehen. Sie war ganz bei sich, der Alleinigen auf dem Karussell, während zwei junge Mütter mit Kindern herantraten. Beide trugen abgeschnittene Jeans mit Fransen, die über braune Schenkel hingen, und beide rauchten, in einer Hand die Zigarette, in der anderen das Gerät, das nie fehlen darf, und so kam es, wie es kommen musste: Als das Karussell langsamer wurde, meine Afrikanerin (jetzt doch etwas possessiv gemeint) noch einmal die Augen schloss, steckten die zwei Mütter die Köpfe zusammen, und schon hob eine ihr Gerät vors Gesicht und knipste – ich bleibe bei dem Wort.

Kurz darauf haben wir wieder im Auto gesessen, sie noch mit kleinen Lauten der Begeisterung, gespielten, um damit auszudrücken, dass die ganze Karussellfahrt nur ein Spiel für sie war – so aber, wie sie die Einkaufstüten zwischen Bauch und Schenkel geklemmt hatte und die Arme darumgelegt, als könnte uns wer stoppen und die Tüten an sich reißen, war es mehr Ernst als Spiel gewesen. Wir sollten noch etwas weiterfahren und uns wieder in der Nähe von Wasser einen Schlafplatz suchen, schlug ich am Ortsende von Rizzone vor, als wären Nächte im Freien schon etwas Normales, und sie sagte, Karussell fahren sei schön, aber auch bald langweilig – boring, hat sie zuerst gesagt und dann dreary, was laut Wörterbuch auch trostlos heißt oder trist.

Das muss Anfang der letzten Augustwoche gewesen sein, dieser abendliche Halt in den Abruzzen, als es selbst dort noch drückend war, und einen Monat später, weiterhin mit sommerlichem Wetter, auch sehr viel nördlicher am Ort meiner Kindheit, habe ich der, die mich vorübergehend bei sich aufgenommen hatte, an einem langen Abend von meiner Reise mit der Afrikanerin auf Umwegen nach Rom erzählt. Es war ein Reden fast ohne Pause, erst im Garten, später in der Küche bei offenem Fenster, bis meine alte Kindheitsfreundin fragte, ob es für mich denkbar wäre, mal eine Weile ruhig zu sein, bloß dazusitzen, Wein zu trinken und sie anzusehen oder auch nicht anzusehen, und dabei hat sie mir nachgeschenkt, auf eine Weise, dass ich nur hinsehen konnte, ihrem Arm bis zur Achsel folgen; sie trug ein schulterfreies Kleid an dem Abend, und manchmal hob sie beide Arme, um ihr Haar über dem Nacken aufzulockern, so feuchtwarm war die Luft, und auch das war alles andere als zum Wegschauen. Viele beklagen sich ja heute, Frauen wie Männer, über Blicke, die sie zu dem machen, was man gern Objekt nennt, und kaum jemand gibt zu, wie missachtend, ja deprimierend es sein kann, kein einziges Mal so angesehen zu werden, als gebe es auch nichts, an das sich ein Blick heften könnte; und da war Maren, kann ich nur sagen, ganz anders: Sie bewegte sich so, dass man sehen sollte, wie sie sich bewegte, sogar beim Nachfüllen eines Glases, über den Tisch zu mir gebeugt.

Vor ihrer Frage, wie das wäre, mal eine Weile ruhig zu sein, hatte ich von dem Lager im Freien nach der Karussellfahrt erzählt, einem Platz bei einem kleinen Bach, gerade noch vor der Dunkelheit entdeckt. Ein paar Kilometer hinter Rizzone war ich von der schmalen Straße auf einen Feldweg abgebogen und bis zu den Mauerresten einer Stallung oberhalb des kleinen Bachs gefahren; und bei diesen Mauerresten aßen wir, was ich eingekauft hatte, Olivenpaste als Aufstrich für dunkles Brot und etwas geräuchertes Fleisch vom Wildschwein, dazu eingelegte Zwiebeln und eine Flasche Trebbiano d'Abruzzo, von der sie nur aus Höflichkeit probierte, ihr Abendgetränk war Bier; ich hatte auch einen Beutel Eis gekauft und zwei Dosen Moretti zwischen die Würfel geschoben und meine Flasche unter den Beutel. Wir aßen und tranken, als würde uns beiden die Zeit davonlaufen, ohne zu reden, nur mit gelegentlich halben Blicken; und anschließend machte sich auch jeder stumm sein Lager, sie wieder auf dem Tuch, das sonst zu ihrem Bündel geschnürt war, an einen der Mauerreste gekauert, ich dagegen in dem Fiat, auf gewaltsam nach hinten gedrücktem Sitz – Nächte unter freiem Himmel waren noch nie meine Sache, und noch wehrte ich mich, dass sie es würden. Es war ein Versuch mit dem Übernachten im Wagen, und ich fiel sogar schnell in einen Abgrund von Schlaf, wachte aber durch die unbequeme Haltung irgendwann wieder auf und stieg aus dem kleinen Fiat. Die Nacht war sternenklar und trotzdem mild, und ganz in der Nähe piepste ein verfrühter oder verspäteter Vogel; ich ging zu den Mauerresten, und dort lagen zwei Hunde bei der Afrikanerin, grauweiße, magere Tiere, die sich so zu der Eingehüllten gelegt hatten, als wollten sie jeden fernhalten; sie waren wach und sahen mich an, mit Blicken, die wie Knurren waren, also blieb nur der Rückzug, und als ich im Auto wieder mehr saß als lag, hätte ich gern gewusst, was die Hunde bewogen hatte, sich dort als Wächter hinzulegen, am Ende, wer weiß, nur die Kraft der Gedanken – kommt, ihr zwei, legt euch zu mir! Es war abwegig, eine Idee, wie sie einem nur nachts kommt, und ich bin auch bald wieder eingeschlafen, geweckt erst von Helligkeit, dem von der Afrikanerin schon begonnenen Tag. Sie saß angelehnt an den Mauerrest, auf den Knien die Straßenkarte – die sie ja aus dem Wagen geholt haben konnte, als ich schlief –, und die zwei Hunde waren so verschwunden, als wären sie nie da gewesen.

Wir fahren über Trasacco, Trevi und Olevano nach Palestrina und von dort bis an die Stadtgrenze von Rom, sagte sie in der Sprache, in der ich kaum mithalten konnte, und ich wollte ihr klarmachen, was für ein vielbesuchtes Zentrum bischöflicher Bauten dieses Städtchen vor den Toren Roms sei, nur ist sie mir schon nach zwei Sätzen ins Wort gefallen und hat die Route verteidigt, bis wir sie uns zusammen auf der Karte ansahen, und dort hatte sie etwas Einleuchtendes: Quer über die Berge führend, schien es die kürzeste Strecke zu sein. Das heißt, ich habe nachgegeben, und wir sind ohne ein Frühstück aufgebrochen – wir, sage ich jetzt ohne Vorbehalt, weil wir als Paar in dem kleinen Wagen saßen, ein schon älterer oder alles andere als junger Mann mit heller, vereinfacht gesagt weißer Haut, die Hände am Steuer geradezu leuchtend in der Morgensonne, und eine vom Alter her tatsächlich junge Frau, dunkelhäutig, vereinfacht gesagt schwarz, von ihrem bisher Erlebten aber ebenfalls alles andere als jung. Sie hatte die Karte auf den bloßen Knien, das zum Gewand gebundene Tuch darübergezogen, weil es schon am Vormittag heiß war –, und bei jeder größeren Querstraße suchte sie die Stelle auf der Karte, um zu sehen, wie es voranging, ohne etwas zu sagen dazu. Ich kann mich an keine noch so kurze Unterhaltung erinnern in diesen ersten Stunden der Fahrt auf einer immer wieder bergan und bergab führenden Straße mit unendlich vielen Kurven und Engstellen, bis uns beiden klar war, ihr wohl eher als mir, dass die der Karte nach direkte Route mit der Wirklichkeit wenig zu tun hatte. Hinter dem Ort Trasacco, wo die bis dahin weiß eingetragene Straße auf eine gelbe führte, sagte sie dafür umso überraschender, es könnte ein langer Tag werden mit vielleicht auch einer weiteren Nacht, und die Art, wie sie, nicht zur Fahrerseite hin, sondern mit Blick aus dem Fenster And maybe another night gesagt hat, gab mir ein Gefühl von Einvernehmen oder einer stillen Bejahung, die uns beide betraf, unser so ganz und gar oder hoffnungslos Ungleiches.

Sie hatte immer wieder aus ihrem Fenster gesehen, aber je länger sich die Fahrt hinzog, desto öfter sah sie auch zu mir, als machte sie sich Sorgen um meine Konzentration, und schließlich hielt ich an einer Tankstelle, so einsam gelegen, als wäre sie vom Himmel gefallen. Ich kaufte kalte Getränke und füllte auch gleich den Tank nach, fast mit dem letzten Bargeld, es wurde Zeit, an einen Automaten zu kommen, auch Zeit, den Wagen abzugeben. Und nicht weit hinter der Tankstelle machten wir im Schatten eines Trafohäuschens mit verblichener Zirkusreklame an seiner Vorderseite Rast, eine, die nur kurz sein sollte, sich dann aber doch bis in den Nachmittag zog, nachdem sich die Afrikanerin im Gras gestreckt hatte, einen Arm über den Augen, wodurch ihr Mund umso ausgestellter oder verbotener erschien und ich ihn ansehen musste, wie man wider Willen eine Wunde ansieht. Ich kann nicht sagen, was sie mit diesem Im-Gras-Liegen bezweckt hat, nur dass sie schließlich zum Weiterfahren drängte und wir bald wieder im Auto saßen, sie die Kolosseumskappe in der Stirn, und ich mich fragte, ob sie in Gedanken schon in Rom war, vor einem Lokal in der Via Montebello, die Adresse hatte sie sich in die Hand geschrieben. Ich fuhr und stellte mir vor, wie sie in dem Lokal auf den Cousin traf, ihn umarmte – ein Bild, während sie neben mir zu schlafen schien, Kopf zurückgelegt, Mund leicht offen, was bei den meisten ja dümmlich aussieht, bei ihr dagegen wie gestaltet war; trotz zügiger Fahrt haben wir Palestrina erst gegen Abend erreicht – eine von meiner Mitreisenden ganz unbemerkte Ankunft.

Ich bin in die Stadt gefahren, soweit es erlaubt war, bis zu einem Sperrschild, an dem man wenden konnte, daneben ein Zeitschriftenkiosk, und von dem Ständer der Blätter mit dem geduldigsten Papier ist mir etwas ins Auge gesprungen, das mich halten ließ, eine Zeile in Großbuchstaben, die ich zwar nur dem Sinn nach erfasste, man könnte auch sagen, ihrem Irrsinn nach, und die übersetzt etwa so hieß: Neues falsches Bild der großen Rätselhaften! Und dieses neue Bild füllte die halbe Seite und zeigte ein wohl afrikanisches Straßencafé bei Nacht, im Vordergrund drei schwergewichtige Schwarze, wie eingeklemmt in weißen Plastikstühlen, und schräg zu ihnen eine Bretterbühne mit einem Kranz bunter Lämpchen, am Mikro ein Sänger in engem fliederfarbenem Anzug, das alles aber angeblich aufgenommen – ich war zum Lesen des kurzen Artikels unter dem Bild ganz nah herangefahren – am gestrigen frühen Abend in dem Abruzzenörtchen Rizzone.

8

Dieses neue falsche Bild hatte nichts anderes gezeigt als das Café Elijah hier im Ort, obwohl dabei kaum zum Ausdruck gekomen war – es kann auch an der Papierqualität der Zeitung gelegen haben –, was mein bisheriger Eindruck von diesem Nachtcafé ist: dass es nach Anbruch der Dunkelheit etwas zunehmend Feldlagerhaftes hat. Wie in Erwartung einer Schlacht sitzen gut ein Dutzend und an Wochenenden auch noch mehr Schwergewichtige in den weißen Plastikstühlen, als wären sie damit verwachsen, die Beine gestreckt, Schenkel geöffnet, vor sich auf dem Tisch unzählige leere und volle Bierflaschen, ihre Trophäen. Es sind Männer zwischen zwanzig und dreißig, alle in engen, von den Schenkeln fast gesprengten Hosen und über der Brust aufgeknöpften Hemden, damit man ihre Goldketten sieht, glänzend auf auch glänzender Haut – ein bestechender Anblick für den, der nie eine Halskette getragen hat und dem enge Hosen zu unbequem sind, dessen Haut sich in der Sonne nur rötet und dem weiße Hemden nicht stehen. Gewiss, es gibt auch noch eine andere Sicht: Da sitzen Abend für Abend Typen, die nicht lange fackeln, wenn ihnen etwas auf die Nerven geht, das Bier zu warm ist oder das Essen nicht schnell genug kommt oder sonst etwas nicht klappt in dem Bretterbau, der sich Café nennt, mit einem großen angestrahlten Schild auf dem Dach, hot coffee, hot legs, spicy drinks, oder ihnen die Musik nicht passt von der kleinen Bühne auf Stelzen gegen mögliches Hochwasser, weil das Café ja an dem Grenzfluss liegt, der aber seit Jahren, wie man hört, immer weniger Wasser führt anstatt mehr. Auf der Bühne lösen sich meistens ein Sänger und eine Sängerin ab, zu unterscheiden am besten durch ihre Kostüme, geduldete Paradiesvögel, jeweils begleitet von einem dicken Drummer und einem noch dickeren Keyboarder mit Melone. Auch die Männer auf den Plastikstühlen sind dick und fast halslos, ihre Goldketten verschwinden zum Teil zwischen Wülsten; einige aber sind unter dem Fett muskulös, sie tragen statt Hemden Kampfwesten, und andere bestaunen sie, Randfiguren im Café, die nichts verzehren und offenbar nur geduldet sind, soweit sie für die in den Kampfwesten kleine Dienste erledigen, etwa Bier in Eiskübeln holen oder eine Botschaft in den Bereich überbringen, in dem junge Frauen in knapper Kleidung auf Bretterbänken sitzen und darauf warten, dass einer der Fernfahrer, der es vor der nächtlichen Sperre nicht mehr über die Grenzbrücke geschafft hat, sie an seinen Tisch winkt. Es sind eher ältere Mädchen als junge Frauen, die meisten in Shorts, um viel Bein zu zeigen, hot legs, wie es auf dem Dachschild steht, die Gesichter blass geschminkt und alle mit kunstvoll in die Höhe geflochtenem Haar, manchen Mann damit überragend – auch mich, als ich gestern erstmals am Rand der weiblichen Hemisphäre gestanden habe, nahe der Bühne, wo der Sänger und die Sängerin im Wechsel Wünsche nach der Sonnenseite des Lebens schürten – Wünsche, zu deren Erfüllung aber erst eine Hoffnung besteht, wenn man das alles hier auf immer verlässt, ohne zu wissen, wie und wo diese Reise endet. Und so, wie sich einerseits sagen lässt, es seien ja nur Wünsche nach Glück ohne Klebstoffdämpfe, könnte man andererseits auch fragen, was solche Wünsche dann bitte in der afrikanischen Nacht verloren hätten – womöglich eine der Fragen, die am Ende der langen Reise den aus dem Meer Gezogenen gestellt werden, nicht wörtlich, aber sinngemäß, Fragen, mit denen keiner rechnet, der abends im Café Elijah mit anderen sein Weggehen erwägt, einem uralten Menschenrecht folgend, dorthin zu ziehen, wo Böden und Jagdgründe den Erzählungen nach reicher sind als am zufälligen Ort der Geburt.

Von einer nahen Tischrunde hatte ich schon in der zweiten Woche hier Satzfetzen einer solchen Erwägung aufgeschnappt, unter den Männern am Tisch der von der Afrikanerin erwähnte Polizeikommandant, an dem Abend in Zivil, von allen angeredet aber mit seinem Dienstgrad. Und dieser Major Ayago – den Namen hatte ich mir, wie gesagt, gleich gemerkt, nachts im Poseidontempel von Paestum – hat mindestens dreimal mit halbem Auge zu mir gesehen: dem ohne erkennbaren, etwa geschäftlichen Grund Fremden in dem Grenzort. Es waren die Blicke eines circa vierzigjährigen kräftigen Mannes, der eine, die nur halb so alt war, in seinen Diensten gehabt hatte, bis sie über Nacht verschwunden ist, um nicht mehr wiederzukommen, vorher aber wohl ganz für ihn da war – und das alles bekommt noch mehr oder erst recht Bedeutung durch einen Spruch auf seinem T-Shirt an dem Abend im Café Elijah, As long as there is death, there is hope.

Eine Verschwundene, das war sie auch für mich, genau genommen, trotz ihrer Gegenwart, auch der so nahen in dem kleinen Auto, den Kopf fast an meiner Schulter, als wir aus Palestrina wieder herausfuhren; sie hatte von der alten bischöflichen Stadt, glaube ich, nichts bemerkt, auch nichts von dem kurzen Halt an dem Zeitungskiosk. Sie döste oder war so bei sich, in ihrer Welt, dass Palestrina, mit seinen Terrassen wie an die Hänge von Vorbergen geschichtet, an ihr vorbeiging, einschließlich vier großer Halbsäulen, die den Vorderbereich eines Tempels bilden. Erst ein gutes Stück hinter der Stadt, auf einer schmalen Straße wieder etwas in die Berge, bei dem Örtchen San Gregorio da Sassola, berührte ich sie an der Schulter und sagte, durch Palestrina seien wir schon durch, da habe sie geschlafen, jetzt müssten wir entscheiden, wie es weitergehe, Rom sei zwar nicht mehr weit, aber wenn wir dort ankämen, mitten am Abend, kämen wir in ein einziges Chaos, eine von Autos verstopfte Stadt – Obstructed, sagte ich, nicht das treffendste Wort, aber eins, das Hoffnungen nimmt, so, als hätten wir ganz Rom gegen uns, wenn wir uns noch heute dort hinwagten, und meine immer noch Mitreisende, jetzt hellwach, wollte etwas einwenden, vielleicht, dass ihr ein Verkehrschaos nichts ausmachte – schlimmer als im überfüllten, schon halb mit Wasser vollgelaufenen Schlauchboot auf dem Meer kann es nicht werden, also bring mich an mein Ziel, das mochte ihr auf der Zunge gelegen haben, nur beließ sie es bei einer Handbewegung, einer Art Achselzucken mit den Fingern, und ich fuhr noch bis zu einer Biegung mit weitem Ausblick und hielt am Straßenrand.

Man sah von dort auf Hänge, die in Schwüngen zu einer Ebene mit pinienumstandenen Villen und von Zypressen bewachten Friedhöfen abfielen, dazwischen immer wieder Weinanbau, aber auch das Band der Autobahn, endend in einem rötlichen bis schwefelfarbenen Dunst, der Glocke über Rom und seinem Chaos. Dieser Cousin, sagte ich und zeigte dabei vage in den Dunst, wann sie zuletzt mit ihm Kontakt gehabt hatte, und sie sah auf ihre Handwunde und sagte, am Anfang der Fahrt in dem Boot habe sie noch mit ihm gesprochen, später sei dann Wind aufgekommen und mit den Wellen sei Wasser eingedrungen, und alles habe sich aufgelöst, sei bloß noch umhergeschwommen, Kleidung, Pampers, Esssachen, cell phones. Aber es gebe ihn, den Cousin, und er würde ihr einen Platz als Küchenhilfe verschaffen, obwohl sie lieber kochen würde, auch schon Ideen hätte. Das alles sagte sie so, als wäre sie in dem Lokal bereits angestellt und würde jeden Tag über die Via Montebello in der Nähe des Bahnhofs Termini zur Arbeit gehen – ich hatte in die Karte geschaut, in den angehängten Plan von Rom. Da, sagte ich, da irgendwo sei das Lokal, und fuhr die Straße mit dem Finger ab, aber sie sah gar nicht hin; sie sah in die Landschaft und redete sich und mir ein, dass der Cousin – Aron oder Ason, sie sprach seinen Namen etwas wegwerfend aus – schon aufgestiegen sein könnte, von der Küche hinauf zu den Gästen, weil er der obergeschmeidige Schmeichler sei, a very flexible flatterer, um ihre Worte zu gebrauchen. Und erst am späten Abend dort aufzutauchen, wenn es noch dauere bis nach Rom hinein, wäre das Falsche. Nein, sie müsste vormittags in dem Lokal auftauchen, wenn in der Küche die Vorbereitungen anfingen, man jede Hand brauche, auch ihre.

Und dann hat sie Arbeiten genannt, die es in einer großen Küche zu tun gab, vom Gemüseputzen bis zum Zerlegen eines Fisches, was sie auf ihrer Schule von den Schwestern ebenso gelernt habe wie die Regeln der Grammatik, oder was das Wesen der Kunst sei, und nach einer Weile – wir hatten uns neben dem Wagen ins Gras gesetzt – sprach sie von der Strenge dort, und dass ein Schmeichler bei den Schwestern keine Chance gehabt hätte – No way! Das rief sie, als würde ich ihr nicht glauben, ja überhaupt die ganze Ausbildung durch amerikanische Nonnen, oder was diese Schwestern waren, in Zweifel ziehen, und so zählte sie alles auf, was auf dem Lehrplan gestanden hatte, während wir uns die letzte Flasche Wasser teilten, die Flasche immer wieder weitergaben, jedes Mal nach einem kleineren Schluck. Die Schwestern hatten sie mit den Bewegungen der Planeten und den Grundlagen der Informatik vertraut gemacht, den Gesetzen der Perspektive am Beispiel von da Vincis Anna selbdritt, aber auch den Dur- und Moll-Tonarten vom Gregorianischen Gesang bis zum Blues. In Religion hatte sie alles über das Leben Jesu gehört und in Geschichte alles über das Leben Napoleons sowie des Mannes, der mein Land ins Verderben geführt hatte; sie wusste um die Matthäus-Passion, und sie wusste um Buchenwald, ebenso wie um die Anfänge der Autobahn und des Volkswagens, genannt VW, ja, sie wusste sogar, wo es sich in meinem Land am besten leben lässt, Around Munich. Und vielleicht hätte ich ihr in dem

Moment sagen sollen, dass genau dort, wo die Welt am vielversprechendsten erschien, niemand an dem interessiert wäre, was sie alles gelernt hatte, und auch niemand an ihr als Person, dafür alle auf ihre Figur schauen würden, aber es gab weiß Gott Dringenderes.

Wir hatten den ganzen Tag noch nichts Warmes gegessen und hatten auch nichts mehr zu trinken, und es waren Vorkehrungen für die Nacht zu treffen, unsere letzte. Also sind wir noch bei Tageslicht in das nah gelegene San Gregorio da Sassola gefahren, und ich habe dort Pizza besorgt, während sie im Wagen geblieben ist, auf meine mehrfache Bitte – ich hatte den kleinen Fiat so geparkt, dass ich ungesehen zu einem Kiosk neben der Pizzeria gehen konnte, während die Bestellung im Ofen war, einem Stand mit Zeitungen aus allen Ecken des Landes. Und als wir später wieder an der Stelle mit weitem Blick unser Abendessen hatten, aß ich dort in dem Bewusstsein, dass sich eine Art medialer Schlinge um die Afrikanerin zuzuziehen begann; so hatte man sie beispielsweise im Corriere della Sera aus Mailand ein Model ohne Gesicht genannt, una modella senza volto. Und als hätte sie etwas von meiner Besorgnis gespürt, griff sie sich an ihre so kurzen Haare und sagte, für Rom und die Arbeit in der Küche sei es sicher gut, keine Braids mehr zu haben, wie schon in Libyen im Lager, Männer wollten immer die Frauen mit ganz langen Haaren, bis zum Hintern – Arse, sagte sie aber, und ich fragte, was Braids seien, und sie erklärte es mir wie einem Kind, das noch nie beim Friseur war. Es waren lange, eng geflochtene und nur fingerdünne Zöpfe, erfuhr ich, fingerdünn, weil es dadurch viele wurden, anders als bei den dick geflochtenen Rastazöpfen, was ich also bisher etwas falsch aufgefasst hatte. Sie zeigte mir, bis wohin die Braids bei ihr gereicht hatten, bis in ihr Kreuz, und sagte noch einmal, dass es richtig gewesen sei, sie mit dem Messer abgeschnitten zu haben – richtig, aber traurig.

Erst nach dem Essen, schon im Dunkeln, suchten wir nach einem Schlafplatz unweit des Autos, jetzt so abgestellt, dass man es von der Straße aus nicht sah. Und die Afrikanerin fand diesen Platz wieder in der Nähe von Wasser, einer Tränke für Vieh, in dem Fall nur für eine Katze, die auf der Kante saß und sich in das Becken beugte und erst davonsprang, als ich auf sie zukam. Das heißt, wir sind noch etwas weitergegangen, sie dicht vor mir, einmal mit Blick über die Schulter und wieder einer Erklärung: Im Busch gehe man immer hintereinander, so würden die Pfade entstehen; ihre Stimme war so leise wie ihre Schritte, fast unwirklich, und vor einer Reihe wie aneinandergeschmiegter Zypressen blieb sie stehen. Es war unser Platz für die Nacht, und dort tat sie Verschiedenes, das ich nur wieder verfolgen konnte, nämlich wie schon an dem halb ausgetrockneten See mit Hilfe von Ästen und einem Tuch eine Art Zeltdach errichten und darunter die Schlafstelle präparieren, nur nicht mehr mit dem kleinen Wall aus Kleidungsstücken und Gegenständen. Zwischen der einen und anderen Betthälfte – auch nicht das treffende Wort, aber eins, um sich daran zu halten – lag nur ein Lederbeutel, in dem sie ihre letzten Schätze verwahrte, wie das alte Foto der Eltern in wasserdichter Hülle, und aus diesem Beutel zog sie ihr Feuerzeug und ließ die Flamme aufschnappen, um dann im Schein der Flamme einen nahezu weißen, ganz glatt geschliffenen und rundlichen Flusskiesel aus der Tiefe des Beutels zu holen und zu erklären, der sei aus dem Bach, in dem sie sich gewaschen habe nach unserer ersten Nacht am Strand; sie hielt ihn mir hin, wie ein großes helles Ei in ihrer dunklen Handschale, und sagte For you.

Sichverlieben und Lieben stehen zueinander, meine ich, in einem heiklen Verhältnis: Natürlich lieben wir schon etwas, wenn wir uns verlieben, und mit gutem Grund spricht man auch von Verliebtsein, einem beherrschenden Zustand also, infiziert von Liebe, ohne dass sich schon ihre Symptome zeigen wie Verschmelzungsideen, Zukunftspläne, Eifersucht, Trauer; andererseits aber wollen wir noch frei genug sein, das Ganze genießen zu können als ein Spiel, das Sichverlieben heißt, eins, aus dem sich der Ernstfall erst langsam entwickelt. Und ein Teil dieses Spiels sind leise Worte des anderen, die sich an unseren auch leisen Erwiderungen reiben wie Haut an Haut und die Wärme erzeugen, die bei Reibung zwar zu erwarten ist, aber uns doch überrascht, weil wir einem bisschen Sprache diese Wirkung nicht zutrauen.

Ich hatte auf das For you der Afrikanerin mit etwas mehr als bloß einem Danke geantwortet, meines Wissens mit Danke, ich danke dir, erst in der eigenen Sprache, mir herausgerutscht, dann in der, die zwischen uns galt, und sie sagte Keep it, was für mich aber hieß, etwas von ihr zu behalten, mehr als nur einen Stein. Danach haben wir nichts mehr gesagt, was auch; die Luft war weiterhin mild, und ich fühlte mich zugedeckt, in meinem Rücken dazu noch die Wärme von ihrem Rücken und in der Hand ein Geschenk, so gehalten, wie Kinder im Bett noch etwas festhalten, um in den Schlaf zu finden. Und es ist mir auch gelungen, eine Weile zu schlafen, anders kann es gar nicht gewesen sein, denn auf einmal lag ich mit dem Gesicht zu meiner Begleiterin, auch ihrem Gesicht, also hatten wir uns beide im Schlaf gedreht und waren auch beide wach, was mir ihr Atmen sagte, das Willkürliche daran, als wäre es eine besonders leise, eigene Sprache der Nacht – tu nicht, als wenn du noch schläfst, rede mit mir, sag, was aus uns werden könnte, oder dreh dich wieder weg, sei wie jeder, der sich am Ende weggedreht hat, damit ich mir keine Hoffnungen mache und alles wieder ist, wie es war. Ein, zwei Minuten mochten wir so gelegen haben, einander zugewandt, dann hatten sich unsere Augen an das nur schwache Licht gewöhnt, von einem Teilmond hinter Wolken, und wir sahen uns an – in meiner Erinnerung beide für Momente erstaunt, dass es den anderen gab, so nah und so real, bis mir ihr Irreales wieder eingefallen ist und ich fast tief in der Nacht gefragt hätte, woher die Bilder stammten, die nicht sie zeigten, aber zeigen sollten. Es war wie etwas Ungutes, das man abschütteln oder ausspucken will, und als wäre es mir irgendwie anzumerken gewesen, oder ich hätte gesagt, Tut mir leid, aber ich muss etwas loswerden, eine Frage, und brauche auf der Stelle deine Antwort, legte sie mir eine Hand auf den Mund und sagte nur Sleep – das war Stunden bevor mich die Vögel in den Zypressen aus dem zweiten Schlaf geweckt hatten, ihr Hineinpfeifen in einen neuen Tag wie in den ersten in ihrem Leben.

Es war der Tag, an dem wir uns verabschieden würden, für immer, etwas anderes war an dem Morgen nicht denkbar, ein Abschied am Bahnhof Termini, so war es geplant: Sie hätte den Cousin in der Nähe, ich eine Zweigstelle des Autoverleihs um die Ecke. Aber erst am Nachmittag wollte ich dort eintreffen, mit Wiederbeginn der Geschäftigkeit, auch in einer Küche, und die Zeit bis dahin erschien mir im Lichte des Morgens als Zeit letzter Gelegenheiten; und noch ohne Antwort auf die Frage, was aus diesen Gelegenheiten zu machen wäre, bin ich zuerst Richtung Tivoli gefahren, irgendwann unter einer Autobahn hindurch und noch vor dem bekannten Ort mit seinen Wasserspeiern an den Ausläufern der Sabiner Berge auf eine breite Straße gekommen, die der Karte nach bis Rom hineinführte. Auf dieser Straße ging es nach kurzer Zeit schon durch eine Vorstadtgegend, zu beiden Seiten Geschäfte, wie sie sich dort ansiedeln, wo es noch bezahlbares Bauland gibt, solche für Keramik, Autoteile und Möbel, für Badzubehör und Gartengeräte, dazwischen aber noch ein paar alte Häuser mit eigenen Beeten und immer wieder auch eine Caffè-Bar mit Tischen und schon aufgeklappten Schirmen davor, und ich fragte meine

Beifahrerin, ob sie nicht etwas frühstücken möchte, nur war sie zu sehr in den Romplan vertieft, um zu antworten.

So hatte ich dann einfach vor einer Bar in einem länglichen Wohnhaus mit Läden im Erdgeschoss gehalten, einer Wäscherei, einem Reisebüro und gleich neben der Bar einer Tierhandlung mit Käfigen über dem Eingang, in den Käfigen kleine gelbe Kanarienvögel, die auf ihren Stangen auf und ab hüpften, als hätten sie das Fliegen verlernt oder aufgegeben. Auch die Afrikanerin sah dieses Gehüpfe und wollte schon aussteigen, eine Hand an der Tür, nur war meine Hand schneller und hielt die Tür zu – sie dürfe sich nicht zeigen, ich würde Croissants und Kaffee holen, Just stay in the car! Ein fast beschwörender Appell war das, aber als ich mit zwei Bechern und den süßen Stückchen aus der Bar kam, stand sie in voller Größe vor einem der hölzernen Käfige und hielt den Vögeln darin einen Finger zum Picken hin. Und sie musste gar nichts sagen, sie musste mich nur ansehen, weiter den Finger zwischen den Stäben, so ansehen, als lägen noch Jahre vor uns, nicht Stunden bis zu einem Abschied vor dem Bahnhof, und es stand fest, was sie wollte: den Vögeln die Freiheit schenken.

Es war ein einfacher, natürlicher Wunsch, so natürlich wie der, zu zweit zu sein und nicht allein, und da es zwischen der Bar und dem Reisebüro einen Bankautomaten gab, tat ich, was ohnehin nötig war und wie immer in seinem so Simplen statt einfach Natürlichem etwas erschreckend, nämlich Geld ziehen, dreihundert in Fünfzigern. Das heißt, ich kaufte den Käfig zu etwa dem Preis eines Buchs von durchschnittlichem Umfang, einen Käfig mit gleich sechs der piepsenden, hüpfenden und höchstens einmal aufflatternden Lebewesen. Und mit diesem Käfig – von der, die ihn gewollt hat, mehr als alles andere in den Tagen zuvor, wie ein Kind in den Armen gehalten – sind wir ein Stück in die Sabiner Berge gefahren und haben dort am Rande eines Weingartens gemeinsam sein hölzernes Türchen geöffnet. Die kleinen Vögel aber sind nicht einfach davongeflogen, ihre Befreierin musste sie förmlich aus der Gefangenschaft schütteln, dass ihnen gar nichts weiter übrig blieb, als loszuflattern, in ihr Verderben, was sonst, für den nächsten Habicht ein Imbiss, aber das behielt ich für mich. Stattdessen winkte ich ihnen nach und sagte, sie seien jetzt glücklich – das offenbar falsche Wort für ihr Freisein; oder hätte mir die Afrikanerin sonst, wie schon in der Nacht, als wir einander zugewandt waren, eine Hand auf den Mund gelegt, nun aber fester und auch etwas länger als nötig, um jemandem zu bedeuten, dass er still sein soll? Und das war ich, bis sie selbst etwas sagte, mir halb ins Ohr, als wäre es nur für mich bestimmt, und jemand anderer dürfte nichts davon wissen – dass es jetzt endlich nach Rom gehe.

Aber dieses Gehen beziehungsweise Fahren nach Rom hinein hatte sie sich wohl als gewöhnliche Einfahrt in eine Stadt vorgestellt, bis wir zum Bahnhof kämen und ich sie vielleicht mit dem Stadtplan als letztem Geschenk verabschieden würde, damit sie die Via Montebello findet. Ihre Beine wieder einmal eingefaltet, meine Kappe mit der Kolosseumssilhouette in der Stirn, saß sie in dem schon in den Mittagsverkehr geratenen Fiat, als könnte sie jeden Moment erkannt werden, obwohl es nur die Phantombilder und Beschreibungen von ihr gab, und alles, was man ihr hätte vorhalten können, neben einer Herkunft aus der falschen Weltecke und dem Übersteigen eines Lagerzauns die allgemeine Aufmerksamkeit für sie war.

Gut eine Stunde hat sie fast reglos in dieser Haltung gesessen, aber je dichter der Verkehr wurde, je langsamer wir vorankamen in Richtung Porta Pia, um von dort zum nahen Bahnhof zu fahren, je öfter wir im Stau standen und Leute aus Autos neben unserem herüberschauten, desto kleiner machte sie sich, und desto mehr schien sie auch an dem erhofften Ausgang dieses Tages zu zweifeln, endlich an ein Ziel zu kommen, und vielleicht doch wieder eher auf mich zu bauen als auf den Cousin, während sich in mir etwas völlig Entgegengesetztes auszubreiten begann, je näher die alte innere Stadt kam, das Rom, das ich jeweils um Ostern herum beruflich besucht hatte, mehrfach begleitet von Lydia, wir zwei immer im selben preiswerten Hotel, um dann aber teuer zu essen, auch immer im selben Lokal nahe der Villa Borghese. Das heißt, es gab nicht nur den Wunsch, dass sie an meiner Seite bliebe, es gab auch die Idee eines Romtages ganz für mich, und noch aus diesem so anderen Impuls heraus, eben für mich sein zu wollen, und trotzdem in dem Bewusstsein, dass es sie gibt (eins der Symptome von Verliebtheit?), fragte ich, als es vor einer Kreuzung trotz Gehupe von allen Seiten nicht weiterging, woran sie denke. Sie hatte die verräterisch dunklen Hände jetzt unter dem Tuch, ebenso die Füße, und erst sagte sie gar nichts, als hätte sie die Frage auch nicht gehört, schließlich aber etwas, das so überraschend war wie die Hand auf meinem Mund nach Freilassung der kleinen Vögel: Falls ihr Cousin nicht mehr in dem Lokal arbeite und sie ihn auch nicht finde, werde sie morgen Abend wieder am Bahnhof sein.

In den Verkehr kam endlich Bewegung, und ich war zu sehr aufs Fahren konzentriert, um etwas sagen zu können; dafür erfasste mich ein Gefühl von Wehmut beim Erreichen der Porta Pia, einem der Stadttore, kurz danach vermischt mit idiotischer Freude, als wären die Stunden früheren Glücks am Straßenrand wiederzufinden, etwa vor einer Bar mit nur drei Tischen davor, an der es vorbeiging, oft unser Platz für das letzte Glas; und je näher der Bahnhof kam, desto dichter folgten Wehmut und ein Trotz aufeinander, schon mit Ideen, was ich tun könnte am Abend, etwa ins Lieblingslokal von Lydia und mir gehen. Daran dachte ich noch, als schon das große freihängende Vordach des Bahnhofs zu sehen war und auch der weite Platz davor mit lauter Baustellen, folglich galt es, irgendwo zu halten, noch eine Hand zu drücken und das Richtige zu sagen oder gar nichts zu sagen – da gab es ein fast übermächtiges Gefühl von schade, als hätte ich mit ihr in den Nächten das Beste versäumt, aber eben nur fast, weil es einen Gegengedanken gab: dass es gut war, so wie es war.

Auf der anderen Seite des Platzes hatte ich den Schriftzug der Autoverleihfirma an einer Fassade gesehen, wie einen Wink, also suchte ich einen Weg dorthin, im Schritttempo vorbei an ganzen Sippen, die am Rande des Platzes zwischen staubigen Palmen auf dem Boden saßen, die Kinder halb nackt, die Frauen mit Zeitungen oder Deckeln von Pizzakartons fächelnd, die Männer im Kreis um ihre Habe, Taschen, Beutel, Decken, Koffer mit Schnüren umwickelt; lauter Gestrandete lagerten dort, während andere mit Kind und Kegel herumstanden; eine Frau mit zwei prallen Taschen, darin Billigspielzeug, das hervorquoll, war gar so im Weg, dass ich stoppen musste. Sie sah mich an, nur mich, nicht die, die noch neben mir saß; trotz der Hitze ganz in Schwarz stand sie mit ihren übervollen Taschen in einer unerklärlichen Ruhe vor dem Fiat, und ich wollte ihr etwas zurufen, dass sie bitte zur Seite gehen sollte, und überlegte noch, in welcher Sprache, als die Afrikanerin einfach die Tür öffnete und sagte, am besten sie steige hier jetzt aus – und auch das, die paar letzten Worte an mich und das Öffnen der Tür, in der anderen Hand schon ihr Bündel, hatte etwas von dieser unerklärlichen Ruhe oder Stille, bei der man den eigenen Herzschlag hört.

9

Früh am Tag, in noch stiller Stunde, während ich oft schon wach bin und darauf warte, dass auch die Welt in dem Grenzort erwacht und mich vom eigenen Herzschlag ablenkt – verlässlich der Fall, wenn auf der lehmigen Durchgangsstraße das Gemurmel der Frauen anhebt, die nach langem Marsch durch die Dunkelheit ihre angeschleppte Ware ausbreiten, Mangos, Tomaten, Granatäpfel, Süßkartoffeln, ganze Minzbüschel und Vanillestangen, Eier und auch lebende Hühner, an den Füßen gefesselt –, kommt es vor, dass ich mit solcher Heftigkeit an unsere Fahrt in dem kleinen Fiat zurückdenke, als würde sie immer noch andauern. Es ist ein Träumen mit offenen Augen, aber es geschieht auch, dass die Augen noch einmal im Morgengrauen zufallen und der Traum sich eines schlummernden Geistes bemächtigt; dann sitze ich am Steuer des kleinen Wagens und fahre in einen beginnenden Sommertag, mal über Land auf einer Straße zwischen alten Zypressen, mal durch Bergorte, die Häuser in dem erschöpften Rot, das es in keinem anderen Land gibt – neben mir die, die mich braucht.

Und das Pendeln zwischen noch etwas Träumerei, Momenten von Halbschlaf, und schon wachem Bewusstsein, dem Blick zurück, mit einem Fuß noch im Gewesenen, ist im Grunde der Zustand, in dem dieser Bericht entsteht, Tag für Tag etwas vorankommt an dem soliden Tisch in der offenen Tür zum nicht sehr soliden Balkon mit freier Sicht – auf den nun angebrochenen Tag, wenn die Marktfrauen am Straßenrand vor ihrer Ware hocken und manchmal schon Laster mit Bergen von Autoteilen zur Grenzbrücke unterwegs sind und von dort Transporte riesiger Baumstämme kommen, der Geruch des geschlagenen Holzes zu mir aufsteigt, während ich die, die mit mir im Auto gesessen hat, summen höre, bis sie darüber ins Erzählen kommt, genug preisgibt, um daraus eine Radiostunde für Nachtmenschen zu machen, die Geschichte eines Mysteriums in Zeiten von Instagram und Konsorten. Und wenn ich an den Tag denke, an dem meine Afrikanerin einfach am Bahnhof Termini ihr Bündel genommen hatte, um zu verschwinden – dann aber doch nicht gleich ausgestiegen ist, weil es noch zu einer kurzen Szene zwischen ihr und mir kam –, denke ich auch an die römischen Plätze, die zu Kampfzonen geworden sind wie die Spanische Treppe, inzwischen kaum mehr zu sehen unter dem Ansturm all derer, die die Treppe und sich selbst oder eher andersherum, sich und die Treppe verewigen wollen, einen Speer mit ihrem Allerweltsgerät an der Spitze in die Höhe gereckt.

Das heißt, ich bin noch am selben Tag wie unter einem Erinnerungszwang zu der Treppe der Treppen gegangen, nachdem der Fiat seitlich des Bahnhofs abgegeben war, zuvor unterstützt von drei schwer bewaffneten Carabinieri, die ich durch gespielte Hilflosigkeit als Fahrer im Halteverbot und Bitten, mir den Weg zu der Zweigstelle des Autoverleihs zu zeigen, abgelenkt hatte: von einer auffallend großen und rasch davongehenden Schwarzen, bis eben noch meine Mitreisende. Und von dem Autoverleih bin ich samt Reisetasche in drückender Nachmittagsluft zu Fuß bis zum feinen Hotel Hassler oberhalb der Piazza di Spagna gegangen, wo bereits ein so vogelkolonieartiges Gedränge geherrscht hat, dass mir nur der Rückzug blieb, in dem Wunsch, dieser und alle anderen in Selfiekampfzonen verwandelten Plätze mögen so gereinigt werden wie der Jerusalemer Tempel von den Geldwechslern.

Und die kurze Szene noch im Auto war folgende: Die, die jetzt auf einen Cousin baute, den sie Schmeichler nannte, hatte schon beide Füße aus der Tür, als ich einen aus dem Geldautomaten geholten Fünfziger aus der Hemdtasche zog, an dem aber ein zweiter Fünfzigerschein haften geblieben war, nur wollte ich ihr nicht hundert geben, ein Drittel von dem, was ich mir hatte auszahlen lassen, also versuchte ich, den zweiten Schein mit dem Daumen abzustreifen, zurück in die Hemdtasche, nur wellte er sich, und ich sah, wie ihr Mund leicht in die Breite ging, zu einem Lächeln, das etwas Verächtliches hatte und bei mir den Impuls auslöste, ihr beide Scheine in die Hand zu stopfen: Hier, nimm, das kann ich noch tun für dich, das ist mein letztes Hemd, und jetzt geh zu deinem Schmeichler! Doch nichts davon tat ich und sagte auch nichts in der Art, nein, ich reichte ihr die Scheine, wie zum Bezahlen ihrer Chinos und des T-Shirts in Crotone, sie aber gab mir einen zurück, wieder mit diesem Lächeln, und sagte Fünfzig, das sei genug, und ich nahm das Geld und steckte es ein und hätte mich fast bedankt, für Momente nicht in der Lage, irgendetwas zu tun oder zu sagen. Sobald das Abschiednehmen erst einmal begonnen hat, gibt es kein Zurück mehr, die Dinge nehmen ihren Lauf, mir blieb nur, den Knopf an der Hemdtasche zu schließen, mit zwei Fingern daran herumzuknöpfen, während die Afrikanerin mit ihrem Bündel aus dem Wagen stieg, sich aber noch einmal hineinbeugte, da hatte ich schon die Carabinieri gesehen, Maschinenpistolen über der Schulter und die Visiere heruntergeklappt, und war entschlossen, den hilflosen Autofahrer zu spielen. Meine Afrikanerin beugte sich über den Sitz, der all die Tage über ihr Sitz gewesen war, und sagte, ich solle auf mich aufpassen, auf meinen Geist, sie habe das gelernt unterwegs, zuletzt in Libyen, im Lager, den eigenen Geist zu beschützen – Protect your mind, hatte sie leise gesagt, für einen Augenblick mit einer Hand an meiner Stirn, und war dann auch schon in das Hin und Her auf dem Bahnhofsvorplatz eingetaucht, während ich den Schwerbewaffneten wie ein Ertrinkender vom Auto aus zuwinkte, noch das Gefühl ihrer

Hand an der Stirn, verbunden mit einem Geruch, der wohl die ganze Zeit von ihr ausgegangen war, mich aber erst jetzt, in ihrer Abwesenheit, erreicht hat.

Es war ein Geruch, für den es kein Wort gibt, keins, das mir eingefallen wäre, aber aus heutiger Sicht lässt sich sagen, dass er etwas von den frühen Morgenden hier hatte, wenn die Frauen, die nachts von weit her gekommen sind, ihre Früchte und Gewürze auslegen und mit Wedeln Wasser aus Kanistern über die Waren verteilen und durch die Nässe in der ersten Sonne eben dieser Geruch nach süßer und zugleich herber Verdampfung entsteht. Und dass er so wehgetan hat wie der Geruch von Tinte, der uns schlagartig in die Kindheit versetzt, dazu noch verbunden mit einer Person, dem Gefühl für sie, zu dem mir ebenfalls – nach der Trennung von ihr am Bahnhof – ein Wort gefehlt hat, und letztlich bin ich davon ausgegangen, dass sich beides, Geruch und Gefühl, verflüchtigen würden, natürlich zum Nachteil schöner Erinnerungen. Aber so arbeitet unser Überlebenssinn nun einmal, wie ein Virus, das sich eher schwächt, als zu viel Schaden anzurichten.

Nur eine Stunde nach ihrer Hand an meiner Stirn hatte sich mein Herz beim Anblick der Massen auf der Spanischen Treppe erneut zusammengezogen, eben weil es ein Schwellkörper ist, höchst anfällig für Bilder, erregende wie abstoßende – vor Letzterem bin ich geflohen, trotz Hitze wieder zu Fuß, die Reisetasche mal in der einen, mal in der anderen Hand. Es war eine Flucht in Richtung Borghese-Park und weiter in die Via Piemonte, zu dem preiswerten Hotel, das über Jahre um Ostern herum, wenn die Zeitung für das Zimmer aufkam und ich nur den Doppelbettzuschlag zu zahlen hatte, unser Hotel war, das von Lydia und mir – auch ein Ort, der etwas schwellen ließ in der Brust, schon von weitem beim Erkennen der Fassade mit hohen Platanen davor, ein Schwellen, das in sich zusammenfiel, als ich den neuen Namen über dem Eingang sah, Veneto

Palace – eine Umbenennung, begründet durch die Lage in der Nähe der einstigen, auf den Hund gekommenen Lebemeile Via Veneto, dafür aber, verglichen mit anderen Hotels in der Umgebung, immer noch bezahlbar für eine Nacht, auch wenn das Essen in dem erwähnten, nicht weit entfernten Lokal dazukäme. Und nach einer Dusche und zwei Stunden auf dem Doppelbett eines Zimmers, das ganz entgegen der früheren Einrichtung etwas Boudoirhaftes hatte – rote Tapeten und Deckenspiegel –, bin ich in frischer Kleidung und ohne die Last einer Reisetasche Richtung Santa Maria Maggiore aufgebrochen, in eine Gegend weg von der Via Montebello, um gar nicht erst in Versuchung zu geraten, in jedem Lokal entlang dieser Straße nach einer erst heute vorstellig gewordenen Aushilfe zu fragen, einer, die besser auf einen Laufsteg gepasst hätte als in eine Küche.

Ich lief die Via Torino hinunter bis zu dem Platz vor der mächtigen Kirche und in einem Bogen an ihrer wuchtigen Front vorbei, dann über die Piazza dell'Esquilino bis zu einem aus allen Nähten platzenden Zeitungskiosk Ecke Via Cavour; dort blieb ich stehen, wie manche Leute vor Schaufenstern stehen bleiben, auch wenn sie gar nichts kaufen wollen, ja nicht einmal das Geld dazu hätten, nur für einen kurzen Traum davor stehen bleiben. Und mein Traum vor diesem Kiosk in Form einer Pagode, gespickt mit allem, was Menschen lesen oder worin sie gern blättern, war der alte Traum, doch noch einmal bei einer Zeitung unterzukommen. Rund um den auch runden Ort der Neuigkeiten, aber auch des Immerselben herrschte ein Kommen und Gehen wie bei Tage, ja das Abendleben war hier das wahre Leben. Leute traten kurz näher und überflogen die Schlagzeilen, andere suchten unter den zahllosen Magazinen und Heftchen etwas ganz Bestimmtes, während der Inhaber in seinem Gelass vor sich hin schwitzte und das Neonlicht auf all den ausliegenden oder wie Wäsche an

Schnüren hängenden Blättern samt schwirrender Mücken das Zeichen des jetzt erst richtig Geschäftigen war, dieser abendlichen Stunde als dem Höhepunkt des Tages, ehe all das so geduldige Papier bald schon von gestern wäre, einschließlich der ausländischen Presse. Die hätte ich fast übersehen in ihrem Extraständer, so bunt war das Drumherum, samt Kleinspielzeug und Rom-Andenken wie die Kolosseumskappe – von der Afrikanerin aufbehalten, mit oder ohne Absicht, schwer zu sagen –, aber dann stach mir der ewige Schriftzug meines heimatlichen Blattes einer Vernunft auf Biegen und Brechen ins Auge (die Zeitung, die mit ehrlichem Bedauern das Aus für die Christliche Stimme kommentiert hatte). Und dort sprang mir auf der Eins das Foto entgegen, das schon am Vorabend im Umlauf gewesen war und statt der geheimnisvollen Großen (l'alta donna misteriosa) auf einem Karussell in dem Abruzzenort Rizzone ein afrikanisches Nachtcafé zeigte, im Vordergrund wie in ihr eigenes Fett gebettete Männer mit Goldketten – ein Foto, das mich auch beim Bezahlen der Zeitung noch in Bann gehalten hat, als wäre die Meine doch noch irgendwo darin zu finden, wie bei dem berühmten Kippbild, das auf den ersten Blick das Profil einer hässlichen Alten zeigt, bei unbefangenem Hinsehen aber plötzlich eine junge Schöne.

Neues von der Geheimnisvollen, so hieß die Überschrift, und dieses Neue war die jüngste angebliche Sichtung der aus dem Ionischen Meer geretteten jungen Afrikanerin: Sie sei in dem Abruzzenort Rizzone aufgrund der Beschreibungen ihrer Person erkannt und auch gleich aufgenommen worden, aber herausgekommen sei wieder ein unerklärliches Bild, Anlass für ein immer größeres Interesse an dem Fall. Sogar ausländische Fernsehteams seien inzwischen auf der Suche nach ihr, stand in dem Artikel, dazu komme das täglich wachsende Interesse im Netz: Die einen hielten sie für ein Gerücht, andere machten schon Vorschläge für eine Karriere, was aus ihr werden könnte, oder forderten zur Jagd auf sie auf. Es war ein nüchternes Wiedergeben von Tatsachen, wie es dem Blatt entsprach, aber damit auch ein geschicktes Umgehen des Eigentlichen, Unerklärlichen – überhaupt nur zu erklären, wie es am Ende hieß, mit dem Äußeren dieser Person, dem, was Marinekadetten auf einem Küstenwachschiff mangels besserer Worte als irre schön (incredibilmente bella) bezeichnet hätten, und was doch nichts als Glück sei, ein Geschenk der Natur. Der Autor oder die Autorin des Beitrags, gezeichnet nur mit Initialen, mag sich gesagt haben, soll doch unsere reife Leserschaft entscheiden, was hinter alldem steckt, diese Zeitung wird nicht für Kinder gemacht, sie ist das Organ der Vernünftigen, darum kein Wort, das nicht auch im Wirtschaftsteil stehen könnte, ausgenommen das Wörtchen Glück. Ich habe es förmlich gespürt, dieses Ausweichen vor dem Unerklärlichen, gespürt am eigenen ausweichenden Gehen zurück zum Hotel, die Zeitung so in Händen wie einer aus der alten Gattung jener, denen sich beim Gehen und Lesen noch Welten erschlossen haben.

Das kleine Wort Glück, einsilbig in kaum noch einer weiteren Sprache, etwa im Indischen, auf Hindi, da heißt es sukha, ein besserer Stoßseufzer, wie luck oder eben Glück, ansonsten in den verbreiteten Sprachen zwei- und mehrsilbig, so unüberhörbar wie fortuna, furtune, felicidad, felicidade, wie schast'ye, xìngfú, mazel oder bahati, Letzteres ist Kiswahili, auch Suaheli genannt, und als mir, kurz vor Rom, der gerundete Flusskiesel zum Geschenk gemacht worden ist, folgte auf das For you noch etwas halb Gemurmeltes, und das könnte bahati gewesen sein: als Wunsch, dass mir dieser Stein Glück bringe.

Momentan beschwert er meine fertigen Seiten gegen die Windstöße, die ins Zimmer hineinwehen, wenn unten besonders hochbeladene Laster vorbeifahren, mit Luftwirbeln bis auf den Tisch, der mir als Schreibtisch dient – was freilich auch jeder andere Stein könnte. Dieser Flusskiesel, nur etwas größer als ein großes Hühnerei, ist also einerseits von Nutzen und andererseits ein Erinnerungsstück, aber kein Glücksbringer – nicht dass ich wüsste –, höchstens von geglückter Gestalt und darin der Afrikanerin ähnlich, einer Gestalt aber, die sich nicht ändert, allenfalls in Jahrhunderten, wäre er in dem Bachlauf geblieben; seine stabile Schönheit hat etwas Tröstliches, wo hier bei Wind alles in Staub versinkt oder sonst in fauliger Feuchte vom Fluss vor sich hin verrottet. Die rötlich lehmige Durchgangsstraße vor dem Rohbau, den sein Besitzer, Mister Moses Offaka, einfach Hotel nennt, ist voll von Verrottendem, den Resten vom Gemüsemarkt oder eines überfahrenen Huhns, dazwischen wanderndes loses Gestrüpp und hin und wieder kleine schwarze Plastiktüten, genannt flying toilets, die ihr Ziel hinter einer Blechwand verfehlt haben; in den Abfällen streichen magere Hunde und Katzen umher, alle besseren Happen haben schon die Marabus aufgepickt. Gegen Abend hocken oft drei oder vier dieser großen, auch an die schnäbeligen Kapuzenärzte aus den Zeiten der Pest erinnernden Vögel auf der haushohen Samsung-Werbetafel, an deren Fuß das menschliche Etwas liegt, eingehüllt als lebendes Bündel, und eine Hand aus seiner Hülle streckt, wenn jemand vorbeigeht. Ich sehe das alles, aber will es nicht wissen oder mich nicht ablenken lassen von einem Wissen, das nur aus Zahlen und Worten besteht. Ja, ich weiß, unweit von hier dreht sich alles um Bodenschätze, Gold, Diamanten, seltene Erden, Platin, Coltan, besonders das Letztere; ohne Coltan keine Allerweltsgeräte, also Stille in allen Taschen und kein Zücken des Geräts mehr für ein schnelles Bild. Es sind die Minen jenseits der Grenze, die den Fluss vergiften, das Verklappen von Laugen, das die Fische verkümmern lässt oder zu Monstern mit nur einem Auge und zwei Schwänzen macht – so sagt es jedenfalls der junge Mann mit dem Mopedtaxi, den meine Afrikanerin einen Bruderfreund genannt hatte, ihren John.

Ich habe ihn angeheuert für eine Tour auf dem Pfad der Marktfrauen am Fluss entlang, mehrfach über einmündende, blassschaumige Gewässer, die Brücken über die Kanäle alle neu, gebaut von Chinesen. Das Ganze sollte eigentlich dazu dienen, den Fahrer nach einer jungen Großgewachsenen auszufragen, die ihre Eltern durch einen Überfall verloren hatte und später den Ort für immer verließ, aber etwas hielt mich ab davon, man könnte es Scham nennen. Der junge Mann war ganz arglos, auch als ich am Ende der Fahrt nach seinem Privatleben fragte. Nicht im mindesten dachte er daran, dass ich Nachforschungen anstellen könnte, ihn beschäftigte der Begriff in meiner Frage, private life, er sprach ihn vor sich hin und sagte, er habe keins, erbat sich dann aber ein Selfie mit mir, und das zeigte ihn und mich und das Moped neben Abfällen mit einer kleinen, umgekippten, wie toten Katze darin, im Hintergrund der schaumige Fluss und die Grenzbrücke, bewacht von Soldaten mit Maschinengewehren hinter Sandsackbarrikaden, als herrschte Krieg mit dem Nachbarland. Er vergrößerte jedes Detail auf dem Bild, besonders den verzierten Mopedlenker, und war, wie es bei uns heißt, ganz aus dem Häuschen; und noch aus diesem Überschwang heraus tat er etwas, das auch Lydia getan hätte, allerdings um sich das Glücksgefühl erst zu verschaffen: Er hob die aus Schwäche umgekippte Katze aus dem Abfall und stellte sie auf die fast kahlen Beine, und augenblicklich war da ein Bild als Gedanke: welch guter Kerl, dieser Bruderfreund John.

Das Lokal, das Lydia und ich als das unsere in Rom erkoren hatten, lag, wie gesagt, unweit des Borghese-Parks in einer stillen Wohnstraße, und wir hätten es kaum je betreten, ja nicht einmal davon gehört, wäre dem Ganzen keine Einladung in die Osteria Pinciana (nach dem alten nahe gelegenen Stadttor) vorausgegangen, eine an den inzwischen leitenden Redakteur der

Christlichen Stimme seitens unseres Gesandten beim Vatikan. Das heißt, die Einladung galt eigentlich nur dem neuen Mitverantwortlichen in der Zeitung, den man anlässlich seines österlichen Aufenthalts in Rom ausforschen und gegebenenfalls auch gleich für die eigenen Interessen gewinnen wollte, aber ich hatte Lydia für meine Frau erklärt, und so wurden wir an dem Abend in der Karwoche beide auf Kosten des Steuerzahlers bewirtet, mit einem Essen, das uns hinterher sagen ließ: Das gönnen wir uns jetzt einmal im Jahr, so viel muss übrig bleiben von unserer Arbeit. Und dabei ist es weder ein Ort, um sich zu zeigen, noch ein sogenannter Geheimtipp, nur eben einer mit bester Küche und Nischen, um dort ungestört zu essen. Die meisten Gäste haben feste Plätze, es geht familiär zu, die Ober sind Inventar, mit Augen für jeden Löffel, jedes Glas; und ein Reiz der Osteria liegt aber auch darin, dass dort, wie zu lesen war, gelegentlich die Besitzer mit ihren engeren Freunden essen, solchen, die an Orten wie diesem ihr Geld waschen.

Auf dem kurzen Weg zu dem Lokal, im letzten noch sauberen Hemd und der einzigen vorzeigbaren Hose, sah ich im Vorbeigehen an einem weiteren Kiosk bei einem der Blätter, die dort aushingen, das Foto von dem afrikanischen Nachtcafé, das auch meine Zeitung der ewigen Besonnenheit gebracht hat, und ich kaufte ein Exemplar und überflog im Weitergehen den Artikel dazu – es ging darin um Glaubhaftigkeit und Illusion, soweit ich es verstehen konnte. Da wurde ein Experte auf dem Gebiet der Molekularbiologie zitiert, dass es die an ihr oder bei ihr oder in Verbindung mit der gesuchten Person – Verwirrung schon bei den Präpositionen – beobachteten Phänomene gar nicht geben könne, sie nur Einbildung seien, aber als Fakten gehandelt würden; zitiert wurde auch der Osservatore Romano, eine Stimme, die daran erinnerte, dass nicht alles auf dieser Welt von dieser Welt sei, sowie ein beliebter TV-Moderator, der von der Urkraft des Weiblichen gesprochen habe. Und der Verfasser des Artikels kam zu dem Schluss, dass einmal in die Welt gesetzte Meldungen, zutreffend allenfalls in wenigen Punkten (das Karussell in dem Abruzzenort und das in Melito di Porto Salvo, sowie die Wasserprobleme in Afrika, die Frau mit Kanistern im Buschland und das soziale Gefälle dort, Typen mit Goldketten neben unübersehbarem Elend), heutzutage wie ein Geschwür über Nacht Metastasen bildeten und so auch das Unwahrscheinlichste immer wahrscheinlicher würde, bis es einen Grad an Wahrheit erreicht hätte, bei dem die Skeptiker ins Abseits gerieten und Experten aus jedem nur denkbaren Bereich das letzte Wort hätten. Es war ein Artikel, der einen durch den ironischen Unterton mehr schulterzuckend ungläubig als informiert zurückließ, und ich entschied mich, nur an mein Trauern in der Osteria Pinciana zu glauben, und das hieß vorerst, an das Glück, dort zur Hauptessenszeit noch einen Tisch zu bekommen.

Zu dem Lokal im Hochparterre eines festungsartigen Wohnhauses an einer Straße mit breiten Gehsteigen und alten Pinien zu beiden Seiten führten mehrere Stufen, so dass man sich schon etwas gehoben fühlte, wenn man zuerst in einen Raum mit beichtstuhlartiger Garderobe kam, abgeteilt vom Restaurantbereich durch einen Vorhang von dunkelstem Grün, aber ein Stück weit geöffnet, was schon einen Blick in den Innenraum ermöglicht, auf einige der eher kleinen Tische entlang von stoffverkleideten Wänden und in den bevorzugten Nischen, Tische mit auch fast zierlichen Stühlen, wie zur Abschreckung unförmiger Gäste. Eine Frau mit hochgestecktem Silberhaar, schmal und in schwarzem Hosenanzug, vielleicht die mir bisher verborgen gebliebene Mitbesitzerin, trat aus dem Vorhangspalt auf mich zu und fragte, auf welchen Namen reserviert worden sei, und nur die glaubhafte Versicherung, dass ich einmal im Jahr ihr Lokal besuchen würde, bisher immer zu zweit, heute jedoch, leider, allein, führte dazu, dass sie in das Restaurant zurücktrat, ja verschwand, aber kurz darauf den Vorhang für den Einzelgast aufhielt, während einer der Ober mich schon mit einer sparsamen Handbewegung auf einen Tisch in der Nähe des Küchenzugangs hinwies – was alles in allem vielleicht erklärt, dass ich den gar nicht großen, aber durch seine Nischen etwas unübersichtlichen Raum in einem Gefühl absurder Dankbarkeit betreten habe, und auch zunächst darin verharrte, eben dankbar an dem mir zugewiesenen Platz saß, die Hände auf der weißen Tischdecke, wie es sich gehörte, bevor ich mich umsah.

Fast alle Tische waren besetzt, einschließlich dem in der Nische, den Lydia und ich schon nach dem ersten Abend in der Osteria Pinciana als den unseren betrachtet hatten. Dort saß ein Paar, der Mann ganz abgewandt, die Frau nur mit der bloßen Schulter und einem ihrer Arme zu sehen; neben den Gedecken lagen die Speisekarten, also war man noch vor der Bestellung, aber schon mit Brot, Oliven und Wein versorgt, und es war die Art, in der die Frau aus einer Karaffe langsam Öl auf ein Tellerchen laufen ließ und Salz aus einer Salzmühle darauf streute, um schließlich darin ein Stück helles Brot einzutunken, mit einer drehenden Bewegung, und es sich in den Mund zu schieben, an der ich Lydia erkannt habe – im Grunde kaum erstaunt, sie dort zu sehen, ja fast auch dafür noch dankbar – statt nun erst recht zu verschwinden –, kaum erstaunt, weil es eben seine Logik hatte, auch für sie, genau das Lokal zu besuchen, wenn sie in Rom war, und sich genau diese Nische durch zeitige Reservierung zu sichern; und sogar warum sie in Rom war, lag auf der Hand, als sich der Mann am Tisch leicht drehte, auf ihrer jetzt wieder freien und vielleicht noch etwas öligen Hand, gehalten von Benedikt Cordes, der offenbar in der Ewigen Stadt zu tun hatte und lieber in Begleitung war als allein mit seinem unberechenbaren Rücken.

10

Seltsam: Solange der, den wir lieben, um uns ist, wie ein Bestandteil der Luft und mit Bewegungen, die einem so natürlich erscheinen, dass man darüber kein Wort verlieren muss, würde man nie denken, dass er oder sie in völlig unverwechselbarer Manier Öl auf einen kleinen Teller laufen lässt und Brot darin eintunkt. Erst wenn der Mensch, der sich von uns abgekehrt hat, ohne dass wir am selben Tag oder in derselben Nacht aufgehört hätten, ihn zu lieben, nicht mehr Teil der eigenen Atemluft ist, reicht schon diese eine Bewegung im gedämpften Licht eines Lokals, damit man bejahend und verneinend zugleich den Kopf schüttelt – nein, das darf nicht wahr sein, und doch, ja, sie ist es.

Das heißt, es gab keinerlei Zweifel, dass Lydia dort saß, und auch keinerlei Zweifel über ihren Begleiter – dem sie gesagt hatte: Wenn schon Rom, dann auch ein Abend in der Osteria Pinciana, und wenn schon dieses Lokal, dann auch dieser Tisch! Der Mann mit dem Rücken zu mir war Benedikt Cordes, das Ganze sah nach Dienstreise mit Privatanteil aus, und die, die ich zehn Jahre lang versäumt habe zu heiraten, war dieser Anteil, jederzeit bereit, mit ihren Händen und sonstigen Energien schmerzhafte Verkrampfungen zu lösen, die seine Recherchen, oder weshalb Cordes in Rom war, blockiert hätten. Sie stand ihm zur Seite, selbst wenn sie saß und Brot in Olivenöl tunkte – ich aber habe nach ein paar Schritten fast hinter den beiden gestanden und hätte es dabei belassen können, um mich nach einem Moment der Genugtuung – oh, wenn ihr wüsstet, wer euch gerade da sitzen sieht – Richtung Ausgang umzudrehen; nur war von Lydia auch etwas Bedauernswertes ausgegangen, wie sie da als doch billige Verräterin unseres Lokals und dieser Nische mit einem am Tisch saß, den sie, wer weiß, schon nannte, wie sie mich anfangs genannt hatte, Geliebter. Letztlich habe ich mich also im Vorteil gesehen, als Nichtverräter, dem die Verräterin in ihrer Schwäche leidtat; anders ist kaum zu erklären, mit welcher Ruhe ich, nun ganz herantretend, Folgendes zu Lydia gesagt habe, ich höre es noch: Immerhin sitzt du in unserer Nische, wenn ich hier schon am Katzentisch essen muss.

Und eigentlich konnte von Ruhe gar keine Rede sein, die Ruhe war nichts als Theater, auch vor mir selbst, wie dieser ganze Eröffnungssatz ein Stück Theater war, um meine Gekränktheit darin aufzulösen, und Lydias Reaktion darauf war ebenfalls Theater, eins, das auch so hätte geschehen können, als es noch Götter für alle Lebensbereiche gab und die Menschen ihnen Opfer brachten. Sie warf nämlich die Hände über den Kopf und verdrehte die Augen, das heißt, sie brachte das Opfer der Unansehnlichkeit und auch noch das einer kindischen Erwiderung: dass sie glaube, sie spinne, während ihr Gegenüber, Benedikt Cordes – der es tatsächlich war, man meint ja oft, sich beim Anblick eines allseits bekannten Gesichts zu irren, sagt zu sich selbst, das kann doch nicht wahr sein, dieser Mann leibhaftig vor mir, ich fasse es nicht –, während also kein anderer als Cordes zunächst die Sorgenmiene seiner Krisenberichte zeigte, in das Theaterstück also mit einstieg, dann allerdings Hallo hallo sagte – von mir, soweit ich mich erinnere, mit einem Ich grüße Sie beantwortet, worauf er sein sicher neuestes Allerweltsgerät von einem dritten Stuhl am Tisch nahm und mir den Stuhl fast mit einer Verlegenheitsgeste, natürlich auch gespielt, anbot. Das sind die schnell aufeinander gefolgten Details bis zu meinem Platznehmen auf diesem Stuhl, nicht aber der Grund, warum ich die Einladung an den Tisch angenommen habe: Das ist mit dem Gedanken geschehen, dem ersten klaren überhaupt, seit ich Lydia in unserer Nische gesehen hatte, dass sich alles, was sie noch für mich war, im Laufe dieses Abends zerstören ließe.

Nein, falsch, ich muss mich korrigieren: Es war kein Gedanke im Moment des Platznehmens an dem Tisch – erst gerade eben war es einer –, es war ein Verzweiflungsreflex: die Idee der Zerstörung alles vielleicht noch Verbindendem zwischen Lydia und mir, um der Zerstörung durch einen wie Benedikt Cordes, der mich mit gespielter Verlegenheitsgeste an seinen Tisch einlädt, ein eigenes Zerstören entgegenzuhalten. Man muss sich die Szene ja einmal vorstellen in dem Lokal, das heißt, ich versuche, sie mir so vorzustellen oder zurechtzulegen, dass sie sich nachvollziehen lässt – da setzt sich ein schon älterer Zeitungsmann, der nach Verlust seiner festen Stelle von Geschichten für ein Radionachtprogramm lebt, in seinem römischen Lieblingslokal an den Tisch, an dem die Frau, die ihn vor Monaten verlassen hat, mit ihrem Neuen, einem Star der Welterklärung vor Millionen, zu Abend isst, in der Nische, in der sonst er und die Verräterin des Lieblingsplatzes an den Welterklärer einmal im Jahr, wenn er beruflich in Rom war, gegessen hatten; und er lässt sich sogar gleich Wein in ein vom Ober rasch herbeigebrachtes Glas einschenken, statt das Weite zu suchen. Das heißt, er tut genau das Gegenteil, er sucht das Nahe, hebt das Glas und sagt auch noch Salute – ja, ich glaube, ich habe Salute gesagt, statt Cordes den sicherlich teuren Wein ins Gesicht zu schütten, aber wer ist schon trainiert im Hinblick auf solche Situationen mit ihrer ganz eigenen Schwerkraft, ihren eigenen Gesetzen. Cordes war, wenn man so will, das Zentralgestirn, dem man eben nicht zu nahe kommen durfte, sonst stürzte man ihm entgegen, und das Platznehmen auf dem dritten Stuhl an dem eher kleinen Tisch war eben letztendlich ein Sturz: mit einer Landung zwischen Cordes und Lydia, so nah an ihr, dass mich ein Geruch empfing, der schon überwunden geglaubt war, ihr herbsüßes Miasma, ausgehend von den Schultern und mehr noch vom Nacken, einem Schweißfilm unter dem Haar, so fein, dass ihr Lieblings-Eau-de-Toilette, gekauft in Fez an ihrem Einundvierzigsten, darin zur Geltung kam – Lydia befand sich in den besten Jahren einer Frau, denen einer erwachsenen Schönheit, die noch etwas Unbändiges, aber auch schon leicht Besorgtes hat. Sie ging weniger in die Sonne als früher und wählte die Momente, sich zu zeigen, während ihr Begleiter bereits am Ausklang der noch guten Mannesjahre stand, nur dank seines Geschlechts noch voll beschäftigt.

Cordes, der gleich erfasst hatte, wer ich war, ließ mit einer weiteren Geste ein drittes Gedeck kommen, der Ober lächelte mir zu, dem vom Katzentisch Aufgerückten, und auch Lydia lächelte in einer Weise, als hätte man mich in unserer alten Nische adoptiert und müsste mir Mut machen, um mich so wohlzufühlen wie einst, auch das angewärmte Brot ins Öl zu tunken. Sag mal, wo kommst du jetzt überhaupt her, fragte sie – und hier muss hinzugefügt werden, dass sich alles bis dahin in kaum mehr als ein, zwei Minuten abgespielt hat, von meinem Erscheinen am Tisch bis zu der Frage, wo ich überhaupt herkomme, in der ja doch die Frage steckte, was ich hier zu suchen hätte, wenn nicht die Vermutung, ich sei ihr und Cordes hinterhergereist und hätte vor unserem alten Lieblingslokal gelauert und sollte von dieser Krankheit jetzt geheilt werden. Das aber hatte zur Folge, dass mir schon wieder, auch unter dem Einfluss von Lydias Geruch, die Worte nur so herausrutschten, der freie Fall, der mit dem Platznehmen am Tisch begonnen hatte, also weiterging, und zu jedem Wort von mir nickte Cordes wie zum selbstverschuldeten Untergang seines Vorgängers. Aus Kalabrien, hieß meine alles andere als überlegte Antwort. Ich bin unsere Route von damals noch einmal abgefahren. Um zu sehen, wie es mir dabei geht. Besser als gedacht. Sogar in Altomonte.

Und Letzteres war, glaube ich, doch überlegt oder mindestens ernst gemeint, ein Versuch, an Boden zu gewinnen, an innerem Halt, das heißt: Ich habe mir ein Herz gefasst mit dem Stichwort Altomonte, oder anders gesagt: Wer nichts mehr ernst meint, hat sein Herz verspielt, und das musste nicht sein, nachdem schon mein Ansehen verspielt war. So, Altomonte, warum gerade dort? Lydia hatte sich etwas zu mir gebeugt; es sah nicht aus, als wollte sie das Thema abbiegen, aber durch ihr Nachfragen vielleicht langsam ersticken – bitte, wenn du schon damit anfängst, wollen wir auch die Details hören, wie kann man sich das vorstellen, als Pilgerreise, rutscht man da auf Knien oder betrinkt man sich? Etwas in der Art könnte sie gedacht haben, so wie ihre Finger mit dem Brot spielten, es zuerst formten, dann zerzupften, aber nicht mehr zum Mund führten. Weil dort alles unverändert ist, sagte ich. Selbst das gerahmte Foto der einsamen jungen Königin hängt immer noch groß über dem Bett. Geht es dir gut?

Übergangslos, auch für mich überraschend, hatte ich das gefragt, geht es dir gut, und Lydia öffnete nur die Hände, ein Schau, warum sollte es mir nicht gut gehen, während Cordes, jetzt mit Lesebrille vorn auf der Nase, eine Nachricht schrieb, fast balletös mit dem Zeigefinger. Gut, was heißt gut, sagte Lydia, und sie sagte es leise, das zerzupfte, ölige Brot zu einer Kugel pressend. Ich habe mir vier Tage herausgeschnitten für diese Reise. Und du warst tatsächlich in dem Zimmer von damals? Sie konnte oder wollte es kaum glauben, und ich sagte, Ja, alles ist dort wie gehabt, kann man sich so etwas vorstellen in einem Hotel? Eine Frage auch an Cordes, um ihn einzubeziehen, an den Weltmann in ihm. Einer dieser großen alten Räume, die man nie vergisst, wenn man dort einmal übernachtet hat, sagte ich an beide gewandt. Und über dem Bett das Foto einer äußerlich lebenslustigen, in Wahrheit aber wohl depressiven Königin, die sogar in einem Schlager vorkam, Dolce Paola, besungen von ihrem jungen Untertan Adamo.

All das habe ich wohl gesagt, das heißt, ich bin noch mehr ins Reden gekommen unter dem Einfluss von Cordes' Gravitation, und wie es ja auch leicht geschieht, wenn man mit Fragen zur Person rechnen muss und sich schützen will, eben redet; aber vielleicht war es nach den Abenden mit der Afrikanerin auch ein Ausgehungertsein, was Unterhaltungen bei Tisch betraf. So, Kalabrien, sagte Cordes, als hätte er die Königinnengeschichte überhört, dafür mir aber Wein nachgeschenkt. Kalabrien, und dort herumgereist als alter Zeitungshase. Und unterwegs was erlebt, was erfahren? Mit Blick zu Lydia fragte er das – die ihm natürlich von mir erzählt hatte, auch, wovon ich inzwischen lebte, von Ruhelosen, die nachts am Radio hängen. Nichts Besonderes, sagte ich, schon wieder mein Glas am Mund; ich trank zu schnell, was an Lydia lag, ihrer Nähe, die etwas Falsches hatte. Und ich sehe noch, wie Cordes auf diese Antwort hin zur Speisekarte griff, als wäre ohnehin klar gewesen, dass einer wie ich nichts erleben könnte, ob in Kalabrien oder zu Hause; ohne Lesebrille, nur mit seinen erstaunlich blauen Augen überflog er die Karte – erstaunlich, weil sie noch blauer waren als in der Sendung unter seinem Namen, Cordes' Welt. Gut, dann schauen wir mal nach einem Fisch, sagte er, als wäre es der allgemeine Wunsch, und an dem Punkt des Abends hat mir Lydia zugelächelt, wenn auch nur für einen Herzschlag auf der Suche nach einem Augenblicksbündnis, als wollte sie damit eigentlich zum Ausdruck bringen, dass wir beide die Dummen am Tisch seien, was für den Moment sogar zutreffen mochte; später wäre aber nur noch ich der Dumme, der, der allein im Hotel ins Bett ginge und sich in dem neugestalteten Zimmer mit Blick in den Deckenspiegel an den Kopf greifen würde – Gott, wie konnte ich nur, wie konnte ich nur glauben, wenn sie an unserem alten Tisch so lächelt, dann, ja dann wird sie zu mir zurückkehren. Aber das An-den-Kopf-Greifen hat schon in dem Lokal angefangen – was findet sie an einem, der wie ein Schlachtenlenker in die Karte schaut, die aber eine Speisekarte ist, habe ich mich gefragt. Und der sich alle paar Minuten in den Rücken greift und Luft durch die Zähne zieht – das hat er getan und Lydia dabei angesehen –, was macht ihn aus, was gibt er ihr? Irgendetwas müsste es schon sein, dass sie eben nicht die Dumme wäre. Noch vor dem Essen, aber schon nach dem zweiten Glas Wein hat mich das beschäftigt, ja, ich wollte geradezu etwas an ihm finden, das Lydia nicht kleinmachte als seine Begleiterin, im Gegenteil: das ihr Größe gab, eine, die ich vielleicht übersehen hatte oder all die Jahre über nicht in ihr freisetzen konnte.

Kalabrien, und da waren Sie also gerade, sagte Cordes, die Lesebrille jetzt in der Hand, einer überraschend schmalen, weiblichen Hand für seine Statur. Dann haben Sie unter Umständen eine Idee davon, wie jemand ohne Geld, auffallend groß und auffallend dunkel, dort am besten vorankommt. Sie wissen, wen ich meine, diese Person, von der es keine Bilder gibt. Wie finden Sie den Wein? Cordes griff erneut nach der Flasche, er füllte wieder mein jetzt noch halbvolles Glas. Und mit einem Fisch wären Sie einverstanden? Eine Frage, die keine war, halb über meinem Kopf, während er dem Ober winkte, und ich trank von dem Wein, nun um Zeit zu gewinnen, die Gedanken zu ordnen, ja überhaupt zum Denken und Bestellen eines Gerichts in der Lage zu sein, aber da übernahm Benedikt Cordes schon die Bestellung, als hätten wir uns in dem Lokal verabredet für ein Essen auf Kosten seines Senders. Der Hauptgang sollte ein Zackenbarsch sein – den man nicht alle Tage bekomme, das Beste aus dem Mittelmeer. Das sagte mein Nachfolger bei Lydia in vertraulichem Ton, die Gelegenheit für ein, wie ich annahm, unverfängliches Thema, nämlich wie lange das Meer noch solche Fische hergeben würde bei unseren

Essgewohnheiten, eine Frage, bei der man sich leicht hätte einigen können, aber Cordes hatte dazu eigene Ansichten: Vielmehr müsste man doch überlegen, ob sich so ein Mittelmeerzackenbarsch noch guten Gewissens essen lasse bei der Vorstellung, dass ertrunkene Flüchtlinge ein Teil seiner Nahrung gewesen sein könnten.

Mit Blick in die Weinkarte hatte er das mehr zu sich gesagt, dabei aber die Stirn so in Falten, als hätte er zu all denen gesprochen, die er nie zu Gesicht bekam, wenn er ihnen, während sie noch ihr Abendessen verdauten, eine aus den Fugen geratene Welt erklärte. Es war eine typische Benedikt-Cordes-Überlegung, mit der er selbst die Ermüdeten vor dem Fernseher zu erreichen wusste, immer vor dem Hintergrund eines Unheils. Mal war es das überschwemmte Venedig aufgrund der Erderwärmung, das er den Leuten bis vor ihr Sofa zu kippen schien, mal waren es die Ursachen des Terrorismus. Cordes wich vor nichts zurück, man sah ihn in einem kompletten Schutzanzug, tödlichen Viren auf der Spur, man sah ihn mit Stahlhelm und kugelsicherer Weste; er präsentierte aber auch Alltagswunder, als hätte er sie selbst vollbracht, und sprach mit den ungewöhnlichsten Menschen, als wären es engste Freunde. Und ich wollte ihm gerade antworten, sagen, dass man außer Obst, Nüssen und Gemüse so gut wie nichts mehr guten Gewissens essen könnte, als Lydia – sie hatte sich nur bei der Vorspeise eingemischt, Burrata mit Kirschtomaten für alle verlangt – plötzlich auf Kalabrien zurückkam, wenn auch indirekt. Der Gerd, sagte sie – gemeint unser damaliger Dauerchauffeur auf der Reise –, der hatte eine Knie-OP und ist jetzt mein Patient, und dabei fielen mir seine Bienenvorträge wieder ein, das mit dem Gelée royale, mit dem die Königin gefüttert wird. Und wie Drohnen gleich nach der Begattung sterben, oder was für ein Chaos ausbricht, wenn man die Königin aus dem Stock nimmt – und erst bei dem Wort Chaos, nicht schon vorher, hat mich Lydia über die Weinkarte hinweg angesehen, wobei der Wein bereits bestellt war, ein Cà dei Frati. Es war ein kurzer, für mein Empfinden ratloser Blick, dann sprach sie schon weiter, in einem Gedankensprung, der ein Gefühlssprung war, So, du hast also in dem Königinnenzimmer eine Nacht verbracht. Und? Jetzt erst legte sie die Karte weg und beugte sich zu Cordes, der etwas in seinem Gerät suchte, und ich sah keine Möglichkeit, ihr auch noch so leise zu sagen, dass die Nacht dort allein mit dem Königinnenfoto über dem Bett zu tun gehabt hatte, den Erinnerungen an sie und mich und das Bild hinter Glas. Mir gelang es nur, eine Hand in den Weinkühler zu tauchen, einen der Eiswürfel zu fischen und ihn mir an den Puls zu drücken, mich aus einer Art Flucht aus der ganzen Situation zu holen, ohne tatsächlich aufzustehen und das Lokal noch irgendwie erhobenen Hauptes zu verlassen, dann hatte Cordes in der Fotogalerie schon gefunden, was er mir zeigen wollte.

Hier, sehen Sie das an, sagte er und zog das Bild von einem Dornbusch unter schleirigem Himmel auf den ganzen Schirm – das hat ein Pressefotograf gemacht, den ich von früher kenne, er hat es mir geschickt. Und hoch und heilig versichert, dass es nicht irgendwo in Afrika entstanden ist, sondern auf dem Küstenwachschiff Diciotti, von einer gerade eben aus dem Meer Geretteten, eingehüllt in eine Rotkreuzdecke. Was soll man davon halten? Außer dass es eine heiße Sache ist, wenn man an Wunder glaubt.

Und Benedikt Cordes – in einem Jeanshemd, die Ärmel umgeschlagen – wäre sogar bereit gewesen, an ein Wunder zu glauben, das hatte sich während der Vorspeise herausgestellt: Die hochgewachsene Rätselhafte war zwar nicht der Grund für seinen Romaufenthalt, interessierte ihn aber, wie schon vermutet, brennend, und wenn ich brennend sage, ist das einer kurzen, aber glühenden Rede über das Wunderbare des Fremden geschuldet, die er Lydia und mir gehalten hat – etwas, das sich an ihr zeigen ließe, wenn er sie erstens schnellstmöglich treffen könnte und sie zweitens in ein Gespräch vor der Kamera einwilligte. Erst nach dem Probieren des Weins machte er – von Lydia durch Blicke dazu gedrängt, aber da kann ich mich täuschen, sie hätte ihm auch einfach nur signalisieren können, dass er mit mir ins Gespräch kommen sollte, ich vertrauenswürdig sei – Andeutungen zu dem Hauptgrund seiner Anwesenheit, nämlich hier in Rom wie auch in Mailand und Verona Leute zu treffen, die das Land aus den Angeln heben wollten, bisher aber kaum in Erscheinung träten. Und natürlich hätte ich ihm gleich auf die Finger klopfen können – bitte, was denn für Leute, Dunkelmänner?, und welche Angeln, und was ihn die Dinge hier im Land überhaupt angingen –, aber da hatte sich Lydia schon zu mir gebeugt, für ein paar Worte hinter gespielt vorgehaltener Hand, Und das alles bei seinem Rücken, verstehst du?, was mir nichts anderes sagen sollte als: Ohne mich wäre er hier am Ende. Und gar nicht gespielt war ihr Blick nach diesen Worten, einer, der mir zu verstehen gab, dass nicht sie sich an Cordes gehängt hatte, den bunten Hund, sondern er sich an sie, einer Frau mit Platz neben sich und Lust auf etwas Neues, ihre Hände höchstens die Beigabe. Das alles hatte sie mir, ich will nicht sagen, lächelnd, aber selbstgewiss nur mit den Augen mitgeteilt, dazu kam die Wärme ihres nahen Gesichts, beides wie ein sofort wirkendes Gift, das mich dazu gebracht hat, plötzlich über die große Rätselhafte zu reden und ein Wort zu gebrauchen, mit dem ich als Redakteur, selbst in den Weihnachts- und Osterausgaben der Zeitung, immer sehr zurückhaltend umgegangen bin: Mysterium. Genau das verkörpere diese junge Afrikanerin buchstäblich dadurch, dass man von ihr kein Bild bekomme, obwohl sie unübersehbar sei – jawohl, das ist sie!

Und es war dieser kleine Nachsatz, der bei Cordes unweigerlich zu einem Nachhaken geführt hat: ob ich sie etwa gesehen hätte auf meiner Erinnerungstour durch Kalabrien, fragte er, das war schon nach der Vorspeise, der Burrata mit den Kirschtomaten, und ich erinnere mich an eine vage Handbewegung, natürlich verneinend, aber nicht so verneinend, dass es damit erledigt gewesen wäre, das heißt auch mit einer Spur von Bejahung darin, einem Man weiß ja nie. Und vielleicht hat es am Wein gelegen, vielleicht an Lydia, ihrer Nähe, dass es diese Spur von Bejahung in meiner Geste gab – ja, es könnte auch sein, dass ich sie gesehen habe, einmal von weitem, oder mehr als einmal und fast von nahem –, niemand ist ja ganz Herr oder Herrin seiner Gesten, sie setzen die Sprache fort, wo sie im Halbwahren geblieben war. Große Frauen sind eben schwer zu übersehen, sagte Cordes, nachdem er wieder eine Nachricht geschrieben hatte und Lydia ihm – nur für mich? – sanft das Gerät aus der Hand nahm, weil schon der Fisch auf einem Servierwagen herangerollt wurde.

Von da an, kann man sagen, hat Cordes ganz und gar die Regie am Tisch übernommen, selbst wie er das Zerlegen des Fisches verfolgte, hatte etwas Bestimmendes: Mit verschränkten Armen sah er dem Ober auf die Finger, während Lydia ihn und mich und den Ober und noch den Fisch im Auge hatte, mit dem leicht verschwommenen Blick wie bei ihrer Behandlung, wenn man auf dem Rücken lag, so war es am Anfang zwischen uns und wäre es jetzt wieder: Lydia nur noch als Erlöserin von gewöhnlichem Schmerz, wenn auch auf ihre eigene Art, nicht nur mit den Händen, auch mit ihren Augen, als würde sie den Schmerz sehen, wie er sein Unwesen treibt, und mit Blicken beruhigen.

Das Zerlegen des Fisches und die Verteilung der Portionen auf die Teller hat sich hingezogen, zweimal mit einem Nun ja von Cordes, schon etwas ungeduldig, und schließlich, als auch die Beilage aus kleinen Kartoffeln, schwarzen Oliven und gedünstetem Blattgemüse auf den Tellern war, einem Na denn, was so viel wie Guten Appetit hieß. Das Essen war damit eröffnet, und kaum hatte jeder den Fisch mehr als gelobt, folgte das Anstoßen mit dem neuen Wein: Auf die Überraschungen des Lebens, sagte der Gastgeber, oder was er sonst war, gemünzt auf unsere Begegnung in dem Lokal, und kurz darauf, wie von Wein und Fisch in Stimmung gebracht, machte er weitere Andeutungen zu dem so Wichtigen, das ihn kreuz und quer auf strapaziösen Fahrten durch das Land führte. Er sprach leise und zu mir gebeugt, manchmal mit der Serviette am Mund, immer wieder auch unterbrochen von Phasen des Essens, und soweit ich ihn in der Situation verstanden habe, auch gelegentlich durch Blicke von Lydia dazu ermahnt, mich in das hineinzudenken, was mir mitgeteilt wurde, arbeitete Benedikt Cordes an einem Beitrag über die noch versteckten, aber schon einflussreichen politischen Drahtzieher im Geburtsland des Faschismus – anonyme Typen in weißen Hemden um die dreißig, IT-Branche, Immobilien, Mode, alles tipptopp nach außen. Er sprach dann sogar mit Hand vor dem Mund, wie Fußballtrainer am Spielfeldrand, wenn sie ihren Joker instruieren, und sah mich dabei an, als wollte er meine Zustimmung, allerdings auch gleich in einem anderen Bereich, dem privaten. Männerbündlerische Blicke waren das, während seine freie Hand zu Lydias Knie ging, das war mein Eindruck, der aber daher gerührt haben konnte, dass ich von seinen Andeutungen beeindruckt war, zwar wider Willen, aber eben doch mit innerem Staunen. Drei der Leute, die nicht in Erscheinung traten, hatte er angeblich schon getroffen, einen in Rom letzte Nacht, zwei in Mailand vorige Woche, und die könnten ihn mit einem der ganz Einflussreichen zusammenbringen, Textilunternehmer mit besten Chinakontakten. Der würde unter Umständen sogar vor der Kamera mit mir reden, sagte Cordes, natürlich ohne Gesicht. So ist das eben. Oder sollte man deshalb nein sagen, nein, nur mit Gesicht oder gar nicht, was denken Sie? Ich denke, man sollte ja sagen, so denkt auch die, die dolmetschen wird, sie kennt den Mann, eine Frau, die eigentlich Menschen zusammenbringt für Geschäfte, sie wurde mir empfohlen, als geschickt und sehr diskret – wie finden Sie den Wein? Cordes' Blick ging zu Lydia, nicht zu mir, er suchte offenbar ihre Nachsicht, was die empfohlene Diskrete betraf, aber Lydia streichelte nur, etwas zerstreut, ja fast lieblos, wie mir schien, seine Hand. Sehen Sie, es ist auch so, fuhr er fort: Alle, die etwas planen, das nicht vorzeitig platzen soll, verstecken sich in irgendeiner Form. Die einen verbergen ihr Gesicht vor der Kamera, und andere, die auf der Suche nach einem neuen Zuhause sind und durch fremde Länder ziehen, tun das vor allem nachts, um nicht aufzufallen. Sie gehen im Dunkeln hintereinander, keiner sieht die Spitze der Gruppe, höchstens die ein, zwei vor ihm Laufenden. Und niemand redet, man orientiert sich an Geräuschen, dem hundertfachen Auftreten mit alten Schuhen, hundert junge Männer und Frauen, die das Dunkel mit ihrem Getrappel ertasten. Es sind menschliche Fledermäuse, die sich da nachts vorwärtsbewegen, erklärte Cordes. Stunde um Stunde, auch in strömendem Regen oder bei Sandsturm. Die Männer tragen Kappen von Adidas oder Borussia Dortmund und haben Tücher um den Mund, die Frauen tragen ihre kleinen Kinder als weinende Bündel. Manche schlafen im Gehen fast ein vor Erschöpfung, bis sie das Weinen der Kinder weckt. Es gibt keine Zeit mehr, nur die Nacht und den Regen oder den Sand, das ist alles. Man sieht nicht einen Stern, und doch greifen sie auf ihrem Weg nach den Sternen, anders würden sie verzweifeln. Oder, um es mit Heidegger zu sagen: Auf einen Stern zugehen, sonst nichts! Und zehn Nächte später haben sie Agadez erreicht, einen der Knotenpunkte auf dem Weg zu uns, aber ich will Sie nicht langweilen, wie sind die weiteren Pläne, bleiben Sie noch in der Stadt?

Erst jetzt hatte Cordes mich angesehen, dabei aber nach Lydias Hand gegriffen, sich ihrer, so schien es, versichert, und ich sagte an beide gewandt, dass er mich keineswegs langweile, ja es überhaupt unmöglich sei, von ihm gelangweilt zu sein – aber wie er auf Heidegger komme. Und er, Cordes, machte nur eine Handbewegung, als hätte er sich den Namen aus der Luft gegriffen und auch gleich das Zitat, um dann so fortzufahren, als wäre er auf Sendung. Wir waren bei Agadez also, sagte er, und von da an geht es nur noch durch die Welt des Sandes, mal auf Lastwagen, mal zu Fuß, immer den Typen mit den weißen Turbanen und schwarzen Sonnenbrillen nach, der Küste entgegen, wo die Schlepperarbeit getan ist, wenn das Meer auftaucht, gleichgültig, wie viele auf der Strecke geblieben sind, während die anderen in Lagern ausharren, sich dort das Geld für eine Überfahrt im Schlauchboot verdienen, tagsüber Latrinen leeren und nachts sich benutzen lassen wie Latrinen, bis alle Erfahrung von Welt nur noch aus Ertragen besteht, zuletzt der Angst in dem überfüllten Boot. Und wer all das übersteht und das Glück hat, dass ihn die Richtigen aus dem Meer fischen, der landet mit noch mehr Glück bei uns und kann dort sogar bleiben. Er findet Arbeit, keine gute, aber Arbeit, und auch eine Frau, die bleiben konnte, und beide plündern unsere Sprache für ihr bisschen Verständigung – so kann man sich das vorstellen, sagte Cordes, als die Teller schon geleert waren. So denken die Böswilligen, nicht wahr?

Und von meiner Seite nur ein schwaches Nicken, ja, warum sollte es nicht in etwa so sein, wie er es dargestellt hat, als wäre er mitgelaufen durch die Wüste und hätte mit im Schlauchboot gesessen und sich später ebenfalls an unserer Sprache bedient. Natürlich kann man dieses ganze Drama wunderbar aufschreiben, fuhr Cordes nach dem Füllen unserer Gläser fort, eben jemand wie Sie, ein alter Zeitungshase (er hat auf diesem Ausdruck beharrt), ich dagegen verlasse mich auf Bilder. Einfach zeigen, was ist, was gerade passiert, unter welchen Umständen ein Mensch auf welche Art etwas sagt, dann müssen Sie nicht um Ihre Aufrichtigkeit trauern wie beim Schreiben. Sicher, man kann scheitern, aber warum nicht? Wissen Sie, wer in meiner Branche das Sagen hat? Die am wenigsten gescheiterte Generation seit Menschengedenken, da wird aus keinem Saulus mehr ein Paulus. Ich kenne kein einziges früheres Arschloch. Sie und ich zählen noch zu den Gescheiterten, ich an meiner Ehe, Sie an dem Anspruch, die Welt zu verbessern, oder wollten Sie das nicht mit Ihrem Kirchenblatt? Nur ist die Welt unverbesserlich, weil ihre Bewohner es sind, davon berichte ich. Einer, der selbst unverbesserlich ist – außer in Lydias Gegenwart.

Und mit diesem Nachsatz hatte sich Cordes zu der gebeugt, die mindestens seinen Rücken verbesserte, um ihr die Hand zu küssen, meines Erachtens eine Demonstration, und Lydia hat für eine Sekunde die Augen verdreht, ein Zeichen an mich, als gäbe es noch Hoffnung für uns, dann aber legte sie die geküsste Hand ebenfalls für eine Sekunde an Cordes' Wange, und der machte, wie davon ermuntert, Vorschläge für den Nachtisch, Panna cotta, Zuppa inglese, Tiramisu, Frutti di bosco, Zabaione, was Sie wollen, gern auch Käse. Pecorino, Gorgonzola oder einen Bagòss? Mit dem Stolz eines Käseherstellers hat er die Sorten benannt und mich dabei angesehen, und ich war kurz davor, das zu tun, was ich von Anfang an hätte tun sollen, mich davonzumachen, aber statt auch nur den Stuhl etwas nach hinten zu rücken, sagte ich, mir sei alles Süße recht, und ich hätte im Übrigen nie versucht, die Welt zu verbessern, nur die Leute über sich und die Welt etwas aufzuklären. Und Heidegger sei für mich bei allem Erstaunen über seine Sprache immer ein denkender brauner Bauernschrank gewesen.

Spätestens an diesem Punkt des Abends hätte es zu einem noch gesitteten Krach kommen können, Pro und Kontra des Denkers in der Hütte am Rand meines Heimatdorfes, aber Cordes hat sich dem mit einem jähen Griff in den Rücken entzogen, und nicht nur das: Er hat mit der Nachtischgabel auf dem Tischtuch die flüchtige Skizze eines verschobenen Lendenwirbels gemacht und dann von der ersten Behandlung durch Lydia erzählt, wie sie seine völlig verspannte Muskulatur entkrampft hat und damit auch die seines Geistes – da hätten Sie Tränen in meinen Augen sehen können, sagte er. Sie hat einen Mann vor Dankbarkeit zum Weinen gebracht, aber bitte, das bleibt hier am Tisch. Und wir nehmen dann also etwas Süßes? Eine Frage sowohl an mich als auch an Lydia, die zu dem Zeitpunkt schon angetrunken war, zu erkennen an den Augen, die immer neuen Halt suchten, sogar beim Salzstreuer, während ich weder müde noch wach war und auch nicht angetrunken, nur schwer in dem Sinne, dass es nicht möglich war, vom Stuhl hochzukommen, um zu verschwinden, oder gar etwas über den noch gesitteten Krach hinaus zu sagen, das den Abend gesprengt hätte, so etwas wie: Ich will keinen Nachtisch, ich will Lydia zurück! Aber es gab, wie gesagt, eine Gravitation, die von Cordes ausging, sie ließ mich still sein, und die Erlösung in dem Fall kam aus dem kleinen Gerät, das einem die größten Freiheiten gibt – dem seinen, das sich plötzlich auf dem Tisch zu einer schwermütigen Melodie um die eigene Achse gedreht hat, mit der Folge, dass sich Cordes zum Telefonieren in den Vorraum des Lokals zurückzog und Lydia und ich auf einmal wie eh und je in unserer Nische saßen. Mi Buenos Aires querido, Carlos Gardel, sagte sie, ihr Glas am Mund. Du erinnerst dich an das Mafia-Hotel auf unserer Kalabrientour, wir saßen beim Essen, und jemand im Saal bekam einen Anruf, aber wir hörten nur diese Melodie, als sollte gleich getanzt werden. Der, der den Anruf bekam, ging dann quer durch den Saal, ich sehe noch, wie er sich dabei schon eine Zigarette ansteckte, und er hatte auch etwas von Gardel, dunkler Zweireiher, dunkles

Haar, scharfer Scheitel, wie ein Edelschurke in alten Filmen, und als ich Ben etwas näher kennengelernt hatte – ganz selbstverständlich ist dieses Ben gekommen, statt Benedikt –, ließ ich ihn das als Klingelton auf sein neues Gerät machen, Mi Buenos Aires querido. Und du warst jetzt überall, wo wir damals waren?

Sie wollte das nicht wirklich wissen, nicht bis ins Detail, das war mein Eindruck, aber ich wollte, dass sie es wirklich erfuhr, um damit von ihr zu erfahren, wie es ihr ging, wie sie sich fühlte, ob ein Leben ohne mich besser wäre als mit mir. In diesem Mafia-Hotel war ich nicht, aber sonst überall, eben auch in Altomonte, sagte ich. Und in Paestum habe ich die Nacht im Poseidontempel verbracht, was wir uns damals nur vorgestellt hatten. Und du bist zufrieden? Wie ist dein neues Leben, schön? Eine Frage und gleich auch halbe Antwort, die mir förmlich aus dem Mund geschwappt ist, und Lydia schloss die Augen, was bei ihr Ja oder Nein heißen konnte; dann aber sah sie mich Momente lang an – der erste wahre Blick an dem Abend, soweit ich mich erinnere –, ein Blick, als wollte sie sagen: Was redest du da? Zehn Jahre hattest du Zeit, mir ein Kind zu machen, stattdessen waren wir zwanzigmal im Urlaub, und nun sitzt du hier, fragst, ob ich zufrieden sei. Ich bin nicht mehr unzufrieden, sagte sie. Das neue Leben ist noch das alte, aber ohne dabei einfach nur älter zu werden. Inzwischen bin ich auch mit mir zufrieden, nicht nur mit meiner Arbeit. Weißt du jetzt, was du willst, Panna cotta oder Tiramisu oder was sonst? Und hier hat sie eine Bewegung hin zu meinem Arm gemacht, eine wie aus alter Gewohnheit, die Hand dann aber zurückgezogen, und ich griff das Stichwort Arbeit auf – wir sprachen über ihre Praxis. Lydia hatte alle Hände voll zu tun, so stellte sie es dar, und sie spielte mit dem Gedanken eines Umzugs, nicht privat, da hatte sie das Glück einer feinen und bezahlbaren Altbauwohnung mit auch noch nettem älterem

Nachbarn auf der Etage, sondern mit ihrer Praxis in eins der neuen Wohnhäuser, die in der Innenstadt entstanden – Unten im Haus alles, was der Mensch so braucht, vom Gym bis zum Teeladen, sagte sie, als Cordes zurück an den Tisch kam, die alte Zweisamkeit in unserer Nische beendet war.

Und er kam mit Neuigkeiten, so guten, dass er Lydia andeutungsweise eine Faust gegen die Schulter drückte. Er würde den Mann, der von einem neuen Römischen Reich träumte, Ende nächster Woche in Mailand treffen. Und vorher die diskrete Person, die das Treffen eingefädelt habe. Mehr wollte er dazu nicht sagen, er kehrte zur Nachtischfrage zurück, dreimal Zuppa inglese: schon bestellt, schon unterwegs, und alles andere sei auch erledigt – Wir können jederzeit aufbrechen, erklärte er, um darauf hinzuweisen, dass er bezahlt hatte, und Lydia nahm die Unterlippe zwischen die Zähne, was heißen sollte, so ist dieser Mann, er bezahlt einfach; ja, sie nickte mir sogar zu, tat dann aber, als gelte das Lächeln dem Dessert, das an den Tisch gebracht wurde, samt einem Dessertwein. Cordes sah auf das Etikett der Flasche und wandte sich dabei noch einmal an mich, wieder in vertraulichem Ton: Freilich seien das Idioten, die da vom neuen Römischen Reich träumten, aber hartnäckige und damit gefährliche, warum ihnen also nicht Fragen stellen und sie ausreden lassen, erfahren, was sie denken und wie sie denken. Meine Vermutung: Die wollen gar nicht unser christliches Abendland retten, dieses ganze alte Geistesgepäck ist ihnen zu schwer, nein, die wollen es über Bord werfen, wie schon Hitler, den es nach Osten gedrängt hat, in eine leere Weite, und nicht nach Westen. Die wollen Tabula rasa, weg mit allem, das ihnen ästhetisch nicht passt, ihr Auge beleidigt, ihr Gehör, ihre Nase, ihr Gemüt. Und die lassen sich von nichts verbessern, weil sie ja selbst schon die Verbesserer sind. Es gibt auch keine ehemaligen Größenwahnsinnigen, oder was meinen Sie?

Cordes warf einen Blick auf die Zeit, die sein Gerät unerbittlich anzeigte, dann steckte er es ein, und während er die Frage an mich zu vergessen schien – oder es gar keine Frage gewesen war –, sah mich Lydia zum zweiten Mal an dem Abend an, als wären wir noch ein Paar; kein halber Meter lag zwischen uns, aber dieser kaum halbe Meter hätte für meine Hand auch die halbe Milchstraße sein können. Ich trank von dem Dessertwein; und um nicht ganz mit dem, was mir durch den Kopf ging, allein zu sein, fing ich mit dem Universum an: dass es einem helfe, manchmal an dessen Unermesslichkeit zu denken, um sich vor Augen zu führen, wie winzig man sei, ein Nichts im rätselhaften Universum. Nur gebe es immer wieder welche, die sich in den Rausch der Leere stürzten, vom Nichts erfüllt. Und ich wollte das noch etwas ausführen, um mich im Zuge davon zu verabschieden, mich selbst in eine Leere zu stürzen, aber Cordes kam mir zuvor. Er sprach von dem Staub, der sich unter jedem Bett sammle und den man studieren sollte, wie er sich allmählich vereine. An diesem Staub, erklärte er, kurz eine Hand auf meiner Schulter, der sich durch elektrostatische Aufladung und weil Sie vielleicht gerade keine Putzfrau haben zu immer größeren Gewöllen verbindet, können Sie bequem im Modell verfolgen, auf welche Art das Universum entstanden ist – mögen Sie den Wein? Er sah mich an, und ich wollte mit Etwas zu süß antworten, da sagte er schon, solche Weine bräuchten das Übersüße, wie die Typen, mit denen er sich hier befasse, das Oberflächliche bräuchten – Die zwei, die ich in Mailand getroffen habe, in der riesigen Halle des Bahnhofs, waren ganz vernarrt in dieses Bauwerk wie aus dem alten Ägypten. So muss unser ganzes Land wieder werden, sagten sie, und ich hielt mich zurück. Man muss sich bei solchen Leuten verstellen, sonst kommt man in der Sache nicht weiter, ein Chamäleon sein, verstehen Sie? Und bei diesem Verstehen Sie? hat er nach Lydias Hand gegriffen, ich glaube, ihre Zustimmung gesucht, um dann wie vor Publikum weiterzusprechen, während sie übertrieben sanft ihre Hand befreite, vom Hals her errötend, als sie meinen Blick sah.

Es geht immer um die Sache, sagte er. Wenn die Menschen abends nach der Arbeit und dem Essen auf ihrem Sofa sitzen, wollen sie gesagt bekommen, was Sache ist. Sie verbinden mit mir, dass ihnen Lichter aufgehen, sie etwas sehen, das sie vorher nicht gesehen haben: Ach so, darum herrscht dort ein Krieg, aha, und deshalb gibt es dort immer weniger Fische. Du liebe Güte, das sind die Wölfe im Schafspelz, wer hätte das gedacht? Und jetzt wissen wir es, weiter so! Und damit hatte sich Cordes zu mir gebeugt, als wären wir alte Bekannte – Sehen Sie, irgendwann wollen die Leute auch noch von mir erklärt bekommen, warum sie eigentlich auf dieser Welt sind, und warum nicht für immer, das meine ich mit Weiter so. Erst haben sie alle einen Narren an einem gefressen, und am Ende ist man der gefressene Narr. Aber lassen wir das, sagte er, gehen wir ins Bett, oder noch einen Grappa? Cordes winkte dem Ober, während ein Paar das Lokal betrat, der Mann ziemlich unscheinbar, klein, blass, getönte Brille, dünnes Haar, Polohemd mit aufgestelltem Kragen, die jüngere Frau dagegen prachtvoll, in engsten Jeans mit künstlichen Rissen, dazu Plateauschuhe und ein schwarzes Blouson, über den ihr Haar in rötlichen Kaskaden fiel. Die beiden kamen an der Nische vorbei, gefolgt von dem Ober, und Cordes bestellte drei Grappa, vom besten. Diese Frau, sagte er, das ist die weibliche Variante von den Leuten hier, die mich interessieren. Eine, die noch nie ein Buch und auch noch nie eine Zeitung gelesen hat, aber sich die Welt um den Finger wickelt. Und was Ihre frühere Zeitung betrifft: Man hätte das Blatt auffangen sollen, dann müssten Sie jetzt keine Radionachtgeschichten schreiben. Oder tun Sie es gern?

Fast aus dem Nichts heraus hatte er das gefragt, und bevor ich noch trotzig Ja sagen konnte – und am Ende vielleicht Nein gesagt hätte, nein, ich hasse es, von diesen Geschichten leben zu müssen, im Grunde von den Leuten, die nachts am Radio hängen, statt zu schlafen –, brachte erstens der Ober unsere Grappas, und zweitens ertönte zum Glück wieder Mi Buenos Aires querido – unsere, sage ich, weil Lydia und ich damit allein am Tisch blieben, noch einmal in unserer Nische wie eh und je, nachdem Cordes das Lokal verlassen hatte. Drei Grappas und ein gewesenes Paar, das war die Situation, und die war Lydia sichtlich unangenehmer als die vorherige – gut möglich, dass sie erst jetzt das ganze Unzumutbare dieses Abends gespürt hat, einer Begegnung, die nur den Anschein eines Zufalls hatte, aber von uns selbst herbeigeführt war, aus ihrem und meinem entsicherten Herzen herrührte – dieses Wort muss hier erlaubt sein, denn es war auch die Situation vor drei vollen Grappagläsern und zwei vor Beklemmung geschwollenen Organen in der Brust. Sie reichte mir eins der Gläser und nahm sich selbst eins und wollte offenbar etwas sagen, etwas wie Na dann oder Prost oder gar auch Salute, trank aber einfach den Grappa und behielt das Glas am Mund und sah mich an – den Radiogeschichtenschreiber, der gerade eine Reise des frühen Glücks wiederholt hat, um sich die schönen Erinnerungen auszutreiben, und diese kranke Idee mit einem Essen im gemeinsamen Lieblingslokal krönen wollte – so und nicht anders sah sie mich, dachte ich, als Verkorksten, den keine Zeitung mehr nimmt, nur dann sagte sie leise Na ja, was bei ihr wieder alles Mögliche heißen konnte, von Ist schon gut bis Wenn's denn sein muss, und ich fragte, in welchem Hotel sie seien, damit es noch etwas unangenehmer würde für sie, wir beide uns wenigstens gleich schlecht fühlten.

Im Hassler, sagte Lydia. Er bezahlt das, oder was dachtest du? Außerdem gibt es unser altes Hotel nicht mehr, es heißt jetzt anders, Veneto Palace, du bist dort trotzdem, ja? Sie griff nach ihrer Tasche mit Schulterriemen, einer Ledertasche, die ich ihr während einer Reise durch Portugal geschenkt hatte, die

Coimbra-Tasche, hieß es immer, sie sah kurz hinein, ein Zeichen, dass sie zur Toilette wollte. Also stand ich auf, damit sie an mir vorbeikonnte, und für Momente streiften wir uns, fast wäre mir die Hand ausgerutscht, wie sie mir auch fast ausgerutscht war an dem Karfreitag, als Lydia gesagt hat, es sei vorbei, sie habe jemanden kennengelernt, der in die Zukunft schauen könnte, und wollte frei sein für ein neues, richtiges Leben – das heißt, ich war dicht davor gewesen, ihr ins Gesicht zu schlagen, nachdem sie sogar noch eine mathematische Bilanz unserer zehn Jahre gezogen hatte, ohne den hoffnungsvollen Anfang auch nur erwähnt zu haben: mit welchem Schwung sie diese Jahre begonnen hatte, sie noch Aushilfe in einer Praxis, und ein Redakteur mit steifer Schulter nach einem Fahrradsturz war plötzlich Teil ihres Schwungs, wenn sie ihn Übungen machen ließ mit einem Elastikband, dessen Ende sie hielt, die Spannung mal verstärkte, mal senkte und ihn dabei ansah. Das erste Band zwischen uns war eines aus Gummi. Und das aus Fleisch und Blut ergab sich in ihrer noch nagelneuen eigenen Praxis auf einer von uns auf die Weise eingeweihten Massageliege, sie mit dem Gesicht in der Aussparung, das heißt, sie sah bei unserem ersten Mal auf frisch verlegten Laminatboden, ihr Ex-Patient dagegen auf einen Nacken mit feuchtem Flaum – ein inneres Sekundenbild, nachdem sie, so an mir vorbei, dass es eben fast zu einem Griff nach ihr gekommen wäre, zur Toilette geradezu geflohen war.

Es war da, dieses Bild, und war auch schon wieder weg, während ich allein in unserer Nische saß, völlig im Unklaren darüber, ob Lydia doch noch an mir hinge, an unseren gemeinsamen Jahren, auch wenn sie von ihrer Lebenserwartung samt anderen Erwartungen abgingen – sie war ja schon am Rande des Möglichen für ein erstes Kind, will man nicht Himmel und Hölle in Bewegung setzen, eher das Höllische in ihrem Alter. Von ihm bekomme ich vielleicht ein Kind, obwohl er schon eins hat und verheiratet ist, das waren ihre Worte an dem Karfreitag, und mir ist nicht die Hand ausgerutscht, nicht einmal, als sie danach ihre Zahlenbilanz zog, von circa vierhundert Erleichterungen ins Leere sprach, mit jeweils fünf bis sechs Sekunden Trullala auf meiner Seite, was zusammen eine Schulstundenlänge ergebe, ich sollte es nachrechnen. Was sie betreffe, wäre die Rechnung komplizierter, eine Gleichung mit drei Unbekannten: Dein Geschlecht und mein Geschlecht, Mann und Frau, dazu noch meine Phantasien, hat sie gesagt – auch das fiel mir wieder ein, als ich allein in unserer Nische saß, mein Grappaglas am Mund, und natürlich hörte sich das viel besser an, Gleichung mit drei Unbekannten, als das im Zusammenhang mit mir gebrauchte Wort aus der Kindersprache – von dem aber, denke ich, auch etwas Wahres ausging, etwas, das vielleicht dazu beigetragen hat, Lydia am Ende dieses Abends mit anderen Augen zu sehen oder sie überhaupt erstmals im Ganzen zu sehen, wie sie ist und wer sie ist. Wieder zurück am Tisch, hat sie sich das dritte, noch volle Glas genommen, es an die Lippen gesetzt und langsam den Grappa daraus getrunken und dabei an mir vorbeigeschaut, es war nicht klar, wohin, nur dass es ein Blick am anderen Ende allen Trullalas war. Ja, ich meine, es lag die unermessliche Traurigkeit all jener darin, denen im Laufe eines Abends und am Ende vor einem Toilettenspiegel aufgegangen ist, dass sie für immer ihr Glück verfehlt haben. Was mit ihr sei, fragte ich – das ist einfach passiert, mir herausgerutscht, weil niemand ganz dicht ist, der einmal ein Liebender war –, und Lydia hat das Glas abgesetzt und die Hände gehoben, als wollte sie eine Flutwelle aufhalten, während Cordes das Lokal wieder betrat, noch damit beschäftigt, eine Nachricht zu schreiben.

Das Unzumutbare, es war noch nicht vorbei, es dauerte an, und so gingen auch Lydias Hände nicht einfach herunter, nur auf eine halbe Höhe, jetzt, um mich auf Distanz zu halten, wie schon an dem Karfreitag der Loslösung, da hatte sie sogar alle zehn Finger gespreizt, als ich nach den Händen greifen wollte – ihre Vorstellung, das hat sie mir klargemacht, war die, dass es auf der Bahn der Zeit einen Punkt gibt, jenseits dessen alle anfänglichen Wünsche keine Kraft mehr haben, und der Punkt war nach ihrer Rechnung, was mich betraf, erreicht. Wir beide haben nur noch Zeit verbracht, hat sie gesagt, und ihre jetzigen Hände in Brusthöhe waren wie eine Mahnung an diese nicht mathematische Bilanz, während Cordes weiter an der Nachricht schrieb. Zeit, in der es immer zwei Betten gab, zwei Küchen, zwei Bäder. Nie ein Bett, eine Küche, ein Bad. Oder gab es je ein Bad? Und sie hat einen Finger gehoben, ihn für die Eins gezeigt, das eine Bad, das eine Bett, das eine gemeinsame Leben mit einem Kind, und schien es wieder zu tun, als der, an den sie sich gehängt hat, zu uns trat.

Das war die Diskrete, sagte Cordes. Das Gespräch mit dem Menschen, der vom neuen Römischen Reich träumt, soll in einer Mailänder Wohnung stattfinden, am Abend der Fashionweek-Eröffnung, angeblich nur mit Afrikanern, immer mal was Neues, nicht wahr? Das sagte er zu Lydia, die Hände auf ihren Schultern, eine Geste für mich – sieh her, so sind jetzt die Verhältnisse –, aber Lydia war das, glaube ich, unangenehm; das heißt, ich traue den Erinnerungen an diesen Abend nur begrenzt, verbürge mich aber für die Abläufe, für alles, was der Fall war. Und als Nächstes war der Fall, dass Cordes die Essensquittung und einen Stift von Montblanc, das sogenannte Meisterstück, in der Hand gehabt hat und mich nach meinem vollständigen Namen fragte, als hätten wir bei Tisch ein für seinen Sender nützliches Abkommen auf den Weg gebracht; und dem folgte von seiner Seite nicht etwa das schlichte Verlassen eines Restaurants, sondern ein Durchschreiten verbunden mit Komplimenten an die Prinzipalin mit dem Silberhaar und der Bitte, ein Taxi zu rufen – Eins reicht, wir nehmen Sie mit und bringen Sie zum Hotel, sagte er zu mir, und von meiner Seite nur ein gelungenes Abwinken.

Es war die Geste, mit der ich wieder Boden unter die Füße bekam, genug, um neben Benedikt Cordes wie einer aus derselben Branche ins Freie treten zu können, in eine sternlose Nacht mit der unverminderten Schwüle vom Tag. Lydia blieb etwas zurück, als sollten er und ich noch unter uns sein; wir gingen bis an den Straßenrand, und dort erwähnte Cordes einen Sohn aus seiner Ehe, Max, sechzehn, der werde hoffentlich bald erwachsen, und noch im selben Atemzug erwähnte er die Mutter, nach wie vor seine Frau: die zurzeit erwachsen werde – durch die Geschichte mit Lydia. Und Sie wollen wirklich zu Fuß gehen bei der Hitze? Er sah mich an, irgendwie lächelnd in meiner Erinnerung – einer der Blicke, die einem auch sagen, dass man selbst Schuld habe an seinem Unglück, ob am Krebs, am Schlaganfall oder wenn man verlassen wird, und ich glaube, es war der Augenblick, in dem mir zum ersten Mal der Gedanke gekommen ist – während das Taxi bereits vorfuhr –, eine großgewachsene Afrikanerin zu erwähnen, die tagelang an meiner Seite gewesen sei und es morgen schon wieder sein könnte, also diesen Trumpf anzudeuten oder ihm vor die Füße zu werfen, vor ein Paar dunkelrote Mokassins – nein, falsch, ich muss mich erneut korrigieren: Es war kein Gedanke, nicht einmal eine Idee, es war nur ein Impuls aus dem immer noch entsicherten Bereich in mir, der in Kirchenkreisen bedenkenlos Seele genannt wird. Und Sie, Sie fahren morgen wieder nach Hause?, fragte Cordes auf eine jetzt onkelhafte Art, vielleicht sogar mit einer Hand in meinem Kreuz, und mir blieb nur noch, zu verneinen und ihm für das gute Essen zu danken und Lydias hingehaltene Hand zu drücken, eine fast kalte Hand trotz der so schwülen Luft.

Das heißt, ganz am Ende ist alles schnell gegangen, kurz und schmerzlos, wie man sagt; aber kaum war das Taxi mit den beiden verschwunden, bin ich wie einer, dem das Herz und die Blase platzen, über die Straße zu der römischen Stadtmauer gelaufen, um dort zu tun, was ich mir in den Stunden davor verkniffen hatte, um keinerlei Schwäche zu zeigen, sicher nicht als Erster, der es gegen die zweitausend Jahre alten Steine und den für seine Festigkeit bekannten Mörtel getan hat, aber unter Umständen als der für die Dauer dieses Akts Befreiteste.

Das heißt, ich fühlte mich alles andere als wirklich befreit, als ich spätabends in noch sommernachtwarmer Luft, einer auch vom Gestein alter Stadtvillen und ihrer Vorgartenmauern abgestrahlten Wärme, das Stück von der Osteria Pinciana zu dem Hotel mit neuem Namen gegangen bin. Ich rede von dem Weg, den auch Lydia und ich einmal im Jahr nach dem Essen in unserer Tischnische gegangen waren, Arm in Arm, angetrunken und noch mit dem Geschmack einer Zabaione im Mund, zu allem bereit, was einen solchen Abend krönen konnte, als das Hotel noch Albergo al Muro hieß, seine Zimmer streng geweißt waren und die Betten aus dunklem, bei jeder Drehung ächzendem Nussbaum. In der Nacht aber, mit dem Essen auf Cordes' Rechnung im Magen, war es ein lautloses Designerbett in dem Zimmer mit Licht von der Straße, das trotz Vorhängen hereinfiel, genug, um mich in dem Deckenspiegel zu sehen, als romanischen Gekreuzigten mit gestreckten Armen. Ich sah mich dort oben, während die Gedanken, wenn es denn welche waren, zu Lydia und Cordes gingen, beide vielleicht schon umschlungen. Das heißt, ich habe wachgelegen, wollte aber einschlafen, und den Schlaf zu suchen kann Schwerarbeit sein. Dazu kam das Zimmer – wie jedes in dem Hotel noch mit den Wänden des vormaligen Albergos; gut möglich, dass die Wände um mich herum Wände waren, in denen ich mit Lydia Stunden von stiller Wucht erlebt hatte. Ihre Art des Liebens war geradeheraus, und dieses so Klare im Bett wäre ihr Geschenk an Benedikt Cordes – hier, bitte, nimm mich. Frauen wie Lydia sind auf seiner Seite, noch bevor er ein Wort sagt: auch ein Gedanke auf dem Designerbett. Sie sehen ihn vielleicht zwischen Ruinen bei einer Essensausgabe an schrumplige Kinder und stellen sich vor, ihn vom Grauen in der Welt wenigstens stundenweise abzulenken – Herrgott, man kann nicht immer nur dort sein, wo es brennt, man muss auch mal den Kopf in den Sand stecken dürfen oder in einen Schoß. Einer wie er lockte das Helferische aus Frauen hervor, den Wunsch nach einer Pietà mit ihm, und das, wer weiß, sogar bei Lydia, die seine Tochter hätte sein können. Er gehörte zu denen, die ganz mühelos jüngere Frauen auf ihre Seite ziehen, auch an die tatsächliche, schon etwas welke, zu einer Sorte von Mann in drei Varianten: Die einen suchen fromme Lügen, dass ihr Hals und Hintern doch noch nicht so welk sind, die anderen wollen nichts als Sex, sich nur irgendwie vergessen; die erfolgreichsten aber sind die vom ewig Weiblichen angeblich hinangezogenen, die goetheartigen Besserwisser, wie Cordes einer war, nur eben ohne Dichter zu sein, ein Herr Geheimrat der bloßen Bilder.

Es waren zu viele Überlegungen, als dass sich der Schlaf hätte einstellen können, stattdessen sind auch noch Erinnerungen dazugekommen, jede in Verbindung mit den erwähnten Stunden von stiller Wucht, bis ein Summen auf dem Nachttisch dem ein Ende gesetzt hat – das Zimmertelefon. Ein Anruf von sonst wem im Hotel mit verwählter Endziffer, wie es ja vorkommen kann: mein erster Gedanke. Und der zweite, gänzlich absurde war, dass die Afrikanerin, obwohl sie gar nicht wissen konnte, wo ich mich aufhielt, anrief, da hatte ich bereits abgehoben. Und noch bevor das Telefon am Ohr war, hörte ich meinen in all den Jahren mit Lydia nie zärtlich verkürzten, immer nur mit ihrer überwiegend vorn im Mund erzeugten und auf den Konsonanten herumtanzenden Stimme vollständig ausgesprochenen Namen. Sie überfiel mich also mit der einen Silbe, auf die ich am meisten anspreche, und sagte als Erstes, dass sie versucht habe, mich unter meiner Nummer zu erreichen, weil ich doch eigentlich immer rangehen würde, auch nachts. Und das hat sie im Ton eines Vorwurfs gesagt, sonst hätte ich mich wohl kaum dazu hinreißen lassen, ihr zu erzählen, dass ich mein Gerät, das von ihr empfohlene, in hohem Bogen weggeworfen hätte, und zwar in Pentedattilo, dem verlassenen Bergnest, damals am Anfang unserer Kalabrientour, du erinnerst dich, dieser Geisterort, den wir ausgelassen hatten wegen des starken Regens.

Aber Lydia erinnerte sich nicht oder wollte sich nicht erinnern; sie kam auf den Abend zurück und fragte, wie es mir gegangen sei danach. Ich hörte sie durch die Nase atmen, ungeduldig, und nach höchstens fünf Sekunden sagte sie, dass sie mich beim Abschied eigentlich gern in den Arm genommen hätte – Und jetzt? Kannst du nicht schlafen? Sie flüsterte fast in den Hörer, und wieder ließ ich mich zu etwas hinreißen: dass ich bis eben geschlafen hätte, bis zum Klingeln des Telefons, aber darauf ging sie nicht ein. Warum man ein so teures Gerät wegwerfen würde, wollte sie wissen, ob ich noch zu retten sei, und meine Erwiderung war, dass es sich so ergeben habe, um wie im logischen Gegenzug zu fragen, warum sie mich morgens um zwei – das Telefon hat die Zeit gezeigt – anrufe, etwa aus Sehnsucht? Das war mir durchgegangen, dieses Wort, so, als hätte ich es nur gern von mir gehört, während ihre Antwort, dass sie lediglich wissen wollte, wie es mir gehe, überlegt geklungen hat. Also, wie geht es dir, fragte sie, und soweit ich mich erinnere – wer behält sich schon jeden Satz von nächtlichen Telefonaten – hat sie sofort hinzugefügt, dass es ihr selbst nicht besonders gut gehe nach dem Abend, was mich wiederum mehr als nur ein leichtfertiges Wort sagen ließ, nämlich: Dann schnapp dir ein Rad und komm her. Das Hassler hat bestimmt auch die besten Räder. Keine Viertelstunde, und du siehst, wie es mir geht. Komm, wie du bist! Das höre ich mich noch mehr rufen als sagen, und danach ist es zu einer Pause gekommen, nur mit leisen Geräuschen vom anderen Ende, eine Tür wurde zugedrückt, und etwas fiel klickend auf Kacheln. Sie war im Bad, so hörte es sich an, trotzdem habe ich gefragt, wo sie sei, damit der Faden nicht riss, und ihre Antwort kam etwas verzögert und leise, als könnte Cordes sonst aufwachen – Im Bad, auf dem Klodeckel, sagte sie. Ein wirklich schönes Bad mit zwei großen Waschbecken, da gibt es keinen Streit, nie! Und dieses Nie war, glaube ich, der Grund, dass danach ein Wort das andere ergeben hat. Und was ist da gerade auf den Marmor gefallen, war das ein Kamm?, fragte ich, daraufhin Lydia: Nein, ein Armband. Sie flüsterte jetzt, das trug dazu bei, dass mir gleich klar war, welches Armband: Das aus Heraklion, mein letztes Geschenk, nicht wahr? Und Lydia, statt einfach nur ja zu sagen, ja, es war dieses Armband, es lag am Waschbeckenrand, ich hätte es fast bei unserem Essen getragen, sagte: Kann schon sein. Und willst du vielleicht auch wissen, warum ich anrufe? Weil ich nicht gern um zwei Uhr früh Nachrichten sehen will, das macht er nämlich gerade vom Bett aus. Und da geht es inzwischen bei allen hiesigen Sendern noch vor dem Sport um diese Afrikanerin. Cordes hat sich in den Kopf gesetzt, sie zu treffen, er sagt, sie sei ein lebendes Zeichen des Entwurzelten, und was sagst du? An der Stelle ist es erneut zu einer Pause gekommen, nun ohne jedes Geräusch, nicht einmal von Atem am anderen Ende, und ich habe Lydia, die Luft anhaltend, auf einem edelhölzernen Klodeckel in dem Luxusbad sitzen gesehen, Ellbogen auf die Knie gestützt, das Gesicht zwischen den Händen, vor ihr auf dem Marmorboden noch das Armband. Ich sah den etwas schmalen, aber breiten Mund und ihre leicht vorspringende Nase mit den Flügeln, die sie vergrößern oder verkleinern kann, je nach Laune, und das halblange Haar mit Pagenschnitt, wie es früher hieß, ich sah ihre mädchenhaften Brüste, den hellen Bauch und das Schattige zwischen den Beinen. Und dann sagte sie wieder etwas, nach sicher einer Minute der Stille, wie ein Test, ob ich am anderen Ende die Nerven verlieren würde. Du musst das bitte verstehen, sagte sie, ich kümmere mich jetzt um einen, der immer der Erste sein will. Der Erste, der hier mit Leuten spricht, die das Land auf den Kopf stellen wollen, die Demokratie abschaffen, der Erste, der Bilder von einer Migrantin bekommt, von der es bisher nur falsche gibt, vielleicht sogar der Erste, der Frau und Kind hat und noch eine wie mich, ohne dass es eine Katastrophe gibt – wie sind die Zimmer in unserem alten Hotel, auch so neu?

Ganz überraschend hat sie diesen Schwenk gemacht, hin zu uns, und ich bin vom Bett aufgestanden und mit dem Telefon zum Fenster gegangen, um frische Luft ins Zimmer zu lassen, aber es ließ sich nicht öffnen, das Fenster, oder ich war dazu nicht imstande, weil es auch eine Designerverriegelung gab, die man kennen musste, oder es gar nicht zum Öffnen war, nur zum Einschlagen etwa bei Feuer, und aus diesem Hadern heraus, sei es mit dem Riegel, sei es mit mir, ließ ich den Worten auf einmal freien Lauf. Ich fragte Lydia, was sie anhabe oder ob sie nichts anhabe, und vom anderen Ende kam wieder ihr Atmen, jetzt geduldiger, dann leises Räuspern und eine auch leise Antwort: Nichts. Cordes verträgt keine Klimaanlagen.

So nannte sie ihn jetzt also, wie eine eigene Kategorie, dazu kamen zwei weitere Punkte von Gewicht: zum einen die Information, dass Lydia nackt war, nackt auf dem Klodeckel saß, die Füße auf Marmor, und zum anderen Cordes' Angst vor kalten Luftströmen, wohl mit ein Grund für ihren Anruf, weil sie in stickiger Zimmerluft nicht schlafen konnte. Und all das muss an mir gezerrt haben, dem Zaun um das, was meine alte Kindheitsfreundin Maren einmal das innere Heilige Land genannt hatte, als wir beide fast noch Kinder waren – und ließ mich etwas sagen, das eine Minute zuvor undenkbar gewesen wäre: Vorgestern hätte mich abends am Rand einer Autobahntankstelle zwischen Neapel und Rom eine junge großgewachsene Afrikanerin um Geld gebeten, und ich hätte ihr einen Zehnerschein gegeben, unter dem Eindruck einer ruhig hingehaltenen Hand und auch ganz ruhigen Frage, Can you give me some money?, und nach stummem Dank, nur einem Nicken, sei sie hinter einer Böschung verschwunden – Und erst in dem Moment ist mir klar geworden, habe ich zu Lydia am anderen Ende gesagt, wer mich da gerade eben um Geld gebeten hatte, die, von der es nur Phantombilder gibt.

Menschen sind dafür gut, sich selbst zu überraschen, eine der Gewissheiten im Hinblick auf die eigene Gattung, und ich war von diesen Worten, die mir entkommen sind wie Tiere aus einem kaputten Käfig, wohl noch überraschter als Lydia, auch wenn sie Ich hab's ja geahnt sagte, dann aber gleich wissen wollte, ob ich mir sicher sei – Es war Abend und schon dunkel, und du warst vielleicht müde vom Fahren, warst du müde? Eine fast besorgte Frage, die das Umzäunte in mir endgültig eingerissen hat – Ich denke, sie war es, rief ich ins Telefon. Sie stand da auf einmal an der Ausfahrt der Tankstelle, als ich noch langsam fuhr, mich gerade anschnallen wollte, stand da in einem alten Trainingsanzug aus verschiedenen Teilen und sah trotzdem aus, als würde sie die neueste Mode vorführen, nur stoppte ich nicht, weil ich geahnt hätte, wer da stand, sondern weil sie wie eine Erscheinung war, bei der man anhält, um zu sehen, ob sie echt ist, man nicht träumt.

Vom anderen Ende kamen jetzt wieder nur leise Geräusche, die Art Geknister, die sich ergibt, wenn jemand nicht weiterweiß, ratlos atmet, ratlos aufsteht, ratlos sich räuspert oder durchs Haar fährt, und für Momente gab es die Idee, mich selbst auf ein Rad zu setzen, eins der vielen, die herumstehen oder wie nach einem Unfall am Straßenrand liegen und die man sich nehmen kann, wenn man ein Gerät besitzt, wie ich es weggeworfen habe, um damit zu dem Hotel oberhalb der Spanischen Treppe zu fahren und Lydia aus diesem Bad mit den zwei Waschbecken zu befreien – wo sie jetzt vielleicht auch auf dem Boden lag wie nach einem Unfall, auf jadegrünem oder schwarzweißem Marmor, das Telefon am Mund, während Cordes immer noch vom Bett aus Nachrichten sah, CNN, Al Jazeera, BBC World, und sie die Frau war, die sich im Klo einschließt, um in Ruhe zu weinen. Ob ich noch da sei, fragte Lydia, und ich sagte Ja, und sie sagte Folgendes: Falls du die Erscheinung noch einmal irgendwo siehst, dann ruf mich an, wir sind noch zwei Tage in der Stadt. Für Ben wäre es ein Ding, diese Person zu treffen, sie als Erster zu zeigen. Und jetzt schlafen wir beide noch etwas, ja? – ihr eigentlich schönes Schlusswort; nur dass sie ihn wieder Ben genannt hatte, war Salz auf meine offene Wunde.

Jeder Verrat, ob in der Liebe oder in der Freundschaft, auf dem Feld der Politik oder des Verbrechens hat in seinem Widrigen etwas von der Lust, die zu nichts führt, einen nur momentweise weiterbringt und kein bleibender Gewinn ist. Ich hatte etwas von der Afrikanerin preisgegeben, um im Gegenzug etwas zu erhalten, einen Funken Hoffnung. Und als ich anschließend wieder auf dem Bett lag, über mir der Deckenspiegel, darin schwach das Bild eines Mannes wie eines großen, bleichen Insekts, da war es ein Liegen in eben der von Lydias Schlusswort, das uns beide einschloss, erhaltenen Hoffnung, dass alles noch einmal so werden könnte, wie es war. Zehn Jahre lang war sie ja die gewesen, bei der ich mich abladen konnte wie eine Last, mütterlich ohne die Einschränkungen einer Mutterschaft, die Konzentration auf ein Kind, das auf seine räuberische Art die Tage und Nächte der Eltern gliedert.

Nein, sie war die Frau mit eigener Wohnung, eigenem Kopf und eigenem Geld, ja sogar eigenem Ruhm, den gefragtesten Händen weit und breit. Das heißt, sie war die ideale Geliebte: ein Begriff als Bild – ihre hellen, um mich gepressten Beine, mittags in einem kleinen Hotel, wir beide auf Kurzreise, Brügge, Sevilla, Triest, je nach Jahreszeit –, das mich förmlich in den Schlaf hat flüchten lassen, einen totenähnlichen bis in den späten Vormittag, als allein das Licht im Zimmer schon etwas Drückendes hatte.

Rom klebte, und es gab kein Frühstück mehr, elf Uhr war das Limit, und um zwölf musste das Zimmer geräumt sein, das war gerade noch möglich, und nach Bezahlung der einen Nacht unter dem Deckenspiegel setzte ich mich in den gekühlten Office-Bereich des Hotels mit bequemem Mobiliar, auch eine Neuerung, dieser angegliederte Bereich. Man konnte dort aus der Hotelbar bedient werden, und ich holte das Frühstück auf eigene Kosten nach und ließ mir viel Zeit, um die Zeit totzuschlagen, ja döste sogar noch etwas in einem der Sofas. Und kaum zu sagen, was mich schließlich dazu gebracht hat, das Office-Angebot auch wahrzunehmen und den Namen dessen in eins der Geräte einzugeben, mit dem Lydia womöglich jetzt erst frühstückte – zeitlich unbegrenzt im Hassler, davon war auszugehen –, am ehesten der Impuls, mit dem man sich die Kruste von einer Wunde zieht. Und da erschien er auch schon als Doktor h. c. Benedikt Cordes, abgebildet in einer Art Halbzivil, sandfarbene Hose mit Beintaschen, Wüstenstiefel, Jeanshemd, im Haar eine Lesebrille. Nach nur einem Klick kamen gleich mehrere Bilder, auf denen er die Welt begreiflich machte, wo sie am unbegreiflichsten war, wenn er etwa vor einem Pick-up mit Lafette und leichtem Geschütz bärtigen Kämpfern zuhört oder auch nicht zuhört; zwar ist sein Blick der eines Mannes, der aufmerksam zuhört, jedoch schon weiß, was er erwidern wird, wenn er als Welterklärer loslegt, nicht an die mit den Bärten und Kalaschnikows gewandt, sondern an die mit Paprikachips und Hausschuhen in der Ferne. Der Doktor ehrenhalber, er ist bereit, dachte ich in der Büroecke des Veneto Palace, sich ins Interviewgefecht zu werfen, samt einem Schatten von Bartwuchs, als gäbe es für derlei wie eine Rasur keine Zeit und auch keine Gelegenheit in einer Kampfzone. Cordes steht mit einem Lächeln da, ohne dass es als Zug um den Mund irgendwie sichtbar wäre, so sichtbar wie der Stahlhelm, den er als Symbol in der anderen Hand hält, in dem Helm aber, kaum zu glauben, ein Buch als romantischer Clou, und im nächsten Moment könnte er sogar dazu greifen, was ebenfalls etwas Leichtes hätte – während mir nur mit Mühe der Tastendruck gelungen ist, der das Ganze vom Schirm nahm, um dann noch einmal zu dösen.

In der Lobby hatte sich längst die Nachmittagsstille ausgebreitet, als ich das Hotel verließ. Und ohne ein Zimmer im Rücken bin ich, die Reisetasche mit den Henkeln über der Schulter, in der größten Hitze – achtunddreißig Grad war über dem Eingang einer Apotheke zu lesen – in Richtung des Bahnhofs gegangen, natürlich mit der Hoffnung, meine Reisegefährtin dort zu treffen, obwohl fast alles dagegensprach. Aber die Vernunft lässt einen im Stich, wenn das eigene Sehnen und Trachten erst einmal in Gang gekommen ist, und meins war ganz darauf gerichtet, die, die neben mir im kleinen Fiat gesessen hatte, wiederzusehen, ihr zu sagen, Lass uns weiterfahren, wohin du willst. Also lief ich zum Bahnhof Termini, mit seinem großen Vorplatz das Revier der Gestrandeten und Herumtreiber, fliegenden Händler, Lockvögel und Schlepper. Hunderte schienen dort auf irgendetwas zu warten oder einfach nur auf dem Platz auszuharren – und rückblickend stellt sich die Frage, wozu ich gezählt habe, noch zu den gewöhnlichen Reisenden oder schon den Herumtreibern, wenn nicht gar Schleppern, bereit, die Afrikanerin, sollte sie irgendwann auftauchen, an ihr nächstes Ziel zu fahren. Wenn überhaupt, so würde sie die Dunkelheit abwarten – was hieß, noch den halben Nachmittag und Abend herumzubringen, daher bot es sich an, im Bahnhof Zeitungen zu kaufen, eine der bedeutendsten inländischen und die wichtigste aus meinem Land (wichtig schon deshalb, weil man sie in Rom kaufen konnte); es bot sich auch eine Caffè-Bar in der Vorhalle an, mit Blick auf das meistbesuchte Geschäft dort, wie mir bald aufgefallen ist, einen Außenposten von Victoria's Secret, mit einem Kommen und Gehen, als wäre es die erste Adresse für ein Mitbringsel aus der Ewigen Stadt.

Die Artikel zu der rätselhaften Illegalen standen jetzt unter der Rubrik Zeitgeschehen; bei dem inländischen Blatt kam der Besitzer einer Modemarke zu Wort, mit Vorschlägen, was er der jungen Geheimnisvollen anziehen würde, zum Beispiel Military-Sachen kombiniert mit farbigen Tüchern. Und bei meiner Zeitung war der für den Beitrag verpflichtete Experte gar ein Philosoph, von dem ich noch nie gehört hatte (seltsam, wie viele sich heute ungeniert Philosoph nennen, wo sie doch allenfalls über vorhandenes Gedankengut reden). Und dieser Experte, unter Umständen auch aus Gründen der Ironie hinzugezogen, vertrat eine gewagte These: dass die junge Afrikanerin wegen der ihr nachgesagten, nur auf Phantombildern zu sehenden Schönheit das Nichts in unserer Existenz darstelle, als das Hineingeworfensein aus einer Leere in die Fülle der Welt und Wieder-Verschwinden daraus in eine Leere, und eben diese Leere erscheine auf den Fotos: die sie, die uns so Fremde, körperlich nicht zeige, obwohl es nach menschlichem Ermessen der Fall sein müsste, oder nur in Form von Fremdkörpern zeige – mit diesem Bonmot endete die gedankliche Taschenspielerei, die als Expertise daherkam.

Es war einerseits ärgerlich, was in den Zeitungen stand, andererseits trug es zu einer Art Ruhm bei, auch wenn der, für mein Gefühl an diesem Tag, immer noch der Ruhm in einem überdehnten Sommerloch war – da passte eine große Schwarze, von der es kein Bild gab, eben bestens hinein. Ich ließ mir noch einen Espresso bringen und mimte, die kleine Tasse in der Hand, zurückgelehnt in dem Aluminiumstuhl, etwas lateinisches Mannesleben, jetzt wieder mit Blick zu dem Victoria's-Secret-Außenposten, aus dem ältere Leute mit lächerlich kleiner pinkfarbener Geschenktüte in der Hand kamen. Das Kommen und Gehen in der Halle hatte vom späten Nachmittag an noch zugenommen, auch an den Nachbartischen blieb niemand lange sitzen, und einer war aufgestanden, ohne seine Zeitung mitzunehmen, das Blatt der Scharfmacher im Land. Ich holte es mir, und dort war zu lesen, dass die Rätselhafte mit den langen Beinen auf welchem Weg auch immer schon den Autobahnring um die Hauptstadt erreicht habe: Zeugen, die nur mit Vornamen genannt waren, wollten sie letzte Nacht an einem der Zubringer unter den Prostituierten dort aufgrund der Beschreibung erkannt haben, in weißen Lackstiefeln bis zu den Schenkeln und mit blonder Perücke; die Berichterstattung schlug nun also schon andere Töne an.

In diesem unguten Gefühl hatte ich die Halle verlassen und war in der Dämmerung vor den Bahnhof getreten, auf den weiten, durch die Baustellen unübersichtlichen Platz, inzwischen menschenüberlaufen, meist Gruppen mit Sack und Pack, die Männer mit offenen Hemden, darunter oft dunkle Haut. Und überhaupt schien es auf dem abendlichen Platz von Dunklen, oder wie man auch gern sagt, finsteren Gestalten zu wimmeln, aufgelockert nur vom Blassen der Japaner oder Chinesen und auch meinen Landsleuten, vielfach ganz in Weiß, Kappe, T-Shirt, Hose, Schuhe: von Weiß Besessene. Ich stand erst nur lange inmitten des Platzes mit auch wieder patrouillierender, schwer bewaffneter Polizei, ein Verharren und Ausschauhalten nach der Gestalt der Afrikanerin, meine Reisetasche zwischen den Füßen, bis ich schließlich damit anfing, wie gezielt umherzugehen, als wäre sie schon auf dem Platz, obwohl es dafür noch immer zu früh war, sie den Schutz der Nacht abwarten würde, falls sie überhaupt käme, den Cousin weder angetroffen noch gefunden hätte und allein in mir eine Chance sähe, weiterzukommen, aber wohin? Im Grunde war ich so ratlos, wie sie unter Umständen ratlos war, und trotzdem gab es die Vorstellung, sollte ich sie irgendwo entdecken, mich ihr langsam von hinten zu nähern, um zu sehen, ob sie etwa auch Ausschau hält nach mir, schon unruhig ist, halb verzagt, um am Ende an sie heranzutreten, ihr eine Hand auf die Schulter zu legen, sie zu überraschen, wenn sie schon nicht mehr mit mir rechnet, ihre Erleichterung zu erleben, und wie sie alles aufsaugt, was ich dann sage – komm, lass uns von hier verschwinden, tauchen wir irgendwo in der Nähe unter für die Nacht, und gleich morgen früh geht es weiter, wohin du willst.

Gut möglich, dass ich das sogar vor mich hin gesprochen hatte, ein Murmeln vor Müdigkeit in einer Hitze wie bei Fieber. Die Luft auf dem Platz hatte etwas von einer schweren Decke, darunter die Gerüche aus überquellenden Mülltonnen, rundherum schon Becher, Papiere, gebrauchte Pampers, teils umhüllt mit Zeitungsseiten, bei einer obenauf das neueste Phantombild von der, die mir fehlte, so kann man es sagen, eine halbe Seite füllend, und das sogar mit Ähnlichkeit. Der Zeichner hatte den Mund getroffen, das Aufgeworfene, Aufsässige daran, auch die hohen Wangenknochen und das selbstgekürzte Haar, das Ganze spottete der Überschrift, La donna senza volto, die Frau ohne Gesicht; auf diesem Bild hatte sie eins, vom Haar bis zum Hals – um den irgendwer einen Strick gekritzelt hatte. Kein Wissen, auch nicht das bessere, kann einem Bild widersprechen; enthüllt das Bild aber noch dazu ein Stück Schönheit, die eines Mundes und hoher Wangen, entreißt es das Schöne seinem Versteck und wird zum Fenster für das Verbotene – fast schon nachvollziehbar also, wenn jemand um den auch schönen Hals einen Strick kritzelt. Bis zur Dunkelheit, der des Himmels ohne Rest an natürlichem Licht, bin ich immer wieder in Schleifen über den Platz vor dem Bahnhof gelaufen und war schon entschlossen aufzugeben, ja hatte mit dem Gedanken gespielt, mich in den nächsten Nachtzug Richtung Norden zu setzen und die Afrikanerin so hinter mir zu lassen, als hätte es sie nie gegeben, sie wäre nur Einbildung gewesen, als sie auf einmal neben mir herging, wie zufällig im Abendgewimmel.

11

Sie ging in Flipflops, was sie kaum kleiner machte, ihr Bündel auf dem Rücken, meine Kolosseumskappe in der Stirn, und die Augen hinter einer neuen, geradezu skulpturalen Sonnenbrille mit Dolce-&-Gabbana-Zeichen, sicher auch gefälscht und bezahlt mit dem Schein, den ich ihr noch zugesteckt hatte; und ebenfalls neu war ein Tuchgewand – mir fehlt das passende Wort dafür –, in das sie bis auf Hals, Arme und Fesseln gehüllt war, eins wie man es mit ihrem Kontinent verbindet.

Ein ungleiches Paar auf Reisen, der schon etwas ältere Mann mit Tasche und die junge großgewachsene Afrikanerin in einer Art Tracht, schien da über den Platz zu gehen, vorbei an Polizeipatrouillen, die ihre Augen woanders hatten, bei Schleppern und Dealern, all den nur Lungernden. Es war ein fast gemächlicher Gang, dennoch schwer erträglich, weil sie nichts sagte, und alles, was mir zu sagen eingefallen wäre, etwas blöde Kinohaftes gehabt hätte; erst am Rande des Platzes sagte sie I didn't find him, was es erübrigte, sie zu fragen, wie es ihr geht. Sie machte auch gar nicht den Eindruck, mir etwas erzählen zu wollen, eher einen Eindruck von Erschöpfung und auch den, sich dieser Erschöpfung zu überlassen; ja, ich dachte sogar, dass sie bereit sein könnte, sich an meiner Seite aufzugeben, mir ihr weiteres Leben anzuvertrauen, den eigenen Körper eingeschlossen – so, wie ich es auch schon aufgegeben hatte, sie auf dem Platz noch weiter zu suchen. Wir waren uns ähnlich in diesen Minuten eines stummen Nebeneinander-Hergehens, beide im Sog einer Situation, größer als wir, bereits mit einem Schwenk zur billigen Gegend seitlich des Bahnhofs, seiner stadtauswärts gerichteten Seite. Schöne neue Sonnenbrille, habe ich in einer der dortigen Straßen, die man ohne weiteres finster nennen kann, schließlich zu ihr gesagt, und fast am Ende dieser Straße betraten wir ein Hotel mit zwei Sternen.

Ich erinnere mich an kein Wort der Absprache auf dem Weg in diese Gegend noch bezahlbarer Unterkünfte, denkbar aber, dass es eine stille Absprache war. Und auch am Empfang des Hotels, in einem Vorraum mit dem Licht eines Aquariums, fiel nicht ein Wort zwischen uns, dafür lag aber kurz, eher andeutungsweise als wirklich, ihr Kopf an meiner Schulter, sie muss also etwas in die Knie gegangen sein, als Kopf einer von der Reise erschöpften Ehefrau, die nur noch ins Bett will, und der Mann hinter dem Tresen, einer mit Brillenbändchen und Tränensäcken, begnügte sich mit einem Ausweis, meinem. Ich zahlte gleich, und das in bar mit kleinen Scheinen, das lenkte ihn noch mehr ab; er schob mir den elektronischen Zimmerschlüssel hin, ganz auf das Nachzählen der acht Scheine konzentriert: die Gelegenheit, ungesehen zur Fahrstuhltür zu kommen, die junge Frau nun einen halben Kopf größer als vorher. Und in der Kabine, in die kaum ein Dritter gepasst hätte, war das Ehetheater vorbei. Die Afrikanerin wandte sich weg, sie sah in den Spiegel an der Rückwand und sah dort zwei, die nicht zusammenpassten. Sie nahm die neue Brille ab und erklärte, es sei keine echte, aber je mehr Leute Fälschungen tragen würden, desto bedeutender würde das Original. Everybody wins, sagte sie mit fragendem Blick über den Spiegel zu mir, als der Aufzug schon hielt. Ob das etwa auch bei uns so sein könnte, dass jeder gewinnen würde, war wohl ihre Frage, und mir fiel beim besten Willen keine Antwort ein auf dem Weg durch einen langen Flur mit geisterhafter Beleuchtung. Ich hatte, auch das ohne Absprache, ein Zimmer mit zwei Betten und Fenster zum Lichtschacht genommen, das günstigste, aufzuschließen durch die Chipkarte; in diesem Zimmer war dann aber alles aus noch alten Zeiten, einschließlich brummender Minibar, in der es immerhin Chips und zwei kalte Dosen Bier gab. Ich reichte ihr eine Dose und nahm mir die andere, und während wir jeder auf einem der Betten saßen, so nah einander gegenüber, dass sich unsere Knie fast berührten, erzählte sie, dass ihr Cousin schon nicht mehr in Rom sei. Leute aus Eritrea in der Küche, in der er gearbeitet habe, hätten gesagt, er sei jetzt weiter im Norden, in einem Ort mit Fischereihafen. Sie holte einen Zettel aus ihrem Bündel und zeigte ihn mir, darauf stand in unbeholfener Druckschrift die Adresse eines Lokals und der Name des Ortes – falsch geschrieben, mit nur einem G.

In Chioggia, der kleinen alten Lagunenstadt mit auch alter Fischfangflotte, hatten Lydia und ich zur Mitte unserer Jahre einige Tage verbracht, endend mit einem Streit vor einer Kirche, die ich besuchen wollte und sie nicht, weil dort ein Gekreuzigter hing, der ihr schon auf Bildern Angst gemacht hatte, den sie nicht sehen wollte, als könnte sein Leid auf sie übergreifen – meine These, die den Streit erst entfacht hatte, und am Ende gingen wir, statt in diese Kirche, in unserem nahen Hotel mittags ins Bett. Ich gab den Zettel zurück, und sie steckte ihn wieder ein. Ihr Cousin, sagte sie, habe in dem Lokal Arbeit als Hilfskoch, und die Eritreer hätten auch erzählt, dass es da noch andere Arbeit gebe, in einer Fischfabrik. Sie trank von dem Bier, langsam, Schluck für Schluck, zwischendurch mit einem Blick halb zu mir, halb zum Lichtschacht – einem der Blicke, in denen weniger liegt, als man hineindenkt, oft nur Müdigkeit, eine glänzende Leere. Und noch mit der Dose am Mund fragte sie, wie weit es bis zu dem Ort sei, und ich überschlug die Entfernung. Gut vierhundert Kilometer, etwa sechs Stunden Fahrt. Allerdings auf der Autobahn, sagte ich.

Das hatte ich warnend hinzugefügt, allerdings auf der Autobahn, keineswegs sicher, ob wir zusammen dort hinfahren sollten, was daraus würde, wenn sie mich weiter als Fahrer hätte, als stillschweigenden Schlepper, dem sie von Stunde zu Stunde etwas mehr schuldig wäre, ob auf der Autobahn oder auf Nebenstraßen, die nackten Füße wieder auf der Ablage über dem Handschuhfach – unser kleiner Fiat war zwar schon abgegeben, aber bestimmt noch einmal zu haben: der ganz andere Gedanke in mir. Freilich wäre Chioggia wieder ein Ort der Erinnerung, aber davon musste sie ja nichts wissen, wie sie auch auf der ganzen Fahrt durch Kalabrien nicht einmal geahnt hatte, dass sie auf den Spuren eines gewesenen Glücks mitgereist war; und auch als wir uns in dem Zimmer zum Lichtschacht gegenübergesessen haben, sie langsam das Bier trank und mich ansah, war es mir nicht möglich, von der kleinen Lagunenstadt als einem Ort zu reden, an den zu fahren und sie dort abzuliefern, mehr wäre als eine gute Tat. Stattdessen sagte ich so etwas wie: Chioggia, ja, gut, aber dann auf schnellem Weg – worauf sie mir beide Hände gedrückt hat, etwas länger und auch etwas fester als nur zum Dank, eher schon wie eine Besiegelung, ohne dass mir klar gewesen wäre, was damit zwischen uns besiegelt worden ist.

Auf jeden Fall stand fest, dass es nur die Angelegenheit eines Tages würde, ein paar Stunden auf der Autobahn und erst am Ende auf einer Landstraße, zuletzt auf der langgezogenen flachen Brücke über die Lagune, halb links schon die Silhouette von Chioggia, im Abenddunst wie eine Fieberkurve mit den schlanken Kirchtürmen; Lydia hatte auf dieser Brücke meine Hand genommen und nicht mehr losgelassen bis zum Halt vor unserem Hotel direkt am Anlegeplatz der Fährboote bis nach Venedig – Lydia, die ich anrufen könnte, auch das war ein Gedanke in dem Zimmer, anrufen, um sie mit einer Nachricht zu ködern: dass ich die gesuchte Afrikanerin mit dem Profil der Frauen auf den Gefäßen von Knossos auf dem Bahnhofsvorplatz entdeckt hätte – unsere letzte Reise, Lydia, der Nachmittag in Knossos, wir waren ganz friedlich inmitten der Trümmer. Und stell dir vor, sie und ich, wir teilen uns ein

Hotelzimmer, eins von der Sorte, wie wir sie ganz am Anfang hatten, als es noch egal war, wo wir die Nacht verbringen.

 Das hatte ich in etwa vor mich hin gedacht, bevor meine Mitbewohnerin – nichts anderes war sie ja jetzt – zum Duschen ging, und es wäre wohl auch beim Denken geblieben, hätte die Dusche nicht außerhalb des Zimmers gelegen – auf einmal war ich für mich, ohne einen Blick auf mein Tun und Lassen, und wie Gelegenheit Diebe macht, machte sie aus mir einen, der hastig zum Telefon auf dem Nachttisch zwischen den Betten griff, hastig wie ein Amateur in Sachen Verrat. Ich wählte Lydias lange Mobilnummer, noch so in mir wie ein Abzählvers, und im Grunde hoffte ich, sie würde nicht abnehmen, nur sprang dann die Mailbox an, mit einer Art Schwerkraft, nach dem Piepton nicht einfach aufzulegen, sondern etwas zu sagen, wie es die Situation verlangt und wie man es kennt, nämlich loszuwerden, was einen beschäftigt, auch wenn man auf die Schnelle gar nicht die Worte dafür hat und einem ja auch keiner helfen kann am anderen Ende. Das Reden ins Leere, man glaubt, sich daran gewöhnt zu haben, es zu beherrschen, aber so ist es nicht, es stürzt einen selbst ins Leere. Man sagt Dinge, die man nicht sagen will oder so nie gesagt hätte, wäre die Person erreichbar gewesen, die man sprechen wollte, mit der Stimme, die einen vor dem Absturz bewahrt, einen erst denken lässt und dann reden oder sich wenigstens beim Reden zuhören; nein, ich hatte mir nicht einmal zugehört, als ich Lydia etwas auf die Mailbox sprach, etwas, das mich wieder interessanter machen sollte, und erst als es heraus war und sich nicht mehr löschen ließ, ist es mir aufgegangen, als folgende Nachricht: dass ich die junge Afrikanerin an der erwähnten Autobahntankstelle mitgenommen hätte bis Rom, statt ihr Geld in die Hand zu drücken. Und unterwegs von ihr erfahren hätte, dass sie nach Chioggia wollte, um dort einen Cousin zu treffen, angeblich Hilfskoch in einem Lokal. Aber ich habe auch noch gesagt, dass ich morgen, durch meine Anhalterin auf die Idee gekommen, selbst dorthin fahren würde, um den Besuch der Kirche mit dem so schrecklichen Gekreuzigten nachzuholen – Du erinnerst dich an unseren Streit vor der alten Kirche, konnte ich gerade noch flüstern, als die Mitbewohnerin des Zimmers schon die Tür öffnete und nur noch Zeit blieb, sachte den Hörer aufzulegen.

Warum tut man etwas, das man selbst verurteilt, und das nicht zu tun keine große Mühe bereiten würde, nicht die Welt wäre, wie man sagt, nur etwas Zurückhaltung während eines kurzen Zeitraums der Freiheit, eben das zu tun, was man nicht tun sollte, nämlich jemand Nahestehenden wissen zu lassen, was man über einen anderen, der bereits Vertrauen in einen setzt, weiß, auch wenn der enttäuscht oder gar entsetzt wäre, würde er davon etwas mitbekommen, und gar nicht verstehen könnte, dass nur der verraten kann, der auch liebt – warum? Ich hätte darauf keine Antwort gehabt, als die Afrikanerin nach ihrer Dusche wieder ins Zimmer kam, auf dem Kopf ein Handtuch wie einen Turban und in Shorts, die ich noch nicht kannte, olivgrün mit Fransen, dazu ein weißes Top. Und ich erinnere mich auch an einen Blick, als hätte sie doch etwas gehört von den Worten in meiner Sprache, einen irgendwie erstaunten Blick, der aber dem immer noch vollständig Angezogenen auf dem Bettrand gegolten hat. Die Dusche sei rutschig, sagte sie, slippery, so take care – eine Aufforderung, das zu tun, was sie gerade getan hatte, aber auch ein Ausdruck der Sorge um ihren Fahrer, der vielleicht ungeschickt wäre, sich in der Dusche etwas brechen könnte. Und irgendwie davon beeindruckt, habe ich mich dann unter der Dusche auch kaum bewegt, ja bin sogar vorsichtig zurück ins Zimmer gegangen, ich glaube, in der Erwartung von etwas Überwältigendem, ihrem Dank, dass es mit uns weitergeht, dem Dank der Geretteten an den Retter, wenn sie die Arme um ihn schlingt; aber sie lag schon zur Wand gedreht in einem Bett von meinem keine Armlänge entfernt, die Lücke dazwischen eher symbolisch, gerade der Platz für zwei Füße auf gesprungenen Kacheln.

Die Muster von Rissen, ob in Kacheln oder Wänden, beflügeln ja häufig die Phantasie, und in dem Fall hatten die Risse etwas von einem Speer, noch in der Hand des Werfers oder der Werferin, das heißt von einer Spannung, die mir in der stickigen Zimmerluft zu liegen schien. Ich habe mich dann hingelegt, ganz an den Rand des Betts, bedeckt nur mit einem Handtuch, und auf ihren Atem geachtet, wie es angeblich sein soll, wenn man Vater geworden ist und um sein Kleines bangt, ob es die Kraft hätte, in dem Bettchen, über das man sich beugt, immer weiter und weiter zu atmen, den Willen, wirklich ins Leben zu wollen, in das Leben mit all dem, was mich hatte zurückschrecken lassen, für ein Kind da zu sein, bis es keins mehr wäre. Ja, es gab dieses Bangen, als ich so dalag und von ihr kaum einen Atem hörte und nur einen Arm hätte strecken müssen, um ihren Nacken zu berühren. Von dem Lichtschacht fiel natürlich auch Licht in das Zimmer, weil es in dem Schacht erhellte Flurfenster gab, und je länger ich wachlag, wieder nicht einschlafen konnte, desto mehr sah ich von ihr und erschrak, als sie sich im Schlaf auf den Rücken drehte und ihr einer Arm halb über die Bettkante ging, mit hängender Hand. Es hat ja immer auch etwas Beklemmendes, einem Schlafenden zuzuschauen, fast als würde man dem Tod auf die Finger schauen. Ich sah ihr Profil gegen die etwas hellere Wand, diese Linie wie die der Frauen auf den Gefäßen in Knossos – was sicher auch Einbildung war, eine Linie von der Stirn bis zum Hals als Trost, und ich sah ihre hängende Hand, zum Greifen nah mit dem so schwer heilenden Loch zwischen den Sehnen an der Oberseite, dort, wo ihr der abgerutschte Schraubenzieher hineingefahren war, falls die Geschichte stimmte; mir kam sie als Ausrede vor, oder anders gesagt: Wenn es an ihr ein Geheimnis gab, tatsächlich etwas, das sich nicht erklären ließ, so lag es unsichtbar auf dieser Hand – ich glaube, das war der vage, schon dem Schlaf nahe Gedanke, mit dem ich nach der Hand gegriffen habe, einer mitschlafenden Hand ohne jeden Widerstand, was dazu geführt hat, auch nach ihrem Arm zu greifen und an ihm entlang bis zur Schulter.

Es war, soweit ich weiß, das erste Mal, dass ich heimlich und also unberechnet, sozusagen illegal den Körper einer Frau berührt habe – was kaum ein Gedanke in der Situation selbst war, viel eher ein Unbehagen, und ich weiß auch noch, was das Unbehagen aufgewogen hat: die Idee, mit der Afrikanerin, wenn wir in Chioggia wären, in diese alte Kirche zu gehen, mit einer, die keine Angst hätte vor dem Gekreuzigten, der dort hing. Und noch etwas ist mir durch den Kopf gegangen: dass die Chiesa di San Domenico – auf einmal war der Name wieder da –, gelegen auf einer Kanalinsel, kaum größer als der Bau auf ihr und erreichbar über eine buckelhafte Steinbrücke, genauer, ihr kleiner, stiller Vorplatz ein idealer Ort wäre für ein Gespräch mit Benedikt Cordes, ich der unentbehrliche Vermittler.

Normalerweise entfallen einem ja Kirchennamen, wenn es nicht schon gängige Namen sind oder der Name für etwas Besonderes steht, einen Märtyrer, der einen schon immer beschäftigt hat, oder wie in meinem Fall, wenn man auf dem Platz vor der Kirche, sogar vor ihrer für jeden offenen Tür einen Streit hatte, eben den Streit, ob Lydia mit mir in dieser Kirche zu der Gestalt am Kreuz aufschaute oder lieber in der Gluthitze, es war Juli, weiter diskutieren wollte. Ich hatte sie allerdings schon in Florenz, zwei Tage früher, vor Michelangelos wachshellen Christusjüngling gelockt, und am Beginn der Reise standen wir vor dem berühmten Schaftlacher Kruzifix mit einem tief enttäuschten Gottessohn am Kreuz, einem, den sie kaum anzuschauen in der Lage war, als wäre da etwas von der eigenen Enttäuschung in seinem Gesicht, der über sich selbst als Frau ohne Kind. Und dann noch der Leidende, den sie sich in Chioggia ansehen sollte – Dieses Häuflein Elend aus Holz, nein, ohne mich, komm, lass uns gehen: ihre Worte vor der Kirchentür mit Blick auf ein dort ausliegendes Faltblatt, das den geschnitzten Schatz der Kirche gezeigt hat.

Ich lag immer noch auf der Seite, meine Hand jetzt wieder dort, wo sie hingehörte, und stellte mir den Besuch der Chiesa di San Domenico vor, die Afrikanerin bei mir, ohne meine Kolosseumskappe und ihre neue Sonnenbrille, nur in das Tuch von dem Markt in dem kalabrischen Bergort gehüllt und am besten barfuß; sie würde niederknien wie schon im Dom von Gerace und zu dem Gekreuzigten aufschauen, und ich wäre um einiges größer als sie, die Kappe und die Sonnenbrille in der Hand: vielleicht das Bild, mit dem ich in den Schlaf gefunden habe – oder wer kann schon sagen, wann sein Denken nachts im Bett aufgehört hat, übergehend in etwas so anderes, dass man als Mann wohl ein Dichter sein müsste und als Frau eine Dichterin, am besten aber beides, um für diesen Übergang die passenden, traumnahen Worte zu finden.

Die Afrikanerin und ich waren also wieder zusammen, ohne vereint zu sein, weder als Gästepaar eines billigen Hotels noch als zwei mit gemeinsamem Reiseziel – Chioggia war für mich mit Erinnerungen verbunden, für sie dagegen ein Gebilde aus Hoffnungen, das hatte sich anderentags beim Frühstück gezeigt, im Souterrain des Hotels auf Plastikhockern, als auf ihrem Teller der Zettel mit der Adresse des Lokals in Chioggia lag und sie nur einen Tee trank und dieser Zettel ihre aufbewahrte Nahrung zu sein schien. Erst in dem kleinen Empfangsraum hatte sie ihn eingesteckt, nach meiner Bitte, dort zu warten, bis ich mit dem neuen Mietwagen vorfahren würde, vom Zimmer aus schon telefonisch reserviert bei der Firma, die mich inzwischen als Kunden führte, wieder dasselbe Modell, abzugeben in jeder größeren Stadt des Landes.

Und in diesem neuen, aber vertrauten Wagen, jetzt in einem Perlgrau, waren schon zwei Stunden Fahrt ohne ein Wort vergangen, als ich bei Montepulciano, auf der Autobahn, wie gesagt, von einer kirchlichen Sehenswürdigkeit in der alten Lagunenstadt anfing; ich sprach vom Inneren der Chiesa di San Domenico, als hätte ich sie besucht, wiederholt sogar, und wäre jedes Mal mit Blick zu dem Christus über dem Altar lange stehen geblieben. Und meine erneute Mitreisende, die bloßen Füße wieder dort, wo es für sie am bequemsten war, hörte gut zu, um dann Fragen zur Geschichte der Kirche zu stellen, sich aber auch die kleine Insel beschreiben zu lassen – was mich dazu verleitet hat, Details, ich will nicht sagen zu erfinden, aber frei heraus anzufügen, solche, die alles noch sehenswerter machten, wie einen Seitenaltar, gewidmet der Jungfrau Maria, den Altar, den es nach christenmenschlichem Ermessen geben musste; und ich sprach auch von einem Steinboden, in Jahrhunderten geschliffen von den Sohlen der Gläubigen, und einem seiner Glätte und Schwärze wegen spiegelnden Kanal, der den Kirchenvorplatz von zwei Seiten umrahmen würde – der beste Platz, um ungestört ein Gespräch zu führen, To meet somebody and talk undisturbed.

Es war eine Art Märchenstunde in dem Fiat, während es nach Umbrien hineinging, in diese tiefgrüne bis erdfarbene, in sich ruhende Landschaft, als wären ihre bewaldeten Hügel und Kämme gleichgültig gegenüber der Gegenwart, nur Bewahrer von Gewesenem; mehr denn je kam sie mir als eine Gegend der Trauer vor, Trauer unter einem heidnisch blauen Himmel. Wo etwas weiter nördlich Zypressen aufragen oder, von weitem gesehen, an Federkiele erinnern, fast etwas Mädchenhaftes haben, und mehr im Süden die Pinien mit ihren Schirmen einen zweiten, erhöhten Horizont bilden, verstärken in Umbrien die Bäume, sogar im Vorbeifahren, noch den Eindruck von Schwermut, wie sie einem Franz von Assisi, wenn er sich zum Fasten in die Berge zurückgezogen hat, die einzige Begleitung war. Und meine Begleiterin schien das alles zu sehen und doch nicht zu sehen; nach jeder Ausfahrt mit angezeigter Stadt nahm sie die skulpturale Sonnenbrille ab und beugte sich über die Karte auf ihren Knien, um zu erfassen, wie weit wir gekommen waren, einen der Bügel, wie schon bei meiner Sonnenbrille, so zwischen den Lippen, dass ich wieder und wieder hinschauen musste. Die Folge war ein riskanteres Fahren, damit der Blick auf die Straße gerichtet blieb und nicht mehr zur Seite ging, nur bin ich keiner, der gern so fährt, sich daraus gar etwas macht, und nach einiger Zeit, schon ein Stück hinter Perugia, bin ich in eine Raststätte gebogen, um dort ganz am Parkplatzrand zu halten.

Der Stopp war eine Lösungsidee für den Moment, ein kurzer Halt, bei dem sie die Sonnenbrille wieder aufsetzen würde und ich nicht weiter das Gefühl hätte, dass sie mit mir spielte, so abwegig, wie diese Vorstellung auch war, nach allem, was sie hinter sich hatte – hirnrissig, sagt man auch, als gäbe es Gefühle, die aus genau diesen Rissen hervorquellen. Und so war ich auf diese Lösung eines Stopps verfallen, die wie jede sofort ausgeführte Idee ihr Pathetisches hatte, nämlich mit einer entsprechenden Szene einherging, indem ich sie eindringlich bat, im Wagen zu bleiben, sich nicht zu zeigen, ich würde gleich wiederkommen. Just do it, sagte ich gleich zweimal, und sie faltete Beine und Oberkörper zusammen, so klein, als stünde der ohnehin schon kleine Fiat leer da – in der Erinnerung ein Moment des Glücks: sie in dem Wagen zu wissen, sicher zu sein, dass sie dort drinsitzt, eben da ist, aber nicht für andere, nur an und für sich da ist, wie ja auch das Glück nie auf plumpe Weise da ist, als greifbares Glück, sondern höchstens als vorbeihuschendes, immer schon gewesenes. Ja, es war ein Gefühl von Glück, sie in dem Wagen zu wissen, als ich in der Raststätte belegte Brote, Wasser und Kaffee besorgt habe, in einem der Autobahnparadiese mit allem, was Reisende brauchen und nicht brauchen, auch sämtlichen Zeitungen und sonstigen Blättern, all dem geduldigen Papier, ob geduldig mit Bildern oder Schlagzeilen. Es gab nur zwei Themen, das war mein Eindruck, die anhaltende Hitze und die vielen Illegalen im Land – dass es so nicht mehr weitergehe, hieß es, dass etwas passieren müsse und auch etwas passieren werde, mehr erschloss sich mir nicht im Vorbeigehen, aber ich nahm dieses Etwas als Gefühl von Ungewissheit mit in den Wagen, der Einkauf war Nebensache; und gegessen wurde während der Weiterfahrt, die Afrikanerin jetzt mit der neuen Sonnenbrille dort, wo eine Brille hingehört.

Ob es Bilder gebe in dieser Kirche, fragte sie zwischen zwei Bissen von ihrem Panino, und wie die Decke gestützt werde, ob von Balken oder Säulen, und ob es eine gut besuchte Kirche sei, oder wären wir dort allein – es waren fast Fragen nach Art einer Vernehmung, und ich konnte mich nur aus der Affäre ziehen, indem ich vom Gesamteindruck sprach: Die Chiesa di San Domenico sei eine Kirche, in der man sich dem Himmel – ich habe das Wort Gott vermieden – näher fühle als im Petersdom, aber nur wirklich Interessierte kämen dorthin, weil diese Kirche nach außen nicht viel hermache, Leute auf der Suche nach Stille, ohne jede Feindseligkeit gegenüber Fremden, Paare, die jemanden wie sie als Freundin ansehen würden und auch sagten, sie seien Freunde – We are your friends, that's what they say! Ein nahezu beschwörender Schluss, aber da hatte sie mich schon unterbrochen, getrieben von etwas, das mir zu dem Zeitpunkt unbegreiflich war. Sie sprach von Soldaten in ihrem zurückgelassenen Ort, solchen an einer Grenzbrücke hinter Sandsackbarrikaden, ebenfalls Paare, immer zwei an einem

Maschinengewehr, und die sagten auch, sie seien Freunde, die Freunde und Beschützer der Leute in ihrer Nähe. Aber bei dem Angriff auf den Ort hätten sie nur in die Luft geschossen statt auf die, die nachts über den Fluss gepaddelt seien, dafür hätten sie später etwas von der Beute bekommen, und auch nicht eingegriffen, als Hütten und Läden angesteckt wurden – an der Stelle hatte sie sich zu ihrem offenen Fenster gedreht, das Gesicht von mir abgewandt, obwohl ich jetzt ganz auf den Verkehr konzentriert war, dabei aber weiter gesprochen, nur langsamer, als sollte jedes Wort bei mir ankommen. Auch Major Ayago, der Polizeikommandant, habe sich erst sehen lassen, nachdem alles vorbei gewesen sei, der Kiosk mit ihren verbrannten Eltern darin in Schutt und Asche lag. Aber bald nach der Beerdigung sei er bei ihr aufgetaucht, in Zivil, und habe sich einen Freund genannt, ihr erklärt, sie könnte bei ihm wohnen, wenn sie sich etwas um sein Haus und Feld kümmern würde. Und auch etwas um ihn.

Ich kann nicht sagen, dass mich diese letzten Worte erschreckt hätten, aber sie haben mir keine Ruhe gelassen auf der Weiterfahrt. And to care a bit for me, too – das Ein bisschen oder Etwas beschäftigte mich, als es langsam in die Toskana hineinging, verbunden mit der Frage, wer da eigentlich meine Beifahrerin oder Mitreisende war, wer ganze Nächte neben mir verbracht hatte, unter freiem Himmel wie auch in Betten, mit und ohne Wall zwischen uns; und auf wessen Schulter ohne Einladung oder eben illegal meine Hand letzte Nacht gelegen hat, und wer unter Umständen sogar wach war, die Hand also tolerierte, weil er, das heißt sie – die, die im Auto so neben mir saß, dass ich wieder nach ihr hätte greifen können – schon ganz anderes ertragen hatte und sich vielleicht sagte, was soll's, es ist nur eine ältere Hand, verirrt in der Dunkelheit und im Halbschlaf, dafür ist es dieselbe Hand, die tagsüber schaltet und das Steuer hält und mit dazu beiträgt, mich an mein Ziel zu bringen. Das hier, das sei bereits die Toskana, erklärte ich und zeigte in die Landschaft, und sie sagte so etwas wie: Dann geht es ja gut voran, mein Freund.

12

Die Sandsackbarrikaden vor der nachts gesperrten Brücke über den Grenzfluss haben für mein Empfinden – ich war nie Soldat – etwas eher Theatralisches als Wehrhaftes. Gut möglich, dass sie Schüsse von Angreifern auffangen, aber schon eine Panzerfaust, auch wenn das eine Laienansicht ist, dürfte den ganzen Schutzwall sprengen und die dahinter verschanzten Soldaten neutralisieren, wie es im Militärjargon heißt. Es sind jeweils zwei Barrikaden auf jeder Seite der Brücke, besetzt von auch je zwei Mann oder eben einem Paar in gleicher Tarnkleidung – ich habe mir das gestern nach der Arbeit an dem Bericht einmal aus der Nähe angesehen und von der Szenerie in einem Schreibheft mit festem Einband Skizzen gemacht, auch die Soldaten samt Bewaffnung darin festgehalten; das Heft ersetzt, wenn man so will, das in dem Geisterort Pentedattilo abhandengekommene Gerät der Marke auf dem Werbebillboard mit dem Menschenbündel an seinem Fuß.

Immer noch ein Anfänger, was die Gegebenheiten hier betrifft, stand ich also unweit der Grenzbrücke und machte meine Skizzen, auch anfängerhaft, aber doch im Wesentlichen genau, angelegt als reine Gedächtnisstütze, mit Notizen am Rand, und ganz in diese Tätigkeit vertieft, merkte ich nicht, dass sich halb von hinten zwei Uniformierte genähert hatten. Augenblicke später war ich bereits festgenommen, als ein Mzungu, wie man hier sagt, nämlich Weißer und somit Fremder, der Skizzen von den Grenzanlagen machte, das hieß aller Wahrscheinlichkeit nach ein Spion war, kein harmloser Mzungu, sondern ein Oli mubi, was schlechter Mensch, aber auch Dieb heißen kann, eins der Wörter, die ich von Mister

Moses gelernt habe, dem Besitzer des Rohbaus, den er Hotel nennt und von Dieben bedroht sieht, weil überall Baumaterial offen herumliegt. Die Uniformierten, zwei in Drillich mit Schlagstöcken als Waffe, hatten mich in die Zange genommen, einer hielt mein Notizheft wie eine Trophäe; sie führten mich zur Polizeistation, zu einem der wenigen fertiggestellten Gebäude im Ort, umgeben von einer Mauer, oben mit bunten Glasscherben gespickt. Und kurz darauf war ich im Büro des Mannes, dem eine junge Frau aus dem Ort, nachdem sie plötzlich allein auf der Welt gewesen war, gegen Essen und eine Schlafstelle als Haushaltshilfe gedient hatte.

Major Ayago – Dienstgrad und Name standen auf der herzseitigen Brusttasche seiner gelb-grün gefleckten Tarnjacke – hat sich mein Gekritzel der Grenzbefestigungen samt Besatzung und ihren Waffen mit einer Gründlichkeit angesehen, die beunruhigend war, die fragliche Seite mit zwei Fingern gehalten, die übrigen Seiten immer wieder aufgeweht von einem hin- und herschwenkenden Tischventilator. Ein, zwei Minuten lang ist kein Wort gefallen; der Major – vom Typ Boxer vor dem Rücktritt, nicht mehr ganz in Form, dafür umso gefährlicher, weil unterschätzt: mein erster Eindruck – besah sich die Details und wiegte einen offenbar frisch geschorenen Kopf, bis er das Heft mit kurzer Handbewegung schloss und mich fragte, ob mein cell phone kaputt sei. Er sah mich an, und es brauchte ein paar Sekunden, um den Sinn dieser Frage zu erfassen und dann Ja zu sagen – Ja, nur ginge es auch ohne, obwohl ich kein großer Zeichner sei, diese Skizzen reichten mir aber als Gedächtnishilfe. Es war eine Flucht nach vorn, und der Polizeikommandant sah noch einmal auf die Skizzen, wobei er sachte zu nicken begann, was für mein Empfinden etwas Verneinendes hatte. Dann studierte er den Ausweis, der mir abgenommen wurde, als wäre auch der selbstgefertigt; mehrmals verglich er das Foto darin – aufgenommen noch zu Lydias Zeiten, als es mir gutging – mit meinem Gesicht und sagte schließlich, mich mit Namen anredend, ich hätte Zeichnungen von militärischen Sicherheitsanlagen gemacht – For whom? Er kam um den Schreibtisch herum, mein Heft in der Hand, und trat auf mich zu, er stieß mir mit einer Ecke des Hefts gegen die Brust, und ich stellte mir vor – und stelle es mir gerade noch einmal und jetzt erst recht vor, im Begriff, die gestrige Stunde in der Polizeistation festzuhalten –, wie er sich über seine Haushilfe (mit noch langem Haar, ihren Braids) gebeugt hatte, in seiner Eigenschaft als Mann, nicht als Polizeichef, als einer, der mehr hermachte als die meisten im Ort, mit Falten um einen großen, aber festen Mund, Kinngrübchen und nicht allzu breiter und doch männlicher Nase.

For whom, fragte er wieder, und ich sagte, für mich. Das seien Skizzen, mit denen außer mir niemand etwas anfangen könnte, mit Fotos dagegen schon – ein Argument, über das der Major nachzudenken schien; er trat wieder hinter den Schreibtisch und damit vor zwei Fahnen, die schräg zueinander drapiert waren, er sah sich mein Werk ein weiteres Mal an und kaute jetzt an etwas, einer zwischen den Zähnen hängen gebliebenen Fleischfaser vielleicht – es war die Zeit nach dem Mittagessen. Und dann griff er zum Telefon, wählte eine recht lange Nummer aus dem Kopf und sah beim Warten auf die Verbindung auf seine freie Hand, und ich stellte mir vor, wie diese Hand – kräftig, aber nicht klobig – der Afrikanerin über den Rücken gestrichen hatte. Aus dem Hörer kam überraschend eine Frauenstimme, und Major Ayago sagte ein paar Sätze in der Umgangssprache, es hörte sich nach einer knappen Darstellung des Vorfalls an, verbunden mit der Frage, was zu tun sei, und die Anweisung schien ihm nicht zu gefallen. Er schloss beim Auflegen des Hörers die Augen, konzentrierte sich einen Moment und sagte dann, er könnte mich hierbehalten, in einer Zelle, zweiundsiebzig Stunden oder länger, sehe aber davon ab, wenn die Seite mit den Skizzen entfernt würde und bei ihm im Büro bliebe. Und ich gab ihm ein Zeichen, dass er die Seite herauslösen sollte, was er auch gleich in Angriff nahm, erstaunlich behutsam mit einem Taschenmesser, während ich ihm den Grund meines Aufenthalts erklärte, warum ich hier sei, in einem Ort, den alle Ausländer nur als Durchfahrt benutzten und den manche am liebsten verlassen würden, um genau das zu verstehen: warum jemand von hier wegwollte, dafür sogar unterwegs sein Leben riskierte. Also ein Neugieriger, sagte der Major, A curious one, und ich widersprach nicht – was vielleicht zu meiner Freilassung beigetragen hatte, einschließlich Rückgabe des Notizhefts mit fehlender Seite sowie einer weiteren, bisher nicht erforderlichen Vokabel: kwaheri für auf Wiedersehen, in dem Fall wohl wörtlich gemeint.

Und Ayago – für mich auf der Fahrt nach Chioggia noch kaum mehr als ein Name, auch wenn ihn die Afrikanerin zum wiederholten Mal genannt hatte – wäre im Auto bestimmt kein einfaches Thema geworden, hätte ich nachgehakt, etwa gefragt, ob der nächtliche Überfall auf den Ort mit seiner stillen Duldung geschehen sei, nur war mir mehr daran gelegen, mich auf das einzustimmen, was am nächsten Tag in der kleinen Lagunenstadt passieren könnte. Das heißt, ich dachte an das Kommende, vor allem an die Frage, wann meine Weggefährtin – im Grunde war sie das gar nicht, nicht aus ihrer Sicht, allein aus meiner – den unsteten Cousin treffen würde, und ob sie von da an verschwunden wäre, und ob ich das wollte, wieder ohne sie sein, dann endgültig. Nichts erschien mir klar, alles war in einer Schwebe, so offen wie am Beginn einer Affäre, wenn schon ein Tropfen Liebe genügt, das ganze Leben umzufärben; und aus diesem Zustand ist es auf der tunnelreichen Strecke über und durch den Apennin zu einem Dialog gekommen, der ersten längeren Rede und Gegenrede, seit die Afrikanerin an meiner Seite war oder ich an ihrer.

Dieser Cousin, sagte ich in einem der Tunnel, hast du seine Nummer (das You zu dem Zeitpunkt längst im Sinne eines Du), kann man ihn anrufen? Fragen, ob er sich dort überhaupt noch aufhält oder schon wieder weiter ist.

Die Nummer war auf meinem cell phone, erwiderte die Afrikanerin. Und das liegt auf dem Grund des Meers.

Also fahren wir auf gut Glück nach Chioggia?

Sure – ein Wort von ihrer Seite, das man so lassen muss, unserer Sprache fehlt hier die Lakonie.

Und falls du den Cousin dort triffst, was dann?

Dann verschafft er mir Arbeit.

In einer Fischfabrik? Ich hätte etwas Besseres.

Etwas Besseres?

Ja, sagte ich – und alles Weitere ist dann überfallartig gekommen, auch für mich selbst –, du redest dort mit einem Mann, der dich gern treffen würde, auf dem kleinen Platz vor dieser Kirche, und bekommst dafür Geld.

Was für ein Mann, fragte die Afrikanerin, what kind of man?, und ich gab an, dass er für das Fernsehen in meinem Land arbeite, eine eigene Sendung habe und dafür sorgen könnte, dass sie weiterkäme, dorthin, wo sie willkommen wäre und auch eine gute Arbeit finden würde, keine in der Fischfabrik – spätestens das hatte mich zu ihrem Agenten gemacht, im Licht außerhalb eines Tunnels, während sie ihren langen Arm aus dem Fenster hielt, wie schon zuvor, wenn Schilder aufgetaucht waren, als wollte sie nach den Namen darauf greifen, schon von Städten nahe der letzten Gebirgsbarriere vor dem gelobten Land – Verona, Milano, Torino. What kind of work?, fragte sie, und ich nannte ihr Tätigkeiten von Frauen, wenn sie jung sind und wach im Kopf und etwas Einnehmendes haben – Tätigkeiten, wie es sie gab, wie sie in Frage kamen, nicht wie sie als von Männern erwünscht am Pranger standen –, Arbeit in der Modebranche oder im Verkauf, auch in Hotellerie und Reisegewerbe oder beim Fernsehen; das alles stehe ihr offen, habe ich erklärt, während sie einen Arm aus dem Fenster gehalten hat, die Hand so gedreht, dass der Fahrtwind sie anhob, als wäre die Hand eine Tragfläche, die sie in Höhen bringt, in die ihr keiner folgen kann. Und dazu hat gepasst, dass sie beim nächsten Stopp, schon hinter Bologna, nicht im Wagen geblieben ist, sondern mit ausstieg, um sich zu bewegen. Erst habe ich gar nicht weiter darauf geachtet, nur getankt und bezahlt, dann aber doch hingesehen, auf etwas, das weit mehr war als ein Bewegen der Beine: Sie schritt ein freies Stück auf dem Parkplatz ab, tatsächlich wie eine Hochspringerin ihren Anlauf, bis ich ihr Zeichen machte, das sein zu lassen und sich ins Auto zu setzen, ein Gewinke mit flacher Hand, wie es vorkommt, wenn einer nicht weiterweiß, nur das Allzuauffällige, das sich zeigt, auf der Stelle dämpfen will. Und sie hat ihren Gang auch gleich abgebrochen, wie aus Einsicht heraus, und ist in den Fiat gestiegen; doch als wir erneut nebeneinandersaßen, sie mit den Füßen auf der Ablage über dem Handschuhfach, Arme jetzt vor der Brust verschränkt oder fast verknotet, da gab es einen Blick über den Rand der falschen Markenbrille, in den Augen etwas zwischen Lächeln und Verachtung. Wovor ich Angst hätte, fragte sie, ob es damit zusammenhänge, wie wir nach Rom gefahren seien, nicht auf der Autobahn in einem Tag, sondern über Bergorte in einer Woche, angeblich ihretwegen, um sie zu schützen, so wie eben, als sie in den Wagen steigen sollte. Sie glaube aber, eher meinetwegen, weil ich vor etwas Angst hätte. Wie einer, der etwas gestohlen habe. So tell me, sagte sie und hielt wieder, als ich aus dem Tankstellenbereich herausfuhr, eine Hand aus dem Fenster, um sie im Fahrtwind steigen zu lassen.

So tell me, komm, erzähl es mir – wann hatte ich das zuletzt gehört? Vielleicht von meiner Kindheitsfreundin, als wir beide noch Kinder waren und ich etwas hinter ihrem Rücken getan hatte, das sie betraf, Maren aber hat es wahrgenommen, wie nun einmal furchtlose Mädchen und später furchtlose Frauen wahrnehmen, was sie betrifft, sich nur nicht gleich aufgeregt melden, weil ihnen das Wissen und Schweigen darüber auch etwas gibt, einen Stolz. Und ich erzählte meiner Mitreisenden, was für eine Art Umweg das war, einer auf den Spuren einer verlorenen Liebe, zu einer Frau, die mich vor ein paar Monaten, am Karfreitag, verlassen habe, und die Idee bei dieser Erinnerungstour sei gewesen, sie mir damit endgültig aus dem Kopf zu schlagen. To kill pain with pain, sagte ich, ohne zu erwarten, eine junge, mittellose Afrikanerin, die ganz andere Sorgen hatte, könnte es verstehen, sie sagte jedoch, etwas Ähnliches sei auch auf ihrem Weg mit dem Schmerz über den Tod ihrer Eltern geschehen. Danach sagte sie nur noch, am Karfreitag sollte man sich mit Jesus' Qualen am Kreuz beschäftigen, mit nichts anderem, und das Thema der so umständlichen Reise bis Rom war für sie damit erledigt und ich – das war meine wirkliche Angst – unter Umständen gleich mit. Sie allerdings nickte mir ermutigend zu, in dem Sinne: Jetzt ist es heraus, lass uns nach vorn sehen, um sich dann aber neu zu verkapseln, Arme wieder verknotet; und dieses Eigengehäusige hat sich gehalten, bis ich bei Ferrara zum Meer abbog: ihr Vorschlag aufgrund der Karte, die sie auf den Schenkeln hatte, das Tuchgewand wegen der Hitze ein Stück über die Knie gestreift. Next exit to my cousin, hatte sie vor dem Abbiegen etwas verkürzt gesagt, dabei die Arme gelöst und für Augenblicke tatsächlich gelächelt, aber vor sich hin.

Das heißt, es ging jetzt Richtung Osten, weg vom Licht des Spätnachmittags, schon fast in den frühen Abend hinein, und als wir das Podelta durchfuhren, topfebenes Grasland, durchzogen von Wasserläufen, sprach sie auf einmal von ihrer Flucht und war wieder die Anhalterin von weit her. Ich konnte nicht jedes Wort verstehen, weil sie leise sprach und ihr Fenster offen war, es reichte aber, um mir ein Bild zu machen: wie sie erst auf einem Lastwagen und dann auf Pick-ups – oder andersherum, ich hatte zu neugierig statt nur konzentriert zugehört – bis zur Nordgrenze ihres Landes kam und von da an immer neue Checkpoints passieren musste, mit Zahlungen an Soldaten, die letztlich Gangster waren, und wie es später durch die Wüste ging, immer nur nachts, eine Strecke bis fast zur libyschen Küste, endend in einem Ort mit nur gemurmeltem Namen, dem des eigentlichen Martyriums. Sie hat von einem Lager gesprochen, von Räumen mit einer Luft zum Ersticken, wo man Unzählige eingepfercht habe, kaum Wasser, kaum Nahrung, in einer Enge, dass Schlaf nur in der Hocke möglich war – ich erinnere mich an Worte wie Folter und Grauen, teuflisch und Hölle, fast andächtig aufgesagt, als den vergessenen Vers aus dem Buch Hiob, torture, horror, devilish, hell. Sie erwähnte auch erzwungene Anrufe der Eingepferchten bei deren Eltern – Eltern, die sie ja nicht mehr hatte, fast zum Glück, sagte sie –, flehentliche Bitten um Geld, während dem Anrufer Zigaretten auf der Brust ausgedrückt wurden, damit er wieder und wieder ins eigene Mobiltelefon schrie, dass sie Geld schicken sollten, tausend Dollar, die Illusion waren. Ja, sie sprach davon, dass junge Frauen von den Wächtern herausgegriffen worden seien, um sie über Nacht zu vermieten, und manche Frauen sich die Zähne ausgeschlagen hätten und das Haar bis auf die Kopfhaut abgeschnitten und die Wangen zerkratzt, damit keiner sie will – But it doesn't work, sagte sie, das war schon auf der langen Brücke über die Lagune mit Blick auf die Häuser von Chioggia im Abendlicht, meinem unvermeidlichen, erinnerungsvollen Blick, nicht ihrem.

Und kurz darauf – sie hatte wieder angefangen, auf einem der Brillenbügel zu kauen – sind wir in die kleine Lagunenstadt mit ihren so schlanken Kirchtürmen und alten Steinbrücken gefahren, im Schritttempo an einem der Kanäle mit dort vertäuten, reichlich zerbeulten Fischerkähnen entlang, bis an den Platz, wo die Fähren an- und ablegen und das erwähnte Hotel steht, benannt nach dem ganzen Land, davor ein Grande. Dort wendete ich und fuhr wieder aus dem Stadtkern mit Parkerlaubnis nur für Anwohner bis zu einem großen Stellplatz am Rand der Lagune mit ihren unzähligen Holzpfählen, die aus dem Niedrigwasser ragen. Es war ein alles andere als schöner Platz, aber die Afrikanerin atmete, kaum war sie ausgestiegen, den Modergeruch ein, das Gesicht zwischen den Händen – und ich kann mich nicht erinnern, dass sie mir je fremder war als in dieser Minute, in der sie nichts weiter machte, als auf schamhafte Art, eben das Gesicht in den Händen, haltend oder wahrend, den Geruch nach Fäulnis einzuatmen, bis sie mich bat, zu dem Lokal zu gehen, in dem ihr Cousin Arbeit hatte, um uns dort zu verabschieden.

Das Gesicht noch immer in Händen, den Blick aber nach ihrer Bitte zu Boden gerichtet, stand sie vor mir und machte mich ratlos – Scham ist wohl die bewegendste und auch geheimnisvollste menschliche Äußerung, oft kaum zu erkennen, nur sind ihre kleinen Zeichen wie eine ganze Entblößung, und wer weiß schon, wie er sich verhalten soll, wenn sich jemand auf diese Art zeigt; ich wusste es nicht, als sie vor mir stand, offenbar sicher, ihren Cousin anzutreffen und mich zurückzulassen – was sie vielleicht beschämt hat, während es mich weit mehr hätte beschämen müssen, welchen Handel ich ihr angeboten hatte, Offenbarung gegen ein Weiterkommen. Erst auf mein leichtes, falsches So let's go! sah sie mich wieder an, und wir gingen von dem Platz am Rande der Lagune zurück in den von schwarzen Kanälen durchzogenen Ort, ein Weg schon in der Abenddämmerung, sie mit dem Bündel über der Schulter, ich mit meiner Reisetasche in der Hand, wir beide so endgültig ungleich wie unsere zwei Gepäckstücke.

Das gesuchte Lokal lag an der Mole, an der die Fischkutter vertäut waren, zum Teil vor sich hin rostende, kopfhängerische Großkähne, die dort wohl schon ihren Friedhof hatten, andere dagegen, die nur verbeult waren, aber frisch gestrichen und mit romantischen Namen am Bug, Amanda, Loretta, Beatrice, standen zum Auslaufen in die Nacht bereit, die Besatzung, halb nackt wegen der Hitze, noch rauchend an der Reling, Vorgealterte mit müdem Blick. Wir gingen um das Lokal herum und fanden den Kücheneingang; dort hatte einer der Gehilfen gerade Pause, auch er mit Zigarette, ein dunkler Schmaler, Sri Lanka oder Pakistan, noch keine dreißig, auch schon mit müdem Blick. Er sprach die Allerweltssprache, und die Afrikanerin erfuhr, dass der Cousin keine Woche in dem Lokal gearbeitet hatte, als Tischabwischer und Aushilfe beim Servieren statt als Koch, bis er von einem Gast ein Angebot für eine bessere Arbeit bekam. Mehr wusste der Schmale nicht, aber er holte einen Nigerianer, auch in der Küche beschäftigt, und der wusste etwas von dieser besseren Arbeit, nämlich nicht als Tischabwischer in einem Lokal, sondern während der Fashionweek in Mailand auf einem Laufsteg. On a Milan catwalk, sagte er fast mit Andacht und sah die Verwandte des Glücklichen an, als gehörte sie auch dorthin.

Inzwischen war es Nacht geworden (mit nun schon deutlich früherer Dunkelheit Ende August), bei unverminderter Hitze, die Luft wie verdickt von den Gerüchen aus der Lagune und den Kuttern an der Mole; die Tische vor dem Lokal standen nah der Hauswand, damit die Mole befahren werden konnte, es gab ein Hin und Her von kleinen Lieferwagen, Motorrollern und E-Bikes. Ich hatte der Afrikanerin – die gar nicht sehr enttäuscht erschien von den Neuigkeiten, eher schien sie jetzt selbst ein neues, aussichtsreicheres Ziel zu haben, so, wie sie an meiner Seite blieb, der ihres Fahrers – vorgeschlagen, in dem Lokal etwas zu essen, und wir saßen an einem der Randplätze im Freien, von anderen Gästen zwar bemerkt als ein ungleiches Paar, aber nicht weiter beachtet. Wir sagten nichts, wir schauten zur Mole, und als der Kellner an den Tisch kam, fragte er nach meinen Wünschen, als säße niemand neben mir. Es war ein Fischlokal, also bestellte ich Fisch, zweimal Branzino, dazu eine Flasche vom Hauswein. Keine Frage, was mich in eine Art Feierlaune versetzt hatte: der allenfalls noch abwesend anwesende Cousin, nunmehr in Mailand, weil man dort für die Modewoche eben Afrikaner suchte, solche, die etwas hermachten – Glamorous, so hatte sie ihn auch einmal genannt, bezaubernd oder blendend. Aber Feierlaune trifft es nicht ganz: Ich war in einer leichtsinnigen Stimmung, obwohl noch nicht feststand, wo wir schlafen würden. Mit einem der rauchenden Seeleute zu tauschen, die bald in die Dunkelheit auslaufen würden, um dem Meer, irgendwo weit draußen, noch einmal Fische zu entreißen, war ein Gedanke nach der Bestellung des Essens, ein Bild, um mich von mir selbst zu lösen, nicht länger der zu sein, der zu entscheiden hätte, wie es weiterginge mit ihm und seiner Begleiterin.

Wir saßen fast im rechten Winkel zueinander, recht nah also, beide mit Blick auf die Mole, sie ohne die Sonnenbrille und wieder mit steilen Fältchen zwischen den Augen. Ihr Cousin, erklärte sie, habe schon zu Hause in einem Straßencafé abends immer seine Auftritte gehabt, wenn er aus der Stadt mit sonst was für Kleidern zurückgekommen sei. Sie zeigte ihren verächtlichen Ausdruck, diesmal nur mit der Oberlippe, auch eine Kunst, und ich begann laut, das heißt leise vor mich hin redend nachzudenken. Mailand, der Dom, die Galleria, die Mode und die Kunst, da Vincis Abendmahl, nun, wir könnten dort hinfahren, sobald die Dinge hier erledigt wären, könnten das Auto dort abgeben – ja, ich hatte von Dingen gesprochen, aber Cordes und sein Gespräch mit ihr gemeint –, nur besser wieder auf Nebenstraßen, sagte ich in dem Gedanken, mir noch einmal Zeit zu nehmen, mehr als die vom Leben gewährte. Und in Mailand könnte man bei Model-Agenturen nach dem Cousin fragen, einen Versuch wäre es wert.

Der Kellner brachte die Weinflasche, er zog den Korken und roch daran, was nur Theater war, er schenkte mir und ihr ein, in dieser Reihenfolge, und ich hob mein Glas und stieß es sachte an ihres, auch ein Theater, das sie steif werden ließ, in sich versammelt wie bei etwas Sakralem, dem Annehmen der Hostie. Wir tranken, und noch mit dem Glas am Mund sagte sie, ihr Cousin habe das Glück im kleinen Finger und könnte in Mailand bestimmt etwas für sie tun. Sie lächelte, aber es war kein Lächeln für mich, es war eins für das Leben, ihr Leben. Und noch mit diesem Ausdruck, eher in den Augen als um den Mund, stand sie auf, ohne Grund, wie es schien, oder als hätte sie genug von dem Lokal, dem Kellner, der ganzen Situation, mich eingeschlossen. Sie sah meinen Blick, ein Wohin, was hast du vor?, und machte die Geste des Händewaschens, dann schritt sie an den Tischen entlang, aus dem Kreuz heraus, die Arme pendelnd, kein Gast, der ihr nicht hinterhersah – und ich erinnere mich an ein Gefühl des Erstickens vor Stolz, der zu sein, der um sie wusste und bei ihr war; drei, vier Minuten nur mochte sie in dem Lokal auf der Toilette gewesen sein, aber es waren die Minuten, in denen mir erstmals der Gedanke gekommen war, dass wir zusammenbleiben könnten, sie wirklich die Meine würde. Sich noch das Wasser von den Händen schüttelnd, kam sie zurück an den Tisch, gefolgt von dem Kellner mit unserem Essen, und dem schien etwas zu dämmern, als er hinter ihr herging, gut einen Kopf kleiner, wie im Schatten einer kriegerischen Gestalt.

Ich will das alles nicht überbewerten, aber auch die Art, wie der Kellner die Teller mit dem Fisch und den Beilagen hinstellte, den meinen neben Messer und Gabel, den ihren versetzt zu dem Besteck, und auch nur mir guten Appetit wünschte, waren Zeichen, dass etwas in der Luft lag, wie eins mit den zerbeulten Fischerkähnen und den Rauchenden an der Reling – auch das nicht mehr als ein Gefühl, abgelöst vom ganz realen Appetit. Es war ein frischer Branzino, glänzend weiß sein Fleisch, die Afrikanerin aß zuerst die Haut; sie aß, wie sie sprach, konzentriert. Zwischendurch schenkte sie mir und sich Wein nach, ja eigentlich meine Aufgabe, nur war ihre Hand schneller. Sie verschüttete etwas Wein und strich die Pfütze vom Tisch, sie nahm sich eine Gräte von der Zunge und zeigte sie mir, sie zog scharf Luft in die Nase – Kleinigkeiten, die mich auch zum ersten Mal daran denken ließen, wie es wäre, mit ihr zu schlafen. Wo wir die Nacht verbringen wollten, das fragte ich nach dem Essen, und meine noch Begleiterin sagte, wir sollten wieder etwas Billiges suchen, als Mann und Frau. Es war eine Antwort hinter vorgehaltener Serviette, aber mit einem Blick so offen, so frei, dass ich mir wie von mir selbst verbaut vorkam, ganz verhaftet in einer Zeit, die sie auf ihrem so langen Weg hinter sich gelassen hat (wenn sie nicht überhaupt, wie ich heute in ihrem einstigen Ort denke, der Zeit voraus war, letztlich zu weit, um die Zeit, der sie voraus war, noch erleben zu können).

Erst mit Bezahlung des Essens habe ich wieder zu meiner Rolle als Versorger und Planer gefunden – ich war der, der nicht nur die Rechnung beglich, sondern sich auch in dem Lokal an den Wirt wandte mit der Frage nach einer Übernachtungsmöglichkeit in der Nähe, einem B & B, das er empfehlen könnte. Daraufhin telefonierte er, während der Quartiersuchende, also ich, am Tresen lehnte und seine schwarze Geliebte – aus Sicht der Gäste im Inneren des Lokals – neben dem Eingang stand, jetzt wieder mit der skulpturalen Sonnenbrille, ihr Bündel wie ein zusätzliches spezielles Accessoire im Arm; als leider so Unübersehbare stand sie dort, dass eine junge Aufgeputzte am Ausschank, unter Umständen die Tochter des Wirts, ihr Gerät für jede Lebenslage aus der Gesäßtasche zog. Alles Weitere war eine Frage von Augenblicken: Der Wirt, noch telefonierend, schrieb etwas auf einen Zettel, eine Adresse, und ich, bereit, den Zettel an mich zu nehmen, hielt schon eine Hand hin; die eventuelle Wirtstochter aber machte das Objekt unserer Epoche gleichsam scharf. Sie hob es vors Gesicht, als ich dankend nach dem Zettel griff, um dann durch zwei rasche Schritte Richtung Eingang möglichst selbst ins Bild zu kommen; das heißt, ich lief auf die Unübersehbare zu und schob sie vor mir ins Freie, ein Nichtswieweg.

Hand in Hand, als nun doch beachtetes Paar oder Pärchen liefen wir an den Außentischen vorbei, und es war vor allem ihr Griff, mit dem sie Halt suchte, aber auch den falschen Eindruck des Paars erwecken wollte – ein Griff, den sie im dunkleren Teil der Mole sofort gelöst hat. Die aufgeschriebene Adresse lag nur einen Block weiter an einem der schmaleren Kanäle in einem Haus, das leicht nach vorn geneigt war. Und dort hat es weder Fragen noch Formalitäten gegeben, die Vermieterin, eine wohl immer schon ältliche Frau, wollte nur gleich ihr Geld, meinen letzten Fünfzigerschein; den hielt sie noch in der Faust, als sie uns ein Zimmer im dritten Stock zeigte, klein mit einem Doppelbett aus massivem Holz, möglicherweise ein vormaliges letto matrimoniale, jetzt für zahlende Gäste bestimmt, ein Bett, das kaum noch Platz ließ in dem Zimmer. Dafür gab zwei Fenster, eins zum Kanal hinaus, das andere zu einer Quergasse, und beide hatten wir gleich für etwas Durchzug geöffnet – ich neige zu dem Wir, auch wenn ich es war, der Fenster und Läden geöffnet hatte, als meine Mitbewohnerin schon auf dem Bett lag, in einem weißen T-Shirt und einer kurzen, für mich neuen hellroten Sporthose, wie aus einem Reservoir in ihrem Bündel für besondere Anlässe. Ganz am Rand lag sie wieder und auch wieder einer Wand zugedreht, das Betttuch nur über den Füßen, und nach einer Art Katzenwäsche legte auch ich mich hin, das Fenster zum Kanal auf meiner Seite, ohne das Gemeinschaftstuch in Anspruch zu nehmen. In Anspruch nahm ich dafür etwas anderes: mich dann doch umzudrehen und wie in der Nacht zuvor auf einen Nacken zu schauen – der sich schon mit halb gestrecktem Arm hätte berühren lassen, eine Versuchung; gut erreichbar auch ihr halbfreier Rücken vom Saum der Sporthose bis zum hochgerutschten Hemd, nur war da etwas am Rücken, das mich abhielt und zugleich näher hinsehen ließ, so etwas wie ungute Narben, schwer zu erkennen in dem schwachen Licht von außen.

Versuchung, eins der biblischen Worte, die einen verfolgen, ob man will oder nicht – ja, ich war in Versuchung, konnte aber dieses Wort dagegenhalten, nur hielt es mich dadurch auch wach, während die Afrikanerin schlief. Sie konnte nicht wissen, dass ich mich zu ihr gedreht hatte und probeweise den Arm streckte. Und schon gar nicht konnte sie wissen, dass ich dabei an Lydia dachte: die ja ganz in der Nähe, in unserem alten Hotel, jetzt auch auf dem Bett hätte liegen können, nackt, wie es ihre Art ist im Sommer, bereit, mich morgen zu sehen, um ein Treffen mit Cordes vorzubereiten. Bis auf ein kindlich flaches Atmen lag die Afrikanerin still auf der Seite, mit dem unbedeckten Stück Rücken zu mir, und konnte nicht wissen, dass ich den Arm mehr als nur probeweise nach ihr streckte. Sie wusste es so wenig, wie sie wusste, dass meine Hand, der Versuchung erlegen, über das Ungute strich: doch ein Narbengewebe, Haut wie die auf heißer Milch, auch heller als die umgebende Haut, ihrem Pigment beraubt und wohl ohne Gefühl. Ich konnte an ihr entlangstreichen, und die, zu der die Narben gehörten, atmete still weiter, während ich die Hand wieder an mich nahm und mir vorzustellen versuchte, was da passiert sein könnte unterhalb der Schulterblätter, ein Feuer, ein Unfall, kochendes Fett, und mir auch vorzustellen begann, wie es in einem Lager zuging; das heißt, ich wusste es eben nicht, ich konnte es mir nur zusammenreimen aus dem, was sie mitgeteilt hatte, so ruhig, als wären es Zitate aus einem Protokoll. Und es war wohl die Kluft zwischen dem Zusammengereimten und dem, was die zerstörte Haut an Wahrem enthielt, die mich erneut und wie unter einem Zwang dort hat hinfassen lassen, dem Zwang, das Kästchen zu öffnen, das man nicht öffnen soll, den Brief zu lesen, der einen nichts angeht. Und viel hatte nicht gefehlt, und die Hand wäre von der wie toten Haut, die sich kühl anfühlte, zur warmen Haut darunter gegangen, aber da hat die Afrikanerin etwas gesagt, wieder mit dieser Ruhe, ob ich daran denken würde, bei ihr zu bleiben, oder ob ich die, die mich am Karfreitag verlassen hätte, noch liebte.

So plötzlich und doch nicht aus dem Nichts ist das gekommen, dass ich nur den Arm wegziehen konnte, unfähig, etwas Vernünftiges zu erwidern, vernünftig in meinem Sinne, mit Hand und Fuß; es ist ja immer die Sprache, mit der wir uns aus der Affäre ziehen, nie eine Handlung, und ich höre mich noch sagen, für diese Liebe gebe es keine Auferstehung, und das andere müsse man sehen, denken könnte ich mir viel, worauf sie sich das hochgerutschte T-Shirt über ihren Rücken zog und noch näher an die Wand rückte, als wollte sie darin verschwinden.

Vor Jahren hatte mich schon einmal eine Frau völlig überraschend und wohl gerade deshalb im Ernst gefragt, ob ich mir vorstellen könnte, bei ihr zu bleiben, das hieß, mit ihr zu leben, meine alte Kindheitsfreundin bei unserer zweiten zufälligen Begegnung auf einem Kirchentag, und ich hatte so etwas geantwortet wie Vorstellen kann ich mir vieles, vor allem nach ewig langen Debatten in einem Kirchentagszelt – und das mit einem Verlegenheitslachen, an das ich mich erinnere, weil Maren es fast mit dem Mund an meinem Ohr kommentiert hat: ob das so komisch sei, was sie gefragt habe. Kurz darauf mussten wir in getrennte Zelte, jeder zu seiner Veranstaltung, womit die Sache für mich erledigt war, wie ungeschehen, nur nicht für sie, als hätten Frauen ein anderes Gedächtnis für feige Momente, die eigenen eingeschlossen. Während meiner Zuflucht in ihrem Haus, also erst vor wenigen Wochen, ist sie eines Abends auf den Vorfall zurückgekommen, aus für mich heiterem Himmel, nur muss es die eine Wolke gegeben haben, die ein Mann gern übersieht. Weißt du noch, unsere letzte Begegnung, als ich dich etwas fragte, hat sie gesagt und mir ein Stichwort gegeben, Zusammenbleiben, und ich sehe, ja spüre es auch noch, wie ich so getan habe, als könnte ich mich nur dunkel erinnern, und von ihr ein Lächeln kam in der Art Ich weiß, dass du weißt, was da war – ein Augenblick der Peinlichkeit, wie mit hängender Hose dazustehen, eben nichts mehr sagen zu können, nichts, was die Blöße auch nur etwas verdeckt hätte, passend zu einem Moment am Morgen nach der Nacht mit meiner Begleiterin in dem Haus an einem der Kanäle von Chioggia, als sie mich bei einem recht bescheidenen Frühstück in der ebenerdig gelegenen Küche auf einmal gefragt hat, warum ich sie in der letzten Nacht angefasst hätte von hinten, und mir nur geblieben ist, mit den Händen in der Luft zu rudern.

Es war ein stummes Wasweißich, als würden die Hände eigene Wege gehen, mal morgens in der Luft rudern, mal nachts einen Rücken berühren, und wie als Antwort darauf zeigte sie das unbestimmte Lächeln von Frauen, die auf Titelseiten von Vogue und ähnlichen Zeitschriften ihr sonst so Kühles um einen Grad erwärmen, und ich sagte, um sie auf andere Gedanken zu bringen, wir würden zusammen nach Mailand fahren, nur nicht gleich, weil wir hier noch jemanden treffen wollten an der Kirche, von der ich ihr erzählt hätte. Ja, ich sprach von wollen, dass wir etwas wollten, nicht nur ich, auch sie, und wollte sozusagen im Zuge dieser Rede ihr eine Schale mit eingeschweißten Marmeladenproben über den Tisch reichen, aber ihre Hand war schneller. Die Küche gehörte ganz uns, die Vermieterin telefonierte im Flur, ein Frühstück am offenen Fenster, in einem Hauch feuchter Hitze schon in der Morgenluft. Wir würden diese Kirche auf der kleinen Kanalinsel besichtigen, sagte ich, als wäre es so besprochen worden. Und es kämen dann zwei Personen dazu, die für sie nützlich wären, mit der einen müsste ich gleich noch telefonieren, alles in ihrem Interesse – ruhige, falsche Worte, einmal sogar mit einer Hand an ihrer, das heißt, ich wollte als Freund erscheinen, nicht etwa als Mittelsmann, und die Afrikanerin riss ein Zuckertütchen auf und streute den Inhalt in die Tasse Tee, die sie mir eingeschenkt hatte – sie hat sogar für mich umgerührt, ich weiß nicht, warum, und nachdem das Gespräch im Flur beendet war, hat sie sich zu mir gebeugt und Now make your call gesagt, als Appell an meine Konsequenz, nun zu tun, was zu tun wäre, und ich bin aufgestanden und habe die Vermieterin um ihr Telefon gebeten mit einer Erklärung, warum wir beide keins hätten: Wir seien bestohlen worden. In Rom, sagte ich, um ihre Stadt davon freizusprechen, noch ein paar falsche Worte.

Und während die Afrikanerin vors Haus ging, sich auf einen der Poller am Kanal setzte, vom Flur aus gut zu sehen, wählte ich Lydias Nummer. Sie nahm sofort ab, als hätte sie auf den Anruf gewartet, und kaum hatte sie von mir gehört, wo ich war, fiel sie mir schon ins Wort: ob ich es glauben würde oder nicht, aber seit einer Stunde sei sie auch in Chioggia, und danke für die Nachricht: Umarmung! Stell dir vor, sagte sie nach einer Pause, als hätte es die Umarmung auch wirklich gegeben, Cordes hat mich um vier Uhr früh in Rom aus dem Bett gescheucht und ist die ganze Zeit gefahren, er wollte den Helden spielen mit seinem Rücken und schläft jetzt im Hotel. Und die Bewusste, hast du sie gefunden, ist sie bei diesem

Cousin? Erst hier hatte Lydia Luft geholt, um mir dann mitzuteilen, dass in dem Hotel jetzt alles furchtbar renoviert sei – auch unser altes Zimmer, weißt du noch? Das waren ihre Worte, und ich glaube, es war allein dieser fragende Nachsatz, der mich hat sagen lassen, dass die Bewusste keine zehn Schritte von mir entfernt an einem der Kanäle sitzen würde, der Cousin aber schon in Mailand sei, dort wohl Arbeit auf einem Laufsteg in Aussicht habe.

Mein Blick ging durch den Flur zu der Mole, wo die Afrikanerin auf dem Poller saß, seelenruhig, wie es schien, Ellbogen auf die Knie gestützt, Gesicht in den Händen; sie sah in den Kanal wie in einen dunklen Spiegel, einen mit winzigen Wellen, in denen man sich gleichzeitig erkennt und auflöst. Folgender Vorschlag, sagte ich zu Lydia – wir treffen uns mittags in dieser Kirche auf der kleinen Kanalinsel, in die du damals nicht wolltest wegen des Gekreuzigten dort, du erinnerst dich?, und Lydia sagte, als hätte sie gar nicht zugehört, gegenüber dem Bett gebe es jetzt eine schwarze Schrankwand, daran ein monströser Fernsehschirm. Sie sprach leise, fast mit der Flüsterstimme, mit Rücksicht auf den, der so lange am Steuer gesessen hatte, um ihn nicht zu wecken; vermutlich stand sie am offenen Fenster, die Möwenschreie von der Anlegestelle waren zu hören. Wir haben das Zimmer nur als Tageszimmer, sagte Lydia wie hinter vorgehaltener Hand. Cordes trifft schon heute Abend die Frau, die ihm hier Türen öffnen soll, das findet in Verona statt, aber bis die Türen aufgehen, kann es Tage dauern. Ich fliege von Verona zurück, meine Patienten warten, er fährt von dort nach Mailand. Und bevor wir hier abfahren, möchte er deine Anhalterin wenigstens sehen, für ein Gespräch ist keine Zeit. Wenn sie aber auch nach Mailand will, könnte er sie dort treffen – will sie?

Das Möwengekreisch am anderen Ende brach ab, Lydia hatte wohl das Fenster geschlossen, ein sicher auch neues Doppelfenster, das alle Geräusche fernhielt, und ich sah sie ans Bett treten, den Schlafenden darin etwas mehr zudecken, sie war stets auf der Suche nach Ersatz für ein mütterliches Tun, eins, das sie jederzeit wieder einstellen konnte. Ja, das will sie, sagte ich und winkte der, um die es ging, weil sie zu mir sah, meines Erachtens ihr erster argloser Blick, der einer jungen Frau, die sich auf eine Autofahrt freut – vorher noch eine Kirche, etwas für die Seele, dann eine neue Landschaft, etwas für die Augen. Ich werde das so weitergeben, sagte Lydia, und da sah ich sie über das Bett gebeugt stehen und Cordes eine Hand an die Wange legen, eine Geste wie ein Flüstern, Schlaf noch etwas, ruh dich aus, und ich sagte, dass sie in zwei Stunden mit ihm auf dem kleinen Platz vor der Kirche sein sollte, als an geistlichen Dingen interessiertes, vertrauenerweckendes Paar. Ich sprach jetzt selbst mit leiser Stimme, während mir die Vermieterin kleinliche Zeichen gab, das Telefonat zu beenden – Wenn die Sache aus dem Ruder laufe, er einfach Bilder von ihr mache, würden wir sofort abbrechen, sagte ich, und vom anderen Ende, keinen halben Kilometer entfernt, ein Was heißt da wir?, gefolgt von einem künstlichen Lachen, das bei Lydia immer dann kam, wenn irgendetwas Albernes, aber Wahres gesagt worden ist. Tatsächlich hatte ich wir gesagt, nach Art eines Agenten, der sich vor seine Klientel stellt, wir würden abbrechen, sofort, was hieß, dass ich am längeren Hebel wäre, bestimmen könnte, was geschieht und was nicht, etwa mit ihr nach Mailand zu fahren, um sie dort auch auf einen Laufsteg zu bringen, bei ihrer Größe eine Kleinigkeit. Und von Lydia nach dem unechten Lachen (das ich manchmal geliebt hatte, weil auch darin etwas Wahres lag) nur ein Ja als Einverständnis in jeder Hinsicht, und die Zusicherung, pünktlich bei der Kirche von damals zu sein – Wie heißt sie noch gleich?

Die Chiesa di San Domenico, wie gesagt auf einer Insel kaum größer als der Grundriss der Kirche, war ursprünglich ein Konvent, erbaut im dreizehnten Jahrhundert; als Kirche genutzt wurde sie erstmals 1537 – Zahlen, die man nachlesen kann, auf Schirmen, die noch viel geduldiger sind als Papier. Ich hatte sie in einem Internetcafé nachgelesen, die Afrikanerin an meiner Seite, seltsam unruhig, wie es aussah, schon in Erwartung dessen, was ich am Vortag im Auto erzählt hatte, und seltsam auch, weil sie die Kirche gar nicht auf dem Schirm hat sehen wollen, stattdessen an der dünnen Kruste auf dem Loch am Handrücken kratzte. Natürlich wollte ich sie davon abhalten, ihr sagen, auf die Art könnte sich die Wunde wieder entzünden, sie schade sich damit selbst, andererseits war es ihre Hand. Sie ging auf und ab und zog weiter an der Kruste, und ich las die Texte zu den Bildern – Bilder, die aber kaum wiedergegeben haben, was dann nur zwei Quergassen weiter, von der buckelförmigen Steinbrücke aus, der Brücke über den Kanal zu der wasserumschlossenen Kirche der sofortige Eindruck war: der eines schmucklos klobigen Bauwerks aus Backsteinen, äußerlich viel mehr Zufluchtsort als Kirche. Auch die Afrikanerin schien es gleich so gesehen zu haben, als ein Gebäude erbaut für ihresgleichen, sonst wäre sie nicht wie auf Schienen über den schattenlosen Vorplatz auf die auch im Verhältnis zu ihr noch große Kirchentür zugegangen, ich einen Schritt dahinter, als der, der so tun musste, die Chiesa di San Domenico zu kennen, sie aber auch noch nie betreten hatte – und dann mit einem Laut der angenehmen Überraschung ein fast kühles Halbdunkel betrat.

Die Kühle war das Erste, das einen umfing, als hätte die Kirche nichts mit dem Außenleben zu tun, der Hitze und dem vielen Licht, dazu noch verbunden mit einer Stille, die etwas Atemanhaltendes hatte. Zu beiden Seiten des Mittelgangs waren leere Bänke, soweit sich das bis in die Ecken sehen ließ; das Licht durch kleine Deckenfenster fiel vor allem auf diesen

Gang, auf große, glattgewetzte Steinplatten, die zu verlangsamten Schritten anhielten, ich weiß nicht, warum. Jedenfalls machten wir Schritte wie von etwas zurückgehalten, beide mit unserem Gepäck, Tasche und Bündel – im Anschluss an das Telefonat hatte ich ihr das auf der Mole gesagt: Nach dem Kirchenbesuch würden wir direkt zum Parkplatz laufen. Wir sind also langsam und etwas versetzt, sie schräg vor mir, bis zum Altar gegangen, bestehend nur aus einem von der Zeit geschliffenen nackten Steintisch, auf den Licht aus einer Kuppel fiel, wodurch man wie von allein aufsah, zu dem Gekreuzigten in einer Wandaussparung über dem Altar, von dem Licht nur so erhellt, als herrschte Dämmerung mitten am Tag.

Wir standen dort auch etwas versetzt, sie wieder schräg vor mir, ihr Bündel jetzt abgelegt vor den Füßen, und ich hätte vielleicht genauso gebannt zu dem Kreuz aufgesehen, wären wir die zwei Einzigen in dem großen, nahezu kahlen Kirchenschiff gewesen. Das waren wir aber nicht, wie mir erst nach einem leisen Geräusch, dem einer Allerweltsgerätehülle mit Magnetverschluss, der zuging, aufgefallen ist. Am seitlichen Rand einer der mittleren Bänke, mit ihrer Kleidung so halbdunkel wie das Licht dort, saß eine Frau, die nur Lydia sein konnte, neben einem Mann, der nur Benedikt Cordes sein konnte – die Gesichter waren nicht zu erkennen, allein die Umrisse der Gestalten. Es hatte etwas von einem absurden Theater mit nur zwei Leuten im Parkett, einem Paar, das einem anderen Paar bei einem Stück ohne Worte zusieht. Und ich wollte schon hingehen, auf beide einflüstern, so sei das nicht besprochen worden, aber da hob Lydia eine Hand, wie ein vereinbartes Zeichen, dass die Vorstellung beginnen könnte, oder um mir zu sagen: Schau, wir sind beide da, nicht nur ich, auch er, um einen Eindruck von deiner schwarzen Anhalterin zu bekommen – und erst jetzt ist mein Blick dorthin gegangen, wo die Afrikanerin von Anfang an hingesehen hatte, den Kopf im Nacken.

Ich meine damit den Gekreuzigten in der Wandaussparung über dem Altar, die geschnitzte Figur, die Lydia vor Jahren – vier oder fünf, unsere gemeinsamen Sommer verschwimmen – schon als Bild in einem Faltblatt Angst gemacht hatte. Und man muss gar nicht besonders gläubig sein, es reicht, in der eigenen Existenz etwas mehr als nur einen Zufall zu sehen, um beim Anblick dieser Figur nachdenklich zu werden. Aus zwei lukenartigen Fenstern in der Kuppel fiel das Licht auf den Körper am Kreuz, vom gesenkten Schädel bis zu den übereinandergenagelten Füßen; was da unter den Händen eines unbekannten Holzschnitzers entstanden war, hatte nichts von schönem Leiden, einer bella figura am Kreuz, die Augen himmelwärts verdreht, und es war auch kein Mahnmal für einen weit zurückliegenden Skandal, die Tötung eines Missliebigen aufgrund eines Volksentscheides, letztlich eines Lynchmords unter behördlicher, römischer Aufsicht. Nein, all das war dort nicht zu sehen, stattdessen ein ans Kreuz Genagelter mit faulen Zähnen im offenen Mund kurz vor seinem elenden Verrecken – und vielleicht hätte ich es gar nicht mit solcher Klarheit gesehen ohne die, die neben mir stand, die Hände dermaßen gefaltet, dass die Knöchel hell wurden. In ihren Lippen war eine Art Puls, und ich weiß noch, wie ich nicht hinsehen wollte und dennoch hinsah, wie man eben auch, ohne es zu wollen, auf einen Unfall sieht, an dem man vorbeifährt. Es hatte etwas Beängstigendes, als gäbe es ein Bündnis zwischen ihr und der Gestalt am Kreuz oder dem, was der Sohn am Kreuz erreicht hatte: dass niemand mehr ins Leere beten musste, zu Göttern, die nie eine Antwort gaben, alle unzuverlässig waren, ob sie nun Jupiter oder Minerva hießen, Mars oder Poseidon. Das heißt, sie vertraute dieser Leidens- und Elendsgestalt mit den kaum bedeckten Blößen, die knochigen Füße auf furchtbare Weise sinnvoll übereinandergenagelt, wie um den zweiten Nagel damit einzusparen, die Beine geknickt in den Knien, ganz von der Schwerkraft erfasst. In dem ausgemergelten Leib klaffte der seitliche Lanzenstich, und die Augen im hängenden Kopf waren blicklos, das Weiße darin erschien wie aufgelöste Kreide, während der Mund mit den faulen Zähnen aufstand wie zu dem Schrei der Enttäuschung auf der Schneide zwischen Leben und Tod, Eloï, Eloï, lema sabachtani, Mein Gott, mein Gott, warum hast du mich verlassen (Markus 15, Vers 34). Das Ganze war, wie soll ich sagen, so unzumutbar, dass man kaum länger hinschauen konnte; nur sie hat das getan, unentwegt dort hingeschaut, die Hände jetzt als Fäuste unterm Kinn, die Kruste auf der einen abgezogen – es hatte etwas wie von dem Gekreuzigten auf sie Übergegangenes, in sie Gefahrenes, aber ebenso gut könnte man sagen: etwas für mich so Unerträgliches, dass ich nicht anders konnte, als nach ihren Händen zu greifen, um die eine vor der anderen zu schützen, mit der Folge, dass sie meine Hand wegschlug, verbunden mit einem Laut, als hätte nicht ich in einer Kirche, sondern ein Tier im Dunkeln mit den Krallen nach ihr gegriffen, einem Laut wie von einer fremden Stimme in ihr.

Und nur Augenblicke später – einen Herzschlag bevor ich etwa beruhigend einen Arm um sie gelegt hätte und das Ganze unter dem Kreuz in der alten Kirche wahrscheinlich haltlos geworden wäre, ein Desaster unter den Augen von Lydia und Cordes – sagte sie I'm fine, nur das, und das ruhig, und wie als Gegenbeweis zu dieser eher falschen Befindlichkeitsangabe kam es zu einem Knacken von Holz im Kirchenschiff hinter uns. Das Paar war aufgestanden, und Lydia machte mir Zeichen, dass ich ihrer Ansicht nach in einem Schlamassel steckte, beide Daumen gesenkt, und dass sie draußen warten würden, dafür reichte ein Zeigefinger; nur sind dann die beiden nicht etwa seitlich an den Bänken vorbeigegangen, im Halbdunkel, sondern haben sich zwischen zwei Reihen bis zum Mittelgang geschoben, in das dort hellere Licht, um ersichtlich als Paar zur

Tür zu gehen, fast Schulter an Schulter, Cordes mit einer Hand im Kreuz nach der harten Bank, Lydia in Sandalen mit kleinen Absätzen, die Schnallen silbrig, darin schimmerndes Grün, an Libellen erinnernd – unser letzter gemeinsamer Schuhkauf, Wien. Ich sah beiden noch hinterher, bis sie ins Freie traten, in einen Block von Licht, und die große Tür wieder zuging, es wieder halbdunkel war und still in der Kirche, dermaßen still, dass man sein Herz hörte oder es zu hören glaubte, was ja auf dasselbe hinausläuft, ein Bangen.

    Dass es ihr gut gehe, hatte sie mir und vielleicht auch sich selbst versichert und war dabei, mit aller Vorsicht gesagt, von einer ganz eigenen, zerbrochenen Schönheit, etwas so jäh zu Tage Getretenem, wie sich mit ihrem Laut ein Grauen – ob vor mir oder der Welt – Luft gemacht hat; und mit derselben erschreckenden Ruhe ist von ihr die Bitte gekommen, sie noch etwas allein zu lassen, und ich bin mit meiner Tasche in der Hand durch den Mittelgang zur Tür geschritten wie einer, der aus dem Haus gebeten wurde, damit seine weit jüngere Frau mit einem anderen, wenn auch an ein Kreuz genagelt, für eine Weile ungestört sein kann.

Nicht die allmähliche Enthüllung von etwas Schrecklichem oder Schönem wirft einen um, sondern die plötzliche Erscheinung – mich hatte dieses zerbrochene Schöne, das so jäh sichtbar geworden war, insoweit umgeworfen, als ich, ratlos, wie es weitergehen sollte, ins Freie getreten bin, in einen Anprall von Licht und von Hitze, gesteigert noch dadurch, dass Lydia sofort auf mich zukam, mit einem Gratuliere, gemeint natürlich die Last, die ich da jetzt zu tragen hätte mit einer, die offenbar schnell die Beherrschung verliert. Ich wollte ihr ausweichen, gleich weitergehen zu der Buckelbrücke über den Kanal, zu Cordes, der auf der niederen Steinbrüstung saß und mir winkte, die Hand allenfalls halb erhoben.

Das waren die äußeren Umstände nach Verlassen der Kirche, einfach wiederzugeben; aber dann hielt mir Lydia ihr Smartphone hin, was auch ein intimer Umstand war. Gestern Abend hat hier in einem Lokal die Tochter des Besitzers ein Foto gemacht, sagte sie. Eigentlich von einem schmalen grauhaarigen Mann, Mitteleuropäer, und seiner langbeinigen afrikanischen Begleiterin, also wohl von dir und der etwas Unbeherrschten. Aber seit einer Stunde ist das hier im Netz – und damit hat sie mir das Bild fast unter die Nase gehalten, eine schmale Flussbiegung, im Wasser zwei junge Burschen, die ihre Mopeds einseifen, und am Ufer eine Frauengestalt von hinten, in jeder Hand einen Kanister – Könntest du mir das bitte erklären, rief sie, ohne jede Ironie im Ton, als wirklich dringende Bitte, und soweit ich mich erinnere, hieß meine ganze Antwort: Erklären wozu? Das war schon auf den paar Schritten zu der Brücke, um mich an Cordes zu wenden, im Grunde an die Vernunft, die in seiner Stimme lag, auch wenn es Schauspielerei war, oder eine Weltsicht, für die ein Zwischenfall wie der in der Kirche kaum ins Gewicht fiel, und ein Bild wie das von der Flussbiegung nur im Moment unerklärlich war, nicht im Prinzip. Und genau genommen flüchtete ich mich auf die kleine Brücke, zu einem Mann, von dem man sich tagelang nicht erholte und der mich mit einer Geste des Mitgefühls empfing, beide Hände jetzt halb erhoben zu einer losen Schale, wie um die Last, die von der Afrikanerin offenbar ausging, mitzutragen durch ein stummes Was soll man da machen, so sind die Frauen aus diesem Winkel der Welt, groß und schön, aber unberechenbar. Sie ist es, sagte er. Und ist offenbar in keiner guten Verfassung.

Es war wie ein Urteil, wobei er seine Hände fallen ließ, die eine wieder in den Rücken nahm; Cordes saß immer noch auf der Brüstung, er trug einen Strohhut, als wäre er vom Land. Und er sagte, er sei selbst in keiner guten Verfassung, habe aber heute noch einiges vor, und am besten wäre es, sich in Mailand zu treffen, vor dem Hintergrund der Modewoche – Wie ich hörte, hat man ihren Cousin dort hingelotst, und folglich will sie auch nach Mailand. Es dürfte um die Fashionweek-Eröffnung gehen, die Show nur mit Afrikanern, eine ideale Kulisse für jedes Gespräch. Und mit Ihrer Hilfe käme sie nach Mailand, drei Stunden von hier mit dem Auto. Ich bin heute schon fünf gefahren – hatten Sie je etwas am Rücken? Cordes winkte in Richtung Lydia, die noch auf dem Platz vor der Kirche stand, im einzigen, kurzen Schatten eines Laternenpfahls, und auf ihren Schirm sah, als würde sich das Bild mit der Zeit selbst enträtseln. Nichts wirklich Böses, sagte ich, und er legte mir eine Hand auf die Schulter. Nichts Böses, dann hatten Sie Glück. Denn wenn es böse ist, werden Sie zum Trottel des eigenen Körpers. Ich bin heute hierhergefahren, diese fünf Stunden, um nicht der Trottel zu sein, sondern der Sieger über den Rücken. Und wissen Sie, was ich mit Trottel meine? Sie versuchen, dass Ihnen möglichst nichts herunterfällt, damit Sie sich nicht bücken müssen, aber plötzlich fällt Ihnen alles herunter. Und Sie haben Angst, sich hinzulegen oder auch nur zu setzen, weil Sie irgendwann wieder aufstehen müssen. Sie sind dicht davor, alles zu schmeißen, Ende, aus, nur noch die Kugel oder bis zum Tod das warme Meer der Karibik, sich treiben lassen im Seichten – und von alldem kann mich Lydia immer wieder für ganze Tage oder auch eine Woche erlösen, das wollte ich Ihnen nur sagen, damit Sie die Dinge besser verstehen. Und Sie werden Ihre seltene Fracht weiter mitnehmen, die junge Impulsive mit der Figur einer Hochspringerin – das konnte man irgendwo lesen – nach Mailand fahren, kann ich mich darauf verlassen?

Und ich hatte Ja gesagt – Ja, natürlich, wir werden dort sein, am Abend der Eröffnungsshow, und Sie also auch, wir treffen Sie da?, eine überflüssige Frage, allein der Situation geschuldet:

zwei Männer auf einer kleinen Brücke, der eine mit Gelegenheitsarbeit für eine Nachtsendung im Radio, der andere Welterklärer vor Millionen gleich nach dem Abendessen. Cordes fächelte sich mit dem Strohhut Luft zu, um ihn dann anders aufzusetzen, mehr im Nacken. Er hatte wirklich etwas von einem Bauern mit diesem Hut, so wie er bei seinen Auftritten in Krisengebieten etwas von einem Kämpfer hatte, der nur mit einfachsten Waffen, in der einen Hand eine Wasserflasche, in der anderen ein Allerweltsgerät, in die Gesprächsschlachten zieht. Sein Trick ist, dass man von den einfachen Mitteln auch auf einfache Wahrheiten schließt: Welch ein Kerl, sagt man sich, der uns da ohne Aufwand die Welt erklärt, statt zu sehen, auf welche Art er die Welt in die Wohnzimmer bringt, wie der Turniertänzer, der seine Schritte pantomimisch begleitet. Und heute, wo müssen Sie noch hin, fragte ich, was schon Konversation war, zumal ich es wusste, aber was sagt man nicht alles, wenn man schon zu viel gesagt hat, verleitet von einem, der vor sich herträgt, dass die Menschen überall gleich sind, ob mit Turban und Bart am Hindukusch, ein Schwert in der Hand, oder mit Zahnstocher im Mund und automatischem Gewehr neben ihrem Klappstuhl an der Grenze zu Mexiko. Gleich schlecht.

Verona, sagte Cordes, waren Sie schon mal in der Arena dort, in der Oper? Und bei der Frage hat er Lydia noch einmal herangewinkt, jetzt mit Nachdruck, dass es Zeit werde aufzubrechen, trotzdem hat sie sich Zeit gelassen, sich nur langsam genähert, was mir sagen sollte, wie sehr sie, auch wenn sie sich heranwinken ließ, noch sie selbst sei. Als sie dann aber auf der Brücke war, in den libellenhaften Schuhen vor Cordes hintrat, ergriff sie sofort die Hand, die auf meiner Schulter gelegen hatte, noch ein Akt, der mir etwas sagen sollte, für ihn dagegen eine schöne Geste; und wie davon in Stimmung gebracht, rief er La Traviata! in die Mittagsstille. Die Diskrete, die mir in

Mailand die entscheidende Tür öffnen soll – ich kenne sie bisher nur von Bildern, heller Teint, blondes Haar, straff aus der Stirn, weiße Bluse –, die treffe ich heute bei dieser Oper. La Traviata, Sie wissen, worum es da geht? Cordes rutschte von der Brüstung, halb in Lydias Arme. Da geht es um alles, erklärte er, schon eine Hand an seinem Hut als Verabschiedung. Um Liebe und Eifersucht, Geld und Tod – also ab nach Verona!

Und um das hier gleich einzufügen: Die Flussbiegung, an der junge Burschen ihre Mopeds mit Seife waschen, das Gefährt bis über die Reifen im Wasser und der jeweils Waschende bis an die Hüften, diese Biegung liegt ein gutes Stück hinter dem Ort, in dem ich nach wie vor ein Fremdkörper bin. Der Flusslauf ist an dieser Stelle nur ein Nebenarm fast ohne Strömung, daher geeignet für alle möglichen Waschungen; die Mopedbesitzer stehen nackt im Wasser, anfangs kaum zu erkennen, weil auch sie eingeseift sind. Mir ist es, nachdem ich mich zu der Biegung hatte fahren lassen, erst nach einiger Zeit aufgefallen, wahrscheinlich weil ich zu sehr von dem Gedanken beherrscht war, alles müsste dort so sein wie Wochen zuvor auf Lydias kleinem Schirm, das heißt auf dem Instagram-Bild, das sie mir vor der Kirche gezeigt hatte und das Stunden später schon in der Zeitung für die ganze Lagunenregion auftauchen könnte – eine Vorahnung, als ich noch einmal in die Kühle der Chiesa di San Domenico gegangen bin.

Dort fand ich die Afrikanerin seltsam gelöst in der Ecke mit den Kerzen, die man gegen Opfergeld entzünden kann; nur eine Kerze brannte, die ihre. Und mit seltsam gelöst meine ich, dass sie wie ein Kind in die kleine Flamme sah; kaum aber war der Docht samt Flämmchen in das flüssige Wachs gesunken, nahm sie ihr Bündel und sagte Let's go, was etwas Aufbruchsstimmungshaftes hatte, erst recht, als wir ins Freie kamen, in einen Hochsommer, obwohl es auf September zuging, wie eine

Dehnung zu unseren Gunsten. Und wir hatten ja auch keine Eile, nach Mailand zu kommen, uns blieben volle drei Tage bis zum Beginn der Modewoche, Zeit, um zu trödeln, so empfand ich es, als meine Mitreisende vor mir auf die Brücke trat und sich umsah zu dem, der glaubte, die Welt liege vor ihm mit diesen drei Tagen. Hochaufgeschossen stand sie auf dem Scheitel der Brücke, im Hintergrund die Fischerhäuser auf der anderen Seite, eine weithin sichtbare Gestalt in der Sonne: junge Afrikanerin, vertikal, so dunkel und reglos wie das Wasser der Kanäle, bis etwas in die Stille und das Reglose einbrach, mit einem Knall, als wäre ein Luftballon geplatzt, und die Gestalt wie unter einem Stromschlag zuckte.

Es war das Ende einer teils verwischten zeitlichen Abfolge seit dem Aufstehen am Morgen und der Beginn eines so präzisen Nacheinanders, dass es bei der Erinnerung daran keinerlei Zweifel gibt: Auf das heftige Zucken folgte, ich meine, aus einem Giebelfenster in einem der Häuser, eins jener abgebrochenen Wörter, die es in jeder Sprache gibt, solche wie Steine, die man nach jemandem wirft. Und Augenblicke später war ich schon auf der Brücke bei der jetzt wieder so Stillstehenden, als wäre nichts passiert, um den Mund aber einen Zug wie die Figur am Kreuz, wobei sie so unmenschlich gerade stand wie eine Lanze, die freie Hand – die andere hielt weiterhin das Bündel – auf ihr Gesäß gepresst. Sie atmete, als wäre sie Treppen hinaufgerannt, das einzige Geräusch in einer Mittagsstille zum Ersticken, mit menschenleerer Mole und einem Wasser wie altem Glas, ja selbst dösenden Möwen auf den Pflöcken im Kanal, und dann endete auch das scharfe Atmen – eine Pause, in der sie mich angesehen hat, fast erstaunt, bevor sie drei ruhige Worte sagte. Someone shot me.

13

Wie ein Satz aus einem Film hatte sich das angehört, jemand hat auf mich geschossen, oder hat mich erschossen, wenn man es wörtlich nimmt, nur war sie nicht erschossen worden; sie war getroffen worden, wo es am beschämendsten ist und sich der Schmerz verdoppelt, dort, wo man die, die nicht hören wollen, es fühlen lässt, wie weit sie unter einem stehen, so fühlen lässt, dass sie danach nicht mehr sitzen können – Someone shot me, wie gesagt drei ruhige Worte, fast erstaunt oder ungläubig, ein Wieso, warum, warum ich, wozu? Und erst nach einer weiteren Pause, ihr Atem jetzt wieder hörbar, scharf gegen den Schmerz, der Pause, um irgendwie fassen zu können, was da eben passiert ist, nicht anderswo und irgendwem, sondern hier auf dieser kleinen Brücke zu der Kirche ihr passiert ist, und was auch immer noch weiter anhielt in ihrem Fleisch mit einem Geschoss darin, nach diesen Momenten der Schwebe – nicht zwischen Leben und Tod, denke ich heute, sondern zwischen Weiter-da-sein-Wollen und Nicht-mehr-da-sein-Wollen – sagte sie nur noch leise ein Wort. Away.

Unerschrockenheit oder Mut ist ja nichts mehr, an das wir noch gewöhnt wären, wie wir inzwischen etwa an Entblößung gewöhnt sind, gleichsam uns selbst als einziges Kleid tragen, und ich weiß noch, wie zögerlich tastend und mit was für weichen Knien ich die Angeschossene auf die andere Seite des Kanals geführt habe, obwohl sie durchaus selbst hätte gehen können, ohne helfende Hand, aber man tut es natürlich, wenn so etwas geschehen ist, mitten im Frieden ein Schuss aus einem Fenster ins Gesäß einer Afrikanerin, gerade aus einer Kirche gekommen und frei stehend auf dem Brückchen über einen

Kanal, mit der Rückseite zum Schützen, das ideale Ziel. Ich führte sie über die Mole bis zur ersten Quergasse und dort zu einem Müllcontainer, der mir als Deckung erschien, als Möglichkeit, irgendwie die Wunde zu versorgen, und dann war sie es, die mich führte, mich weiterbewegte, im Gesicht wieder die skulpturale Sonnenbrille, aus ihrer Habe gezogen, das Bündel über der Schulter, ja die sogar beruhigend auf mich einsprach, es sei nichts wirklich Schlimmes, sagte sie, nah an meinem Ohr und mit einer Mischung aus Stolz und Verachtung – ich habe schon anderes ertragen, ihr könnt mir wehtun, aber mich nicht treffen. Sie beschwor mich, keinen Aufstand zu machen, keine Szene, No police, no doctor, just nothing, das waren ihre Worte. Sie wollte nichts als zum Auto, weg aus der kleinen Stadt der Kanäle, zog aber ein Bein nach beim Gehen und presste die Lippen zusammen – wer kann das schon wegstecken, wenn er nicht weiß, was da in ihm steckt und wie tief, und oft hat man ja am Anfang kaum Schmerzen, der Körper schüttet Stoffe aus, die einen täuschen, und auf einmal bricht man zusammen. Ich war mir nicht sicher, ob sie das Richtige tat, nur leicht zu hinken, als wäre sie umgeknickt oder gestolpert. Wir waren die Einzigen in der Gasse, und sie drängte mich weiter, zog an mir, während ich, immer noch weich in den Knien, tatsächlich mehr vorwärtsstolperte als ging und einfach Angst hatte, um sie und um mich, um uns beide, womöglich auch nur um mich – wer will das schon ausschließen, wenn vorher noch nie auf die Person neben einem geschossen wurde und eben noch alles friedlich war, ein Bilderbuchsommertag. Ich bat sie, mich anzusehen, ohne die falsche Dolce-&-Gabbana-Brille, die alles harmloser machte, ich nahm sie ihr ab und sah ihre Augen, erneut wie in einer rötlichen Lösung schwimmend: jetzt in Tränen der Beschämung, das war mein Eindruck, als säße der ganze Schmerz in den Augen und nicht dort, wo das Geschoss die Kleidung, ihr neues Tuch, glatt durchschlagen hat, ein

Geschoss, das nicht sehr groß war, keinen größeren Schaden angerichtet hatte, eins für Luftgewehre, nahm ich an, aber das Modell für erwachsene Schützen, mit Zielfernrohr und langem Lauf. Sie zog mich immer noch so eilig weiter und weiter, als wäre ich der Getroffene, der in Sicherheit gebracht werden müsste und nicht sie.

Es war eine Flucht in der Stunde der größten Hitze durch Gassen, in denen kaum zwei nebeneinanderlaufen konnten; die engen Wege zwischen den Häusern gehörten Katzen, die im Schatten auf dem Boden dösten, und da und dort hockte eine Alte auf einem Stuhl neben ihrer Tür. Die Afrikanerin hinkte jetzt mehr als nur leicht, um die Seite mit dem Einschuss zu entlasten, und als wir über eine der Kanalbrücken mussten, gerade hoch genug, dass ein Boot darunter hindurchgleiten konnte, wenn die Fischer darin ihre Köpfe einzogen, und wir wieder im prallen Licht waren, sah ich erst, dass sich ihr Tuch dort, wo sie die Hand daraufhielt, als könnte das irgendwie helfen, rund um die Hand dunkel war. Ich stand mitten auf der Brücke – die man sich als klein oder verspielt vorstellen kann, als Zierde aus weißlichem Marmor –, kaum in der Lage zum nächsten Schritt, und sie war es, die mich dann stützte statt andersherum, mir über die Brücke half und auf der anderen Seite ein Stück am Kanal entlang, bis zur einzigen Straße, die aus der Stadt führte, ausgestorben um diese Stunde, fast schattenlos vor uns liegend, ihr Belag ebenfalls glänzend, splittrig mit Ölschlieren, eine Straße ohne Gehsteig zu dem Parkplatz am Rand der Lagune – an alles Mögliche klammert sich ja der Blick, um von einem Durcheinander in uns abzulenken, so war es auch noch, als wir über den Parkplatz liefen, im Gefunkel all der sonnenbeschienenen Autos, ihrer Scheiben, ihres Lacks, und wenn ich Durcheinander sage, ist damit auch gemeint, dass es keine Idee mehr gegeben hat, was als Nächstes zu tun wäre, eins so gut oder schlecht wie das andere erschien, ich nicht mehr weiterwusste.

Die Afrikanerin lief jetzt vor mir, ohne Hand auf der Wunde, nur darauf aus, unseren Wagen zu finden, aber von der Art standen dort viele, nur schien sie genau zu wissen, wo er stand, und hinkte darauf zu, wie von einer Witterung geleitet. Ihre Schritte waren das einzige Geräusch inmitten der vielen Autos, und ich musste mich zwingen, diese Stille, die etwas Böses hatte, als gäbe es einen Pakt zwischen der Lagune, ihrem Glitzernden, und den abgestellten Fahrzeugen, ihrem Funkeln, mit meiner Stimme zu unterbrechen. Wir sollten uns jetzt um die Wunde kümmern, sagte ich, was auch ein Kinosatz war, und statt zu antworten, trat sie neben unseren Fiat und übergab sich, ein fast lautloser Vorgang, Hände an den Schläfen, wie ein Verschaffen von Gewissheit – der Gewissheit ihrer Stunde null, kann man sagen. Und natürlich hätte ich sie stützen können, ihr unter die Arme greifen, einen Halt bieten – ich bin bei dir, auch in solchen Momenten der, der auf dich aufpasst –, aber es ist, wie gesagt, so selbstverständlich geschehen, dass jeder Beistand auch etwas Anmaßendes gehabt hätte, anmaßend im Dienen nach Art von Jesus: Ich bin in eurer Mitte wie der Dienende, Lukas zweiundzwanzig, wenn ich es richtig erinnere, ein Wie, das mir immer verdächtig war, so verdächtig, wie eine Hilfe beim Erbrechen gewesen wäre.

Meine Reiseapotheke, noch von Lydia aus einer teilmedizinischen Sicht zusammengestellt, enthielt neben Pflastern und Verbandszeug, zwei Wundsalben und einer Desinfektionslösung auch eine Pinzette, steril verpackt, außerdem die gebräuchlichsten Schmerztabletten und Antibiotika sowie das Übliche bei Durchfall und Übelkeit; ein Beruhigungsmittel enthielt der Beutel nicht. Das hätte vielleicht geholfen, nicht ihr geholfen, aber mir, als ich nach einer halben Stunde Fahrt in Richtung der sogenannten Euganeischen Hügel, bekannt für ihre warmen Heilquellen, etwas abseits einer Straße mit wenig Verkehr – jedes andere Auto war der Afrikanerin schon zu viel –, dazu noch geschützt von Brombeergebüsch, schließlich die Schusswunde sah, die Getroffene über die Haube des Mietwagens gebeugt.

Dem war nichts weiter vorausgegangen, das muss hier gesagt werden, kein Hin und Her mit Blicken oder Worten, ob es irgendwie zu viel sein könnte, für sie, für mich, für uns beide, wenn sie sich das, was sie anhatte – ich nenne es ungern Kleid –, eben das Tuch, in das sie gehüllt war, bis ins Kreuz ziehen würde und ihre auch dunkel verfärbte, eigentlich helle Wäsche so weit herunterstreifte, dass damit die Einschussstelle freiläge. Sie tat das einfach alles, ohne Blicke, ohne Worte, das Unumgängliche, um sich dort ansehen zu lassen, wo sie nicht selbst hinsehen konnte, geschweige denn eine noch blutende Wunde versorgen, und ich beugte mich über sie, bemüht, nur die Wunde zu sehen, das Zerstörte, und nichts von dem dunkelrot glänzenden Drumherum, übergehend in eine Haut wie Blindenschrift. Das Geschoss hatte, mit sicher noch voller Kraft auf die doch geringe Distanz über Mole und Kanal, den Stoff von Tuch und Wäsche tatsächlich glatt durchschlagen und Fetzen davon ins Fleisch getrieben, erst sichtbar, als für Momente alles Blut aus dem Wundtrichter getupft war und zwischen offenem Fleisch auch etwas von dem kleinen Geschoss hervorsah, geformt wie ein Eierbecher oder Stundenglas. Und erst damit stand zweifellos fest, welche Art von Waffe benutzt worden war, eine, die ich kannte – im Dorf meiner Kindheit hatte es einen Jungen mit Luftgewehr gegeben, er ließ mich damit auf Dosen schießen und einmal auch auf ein Buch, das er als Strafe für ein Vergehen lesen sollte, und das Geschoss aus Blei, vorn geplättet, drang durch den Deckel bis Seite neunzig, eine Zahl, die sich eingeprägt hat wie auch das Buch, Johann Peter Hebel, Biblische Geschichten; aber man kann jedes beliebige Buch auf Seite neunzig aufschlagen und bekommt damit ein Gefühl für die Tiefe der Wunde, wobei das Gewehr von damals eines für Jungs war, genannt Spatzengewehr, und keines für Schützen aus dem Hinterhalt.

Das wird jetzt sehr wehtun, sagte ich zweimal, erst in meiner Sprache, dann in der, die sie verstand, die Pinzette schon angesetzt, und die Afrikanerin, das Gesicht in der Armbeuge, gab mir ein Zeichen von Einverständnis, ein Was sein muss, muss sein; und das war die Weitung der Wunde mit zwei Fingern und das Erfassen des Geschosses an seinem Rückteil mit der Pinzette, aber ein Ziehen daran, als säße es im eigenen Fleisch, zu vorsichtig, um es zu lösen. Mir fehlte ihr Mut, das Unerschrockene auch etwas Klaffendem gegenüber, und das hat sie gemerkt, nicht nur am zögerlichen Stochern in der Wunde, sie hat es überhaupt gemerkt, als wäre ein Geruch davon ausgegangen, der Geruch von falscher Rücksicht – sonst hätte sie wohl kaum, leise zwar, aber mit einiger Schärfe, Go ahead gesagt, Anstoß für den zweiten Versuch. Ich will gar nicht zu sehr ins Detail gehen, nur sagen, dass ich erneut die Pinzette angesetzt habe, diesmal tiefer, bis es gelang, unter die Einbuchtung in dem Blei zu kommen und wieder daran zu ziehen, mit dem Ergebnis, dass frisches Blut in den Wundtrichter floss. Meine Hand zitterte jetzt, dazu lief mir noch Schweiß in die Augen, und ich sagte, so gehe das nicht, während aus dem Brombeergestrüpp wie der Kommentar zu alldem ein Zikadensirren anhob, und sie sagte, das gehe nur eben nicht leicht, sondern schwer, und ich sollte das Schwere einfach tun. Just do it! rief sie gegen die Zikaden an, ihr letztes Wort in der Sache, also tat ich, was geboten war, ein Zurückdrängen allen Bluts mit Mull und das Weiten der Wunde mit zwei Fingern und zuletzt ein Ins-Fleisch-Drücken der Pinzette bis unter das eingedrungene Blei, um es dem Fleisch dann mehr zu entreißen, als daraus hervorzuziehen, während sie in schon erschreckender Weise keinen Laut von sich gab; ein aus medizinischer Sicht barbarischer Akt, der mich unfähig machte, auch nur ein Wort zu sagen – so außer mir vor Reue, als hätte ich ungewollt einen Mord begangen.

Ich präsentierte ihr das kleine Geschoss, und sie machte nur eine wegwerfende Geste und drängte mich, die Wunde zu versorgen, damit wir weiterfahren könnten, obwohl es ja keinen Grund zur Eile gab, höchstens in ihr, dem Bereich, über den einer von außen nichts sagen kann, schon gar nicht ein so Fremder wie ich. Sie hat mich also erneut dazu angehalten, schnell zu tun, was getan werden musste, nur habe ich mir jetzt Zeit gelassen, um sie mit Sorgfalt zu verbinden und sogar einer ruhigen Hand – und weil wir schon beim Sich-Zeit-Lassen sind, soll hier auch Zeit dafür sein, etwas über die Grenzen zu sagen, an die ein heutzutage Berichtender stößt, wenn er einen solchen Eingriff an einer jungen Afrikanerin nach bestem Wissen und Gewissen wiedergibt. Natürlich ließe sich das alles entgegenkommender erzählen, hätte ich der Angeschossenen nicht ihren Namen genommen, man käme dann weniger auf die Idee, sie wäre eine beliebige Afrikanerin oder gar Schwarze, an der ich mir zu schaffen machte, nur würde ein Name wie ihrer die reinen Tatsachen in Licht verwischen. Und zu diesen Tatsachen zählte, dass sich rund um den Einschuss, seiner Umgebung, alle, wie man fälschlich sagt, Poren aufgestellt hatten, auf einer teils von Blut, teils von Schweiß glänzenden Haut, die zu berühren sich nicht vermeiden ließ. Ich desinfizierte den Wundtrichter und reinigte die Umgebung, die nahe wie die weniger nahe, überrascht, ja bewegt, als sich auch dort die Poren erhoben, alarmiert vom Kontakt mit mir, dem Fremden. Nur wäre es billig zu sagen, meine Finger hätten dort nichts verloren gehabt, wo sie doch eine erbetene Hilfe leisteten, das allerdings entlang einer Grenze, die bei dem Geschehen selbst aus Fleisch und Blut bestanden hat, beim Berichten davon aber aus flexibler Sprache besteht, und hier könnte man fragen: Warum dann überhaupt so detailliert davon berichten? Reicht nicht der Satz: Ich habe das kleine Geschoss mit Hilfe einer Pinzette aus der Wunde geholt und anschließend die Wunde verbunden.

Ja, schon möglich, manchen mag das reichen, sie denken sich einfach den Rest. Ich meine aber, dass dieser Rest dazugehört, nein, dass er sogar erst den wahren Kern des Ganzen trifft, die unfassbare Distanz zwischen ihr, der Afrikanerin unterwegs in ein lebenswerteres Leben, einer jungen Frau, für die das Glück womöglich schon im Nachlassen von Schmerz bestand, und mir, der zu diesem Nachlassen beitrug, aber auch zu dem, der auf sie gezielt und abgedrückt hat und darin auch irgendein Glück fand. Der Einschuss lag mitten auf der Backe, ihrer höchsten Erhebung, wo das Muskelgewebe am dicksten ist; der Schütze hatte sich Gedanken gemacht um die Stelle und genau darauf gezielt. Luftgewehre haben nur einen Schuss, dann muss man sie neu spannen, folglich sollte der Schuss sitzen, so dürfte er gedacht haben: Das ist meine Chance, dich zu vertreiben, eine, die sich hier breitmachen will, wo es schon zu viele von deiner Sorte gibt. Sosehr sich auch in den Zeitungen alles um dich dreht und du jetzt noch auf unserer Brücke stehst wie ein Speer in der Sonne, wenn ich gleich nur einen Finger krümme, krümmt sich dein ganzer so schwarzer Leib, und du wirst tagelang nicht sitzen können!

Bis Seite neunzig hatte es Hebels Biblische Geschichten durchschlagen, ich will noch einmal daran erinnern, und entsprechend war das Geschoss ins Sitzfleisch gedrungen. Ich hatte die Wunde verschlossen, so gut es ging, und strich am Ende noch an den Pflastern entlang, die den Mull an der Haut hielten, ob sie auch gut anlägen, schon in einer Art von Übermut, weil es getan war, ja ich sagte sogar It's done, und die Versorgte kam mit einem knappen Dank von der Motorhaube; das Ganze schien für sie erledigt zu sein. Sie zog das hochgestreifte Tuch herunter und setzte sich wieder in den Wagen, mit einer

Neigung zur Fahrerseite, um Druck von der Wunde zu nehmen – einer Haltung, als wäre sie verliebt in den, der sie mitnimmt: ein Gedanke, als ich zurück auf die Straße fuhr, und der auch noch weiterging im Fahren, während sie in die Karte sah, zum ersten Mal unsicher, wo sie uns suchen sollte, mit einer gereizten Bewegung von Ravenna bis Turin. Tatsächlich waren wir nahe der Ortschaft Arquà Petrarca, und ich zeigte auf die Gegend und sprach den Namen – man stelle sich das vor – mit geradezu lehrerhafter Deutlichkeit aus, wie gegenüber einem Kind, Arquà Petrarca, hörst du? Und Petrarca sei ein Dichter gewesen; die von mir Belehrte aber sagte so etwas wie Oh, interessant, wer hätte das gedacht, als wollte sie eigentlich sagen Was erzählst du mir da, fahr lieber.

Und das tat ich, ohne weitere Erklärungen, ihre Schulter fast an meiner Schulter, und es steht mir noch vor Augen, wie dieses Hineinfahren in die Landschaft von da an ein Hineinfahren in die drei Tage war, die uns gehören würden, ja wie der Schuss auf meine Mitreisende und ihre Wunde in den Hintergrund traten, als gäbe es ein Gesetz, das der Idee des Glücks Vorrang einräumt, und wie auf die Weise das sanft Hügelige hinter Arquà Petrarca mit meinen Vorstellungen einherging, was diesen Zeitraum betraf, mit Bildern der Gemeinsamkeit: dass ich etwas von ihr verstehen könnte, am besten alles, und sie etwas von mir, am besten auch alles – offenbar braucht es nicht viel, dass man vom Glück zu träumen beginnt, ein kleines Auto, blauer Himmel, drei Tage Zeit und ein Drama, ohne dass gleich die Welt einstürzt, eine Wunde, gerade so groß, dass man noch mit ihr fertigwird, aber sich schon in den Armen liegen sollte, damit die Heilung vorankommt. Gut eine Stunde lang sind wir als stummes Paar in die Landschaft gefahren, bis hinter einer Kurve auf einmal ein Stück Welt vor uns lag, in dem alles so geblieben zu sein schien wie am letzten Tag der Schöpfung – möglicherweise sogar ein vager Gedanke in dem

Moment, die Erinnerung an etwas nie Gewesenes, wie man es von Träumen kennt. Da gab es einen gewundenen Fluss mit Sandbänken und nicht weit dahinter Hügel wie aus Teig gemacht; die Straße, weiß auf der Karte, war ein besserer Feldweg entlang eines Nebenarms, sein Wasser salbeigrün im Nachmittagslicht, Letzteres mit Vorsicht gesagt; es war wohl eher fahles Grün.

Ein kleines Hotel oder B & B für eine Nacht zu suchen war natürlich auch ein Gedanke, aber keiner, um ihn vorzuschlagen – sie wollte an dem Tag niemanden mehr sehen, auf der Fahrt war sie bei jedem entgegenkommenden Auto tief in den Sitz gerutscht, den Kopf fast an meinen Rippen. Also hatte ich in einem Straßenort Lebensmittel und Getränke gekauft, einen reichlichen Vorrat, und war kurz danach auf die feldweghafte Straße gebogen und bis an deren Ende gefahren. Dort gab es, flankiert von zwei Zypressen, eine Kapelle auf einem Streifen Wiese, eingefasst von einer Mauer aus nur geschichteten Steinen, ein guter Platz zum Übernachten. Wir schritten ihn gemeinsam ab, die Afrikanerin gab sich Mühe, nicht zu hinken; zweifellos hatte sie Schmerzen, behielt es aber für sich und wollte auch kein Mittel aus dem Apothekenset, als wären es Schmerzen, die mich nichts angingen. Dafür wollte sie in die Kapelle, nur war die verschlossen, und so lief sie an der Steinmauer entlang und blieb jedes Mal stehen, wenn sich eine Eidechse zeigte, bis sie den geeigneten Schlafplatz fand, in einer Bucht der Steinmauer. Und wenig später lagen wir dort nebeneinander, beide auf der Seite, einander zugewandt, den Kopf aufgestützt – von außen gesehen ein völlig falsches Bild, das eines Pärchens in sommerlich verspielter Unterhaltung, und im Grunde wäre mir nichts lieber gewesen, als genau darin aufzugehen, mich zu vergessen.

Sich in Träumen vom Glück zu wiegen heißt eben auch, nichts vom Gegenteil wissen zu wollen – was in dem Fall, als wir da nebeneinandergelegen haben, nicht ganz gelungen ist: Mir war klar, dass wir zu einer Ambulanz fahren sollten, heute noch, damit die Wunde dort richtig versorgt würde, und wie um mich mundtot zu machen – was alles passieren könnte, das hatte ich ihr aufgezählt, bis hin zur Blutvergiftung durch das Blei –, begann sie von ihren Eltern zu reden, gleichzeitig ordnete sie das Eingekaufte für unser Abendessen. Ihre Mutter und ihr Vater, erfuhr ich, waren schon als Kinder ein Paar. Die Mutter aus dem unruhigen Nachbarland hatte als Mädchen in der Familie ihres künftigen Mannes Zuflucht gefunden, Straßenhändler, und beide haben früh beschlossen, eines Tages einen Kiosk zu besitzen, in dem es alles zum Leben Nötige und auch Unnötige gibt, ihr gemeinsamer Traum, für den sie später in der Hauptstadt gearbeitet haben, bis das Geld gereicht hat, den Kiosk zu bauen und Ware zu kaufen. Neun Jahre, sagte die Tochter der beiden, hätten sie den Kiosk gehabt, dann sei er eines Nachts überfallen und geplündert und in Brand gesteckt worden, die Eltern darin umgekommen, während sie im Schlafraum der Missionsschule geträumt habe – I dreamed while they were dying, ihr Schlusswort schon unter abendlichem Himmel, vor uns das ausgebreitete Essen, Brot, Salami und eingelegte Tomaten, Thunfisch aus der Dose sowie schwarze Oliven aus einem Glas.

Es war eine der Geschichten, zu denen man nichts sagen kann, weder etwas Kluges noch etwas Tröstliches, höchstens etwas Dummes; man kann nur zeigen, dass man zugehört hat, ohne etwas verstanden zu haben, weil die Erzählerin und ihr Gegenüber weder demselben Raum noch derselben Zeit angehörten, auch wenn sie nebeneinanderlagen und sich aus demselben Glas mit Oliven bedienten. Ich war nur ich, und sie war sie, als wir da neben der alten Steinmauer im Liegen aßen und tranken, als wäre es ein Gelage im Freien, und dabei war es eine Art Abendmahl, mit dem Brot als Oblaten und dem Bier als

Wein, so ist es mir in Erinnerung: als Essen zu ihrem Gedächtnis, dem der toten Eltern. Und nachdem ich die Reste ins Auto gelegt hatte, fand ich die Erzählerin schon schlafend, immer noch auf dem Bauch, eine Wange in der Armbeuge, als wäre das ihr natürlichster Zustand und jedes wache Aufrechtstehen ein Kampf gegen alle, die sie im Bild festhalten wollten, im Grunde aber ihre Suche nach dem Glück damit einfroren – Halbgedanken waren das, als ich wieder neben ihr lag, zuerst ganz still und dann mit einem wie versehentlichen Berühren der fremden Schulter, als hätte ich damit selbst nichts zu tun. Es passierte einfach, und ich weiß nicht einmal, ob es mehrfach passiert ist, bevor der Schlaf dem ein Ende gesetzt hat, mitten in der Nacht aber von ihr unterbrochen, indem sie mich – und das könnte auch gut ein Traum gewesen sein – geradezu dringend etwas gefragt hat, wobei ich auch nur vermuten kann, worum es da gegangen ist: um meinen Glauben.

Anhaltendes Hundegebell hatte später uns beide, die Afrikanerin und mich, geweckt, als es noch dunkel war. Es kam von der Flussniederung und war gar nicht laut, nur gleichbleibend, fünf, sechs Hunde, von denen immer wieder einer anhob, sobald alle anderen vom Bellen erschöpft waren, und zwar so anhob, als gälte es, noch etwas damit zu erreichen, irgendein nächtliches Hundeziel. Ich sah auf die Uhr, es war zehn nach vier – mir noch gegenwärtig, weil die mit mir Erwachte in der Dunkelheit, als könnten ihre Augen sie durchdringen, nach meinem Handgelenk griff, die Hand an sich heranzog, um auch auf die Uhr mit den Leuchtziffern zu sehen, und sich die Zeit mit diesem Griff nach mir verknüpft hat. Wir hätten genug geschlafen, sagte sie. Wir könnten jetzt weiterfahren.

Das letzte Ziel des Menschen sei das Glück, heißt es bei Thomas von Aquin (ultimus finis hominum est beatitudo), einem von mir gern zitierten Glaubens- und Menschenforscher, dem

Aristoteles des Mittelalters, dem ich in einem meiner Schlussbeiträge für die Christliche Stimme etwas aus einer ganz anderen Welt, der der Operette, gegenübergestellt hatte, Glücklich ist, wer vergisst, was nicht mehr zu ändern ist (Die Fledermaus von Johann Strauss, Libretto Karl Haffner). Mir schien das Erstrebenswerte letztlich im Vergessen oder Ignorieren des Unabänderlichen zu liegen, eine Sicht, die wohl auch mit dem Untergang der Zeitung zu tun gehabt hatte, während meine innere Überzeugung eher folgende war: dass unsere Möglichkeiten zum Glücklichsein mehr oder weniger abgeschlossen sind, noch ehe wir unter bestimmten Umständen – Zeit, Ort und familiärer Hintergrund – das Licht der Welt erblicken, in einem Körper, den wir lebenslang nicht mehr loswerden. Also eine pessimistische Sicht auf das Glück, wie bestätigt durch den Anschlag mit einem Gewehr auf die Afrikanerin, ihren so herausfordernd gestreckten Körper. Sie aber erschien geradezu angespornt von einem Treffer, den sie als Treffer ins eigene Sein nicht hinnehmen wollte – wir könnten jetzt weiterfahren, ihr Wort am Rande der Nacht war ein Festhalten am Fernziel des besseren Lebens. Ein paar Stunden Schlaf im Gras hatten genügt, um hinzunehmen, was nicht mehr zu ändern war, und sich trotz Wunde im Sitzfleisch wieder in ein kleines Auto zu zwängen und dem neuen Tag entgegenzufahren – eine Haltung, die mich angesteckt hat. Kaum waren wir wieder auf der Straße, war auch der eigene müde Körper vergessen, oder anders gesagt: Wie mit einem gemeinsamen Körper saßen wir in dem fahrenden Gehäuse, außen noch undurchdringliches Dunkel, nur gelegentlich das bleiche Licht schlafender Ortschaften, innen eine Art dunkles Gleißen, von einer Schulter, einem Arm, einem Bein, so gelagert, dass die Wunde entlastet war, und einem Kopf, der in Rechtskurven manchmal an meine Schulter kam, zweifellos der Schwerkraft ergeben, nur nicht der physikalischen allein, sondern auch einer, für die es kein nüchternes Beiwort gibt, höchstens eins aus dem Bereich des Glaubens.

Zwei der andächtigsten Stunden, an die ich mich erinnern kann, waren nachts am Steuer eines Autos bei Fahrten ohne klares Ziel (oder nur dem unbestimmten Ziel des Glücks), die Fenster heruntergelassen für eine Luft wie angereichert von ihrer Wärme und den mitgeführten Gerüchen, einmal nach Salz und Tang, neben mir Lydia und ein Meer in der Nähe – wir hatten uns an der französischen Atlantikküste bei Arcachon in einer Landschaft aus Dünen und niederem Kiefernwald auf sandigen Nebenstraßen verfahren, hoffnungslos, wie es schien, und irgendwann angehalten, um uns zu lieben und den Morgen abzuwarten, beide sehr leise bei diesem Tun, obwohl wir ja allein auf weiter Flur waren, leise, um das, was uns andächtig stimmte, nicht zu stören. Und beim zweiten Mal war es eben jene Fahrt nach ein paar Stunden Schlaf im Freien, neben mir eine junge Frau, vor sich hin träumend zur Fahrerseite geneigt, dabei aber wach genug, mich hin und wieder am Arm zu berühren, damit ich aufmerksam bleibe, weiter und weiter fahre, bis sich dort, wo ihrer Ansicht und der Karte nach das bessere, glücklichere Leben nur noch eine Tagesreise entfernt war, der Morgenhimmel auftut – ausgelaugt oder unschuldig rein, aber das eine Ansichtssache.

Erst nur in den Kurven, bald aber auch auf gerader Strecke lag der Kopf der Afrikanerin an meiner Schulter, und wenn ich beide Stunden andächtig genannt habe, ist in beiden Fällen etwas gemeint, wie es sonst etwa in einer leeren Kirche entsteht, nur mit einem selbst zögerlich im Mittelgang, wenn plötzlich auf der Empore ein auch zögerliches Orgelspiel anhebt. Mich hat der Kopf an meiner Schulter erschauern lassen, nicht sofort, weil es erst den Anschein des Versehentlichen hatte, aber als der Kopf schwer wurde, kam dieses Schauern – das sie aus einem Halbschlaf geholt hat und in einer Weise, fast mehr an sich als mich gewandt, reden ließ, als wäre es die Fortsetzung von etwas gerade Geträumten. Seit bald einem Jahr sei sie jetzt unterwegs, ohne einmal aufgeatmet zu haben, Without any deep breath, das waren ihre ersten, noch schläfrigen Worte. Und dass sie seit dem Tod ihrer Eltern und der Zeit im Haus des Polizeikommandanten nur noch geatmet habe, um nicht zu ersticken, und nur noch gegessen, um nicht zu verhungern, und nur noch geschlafen, um wieder zu atmen und wieder zu essen und von dem Ort wegzukommen, für immer. Hier erst änderte sie ihre Sitzhaltung, was mit der Wunde zu tun hatte, und bevor ich noch fragen konnte, ob sie Schmerzen habe – natürlich hatte sie Schmerzen, sie sprach mit jedem Wort dagegen an –, kam sie auf den hinter sich gelassenen Ort zurück. Alles wäre dort ruhig ohne den Grenzfluss und die Minen auf der anderen Seite, die Bodenschätze, auf die alle Welt aus sei, besonders Coltan, das neue Gold in jeder Tasche jedes Menschen – und sie rechnete mir vor, was für Mengen an Coltan nötig seien, damit Milliarden von Smartphones funktionierten, eine Rechnerei gegen die Schmerzen, das war mein Eindruck, auch noch, als sie von einem Krieg um das neue Gold sprach, bis in ihren Ort hinein – Right to my village, sagte sie, als lebte sie immer noch dort –, mal als verseuchtes Wasser von den Minen, mal mit Überfällen durch die Milzen zum Schutz der Minen. Soldaten ohne Eid und ohne Frauen seien mehr als einmal nachts über den Fluss gekommen und hätten sich Mädchen geholt, je eins für die unteren Dienstgrade, drei für die oberen und für die Anführer so viele, wie sie wollten, um mit ihnen Babys zu machen, die keiner mehr wollte.

Sie hatte das alles sehr langsam erzählt, immer wieder auch mit Pausen, als hätte sie erst überlegt, ob ich das, was als Nächstes käme, auch glauben würde, ja überhaupt wissen wollte. Mir war nicht recht klar, von welchen Zeiträumen sie dabei sprach, welchen Jahren in ihrem Leben; Zeit war für sie wohl nur etwas mit flüchtigen Umrissen, solchen von Tagen und Wochen, und alles länger Währende teilte sie, wenn ich es richtig verstanden hatte, in unterschiedliche Phasen ein, solche des Durchatmens, als sie etwa die Missionsschule besuchte, und solche des Atemanhaltens, wenn sich die Überfälle häuften, oder auch in Phasen der Mühsal, wenn der Grenzfluss zu viel Abwässer von den Minen führte, man also mit Kanistern weit ins Buschland musste, bis zu den tiefen Brunnenlöchern, manche längst versiegt und nur mit ein paar Ästen bedeckt, in einem Staubsturm kaum zu sehen – es habe schon Verschwundene gegeben, sagte sie und schien von sich selbst zu sprechen, einer, die nie mehr zurückkehren würde.

Wie viel Leute in ihrem Ort lebten, und von wie viel Geld am Tag, fragte ich, um auf statistische Dinge zu kommen, mein alter Weg, wenn ich nicht weitergewusst hatte bei einem Artikel, aber die Afrikanerin – es fällt mir zunehmend schwer, sie so zu nennen, aber je näher sie mir wurde, ohne dass ich hätte sagen können, ob das auch andersherum der Fall war, desto mehr bedarf es an Distanz in dem Berichten davon –, die Afrikanerin also war plötzlich in der Gegenwart, sie fragte, wo wir seien. Es war wie ein Sichlosreißen von dem, was hinter ihr lag, um in dem Teil der Welt Fuß zu fassen, in dem man auf sie geschossen hatte. Wir seien hinter Cremona, sagte ich und machte ihr Vorschläge, wie es auf welcher Straße Richtung Mailand weitergehen könnte, nur unter keinen Umständen schon in die Stadt hinein. Dort sei es erstens teuer, und zweitens müssten wir auch in einfachen Hotels beide Ausweise vorlegen, und sie hätte keinen. Besser also ein Ort, den kaum jemand besucht, vielleicht schon etwas in den Bergen oder auch ein Motel für Fernfahrer an der Straße, wo man keine Fragen stellt, nur Geld verlangt – und hier hatte ich ihr Cremona auf der Karte gezeigt, im langsamen Fahren einen Finger unter den Namen gehalten, und sofort ist ihr Finger dazugekommen, dunkel und lang. Er reichte vom Meer, dem Golf von Genua auf der Karte, bis hinauf nach Cremona, und lag so an meinem, als wäre das überhaupt unser Beieinandersein, unsere Nähe, bis er sich an den oberen Rand der Karte davonmachte, dorthin, wo es nur noch Pfeile gab, zu namentlich aufgeführten Städten, die sozusagen in der Luft lagen, weil die Karte nicht weiter reichte. Und diese Luftstädtenamen sprach sie so vor sich hin, dass ich mit dem Finger auf die Karte förmlich einstach und sagte, wir müssten eine Entscheidung treffen – wohin mit uns die nächsten Tage.

Immer wieder drängen wir ja den anderen, dies oder das zu wollen, nur weil wir es selbst wollen, wir sagen, es sei das Beste für ihn, aber meinen, das Beste für uns, statt dass wir wenigstens sagen, es sei das Beste für beide, aber so viel von den eigenen Wünschen will man noch nicht preisgeben. Ein Motel außerhalb der Stadt oder ein Stück ins Vorgebirge, sagte ich, wieder bei langsamer Fahrt, um sehen zu können, wie es in ihr arbeitet – zwei Nächte im Fernfahrermotel, das wollte sie nicht, auch wenn dort fürs Doppelzimmer ein Ausweis reichte; sie wollte zu den Bergen, hinter denen für sie schon das Land begann, in dem Milch und Honig fließen – ich hatte das so angedeutet, nur nicht mit diesen Worten, nichts von Milch und Honig, ich hatte bloß gesagt, dann könnte sie schon einmal die hohen Berge im Hintergrund sehen, auf den Spitzen mit Schnee, die Berge, über die wir vielleicht irgendwann müssten, um hinzukommen, wo ihr nichts mehr passieren würde – was gleich drei Zukunftsaussichten waren, die auf ein Wir, die auf eine Richtung und die auf etwas Friedvolles.

Man könnte jetzt darüber streiten, ob es eine Form der Verführung oder gar Entführung gewesen ist, mit ihr nicht gleich nach Mailand zu fahren, als Tatsache sollte aber gelten, dass sie ihre Wahl getroffen hat und ich meine und beide Entscheidungen zusammenpassten. Auf jeden Fall haben wir im Morgengrauen das in der Karte nur weiß eingezeichnete Sträßchen verlassen und sind von da an auf einer ordentlichen Landstraße durch kleine, noch nachtversunkene Ortschaften in Richtung Brescia gefahren, das ja schon recht nah an den Bergen liegt. Die Afrikanerin hatte, seit einer engen Kurve beim Wechseln der Straße, das heißt durch Fliehkräfte, wieder fast den Kopf an meiner Schulter, und ich war versucht, den Arm um sie zu legen, auch weil auf der breiteren Straße kein ständiges Schalten mehr nötig war, tat es aber nicht und könnte dafür keinen klaren Grund angeben, nur sagen, dass es mir vorgekommen wäre, als hätte ich, nach allem zuletzt Gehörten, den Arm um ihr Herz gelegt – wenn man einander kaum kennt, womöglich schlimmer als ein Knie zu streicheln. Und so ist die Hand am Lenkrad geblieben und das fremde Herz unberührt, während ihr Kopf bald ganz an meiner Schulter lag; sie schlief, und ich fuhr, und ein weiterer Nochsommertag brach an – mit einem fast vergessenen Glücksgefühl, einem, wie es früher, in meinen Schuljahren mit Ranzen, hohe Wiesen ausgelöst hatten, vormittags noch mit Tautröpfchen und nach der Schule, auf dem Heimweg, wenn die Sonne steil stand, mit den Gerüchen von Mariengras und Knabenkraut, von Ringelblume und je nach Hitze auch Lavendel, von Arnika und Augentrost, Hahnenfuß und Goldhafer, von all dem, was mir meine Kindheitsfreundin so erklärt hatte, dass ich es heute noch weiß.

Und als es hinter Brescia auf einer wieder nur weiß eingezeichneten Straße auf das Vorgebirge zuging, da mischte sich dieses gewesene Glücksgefühl mit einem gegenwärtigen: Die Afrikanerin war wach geworden und schlug eine Pause vor, sie war besorgt um mich, den Fahrer, genau so sah sie mich an, und ich hielt am nächsten Feldweg, der von der Straße abzweigte. Es war ein Platz weitab von allem morgendlich Geschäftigen – sehr entfernt hat eine Kirchenglocke geläutet, daran erinnere ich mich, auch daran, dass die Afrikanerin ausgestiegen ist ohne eine Erklärung und ich noch gedacht habe: Jetzt geht sie und kommt nicht zurück. Danach muss ich eingeschlafen sein, für Minuten oder länger, erwacht davon, dass sie wieder einstieg. Sie trug ihre Sonnenbrille und meine Kappe und die Kruste auf ihrem einen Handrücken war aufgekratzt – das Erste, was ich gesehen habe nach meinem Schlaf, weil sie die Hand am Lenkrad hatte, wie um selbst zu fahren. Ob man nicht den Verband wechseln sollte oder in eine Apotheke gehen, noch besser zu einer Ambulanz, fragte ich, und die Antwort war ein Summen, das sich verneinend anhörte, dazu machte sie Zeichen zur Weiterfahrt, ein Wedeln mit der Hand, an der sie eben noch gekratzt hatte, und ich ließ den Motor an, ohne zu wissen, wohin, ja mit wem überhaupt: Wer wir beide in dem Auto, das ich lenkte, wären, außer Fahrer und Beifahrerin, ein älterer Mann, hellhäutig, und eine junge Frau, schwarz. Sie saß wieder so, dass die Wunde entlastet war, während ich fuhr, aber sobald der Belag holprig wurde, verkrampften sich ihre Hände, und es wurde immer klarer, dass sich die Schusswunde entzündet hatte.

Ob es in mir schon einen Plan gebe, wo wir in den nächsten zwei Tagen sein können, fragte sie, als es eigentlich Zeit gewesen wäre, etwas zu frühstücken. Wir fuhren entlang verkümmerter Maisfelder, und sie hatte Where we can be gesagt, statt das Verb to stay zu gebrauchen – eine andere Gewichtung, die mich erneut stoppen ließ, jetzt an einer Bushaltebucht vor dem welken Mais. Ich griff nach der Karte, von ihr schon auf den Nordrand hin gefaltet, und sie zeigte mir die Straße, auf der wir waren, ich folgte ihr mit dem Finger, hinein in die Vorberge, wieder gefolgt von ihrem Finger, der meinen seitlich berührte – was ein belangloses Detail sein mag, mich aber hat der Finger im Ganzen berührt und damit leichtsinnig gemacht oder aufgekratzt, wie es im Dorf meiner Kindheit hieß, nun ohne jeden

Gedanken, dass neben mir eine Angeschossene saß. Und in diesem Leichtsinn bin ich weitergefahren, in einer Reiselaune, wie sie einen alle Hindernisse und auch die Zeit vergessen lässt; auf Umwegen um jede größere Anhäufung von Häusern und Menschen, alles, was die Laune stören könnte, fuhr ich in ein ansteigendes Tal weit hinter Bergamo, auf einer Stichstraße mit einer Ortschaft ganz am Ende, auf der Karte nur ein Punkt. Dort sei es wunderbar, erklärte ich, aber genauso gut hätte ich sagen können, von dort siehst du schon die Berge, hinter denen das Land liegt, in das ich dich bringen werde, ohne den Cousin, falls du ihn überhaupt triffst in Mailand. Nur du und ich, wir beide sind dann über alle Berge.

Meine Afrikanerin – für Momente war sie genau das auf dieser Fahrt: die Meine für zwei Tage – hat den Namen des kleinen Ortes vor sich hin gesprochen, Campomulo, zweimal leise, wie ein Verkosten, ob ich ihr reinen Wein eingeschenkt hätte; und ohne weiteres Reden sind wir durch das immer schmaler werdende Tal gefahren, zu beiden Seiten steile Macchia, schon braun vor Trockenheit, dazwischen Fels, die Straße oft so nah am Absturz einer Wand, dass ich kleinen Steinen ausweichen musste, obwohl Drahtnetze gegen Steinschlag gespannt waren. Die Strecke zog sich hin, bis das Tal zuletzt breiter wurde, es sogar Felder zu den Hängen hin gab, und wir erreichten den auf der Karte ausgedeuteten Punkt in der Mittagszeit – kaum zu glauben bei dem frühen Start, aber hinter uns lag eine Irrfahrt. Und Campomulo bestand nur aus grausteinigen Häusern, wie an den Hängen gewachsen, dazwischen abwärtsgewundene Gassen und ein auch ansteigender Platz vor einer Kirche mit trotzigem Turm; man sah kaum Menschen, mal zwei alte Männer auf kleinen Stühlen vor einer Caffè-Bar, mal zwei Frauen in Schwarz vor einer Haustür. Alles mutete wie aus der Zeit und auch aus der Welt gefallen an, trotz Satellitenschüsseln wie Eselsohren an den Fassaden oder auf den

Schindeldächern. Es war ein Ort der schlafenden Katzen und gedämpften Geräusche, der dunklen Pflastersteine und Treppenwege, von einem fast vergessenen, auch aus der Zeit gefallenen Ernst. Ich suchte bei Schritttempo ein Hotel, aber es war keins zu finden, es gab auch keine Lokale mit Tischen davor, nichts vom üblichen Leben; es gab nur am oberen Ortsrand ein Haus mit freien Zimmern, wie es auf einem Schild stand, klein neben der Zufahrt. Dort stieg ich aus und läutete an der Tür, so lange, bis eine wachsblasse Frau erschien, auch in Schwarz, als dominierten die Witwen in Campomulo. Und mit stetem Nicken hörte sie sich an, was ich mir beim Klingeln ausgedacht hatte, besser gesagt, was mir eingefallen war: dass meine junge afrikanische Frau schwanger sei und Ruhe brauche für zwei Tage, vor allem die hier kühlere Luft bei der sonst überall herrschenden Hitze – Argumente, die ein Treffer waren. Ohne Formalitäten wurden wir, das so ungleiche Paar, durch die Kerzenblasse gegen meine Barzahlung als einzige Gäste aufgenommen und hatten dadurch die Wahl zwischen drei Zimmern, davon eins mit hölzernem Balkon in Richtung der Berge über dem Talende, der Schlüssel für das Zimmer von der Sorte, die noch in der Hand etwas wiegt. Und kaum war die Tür hinter uns zu, eine so niedere Tür, dass die angeblich Schwangere – fünfter Monat, quinto mese, das war meine nähere, mit Zuversicht in der Stimme gemachte Angabe – sogar den Kopf hatte einziehen müssen, schlug ich vor, eine Apotheke zu suchen, ohne sie. Sie sollte sich hinlegen, schlafen, mir vertrauen.

Die Sprache, kann man sagen, war mit mir durchgegangen, etwa wie man beim Autofahren auf freier Strecke manchmal Gas gibt: Es war ein Beschleunigen, vom fünften Monat zu reden und von Vertrauen, ein kleiner Sprachrausch, erst endend, als ich einmal für mich war, in den unteren Ortsteil ging. Noch herrschte Mittagsruhe in den Gassen, mit Tüchern über den

Körben vor einem Lebensmittellädchen und einer Stille wie in Altenheimfluren, mit scharfen Schatten von Vordächern und Sommerlaub auf den Gehsteigen – das grüne Schild einer Apotheke hing in keiner der beiden Hauptgassen, und es gab nur die eine, schon vom Auto gesehene Bar, jetzt mit zwei leeren Stühlen davor. Der Ort in den Farben Steingrau und dem Gelb welker Blätter sowie einem abgezehrten Rot war wie von seinen Bewohnern aufgegeben; dazu kamen die schlafenden oder sich schlafend gebenden Katzen, als wären sie die wahren Bewohner, was den Menschennamen an den Türen etwas Absurdes gab, schlichten Namen auf alten Kacheln, die ich im Vorbeigehen las, Pippa, Lucca, Busi, Piero: sogar Gassen trugen diese Namen, wie eine Vicolo del Pippa. Und die Toreingänge zu den Treppenwegen waren noch nach dem Maß früherer Menschen, meine Gefährtin hätte dort noch mehr den Kopf einziehen müssen. Das heißt, ich hatte nichts in der Hand, als ich zu dem Haus mit den Gästezimmern zurückkam, weder die beste Salbe gegen Entzündungen noch starke Schmerzmittel noch etwas zum Essen, ein Brathähnchen, eine Pizza oder wenigstens Brot; ich klopfte mit leeren Händen an die Zimmertür, zweimal leise, wie ein Besucher im Krankenhaus, um erst auf ein Ja hin einzutreten, aber da wurde die Tür geöffnet, ohne dass ein Gesicht erschien, und noch vor dem Schritt ins Zimmer war da ein Geruch nach seifigem Dampf – sie hatte geduscht und war, als ich eintrat, bis zum Hals in ein Handtuch gehüllt, und ich sagte, dass es hier keine Apotheke gebe, wir aber den Verband wechseln sollten und die Wunde versorgen. Mit dem, was da sei.

Wir, das waren sie und ich und die paar Dinge aus der Reiseapotheke, das waren meine Augen und keineswegs ruhigen Hände, nachdem sich die alles andere als Schwangere quer über das Bett gelegt hatte, mit dem Rücken zu mir, das Handtuch schon geöffnet über einem Verband, der so dunkelrot war, dass ich erst einmal wegschauen musste, nur auf das Bett sah. Es war nicht sehr breit, dafür aus massivem Holz mit vier wehrhaften Pfosten, ein Bett für tiefen Schlaf oder zum Sterben in den eigenen Wänden, vielleicht auch, um sich in kalter Nacht unter seinen Decken fortzupflanzen, kein Platz für Spielereien, auch wenn die Afrikanerin, kaum dass sie hinter sich gelangt und den Verband, ohne zu zögern, von der Wunde gerissen hatte, mit beiden Händen um einen der Pfosten griff, als wollte sie gefesselt werden – wieder ein Bild, das nicht sein sollte, in mir nichts verloren hatte und dennoch da war –, in Wahrheit ihr Griff gegen den Schmerz. Die Wunde hatte sich mehr als entzündet, sie war verhärtet und mit Eiter gefüllt, dazu ringsherum geschwollen, und wer kann schon so etwas sehen ohne ein Wegzucken; wir sind nicht mehr vorbereitet auf solche Anblicke, während uns Bilder, die weit Schlimmeres zeigen, fast alltäglich erscheinen (das Kind, das nicht mehr wiegt als eine Magnumflasche, die leeren Augen von Mädchen, die sich verkaufen müssen, der entsetzte Blick eines Mannes vor seiner Enthauptung). Gleichwohl musste mit der Wunde etwas geschehen, mit dem, was vorhanden war, folglich wusch ich mir gründlich die Hände und nahm anschließend mit Streifen von Mull den Eiter auf, ein Tupfen und wieder Tupfen, bei dem sie so stillhielt, dass es kaum zu fassen war. Mit einem Wattestäbchen verteilte ich Desinfektionslösung auf dem Entzündeten, mit einem weiteren Stäbchen strich ich eine vielleicht gar nicht mehr wirksame Wundsalbe in das Offene, Ungute; und mit zwei Fingern tastete ich die Haut rund um den verhärteten Einschuss ab, wo sie wärmer war als ihre Umgebung, sich die Entzündung schon ausgebreitet hatte.

All das ist mit fast angehaltenem Atem geschehen, und wenn ich daran zurückdenke, denke ich an ein Herzklopfen ähnlich dem wie beim ersten Ertasten eines anderen Körpers, wenn man auch nicht weiß, wie es geht, und es dennoch geht, wenn einem die Hand und das Herz zittern und der andere eben auch stillhält, einen unbegreiflicherweise gewähren lässt, höchstens schneller atmet, als einziges Zeichen, dass da etwas geschieht, das bis in Innerste eingreift. Sie aber, die auf dem Bett lag, hat sich nur einmal geräuspert, etwas Ungeduld gezeigt und mir am Ende bedeutet, dass sie keinen Verband wollte, damit Luft an die Wunde käme, Oxygen, sagte sie, die Hände noch so um den Bettpfosten, dass es knackte im Holz. Und sie hatte auch klare Vorstellungen zum weiteren Ablauf, dass sich eine Wunde dieser Art von selbst heilte, sie dafür aber jetzt schlafen müsste und später etwas Ordentliches essen. Mit anderen Worten, sie hat mich zum Einkaufen geschickt.

In jeder Liebesgeschichte – und ich glaube, spätestens an dem Nachmittag, in den Minuten ihres unfassbaren Stillhaltens und meines herzklopfenden Vorgehens, hatte unsere Geschichte begonnen – gibt es den plötzlichen dringenden Wunsch, sich und den anderen zu verstehen, in dieser Reihenfolge, weil wir erst einmal wissen müssen, was da mit uns passiert ist und weiter passiert, um dann womöglich zu begreifen, was wir beim anderen damit anrichten, in welchen Abgrund von Glück wir ihn stürzen, damit er dort landet, wo wir schon gelandet sind. Das Verstehenwollen ist wie ein Schrei, der nicht herauskommt – so war es auf dem Weg durch das nicht mehr ganz so stille Campomulo: Ich wollte wissen, was mit uns war, mich um das Essen zu kümmern, gehörte nur am Rande dazu.

Der Laden, vor dem in den Mittagsstunden die Körbe zugedeckt waren, lag etwas tiefer als der Gehsteig; abgewetzte Stufen führten in ein Gewölbe mit Gerüchen nach Überreifem, von Käse, Obst und Schinken, auch Wein in Fässern, ein Laden ähnlich dem in Crotone, nur reichhaltiger. Hinter einem Tresen aus Stein stand ein altersloser, durch ein weiches Gesicht ohne Besonderheiten madenartiger Mann, mit aber flinken Bewegungen, und kaum hatte ich meine Wünsche geäußert, fischte er vier eingelegte Makrelenfilets aus einer runden Blechdose und tat sie wie Orgelpfeifen in ein Plastikschälchen. Danach brach er mit einem Spachtel Brocken aus einem Parmesan, groß wie ein Autoreifen, und schlug sie in Papier, eine Sekundensache, um schon im nächsten Moment ein Messer zu nehmen und den Fettrand von einem Schinken zu trennen, ehe er davon dünnste Scheiben schnitt; er halbierte ein großes Brot und schlug es ebenfalls in Papier, er gab Oliven in ein weiteres Schälchen mit Deckel und zapfte aus einem der Fässer Weißwein in eine Literflasche, verkorkt im Handumdrehen. Schließlich ordnete er alles in eine Tüte und addierte die einzelnen Posten mit Bleistift auf einem Zettel, um mir die Summe zu zeigen; ich gab ihm einen Schein, und er zählte das Wechselgeld auf den Tresen, alles bis dahin ohne ein Wort. Erst als ich die Tüte nahm und mich zum Gehen wandte, sagte er etwas mit eigenartig beschwingter Stimme: dass ich im Hause seiner Mutter untergekommen sei, wo er selbst noch wohne, mit eigenem Eingang, und dass ich aufpassen sollte auf meine schwangere Frau.

Ganz selbstverständlich hatte er das gesagt, mit der Folge, dass ich mich wie unter Beobachtung auf den Rückweg zu dem Haus mit zwei Eingängen und drei Gästezimmern machte. Da und dort waren jetzt Leute in den Gassen, die meisten alt und immer paarweise, eingehakt gehend, während die Katzen weiterhin reglos auf Treppen oder Mauern lagen. Ich ließ mir Zeit und machte sogar einen kleinen Umweg, meine angeschossene Mitbewohnerin sollte noch schlafen, und über den Umweg kam ich an der Kirche vorbei, davor eine Gruppe ganz in Schwarz, die Männer kaum zu unterscheiden von den Frauen bei flüchtigem Hinsehen. Eine Glocke läutete, als die Kirche schon hinter mir lag und ich das letzte Stück zu dem Haus ging, ein dünnes Läuten wie für ein verstorbenes Kind, das mich schneller gehen ließ, vorbei an zwei Alten, die hinter mir gleich zu flüstern begannen, beide auf einmal, ein Flüstern natürlich über den Fremden, wo kommt er her, was sucht er hier, für wen hat er eingekauft, doch nicht nur für sich, und wohin so eilig, als sollte man's nicht sehen, nicht wissen – wenn es der Sohn des Hauses nicht schon verbreitet hatte, was für ein Gästepaar da für zwei Nächte Ruhe suchte. Mein schneller Schritt, obwohl es aufwärtsging, hatte etwas von einer Flucht, vor dem Glockenläuten und den zwei Frauen; ich floh bis zu dem Mutter-und-Sohn-Haus und öffnete die Tür mit einem kleinen Zweitschlüssel, der an den schweren mit Draht angehängt war, und ging auf den Schuhspitzen ins Haus, ja ging so auch die Treppe hinauf und zog die Schuhe vor Betreten des Zimmers sogar aus – was gar nicht nötig gewesen wäre. Die Afrikanerin schlief nicht. Sie lag noch auf dem Bauch und sagte etwas, als ich hereinkam, etwas Kurzes in ihrer Sprache mit einem ebenso kurzen Blick über die Schulter, das Ganze in dem Licht, das vom Flur ins Zimmer fiel, bis ich die Tür hinter mir mit dem Fuß zudrückte, in einer Hand die Einkaufstüte, in der anderen meine Schuhe – ein sicher beruhigender Anblick, während ich selbst alles andere als ruhig war.

Kuja hatte sie gesagt, ein Wort, das ich erst kürzlich ganz verstanden habe, abends bei Musik auf der Bühne vom Café Elijah, als eins der Mädchen, die dort nach Anbruch der Dunkelheit in hoch abgeschnittenen Jeans und mit freiem Bauch, ein Top bis über den Nabel gerollt, fast aus dem Nichts auftauchen, das Haar frisch geglättet, glänzend wie schwarzer Lack, das Gesicht blass geschminkt, um so die Aufmerksamkeit von einem der Fahrer, die es nicht mehr über die nachts geschlossene Grenzbrücke geschafft haben, auf sich zu ziehen; mich kennen die Mädchen vom Sehen und wohl auch Hörensagen, da gibt es höchstens Blicke und mal ein Schnalzen. Sie wissen, dass ich kein Fernfahrer bin, nur aus der Ferne komme, dem Land, von dem sie glauben, es sei das beste auf Erden, und sie wissen auch, dass ich in dem zweigeschossigen Rohbau wohne, den sie für ein Hotel halten, also Dollars haben muss, nur nicht für sie. Und vorige Woche – Freitagabend, der Abend der unsterblichen Lieder auf der rummelplatzartigen Bühne, als dort eine, die auch nur an Freitagen auftritt, etwas aus den Verliesen der Jahre noch mit LPs, Schreibmaschinen und Durchschlagpapier holte, nämlich Proud Mary – hat sich die in meinen Augen Hübscheste, was ich gern zugebe, bis fast an meinen Tisch gewagt, obwohl es verboten ist, die Mädchen so tun müssen, als stünden sie bloß herum. An der Stelle aber, an der das Lied schnell und laut wurde, die Sängerin wie Tina Turner mit den Hacken stampfte, wütend auf den Mann, der eine Frau Tag und Nacht für sich arbeiten lässt, hat die Waghalsige in abgeschnittenen Jeans und mit Haaren wie lackiert halblaut dieses Wort zu mir gesagt: Kuja.

Komm. Und auch wenn ich es an dem Abend in Campomulo noch gar nicht verstanden hatte, eben erst viele Wochen später im Café Elijah, bin ich dem Appell in dem Wort gefolgt. Das heißt, ich ging zum Bett und stellte die Einkaufstüte dort auf den Boden, ein Sieh, was ich dir mitgebracht habe, was dich zu Kräften bringen wird. Ich setzte mich auf die Kante, und die, die vielleicht schon Ortsgespräch war, drehte sich mir so zu, dass die Backe mit der Wunde freilag. Es war stickig im Raum, obwohl die Balkontür aufstand; das Handtuch, in das sie nach dem Duschen gehüllt war, hing nur noch lose um ihre Hüften, und ich konzentrierte mich auf den Inhalt der Tüte, unser Essen, weniger aus Hunger oder Appetit, was mich betraf, sondern um etwas anderes zu tun, als sie nur anzusehen. Ich hatte ihr scharfes Schlachthofmesser aus dem aufgeschnürten Bündel genommen – wenn man so will, schon mit Verfügung über ihre kleine gerettete Habe – und schnitt damit das Brot und einen Rest der fein gepuderten Salami, die noch aus dem

Abruzzenort stammte; ich legte die Makrelenfilets auf zwei Lagen Papier, damit das Öl aufgesaugt würde, und breitete die dünnen Schinkenscheiben auf dem Laken neben dem Kopfkissen aus; ich zog den Weinkorken und roch daran, was lächerlich war, ein Akt nur für sie, und ich stand auf und holte die Zahnputzgläser, die es im Bad gab, füllte beide und stieß das meine gegen das ihre; ich sagte Prost, nur um ein Wort zu gebrauchen, das für sie auch so neu wäre wie ihr Wort für mich, und sie sprach es mir nach, mit Betonung auf dem Vokal, dem O, das die Lippen öffnet. Ich trank und schaute sie über den Glasrand an – ein vielleicht schon zu langer Blick, auf jeden Fall mit der Folge, dass sie mich für einen Moment an sich zog, wie man einen Trauernden an sich zieht, um mir dann zu erzählen, was sie für den Fall einer erzwungenen Rückkehr in ihr Land, nach ein paar beschämend wenigen Stunden im Flugzeug, verglichen mit ihrem fast einjährigen Weg bis hierher – To this very moment, sagte sie –, in ihrem Ort erwarten würde. Hunde, die vom Wind geblähten Plastiktüten nachjagen, weil sie die Tüten für Hühner halten, so verrückt macht sie ihr Hunger. Und zwischen den Hunden, wie deren Geschwister, Kinder, die aus Rohren Klebstoff atmen. Dazu am Straßenrand Ziegen, die altes Papier kauen, und Frauen, die einzelne Eier oder Tomaten als Ware im Schoß haben. Außerdem Wolken von Staub jeden Tag und der Geruch gebrauchter Kleidung, ganze Berge unter den Gerüsten leerer Reklametafeln, Metallgerippen mitten im Ort. Und abends vor dem Café die Runde der Männer um Major Ayago, wieder mit Haushilfe nach ihrer Rückkehr. Es sei groß, das Haus, sagte sie, und es gehöre ein Stück Feld dazu, das müsse mitversorgt werden. Ein Haus aus Holz, aber mit Betonfundament. Vier Zimmer, Küche und Bad, das Schlafzimmer zum Feld hin, über dem Bett ein Filmplakat von Men in Black, und in der Toilette ein Freddie-Mercury-Poster, so angebracht, dass die Klorolle genau vor dem

Schritt der engen weißen Hose hänge. Sie zeigte auf meinen Schritt und lachte, während es auch kaum zu fassen war, wie genau sie dieses Haus noch im Kopf hatte und wie ruhig sie darüber sprach und ich zuhörte, ja, wie ruhig wir überhaupt in der Abenddämmerung nebeneinandergelegen haben, sie kaum bedeckt, ich ebenfalls, weil es auch im Vorgebirge am Abend noch überaus warm war, dieser Sommer nirgends und nie zu enden schien, und alles, was in den zwei Tagen und Nächten in dem Zimmer passiert ist, hinter einem Schleier liegt, gerade noch erkennbar (einem Schleier wie dem über dem Glück erster Ferientage in der hölzernen Badeanstalt eines Bergsees, flach auf den warmen Planken liegend nach dem Schwimmen, in der Luft die süßen Versprechungen von Piz Buin, falls sich jemand an so was erinnert).

Und Abenddämmerung ist schön und gut, als eine Idylle des abnehmenden Lichts, aber sie ist auch die Zuflucht allen gefährdeten Lebens, das von Liebenden eingeschlossen, solchen, die von ihrem Glück noch nichts wissen. Ich erinnere mich, dass wir nach dem Essen im Bett und einem nur leichten Aufräumen wie Einwickeln von Resten und Entfernen von Krümeln die ohnehin schwache Nachttischlampe ausgemacht haben – wir, sage ich, auch wenn sie es war, die an mir vorbei zu dem Schalter gegriffen hat. Und in dem Restlicht, das durch die offene Balkontür fiel, lagen wir weiter nebeneinander, das heißt in der Dämmerung als Idylle und Zuflucht, jeder mit einer Wange in der Armbeuge, jeder mit den Augen bei den Augen des anderen, und wenn von gefährdetem Leben die Rede war, ist damit der noch formlose Kontakt zwischen ihr und mir gemeint, etwas Fötales, das auch leicht hätte absterben können. Ich weiß nicht mehr, wie lange wir so lagen, aber es war schon ganz dunkel im Raum, ohne das geringste Licht von außen, einem Ort, der offenbar ganz der Nacht ergeben war, als die Afrikanerin auf einmal meine Schulter berührt hat, wie ein

Test, ob ich noch da sei. Und weil ich noch da war oder überhaupt jemand da war, nah genug, um auch leise Worte zu hören oder gar nicht erst weghören zu können, sprach sie wie in einer Art Nachhilfestunde von dem Lager an der libyschen Küste, in dem sie mit vielen anderen eingesperrt gewesen sei, von den Versuchen der jüngeren Frauen dort, sich hässlich zu machen, damit sie keinem der Wächter auffielen, als hätte sie das während der Fahrt nicht schon einmal erwähnt oder könnte sich nicht vorstellen, dass ich mir, wenn es nur einmal im Auto gesagt war, damit es gesagt war, bereits vorstellen könnte, wie sich junge Frauen mit einer Scherbe die Wangen zerkratzen oder mit einem Stein Zähne ausschlagen oder sich eben auch das Haar mit einem Messer abschneiden, damit niemand mehr ein Auge auf sie wirft und sie in der Hocke schlafen können, statt in derselben Stellung oder gar kniend zu tun, was man von ihnen verlangt.

Ich konnte nichts von ihr sehen, während sie sprach, nur ihre Stimme hören, so ruhig, als erzählte sie von einer, die auszog, das Grauen zu lernen. Und in dem Lager muss es noch geholfen haben, sich immer unansehnlicher zu machen, dann aber wurde sie mit anderen jungen Frauen verlegt, in eine frühere Kaserne, und die auch früheren Soldaten haben sich an blutig geschorenen Köpfen und fehlenden Zähnen nicht weiter gestört. In ihrer Stimme war jetzt etwas wie Hohn – für mein Empfinden, aber es hätte auch Abscheu vor sich selbst sein können –, als sie aufzählte, was die Bewacher alles hingenommen hätten für ihren Spaß, Beine dünn wie Stöcke, zerbissene Lippen, vereiterte Augen, den Gestank der Angst. Und niemand sollte je noch mal versuchen, ihr die Beine aufzubrechen, erklärte sie, vorher würde sie sich selbst zerbrechen – Worte, die ich viel zu wörtlich genommen habe, um sie verstehen zu können, I will break myself before. Ein Versprechen mit wieder kühler Stimme war das, danach eine Pause, wie ein Stillstand der Zeit, bevor sie gefragt hat, ob es noch Wasser gebe, und ich mich gedreht habe, um nach der Flasche zu tasten – eine Aktion ohne jegliches Licht, aber ich glaube, sie war darauf aus, dass wir uns wie Blinde fühlen: Da bin ich, das ist meine Hand, hier ist die Flasche mit dem Wasser, trink. Und sie trank es in kleinen Schlucken, das konnte ich hören, es gab ja sonst kein Geräusch, umso überraschender dann wieder die Stimme, die wie ein Licht in der Dunkelheit war. Der Soldat ohne Truppe sei immer der schlimmste, das habe sie schon vor der Abreise gewusst. Sie beugte sich über mich, um die Flasche auf den Nachttisch zu stellen – eine Position, die sie etwas länger beibehalten hat als für das Abstellen nötig. Major Ayago, der Polizeikommandant, hatte ihr das eingeschärft, erfuhr ich. Und dass sein Haus für einige Zeit auch ihres war, das Haus ohne Ehefrau mit dem Stückchen Land dahinter, um das sie sich gekümmert habe, um Bananen, Avocados und Papayas, ein paar Ölpalmen, aber vor allem ein Hirsefeld. Ihre Stimme hatte jetzt etwas, als würde sie von einem eigenen Anbau reden – was vielleicht auch an der Wärme gelegen hat, die ihre Haut aussandte, wie die von Holz, das tagsüber in der Sonne war. Sie erklärte mir, was in den dortigen Böden unter welchen Umständen am besten gedeiht, eine Art Verlegenheitsvortrag, den sie bald abbrach, und was blieb, war ihr Atem – rückblickend der Moment, um eine Hand auf eine ihrer Hände zu legen, um endlich zu sagen, was mich noch an ihr interessiert hatte, bevor ich sie traf, mein berufliches Fortkommen mit Hilfe ihrer Geschichte. Aber stattdessen fragte ich erstens, ob sie Schmerzen habe, worauf sie meine Hand suchte, nicht umgekehrt, und sie dorthin tat, wohin sich der Schmerz schon ausgebreitet hatte, und zweitens erzählte, was an der Hirse dran ist, wenn ein Polizeichef sein privates Feld hinterm Haus hat.

14

Hirse – das ist mir an dem Abend wie einem Schüler beigebracht worden – zählt zur Gruppe der Süßgräser und ist reich an Silizium, gut für Haare, Nägel und Haut, außerdem strafft es das Bindegewebe; ursprünglich stammt die Hirse aus Äthiopien, inzwischen ist sie, neben Maniok, das afrikanische Nahrungsmittel schlechthin. Kleinbäuerliche Familien bauen sie an und leben davon, und eben selbst ein örtlicher Polizeikommandant hat die Hirse auf dem Stück Feld hinter seinem Haus, weil man ja nie weiß, was sein wird, ob die Bezüge aus der fernen Hauptstadt noch fließen, wenn etwa ein Grenzkrieg ausbricht oder der ewige Präsident plötzlich stirbt, so aber ist immerhin der tägliche Brei gesichert, der sich aus Hirse leicht zubereiten lässt, zu einem Hühnerbein oder auch als ganze Mahlzeit, wenn noch Kidneybohnen dazukommen.

Und das Ganze hat sich hier im Ort als nützliches Wissen erwiesen, ich konnte fragen, wo sich das Haus von Major Ayago befindet, das mit dem Hirsefeld dahinter. Das Haus liegt nicht weit von der Polizeistation in einer Straße nur mit Einzelhäusern und einem Streifen Land hinter jedem, teils brach, teils bestellt, und am gestrigen Nachmittag bin ich um das Grundstück gegangen. Tatsächlich gibt es dort Hirse, neben einem Anbau von Bohnen und Tomaten und wohl auch Süßkartoffeln; außerdem laufen zwischen den Bananenstauden und zwei Papayabäumen Hühner herum, und zu beiden Seiten des blassgrün gestrichenen Hauses mit einer Veranda, auf die drei lange Holzstufen führen, steht je eine große Akazie, womit ich sagen will, dass Ayago neben der Hirse noch andere Reserven hat, dazu auch wieder eine Person, die sein Haus in Ordnung hält.

Ich habe zwar niemanden gesehen, aber Radiomusik aus einem Fenster mit Fliegengitter gehört, und später erzählte Mister Moses, der Besitzer des Rohbauhotels, dass sogar zwei bis drei Frauen für den Major tätig seien, am Herd, im Bett und im Garten. Mister Moses ist der Empfänger aller Gerüchte im Ort, eine so gute wie fragliche Quelle; wenn er abends im Hof seines Baus ein paar Dosen Bier getrunken hat, beantwortet er Fragen, die von meiner Seite noch gar nicht gestellt worden sind. Dadurch weiß ich, dass Ayago Kontakte in der umkämpften Region jenseits des Grenzflusses hat oder dass es im Busch Strauße und Schakale geben soll, Antilopen, Paviane und Warzenschweine, manchmal auch vereinzelt ein Nashorn, außerdem Hyänen, und ein Leopard sei auch schon gesehen worden. Wildtiere würden unter Schutz stehen, aber nur bis zur Grenze; über die Brücke kämen geräucherte Affen und ganze Karren voll gegrillter Flughunde – und wie im Trojanischen Pferd, sagte Mister Moses, damit auch die übelsten Krankheiten.

Natürlich klang das alles andere als beruhigend, weit beunruhigender ist für mich aber die Gestalt des Polizeimajors mit dem Hirsefeld, dem nunmehr schon drei Frauen dienen, was ich für möglich halte, obwohl es ja das klassische Gerücht ist, dass einer wie er seine Geliebten hat – und von Gestalt rede ich, weil er eben auch körperlich von einiger Gestalt ist, wie gesagt: der Boxer vor dem Rücktritt, immer noch gefährlich, ein Wachhund seiner Privilegien. Dazu kommen die Freiheiten, die er sich nimmt, wie einmal pro Woche in Westernstiefeln, militärischer Tarnfleckenhose samt Waffe am Gurt und einem sicher echten Dolce-&-Gabbana-Shirt mit ihn umschwirrenden Claqueuren abends vor dem Café Elijah bei einem Brettspiel zu sitzen – das ich noch zu verstehen bemüht bin, nachdem er mich vor zwei Abenden als Kiebitz an den Tisch gewinkt hat, weil ihm vielleicht noch ein Bewunderer seiner Art des Würfelns gefehlt hat, nämlich so, als könnte er das

Glück nach Bedarf aus einer gefährlich großen, an der Innenseite fast rosigen Hand schütteln.

Bei dem Spiel ging es um Geld, worum sonst, und nach vier Partien, zu jeder frisches Bier für jeden, gab es eine Pause. Ayagos Mitspieler verließen den Tisch in Richtung Latrinen, während der Major, offenbar mit großer Blase, sitzen blieb. Und so kam es zwischen ihm und mir zu einem Gespräch, bald unterbrochen von neuen Partien, dann aber auch gleich fortgesetzt, um erneut unterbrochen zu werden und erneut wieder aufgenommen – ein Gespräch, dessen Verlauf bestimmt war von Ayagos Händchen beim Würfeln. Es begann von meiner Seite mit einer Frage nach der Sicherheitslage im Ort, ich hätte von einem Überfall mit etlichen Toten gehört, vor eineinhalb Jahren, aber auch von weiteren Grenzverletzungen, dass betrunkene Milizen oder einfach Gangster nachts über den Fluss kämen, um sich junge Frauen zu holen, und hier fiel mir Ayago bereits ins Wort. Ja, ein paar Wilde seien bei Nacht über den Fluss gekommen und hätten unter den Frauen hier für Aufruhr gesorgt, They caused turmoil, und Tote gebe es immer wieder so nah an der Grenze. Er winkte der Bedienung und ließ uns Bier bringen, und ich sprach den Kioskladen an, der in Flammen aufgegangen sei, das Besitzerpaar umgekommen, die in jener Nacht zum Glück abwesende Tochter plötzlich allein auf der Welt, dabei gut ausgebildet, wie die Leute hier erzählten, und außerdem als junge Frau sehr auffallend, aber vor dem Nichts, ein Beispiel der entwurzelten afrikanischen Seele, kann man das sagen? Ich hatte das aus irgendeiner kirchlichen Broschüre von der entwurzelten Seele, gefunden im Pfarrhaus meiner alten Kindheitsfreundin, und warf es jetzt in den Ring, und der Major legte mir eine schwere Hand auf den Arm. In der Trockenzeit brenne es hier recht schnell, zumal in den Kioskbuden auch gekocht würde, illegal. Er nahm sich eine der frischen Bierflaschen, an der noch Eiswasser abperlte, er rieb sie an dem teuren Shirt trocken. Und was die afrikanische Seele betrifft: Hier ist nicht viel davon zu finden. Höchstens unsere Spielsucht bei Musik und Bier und ein besseres Verhältnis zum Tod als bei euch. Wenn es um Leben und Tod geht, sind wir die Meister der Gleichgültigkeit, mein Freund – Champions of indifference, my friend, das sagte er gleich noch einmal und stieß seine Flasche an meine –, noch nicht das Ende des Gesprächs; nachdem Ayago vier Partien auf dem Brett für sich entschieden hatte, fragte ich, ob es wahr sei, dass man den Kioskbesitzer erschlagen habe und seine Frau, um nicht verschleppt zu werden, aus Panik den Tod vorgezogen habe (etwas in der Art meinte ich bei der Afrikanerin herausgehört zu haben). Und das alles angeblich nur, sagte ich, weil es keinerlei Hilfe von Seiten der Polizei gegeben habe.

Wir hatten einen Einsatz in der Nacht, entgegnete Ayago, weit im Busch. Und diese Frau war fast vierzig. Wenn sie geglaubt hat, sie würde verschleppt, hat sie sich geirrt. Was die Leute hier glauben, macht überhaupt Probleme. Viele glauben auch an Geister, nur kann man Geister nicht verhaften. Wer hat Ihnen das alles erzählt? Sein You klang jetzt dienstlich, und meine Antwort war, dass es mir ein Mopedtaxifahrer erzählt hätte, aber nicht nur die Kioskgeschichte, auch dass immer wieder welche nachts über den Fluss kämen, um sich Mädchen zu holen. Milizionäre, Minenarbeiter, Männer ohne Frauen, die durchdrehen.

Dann müssten er und ich auch schon durchdrehen, sagte der Major, eine Hand auf meiner Schulter, wie als Auftakt zu einer Verhaftung, und ich war erleichtert, als seine drei Mitspieler wieder an den Tisch kamen, auch wenn Ayago beim Thema blieb. Die Mädchen hier gehen dorthin, wo das Geld ist, erklärte er. Man muss sie gar nicht verschleppen, nur locken. Viele arbeiten für die Chinesen, die weniger Hübschen in der Hühnerfarm, wo es stinkt, und die anderen verkaufen abends

Chickenwings an Lastwagenfahrer oder verkaufen sich selbst. Wir wissen das und drücken ein Auge zu, damit sie sich Sachen leisten können, weiße Sneakers, glattes Haar, das beste Smartphone. Niemand muss von hier weg, es ist alles da zum Leben, man muss es nur nutzen – use it or lose it! Erst mit diesem Ausruf ließ er meine Schulter los und riet mir, es wie die Fernfahrer zu machen, die auch von weit her kämen und allein seien, das würde mich entspannen, ich würde nicht mehr an nächtliche Überfälle denken. Oder nach der fragen, die plötzlich ohne Eltern gewesen sei – Ayago griff wieder zu den Würfeln, in den Augen ein Blitzen, das einem gefallen konnte oder Angst machen oder beides. Sie hat mein Haus gefegt, hier kann es bei Wind sehr staubig sein, und sich um mein Feld gekümmert, was sollte sie sonst gemacht haben? Ihr Lieblingswort war nein – No way, sagte er und gab die Würfel an mich weiter, um mein Geschick zu testen, und ich ließ sie über den Tisch kollern, einmal zu fünf Augen, zweimal zu vier, fast schon das Ende des Abends. Der Major glaubte noch, dem Fremden ein paar Vokabeln auf eine Papierserviette schreiben zu müssen. Good bye, kwaheri; pain, maumivu; no, hapana; yes, ndio; und zu guter Letzt, als er sich die Würfel vom Tisch nahm, bahati nzuri, das irre Glück.

Manche Worte sollte man mit dem Blick der Naturforscher betrachten, eines Physiologen oder einer Molekularbiologin oder des Virologen, um ihnen auf den Grund zu kommen, herauszufinden, was sie im Leben bedeuten und mit uns anstellen, wo sie zutreffen (oder zuschlagen), und wo sie nur eine Larve sind, die man sich bei Bedarf aufsetzt, um im Sinne des Wortes zu erscheinen, während im entgegengesetzten Fall ein Wörtchen wie Glück der Erreger sein kann, den wir weitergeben, ohne an die Folgen zu denken: welche irren Hoffnungen es im Anderen weckt – mit diesem Bruchstück aus ihrer Sprache,

Bahati nzuri, hätte ich meiner afrikanischen Gefährtin wohl ins Gesicht gesagt, wie überglücklich ich sei in ihrer Nähe, als sie so still, für mein Gefühl schlafend, bei mir lag, anscheinend schmerzfrei, weil die Tabletten aus der Reiseapotheke (zweihunderter Ibuprofen, lächerlich) doch gewirkt hatten.

Aber sie schlief nicht, sie sah mich an, von mir erst in dem Maße bemerkt, wie nach und nach Licht durch die offene Balkontür hereinfiel, das schwachsilbrige Licht von Sternen, nachdem es aufgeklart hatte. Es war ein Blick in mein Gesicht, so direkt, als wäre der Blick eine Hand, und ich habe diese Hand ergriffen, indem ich erst auf ihren Mund sah, dann auf die mir zugewandte Schulter und die Senke ihres Rückens, auf ihr Hohlkreuz und die zwei Erhebungen im Anschluss daran. Ich durfte das alles sehen, und es hat mich verlegen gemacht, verlegen in dem Bewusstsein, dass es kein verdientes Glück gibt, nur ein zugefallens, geschenktes, immer schon in der Welt seiendes, im Grunde ontologisches Glück (wenn ich an meinen Kindheitsort und den berühmten Hüttenphilosophen denke), eines, für das man nur dem oder der danken kann, von der es auszugehen scheint; und die Dankeswährung ist seit jeher das Lieben (nicht etwa die Liebe, das ist nur ein Wort), die äußerste und innerste Anstrengung, eine uns ganz fremde Person verstehen zu wollen.

Dass ich sie sehen könne, sagte ich nach einiger Zeit, um überhaupt wieder etwas zu sagen und nicht nur zu atmen, und sie sagte, das liege am Licht unserer Galaxie und weil Campomulo – sie sprach den Namen wie ein memoriertes neues Wort aus – ohne Lichter sei. Und auf einmal war sie wieder bei ihrem Ort, genauer bei dessen Umgebung, dem Buschland, in dem es auch Nächte gebe, so hell, dass man nach Hause finde, ohne in ein altes Brunnenloch zu fallen oder sich an Dornen aufzureißen. Sie sprach erst von den erkannten Gefahren, dem noch Begreifbaren, und dann von einer Nacht, in der sie nach dem Tod ihrer Eltern allein in den Busch gegangen war, bis zu den großen Affenbrotbäumen, um dort den Eltern nahe zu sein, unter einem Himmel, der alles auf der Erde hatte unwichtig erscheinen lassen. Erst gegen Morgen war sie, so hatte ich sie verstanden, zum Haus des Majors zurückgekehrt, und der saß auf den Stufen zu seiner Veranda und hat auf sie gewartet, ja sogar erleichtert ihren Namen gerufen, als sie kam.

An dem Punkt hatte sie abgebrochen, sang- und klanglos, wie man sagt, und ich war mir anschließend nicht sicher, ob ich ihr Fragen stellen sollte oder einfach nur still sein, bis sie vielleicht weiterredet, oder ob es gut wäre, von etwas ganz anderem anzufangen, ihr auszumalen, wie für sie die Zukunft aussehen könnte, wenn sie vielleicht bei den Modeleuten in Mailand Fuß gefasst hätte – für mich zu der Stunde schon keine gute Idee mehr. Das heißt, es war eine Stunde der gegenseitigen Ungewissheit, kaum zu vermeiden, wenn zwei zugleich die Anstrengung unternehmen, den anderen möglichst im Laufe einer Nacht kennenzulernen, wobei für mich auch keine Sicherheit darüber bestanden hat, ob sie überhaupt an mir, also auch an allem noch Unsichtbaren hinter meiner Person, wirklich interessiert war, was ja dem Hineinstolpern in ein Lieben gleichkommt, wieder mit aller Vorsicht gesagt. Denn seit dem Gescheiterten mit Lydia gab es ein noch tieferes Misstrauen in mir als früher gegenüber Worten wie Innigkeit, Erfüllung und Glück, oder Sätzen von der Sorte Wir lagen nebeneinander, so still, als könnte schon die geringste Bewegung das Band zwischen ihr und mir wieder lösen – Tatsache ist, ich war versucht, ihren Namen zu gebrauchen, für die Stimmung, die sich üblicherweise einstellt, wenn man bei annähernder Dunkelheit (nur mit dem Licht unserer Galaxie) leise einen Namen ausspricht – sicherstes Mittel, in ein fremdes Herz vorzudringen, als würde man ein Messer von solcher Schärfe in das Fleisch des anderen senken, dass er statt Schmerz ein Gefühl von Wärme empfindet und sich alles Weitere von allein ergibt.

Der Name dieser Afrikanerin, warum solch ein Theater um seine Vermeidung?! Meine alte Kindheitsfreundin Maren, bei der ich untergekommen war vor der Reise hierher, an den Ort mit dem vielen Staub und nur einem Hotel, das noch im Bau ist, hatte sich das auf einem Zettel notiert mit Frage- und Ausrufezeichen, einem der kleinen selbstklebenden Merkzettel in ihrer Küche, um nicht zu vergessen, was beim nächsten Einkauf zu besorgen wäre oder was sich als Bibelwort für eine Taufe eignete; aber auch Buchtitel standen darauf und eben gelegentlich Stichworte zu etwas, das sie bereden wollte. Ich hatte bei einem unserer Abende im Schwarzen Adler die beiden Tage in dem Vorgebirgsort erwähnt, als die für mich letzte Möglichkeit, auf die Afrikanerin einzuwirken, bevor sie in Mailand in die Fänge eines Cousins käme, der sie, wie ich zu der Zeit gedacht hatte, mit seinen Hoffnungen auf eine Laufstegkarriere anstecken könnte. Und auf Nachfragen von Maren – sie war ja eine, die nie Ruhe gab, allem auf den Grund gehen wollte, eine Frau ohne jede Furcht, in das Ergründete stürzen zu können – erzählte ich etwas von der ersten Nacht in Campomulo, meinen Wünschen und dem Rätselraten über ihre Wünsche; und selbst in diesem doch intimen Zusammenhang sprach ich von ihr als der Afrikanerin, als wäre sie namenlos, bis Maren, wir waren bereits die letzten Gäste in der Adler-Stube, ganz entschieden nach dem Namen fragte und ich ihn auf einen Bierdeckel schrieb, noch dazu einen, in der ihr Nachname vorkam, Ganter-Bräu. Sie fand das amüsant, diesen für mich zu bestechenden Vornamen auf dem Deckel zu haben, über dem eher gewöhnlichen Ganter, und noch aus dieser Stimmung heraus erzählte sie von ihrer letzten Predigt, unter anderem über den beschnittenen Juden Jesus, so hatte sie sich ausgedrückt, um den guten Mann auf die Erde zu holen, nicht zur Freude der Gemeinde – Aber vermeiden ist eben nicht meine Sache, sagte sie.

Die Frage auf dem kleinen Merkzettel hat also ihre Berechtigung gehabt, auch wenn es für mein Empfinden kein Theater um die Vermeidung dieses Namens war; vielmehr war und ist es – auch wenn das alles eine Ausrede sein könnte, um den Namen für mich zu behalten – das Bemühen um den Verbleib einer Leerstelle, damit nicht das fehlende fotografische Bild durch den Namen ersetzt wird und dessen drei Silben, ihr Klang beim Aussprechen, diese Lücke auf falsche Art schließt, indem er jedweder Vorstellung Tür und Tor öffnet. Und genau diese Erklärung wollte ich meiner alten Kindheitsfreundin und Wohltäterin zu der Zeit (Zuflucht gewährt zu bekommen ist die Wohltat schlechthin) an dem Abend, an dem ich den Zettel mit der Notiz entdeckt hatte, nachliefern, beim üblichen Glas Wein in der Küche, wenn sie zur Ruhe kam, nicht mehr allem auf den Grund ging, ihr Protestantentum abstreifte, nur erhielt sie, kaum war der Wein eingeschenkt, einen Anruf und erfuhr von einem Todesfall in der ferneren Familie, dass man ihren Beistand brauche, jedenfalls hat sie das so gesagt, ohne es näher zu erklären, und auch gleich eine Tasche gepackt und noch einen Kaffee statt den Wein getrunken und sich verabschiedet, um für das da zu sein, worum man sie offenbar gebeten hatte, jemand Hinterbliebenen zu trösten – ein Abschied, bei dem sie mich kurz auf die Nase geküsst hat, um mir dann noch aus dem Auto etwas zuzurufen: dass sie die Geschichte mit dem Namen jetzt so verstehe, dass man auf Dauer nur an ihm scheitern könnte. Und dass sie nicht vor morgen Abend zurück sei – Zurufe bei schon laufendem Motor, über die ich nicht weiter nachgedacht hatte, weil das Interessanteste daran die Ankündigung ihrer Abwesenheit war.

Der ganze nächste Tag im Haus hat sozusagen mir gehört, und ich habe einige Telefonate geführt, um nicht das Internet zu benutzen mit den so unvermeidlichen Spuren, und mich erkundigt, was zu tun sei, um für das Land, das die Afrikanerin für immer verlassen hatte, ein Visum zu erhalten; auch den dort nötigen Impfschutz sowie die Reisemöglichkeiten habe ich im Detail erfragt. Und bei Marens Rückkehr am Abend – sie mit der Stirn für Momente an meiner Brust, da ja etwas Schweres hinter ihr lag – war ich wieder ganz der, dem sie Zuflucht gewährt hat und der sich dankbar zeigte, sie mit einem Essen empfing und zuhörte, als sie von einem untröstlichen Großonkel nach dem plötzlichen Tod seiner Frau sprach, wie schwer es gewesen sei, ihm durch die Nacht zu helfen, und ihr eine Hand auf den Arm legte, damit sie etwas aufatmen konnte – ja, der den Arm sogar gestreichelt hat.

Es war dieselbe Hand, die für Momente auf der Afrikanerin gelegen hatte, um den Schmerz von der entzündeten Schusswunde wenigstens einzudämmen, und auch bei ihr führte es zu einem Aufatmen – das sich erst angehört hat wie Seufzen, aber mit dem Wiedereinziehen der Luft war es eben auch ein Aufatmen, nicht das von ihr ersehnte in dem Gefühl, endlich am Ziel zu sein, dafür eins, das überging in meinen Namen, erstmals so ausgesprochen, als wären wir im Gefäß der Freundschaft, aber mit einem Tropfen von etwas anderem darin, das alles zwischen uns, jede Geste, jedes Wort, unvergleichlich machte. Die Liebe, hieß es im vorigen Abschnitt, sei nicht mehr als ein Wort, und um es genau zu sagen: nicht mehr als ein Begriff für die Erfahrung, die allgemein als beglückendste gilt, in ihrem Uferlosen vergleichbar mit dem Glauben an ein ewiges Leben oder das Paradies. Anders dagegen der Begriff des Verliebtseins: Er steht für etwas, das seine untrüglichen Anzeichen hat, die irgendwann anfangen und irgendwann enden, während die Liebe immer schon eine Bilanz einschließt, also bereits ein Zeitraum hinter ihr liegt und, wie die Beteiligten hoffen, auch noch einer bevorsteht (bis dass der Tod euch scheidet). War ich also schlicht und ergreifend verliebt, als ich da

Seite an Seite mit meiner inzwischen nur noch leise und gleichmäßig atmenden Reisegefährtin samt Schusswunde gelegen habe, hin und weg, wie man auch sagt, oder war ich schon Teil des Uferlosen, letztlich verloren? Ich denke, ich war einfach nur froh in der Nacht – froh, ein häufig unterschätztes Wort.

Selbst der Schlaf, der sich schließlich um alles Ungewisse gelegt hatte, war ein stiller, tiefer und, wenn man so will, froher Schlaf. Erst während des Erwachens – durch Vogelpfiffe und einzelne Lichtnadeln durch Spalte in den Fensterläden –, in der Phase, in der man kaum unterscheiden kann, welche Bilder noch auf einen zukommen und welche man schon entwirft, wo der Geist noch herhalten muss für die letzten Fetzen von Traum und wo er sich schon dagegen behauptet, kam ein Bild meiner Hand an ihrer Wunde auf mich zu, nur zog sich die Wunde bis zwischen die Beine oder ging sogar von dort aus – ein Fetzen von Traum, wie aus dem Berg überlieferter Bilder und Wörter. Die, von der ich für Momente geträumt hatte, lag auf dem Bauch, eine Wange in der Armbeuge, sie blinzelte mich mit einem Auge an, und ihr erster Gruß war ein Seufzer – wie mir schien zugleich Ausdruck einer Idee für den Rest unserer Zeit.

Und für mich war es die Idee, sich von nun an dem zu überlassen, was sich ergibt, aus meiner Sicht als Erstes dem Umstand, dass eine der Lichtnadeln über die Wunde lief. Das hatte zur Folge, dass ich mich, ohne es anzukündigen, darüberbeugte, während sie das Gesicht im Kissen vergrub. Die Entzündung war jetzt ringförmig um den Trichter im Fleisch, und ich kam nicht umhin, auch auf die andere, die makellose Backe zu schauen; neben allem Besorgniserregenden, das von der Wunde ausging, und neben allem Empörenden, dass man auf sie geschossen hatte, sah ich auch die Zerstörung einer Symmetrie. Das war so, das passierte einfach, aber es hörte auf, als ich die Wunde erneut austupfte, wobei ihre Hände wieder um einen der Bettpfosten griffen. Ich kniete neben ihr, nach vorn gebeugt, mit einer Hand abgestützt, in der anderen ein Wattestäbchen, sein Ende in der Wunde, und ihr Gepeinigtes war jetzt unübersehbar. Es sei gleich vorbei, sagte ich, und sie rief etwas in ihrer Sprache ins Kissen, wie einen letzten Appell, es hinter uns beide zu bringen.

Und als es vorbei war, da ist sie sofort ins Bad gegangen, nackt und doch wie angezogen, was sich nur schwer erklären lässt, man muss sich dazu ihre Haltung vor Augen führen, so, als hätte sich alles je Erlebte zu einem Korsett zusammengeschnürt, zu etwas Unbeugsamem auf Schritt und Tritt. Ich hatte mich wieder hingelegt, und die Geräusche aus dem Bad – erst der Klospülung, dann der Dusche, ihrem mal stärkeren, mal schwächeren Plätschern, je nachdem, wo das Wasser auf die Haut traf, und zuletzt der Faststille beim Abtrocknen, dazwischen einmal leises Seufzen, unter Umständen beim Blick in den Spiegel – hatten etwas Beruhigendes, wie kleine Appelle an mich, sich auch weiterhin dem zu überlassen, was sich ergibt. Und trotzdem sagte ich, als sie aus dem Bad kam, wir sollten einen Arzt aufsuchen, das sei besser, als abzuwarten, was aber hieß, etwas zu tun, was sich eben nicht ergeben würde; sie war in ihr neues Tuch gehüllt wie in einen Flecken Heimat, den sie nicht preisgeben wollte – nicht jetzt schon, irgendwann später, wer weiß, wenn sie erst Zara oder H & M entdeckt hätte, das ging mir durch den Kopf, während sie auf den Balkon trat. Und sie wiederholte mein Anliegen, mit gespielter Betonung auf dem ersten Wort, einem We, das für sie wohl mehr Illusion war als Wirklichkeit – nur sollte ich besser etwas zu essen besorgen. Ohne genügend Essen würde keine Wunde heilen, Essen und Schlaf und Gebete – die Art aber, wie sie prayers gesagt hatte, als ich schon angezogen war, um wenigstens noch eine Apotheke zu finden, nährte wieder die Hoffnungen, was sie betraf, nämlich prayers mit langen S am Ende, Gebete als blindes Verlangen nach Nähe.

Und anders als am Vortag gab es in der einzigen nicht bergan führenden Gasse einen kleinen Markt, auf dem es seltsam still oder eben auch dem ganzen Ort entsprechend ernst zuging. Niemand an den Ständen rief seine Ware aus, ja fast schien es, als würden Obst und Gemüse, Käse und Fleisch vor dem Verkauf geschützt, und auch nur ein paar witwenhafte Frauen deuteten auf das eine oder andere, das sie zum Leben brauchten. Eigentlich hatte ich vor, wieder bei dem auch schon ältlichen Sohn der alten Zimmervermieterin einzukaufen, doch dann entschied ich mich für den Markt und kaufte dort frisches Brot und Obst, zwei gegrillte Hähnchen, einen Pecorino am Stück sowie Wasser und etwas Süßes, Cantucci alle mandorle, und den besten dort angebotenen Rotwein, der immer noch preiswert war. Gleich zwei der Marktfrauen hatten mir Empfehlungen gemacht – ich verlasse mich in Weinfragen nie auf Männer, weil sie nur nach dem Geschmack gehen, nicht nach Verträglichkeit –, und ich fragte die Frauen auch gleich nach einer Apotheke und einem Arzt, und sie sagten, bis vor ein paar Jahren habe es beides in Campomulo gegeben, in Gestalt eines Apothekers, aber seit dessen Tod müsste man in den Nachbarort fahren oder sich selbst heilen oder sterben. Es war eine ruhige, ernste Antwort, auch eine besorgte – ist der Fremde etwa krank, oder hat er ein krankes Kind, eine kranke Frau? –, und in dem Gefühl, vorerst alles getan zu haben, trug ich den Einkauf über eine der Steilgassen in den oberen Ortsteil, vorbei an einer leise keuchenden Frau mit prallem Netz in jeder Hand.

Sie war sportlich gekleidet, mit auch sportlichen Schuhen, und ihr gar nicht dazu passendes Keuchen hat mich veranlasst, sie im Vorbeigehen kurz von der Seite anzusehen, ein Blick mit leichtem Erschrecken, weil sie jung war, womöglich die Jüngste im Ort, noch keine zwanzig, eine mit glänzenden Augen und rot gefiecktem Gesicht, als wäre sie von etwas mitgenommen oder erregt; mehr als nur leicht erschreckt aber hat es mich, dass aus ihrem Keuchen oder damit vermengt litaneienhafte Worte herauszuhören waren, während sie nun hinter mir ging, Worte, die man nie vergisst, wenn man sie einmal aufgenommen hat. Sie bat – wenn ich es mir nicht nur eingebildet hatte – um Vergebung der Sünden auf dem steilen Weg und unter der Last ihrer zwei Netze; es war die remissio peccatorum, die ihr da über die Lippen gekommen ist, unter so ungewöhnlichen Umständen, dass ich mich fragte, was wohl ihre ganz eigene Last wäre, die sie da loszuwerden hoffte, während meine Schritte immer schneller wurden und ich bald selbst keuchte, als einer, der nichts als wieder in die schützende Nähe wollte, aus der er sich herausbegeben hatte.

Die Afrikanerin stand auf dem Balkon, als ich mit meinem Einkauf zurückkam, sie stand ganz in seinem Schattenwinkel und schaute zu den Berggipfeln hinter dem Ende des Hochtals, einer sogar mit weißen Tupfen, altem Schnee. Das sagte ich ihr noch etwas atemlos, diese hellen Flecke dort, das sei Schnee, aber da hatte sie sich schon eins der Grillhähnchen genommen und begann, es mit den Händen zu zerlegen, und ich stellte mir vor – unvergessen, dieses plötzliche Bild –, wie wir abends in einer noch bezahlbaren Wohnung, zwei Zimmer, Küche und Bad, am Esstisch säßen, sie schon im Bademantel und wieder mit ihren Rastazöpfen oder Braids, ich noch in den Sachen von der Arbeit, ohne Vertrag und mit Glück in einer Online-Redaktion. Und in das Bild kam sogar Bewegung samt einem Ton, ich sah uns da etwas vom nahen Thai-Imbiss Mitgebrachtes essen, Fisch süßsauer mit Reis und Bambussprossen, und dabei läuft der Fernseher, weil sie so die fremde Sprache am schnellsten lernt, ja, wir können uns in meiner Sprache auch schon leicht unterhalten, über nichts Bewegendes freilich, weil es wohl auch noch nichts Bewegendes zu sagen gibt oder das

Bewegende eine ganz andere Sprache verlangt, keine der Vokabeln und der Grammatik. Also frage ich Wie war dein Tag?, und sie sagt, Wie der Tag zuvor, ich ging irgendwann auf die Straße und wurde angestarrt, heißt es so, angestarrt?, darum fing ich an zu laufen, mit meinen neuen Puma-Schuhen, einmal um den Block, und war bald wieder zu Hause, aber da habe ich eine ganze Serie gesehen, Messias, bis es dunkel wurde, und jetzt sitzen wir hier, wie wir gestern hier saßen, nicht wahr? Und sie erzählt von dieser Serie, welche Personen es darin gibt, besonders von dem, der wie Jesus Wunder vollbringt, erzählt sie, eben dem neuen Messias, aufgetaucht aus dem Nichts und gejagt von der CIA; nein, sie schwärmt geradezu von den Ereignissen in den Folgen, als wäre bei Netflix ihr neues Leben und nicht in der bezahlbaren Wohnung. Das alles ist mir so oder so ähnlich durch den Kopf gegangen, während sie das Hähnchen entbeint hat, kein bisschen Fleisch am Schenkelknochen übrig ließ und mich zwischendurch ansah, als sollte ich ihr Vorgehen bejahen.

Die Sonne erfasste jetzt fast den ganzen Balkon, auch bei geschlossenen Augen war es noch zu viel Licht; mir klebte das Hemd an Brust und Rücken, folglich wollte ich es ausziehen, nur klebte es auch an den Schultern, und nach zwei erfolglosen Versuchen half mir meine Mitbewohnerin aus dem Hemd, als wäre ich schon alt und könnte die Arme nicht mehr recht bewegen; es war ein Pflegeakt, wenn auch anders gemeint, nichts als helfend, aber ich bin aufgestanden und ohne ein Wort ins Bad gegangen, um etwas abzuschütteln, das damit zu tun hatte, ich glaube, den Wunsch, dass sie sich um mich kümmere, um mich als Mann. Erst unter einem Schwall kalten Wassers, so kalt wie die Gebirgsbäche aus letzter Schneeschmelze, kam ich wieder zu mir: einem, der sich noch selbst helfen konnte, sich von Kopf bis Fuß waschen und hinterher abtrocknen, eine Hose anziehen und gekämmt ein Bad verlassen – der aber nicht mehr weitergewusst hat, als die, in der er sich gern verloren und gefunden hätte, auf dem Bett kniete, ihr Tuchgewand bis über die Hüften hochgerollt und den Slip – mir fällt kein besseres, harmloses Wort für dieses Kleidungsstück ein – etwas heruntergestreift, um mit einem Blick über die Schulter in einem kleinen Spiegel zu sehen, wie es um sie steht mit entzündeter Wunde an dieser Stelle.

Es war schon nach Mittag (getrennt geschrieben), keinesfalls aber Nachmittag in einem Wort, das heißt die Tageszeit, die keiner Ordnung unterworfen zu sein scheint und etwas eigenartig Gesetzloses hat, als ich die Afrikanerin auf dem Bett knien sah, bei dem Versuch, sich mit Hilfe des Spiegels von hinten zu sehen, den Blick eines Fremden auf ihre Wunde also zu ersetzen durch den eigenen, wobei der fremde Blick bestehen blieb, indem ich nicht anders konnte, als hinzuschauen. Sie war so vertieft, dass sie mich Momente lang nicht wahrnahm, dann aber den Spiegel fallen ließ und sich bedeckte, als wäre ihr Akt der Selbstbetrachtung weit intimer als mein bisheriges Versorgen der Wunde. Immer noch kniete sie auf dem Bett, mit dem Rücken zu mir, und da ist es zu dem lächerlichen Satz gekommen, dass ich gerade geduscht hätte (was ja so unüberhörbar war wie bei ihr zuvor). Aber wer kennt sie nicht, solche Verlegenheitssätze, wenn man eigentlich etwas ganz anderes sagen will, in dem Fall über das Glück, das ein bestimmter Anblick bereitet, nur war es eben der Satz I just had a shower; und auf den hin hat sie sich umgedreht, als wollte sie – das genau war mein Gedanke, war meine Sicht auf ihre Sicht – das Ergebnis dieser Dusche sehen.

Ein Gedanke, der keiner war, nur ein Reflex; ihre Sicht ist Sekunden später mit einer Frage zum Ausdruck gekommen, der Frage, die sie schon Tage zuvor, nach ihrer Dusche in dem Wolkenbruch, im Auto gestellt hatte, nur nicht so scharf. Was ich sehen würde, wenn ich sie anschaute, während sie mich dabei nicht sehen könnte, meinen Blick auf sie, das würde sie gern wissen. Weiter auf dem Bett kniend, mir aber jetzt zugewandt, ihr Gesicht zwischen den Händen, hat sie das gesagt und diesen Blick auch noch Gaze of a white male genannt, und eigentlich hatte ich ja angenommen, das Thema wäre zwischen uns erledigt, mit dem Gespräch im Auto während des Regens zu einem guten Ende gekommen. Nur war es nicht erledigt, sie wollte nun sogar wissen, warum ich sie überhaupt immer wieder und auch, wenn sie sich unbeobachtet fühle, ansehen würde, etwa weil sie schwarz sei, Cause I'm black?, fragte sie, und meine Antwort war – ich höre mich noch ihr das geradezu vorbeten – folgende: Ich sehe dich an, weil du schön bist, nicht weil du schwarz bist. Und glaub mir, ich würde auch einen schönen Mann so ansehen, ebenso einen schönen Baum oder ein schönes Pferd. Für Schönheit gibt es nur den Blick der Begeisterung, The gaze of enthusiasm, sagte ich, und sie erwiderte, wie ich denn überhaupt wissen wollte, ob jemand schön sei oder etwas schön sei, und ich sagte, da gebe es nichts zu wissen, es gebe nur ein Gefühl von Glück, wenn der Blick auf dem anderen ruht, nichts, aber auch gar nichts das Auge stört, weder abgebrochene Fingernägel noch aufgesprungene Lippen oder verschnittenes Haar, auch keine entzündete Wunde.

Meiner Erinnerung nach hatte ich das alles etwas hastig gesagt, mit dem Ziel sofortiger Zustimmung, was das Thema Blicke oder meines Blickes auf sie endgültig abgeschlossen hätte, nur so schnell ließ sie in dieser Sache nicht locker. Sie glaube, dass ich einer sei, der sich mit Worten aus der Klemme helfe, sagte sie, und Blicke hätten nichts mit Worten zu tun, nur mit inneren Ansichten – nachsichtig lächelnd erklärte sie das, mit einem Zug wie zuvor im Spiegel, als sie sich von hinten angesehen hatte, nachsichtig auch sich selbst gegenüber, in der Situation aber ganz dem Umstand, dass ich nur in der Unterhose dastand, wie man sich eben an heißen Tagen zu einem späten Mittagsschlaf hinlegt. Das hat sie dann sogar noch vor mir getan, sich wie zur Ermutigung auf den Bauch gelegt, die Kleidung wieder so, dass Luft an die Wunde kam. Und alles in allem hat das dazu geführt, dass ich mich neben sie legte, näher als nötig, um auszuruhen oder zu schlafen; ich lag auf der Seite, und sie nahm einen Ausdruck von Bekümmerung an, wie vielleicht eine Mutter ihren Jungen ansieht, dem sie etwas versagen muss, eine Party, ein Rennrad, das neueste Notebook. Was wiederum dazu führte, dass ein anderes Gefälle zwischen uns entstand, sie die Ältere wurde, die für beide eine Entscheidung traf; sie griff nach meiner Hand und sagte so knapp wie ruhig No way, nicht als Gebot oder gar Verbot, sondern schlicht als Hinweis wie der auf eine Sackgasse, Dead End – schwarz auf gelbem Grund, wenn ich das US-Schild richtig in Erinnerung habe, Wort und Zeichen in einem –, ein fast zärtliches No way, um jeder Erwartung für diese Stunde oder die kommende Nacht entgegenzutreten, während sie weiter meine Hand hielt, ja sogar mit dem Daumen etwas darüberfuhr.

Ich sprach vom eigenartig Gesetzlosen dieser Tageszeit, und mit der Hand, die meine gehalten und sogar gestreichelt hat, ist sie eben ihren Gesetzen gefolgt: sich so mit mir zu verbinden, wie es ihr möglich war, das heißt, an der Nähe zwischen ihr und mir nicht zu scheitern, einen klaren Kopf zu behalten. Ich war jedenfalls von einem klaren Kopf weit entfernt, als wir so nebeneinandergelegen haben und ich sie ansah und sie mir wie der Flusskiesel erschien, den sie mir geschenkt hatte, äußerlich ohne Makel; nur war es eben auch bei dem Stein so, dass man allein sein Abgeschliffenes, Schönes sah, nicht das Vorangegangene, Hunderte von Jahren währende Umhergewälze in einem Bachbett, all die unzähligen Stöße gegen sein noch Kantiges in den Sturzwassern. Er war die reine Oberfläche, eine Täuschung wie ihr Gesicht mit dem aufsässigen Mund und den glänzenden Augen, wie ihre festen Schultern und Brüste, die langen Arme und Beine, ihr ganzer, im Liegen fließender Körper, bis auf das, was an ihrer einen Hand so schwer verheilte, den narbigen Bereich am Rücken und die Wunde im Gesäß, als käme nur an diesen Stellen und auch nur, wenn man länger hinsah, ihre Geschichte zu Tage.

Irgendwann hatte sie meine Hand losgelassen – so nebenbei, dass sich nicht sagen lässt, wann –, aber die Hand noch zwischen sich und mich getan, ihre Hüfte und meinen Bauch, wie ein stummes Werben um Verständnis, das ist der Teil, der uns beide verbindet, das muss genügen, mehr ist nicht möglich, ohne mich zu verachten. Ja, es war ein Werben und auch stilles Bitten, wobei sie mich halb von der Seite ansah, zunehmend erstaunt, wie es schien, mich aus dieser Nähe zu sehen – der Nähe, aus der ja ein fremdes Gesicht oft noch fremder wird oder jäh vertraut und die dem Denken schadet –, und auf einmal war da ein Gefühl, als hätten wir uns gerade geliebt und lägen nebeneinander, ausgeschüttet und erfüllt zugleich, wie zwei, die sich kaum gekannt haben, bevor lieben und staunen für sie ein und dasselbe wurden – und heute frage ich mich, ob diese Erfahrung eines Wirkens ohne die eigentliche Ursache, oder der reinen Nähe als Ursache für eine Brücke zwischen meiner und ihrer Welt, so verschieden wie Tag und Nacht, nicht einer der Höhepunkte meines Mannseins gewesen ist, viel mehr als die Summe der gewöhnlichen Höhepunkte.

Ich war erfüllt von etwas, das nicht stattgefunden hatte – vielleicht die einzige Lösung, mit Versuchungen fertigzuwerden: die klösterliche. All meine Ideen, sie zu umarmen, mit ihr zu schlafen, zu sehen und zu spüren, wie sie nach mir verlangt, den so aufsässigen Mund auf meinen legt, nach mir greift, mich will und Wörter flüstert, die unser Tun so bejahen, als wäre nie in einem Lager ihr Schoß mit Füßen getreten worden, wenn das nicht schon viel früher passiert war, man sie im Mädchenalter mit einem Schnitt zu einer Waise ihrer Weiblichkeit gemacht hatte, waren jetzt wie Bilder von etwas soeben Erlebtem, als ich in der Stille des Nachmittags an ihrer Seite gelegen habe, wie einer, der nach der Liebe erst langsam wieder zu sich kommt.

Eine der großen Darstellungen der Versuchung ist Botticellis Fresko in der Sixtinischen Kapelle Die Versuchung Christi. Man sieht dort im Mittelpunkt einen schon älteren, bärtigen Mann in einer Art Königsgewand vor einem Mädchen in trügerisch weißem Kleid, das ihm eine Schale wie einen Teil ihrer selbst darbietet, als stummes Nimm mich, das ist mein Leib, eine Schale, um die schon seine Hände liegen. Aber diese Szene der Versuchung wäre ziemlich belanglos, so hatte ich es anlässlich einer Debatte um das Ausufern von Facebook geschrieben, wenn sie nicht zahlreiche Zuschauer hätte, mehr oder weniger bei der Sache, manche sogar untereinander beschäftigt, als gäbe es keinen Zweifel am Ausgang des Ganzen. Botticelli hat gleichsam die christliche Welt um den Retter der Welt und die junge Schöne, die ihn auf ihre Seite ziehen will, versammelt, und so ist es bei all den Zeugen eigentlich gar keine Versuchung, sondern reines Theater mit verteilten Rollen: dort ein standhafter, gereifter Jesus, mehr Gott als Mensch, und vor ihm die Inkarnation mädchenhafter Schönheit wie ein böser Irrtum der Schöpfung, weder für ihn gemacht noch für sonst wen, eine Verlockung um ihrer selbst willen. Und so schwanken die Schaulustigen auch zwischen höflichem Interesse und Gleichgültigkeit; man weiß ja, wie die Sache ausgeht, aber möchte dabei sein: ein Publikum als in Szene gesetztes christliches Netzwerk, das die Versuchung zu einer Farce macht – so etwa hatte es in dem alten Artikel gestanden, oder so ist es mir wieder eingefallen, als ich meine Hand, das Einende zwischen uns, von ihrer Hüfte wegzog, damit die Hand keine Kleidung abstreifte, wo sie noch auf ihr lag, und meine Lippen dabei aufeinanderpresste, damit sie nichts Falsches sagten, und die Augen zumachte vor einer Anmut, die nicht für mich da war – ja, die es an sich gar nicht gegeben hat, dafür umso mehr als Wort, auf das man sich wirft wie auf einen entblößten Leib.

Seit ihrem No way war es still im Raum, und auch kein Geräusch drang von außen herein, als wäre der Ort ausgestorben, untergegangen an seinem Ernst, nur noch von Katzen bewohnt, und ich weiß noch, wie dankbar ich war, als schließlich Stimmen aus der näheren Umgebung durch die nur angelehnten Balkontürläden drangen, zwei Frauen, die einander etwas zuriefen; kurz darauf wurde schon rasselnd ein Rollgitter nach oben gezogen. Gegen vier musste es also sein, und wir lagen immer noch nebeneinander, weder ganz wach noch schlafend, eben wie die Katzen, die überall kauerten, ein Zustand, aus dem man schwer herausfindet; erst die Stimmen von außen halfen dabei, und ich ließ Licht ins Zimmer, gerade so viel, um nach der Wunde sehen zu können. Die Entzündung hatte sich nicht weiter ausgebreitet, aber auch nicht zurückgebildet, sie war noch eitrig, und beim erneuten Reinigen der Wunde zog die Afrikanerin scharf Luft durch die Zähne. Wir müssten zu einer Ambulanz fahren, sagte ich noch einmal, aber davon wollte sie nichts wissen; sie wollte nur wissen, was noch zu essen da sei für den Abend, und kam dabei aus dem Bett, ohne Rücksicht auf die Wunde in ihren Bewegungen, ohne Rücksicht auch auf den, der sie ansah; sie hat ihre Kleidung einfach fallen lassen, und wieder könnte ich nicht sagen, dass sie nackt im Zimmer gestanden hätte, nur in ihrer voller Größe und der Spannung einer Hochspringerin vor dem Anlauf, wenn sie noch einmal alle Phasen des Sprungs in sich durchgeht, mit kleinsten Bewegungen der Hände, die an den Schläfen liegen: Das war nämlich der Fall, während ich die Reste der zwei Einkäufe auf den Tisch im Zimmer legte, dazu den Rotwein stellte und Wasser in vier kleinen Flaschen. Es war genug, um etwas in den Magen zu bekommen, und nachdem sie einen Blick darauf geworfen hatte, ist sie wieder ins Bad gegangen und war damit so sehr aus der Welt, meiner von ihr verwandelten, dass ich nicht umhinkam zu horchen, ob etwas von innen zu hören wäre, plätscherndes Wasser, Rascheln von Papier oder gar Weinen. Aber da war einfach nichts, als wäre sie ganz in ihre Welt zurückgekehrt.

Ein häufiger Irrtum aller Liebenden ist meines Erachtens der, dass der andere einem schuldig sei, was man für sein Glück braucht, und ich war in diesen Irrtum verrannt, sonst hätte nicht auf der Stelle mein Warten begonnen, wann sie wieder aus dem Bad kommt, sich wieder zu mir legt, erneut meine Hand nimmt, wie eben das Warten immer beginnt, wenn der andere abwesend ist, allein in seiner Welt, statt der gemeinsamen. Wir fragen uns, wo er bleibt, was er macht, warum er nicht erscheint, was ihn aufhält oder abhält und wie wir ihm begegnen sollen, wenn er endlich doch auftaucht, als wäre nichts gewesen, ja sich erstaunt zeigt oder gar verärgert, dass man überhaupt auf ihn gewartet hat in dem Gefühl, dass er uns etwas schuldig sei, eine bestimmte Menge an Gegenwart zum Ausgleich für die Zeit, in der die Gedanken ganz bei ihm oder ihr waren, unabhängig davon, ob er sich im selben Raum, aber dennoch abwesend, oder in einem Nebenraum wie dem Bad aufgehalten hat (oder ein ganzes Meer zwischen ihm und einem selbst liegt, das mare nostrum, wie das Mittelmeer einst trügerisch verbindend hieß), wir also in Gedanken etwas geleistet haben, das der andere gar nicht erbeten hat, aber honorieren soll, indem er uns nicht warten lässt.

Fast eine Stunde hat es gedauert, bis die Afrikanerin aus dem Bad kam. Sie trug die alte Trainingshose, in der sie mir in Pentedattilo gegenübergetreten war, dazu ein löchriges gelbes Top und Flipflops. Alles in allem machte sie wieder den Eindruck der Illegalen, und sie schien mir anzusehen, dass ich auf sie gewartet hatte, jedenfalls gab sie für die Zeit ihrer Abwesenheit eine Erklärung: dass sie sich um ihren Geist gekümmert habe. Der Wunde gehe es jetzt besser, und wir sollten noch etwas essen, um dann bald zu schlafen, weil es morgen ein langer Tag werde. Das heißt, sie hat sich schon in Mailand gewähnt, bei dem Cousin, womöglich in der Welt der Mode, als dort bald schon gefragt bei ihrer Figur, ihrem Gesicht, nicht mehr angewiesen auf mich, das war mein Eindruck, auch noch, als wir im Bett unsere Reste aßen und den Wein tranken, sie wieder auf dem Bauch lag. Ich hatte ihr angeboten, noch einmal nach der Wunde zu sehen, aber die Berechtigung, mich um diesen Teil von ihr zu kümmern, war offenbar abgelaufen, oder sie sah sich jetzt selbst als ihre beste Versorgerin. Wir hatten gegessen, was noch da war, zuletzt die gepuderte Salami, in dünnste Scheiben geschnitten mit ihrem Messer und auf Crackers gelegt, dazu Wasser aus der Flasche und den Rotwein aus Zahnputzbechern; viel geredet hatten wir nicht dabei, und das wenige lässt sich nur schwer wiedergeben, wie es auch bei Gedichten ohne Reime der Fall ist. Behalten habe ich aber, dass sie bei meinem Verteilen des restlichen Weins gesagt hat, sie werde mich vermissen, das aber in ruhigem Ton, als wäre Vermissen ein nur physikalisches Phänomen und nichts, um das man sich kümmern müsste wie um eine Wunde, und ich darauf so etwas sagte wie Lass uns jetzt nicht an morgen denken, noch liegt eine Nacht vor uns – im Grunde nur ein erneutes Appellieren an das, was sie bereits ausgeschlossen hatte. Und es steht mir noch vor Augen, wie sie später, als wir wieder Seite an Seite gelegen haben, im letzten Abendlicht, das durch die offene Balkontür ins Zimmer fiel, den Kopf aufstützte und halb auf mich heruntersah, auf den, dem sie sich gezeigt hatte und auch noch weiter zeigte, der etwas von ihren seltenen Erden, ihren Schätzen bekam, wenn auch bloß im Tagebau. Und wie sie noch später, schon im Licht unserer Galaxie, um ihre Worte zu gebrauchen, noch einmal meine Hand gehalten hat, still bejahend: Ja, du bist der, der heute Nacht bei mir sein soll, und zugleich still verneinend: Nur mehr als deine Hand in meiner ist mir nicht möglich.

Aber das sind Mutmaßungen, durch kein Wort oder Zeichen von ihr gestützt. Es gab in dieser zweiten Nacht von Campomulo oder Eselsfeld nichts als diese Hand um meine in der Fastdunkelheit, gerade noch mit so viel Licht, dass ich die Linie ihrer Schulter wahrnahm und den immer noch so aufgestützten Kopf, als könnte sie, anders als ich, bei dem geringen Licht etwas sehen, am Ende mein ganzes Verlangen nach ihr. Mit Gewissheit kann ich dagegen sagen, dass sie, die Afrikanerin, wie keine andere zuvor meine Hand gehalten hat – schon gar nicht Lydia, die selbst gehalten werden wollte, und vor allem den Mann in mir sah, der sie als Frau sieht.

15

Mann und Frau oder Frau und Mann – zu anderen Konstellationen kann ich nichts sagen – wollen im Bett selten dasselbe: der ganze Grund für die nicht endende Flut in Bild und Ton, die beide Parteien stur mit dem Gegenteil überschwemmt oder das ontologische Ungleichgewicht zwischen den Geschlechtern, was das Sexuelle betrifft, mit allen Mitteln verwischt und das versteckte Scheitern, ob in einem Bett oder auf dem Boden oder stehend verklammert, als Sieg erscheinen lässt, bei Männern über die Leere in ihnen selbst, bei Frauen aber über die Enttäuschung, wieder einmal nicht zu erfahren, wer sie dabei sind, nur wie weit sie sich gehenlassen, um es vielleicht doch zu erfahren; und Lydia ist dabei einmal sehr weit gegangen.

Sie sah mich, wie gesagt, als den, der sie als Frau sieht, was in unserer Anfangszeit hieß, ihr auf ganzer Linie ein Frausein zu liefern, nur ohne eine Schwangerschaft, davor hatte sie Angst; wir beide hatten davor Angst. Und so ging es, vor allem auf der Kalabrienreise mit dem anderen, in ihren Augen eher geschwisterlichen Paar, um das sexuelle Frausein, wie weit sie dafür gehen würde und wie weit ich mitginge, oder wir uns gegenseitig in Versuchung führten, Dinge zu tun, die uns sagten, wer wir sind, wenn wir sie tun, sie beide wollten, um damit das Ungleiche zwischen den Geschlechtern wegzufegen, über uns selbst zu triumphieren – ich denke dabei an die Hotelnacht in Altomonte. In dem damals kaum zu heizenden Königinnenzimmer im früheren Kastell der belgischen Krone war ich in der Form meines Lebens, was man nur sagen kann, wenn es jemand auch bemerkt hat, und Lydia hat es bemerkt, im rötlichen Schein eines Elektroöfchens mit seinen glühenden Stäben und der Wärme, die es auf uns abstrahlte, als wir auf dem Bett lagen, bereit, uns zu lieben. Und auch wenn es lange her ist, weit über zehn Jahre jetzt, ist mir noch jede Einzelheit gegenwärtig, alles, an das ich in der Nacht mit der Afrikanerin in denselben Räumen nicht zu denken versucht habe. Ich weiß es noch, wie Lydia mich lange ansah, von Kopf bis Fuß mit einer Unterbrechung, ihrem Blick zu dem gerahmten Schwarzweißfoto der jungen, bei aller angeblichen Lebenslust recht melancholisch erscheinenden späteren Königin, auf dem Foto aber wohl noch Prinzessin Paola über dem Bett, und dann mit einer unglaublichen Idee zur Umsetzung unserer Bereitschaft kam, einer, in der die andere, tiefere Idee vom ganz Mann- und ganz Frausein und dennoch Gleichsein aufgehen sollte. Und wie zehn Jahre später bei der Afrikanerin war es auch bei Lydia darum gegangen, das Foto von der Wand zu nehmen, aber nicht, um es aus den Augen zu haben, sondern um es zu nutzen. Ich sollte es auf den alten Steinboden legen, mit dem Motiv nach oben, das hieß mit dem feinen, entspiegelten Glas nach oben, das Ganze in der Absicht, dass wir uns auf dem Bild lieben. Lydia wollte sich, abgestützt mit den Armen, den Oberkörper zurückgeneigt und die Beine geöffnet, auf das royale Gesicht setzen, so vorsichtig, dass dabei nichts zu Bruch geht, das Glas dem standhält, und ich sollte mich über sie beugen, ebenfalls abgestützt, und tun, was schon mein Vater getan hatte, um mich zu zeugen, und sein Vater, um ihn in die Welt zu setzen und so weiter, das aber auch so vorsichtig, dass nichts zu Bruch geht, die traurige junge Prinzessin (von mir irrtümlich schon mehrfach zur Königin gemacht) anschließend wieder ohne Sprung im Glas über dem Bett hängt. Und genauso ist es geschehen, mit einer Langsamkeit, wie wir sie später nie mehr erreicht haben; selbst die Sekunden, in denen man alles preisgibt, sich in sein eigenes All verschleudert, waren noch Sekunden, in denen wir uns angesehen hatten – ich glaube, um nichts anderes war es Lydia in der kalten Mainacht gegangen: zu beweisen, dass man auch auf riskante Weise ganz Mann und ganz Frau sein kann, getrennt und doch vereint, ohne selbst dabei Schaden zu nehmen und noch etwas Irreparables anzurichten. Carpe noctem, hatte sie vorher gesagt, als Ansporn für sich und mich, da saß sie schon auf dem Glas – und dieses Nutze die Nacht statt Carpe diem ist mir durch den Kopf gegangen, als ich neben der Afrikanerin lag und sie noch im Schlaf weiter meine Hand hielt wie kein Mensch zuvor.

Schwer zu sagen, wann ich selbst geschlafen hatte in der Nacht – in der Erinnerung verschwimmen die Gedankenfetzen der Träume mit den schon träumerischen Bildern im Noch-Wachsein; ich kann aber sagen, dass sie die Hand irgendwann so unmerklich zurückgezogen hat, wie sich die Nacht zurückgezogen hat, das heißt, als es schon hell genug im Raum war, um jede ihrer Rippen zu sehen, wenn sie einatmete – das löchrige Top war nach oben gerutscht, über den unguten Bereich auf ihrem Rücken, als hätte sie dort eine helle, narbige Haut über der dunklen gehabt, verbunden mit einer Geschichte, die genauso im Dunkeln lag, oder anders gesehen: Es gab auf der Karte ihres Körpers einen weißen Fleck, der mehr beängstigend als anziehend war, und wie häufig in solchen Fällen scheut man sich, mit Fragen in das Dunkel einzudringen, und lässt lieber alles auf sich beruhen aus der Erfahrung, dass zu viel Wissen um einander manchmal schon der Anfang vom Ende sein kann.

Die ewige Angst aller Liebenden, denke ich, ist die vor einer Trauer, die sie bereits durchgemacht haben, und das mit Anbeginn der Liebe, als vor ihnen eine Tür zuging und dahinter die Schritte der Mutter, des Vaters oder einer anderen Lebensgestalt verhallten. Die Afrikanerin – mit Eltern, die über Nacht umgekommen waren – hatte in unserer letzten Nacht vielleicht sogar Angst vor dem eigenen Dunkel im Moment der Trennung, wenn ich noch einmal winken würde, um mich dann davonzumachen, während bei mir das Gefühl überwogen hat, sie an den Cousin und irgendein windiges Leben zu verlieren. Nur bin ich nicht der, der sie davon hätte abbringen können, zu einer Schau mit lauter Afrikanern zu wollen, um dort einen Verwandten zu treffen – und auch sonst nicht der, der eine junge Fremde an die Hand nimmt und sagt: Du und ich sind ab jetzt eins, du wirst meinen Namen tragen, niemand kann dich je wieder dorthin schicken, wo du herkommst. Dies ist der erste Tag deines neuen Lebens, ohne vergifteten Fluss und die Wege zu den Brunnenlöchern, das Schleppen von Wasserkanistern, auch ohne die Nächte im Haus eines Polizeichefs und ohne flatterhaften Cousin auf einem Laufsteg – vergiss Mailand, wo man nur hinter deinen Beinen her wäre, schau nach vorn, dahin, wo ich herkomme. Mein Zuhause liegt auch an einem Fluss, aber du kannst dort das Leitungswasser trinken, und es gibt jederzeit Strom, außerdem Heizung im Winter, eine Wohnung warm genug, sich darin zu lieben, und um die Miete mach dir keine Sorgen, ich schreibe Geschichten, die nachts im Radio kommen, du kannst sie hören, sobald du meine Sprache gelernt hast. Dann kannst du auch arbeiten, zum Beispiel am Flughafen, da wird jede Sprache gebraucht. So verdienen wir beide, nicht viel, aber genug. Den Rest gibt der Staat dazu, falls wir ein Kind bekommen, und warum sollten wir keins bekommen. Nein, der bin ich nicht, der so redet.

Erst mit diesem Gedanken an ein Kind ist es still geworden in mir, und ich muss dann wohl eine Weile geschlafen haben, geweckt von einem Laut, als wäre die, für die ich schon Pläne hatte, mit ihrer Wunde an die Wand gestoßen. Aber sie war nur aus einem Traum geschreckt, gar nicht von der schlimmen Art, wenn man verfolgt wird oder ertrinkt, aber von der übergenauen: so genau, so zum Greifen, dass man es nicht fassen kann, daraus zu erwachen, und letztlich an der Wirklichkeit erschreckt. Sie hat in der Dunkelheit nach mir getastet, meine Schulter gesucht, und ich fragte, ob etwas mit der Wunde sei, und sie verneinte es und lag für ein, zwei Minuten nur still da, zu mir gewandt und in ihrer Gestalt zu erkennen, dann erzählte sie von dem Traum, der nicht viel mehr als ein zähes Bild war: das eines alten, gestrandeten Karussells, eins wie dem in Rizzone mit Lämpchen, Glöckchen und bunten Pferden, aber wie von einem Sturm an einen öden Küstenabschnitt geworfen, auch wenn dort, wie sie sagte, ein paar Liegestühle gestanden hätten, some deck chairs, nur ohne Menschen. Und auch auf dem Karussell habe niemand gesessen, einem, das angeblich stillstand und doch wie in Bewegung war, mit Pferden im Aufgalopp, und als sie darauf zuging, um mitzufahren, ist das Karussell nicht etwa näher gekommen, sondern kleiner geworden, unter einem Schleierhimmel, einem wie bei ihr zu Hause über dem Buschland; ja, am Ende verschwand es sogar, als wäre es nie da gewesen, und sie lief ins Meer und wachte auf.

Das alles hatte sie leise und in so dringendem Ton erzählt, als wäre es wirklich passiert, und ich könnte nicht sagen, ob wir danach noch einmal geschlafen haben; ich weiß nur, dass sie wieder meine Hand hielt und das Bild von dem gestrandeten Karussell am Meer auch in mir seiner Wege ging, über die gerade noch gemachten Gedanken hinaus, also ein Traum den anderen gab, wenn man so will, endend mit dem Tageslicht und einem Blick, der mir sagte: Zeit zum Aufstehen. Abgeschüttelt habe ich die Nacht aber erst unter der Dusche, bei dem Versuch, das Bangen vor dem Abschied wegzuspülen, den letzten Worten, Leb wohl, Take care.

Nur hat sich dieses Bangen gehalten, wie sich ein zäher Schmutz in den Poren hält; es war immer noch da, als wir nach kurzem Frühstück ins Auto stiegen und meine Begleiterin durch die beiden Nächte in Campomulo gleich in die Karte sah, was die geeignete Route wäre nach Mailand, und dort am besten bis ins Zentrum. Sie wollte den Dom sehen, als ob man davor parken könnte, um ihn zu vergleichen mit Bildern, die in ihrer Missionsschule gehangen hatten, der Dom bei Nacht, der Dom im Schnee, seine Fassade, sein Dach, seine ganze Pracht – Its total magnificence. Sie schwärmte von etwas, das sie gar nicht kannte, und mein Gegenvorschlag, das Tal bis zum Ende abzufahren, von dort einen Blick auf die Berge zu werfen, das letzte Hindernis vor einem besseren Leben – ich hatte das nicht so gesagt, es aber doch ausgedrückt, wie man einem Kind mit Lauten etwas schmackhaft macht –, diesen Vorschlag hat sie gekappt, indem sie die Karte erstmals nicht sorgfältig knickte, sondern daraus ein Geknülle rund um Mailand machte, ein Chaos auf ihrem Schoß. Sie trug an dem Tag die in Crotone gekauften Chinos, dazu ihre alten, kaputten Laufschuhe und ein T-Shirt, das ich noch nie gesehen hatte, wie aus einer in den Tiefen ihres Bündels verwahrten Reserve für besondere Anlässe, eng und von leuchtendem Blau mit roten chinesischen Schriftzeichen quer über der Brust; und ohne die geknüllte Karte wäre es sicher zu einem Kompliment gekommen, wie gut ihr das stehen würde, und wohl auch der Frage, was die Zeichen auf dem Hemd bedeuteten – so aber war ich ganz auf das Fahren konzentriert, unserem Abschied entgegen, während sie zu dösen schien, das Kartenchaos zwischen den Schenkeln, die skulpturale Sonnenbrille über den Augen und ihr T-Shirt gestrafft über den Brüsten.

Auf ihr Verlangen hin – mehrfach hatte sie mit dem Finger auf den Kartenausschnitt getippt, auf eine nur weiß eingezeichnete Abkürzung durch ein Nebental Richtung Bergamo und Autobahn – fuhr ich entlang steilster Waldhänge, aber auch Felsformationen bis an den Straßenrand und manchmal in sonnenlosen Winkeln zusammengescharten, wie dort vergessenen Häusern mit verschlossenen Läden, unserem letzten Ziel entgegen, eine Fahrt fast ohne ein Wort, wie in anhaltender Überwältigung von dem bevorstehenden Ende – ich erinnere mich an ein Gefühl, als wäre die Afrikanerin schon gar nicht mehr da gewesen und ich überwältigt von ihrer Abwesenheit, der Erinnerung an sie.

Alle uns aufgezwungenen, unausweichlich erscheinenden Abschiede führen – man mag mir widersprechen – früher oder später zu einem Augenblick des Unerträglichen noch vor der tatsächlichen Trennung, zu einem inneren, von niemandem bemerkten Aufschrei, dass es so nicht weitergeht, keinen Moment lang, auf der Stelle etwas passieren muss, das dem Unerträglichen Einhalt gebietet. Was aber bleibt da anderes übrig außer der Vision eines letzten Auswegs, samt dem Theater, das jeden Griff nach dem Strohhalm begleitet – und eben dieses innere Spektakel führt, erstaunlicherweise, zu einem Umschlagen des Unerträglichen fast in sein Gegenteil, nämlich zum zeitweiligen Überschwang; auf der Fahrt nach Mailand aber rührte dieses plötzliche, gar nicht zum Anlass passende Hochgefühl aus der Tatsache, dass wir dort am Abend auf Benedikt Cordes treffen würden, mit seinen Möglichkeiten, der Afrikanerin mehr anzubieten als das, was vielleicht mit Hilfe des Cousins für sie in Frage gekommen wäre: gelegentliche Jobs am Rande der Mailänder Modewelt. Das heißt, ich sah sie in meiner Nähe bleiben, ohne nähere Vorstellungen zu dieser Nähe; es war nicht mehr als die Vision eines Auswegs, eben ein Überschwang, und aus dieser strohhalmhaften Stimmung heraus habe ich schließlich doch gefragt, was die chinesischen Schriftzeichen auf ihrem T-Shirt bedeuteten.

Ich bin davon ausgegangen, dass sie es wusste, ja sogar davon ausgegangen, dass sie im Hinblick auf das Hemd etwas loswerden wollte – So tell me, sagte ich, das war bereits im dichten Verkehr vor Mailand, kaum mehr mit Feldern neben der Autobahn, stattdessen mit Lagerhallen, die meisten zum Verkauf, andere schon im Rohbau aufgegeben, als Fundamente mit nackten Pfeilern, dazwischen Hotels, die auch nie fertig werden würden, Ruinen mit leerer Betonwanne davor, einer Poolleiche, und riesigen Schildern zur Autobahn hin, darauf lange Mobilnummern wie Hilferufe. Something to do with luck, sagte die Afrikanerin; sie zog an dem Hemd, um die Zeichen in eine Reihe zu bringen, und es war gar nicht einfach, konzentriert weiterzufahren, bald in Schlangen von Fahrzeugen, auch weiterhin vorbei an kaum Halbfertigem. Wo aber noch gebaut wurde, waren es keine Einheimischen auf den Gerüsten, es waren Afrikaner, so hell bestäubt, dass man sich täuschen konnte, bis man die Streifen an den bloßen Oberkörpern sah, wo Schweiß den Zementstaub aufgelöst hatte und eine schwarze Haut zum Vorschein kam.

Auch meine immer noch Mitreisende schien die bestäubten Gestalten auf den Baustellen zu sehen, aber sie sagte nichts, sie sah nur manchmal einem der Gerüste mit halber Kopfdrehung hinterher, das alles jetzt schon am Rand von Mailand, mit hohen Wohnhäusern bis an die Autobahn, so dass man fast erkennen konnte, was vor den Fenstern an Wäsche zum Trocknen hing, und auf den Baustellen sogar einzelne Gesichter sah, ihr Fremdes, etwa bei einem Lachen, das nur als Lachen erschien, oder wo einer bloß dastand und für Momente in sich ging, in sein Lebensdrama, um dann erneut Verschalungen abzuschlagen. Und wieder einmal ist mir durch den Kopf gegangen, dass ich ebenso als ein anderer hätte auf die Welt kommen können, um später auf einer Baustelle fern der Heimat für Momente wie ins Leere zu schauen – man schaut ja nie wirklich ins Leere, nur in einen Abgrund von Unglück –, statt auf der vorbeiführenden Autobahn an ein gutes Tagesende zu glauben.

Der Stau vor der Mautstelle war erreicht, und ich sagte, wir seien bald da, um überhaupt wieder etwas zu sagen, und suchte dabei die Hand, die meine nachts gehalten hatte, auch das beflügelt von der Auswegidee mit dem Namen Cordes, aber die Afrikanerin war mit beiden Händen am offenen Fenster, als wollte sie schon aussteigen. Unser Fiat kam neben einem panzerhaften Wagen wie aus Rohstahl zum Stehen, darin ein Fahrer in weißem Hemd und mit sympathischen Zügen, Wangengrübchen, Doppelkinn, große Augen; er sah von seinem Hochsitz auf meine Beifahrerin, leicht kopfschüttelnd, so kam es mir vor, um dann etwas herüberzurufen, eher vom Klang zu erfassen als vom Inhalt – was zahlt er dir, dass du's ihm machst, und auch noch in so einem Auto, verrenk dich nur nicht. Und als es in seiner und meiner Reihe voranging, winkte er noch mit halb erhobener Hand, wie Leute eben winken, wenn sie glauben, aus eigenem Verdienst dort zur Welt gekommen zu sein, wo sie inzwischen auf eine von sonst wo aus ihrem SUV herunterschauen, im Grunde aber auch nichts anderes sind als weiterentwickelte Schimpansen, genau genommen sogar nur horrend entwickelter Sternenstaub am Steuer eines Audi oder BMW in Panzerform. Ein tröstlicher Gedanke beim Bezahlen am Automaten mit einem Schein und dem Griff aus meinem Fenster nach den Wechselmünzen in einer Metallschale, in die an dem Tag sicher schon Hunderte anderer weiterentwickelter Schimpansen gegriffen hatten, von denen man mit seiner Hand etwas aufnahm, ohne dass man es sah oder spürte, nur hin und wieder, wenn man die Hand nicht gut gewaschen hatte, Tage später mit einem rauen Hals oder Durchfall.

Auf einer breiten Straße bin ich von der Mautstelle dann Richtung Zentrum gefahren, bald schon Schildern nach, die den Dom als Silhouette zeigten; und der Dom im Übrigen erdacht und erbaut von Menschen aus demselben Stoff wie der im rohstahlfarbenen SUV, vor der ersten Ampel noch einmal neben uns aufgetaucht, wieder mit Blick von oben, ja vielleicht auch demselben Ausdruck wie einer der Dombauherren bei seinem Blick vom fertigen Dach. Wir alle sind doch aus demselben Stoff, so habe ich es gut zwei Wochen später zu meiner alten Kindheitsfreundin gesagt. Nur macht der eine daraus eine Gestalt am Kreuz wie die in der San-Domenico-Kirche von Chioggia, und ein anderer setzt die Matthäus-Passion in die Welt, während wieder ein anderer nur zweihundert Jahre später, auch im Land der Choräle, Fabriken zur Menschentötung errichten lässt und neuerdings mehr als nur einer, etliche, sich dafür starkmachen, niemanden mehr vor dem Ertrinken zu retten, damit das Geflüchte übers Meer zu uns ein Ende hätte – auch das habe ich später zu Maren gesagt, auf der Fahrt nach Mailand hinein dagegen nur halb vor mich hin gedacht, in Bildern, wie sie einem als Gedanken erscheinen, während man mit dem Auto vor einer Ampel steht. Was mit mir sei, fragte die Afrikanerin, und ich sagte, nichts, was sollte auch sein, außer dass ich zum Dom fahren würde, wie sie das sich gewünscht habe, vielleicht könnte sie mit auf das Schild achten, Duomo; und sie sagte, das Kartengeknüll jetzt so in den Händen, als hätte es ausgedient: Ja, zum Dom, aber nur, wenn es nicht zu umständlich sei mit dem Auto.

Sätze waren das wie von einem Paar auf Urlaubsreise, leicht gereizt in fremder Stadt im Mittagsverkehr. Kaum aber standen wir wieder vor einer Ampel, sagte ich etwas, das nichts mit Zweisamkeit und Urlaub zu tun hatte, sondern nur mit ihr ohne Pass oder anderweitige Papiere – Du kannst nicht beweisen, woher du kommst, wie du heißt und wie alt du bist, ja, man kann nicht einmal ein Bild von dir machen, wie willst du da mit deinem Cousin weiterkommen? Er kann dir nicht helfen, sorry. Aber heute Abend bei dieser Fashionweek-Eröffnung mit lauter Afrikanern werden Leute vom Fernsehen da sein, auch aus meinem Land, einer auf jeden Fall, weil der sich so etwas nicht entgehen lässt. Ich hatte dir im Auto schon von ihm erzählt, und er hat dich auch schon einmal gesehen, in der alten

Kirche in Chioggia, bevor auf dich geschossen wurde. Sein Name ist Cordes, das klingt nach Wärme, nach Herz. Und er wird dir Komplimente machen, etwa sagen: Sie haben das große Los der Natur gezogen, Sie müssen nur lächeln und wie ein Speer dastehen, und alles wird gut! Lass ihn einfach reden, dann kann er dein Ersatzpass sein, tu es um deinetwillen – Help yourself, das war der Schluss meiner kleinen Rede an sie, vor einer Rotonda mit weißem Engel in der Mitte. Und die Afrikanerin hat auf all das hin etwas erwidert, das man nicht vergisst: Im Kreisel die zweite Ausfahrt, und vor dem Dombesuch sollten wir das Auto abgeben – So we are free, no trouble with parking.

16

Die Matthäus-Passion, das ist Bach, mein Lieber, vom ersten bis zum letzten Ton, da ist nichts von Sternenstaub, so wenig wie bei Buchenwald! Der Einwand meiner Freundin aus Kindertagen, als ich ihr von der Fahrt nach Mailand erzählt hatte, dem, was mir durch den Kopf gegangen ist im Auto, wenn auch eher bildhaft als überlegt. Es war ein Mittwoch, Marens freier Tag, wir beide im Garten, der zu dem früheren Forsthaus gehört, im Schatten einer Fichte bei immer noch heißer Sonne auch in der zweiten Septemberhälfte. Wir saßen in steil gestellten Liegestühlen, solchen, wie es sie bald nur noch auf alten Fotografien geben wird, und ich verteidigte die Sternenstaubtheorie, obwohl ihre Auffassung mit meiner im Grunde übereinstimmte; ich tat es, weil auch etwas Entlastendes darin lag, entlastend für jede Tat und Untat, als wäre es einerlei, ein Geschehen aus demselben Staub, ob man nun einen Gekreuzigten wie den von Chioggia erschafft oder einen lebendigen Menschen ans Kreuz nagelt. Soweit ich mich erinnere, war es eine rein rhetorische und dabei auch etwas matte Verteidigung, wobei diese Stunde im Garten mit Blick auf den Wiesenhang und die berühmte Philosophenhütte am Waldrand noch gar nicht lange zurückliegt, keine drei Monate. Menschen würden nur tun, was sie nicht lassen könnten, im Guten wie im Bösen, war meine These, und Maren hat vehement dagegengehalten: Für das Böse könnte das gerade noch gelten, aber nicht für das Gute – wie viel Gutes sei schon getan worden von Leuten, die es auch gut hätten bleiben lassen können, besser damit gefahren wären, wenn sie keine Juden in ihrem Haus versteckt hätten oder nach dem Krieg keine Heimatvertriebenen bei sich aufgenommen, oder wenn sie in unseren Tagen vor dem Fernseher hocken geblieben wären, statt ein Schiff zu chartern und Flüchtlinge aus dem Meer zu retten. Und diese Taten, sagte sie, sind keine Ergebnisse horrend entwickelten Sternenstaubs, sondern eines erst seit kurzem, nicht viel mehr als zweitausend Jahren, unter uns Menschen entwickelten Mitleids – ohne das du hier im Übrigen gar nicht sitzen würdest, hat sie hinzugefügt und ist dabei aus dem Liegestuhl gekommen, mit dem Vorschlag zu einem Spaziergang.

Maren trug an dem Tag Shorts mit Seitentaschen, dazu ein Herrenhemd, das ihr zu lang war; unter einer Kappe mit rotem Sternchen drängte ihr Haar hervor – Details, die sich eingeprägt haben, weil es unser erster Spaziergang seit den Schulwegen der Kindheit war. Wir gingen auf einem Weg, der seitlich den Wiesenhang hinaufführte und oben am Waldrand noch leicht ansteigend weiter verlief; es roch dort nach Rinde und Harz, nach Gräsern und auch etwas, das mehr in der Luft zu zittern schien als lag, unter Vorbehalt könnte man sagen: nach Glück. Beim Bergangehen war jeder für, ohne zu reden, und alles zuvor Gesagte hat sich gesetzt; es war gesagt, das reichte. Als der Weg aber gerade verlief, blieb meine alte Freundin auf einmal stehen, für einen inneren Anlauf, das sah ich an ihren Händen: Wie vor Predigten legte sie die Fingerspitzen aufeinander, jedenfalls den zwei Predigten, die ich, eine wie die andere in einem Mehrzweckraum, miterlebt hatte. Doch dann tippte sie mir an die Brust und sagte, heute Vormittag, als ich bei der Arbeit an meinem Bericht gewesen sei, habe der Postbote, Herr Steiert – sie kannte fast alle im Dorf mit Namen, auch Andersgläubige oder nur an sich Glaubende –, ein Einwurfeinschreiben für mich gebracht, von einer Agentur mit englischem Namen, die Visa ausstelle. Und damit griff sie in eine der Seitentaschen ihrer Shorts und zog einen mit Klebeband sicher verschlossenen Umschlag heraus, darin mein Pass, was sonst – zehn Tage zuvor samt ausgefülltem Fragebogen und zwei Lichtbildern sowie dem Beleg einer Überweisung an die Agentur geschickt. Sie entschuldigte sich, mir den Brief erst jetzt zu geben, dafür habe sie sich aber schon an den Gedanken gewöhnt, dass ich offenbar größere Pläne hätte, als nur unter ihrem Dach in Ruhe etwas aufzuschreiben – Mein Lieber, du hast mich beschissen, sagte sie und gab mir den Umschlag, der angewärmt war und – so will es die Erinnerung an diesen schwierigsten Moment mit Maren in den Wochen bei ihr – auch etwas feucht von ihrer Hand.

Sie hatte mich noch nie so angeredet, und höchstens ihr zweites Mein Lieber ließ sich erklären, in Verbindung mit dem deutlichen Verb: Ihr ganzer Vorwurf an mich war in dieser Anrede konzentriert. Ich konnte erst gar nichts erwidern, nur langsam einen Fuß vor den anderen setzen, also weitergehen auf einem Weg, den wir schon als Kinder gegangen waren, und Maren schloss sich an, unter unseren Schritten knackte das Sommerlaub. Aber was hätte ich auch erwidern sollen – dass es keine größeren Pläne gab, bloß eben ein Visum von begrenzter Gültigkeit, um innerhalb dieser Zeitspanne, würde es mir nötig erscheinen, jederzeit in das Land der Afrikanerin einreisen zu können, ohne dass ich mich etwa schon nach Flügen erkundigt hätte oder gar einen gebucht. Und statt all das zu sagen, habe ich nur bestritten, sie beschissen zu haben – Dich zuletzt, rief ich, als kämen erst andere an die Reihe und sie am Schluss. Hier in deinem Haus gibt es zwar alle Ruhe der Welt, aber es fehlt eben leider auch viel von der Welt, daher das Visum, prophylaktisch, und ohne viel Aufhebens, um nicht die Pferde scheu zu machen. Das habe ich wörtlich gesagt, um nicht die Pferde scheu zu machen (zu alten Redewendungen greifen, um etwas Aktuelles packend und doch nur vage zu kommentieren: eine Gewohnheit noch aus den Jahren bei der Christlichen Stimme). Und die, die mir, ohne zu zögern, Zuflucht gewährt hatte, bat mich, sie mit keinem Pferd zu vergleichen, sosehr sie Pferde auch möge. Ansonsten sei es mein Leben, nicht ihres, ich müsste damit klarkommen, nicht sie, nur sei sie in dieses andere, ihr fremde Leben – und das Wort fremd hatte mir wehgetan – inzwischen verwickelt. Indem ich dir zugehört habe, sagte sie. Vielleicht zu viel und auch manchmal bei zu viel Wein.

In sachlichem Ton hat sie das vorgebracht, als abschließende Feststellung, bevor sie mich am Arm nahm und von dem Weg zwischen Wiese und Wald etwas wegführte, zu der berühmten Hütte mit ihren kleinen grünen, wie für alle Zeiten verschlossenen Läden, die Fenster von außen mehr als in Kopfhöhe, je zwei beieinander seitlich der auch verschlossenen Tür, blau eingerahmt; mit den grauen Schindeln auf den Außenwänden also drei Farben, verschossen im Laufe der Zeit; und immer noch gab es die zwei hölzernen Stufen zum Eingang, weil die Hütte auf geschichteten Feldsteinen steht, ihrem Fundament gegen den leichten Anstieg zum Wald; auf die oberste setzten wir uns, den Rücken an der sonnengewärmten Tür, die Füße auf dem unteren Absatz schon nah am Wiesenboden. Ich hielt den Umschlag in Händen, darin die Gewähr, dass ich mich davonmachen könnte, während Maren sich einen Grashalm an den Mund hielt und damit Töne erzeugte, wie sie das schon als Kind getan hatte, wenn wir nach der Schule, der letzten Stunde, trödelten, nach Reli oder Turnen – Religion getrennt nach Konfessionen, da hatten wir uns erst hinterher wieder gefunden. Und es war auch jetzt, auf den Stufen zu der Philosophenhütte, eine Art Trödeln, wir saßen da nur und sagten nichts; ich betastete das Kuvert, ob wirklich ein Pass darin wäre, sie spielte, nach den Grashalmtönen, mit ihren Schuhbändeln, bis sie auf einmal die Schulter an meine stieß, ganz leicht, und von Nietzsche anfing – der ja bei Kirchenleuten, den lutherischen mit ihrem Stets-für-alles-offen-sein-Wollen besonders, auch stets irgendwie anwesend ist, wenn etwas Ungutes in der Luft liegt.

Ich fürchte, wir werden Gott nicht los, weil wir noch an die Grammatik glauben – du weißt, von wem das ist, sagte sie, und wie hätte ich es nicht wissen sollen, wo doch in meiner alten Zeitung in der Phase ihres Niedergangs fast in jeder Ausgabe auf Nietzsche angespielt wurde, als hätte er unsere Gehälter bezahlt. Ja, aber was hat das mit mir oder einem Einschreiben an mich zu tun? Ich wedelte mit dem Umschlag, und Maren legte mir eine Hand auf den Arm, sie streichelte mich sogar kurz. Dieser Bericht, ob ich da etwa denken würde, dass Wahrheit nur eine Sache von Worten in der richtigen Reihenfolge und mit den richtigen Endungen sei, also die Einhaltung des achten Gebots eher eine Frage der Grammatik als des Charakters – Hörst du mir zu? Sie zwickte mich jetzt in den Arm – pfetzen hatten wir in der Schule gesagt: Die pfetzt einen, die Maren, wenn sie etwas will. Und was sie an dem Nachmittag gewollt hat, das war meine ganze Aufmerksamkeit, nur nicht für Nietzsches Gedankengänge, sondern für sich.

Wenn zwei wollen, dass der andere zuhört, ist es eben immer ein Kampf, und ich bin in diesen Kampf gegangen, indem ich die Hand nahm, die meine Aufmerksamkeit geprüft hat, mich zu der Tür hinter uns drehte und mit der Hand, die mir nicht gehörte, ans alte Holz klopfte, als Auftakt, um selbst etwas zu sagen: dass in dieser Hütte auch ein Bericht entstanden sei, zur Lage des Seins – soweit ich weiß, mit dem Ergebnis, dass kein höherer Sinn darin liegt. Allein im Denken als einer Spielart des Seins liegt Sinn, es taucht uns hinein in ein unabhängig von uns existierendes Sein, erst daraus ergibt sich das Ereignis des Menschen, sein Wesen in der Sprache, grob gesagt. Wir sitzen auf den Stufen zu dem Ort, an dem die bisher letzte umfassende, rein weltliche Philosophie an langen Winterabenden ausgebrütet worden ist – ein Gedankenspiel mit Warnung seines Erfinders, es nicht für bare Münze zu nehmen.

Und an der Stelle meiner Rede hatte mich Maren erneut

gepfetzt – es gibt kein besseres Wort dafür – und Spuck hier keine Töne gesagt, komm auf den Boden, oder soll ich dich bewundern? Aber dann hat sie meinen Arm auch wieder gestreichelt und mir sogar kurz ihren Kopf an die Schulter gelegt. Wer mehr als drei Töne spuckt, der muss daraus schon eine Geschichte machen. Willst du das, willst du mir die ganze Geschichte erzählen, warum du hier bist und bald wieder wegfährst, so weit wie möglich? Oder was diese Afrikanerin mit dem zu tun haben könnte, was hinter uns in dieser Hütte ausgebrütet wurde – willst du mir etwa sagen, dass die Hülle um ihr Sein sich in keinem Bild festhalten lässt, weil sie falsch ist, sich dieses Sein dafür aber in den unerklärlichen Bildern mit irgendwelchen Afrikamotiven ereignet, willst du mir das erzählen? Und damit ist Maren geradezu aufgesprungen und hat sich weggedreht, schon in Richtung unseres Rückwegs. Oder willst du mir weismachen, dass du seit deinem Hiersein kein einziges Mal daran gedacht hast, mit mir zu schlafen?

So völlig überraschend, aus welchem Himmel auch immer, ist diese Wendung gekommen, dass ich zunächst gar nichts sagen konnte, nur ebenfalls aufstehen und mich wie sie in Bewegung setzen, neben ihr hergehen. Gut, dann möchte ich dir jetzt etwas erzählen, sagte sie – und für alles, was sie an dem Nachmittag vor der Hütte und noch auf dem Heimweg erzählt hatte, stehe ich gerade, nicht für jedes Wort, aber den Sinn all ihrer Worte. Mein Vater, sagte sie, war ja lange der einzige Briefträger im Ort, einer, der zu jedem Haus mit dem Rad fuhr, und wenn der Weg zu steil war, eben hinlief, und ausgerechnet an meinem Geburtstag hatte er Post bei der Hütte abzuliefern. Neunzehnhundertsiebenundsechzig war das, am fünfundzwanzigsten Juli, Heidegger stand mit einem Mann bei dem Holzbrunnen seitlich der Hütte, und als er den Brief im Empfang nahm, sagte er zu meinem Vater mit Blick auf den Gast: Ich darf Ihnen jemanden vorstellen, das ist Herr Celan, der berühmteste jüdische Dichter, den wir haben, er ist auf Besuch und hat etwas in mein Hüttenbuch geschrieben. Wie geht es der Familie, alles wohlauf? Und nach seinem Ja, danke und einem Guten Tag zu dem Dichter war mein Vater entlassen. Er lief nach Hause und erzählte das alles in seinem Dialekt, mir und meiner Geburtstagsrunde, du warst nicht dabei, du warst in den Ferien mit deinen Eltern. Und erst viele Jahre danach, als die Hütte längst unbewohnt war, konnte man Celans Zeilen im Gästebuch lesen, Mit der Hoffnung auf ein kommendes Wort im Herzen, heißt es da am Ende, aber der Jude und Dichter Celan hat auf dieses Wort des Philosophen vergebens gewartet. Und es hätte mehr als ein Wort sein müssen – Ja, ich war ein Idiot, ich habe geglaubt, die Nazis mit ihrer Bewegung würden uns als Volk in das Sein tauchen, damit wir zu wahren Menschen werden, aber sie haben ihre Rasse in den Krieg geworfen und die Juden ins Gas getaucht. Verzeihen Sie meine Dummheit, lieber Celan – gehen wir noch etwas spazieren, die Wiesen stehen so schön hoch, und Sie kennen ja jede Blume in drei Sprachen, Lateinisch, Deutsch und Jiddisch.

Maren hatte sich inzwischen eingehakt – oder war es andersherum, hatte ich mich bei ihr eingehakt, eine Nähe gesucht, die auch von meiner Seite ein Wort im Herzen oder aus dem Herzen vorausgesetzt hätte? Sie ging seltsam langsam, wie in einem Widerstand zu dem Gefälle des Weges, und ich kam auf meine ursprüngliche Erzählung zurück, als wir noch in den Liegestühlen gesessen hatten, aufgestellt neben der Gartendusche, die Maren weiter nutzte, jeden Morgen und auch spät abends, die Erzählung von der Fahrt nach Mailand hinein, um den Dom zu besichtigen. Die Afrikanerin wollte ihn unbedingt sehen, sagte ich. Aber dann stießen wir, nachdem das Auto in der Nähe der Piazza del Duomo endgültig abgegeben war, auf eine sicher mehrtausendköpfige Menge auf dem Platz, eine Apokalypse, du kannst es dir nicht vorstellen.

Doch, sagte Maren. Aber ich stelle mir dabei etwas anderes vor – und damit kam sie auf ihr oder unser Thema zurück, das vor der Hütte. Ich stelle mir vor, dass nicht irgendwelche Chinesen oder Touristen von hier diese Menge bilden, sondern alle, die je an dem Dom mitgewirkt haben, vom ersten Steinmetz vor fünfhundert Jahren bis zur jüngsten Restauratorin, die schon wieder mit dem Dach zu tun hat. Das ergäbe dann, würde man den Platz mit all diesen Menschen vor dem Dom aufnehmen, ein Abbild von Sein und Zeit. Und du hast nie gedacht, wie es wäre mit uns beiden, kein einziges Mal hier in den Wochen?

Einmal vielleicht, sagte ich – sicher alles andere als das aus dem Herzen gelöste, gekommene Wort; Maren ist danach schneller geworden, zwar noch eingehakt, aber halb abgewandt, während mir all die Male durch den Kopf gegangen sind, an denen ich nur und nur daran gedacht hatte.

Ja, es war eine mehrtausendköpfige Menge auf dem Domplatz, man kann sagen, er war schwarz von Menschen, obwohl die meisten helle Sommerkleidung trugen, und schon nach ein paar Schritten in die Menge hinein rief ich, dass wir auf der Stelle von hier weg müssten – ein Appell fast im Befehlston an die Afrikanerin, als wir bereits eingeschlossen waren, sie mit ihrem Bündel auf dem Rücken, ich mit der Reisetasche in der Hand, es weder Vor noch Zurück gab, auch kaum einen Blick auf das berühmte Bauwerk, nur auf ein Hin und Her aus Armen und Haltestäben, an den Stäben die Geräte, um sich selbst und den Dom, seine Fassade, ins Bild zu bekommen. Wir waren umstellt von Chinesinnen und Chinesen, fast alle in Beige, einer Menge in der Menge mit Fähnchenschwenker, damit jeder weiß, wem er zu folgen hat, und einer der Männer sah das T-Shirt der Afrikanerin, er wies die Umstehenden darauf hin, und vier oder fünf, alle mit kleinen Rucksäcken, amüsierten sich über den Spruch auf dem Hemd einer schwarzen Frau, die gut einen Kopf größer war, ja machten gleich Bilder, als wäre sie der bessere Dom. Und da rief ich erneut, dass wir sofort weg müssten von hier, und stellte mich vor sie und sah ihr Weinen, ohne zu weinen, teils wohl vor Ernüchterung, teils vor noch anhaltender Freude, weil es der Dom von den Bildern in ihrer Missionsschule war, der sich da hinter der Menge erhob – sie hat einfach über mich hinweggesehen und auch über die Köpfe all der anderen, die sich zwischen ihr und dem Bauwunder drängten, vielleicht die einzig Ergriffene auf der von Menschen berstenden Piazza del Duomo. Wir, die wir abgebrüht sind, schon den Eiffelturm und den Dogenpalast, die Golden Gate Bridge und das Taj Mahal oder die Pyramiden von Gizeh gesehen haben, vor allem Einzigartigen in der Welt schon standen, zu zweit sogar im Streit, weil dem anderen die Füße wehtaten und er zurück zum Hotel wollte, können uns schwer vorstellen, wie es in jemandem aussieht, der zum ersten Mal ein Wunderwerk von Menschenhand sieht.

So we go – die Afrikanerin hatte mich jäh am Arm genommen, eine Flucht nach vorn jetzt mit der neuen Sonnenbrille im Gesicht, die breiten Bügel wie Scheuklappen, und ich sagte, wir würden hierher zurückkommen, aber in einer Januarnacht, wenn es schneite und nur ganz wenige auf dem Platz wären wegen der Kälte, am besten um vier Uhr früh, noch vor der Müllabfuhr, dann hätte sie den Dom für sich, bräuchte aber einen warmen Mantel, den würden wir besorgen. Es waren die ersten leisen Zukunftspläne, während ich uns den Weg durch die Menge bahnte, und zwar in Richtung der Galleria, aus der viele kamen, die den Dom sehen wollten, und solche, die ihre Bilder hatten, hinstrebten, in diese Kathedrale des Überflüssigen mit ihren Modegeschäften wie für Geschöpfe aus einer anderen, von der Schwerkraft befreiten Welt; und in einem würde man schon erfahren können, wo hier am Abend in einer Tiefgarage der letzte oder neueste Schrei vorgeführt wird.

Meine Begleiterin – so, wie sie mich am Arm gehalten hat, aber auch mithalf, dass wir vorwärtskamen, waren wir ein Paar – sagte etwas in ihrer Sprache, das wie eine Entschuldigung gegenüber dem Dom klang, dem sie den Rücken kehrte. Sie wusste nicht, wohin wir – wenn man so will – geradezu flüchteten von dem übervollen Domplatz aus; sie sah nur den kathedralenhohen Eingang zu der Galleria, aber ahnte nichts von den Läden darin, was sie in den Schaufenstern erwarten würde, eben eine Garderobe samt passenden Handtäschchen und anderen Kleinigkeiten wie für Geschöpfe im Zustand des Schwebens, aber mit Pass und Kreditkarte, während sie nur in einem Zustand ohne Halt war: zwischen ihrem aufgegebenen Leben und einer Zukunft, die im Dunkeln lag, auch wenn wir schon als Paar erschienen; von außen gesehen, war ich ihr älterer Begleiter oder sie mein Schützling, meine Frau oder eine Geliebte. Wo wir hier seien, fragte sie, als wir die Galleria betraten – und was daraufhin passiert ist, sitzt mir noch als Erinnerung in den Händen, als wäre es erst vor Minuten passiert, nicht vor zwei Monaten. Ich habe meine Tasche abgesetzt und mit beiden Händen um ihre Hüften gegriffen, wie man es bei einer Geliebten handhabt, wenn man sie auf etwas einstimmen will, sagen wir, eine herausgeschlagene Nacht, oder sie beschwören möchte, etwas Bestimmtes zu tun, zum Beispiel auf einen zu warten oder sich in einer kommenden Situation so und so zu verhalten. Ich wollte Letzteres. Das heißt, ich kam noch einmal auf die Begegnung mit Cordes am Abend: dass wir ihn – der für sie alles mögliche Gute tun könnte – schon vor der Veranstaltung treffen würden, er auf uns zukäme mit Eintrittskarten und sie ihm das Gefühl geben sollte, nach der Veranstaltung zur Verfügung zu stehen. Für ein Gespräch vor der Kamera, sagte ich, und sie löste meine Hände von ihren Hüften, hielt sie aber noch in ihren Händen und sah mich über den Rand der Sonnenbrille an, einer dieser Frauenblicke, die einem sagten, versprich nicht zu viel.

Und tatsächlich eine Kathedrale, nichts anderes hatten wir betreten, als jeder wieder mit den Händen bei sich war; die Galleria Vittorio Emanuele hat fast den Grundriss eines Kreuzes und die Höhe eines gotischen Kirchenbaus, dazu auch eine Kuppel, und die Läden rings um den Platz unter der Kuppel sind die teuersten. Die Afrikanerin war, vielleicht nur angelockt von Vivaldis Jahreszeiten, als wären sie einer blauen Schaufenstermarkise entströmt, an eben das Fenster darunter getreten, neben ein Paar aus meinem Land, der Mann gerade dabei, ein Telefonat zu beenden. Es war ein breites und von der Höhe auch sie noch überragendes Schaufenster, dennoch war kaum zu erkennen, was die wenigen ausgestellten Stücke, im Zentrum ein schulterfreies smaragdgrünes Kleid, kosten sollten. Man musste schon nah an die Scheibe herantreten, um die kleinen Zahlen ohne Währungszeichen auf kaum größeren Schildchen lesen zu können, die Schildchen allenfalls in der Umgebung von zwei Taschen, zwei Blusen und dem einen Kleid. Das Paar aus meinem Land besprach etwas in gedämpftem Ton, aber es war herauszuhören, dass es um eine der Taschen ging, eher ein Täschlein in rotem Leder – fast zum Preis einer Ausbildung, falls ich meine vermeintliche junge Frau oder Geliebte richtig verstanden hatte, was ihre Schule betraf, während das Kleid so viel kosten sollte, dass man bei ihr dafür wohl ein Haus hätte bauen können.

Für mein Gefühl war es jedenfalls nicht der Laden, um darin nur eine Auskunft zu erbitten, dennoch sind wir davor stehen geblieben. Die Dinge im Schaufenster hielten uns einfach vom Weitergehen ab, ebenso das andere Paar. Die beiden flüsterten jetzt, bis die an dem Täschlein Interessierte mit kleinen Wedelbewegungen vor der Brust ihren Schlussstrich zog, während der Mann, nach einem halben Blick auf die Afrikanerin, etwas so gut wie Unübersetzbares vor sich hin sagte, Nicht von schlechten Eltern; dann zog das Paar auch schon weiter zum nächsten Geschäft unter der Kuppel, die Frau noch mit einem Blick über die Schulter und knappem Oh ja. Und die entstandene Lücke füllte auf der Stelle ein kindliches, wie einer koreanischen Massenhochzeit entsprungenes Pärchen. Der junge Bräutigam, ganz in Weiß, auch die Schuhe, machte gleich Bilder von seiner noch jüngeren Braut mit dem smaragdgrünen Kleid als Hintergrund – und die Art, wie beide es ansahen, aber auch die Frau an meiner Seite dicht vor der Scheibe stand, ja wie überhaupt dieses Kleid präsentiert war, buchstäblich an seidenen Fäden hängend, gleichsam schwerelos schwebend, rief in mir folgende Erinnerung wach: Lydia und ich vor einem Glasschrein mit dem ausgestellten Wollgewand der heiligen Klara in der Krypta der nach ihr benannten Kirche in Assisi, und Lydia zu mir geneigt mit den Worten: Auf der Haut bestimmt ein Alptraum. Ich sah uns da vor dem Schrein stehen, Schulter an Schulter, bis mir die Afrikanerin etwas zu dem Kleid halb ins Ohr sprach, dass seine Farbe traumhaft sei. Fanciful hat sie gesagt, und ich glaube, es war nur dieses Wort in Verbindung mit ihrem Mund dicht an meinem Ohr, das mich veranlasst hat, sie am Arm zu nehmen und mit ihr – zweifellos gegen Widerstand, aber keinen großen – das so feine Geschäft zu betreten, wie ein besonderes Paar auf der Suche nach dem Besonderen an einen auch besonderen Tag, der ältere Mann mit einem weltläufigen Hello in die Stille eines holzgetäfelten, bestens gekühlten Innenraums.

Und wie immer ist es die Stille, die einen denken lässt, man betrete heilige Hallen, auch wenn es nur die Räumlichkeiten einer legendären Buchhandlung oder eben eines holzgetäfelten Mailänder Modegeschäfts sind. Wir betreten sie fast schon auf

Zehenspitzen (mit dem Hello höchstens als Lapsus) und reden auch nur leise, als würde uns jedes normal gesprochene Wort als ungeeignete Kundschaft verraten – oder könnte, in dem Laden, den wir betreten haben, die seidenen Fäden, an denen das eine traumhafte Kleid im Schaufenster hängt, zum Reißen bringen. Auch der große Verkaufstresen war aus altem Holz, und es gab eine Sitzgruppe, um dort wohl in Ruhe einen Kauf zu erörtern oder noch nötige kleine Änderungen zu besprechen oder sich einfach, wie in dem Land üblich, vor und auch nach dem Geschäftlichen bei einem Espresso nahe zu sein – Ledersessel, die ich schon angesteuert hatte, als ein Mann in knappstem Anzug aus einem hinteren Kabinett trat.

Er war kaum jünger als ich, wenn überhaupt, aber mit einer Hose, die viel zu kurz war, als wäre er ihr entwachsen, und einem Haarschnitt, wie ihn mein Vater noch als verschleppte Nazifrisur getragen hatte. Alles an ihm war jugendlich und ließ alles an mir ältlich erscheinen, was aber nicht weiter ins Gewicht fiel; denn kaum hatte er uns gesehen, sah er nur noch die Afrikanerin an, und das von Kopf bis Fuß, ein Maßnehmen bereits mit den Augen, sich dabei jedoch geschäftlich an mich wendend, als wäre sie nur langbeinig, stumm und schwarz. Bitte, sagte er in seiner Sprache, das ja von Verkäufern oft und gern mit heiterem Schwung, in dem Fall aber mit leisem Vorbehalt gebrauchte Wörtchen prego, wie mit drei Punkten dahinter. Darauf entstand bei mir eine Leere, genauer eine Gedanken- und auch Aufmerksamkeitslücke, in der er etwas nach hinten rief, zu der noch offenen Tür, aus der er gekommen war, so schnell, dass ich es nicht erfasste, um dann ebenso schnell in der Allerweltssprache zu fragen, was er für mich tun könnte, wo doch in dem Laden seitens eines Mannes gar nichts zu tun war, außer zu bezahlen. Nun, wir wollten uns bloß nach etwas erkundigen, sagte ich, ob aus Geistesgegenwart oder einer Art Panik, hervorgerufen durch die gesamte Atmosphäre des

Ladens einschließlich des so eng Gekleideten, vielleicht gar der Besitzer, nämlich nach dem Ort, an dem heute die Mailand Fashionweek mit Afrikanern eröffnet werde, wie wir gehört hätten, in einer Tiefgarage. Aber wo in der Stadt und um welche Uhrzeit?

Eine Frage eigentlich an das Touristenbüro oder die Handelskammer, aber der Mann im knappen Anzug – mir ist auch aufgefallen, dass er keine Socken trug – nannte den Namen eines Platzes, dort gebe es ein Bürohaus, unter dem liege die Garage. Und ohne dass ich darum gebeten hätte, notierte er den Namen auf ein Kärtchen, während jemand mit einer großen dunklen Schachtel auf beiden Armen aus dem Hinterraum kam, einer, aus der weißes Seidenpapier hing, was an einen Kindersarg denken ließ – jemand, der erst nach ein paar Schritten als blasse oder gar gebleichte Asiatin im schwarzen Hosenanzug zu erkennen war, alterslos und auch irgendwie geschlechtslos. Sie legte die Schachtel auf den Tresen, hob den Deckel ab und schlug das feine Papier zurück, und zum Vorschein kam ein Kleid wie das, das im Fenster zu schweben schien. Offenbar hatte der auf jung Machende und dabei auch erstaunlich Faltenarme – Letzteres ist mir aufgefallen, als er die mögliche Trägerin des Kleides einlud, an das Enthüllte heranzutreten – etwa durch eine versteckte Außenkamera gesehen, von welcher Art ihre Blicke auf das Objekt im Schaufenster waren. Die Asiatin strich über den feinen Stoff, ohne ihn wirklich zu berühren, so dass es etwas von einer Segnung hatte; sie erteilte dem Kleid ihren Segen für sein Verlassen des Ladens, und mir fiel wieder ein, was es kosten sollte, so viel, dass ein Kauf – an den gar nicht zu denken war in diesen Minuten – meine Rücklagen spürbar vermindert hätte. Nur woran war überhaupt noch zu denken in dem Laden? Am ehesten daran, wie wir beide, die Afrikanerin und ich, ohne dass man uns verwünschte, wieder aus der Tür kämen; vielleicht aber auch daran, wie sie in diesem Kleid aussehen würde, es an ihr erst seine Bestimmung fände – wer weiß denn später noch, was er in solchen Momenten gedacht hat. Auf jeden Fall ist mein Zaudern bemerkt worden. Der Faltenlose hat sich zu mir gebeugt und mit einer Nähe von Mann zu Mann gesagt, man müsse sich Zeit lassen vor einer solchen Entscheidung, sollte nichts übereilen – Piano, piano, sagte er leise und schloss daran die Frage, ob wir Kaffee wollten, und ich winkte nur ab, um die Verwicklung in einen Prozess, der bereits seinen Lauf zu nehmen schien, nicht noch zu vergrößern. Ich war weder vorbereitet auf eine Entscheidung von solcher Tragweite noch gerüstet dafür; nur Leute mit finanzieller Reserve sind auf so etwas vorbereitet, sie können allein den Geschmack entscheiden lassen oder einer Laune nachgeben: Nehmen wir doch das gute Stück, warum nicht? Der Ladeninhaber – davon bin ich jetzt ausgegangen, welcher Verkäufer könnte es sich schon leisten, keine Socken zu einem Anzug zu tragen – warf mir einen Blick zu nach der allgemeinen Formel der Peinlichkeit: Ich weiß, du weißt, dass ich weiß, dass mein Laden drei Nummern zu groß für dich ist, aber deine schwarze Schönheit will dieses Kleid, also bitte. Und noch mit diesem Blick hat er sein cellulare aus der Tasche gezogen und sich etwas entfernt, allerdings nicht um zu telefonieren, während die Asiatin – eine sehr pauschale Bezeichnung, aber sie hatte eben etwas Insgesamthaftes – das Weitere übernahm. Sie wandte sich an die, die das Kleid tragen sollte, ohne mich dabei aus den Augen zu lassen, und erklärte ihr, wofür es sich besonders eigne, für intime Abendgesellschaften, aber auch ein Konzert oder den Opernbesuch, und wie sehr es für den hochgewachsenen schlanken Körper erdacht und zugeschnitten sei – das letztere Argument hat sie durch Handbewegungen unterstrichen, wobei sie meinen generellen Einwand gegen den Kauf, ebenfalls durch eine Handbewegung, die unter Umständen missverständlich war, schlicht übersehen hat oder falsch gedeutet. Wie auch immer: Sie bat dann die denkbare Trägerin des Kleides wiederum durch eine Handbewegung in das rückwärtige Kabinett, und die Afrikanerin kam dieser Einladung, nach einem höchstens halb fragenden Blick zu mir, nach – der point of no return, wenn ich daran zurückdenke; in dem Laden dagegen war es ein Moment idiotischen Stolzes: als zahlender Begleiter von der, die einem solchen Kleid Sinn gibt, indem sie alle Blicke darauf zieht, mit einer Haut, die es an ihr unvergleichlich macht.

Mode ist eine Sache des Blickfangs, und Blickfänge trüben den Geist – anders ist kaum zu verstehen, wie sich ein erwachsener Mann, der Ladeninhaber, der wieder auf mich zutrat, in Hochwasserhose zeigen konnte, eng und umgekrempelt über den Fesseln endend. Die sockenlosen Fesseln zwischen dem so frühen Ende der Hose und den patschulifarbenen Slippers waren, denke ich, Teil eines Gesamtbilds, zu dem auch ein wie aus ihm herausblühendes Einstecktuch im Veilchenton seiner Krawatte mit halstuchhaftem Knoten gehörte – ich versuche nur wiederzugeben, was mich womöglich noch leichtsinniger gemacht hat, als es beim Betreten des Ladens schon der Fall war, und mich auch ohne weiteres, als er mir einen der duftenden Ledersessel anbot, Platz nehmen ließ. Spätestens hier hätte jeder klar denkende Geist gemerkt, dass das Geschehen um ihn herum in eine verkehrte Richtung geht.

Der Inhaber rückte einen der anderen Sessel heran und setzte sich auf die Kante, um sich mir entgegenzubeugen, erst jetzt waren die gestrafften Fältchen auf seiner Stirn zu sehen, als feine Streifen. Glückwunsch, sagte er, congratulations, mit dem Akzent, der auch allem Ernsten noch eine falsche Leichtigkeit gibt, und nach einer Pause erklärte er, worauf sich der Glückwunsch bezog, kurz gesagt: Er glaubte in meiner Begleiterin die zu erkennen, von der es nur Phantombilder gab, ja war sich dessen so sicher, zumal ich nach dem Ort der Fashionweek-Eröffnung mit Afrikanern gefragt hatte, dass er mir für das Kleid ein Angebot machte: Ich könnte es zu einem Sonderpreis bekommen, wenn sie es heute bei der Eröffnung tragen würde und nichts dagegenhätte, wenn ab morgen ein Bild von ihr mit dem Kleid in seinem Schaufenster stünde.

So überraschend – überraschend für einen, an dem die Geschäftswelt vorbeigeht – ist dieses Angebot gekommen, dass ich zunächst gar nichts sagen konnte, nur doch um den Kaffee bitten, der zweite Fehler oder schon dritte nach dem Betreten des Ladens und einem Sichwiegen in Stolz, als es zur Anprobe des Kleides ging. Erst als ich die kleine Tasse in Händen hielt und der Ladeninhaber wieder ganz jugendlich auf der Sesselkante saß, fasste ich mich etwas und kam auf den Sonderpreis zurück, einerseits aus Neugier, andererseits, und das war der eigentliche Fehler, weil ich mir meine Gefährtin der letzten zwei Wochen zunehmend in dem Kleid vorstellte. Quanto, fragte ich, und in dem Zusammenhang muss man wissen, dass der ausgewiesene Preis in den so diskret kleinen Ziffern glatte eintausendachthundert betragen hat; gleichwohl habe ich die Afrikanerin schon bei Abendgesellschaften neben mir gesehen, auch wenn es solche Anlässe in meinem Leben gar nicht gibt – eine Augenblicksvision, die nach dem ersten Schluck Kaffee jäh in die Wirklichkeit übersprang, als sie nämlich in dem Kleid wie in etwas wahrlich Traumhaftem oder Himmlischem aus dem hinteren Raum trat, dazu allerdings ihre sehr irdischen alten Laufschuhe trug.

Half price, sagte der Inhaber, zu mir gebeugt, das hieß neunhundert, ein Betrag, der mir als Zahl vor Augen stand, und ich sagte Sieben, sette, und er sagte Acht, sogar in meiner Sprache, und bot mir die Hand zum Abklatschen an, was ja schneller oder geschmeidiger geht als ein Händedruck, nur blieb meine Hand in der Luft, während mir die in dem Kleid ein, zwei verneinende Blicke zuwarf, zwischendurch aber auch ein, zwei bejahende über einen Wandspiegel – sie sah phantastisch aus, wenn ein so leeres Wort hier erlaubt ist, und unter genau diesem Eindruck schlug ich meine Hand in die des Faltenlosen und kam dabei aus dem Sessel, um aus der Nähe zu sehen, was ich soeben gekauft hatte. Schönheit wird für einen Mann, vermutlich gilt das auch für Frauen, zum Ein und Alles, sobald sie sich ihm zuneigt, ihn damit glauben lässt, die unglaubliche Schönheit mit erschaffen zu haben: Wie großartig siehst du aus in dem Kleid, das ich dir schenke, zeig dich damit an meiner Seite, dann gehört uns die Welt! Ich fürchte, solche oder ähnliche Worte sind in mir aufgestiegen wie Wasser- oder Denkleichen.

Ich sagte der Afrikanerin, wie günstig dieser Kauf sei, sie müsse sich keine Gedanken machen, und sie sagte, noch mit Blick in den Spiegel, es sei meine Entscheidung, allein meine. Das heißt, ihr war die ganze Situation – der so vornehme Laden und die Asiatin mit Herrenfrisur sowie der faltenlose Inhaber im engen Anzug ohne Socken – weniger über den Kopf gewachsen als mir, auch wenn sie das im Rücken ausgeschnittene Kleid noch größer machte, als sie ohnehin war, und in den Spiegel schauen ließ, als schaute sie auf sich herunter – ein von der Asiatin, auf Fingerzeig des Inhabers, mit taschenspielerhafter Geschwindigkeit festgehaltenes Bild. Die Trägerin des Kleides, noch abgelenkt vom eigenen Anblick, schien davon nichts bemerkt zu haben; sie war erst wieder bei der Sache, als es darum ging, ob das Kleid an kritischen Stellen auch richtig sitzt oder kleiner Änderungen bedürfte, das heißt, als der Faltenlose auf sie zutrat, um den Sitz seines besten Stücks zu prüfen, sicher ein üblicher Vorgang bei solchen Käufen, die Kundin muss es nur wissen, muss daran gewöhnt sein, dann wird sie den prüfenden Griffen sogar entgegenkommen, auch mit kleinen Hinweisen, unter den Achseln könnte es weiter sein, um die Taille herum durchaus enger – doch ist es anders gelaufen: Noch während der Hochwasserhosige (kein Detail seiner Garderobe ist mir so in Erinnerung) die Arme in Richtung des Kleides und damit der Trägerin streckte, sagte sie leise Don't touch me, leise auf eine Art, die ihn sofort die Hände zurückziehen ließ, um sie mit den Fingerspitzen aufeinanderzulegen und erst mich, dann seine Assistentin und zuletzt auch die, die ihn gestoppt hat, anzusehen. Noli me tangere, sagte er, das Ganze ins Spaßig-Gebildete ziehend, um die Prüfung anschließend mit den Augen zu erledigen: Er ging einmal um die reglos in dem Kleid Dastehende herum, am Ende mit einer Andeutung von Applaus – was jetzt noch fehle, seien passende Schuhe; und er empfahl mir ein Geschäft in der näheren Umgebung. Meine Afrikanerin aber – meine, das hatte ich nach dem Don't touch me mit absurdem Stolz so empfunden – machte Zeichen: dass sie ihre Schuhe anbehalten wollte, aber auch gleich das Kleid, also die Schuhe zu dem Kleid oder das Kleid zu den ausgetretenen Adidas-Schuhen, was auf jeden Fall hieß, dass sie das Kleid nicht wieder ausziehen würde, um es in der Schachtel mitzunehmen, ja dass sie nicht einmal die feine Schachtel mit den Insignien des Ladens wollte, weil sie ihre vorherige Kleidung, die Chinos aus Crotone und das T-Shirt mit den chinesischen Schriftzeichen, in ihr Bündel stopfte, als wäre der ganze Kleiderkauf nur eine Unterbrechung auf ihrem langen Weg gewesen, den sie in dem Kleid fortsetzen wollte, und dann sagte sie auch noch, wieder mit dem Mund nah an meinem Ohr, dass wir jetzt durch die Stadt gehen könnten, uns Mailand ansehen – was alles in allem bei dem Ladeninhaber erst zu einem Kopfwiegen, schnell aber zu einer weiteren Andeutung von Applaus geführt hat: der Kundin als Königin zugedacht, auch wenn ich der König mit Kärtchen war.

Die Asiatin, über den neuen Preis in Kenntnis gesetzt, regelte die Bezahlung. Sie reichte mir das Gerät, um die Geheimzahl einzugeben, sie stand reglos da, bis das Gerät den Vorgang für erfolgreich erklärte, sie gab mir den Beleg samt Rechnung, drei stumme Vorgänge. Erst danach wurde wieder gesprochen, noch unter dem Einfluss von etwas schwer Verständlichem: solch ein Kleid gleich anzubehalten, zu unmöglichen Schuhen, und damit durch die Stadt zu gehen – der Prinzipal des Ladens hat mir noch Tipps für den Weg zu dem genannten Platz gegeben, durch eine bestimmte Parkanlage, dann weiter durch die alte und neue Bürogegend, samt einer Restaurantempfehlung. Der dringendere Rat aber war, als er die Tür aufhielt, meine Begleiterin nicht aus den Augen zu lassen, weil sie als quella nera grande senza volto im Netz schon eine Berühmtheit sei. Und je mehr heute Abend im Publikum auf die Idee kämen, sie könnte die große Schwarze ohne Gesicht sein, desto mehr wäre es aus mit Don't touch me – Noli me tangere bye bye, sagte er hinter ihrem Rücken, dem Ausschnitt in dem smaragdenen Kleid, die ungute Stelle zwischen den Schulterblättern wie weggeschimmert.

So weit der Kauf von etwas, das kein Mensch braucht, als ausführliche Darstellung, wie es dazu hat kommen können, wobei noch immer Fragen offen sind – warum hat sie sich dieses nach wie vor teure Stück von mir schenken lassen, und warum hat sie es gleich anbehalten, zu den gänzlich unpassenden alten Schuhen mit halb loser Sohle; oder warum ist sie nach dem Kauf neben mir durch die Galleria gegangen wie in einer Art Taumel, das war mein Eindruck, und vielleicht beantwortet es sogar die Fragen: dass der ganze Kauf in einer Art Taumel passiert ist, im Bewusstsein unserer letzten Stunden, schon auf der Schräge zum Abschied. Aber abgesehen davon war es alles in allem ein märchenhafter Abstecher in die Welt der Eleganz, einer jener überrumpelnden Glücksfälle, die einen nur taumelnd ins wahre Leben zurückkehren lassen. Ja, wir sind aus der Galleria ins Freie getaumelt, sie mit ihrem Bündel, ich mit der Reisetasche, und verglichen mit dem Kleid war meine sommerleichte Garderobe – Sandalen, Leinenhose, Hemd mit Brusttaschen, kurzärmlig – so gut wie inexistent.

No shoes, das waren ihre ersten Worte, als wir die weltliche Kathedrale verlassen hatten und an dem Café neben der Scala vorbeikamen, an vollbesetzten Tischen unter einer großen Markise, und alle Blicke an ihr hängenblieben. Sie wollte keine anderen Schuhe als die, die ihr gut gedient hätten, schon gar nicht welche mit Absätzen, die sie noch größer machten – das waren ihre Worte, und erst danach bedankte sie sich für das Geschenk. Sie nannte es verrückt, für so wenig Stoff so viel Geld auszugeben, strich aber immer wieder über das Kleid, als wir die lange Viale Manzoni, an der das empfohlene Damenschuhgeschäft lag, hinunterliefen bis über die Piazza Cavour. Der genannte Park begann hinter dem Platz, und wir hörten von dort Stimmen, einen Sprechgesang von der Art, die einem sagt: Halte dich besser fern. Aber die Afrikanerin ging schon auf einen wasserspeienden Brunnen zu, das heißt, sie ging einfach davon, und damit nicht genug: Sie schritt vor mir her und schritt so auch in den Augen anderer, die auf Bänken saßen oder am Rande des großen halbrunden Brunnens Kühlung suchten, über einen infolge des so anhaltenden Sommers versandeten Weg. Und trotz der ausgetretenen Schuhe hatte ihr Gang in dem neuen Kleid, die langen Arme nachpendelnd, etwas über allen Widrigkeiten Stehendes, über der Hitze und über dem Staub, ja sogar über der Schwerkraft (wie das Kleid zuvor im Schaufenster) und den Vorbehalten, die ihre Herkunft betrafen, auch noch, als sie den Kopf in einen der Wasserstrahlen hielt, die bis an den Brunnenrand reichten. Sie wusch sich Arme und Gesicht und ihr kurzes Haar, und wie die übrigen, die das Schauspiel verfolgten, war auch ich davon so abgelenkt, dass mir ein Männertrupp in weißen Hemden und mit den Stimmen, die schon auf der Piazza Cavour zu hören waren, zwar gleich auffiel, aber erst meine volle Aufmerksamkeit hatte, als einer aus dem Trupp langsam auf den Brunnen zuging.

Er war kompakt mit kurzem Bart, eine Krawatte über die Schulter geworfen, und er machte den anderen – zehn oder zwölf, alle in irgendwie mittleren Positionen ohne größere Aussichten, so habe ich sie wahrgenommen – ein Zeichen, dass jetzt gleich etwas passieren würde, was die Leute an dem Brunnen aus ihrer Schläfrigkeit holte. Das Ganze hatte noch etwas von einem Ulk unter dem Einfluss der Hitze und einem frühen Feierabend, in einer Behörde, in einer Bank, einer großen Kanzlei, bis der Kompakte kurz hinter der Afrikanerin stehen blieb, sie weiter in dem Abendkleid über den Brunnenrand gebeugt, im Begriff, sich die Arme jetzt eher zu kühlen, als zu waschen, eine Hand erhebend stehen blieb und in der Landessprache zum Besten gab, was er da vor sich zu haben meinte: eine überaus elegante Illegale, die sich in unserem Brunnen wäscht – nella nostra fontana, sagte er wörtlich, obwohl sie sich nur am Brunnen wusch und es daher alla nostra fontana hätte heißen müssen, oder einfach nur alla fontana, weil es sich ja um einen öffentlichen Brunnen und keinen privaten handelte. Und so hat mich beides, die falsche Präposition und das schamlose Pronomen, hinzueilen lassen, um meine Reisegefährtin, die sie ja nach wie vor war, vor was auch immer in Schutz zu nehmen, wobei ihr ganzer Anblick, sie in dem Kleid mit von Wasser glänzend schwarzen Armen, um es klar zu sagen: ein leider sehr umwerfendes Gesamtbild ergab.

Und unter dem Eindruck dieses Bildes ist es zu einer kurzen Stille gekommen, auch bei den Ausrufen aus dem Trupp, als wäre allen für Momente ein Licht aufgegangen, um gleich wieder zu verlöschen, nämlich worin dieses so Umwerfende bestand: aus dem, was da, in Gestalt einer jungen Afrikanerin, größer als ihr Abendkleid, aus Adams Rippe geworden war, eine Stille, in die der Kompakte etwas hineinrief: Wo sie herkomme. Er wiederholte die Frage in der Sprache, die alle anderen Sprachen infiziert hat, Where are you from? Und da erst habe ich mich eingeschaltet, eingegriffen wäre zu viel gesagt, eingeschaltet mit der Erklärung, sie sei eine Teilnehmerin an der Fashionweek-Eröffnung heute Abend, darum sei sie in der Stadt und eben auch hier, an dem schönen Brunnen in diesem schönen Park. Es war ein Intervenieren in verbindlichem Ton, wie es nun einmal angebracht ist, wenn man jemanden beruhigen will, und der Kompakte oder Massive – Teddybärartige, kann man auch sagen, der Typ Mann, der als Beschützer punktet – fragte im gleichen Ton, ob sie nicht selbst reden könnte, fast als wäre er auf ihrer Seite. Nein, könnte sie nicht, erwiderte ich, höchstens in ihrer Sprache, und darauf er, sinngemäß: Aber unsere Kleider, die kann sie tragen – oder hat sie das Kleid mitgebracht, in ihrem Sack da, und bei uns nur bügeln lassen – È questo il tuo vestito, ist das dein Kleid? Eine Frage, die keine war, um auch gar nicht erst die Antwort abzuwarten; stattdessen hat er sich an die Seinen gewandt mit etwa folgenden Worten: Eine, die unsere Kleider trägt, sich in unserem Brunnen wäscht und hier einen Auftritt hat, aber kein Wort sagt, uns nur ihren Rücken zeigt, begleitet von einem älteren Mann in Sandalen! Und hier hat er eine Kopfbewegung in meine Richtung gemacht, als sein Trupp schon mit Rufen der Zustimmung reagierte, während mir die Worte fehlten, mich gegen all das zu verwahren, ich nur neben die treten konnte, um die es ging, meine Tasche absetzte und auch die Arme in den Wasserstrahl hielt, zweifellos ein Zeichen von Solidarität, wobei die Abkühlung aber guttat. Der Spuk war damit vorbei, die Gruppe zog samt dem Teddybärhaften weiter – als ein bloß übermütiges Feierabendfähnlein an einem Spätsommertag, hätte man meinen können.

Das Ganze hatte keine drei Minuten gedauert, eine von den anderen Parkbesuchern kaum beachtete Szene, und so ist auch nichts weiter passiert, als wir uns von dem Brunnen entfernten, Hand in Hand, was sich aus alldem ergeben hat, entfernt aber mit eiligen Schritten, ich mit ihrem Bündel unter dem Arm und meiner Tasche über der Schulter. Es war eigentlich schon eine Flucht durch diesen Park der alten Bäume, schattigen Wege und verwitterten Denkmäler bis zu seinem anderen Eingang oder Ausgang, aber eben eine Flucht Hand in Hand, in dem Gefühl, dass der andere einem gibt, was man braucht. Erst beim Verlassen des Parks sind unsere Schritte langsamer geworden, bis wir neben geparkten Autos stehen blieben, ich noch halb außer Atem, sie ohne Zeichen von Mühe, nur mit Tröpfchen auf der Stirn. Wir waren wieder ganz das ungleiche Paar, die junge Hochgewachsene und der kurzatmige ältere Mann, sie erst noch an seiner Seite, dann vor ihn hintretend – ja, sie ist vor mich getreten in dem smaragdenen Abendkleid und hat mir eine Hand aufs Herz gelegt, sogar unter dem Hemd, und hat still die Schläge gezählt, das aber mit dermaßen feinen Lippenbewegungen, dass mir das Herz dadurch noch schneller oder höher schlug: rückblickend der Moment, in dem ich wohl bereit gewesen wäre, mein Leben für das ihre zu geben. Du wirst noch nicht sterben, hat sie nach dem Zählen erklärt, heute nicht und morgen auch nicht. Und dann bedankte sie sich für mein Mitmachen an dem Brunnen, ich sei ein Held, sagte sie, ihr Held mit hundertelf Herzschlägen in der Minute – etwas, das noch keine Frau zu mir gesagt hatte, keine.

Danach sind wir in Richtung des Bahnhofs gelaufen, jeder wieder mit seinem Gepäckstück, ich noch unter dem Eindruck ihres Danks, auch wenn ein Held mit solcher Herzfrequenz Ironie war, nicht aber die Hand, die ihm unters Hemd gegriffen hat – wer ist schon gefasst darauf, mitten am Tag inmitten einer Stadt neben geparkten Autos plötzlich berührt zu werden, und damit meine ich getroffen, wie einen sonst nur Worte treffen, einem sagen, wer man ist und was man fühlt. Es kommt nur ganz selten im Leben vor, zwei-, dreimal vielleicht, dass wir wissen, dass wir lieben, und in dem Moment in diesem Wissen restlos aufgehen, darin verschwinden wie in einem Selbstloch, einem weißen, keinem schwarzen. Und so einen Moment hatte es auf dem Weg zum Bahnhof gegeben, jäh und nur für Sekunden, dann war es vorbei, dann war die eigene Schwerkraft wieder da, ausreichend für den Gedanken, dass ich noch mehr auf die Afrikanerin einwirken müsste, was die Begegnung mit Cordes betraf. Wir gingen nebeneinander, im selben Takt trotz ihrer längeren Beine; erst in Sichtweite des Bahnhofs blieben wir vor einer Tafel mit Stadtplan stehen, und ich sah mir den Weg zu dem Platz mit der Tiefgarage an, gelegen in der Nähe der Via Zara zwischen einem Conad-Supermarkt, verzeichnet auf dem Plan, und der Via Taormina – Namen, hier nicht erwähnt aus Spannungsgründen, wie etwa im Kriminalroman, sondern weil Trost von ihnen ausging, als wären wir beide nur auf dem Weg zu einer Abendveranstaltung im Rahmen eines Mailandaufenthalts gewesen, noch mit genügend Zeit, um vorher etwas zu essen.

Aber das empfohlene Restaurant hatte sich als viel zu teuer herausgestellt, es lag schon in einer gehobenen Wohngegend in der Nähe des Veranstaltungsortes – Apartmenthäuser mit üppigen Terrassen, gepflegte Vorgärten, Fächerpalmen in Marmorkübeln und wie entflammte Bougainvilleen, auch eine Sorte kleiner Zypressen wie von einem Pflanzenfrisör beschnitten. Und so blieb nur der Rückweg in das Büroviertel und der genannte Conad-Supermarkt in einem der dortigen Gebäude mit athletischer Architektur, wenn dieser Ausdruck etwas sagt, die Dachvorsprünge gestützt durch steinerne Kolosse und amazonenhafte Frauengestalten; wir kauften Brot und Belag, Getränke und in Zellophan verpacktes Obst sowie eingelegte Oliven und Tomaten, abgefüllt in Plastikschälchen. Damit wollten wir zu einer Grünanlage, um zwischen Palmen in Ruhe zu essen, nur war das einzig Grüne auf den Verkehrsinseln in diesem Stadtteil der breiten Straßen zu finden, folglich lag es nahe, gleich zu der großen Kreuzung zu gehen, an der das Gebäude mit der Tiefgarage stand – wie sich dann gezeigt hat, nur ein Stück versetzt zu der bepflanzten und gestalteten Rotondamitte in Form eines flachen Kegels inmitten des Kreisverkehrs. Und wenn ich gestaltet sage, sind damit nicht nur Oleanderbüsche auf der Kuppe des Kegels gemeint, sondern auch ein sehr grüner, offenbar bewässerter Rasen bis an die um das Inselrund führende Straße, vor allem aber in den Rasen gesetzte Steine in Form einer, wie es zunächst aussah, bis zu der Kuppe gewundenen Schlange; tatsächlich aber – erst aus einiger Nähe erkennbar – war es ein Drache in sechs Windungen, die oberste zum Kopf hin, und im offenen Maul, halb ausgespien oder halb verschlungen, ein Mann mit ausgebreiteten Armen, durch kleine helle Steine nur angedeutet, während der Kopf, mit Ausnahme von Augen und Mund, aus größeren Steinen bestand. Das Ganze sah mir nach Amateurkunst aus, auf Verkehrsinseln ja oft zu finden, während es für die Afrikanerin ein Wesen war, das uns nichts tun würde, da es schon jemanden im Maul hatte, also könnten wir uns ruhig auf den Rasen setzen, um dort zu essen – einen Rasen, auf dem bereits Leute saßen, als wollten sie ebenfalls zu der Eröffnungsschau.

Und wie schon bei dem Helden mit hundertelf Herzschlägen in der Minute nahm ich wieder an, es hätte mit Ironie zu tun, mir zu sagen, der Drache hat seinen Appetit schon gestillt, folglich können wir uns getrost in seiner Nähe setzen – wie ein Fangnetz war diese Annahme, um sich gedankenlos hineinfallen zu lassen. Wir warteten am Rande des Platzes auf eine Lücke im Verkehr um die große Insel; schräg hinter uns erhob sich das Gebäude mit der Tiefgarage, vor ihrer Einfahrt stand schon die Security, und irgendwo in der Nähe, dachte ich, müsste auch schon Benedikt Cordes sein, um sich die Afrikanerin noch an dem Abend vorzuknöpfen – ein Gedanke mit genau diesem Verb, vorknöpfen, nachdem wir die Straße zu der Rotonda-Mitte hin überquert hatten, um auf der Kuppe bei den Oleanderbüschen, roten und weißen, unser Picknick abzuhalten, sie in dem Kleid, das schon auf dem kurzen Anstieg zu der Kegelkuppe Blicke auf sich gezogen hat.

Es dämmerte bereits, das kam mir entgegen, und nah bei den Büschen war man zusätzlich etwas geschützt. Außerdem waren die, die wohl auch zu der Veranstaltung wollten und zu beiden Seiten des Drachens saßen, vor allem mit sich selbst beschäftigt, ihrer Kleidung, nach männlich / weiblich kaum zu unterscheiden, wie die Athletenfiguren an den Fassaden. Der Verkehr um die runde Insel nahm immer noch zu, und es gab viel zu sehen, aber die Afrikanerin hatte dafür keinen Blick; sie war sehr bei sich und doch zugleich bei mir, bei uns beiden – noch eine Annahme. Um das teure Kleid zu schonen, kniete sie auf dem Rasen und zerteilte das gekaufte Obst, Äpfel und Pfirsiche, mit ihrem so scharfen Messer. Sie legte mir einzelne Stücke hin und nahm sich selbst mit den Lippen Schnitze von der Klinge, und zum ersten Mal hatte ich das Verlangen, ein Foto von ihr zu machen, die Kniende im Abendkleid im Bild festzuhalten, ein Messer am Mund. Es war ein Verlangen, das sie gespürt haben könnte, zumal es nicht nur von mir ausging, ebenso von anderen auf dem Rasen, einer schon im Begriff, sein Allerweltsgerät bereitzuhalten. Und ich sehe noch, wie sie eine Hand hob, um ihr Gesicht damit zu verdecken, zwischen Daumen und Mittelfinger aber eine schwarze Olive als Angebot – komm, nimm sie dir, nimm. Und das habe ich getan, sie ihr abgenommen, gegen die Idee, sie könnte sie mir in den Mund schieben; ich kaute sie, obwohl es nicht viel zu kauen gab, und sie sah mir beim Kauen zu. Es war eine Olive mit Kern, den schob ich mir mit der Zunge zwischen die Lippen und spuckte ihn in den Rasen, und sie sah auch dabei zu, aufmerksam, kann man sagen, und eine Spur bekümmert. Irgendetwas beschäftigte sie, unter Umständen dasselbe oder das Gleiche, was mich beschäftigte, was ich mich fragte – warum verschwinden wir nicht einfach von hier, laufen zum Bahnhof und setzen uns in den nächsten Zug, der über alle Berge geht, was für Hirngespinste sind das, hier auf einer Modenschau mit Afrikanern einen nur entfernten Verwandten aus ihrer Tausende von Kilometern entfernten Gegend zu treffen, und was für Träume, dass dieser halbe oder gar falsche Cousin irgendwelche Wege ebnen könnte in ein paradiesisches oder auch nur etwas besseres Leben mit sauberem Wasser und verlässlichem Strom.

Schon denkbar, dass auch ihr so etwas durch den Kopf gegangen ist, während sie noch eine Olive aus dem Öl in dem Plastikschälchen fischte; verbürgen kann ich mich nur dafür, dass sie die zweite Olive selbst aß und beim Kauen ihr Bündel noch etwas weiter öffnete und das Tuch hervorzog, das sie schon einmal als Turban getragen hatte. Sie schlang es sich um die Stirn und machte daraus – man kann sagen, mit mir als Spiegel – mehr als einen Turban, ein modisches Kunstwerk, Schleier und Kopfbedeckung in einem. Es war fast ein Tanz der Hände, die den Stoff legten und formten, und der steigerte noch das Verlangen, etwas davon festzuhalten, Bilder ihrer Lippen, wie sie dabei mitgingen, als würden sie stumm kommentieren, was die Hände taten, oder wie ihre Augen alle auf dem Rasen im Blick hatten, auch den, der nicht anders konnte, als sein Gerät auf sie zu richten – auf eine, die im schulterfreien Abendkleid auf dem Boden kniete, auch dabei noch groß, ein am Rasen abgewischtes Messer in der Stoffmulde zwischen den Schenkeln, und die sich nach Binden des Turbans auch Teile des Gesichts, Mund und Wangen, mit dem noch übrigen Stoff zu bedecken bemüht hat, aber in dem Maße, in dem es nicht gelang, das Tuch nach ihren Vorstellungen anzulegen, es immer wieder an den Wangen abrutschte, von buchstäblich unhaltbarer Schönheit war. Freilich hatte auch das Abendlicht daran Anteil, gefiltert durch den Dunst der Stadt, so erschien sie mir als ruhender Pol inmitten des Feierabendtreibens, und mehr noch: als die Anmut in Person – Anmut, ein aus dem Sprachverkehr gezogenes Wort, das mir einfällt, wenn ich an all das zurückdenke, und zwar in Verbindung mit dem von ihr auf der Fahrt erwähnten Druck im Eingang ihrer Schule, da Vincis Anna Metterza, dem Bild, auf dem Anmut und Güte im Gesicht der heiligen Anna verschmelzen – an dem Abend ein Augenblickseindruck, eben der von Anmut in dem Bemühen, sich mit dem Turban noch halb zu verschleiern; und das Ganze könnte zudem überhöht von mir wiedergegeben sein, weil Liebende – nichts anderes war ich zu der Stunde – keine guten Beobachter sind, und wenn sie sich ihres Zustand erinnern, keine besonders gewissenhaften Leute.

Umso hilfreicher sind die Tatsachen, die nach Ende unseres Picknicks bei den Oleanderbüschen auf der Rotondakuppe der Fall waren: Vor der Tiefgaragenzufahrt hat ein Taxi gehalten; und die Afrikanerin hat sich das Stück Stoff, das noch aus dem Turban hing, mit plötzlicher Entschiedenheit wie gegen einen Sandsturm um Mund und Nase gebunden, zu der Bedeckung aller, die unter widrigen Umständen unterwegs sind. Nur ihre Augen waren noch frei, Augen, als könnten sie auch im Dunkeln sehen, Waffen, wenn man so will, und sie folgten meinem Blick zu dem Taxi – aus dem eine blonde Frau und ein Mann ausstiegen, der Mann noch zum Fahrer gebeugt für die Bezahlung. Es zog sich etwas hin, während ein SUV mit dunkel getönten Scheiben und drei Kleinbusse vorfuhren und überhaupt plötzlich Unruhe aufkam, aus den drei, vier Security-Leuten fünf oder sechs wurden, jeder gestiefelt und mit militärischem Käppi, und aus den Kleinbussen wohl an die dreißig junge afrikanische Männer und Frauen ausstiegen, viele in

Schwimmwesten, wie gerade aus dem Meer gezogen, etwas gerettete Habe im Arm; eine seltsam stille, offensichtlich streng instruierte Kompanie, von dem Sicherheitstrupp gleich mit Gesten in die Tiefgarage gelotst. Ob ihr Cousin darunter sei, fragte ich meine Begleiterin, und sie sagte nur Sure, I saw him, während mein Blick wieder zu dem Taxi ging – das in dem Moment wegfuhr und die zwei Ausgestiegenen auf dem breiten Gehsteig zurückließ.

Der Mann war Benedikt Cordes, und in seiner Begleitung war die diskrete Person, von der er gesprochen hatte – schlank und in überaus weißer Bluse mit aufgestelltem Kragen. Ihr Haar war zurückgekämmt, so dass die Ohren freilagen, und passend zu diesem Ausdruck von Klarheit oder gar Unschuld trug sie eine schiefergraue Hose und rötliche Schuhe mit mittleren Absätzen, soweit sich das sehen ließ auf die Distanz; über ihre Schulter hing eine Notebooktasche, und sie telefonierte, während sich Cordes suchend umsah. Ich schätzte sie auf Anfang vierzig, ein gutes Alter für Menschen, die Kontakte herstellen, weil man ihnen zutraut, schon etwas vom Leben zu wissen, ohne so abgebrüht zu sein, um einem nicht mit Neugier zu begegnen. Und sie war neben Cordes, der etwa meine Größe hatte, um die eins achtzig, aber bedeutend mehr auf die Waage brachte, keineswegs klein, auch ein Vorteil beim Kontakteschaffen. Cordes sah jetzt über die Straße zu der kegelförmigen Insel im Abendverkehr, offenbar noch mit guten Augen – seinen auf Fernsehschirmen bestechend blauen –, sonst hätte er die Afrikanerin und mich nicht auf Anhieb bei den Oleanderbüschen entdeckt und mir zugewinkt, auch wenn das eher ein Wink war von einem, der etwas Bestimmtes will, aber nicht will, dass der andere davon gleich etwas merkt; nein, er soll höchstens erinnert werden – Schau, da bin ich, sieh mein Zeichen, das dir sagen soll: Ich weiß, was du versprochen hast, jetzt komme ich, es mir zu holen.

Er kam dann auch bei erster Gelegenheit über die Straße, seine Kontaktefrau, weiterhin telefonierend, halb hinter ihm, eine mit hübschem Mund, das ist mir aufgefallen, wie mir auch ein verkniffener Mund oder abstehende Ohren aufgefallen wären, man kommt dagegen schwer an, man müsste sich schon die Augen verbinden. Cordes schritt direkt auf uns zu – uns, sage ich, weil es den Impuls gab, die Afrikanerin an mich zu ziehen, sie vor ihm und seiner Welt zu beschützen; er lief an dem geschlängelten Drachen entlang, den in den Rasen eingesetzten Steinen, kindskopfgroß manche, und setzte sich dann einfach zu der Afrikanerin und mir, Beine angezogen, Hände auf die Knie gelegt, als hätte auch ich einen Turban auf, und er setzte sich zu zwei Kämpfern auf den Boden, um ihr Vertrauen zu gewinnen; was folgte, war ein Guten Abend, so betont, als wäre er auf Sendung, und wie bei seiner Selbstmoderation als Auftakt zu einer Belehrung gleich am Anfang: Diese drachenartige Schlange hier, die einen Menschen gebiert, sagte er und griff an einen der Steine, die den Kopf bildeten, und lockerte ihn dabei etwas, ist das Wappen des Herzogtums Mailand aus dem Haus Visconti, wussten Sie das? Alfa Romeo führt dieses Stadtwappen in seinem Logo, auf jeder Motorhaube kann man es sehen. Alle kennen es und kennen es doch nicht – ein Bild ohne Geschichte, so wie Ihre schöne Begleiterin eine Geschichte ohne Bild ist.

Erst nach diesem Bonmot, oder was es war, jedenfalls einem Auftakt, wie man ihn von Cordes kannte, hat er sich der Afrikanerin vorgestellt, sachlich, höflich, und ihr die Hand gereicht, gesagt, es mache ihn stolz, sie zu treffen, und ich weiß noch, was mir in dem Moment durch den Kopf geschossen ist: sie am Arm zu packen und mit ihr davonzulaufen, ein blitzhaftes Bild, dann hat sich Cordes schon zu mir gedreht, mit Blick auf die in der weißen Bluse, die noch telefonierte. Die Dame, mit der ich in La Traviata war, sagte er. Keine besondere Aufführung, aber mit der Arena als Kulisse grandios. Früher war sie bei n-tv auf dem Weg nach oben, bis sie einmal gesagt hat, was sie denkt. Dann war sie in Mailand verheiratet und hat sich dort wohl etwas vertan, war dafür aber am Ende zweisprachig. Ihr Name ist Beatriz Picard, und sie genießt hier das Vertrauen von Leuten, die sonst kaum ihresgleichen vertrauen. Normalerweise nutze ich solche Kontakte nur in Krisengebieten, aber dieses Land ist auf dem besten Weg in ein Krisengebiet. Und kennengelernt haben wir uns immerhin bei einer Oper und nicht in einer Hotelbar. Ihre Begleiterin sieht umwerfend aus, selbst mit Vermummung. Haben Sie ihr dieses Kleid gekauft? Und bei der Frage hat sich Cordes zu mir gebeugt, wie ehrlich interessiert an meiner Antwort, und mich zum ersten Mal, soweit ich mich erinnern kann oder will, von Mann zu Mann angesehen, nicht nur als denkbaren Käufer des Kleides, sondern auch als seinen Vorgänger bei Lydia, statt nur als den von ihr Abservierten.

Ja, sagte ich, ja. Aber das Kleid steht ihr nicht nur, es verdeckt auch, was ihr passiert ist. Auf sie wurde geschossen, in Chioggia, kurz nachdem Sie und Lydia gegangen sind. Mit einem Luftgewehr. Darum kniet sie hier, statt zu sitzen. Es war ein beschämender Schuss ins Gesäß. Trotzdem wird sie sich nach der Eröffnungsshow mit Ihnen treffen und vor einer Kamera Fragen beantworten, wenn ihr das weiterhilft. Sie hat keinerlei Dokumente, nichts, also muss es ihr weiterhelfen, wird es das? Mit dieser Frage bin ich aufgestanden, und natürlich wollte Cordes alles über den Gewehrschuss erfahren, aber in einer Kurzversion, ob ich das schaffen würde – er sah auf die Uhr und sah zu der, die jetzt in der Landessprache telefonierte, und ich fasste die Geschichte zusammen, bis zu dem Punkt, an dem das Ärgste überstanden war. Das heißt, Sie haben sie selbst verarztet, sagte er – nur als Hintergrund für mich. Dass auf sie geschossen wurde, das werde ich ansprechen, es wird ihr Ticket zu uns, erster Klasse. Und Sie wollen bei ihr bleiben, ob das gutgeht? Offenbar hatte er Zweifel, und wie aus diesen Zweifeln heraus ist auch er aufgestanden, eindeutig mit Schmerzen im Kreuz, aber weggebissen. Cordes machte kleine Dehnübungen, während seine Kontaktefrau ihr Gespräch beendete und auf mich und meine immer noch kniende Gefährtin – so sah ich sie jetzt wieder oder wollte sie an unserem letzten Abend so sehen – zukam.

Ich bin Beatriz, es ist so weit alles arrangiert, machen Sie sich keine Gedanken! Das war ihre Begrüßung, wörtlich, bevor sie mir, nur mir, zwei Einlasskarten für das Ereignis in der Tiefgarage zeigte, eine würde auch backstage gelten. Sie fächelte mit den Karten gegen die schwüle Stadtluft an dem Abend, wobei ihr Blick – aus weichen braunen Augen, wie geschaffen für den auch weichen, hübschen Mund – zu dem Kleidungsstück ging, das ein Loch in meine Reserve gerissen hatte. Was für ein Teil, sagte sie. Und dazu dieser Turban, aber der Gipfel sind die Schuhe, die kann sie gleich anbehalten, falls sie bei der Show mitmachen will. Und wenn das Ganze vorbei ist, haben wir eine Wohnung hier in der Nähe gemietet, dort findet das Gespräch zwischen Benedikt Cordes – sie sprach von ihm, als wäre nur sein Double anwesend – und Ihrer Begleiterin auf der Balkonterrasse statt, Dauer circa dreißig Minuten. Mit dabei sein wird ein Herr, der ihr auch Fragen stellt, aber selbst nicht ins Bild kommt. Und für Sie beide steht anschließend ein Wagen bereit, der Sie ins Hotel bringt. Im Chateau Monfort sind auf Ihren Namen zwei Zimmer reserviert, oder möchten Sie nur eins, wie Sie wollen.

Zwei, sagte ich, zwei. Und wer ist der noch Anwesende bei dem Gespräch, und warum das Ganze auf der Terrasse einer Wohnung, warum nicht in einem Sender, und warum mitten in der Nacht? Ganz natürliche Fragen waren das in der Situation, eigentlich an Cordes, nicht an die Arrangeurin in der Angelegenheit, an Beatriz Picard – bei ihren Aktivitäten in

Mailand wohl eher eine Beatrice und in meinem Land schlicht Beate oder Bea; das heißt, ihr Name war mir in seiner Fülle, von der Nähe zur Göttlichen Komödie bis zu dem Hugenottischen darin nicht besonders glaubhaft erschienen, ihre kleine Ansprache dagegen schon. Aber Cordes machte nur eine Kopfbewegung hin zu seiner befristeten Assistentin, und die erklärte, sie werde ebenfalls in der Wohnung sein, keine drei Straßen von hier, zu nah für ein Taxi. Und kaum war das gesagt, hatte sie mir schon meine Einlasskarte und einen ausgedruckten Plan mit der Adresse in die Hand gedrückt, offenbar auf alles vorbereitet, nur nicht ganz darauf, dass die Afrikanerin – sie war plötzlich hochgeschnellt und machte in dem sandigen Bereich vor dem Oleander nach dem langen Knien ein paar Schritte in ihren alten Laufschuhen – einen halben Kopf größer war. Für Augenblicke haben die beiden nebeneinandergestanden – eine Blonde und eine Schwarze, wenn man es so sehen will, wie man es nicht sehen sollte –, dann hat sich die Picard auf den Mann im Maul der Schlange gestellt, was sie fast gleichgroß machte und aus dieser Position der Afrikanerin vorgeschlagen, sie jetzt zu den Akteuren des Abends zu bringen – eine Idee, die Cordes sofort begrüßt hat, weil es vermutlich seine war. Damit sich das mit diesem Cousin schon einmal klärt, sagte er, während meine Gefährtin auf der Fahrt durch ein ganzes Land und dabei quer durch das Organ, das mich am Leben hält, mir noch im Gehen Zeichen gab: Dass wir uns wiedersehen würden, komme, was wolle.

Es war unsere zweite Trennung nach der vor dem Bahnhof in Rom, und ich schaute ihr hinterher, wie sie mit der Weißblusigen über die Straße ging und bei dem Gebäude mit der Tiefgarage vor einen Einlass für Bevorzugte trat, beide von hinten für Momente wie die Hälften der Welt, die dunkle und die helle – erneut ein Bild und kein Gedanke, wie es aber überhaupt schwer war, in Cordes' Gegenwart klare Gedanken zu fassen. Er hatte mir eine Hand in den Rücken gelegt, auch unseren Aufbruch in Gang gesetzt, damit wir gute Plätze bekämen, um zu sehen, wie meine Afrikanerin allen die Show stiehlt, sogar ohne das Kleid – Das ging ins Geld, nicht wahr? Ein Wort schon im Gehen, und die Hand in meinem Rücken war die Hand unter Männern, die Opfer bringen.

17

Der allgemeine Einlass in die Tiefgarage hatte schon begonnen, als Cordes beim Überqueren der Straße diese paar Worte sagte, und ich meine, es waren die Worte, die den Abend eröffnet haben, und mehr als das: die noch weit in diese Nacht von Mailand reichten. Auch unsere Karten erlaubten den Zugang durch die gesonderte Tür, für einen wie Cordes der übliche Weg, während ich als nur Eingeladener mitlief, allenfalls Halbkollege, ja in seinen Augen – irgendwie war es zu spüren gewesen, als er mich einschleuste – letztlich ein verkrachter Kirchenblattvogel. So geht das, sagte er, nachdem man uns komplizenhaft durchgewinkt hatte, und jetzt erst, weil er vorherging, hinein in ein Treppenhaus, fiel mir seine Kleidung auf, Khakihemd mit Halstuch, Hose mit Seitentaschen, Schuhwerk für die Wüste; es hatte etwas diskret Militärisches, meine Garderobe dagegen plump sommerlich.

Das Treppenhaus war nur ein Zwischenzugang; Pfeile zeigten zu einer Tür, und die führte auf die abwärtsgehende Fahrspirale, an dem Abend reserviert für den Besuch der Eröffnungsschau im untersten Parkdeck, und mehr als das, sie war auch dekoriert. An den Wänden gab es Hinweise, wie man sie in Schiffen findet, um sich zu orientieren; dazu kamen maritime Geräusche wie die von hoher See und ächzendem Stahl als Einstimmung auf etwas, das mir noch vollkommen unklar war. Und ich denke, aus diesem Ungewissen heraus – oder immer noch aus dem Gefühl, nur der frühere Kirchenblattmann zu sein – fragte ich im Abwärtsgehen auf der Spirale, wen wir in dieser Wohnung noch treffen würden, ob ich das wissen dürfte, und Cordes legte mir erneut eine Hand in den Rücken, jetzt die Hand von Lehrer zu Schüler. Wir treffen den, der hier das Land auf den Kopf stellen will, Textilunternehmer und Hobbyhistoriker, der von einem neuen Römischen Reich träumt. Es war nicht leicht, ihn für ein Gespräch zu gewinnen, die gute Beatriz musste einiges garantieren – seine Einlassungen in der Übersetzung gelesen von einem Schauspieler mit tiefer Stimme, und die Aufzeichnung des Gesprächs machen zwei aus seinem Unternehmen, er will alles kontrollieren. Ein ziemliches Theater, wie das hier.

Es war eine Rede in langsamem Gehen, und bei jeder Abzweigung in ein Deck lag Cordes' Hand sogar auf meiner Schulter gegen ein vorzeitiges Abbiegen; und wenn ich Deck sage, ist damit, je weiter wir nach unten kamen, kein Parkdeck mehr, sondern der Bauch eines sogenannten Seelenverkäufers gemeint: Tauwerk und lose Kleidungsstücke lagen auf dem Boden, einzelne Schuhe und Schwimmwesten, und das bei Geräuschen wie von riesigen Kolben, die eine Antriebswelle bewegen. In der Spirale zum untersten Deck aber sah man das Wort Exit auch in arabischer, kyrillischer und chinesischer Schrift an der Wand, über einem Stapel roter Wolldecken neben Rettungsdecken zur Warmhaltung von Unterkühlten, dazu roch es nach Altöl und Diesel – und all das zusammen hat in mir eine Vorahnung ausgelöst, ohne dass ich hätte sagen können, welche, nur dass sie ungut war, ein dumpfes Gefühl, das noch anhielt, als mich Cordes in das tiefste Deck förmlich hineinschob, als wäre es ein Zugang zu dem, was sich sonst nur in kaum zu merkenden, wirren Träumen abspielt.

Wir betraten, so konnte man meinen, einen Frachtraum, der zugleich eine Bühne war, der Bereich für die Schau oder das Schaulaufen schon ausgeleuchtet, als helles Band, das sich fast durch das ganze Deck zog, links und rechts davon je zwei Reihen Bestuhlung, einfache Klappstühle, aber mit schwarzen Kissen, auf denen bereits die Bevorzugten saßen, viele selbst in einer Kleidung wie für einen Auftritt, und hinter den Stuhlreihen die Stehplätze, die sich zu füllen begannen. Der hinterste Bereich des Decks aber war abgeteilt durch einen Vorhang im Ton der Wolldecken mit Rotkreuzzeichen, und er war nicht ganz geschlossen, als sollte man sehen oder eben auch ahnen, was dahinter war: Dort wurden die Afrikaner und Afrikanerinnen unter grellen Lampen hergerichtet, jeweils zwei Stylisten, wie ich sie nennen will, befasst mit dem Haar, dem Gesicht, der Kleidung, den Schuhen, vor allem aber den Accessoires wie Schwimmweste, Rucksack und Habseligkeiten, die man unterwegs in der Hand hält oder am Gürtel trägt, ein Messer, ein Mobiltelefon, eine Wasserflasche.

Cordes war bis in die Nähe des Vorhangs gegangen, ich halb hinter ihm, er war sich noch unschlüssig, wo er stehen wollte – stehen auf jeden Fall, sagte er, nur die, die schon alles zu wissen glauben, sitzen bei so einer Schau –, und am Ende entschied er sich für die Mitte des langen Decks, wo die Stuhlreihen für einen Fluchtweg unterbrochen waren. Er machte Bilder von dem Laufsteg, der keiner war, nur der ausgeleuchtete breite Streifen auf dem Betonboden, er machte auch ein Bild von uns beiden – so schnell, dass ich es kaum bemerkt hätte, wäre er nicht gleich damit angekommen, mit einem Hier, sehen Sie mal, aber ich sah nur einen Erstarrten, noch erstarrter als die, die hinter dem Vorhang zurechtgemacht wurden, dem grellen Licht ergeben. Das Geschehen dort – der Spalt war sogar noch ein Stück weiter geöffnet worden – hatte etwas so Entrücktes und Stummes wie das Geschehen im Alptraum, wo ja das Stumme oft auch das Todähnliche ist; zugleich war es aber seitens derer, die hergerichtet wurden wie eben aus dem Meer Gezogene oder mit ihrer Habe durchs Land Irrende auch eine Auflehnung gegen das Ende von allem, gegen das große Umsonst – nichts wäre umsonst gewesen, keins der Leiden unterwegs und auch nicht das Ende derer, die auf der Strecke geblieben sind, wenn diese Schau in einer Art refugee look, der hier wohl seine Premiere haben sollte, über den Laufsteg käme. Anything goes, sagte Cordes, als hätte er mir hinter die Stirn gesehen; und weil heutzutage zwar alles ging, alles erlaubt war, aber man doch seine Fragen stellen durfte, kam er noch einmal auf das Kleid zurück: wo ich es gekauft hätte und für wie viel. Er legte Wert darauf, von mir eine Zahl zu erfahren, und ich nannte den Ort, aber nicht den Sonderpreis, nur den Ursprungsbetrag – eine Angabe, die er vorerst unkommentiert ließ; stattdessen machte er Bilder von den Warnhinweisen an der Wand hinter uns, als wären wir wahrlich in einem Schiffsbauch, Hinweisen in sogar künstlich abblätternder Schrift, Emergency Exit, Restricted Area, Liquid Fuel, Fire Hazard. Dann aber sagte er etwas von einem stolzen Preis, und dass sie mir wohl viel bedeute, und ich sagte, sie würde mein Glück bedeuten – eine Antwort, die mir noch gut beziehungsweise ungut in Erinnerung ist, als nur scheingenau. Oder was hatte es denn heißen sollen – dass sie das Glück für mich verkörperte, oder ich in ihrer Nähe einfach glücklich war und folglich todunglücklich wäre, wenn sie sich doch mit dem Cousin zusammentun würde?

Sich eine Geliebte heranzuziehen heißt immer auch, eine Katzenklappe für das Glück einzurichten, sagte Cordes. Es kann jederzeit kommen und wieder gehen. Sie wissen, was ich meine? Er hielt mir eins der Bilder hin, Restricted Area in Rot auf die Betonwand gesprayt, dann fragte er, ob mir eigentlich klar sei, welche Bekanntheit meine Afrikanerin bereits hätte, ohne auch nur ein zutreffendes Bild von ihr, absolut einzigartig in unserer Zeit, aber heute Abend dürfte sich das ändern, was glauben Sie? Glauben Sie an Wunder? Ich glaube nicht an Wunder, ich glaube an das Glück im Sinne von Fortune, wie der Franzose sagt, oder Schwein, wie wir sagen. Und an das Schicksal. Und Glück ist Talent für das Schicksal – leider nicht von mir, das sagte der Romantiker Novalis. Fragt sich nur, wie viel Talent Sie für diese Afrikanerin haben, falls sie zu Ihrem Schicksal gehört. Oder wie viel Talent ich für Lydia habe.

Cordes hatte mehr zu sich selbst als zu mir gesprochen, und ich erinnere mich auch nicht an jedes seiner Worte, für den letzten Satz aber würde ich die Hand ins Feuer legen, zumal er mich dabei angesehen hatte, um aber gleich auf etwas anderes zu kommen. Er zeigte auf die erste, schon voll besetzte Stuhlreihe, mit Leuten, die man nur von hinten sah. Chinesische Einkäufer, sagte er, mit allen Wassern gewaschen. Der Rest sind Schwule, die über Mode faseln. Man muss das hier gesehen haben, um es zu glauben: Was die durchziehen mit den Afrikanern, um ihr Zeug bekannt zu machen. Und die haben nicht etwa das Gefühl, das wahre Leben auf den Kopf zu stellen mit ihrer Schwimmwestenmode, vorgeführt von denen, die fast ersoffen wären, nein, sie haben das Gefühl, eine neue Wahrheit zu präsentieren, oder was meinen Sie? Hier hat mir Cordes die Reisetasche abgenommen, sie zwischen uns auf den Boden gestellt, und irgendwie brachte ihn diese Tasche – eine von der Sorte, die sich ein Mann nicht selbst kauft, die ihm eine Frau schenkt, die seine alte Sporttasche leid ist – auf Lydia. Wenn wir hier schon so stehen, sagte er, würde ich gern über Lydia reden, einfach weil wir sie beide kennen, Sie natürlich viel länger. Lydia ist eine Frau, mit der man als Älterer schwer Schritt halten kann, würden Sie mir da recht geben? Ich denke ja. Und gemeint ist nicht die Frau, die sich auf ihr Rennrad schwingt und einem davonfährt, gemeint ist eine Frau, der man nichts vormachen kann. Anfangs dachte ich, sie würde auf mich reinfallen, wie Frauen eben auf Fernsehgesichter reinfallen. Aber sie renkte mir das Kreuz ein und sprach von meiner Frau und meinem Sohn: die ja wenig von mir hätten. Lydia hat sich für mein Chaos interessiert, weit mehr als für meine Rolle. Und darauf bestanden, dass ich die beiden über sie informiere, kein einfaches Gespräch. Max, das ist mein Sohn, hat an dem Abend geweint, und das mit sechzehn. Geweint. Ich konnte es nicht ertragen und fuhr zu der Altbauwohnung, die Sie ja kennen – einem Stern entgegen, wie die Leute, die hier gleich auftreten, als es bei ihnen durch die Wüste und über das Meer ging. Ohne Stern ist man verloren, und Lydia strahlt, wenn sie will, ziemlich hell, nicht wahr?

Letzteres hat er leise gesagt, weil es stiller geworden ist im Publikum; der rückwärtige Vorhang war jetzt vollständig geschlossen, und das Unterdecklicht von Neonröhren wechselte zu einer Notbeleuchtung, während über die ganze Breite des Vorhangs ein bewegtes Meer projiziert wurde, mit der Folge eines allgemeinen Raunens. Cordes hatte sich zu mir gebeugt, er schien auf eine Antwort zu warten, vielleicht, ob der Lydia-Stern für mich noch strahlte oder abgelöst worden ist durch die Afrikanerin. Dann nur noch eins, sagte er. Ich denke, Lydia hat Sie nicht meinetwegen verlassen. Frauen kehren einem Mann den Rücken, weil sie etwas vermissen. Erst kommt das Vermissen, dann der Blick für das Neue. Männer wollen dagegen gleich das Neue und verwechseln es mit dem Glück. Der weibliche Geist ist da kritischer, gleicht das aber aus mit Träumereien. Unsere Afrikanerin – er hatte wirklich unsere gesagt – wird sicher auch ihre Träume haben. Und Veranstaltungen wie die hier sind Öl ins Feuer solcher Träume, darauf werde ich sie ansprechen. Erst danach auf die rätselhaften Bilder, bevor ich darauf komme, dass man auf sie geschossen hat. Wie um den Ballon ihrer Träume platzen zu lassen, oder was denken Sie? Cordes machte jetzt Aufnahmen von dem bewegten Meer auf dem Vorhang, einer schäumenden Dünung unter grauem Himmel, und ich erwiderte, ein Schuss ins Fleisch sei ein Schuss ins Fleisch.

Mit einiger Lautstärke hatte ich das gesagt, gegen angeschwollene Geräusche wie aus dem Maschinenraum eines

Dampfers in tosender See, bis das Lärmen mit einem Mal abbrach und in dem weitläufigen Deck nur noch erregtes Murmeln zu hören war, etwa wie einst vor Beginn einer Kinovorstellung, als man noch etwas loswerden wollte, um seine Nerven zu beruhigen. Etliche aus den beiden Bestuhlungsreihen standen sogar vor Erwartung auf, präsentierten aber auch die eigene Garderobe. Sehen Sie sich das an, sagte Cordes – die Männer in diesen engen, zu kurzen Hosen, eine Storchenbeinmode. Es sind gar keine Hosen mehr, sondern Beinkleider, Strampler im Grunde. Sie und ich, wir halten dagegen! Und da wollte er schon seine und meine Hose als sozusagen ein der Mode trotzendes Modell ins Bild bekommen, als ihn ein Anruf erreichte, das hieß, Mi Buenos Aires querido inmitten der Faststille auf dem Park- beziehungsweise untersten Frachtdeck zu hören war, als wäre es ein Zeichen für die gespannte Erwartung zu beiden Seiten des Laufstegs hinsichtlich dessen, was gleich passieren würde – aber nicht gleich passiert ist.

Ganze erwartungsvolle Minuten sind noch vergangen, bei mir aber Minuten der Überlegung, was mich mit Benedikt Cordes verbindet oder andersherum, ihn mit mir, wenn wir ja dieselben Ansichten zur vorherrschenden Männermode hatten und beide der Auffassung waren, dass man einem Stern folgen müsse, um an sein Glück zu kommen – Letzteres im Übrigen nichts, auf das er mich gebracht hatte: Es gehörte schon lange vor Lydia zu dem, was mir Zuversicht gab, dem Blick über mich hinaus, entstanden in den Jahren, in denen man am leichtesten eine fremde Sprache lernt, eben auch die der Phantasie; meine Kindheitsfreundin Maren hatte schon auf unseren Winterwegen bei früher Dunkelheit, wenn wir nach den Krippenspielproben im Gemeindehaus auf hartem Schnee heimwärts gingen, auf den hellsten Stern gezeigt, gesagt, wir müssten ihm entgegengehen – dass er uns entgegenkommt, uns mehr zeigt als nur sein Licht, daran könnte sie nicht glauben.

Das war Beatrice, sagte Cordes, als er wieder zu mir trat, das Gerät für alle Belange noch in der Hand und im Begriff, soweit ich es sehen konnte, die Videofunktion einzustellen – ich glaube, er hatte sie bei der Gelegenheit, eben nicht in ihrer Anwesenheit, so genannt, ihr also diese Dante'sche Aura gegeben, warum auch immer. Sie rief an, um Ihnen ausrichten zu lassen, dass unsere Afrikanerin und ihr Cousin recht schnell aneinandergeraten seien, weil er sich als ihr Manager aufspielen wollte. Trotzdem wird sie mitmachen, war nur nicht besonders erfreut, ihr schönes neues Stück gegen einen alten Trainingsanzug zu tauschen, aber die tüchtige Beatriz – damit war sie wieder auf die Erde geholt – hat ihr klargemacht, worum es hier geht, nicht gerade um Haute Couture. Und Sie, Sie schreiben jetzt Geschichten für Nachtmenschen? Da werden Sie haufenweise Zuschriften bekommen, von Dankbaren und von Wütenden. Man kann es nicht jedem recht machen, man muss den Menschen hin und wieder auch etwas zumuten, ich zeige zum Beispiel Kinder, die durch Minen ein Bein oder auch beide Beine verloren haben, ich rede mit ihnen und lasse mir erzählen, wie es passiert ist. Und falls Sie eine Geschichte über Ihre Afrikanerin planen, müssen Sie den Leuten unter Umständen zumuten, dass es keine vernünftige Erklärung für die falschen Bilder von ihr gibt. Ja, wenn Sie ehrlich sind, müssten Sie sogar eingestehen, wie sehr einen das gegen diese junge Frau aufbringen kann, nicht wahr: Man möchte sie kneifen, bis sie ihr Geheimnis preisgibt oder gesteht, dass es nur ein Trick ist und letztlich auf Einbildung beruht. Bitte, das sind reine Gedankenspiele, aber nehmen wir einmal an, sie würde auf Fragen nach ihrem so Unerklärlichen höchstens vielsagend lächeln, käme man dann nicht auf die Idee, sie noch weiter zu kneifen, um ihr dabei ins Gesicht zu sehen auf der Suche nach einem Zeichen, das über das Verbeißen von Schmerz hinausgeht – den sich weitenden Pupillen jeder Kreatur, die spürt, dass ihre

Existenz in Gefahr ist, sagte Cordes mit nun leiser Stimme, weil mit einem Mal alles Licht ausging, bis auf das auf dem Vorhang liegende, das noch übrige Gemurmel daraufhin endete und sich auch das Meer auf dem Vorhang beruhigte, zu einer glatten, mondbeschienenen See. Alles in allem etwas kaum zu Glaubendes, gesteigert noch durch die biblische Teilung des Meeres, indem der Vorhang nach zwei Seiten aufging und zugleich die Deckenscheinwerfer neu erstrahlten, den Laufweg jetzt in ein Licht tauchten, wie man es aus Träumen kennt, in denen weder Tag noch Nacht herrscht.

Nein, das Ganze hatte etwas von einem Traum, denke ich, mit dem Publikum als Bestandteil, ob es die Chinesen waren, die schon Bilder machten, obwohl noch nichts zu sehen war, oder die orchideenhaften Paare in der ersten Reihe, die noch Nachzügler derselben Gattung mit stummer Überschwänglichkeit begrüßten, eine letzte schwirrende Unruhe vor einer Stille, die erst richtig zur Geltung kam mit den ersten, fast quälend langsamen, eigentlich nur von leisem Schlagzeug bestimmten Takten eines mehr als nur bekannten Musikstücks – das ich aber nicht hätte angeben können in dem Moment, das mir entfallen war –, während aus dem nun ganz geöffneten Vorhang oder geteilten Meer, einem Dunkel dahinter, dem Dunkel, aus dem wir alle kommen, jedes menschliche Leben, das war wohl die Botschaft, die ersten der Afrikaner, fünf oder sechs in einer Reihe, halb taumelnd, halb tanzend, sich unter Applaus dem Licht zubewegten, zwei in roten Decken bis über den Kopf, die anderen in wie abgerissenen Sportanzügen, die gleichwohl saßen, Fesseln, Hüften und Schultern betonten, dazu mit Taschen aus Schwimmwestenstoff und wie am Wegrand gefundenen Kappen, zwei auch mit Sonnenbrillen, die an Schweißerbrillen erinnerten, einer barfuß. Und schon kamen die nächsten, während der Applaus zunahm, sogar mit Hurrarufen, und auch die Musik anzog, immer noch angeführt von demselben sturen Schlagzeug wie ein mannigfaches leises Getrappel, das von Marschierenden in der Nacht, alle in der Trance einer nicht verhandelbaren unendlichen Wiederholung. Ja das ganze, so bekannte Stück, dessen Name mir jetzt auf der Zunge lag, hatte in seinem Rhythmus etwas nicht Verhandelbares, das einen anstecken, wenn nicht aufwiegeln konnte – mich jedenfalls hat es angesteckt, und noch etwas Weiteres sorgte dafür, dass meine Arme in die Luft flogen – ich erinnere mich an dieses wie ferngesteuerte Hochreißen, als inmitten der dritten oder vierten Reihe in dieser wie aus sich selbst geborenen Tanzschau, das heißt inmitten all der wie eben aus dem Meer Geretteten, die sich zu der schleppenden Musik ans Licht oder Leben kämpften, teils wankend wie Betrunkene, trunken von der Idee eines Lebens im Glück, dabei aber noch zeigend, was sie am Leib trugen, meine Gefährtin der letzten Wochen zu sehen war, noch mit ihrem kunstvollen Turban, den Rest des Stoffs über Mund und Nase, aber eben nicht mehr in dem neuen Kleid; das hing mit einem Zipfel aus dem Bündel, das ihr auf den Rücken geschnallt war. Statt des Kleides trug sie einen weißen Trainingsanzug, die Jacke geöffnet, darunter ein Fetzenshirt, dazu ihre alten Laufschuhe, ebenfalls offen. Und der, der sich neben ihr bewegte, hielt sie immer wieder am Arm, nur nicht galant, eher war es ein Abführen – durch den Cousin, nahm ich an, den eitlen Schmeichler, wie sie ihn genannt hat, einer, der Kusshände ins Publikum warf und stehen blieb, als von allen Seiten ein Blitzlichtgewitter wie einst in Kinowochenschauen auf die Akteure und auch das Publikum in vorderster Reihe niederging und dort Leute einander umarmten, damit ihr Verbundensein mit festgehalten würde.

Alle liebten alle, so schien es, und jeder liebte sich. Es war ein einziges Getanze um nichts, und das zu Maurice Ravels Boléro – Cordes hatte meine Zunge befreit, von dem, was auf ihr lag. Ravels Boléro, sagte er, ursprünglich als Ballett gedacht, eine für die Bühne geschriebene Tanzmusik, die Melodie immer gleichbleibend, bis sie am Ende zum Furioso anschwillt, woran erinnert uns das? Er zeigte mir eine offene Hand, die Hand, die sagen sollte, na, an was wohl, woran denken wir da, wir denken ans Bett, an die schönste Sache der Welt, die ja auch langsam anfängt, bis zum Furioso – nicht die offene Hand, sein Blick sagte mir das, und ich kam nicht umhin, mir ihn und Lydia bei eben dieser Sache vorzustellen, während die Musik, über den Schlagzeugtakt hinaus, jetzt schon anschwoll. Die haben das gekürzt, rief Cordes, auf den Punkt gebracht.

Und man kann sagen, es war ein akustischer Druck, unter dem weitere Reihen junger Afrikaner in ausgesuchter Refugee- oder Migrantengarderobe aus dem geteilten Meer kamen und bei ihrem noch wie mühsamen Vorwärtsschreiten auf dem angestrahlten Laufweg denen begegneten, die am Ende des Wegs kehrtgemacht hatten und nun, die zuvor getragenen Jacken oder Decken lässig über der Schulter, zeigten, was sie darunter trugen, eine wie von der langen Wanderung durch Regenwald, Buschland und Wüste und zuletzt im schwankenden Boot durch das Salzwasser stark mitgenommene und eben dadurch ganz neuartige Unterbekleidung oder Leibwäsche – unsere Sprache verfügt in dem Bereich nur über altbackene Worte –, jedenfalls Teile von Kleidung, die den Beifall in Verbindung mit dem gestrafften Boléro noch steigerten. Etliche standen sogar von ihren Stühlen auf und beugten sich applaudierend in den Laufweg hinein, denen entgegen, die nur noch das Nötigste am Leib hatten, bunte Fetzen über schimmerndem Schwarz. Ja, man kann sagen, das Publikum in dem Tiefgaragenschiffsdeck war buchstäblich aus dem Häuschen, angeführt von Leuten, die nie mit denen in Kontakt kämen, die da an ihnen vorbeitanzten, sich höchstens das eine oder andere Stück kommen lassen würden, um es einmal auf einer Party zu tragen und dann an Oxfam weiterzugeben. Der Laufweg war jetzt durchgehend gefüllt, die ganze Truppe der afrikanischen Models, um dieses Wort einmal zu gebrauchen, schritt ihn so ab, als wären sie noch einmal im Schutze der Nacht unterwegs, in dem Fall aber mit Licht am Ende des Tunnels, dem Licht einer neuen, durch sie in die Welt gesetzten Mode oder eben diesem Stern entgegen, wobei die Vordersten wieder im Dunkel des Hintergrunds verschwanden, um bald erneut ans Licht zu treten, erst taumelnd, dann als Gerettete, in der berühmten ewigen Wiederkehr, als hätten die Veranstalter nicht nur an Ravels Boléro, sondern auch, wer weiß, an Nietzsche gedacht, und ich hatte Mühe, unter den teils großen jungen Männern, die ihre Jacken und auch Hüften schwenkten, meine Gefährtin im Auge zu behalten. Sie hatte sich von dem Cousin gelöst und schritt allein vor sich hin, jetzt wieder ganz die Hochspringerin am Beginn ihres Anlaufs, dabei aber bedacht, das Kleid in ihrem Bündel zu schützen und das Tuch über Mund und Nase nicht verrutschen zu lassen.

Wie würden Sie das alles hier nennen, rief mir Cordes über die Schulter zu; er hatte sich bis an die beiden Stuhlreihen vorgedrängt und hielt das Geschehen mit seinem Gerät fest, was ja fast alle taten, eine oder beide Hände so in die Höhe gehalten, dass ein Wirrwarr gereckter Arme entstand, wie von Unzähligen in Not, die Zeichen geben. Ich nenne es einen Traumtanz ins Leben, rief er mir zu und zeigte auf das, was sich da weiter und weiter abspielte zu der immer noch schleppenden, gleichwohl aber anschwellenden Musik, so schwer begreiflich wie das ganze Schauspiel – rückblickend nur zu glauben, weil es davon Bilder in den Zeitungen gab. Das heißt, ich sah, was ich sah: gut dreißig aus dem geteilten Meer, erst noch wie benommen von Todesangst im sinkenden Schlauchboot oder fassungslos in ihrem Glück als Gerettete, ans wahre Licht der Welt Tretende, alle mit Spuren der Strapazen an ihrer Garderobe, von Blut, Schweiß und Wüstensand; einige hatten dazu triefendes Haar, andere trugen Stirnverbände, manche zogen ein Bein nach, das aber im Rhythmus. Die Blicke waren anfangs zu Boden gerichtet, die Köpfe jedoch wiegten sich schon zur Musik, die aus Lautsprechern im Retrostil kam, und trotz des Beifalls und all der hochgehaltenen Geräte, hochgehalten wie Babys aus dem Wasser, als sollten wenigstens sie überleben, entstand eben der Eindruck eines Traums nach dem Alptraum, auch weil manche, die nach der Rettung aus dem Wasser besonders Erschöpften, die Kräfte zu verlassen schienen, so dass sie einknickten und sich Momente lang hinlegten, ihren Kopf im Schoß eines anderen, Bruder oder Schwester, zu Bildern einer Pietà, entsprechend natürlich dem Willen der Modemacher, die ihre schwarzen Modelle so instruiert hatten, dass die Prozession der Geretteten ganz der Musik folgend nur allmählich in Gang kam. Den vorderen Reihen fiel dabei die Aufgabe zu, den Nachkommenden durch Gesten Mut zu machen, und das hieß auch, entschlossen voranzuschreiten, die modische Speerspitze zu sein, und inmitten der ersten Reihen die Meine, so empfand ich es, ihr Turbantuch über Mund und Nase. Als gar nicht eingeplante, aber offenbar willkommene weitere Teilnehmerin, alle anderen jungen Frauen und auch die meisten der schlaksigen Männer überragend, schritt sie dort mit, als hätte sie seit Tagen dafür geübt. Erst als sie nach der Wende im Eingangsbereich des Decks wieder auf meiner Höhe war, sah ich, was außer mir wohl niemandem auffiel, und wenn es jemandem aufgefallen wäre, hätte er es für einen Bestandteil der Show halten können, verursacht durch Kunstblut, wie man es beim Film einsetzt – sie hatte sich die Handwunde wieder aufgekratzt und den Ärmel der weißen Jacke halb darübergezogen, und etwas in mir, das schneller und mächtiger war als der Gedanke, mich auf keinen Fall in besorgter Weise bemerkbar machen zu dürfen, ließ mich ihren Namen rufen.

Es ist einfach passiert und hatte dreierlei zur Folge: Erstens sah sie mich im Publikum und griff mit der blutenden Hand an ihr Herz; es sah mich aber auch der Cousin, der ein tänzelnder Beau war. Und drittens gab mir Cordes mit einer Andeutung von Applaus zu verstehen, dass es Zeit wäre, wie die anderen etwas im Takt der Musik zu klatschen, statt nur zuzuschauen. Ja, er machte sogar Handzeichen, die einen Nebel vor den Augen wegwischten, die Trübung meiner Sicht auf das wahre Leben, Zeichen mit seiner schmalen, fast femininen Hand, gar nicht passend zu seinem Kopf – Cordes konnte ja, ich will nur daran erinnern, wenn er auf Sendung war, ein Mikro halten wie eine Rose –, und dann rief er mir auch noch zu, ob ich den schönen Namen für ihn buchstabieren könnte, als hätte er die Afrikanerin damit im Sack seines kleinen Geräts, auf das er so zart eintippen konnte, mal mit dem Daumen, mal mit dem Mittelfinger. Nein, ich könnte ihn nicht buchstabieren, rief ich zurück – rufen in dem Fall sehr wörtlich gemeint, weil sich auf einmal laute Rufe von den Stehplätzen in den Applaus gemischt haben, und nicht nur das: Pappbecher und Feuerzeuge, wie man es vom Fußball kennt, flogen auf den Laufweg, und es waren Rufe in der Allerweltssprache, damit die Akteure sie verstanden, einige der jungen Männer jetzt mit freien Oberkörpern, die Frauen dagegen mit Bewegungen, die etwas Entblößtes hatten.

Es war ein plötzliches Einbrechen in die Theatralik der Veranstaltung, als hätten die Rufe und kleinen Geschosse die künstliche Fetzengarderobe weggezogen und die wahren Fetzen zum Vorschein kommen lassen; und einer wie Cordes war geistesgegenwärtig genug, das alles in Ton und Bild sogleich festzuhalten, ja mit seinem hochgereckten Gerät dorthin zu eilen, von wo der Protest ausging, einer Gruppe im Einfahrtsbereich zu dem Deck; es waren Rufe jetzt auch in der Landessprache, darunter zwei der übelsten Wörter, wenn man sich nur etwas auskennt, solche für das männliche und weibliche Geschlecht, übergreifend auf die ganze Person; und auch kaum zu fassen, aus meiner Sicht, war die Zurückhaltung der Security-Leute, als hätten die Veranstalter sie angewiesen, diesem symbolischen Bespucken Raum zu geben, also damit gerechnet, sofern es nicht gar als Teil des Ganzen gedacht war. Immer noch flogen kleine Gegenstände, und die Rufe vereinten sich zu einem skandierenden Halbgesang wie der in dem Park mit dem Brunnen; außerdem schien die so zähe, dabei aber seltsam mitreißende Musik dem Platzen nahe, und auf dem angestrahlten Laufweg bahnte sich offenbar einer der Höhepunkte an, als nämlich alle Beteiligen, auf das Herunterdimmen der Scheinwerfer hin, zu einer Masse zusammenliefen – alle, bis auf meine Gefährtin, die sich umgesehen hat zu mir – und wie unter dem Druck der eigenen Schwerkraft so in sich einstürzten, dass es an ein berühmtes Gemälde erinnerte, Das Floß der Medusa, das Ganze zugleich mit dem Abreißen der Musik zu völliger Stille. Was blieb, war eine Gestalt aus allen Gestalten in einer Art bleichem Mondlicht, lagernd Zusammengedrängte in ihrer Überlebensgarderobe mit Pfiff (einem Refugee-Chic, so hat es in den Tagen darauf in der Presse gestanden), wie um den alten Gedanken neu zu beleben, dass Not erfinderisch macht. Der Applaus hatte auch diesem Gedanken gegolten, die Schmährufe dagegen dem Aufrührerischen der Bewegungen, wie einem Antanzen gegen die, die sie nicht an Land lassen wollen und den Kapitän eines Seelenverkäufers zwingen, sie nachts vor einer entlegenen Küste als verbotene Ladung zu löschen – bis mit der aufgehenden Sonne, nämlich im wieder aufflammenden Scheinwerferlicht, die neuartige Mode über das Ausgesetztsein triumphierte: Alle kamen wieder auf die Beine und schritten zu einer anderen, afrikanisch klingenden Musik weiter. Es war beeindruckend, man kann es nicht anders sagen, und ich stand noch unter diesem Eindruck, als die, ohne die ich nicht mehr sein wollte, auf mich zutrat, ihr Bündel mit dem

Kleid darin jetzt im Arm, und rief, sie wollte weg von hier, weg – im Rückblick zweifellos der Moment, um alles hinter ihr und mir abzubrechen, sich so davonzumachen, wie sie sich davongemacht hatte, todesmutig in ein Dunkel oder einem Stern entgegen, den man nicht sieht.

Ich erinnere mich an das dumpfe Gefühl – dumpf wie ein Schmerz, bevor man ihn Schmerz nennt –, noch an einer Ordnung festhalten zu müssen, auch wenn ich sie kaum hätte benennen können, an so etwas wie einer Ordnung der Dinge, die wir für die Ordnung des Lebens halten, und dazu hat gezählt, der Afrikanerin via Cordes den Weg in ein besseres, ein geordnetes Leben zu ebnen, als wir Hand in Hand zu einer der Türen mit Exit-Schild gelaufen sind, ich sie in ein Feuertreppenhaus gezogen habe und dort gleich die Betonstufen bis zum nächsten und übernächsten Deck aufwärts. Das hieß, wir flohen vor der Schau in der Tiefgarage, eben den Dingen ohne Ordnung, dem Chaos der Geschmäcker, während hinter uns Cordes' Stimme zu hören war: Er müsste bis zum Finale bleiben, sich auch das Gegenspektakel ansehen, diese Typen fragen, was ihnen nicht passt, wenn Afrikaner Mode vorführen – dass denen sogar ein solches Fetzenzeug noch steht, meine Theorie! Hier musste er Luft holen, nahm dabei aber noch eine Treppe, während die, der die Fetzen ebenfalls standen, sie binnen Sekunden abstreifte und sich das smaragdene Kleid wieder anzog. Und unsere Afrikanerin, rief Cordes, die beruhigen Sie jetzt, gehen mit ihr spazieren, eine Stunde, dann treffen wir uns vor dem Haus mit der Wohnung. Das wird Ihre Stunde für die helle Zukunft dieser jungen Frau.

Und mit dieser These ist er auf dem Treppenabsatz unter unserem für Momente aufgetaucht – ich sehe noch die im Grunde traurig-blauen Augen, als die Afrikanerin an mich gelehnt war, um sich die alten Schuhe neu zu binden, seinen Blick auf sie und mich, auf unsere Nähe; nichts sonst schien er gesehen zu haben, weder meine Hand, die sich an der Wand abgestützt hat, um überhaupt Halt geben zu können, noch ihre Hand mit der aufgekratzten Wunde, und auch nicht, welche Mühe sie hatte, die Schuhe zu binden, weil durch den ganzen Körper noch ein Zittern ging, das auf mich übersprang – als das, was es möglich macht, das so andere im anderen überhaupt aufzunehmen.

Der ausgedruckte Plan mit dem Weg zu der nahen Wohnung war mit seinen angestrichenen Straßen und einem Kreuzchen vor der Adresse wie für Kinder oder alte Leute gemacht, trotzdem hatte ich ihn nach Verlassen der Tiefgarage in der Hand, während meine Begleiterin nach nur einem Blick auf den Plan halb vor mir herlief, als wollte sie die Sache in der Wohnung schnell hinter sich bringen, um danach in die Zukunft zu sehen – eine mit mir, nahm ich an. Sie hatte den Weg im Kopf und bog in die richtige Seitenstraße; erst dort ging sie an meiner Seite, ihr Bündel jetzt wieder auf dem Rücken, die nackten Arme so pendelnd im Gehen, dass der eine Arm immer wieder meinen Arm streifte. Und ich hatte schon innerlich ausgeholt, um nach dem Cousin zu fragen, was da vorgefallen sei, da fing sie selbst von ihm an. Sie sprach von seiner neuen Gehweise, stelzend wie die Marabus, wenn sie auf dem Schlachthof im Blut umhergingen, und auch einer veränderten, lispligen Stimme, dazu sein bekanntes aufspielerisches Gehabe, ein Seiltänzer ohne Seil. Angeblich hatte er schon telefoniert, um sie an eine Fernsehshow zu vermitteln, mit ihr seine Geschäfte zu machen – I hate him, sagte sie leise, aber mit einem Ingrimm, der sie wieder halb vor mir gehen ließ, im Licht alter Straßenlaternen auf dem Rückenausschnitt, darin ihre Schulterblätter wie Reste einstiger Flügel, bereit, an einem Abend wie diesem noch einmal zu wachsen. Und genau genommen war es längst Nacht, als wir, dem Plan folgend, in eine schmale, leicht gewundene Wohnstraße kamen, sie mit ihrem Bündel, ich mit der Tasche, als gäbe es keine Zimmer in einem feinen Hotel, die auf uns warteten – so fein, dass man im Chateau Monfort, was ja doch ziemlich fein klang, höchstens bereit wäre, eine junge Frau wie sie mehr oder weniger zu übersehen, als gewissermaßen dunkle Luft oder organisches Gestell für ein kostbares Kleid.

Die Afrikanerin – erst nach Einbiegen in die schmale und wie ausgestorben stille Straße war es mir aufgefallen – lief jetzt barfuß. Die kaputten Laufschuhe, die sie nicht gegen High Heels oder Pumps hatte tauschen wollen, hingen ihr, an den Schnürsenkeln zusammengebunden, um den Hals; das hieß, mir war wie durch eine Absence, die nur eintritt, wenn das Ich ermattet, völlig entgangen, wann und wie sich dieser Vorgang abgespielt hat, sie die Laufschuhe auszog und die Schnürsenkel verknüpfte und sich das Ganze um den Hals hängte, wie einen spleenigen, aber auch provozierenden Schmuck zu dem Kleid. Und mehr noch als das: Sie hatte auch den Turban abgenommen, das Tuch in ihr Bündel getan. Es war ja eine warme Nacht, da störte ein Gebinde auf dem Kopf nur, und es war eine Gegend der sauberen Gehsteige und einer zwar gedämpften, aber hinreichenden Beleuchtung. Man konnte also barfuß laufen, wenn einem der Sinn danach stand, und trotzdem sagte ich so etwas wie Pass nur auf, wohin du trittst, oder Wenn das mal gutgeht, und sie, wieder auf gleicher Höhe mit mir, stieß ihre Schulter an meine, seit den letzten Nächten das Zeichen, einfach nur still zu erleben, was gerade der Fall war, momentan eben der Gang durch eine Straße, als wären wir dort die einzigen Menschen in dem Licht, das alle Katzen grau werden lässt, nur von versteckter Beleuchtung in Vorgärten und den wenigen Laternen, so mückenumschwirrt, wie es in einem selbst zugeht, wenn alles Denken nur noch um die Frage kreist, ob der andere das Gleiche empfindet wie man selbst. Das war die Situation, als wir zwischen burgartigen Wohnhäusern, beschützt von alten Bäumen, in dieser Straße wie aus einer erhabeneren Welt auf einmal stehen blieben – ich hätte nicht sagen können, warum, aber wer kann das schon, wenn ihm in Gegenwart des anderen Ursache und Wirkung durcheinandergeraten, beides wie eins ist – in der Erinnerung ein Anflug von Glück.

Nur das feine Summen einer der Laternen war zu hören, und nichts bewegte sich, nicht einmal die weitverzweigte, über eine hohe Vorgartenmauer hinausgewachsene Glyzinie, unter der wir standen, dicht voreinander. Sie, ja ein Stück größer als ich, stieß mit ihrem kurzen Haar gegen die noch herunterhängenden einstigen Blüten, und ich erinnere mich auch an ein Gefühl der Rührung, wie es im Kino vorkommt, bei alten Filmen, wenn sich alle Verwicklungen mit einem Mal aufklären und das glückliche Ende in Sicht ist (etwa in Das Appartement von Billy Wilder), als sie da vor mir stand, über sich das Gezweig der Glyzinie, so undurchschaubar wie die von den Bäumen – Pinien, Zypressen, Platanen – geschützten Häuser, von denen etwas Gleichgültiges ausging, was nur mit den großen Fensterläden zu tun hatte, den Fensterläden der Abwesenheit, sofern sie geschlossen sind, und der Verachtung, wenn man hinter einzelnen noch ein Licht ahnt, dort irgendwer ein Leben lebt, als gäbe es keine Zukunft, schon gar nicht eine für solche, die ihrer Vergangenheit entflohen sind.

Die Afrikanerin hat mich fragend angesehen, so, als sollte ich ihr beantworten, warum wir stehen geblieben waren, und ich griff an einen der alten Schuhe, die sie sich umgehängt hatte – auch um etwas kleiner zu sein, dachte ich, denn die Schuhe hatten dicke Sohlen, und immerhin war sie dadurch, barfuß vor mir, nur noch wenig größer, zumal ohne den Turban. Ihre Augen waren gerötet, fast, als hätte sie geweint – und ich meine, mir gewünscht zu haben, dass sie tatsächlich weint, um in dem Moment ganz für sie da zu sein, sie zu beruhigen und unter Umständen die Tränen abzuwischen, aus der uns eingeräumten halben Stunde das Menschenmögliche zu machen; aber was diesen Wunsch angetrieben hat, war die Vorstellung, dass Tränen das einzig Wahre seien, das uns entströmt, sie also einen Beweis liefern würden, dass wir zusammenbleiben sollten und ich nicht allein wäre mit dieser Idee. Was mir vorgeschwebt hat, waren Tränen der Dankbarkeit, weil ich ab jetzt für sie da sein wollte, und als sie mich nur weiter ansah, höchstens eine Spur von oben, aber eher bekümmert als von oben herab, da gelang es mir, ihr zu sagen, dass ich ab jetzt für sie da sein wollte, worauf sie für einen Moment die Stirn an meine legte, das war alles, und es war viel – viel, wenn ich daran zurückdenke. Danach ging sie weiter, und ich schloss zu ihr auf, und sie sagte im Gehen, dass ich immer zu ihr stehen müsste, immer, und sie auch immer zu mir stehen würde, immer. Wie die zu merkende Formel für einen Pakt klang das, eine Formel mit dem Namen Always, und ich habe ihre Hand genommen, auch nur für einen Moment, wie ein stummes Jawort, um dann auf den Plan zu sehen, ob wir noch richtig liefen, und wir liefen noch richtig, genau auf die Adresse zu – ein Haus von der Höhe einer alten seitlichen Pinie, wie sich gezeigt hat, seine Fensterläden zur Straße hin alle geschlossen.

Die Liebe ist hart und unerbittlich wie die Hölle – Teresa von Ávila, die große Mystikerin aus den Blütejahren der spanischen Inquisition, ein wie von ihr seufzend, aber mit auch harter Feder hingeschriebener Satz, der mir einfällt, wenn ich an diesen Gang durch die verschwiegene Wohngegend zurückdenke – einfällt, weil er meiner Kindheitsfreundin, der Pastorin auf verlorenem Posten, eingefallen war, als ich ihr von der Afrikanerin und mir, unserem spätabendlichen Gang erzählt hatte, dem Pakt vor einer Pause bei dem Haus mit der seitlichen Pinie.

Dort haben wir sicher ein, zwei Minuten lang gestanden – Zeit, die von der halben Stunde abging –, gestanden wie ein reisendes Paar auf der Suche nach einer Schlafmöglichkeit, der Mann mit Tasche, die junge Frau mit einer Art Sack, aber das wäre der Eindruck aus der Distanz gewesen. Tatsächlich sahen wir nur einer Katze zu, die mit einem Falter spielte, der zu schwach war, um aufzufliegen, bis die Afrikanerin die Katze verscheuchte und den Falter auf die Hand nahm. Und daraus hat sich ergeben, was man Klärung der Verhältnisse nennt, ausgegangen allein von ihr, den Falter mit matten Flügelbewegungen in der Hand, wie es doch meistens und vielleicht auch immer von Frauen ausgeht, Verhältnisse zu klären – ich will mich in dem Punkt nicht festlegen.

Es begann mit einem kaum zu fassenden Satz, obwohl er gar nichts Schwieriges hatte, nur ein Befinden zum Ausdruck brachte – I am tired to be tall, black, and handsome, sagte sie, und das auch noch sachlich, allerdings in dem Augenblick, als ich in ihrem Haar zwei silbrige Pailletten entdeckte, vielleicht aus dem Turban herausgefallen, eher aber während der Schau von dem auch in Flüchtlingsfetzen noch glittrig-glamourösen Cousin an den Stoff vor ihrem Mund geweht und durch das Abnehmen des Turbans ins Haar gelangt, Plättchen, so dünn und leicht, dass sie wahrscheinlich auf Salzwasser geschwommen wären – was ich hier nur anfüge, weil mir diese winzigen Teile mit je einem Loch darin in dem Moment vorkamen, als hätte sie doch geweint, zwei Tränen, mehr nicht, und sie eigenhändig abgewischt und sich ins Haar gestrichen, wo sie zu Silberpailletten wurden – was natürlich völliger Unfug ist, und trotzdem könnte es so gewesen sein, ansonsten müsste man sich auch an den Kopf greifen bei jedem der von ihr gemachten Bilder, die etwas anderes zeigten als sie. Und nach diesem Wort zu sich selbst – ich glaube, sogar im Anschluss daran, als wäre es die logische Konsequenz – hat sie gefragt, ob in meiner Wohnung noch ein Platz sei, und die Antwort hieß ja, obwohl es nur eine provisorische Einzimmerbleibe gab (anstelle meiner langjährigen, aus Kostengründen aufgegebenen Wohnung, drei Zimmer und ein Südbalkon).

Das heißt, ich hätte unbedingt nein sagen sollen – nein, tut mir leid, es gibt dort keinen Platz für dich, wir müssen sehen, wo du unterkommst, nur habe ich ja gesagt, und meine Gefährtin der letzten Wochen gab dem Falter einen Atemhauch, dass er davonflog, und drückte mir auf das Ja hin die Hand, und ich schlug ihr vor, noch um die nächste Ecke zu gehen oder auch weiter, um dann wieder umzukehren, das sei besser, als hier zu warten. In Wahrheit aber wollte ich noch länger mit ihr in einer Schwebe sein, ohne den Fuß in einer Zukunft, die für mich letztlich im Dunkeln lag. Wir gingen also noch ein Stück weiter, entlang gezirkelter Vorgärten zu Häusern alle im selben villenartigen Stil, die erste Etage im Hochparterre, die Balkonterrassen, das Private, auf der Rückseite, weltabgewandt, aber halb zu sehen in einer Biegung der Straße, wo eins der Häuser etwas schräg stand. Und nach der Biegung öffnete sich die Straße zu einer kleinen, fast liliputanischen Anlage, einem begrünten Oval mit Fächerpalmen in marmornen Töpfen, schmalen Kieswegen an Rosenrabatten entlang und einem Zierbrunnen in seiner Mitte, wachsfarben wie alte Taufbecken und wasserspeiend aus dem Mund einer Sirene, alles in allem ein wie geschaffener Ort, um an kein Morgen zu denken, ja überhaupt das Denken einzustellen – leichter gesagt als getan, für mich sogar sehr viel leichter. Und für die Afrikanerin war es offenbar das Naheliegendste, sich erneut zu waschen oder abzukühlen, ihre Arme in den Strahl zu halten, auch das Gesicht, und dabei von dem Wasser zu trinken und mir danach ihre nassen Hände an die Wangen zu legen, etwas mehr als nur für einen Moment und auch etwas mehr als ein bloß ruhiges Auflegen der Hände – sie hat mir, kann man sagen, das Gesicht gewaschen, aber statt dabei die Augen zu schließen, was das Normalste gewesen wäre, habe ich versucht, sie anzusehen, in ihren Augen und auf der Stirn irgendetwas zu lesen, das mir erlaubt hätte, ihr Gesicht einfach an meins zu legen, mit der fast unvermeidlichen Konsequenz, nur war da nichts als ihr gewohnter, von dem Wasser noch zusätzlich wie in etwas Rötlichem schwimmender Blick, und ich hielt mich an die Pailletten im Haar, so darin verfangen, dass sie nicht herausfielen trotz der Bewegungen, die sie machte – von außen gesehen ein sicher belangloses Detail, womöglich gar nicht bemerkt; für einen, der in allem zu lesen versucht, dagegen wie zwei Buchstaben, ein stilles Ja – es gibt keine harmlosen Details, wenn wir lieben, es gibt nur ihr stilles Drama, und die Folge war ein vielleicht auch für sie schwer fassbarer Satz, für mich selbst so überraschend wie ihre Nähe, als sie mir das Gesicht wusch: Ich hätte es satt, grau und allein zu sein, nur mit meiner Sprache ins Bett zu gehen, und was darauf kam, waren lediglich zwei leise Worte, Stop thinking.

Alles Weitere hatte nur noch mit ihren Händen und dem Mund zu tun, gemeint aber nicht einfach die Lippen, ihre und auch meine, wie sie aufeinandertrafen, erst noch mit dem Wall der Zähne dahinter, dann ungeschützt, gemeint ist mehr als ein Kuss – um den ich fast noch gebeten hätte, im Grunde die Bitte aus einer vergangenen, zerstörten Zeit, ob es möglich sei, ihr einen Kuss zu geben, oder ihr möglich sei, mich zu küssen, ja es überhaupt denkbar sei, dass wir uns küssten, bis ihr erlösendes Stop kam. Anschließend nahm sie noch einen Schluck aus dem Strahl, den die Sirene ausspie, um erst dann den nach wie vor aufsässigen Mund auf meinen zu legen und das Wasser mit mir gerecht zu teilen. Und als das abgeschlossen war, mit einem sich hinziehenden Ende, wenn man so will, dem Kuss im letzten Moment, wie gerade noch von ihr zugelassen; der nächste Moment war nämlich schon wieder einer der Augen, eines bangen Blicks zu der, die vor mir stand, noch die Hände an meinen Wangen, während sie mich ansah wie vor Stunden auf der Rotonda-Insel mit dem Blick, in dem Anmut und Güte verschmelzen, in dem Fall aber auch Angst, als wäre dem großen da Vinci beim Malen der Anna Metterza ein winziger Fehler bei den Augen unterlaufen.

Von unserer Stunde war noch etwas übrig, Zeit genug, um Beschlüsse zu fassen, entweder entschieden zu der Adresse zu gehen, das kurze Stück zurück, ich als der Begleiter, oder als Paar doch zu verschwinden, aber wohin; oder uns noch einmal zu küssen, mit Glück zu betäuben: Das war mein Wunsch, als mich die Hände, die vorher auf den Wangen waren, ganz sachte distanzierten, bis der Abstand für sie stimmte, gar kein großer, zwei Handbreit. Sie hatte immer noch den Blick mit dem kleinen Fehler der Angst darin, und um mich dem nicht zu beugen, sah ich auf ihren Mund, bereit, davor auf die Knie zu gehen, gemeint in dem Sinne, dass alle Liebenden sich beugen wollen, sogar den lächerlichsten Zeichen, einer Frisur, einem Zwinkern, einer falschen Träne; mit ihrem gesamten Leben flüchten sie da hinein, bis das Zeichen an Kraft verliert und die Einsamkeit zurückkehrt, das verdammte Denken. Damit soll nur gesagt sein, dass ich die Afrikanerin in diesen Minuten geliebt habe – auch wenn ganz am Anfang von wahrscheinlich geliebt die Rede war; der Vorrat an Worten macht es zu leicht, das zu umgehen, was wir wirklich sind, einfach nur innen wund, wie ihre aufgekratzte Hand nach außen, unentwegt auf der Suche nach dem Verband, der auf der Wunde bleiben kann, selbst wenn er mit der Zeit schmutzig wird und keinen rechten Halt mehr hat, aber die Wunde weiter bedeckt, so dass wir nicht ins Leere lieben.

Und wieder einmal war da auch der Wunsch, sie zu fragen, was ihr durch den Kopf geht, wenn sie mich ansieht, woran sie gerade denkt, als hätte ihr Gebot in dieser Hinsicht für sie keine Gültigkeit, ja sie wüsste auch gar nicht, was Liebe sein kann, nur dass sie es ist, die dieses Gefühl bei anderen hervorruft wie ein Unglück, einen Blitzschlag, als steckte auch in ihr etwas von einem Hexenkind wie dem, von dem sie mir im Auto erzählt hatte. Aber ich habe nicht nach ihren Gedanken gefragt, mit keinem Wort und keinem Blick, stattdessen habe ich ihren Namen in den Mund genommen, einmal leise, als Ultima Ratio, und ihre Antwort war mein Name, die eine Silbe, die nicht viel hermacht, in dem Moment aber der zweite, unmissverständliche Kuss war. Danach hatte sie sich noch die Füße gewaschen, gründlich unter dem Strahl, und ihre alten Schuhe wieder angezogen; und als hätte für das Treffen in der angemieteten Wohnung noch etwas gefehlt, holte sie die Kolosseumskappe aus ihrem Bündel und setzte sie auf, jetzt weit aus der Stirn, wie um etwas vom nachgewachsenen Haar zu zeigen, darin die Silberplättchen, von denen sie gar nicht zu wissen schien, wie i-Tüpfelchen zu dem smaragdenen Kleid, und ich hatte Mühe, ihr nicht überschäumend zu sagen, wie unfassbar schön sie für mich war, meine Wunde nicht nur bedeckend, sondern schließend.

An den Brunnenrand gelehnt, hatten wir mit dem von ihr gewählten Abstand noch einmal voreinander gestanden, ohne viel zu sagen, nur etwas zu den Wasserflecken auf der Kleidung, dass sie harmlos seien, und ob es schon morgen weiterginge, über die Berge zu meiner Stadt – eher nein, weil sie noch Papiere bräuchte, ausgestellt über das Konsulat in Mailand; und wie es mit dem Platz für sie in meiner Wohnung wäre, auch das wollte sie wissen. Nun, wir würden es sehen, eins nach dem anderen, zuerst müsste sie in mein Land einreisen, Enter my country, sagte ich, obwohl mir kein Meter seines Bodens gehörte. Aber auch ich fragte etwas, ob sie sich vorstellen könne, in der Modebranche zu arbeiten, Kleidung vorzuführen – ja, aber wozu, war ihre Antwort, Does it make any sense?, eine ernste Gegenfrage, keine spielerische, eine, zu der mir nichts eingefallen ist, außer an ihr vorbeizuschauen in den Wasserstrahl, als hätte sie mich bei einer Lüge ertappt.

Sicher noch ganze Minuten haben wir so an dem kleinen Brunnen gestanden, und jeder einzelne Augenblick hatte seinen Sinn, oder nüchterner gesagt: Alle Augenblicke addierten sich zu dem Gefühl, erstmals für jemanden ganz und gar da zu sein, bis schließlich nicht ich, sondern sie darauf gedrängt hat, zu dem Haus mit der Wohnung zu gehen, wie abgesprochen, darauf legte sie Wert: Wort zu halten, als würde sie sonst etwas von ihrer Unbescholtenheit einbüßen – dieser Eigenschaft, die man nicht fassen kann und an der ich so teilhaben wollte wie andere an einem Humor, den sie selbst nicht besitzen. Oder um es noch klarer zu sagen: Ihre ganze Art, das war die Schönschrift, die wir alle längst verlernt haben, wenn sie überhaupt noch gelehrt wird, und wie sie in dieser Nacht Wort halten wollte, war einer der Buchstaben zum Abschauen. Eng nebeneinander sind wir dann auf dem auch schmalen Gehsteig der schmalen Straße gegangen, und mein Eindruck war, dass sie es immer wieder darauf ankommen ließ, ob sich unsere Hände im Gehen berührten, meine und ihre mit der aufgekratzten Wunde – auf die ich sie längst hätte ansprechen können, vielleicht auch sollen, mit einem Was bringt das, lass das, lass diese Wunde endlich heilen, nur war es ihre Hand und ihre Sache, sich dort zu kratzen, um sich mit dem Schmerz in was für ein Sein auch immer zu stoßen und darin wachzuhalten, keine Sekunde in ihrer Aufmerksamkeit der so fremden Welt oder mir gegenüber nachzulassen.

Und als wir wieder um die Straßenbiegung waren, stand vor dem Haus, in das wir sollten, ein SUV in der stumpfen Farbe von Eisen wie der an der Mautstelle vor Mailand, zu sehen im Licht einer der mückenumschwirrten Laternen. Es war ein

Wagen mit Fahrer, der, als wir uns näherten, ausstieg und nacheinander die hinteren Türen aufhielt, und aus dem Fond kamen Benedikt Cordes und ein Hagerer mit getönter Brille, leger gekleidet und doch elegant, wie man es bei uns so gut wie nie antrifft. Er hatte Zeitungen unter dem Arm, dem Packen nach drei, und er steckte sich eine Zigarette an, mit auch eleganter Bewegung, den Kopf zur Hand geneigt. Er war etwas älter als Cordes, wohl Mitte sechzig, aber mit dunklem Haar, bis auf eine aschegraue Strähne; etwas verzögert stieg dann noch Cordes' Kontakteperson mit untadeliger Bluse, ihrem Notebook und dem Namen je nach Land, Beatriz / Beatrice, aus dem Wagen. Sie sah mich und winkte, während der Hagere dem Fahrer ein Zeichen gab, die Wagenlichter auszumachen. Und von da an hielt ich die Afrikanerin so an der Hand, als würde sie sonst weglaufen, unerbittlich für immer verschwinden und mich im Zustand des ewigen Suchens lassen.

Noch war kein Wort gefallen, das Ganze hatte etwas von einer Pantomime, fünf Menschen nachts vor einem dunklen Wohnhaus – nur an einem Garagenanbau neben der Pinie brannte ein schwaches Licht –, bis Cordes auf mich zutrat, nur auf mich, als wäre ich allein, und in vertraulichem Ton sagte, dass der mit den Zeitungen als Dottore anzureden sei – Wie war Ihr Spaziergang? Auf dem Weg in den Vorgarten fragte er das, als Beatrice Picard mit dem Dottore schon auf eine Haustür zuging, die sich automatisch auftat. Und überhaupt war jetzt alles in einem wie unaufhaltsamen Gang, nicht dem der Dinge, sondern dem der fünf Leute, die sich nicht kannten, sich aber für vorübergehend nützlich hielten – die Anzahl, für die auch der käfigartige Fahrstuhl zugelassen war, in dem wir kurz darauf standen, um aber lediglich in die dritte Etage zu fahren; die Weißblusige hatte auf die römische Drei an einer Messingtafel gedrückt, und die Kabine ruckte wie zu einer zügigen Fahrt an, bewegte sich dann aber so kriechend nach oben, als gäbe es keinen Motor, nur einen Gefangenen am Ende des Schachts, mühsam eine Handkurbel bedienend.

Die Picard hatte sich gleich zu mir gestellt, mich von der Afrikanerin getrennt und mir beruhigend zugenickt – ich könnte auch sagen: sich meiner bemächtigt, offensichtlich Teil ihrer Aufgabe an dem späten Abend –, während Cordes monolithisch an der Gittertür gestanden hat und meine Gefährtin in ihrem smaragdenen Kleid neben dem eleganten Hageren an der Rückwand – ich glaube, die Eleganz hatte vor allem mit der Aschesträhne zu tun sowie zwei halbsteilen, ein großes V bildenden Falten auf der gebräunten Stirn, außerdem einem schwarzen Rollkragenpullover trotz der warmen Nacht; er trug enge Jeans und Slippers mit Absätzen, das war mir beim Betreten der Kabine aufgefallen. Und kaum hatte der Aufzug seine Kriechfahrt begonnen, da sagte er mit Blick auf die ihn Überragende an seiner Seite, sie sei also die Frau ohne Gesicht. In der eigenen Sprache hat er das gesagt, und Beatrice übersetzte es Cordes und mir mit den Worten: Sie sind also die Berühmte, von der alle reden. Ich wollte das korrigieren, aber da wandte sich der Dottore – ein Titel, der mir sofort falsch erschienen war – direkt an meine Gefährtin, mit Blick auf die Kappe, und das in der Sprache, die sie verstand und die er mit leicht zerstreut britischem Tonfall sprach: ob ihr klar sei, was sie da auf ihrer Kappe hätte, ein Symbol des Römischen Reiches, das Kolosseum, in dem Kämpfe ausgetragen worden seien mit wilden Tieren aus ihrem Kontinent. Ein Gladiator mit Dreizack und Netz gegen zwei Löwen. Oder ein Leopard gegen eine Sklavin, die ihrer Herrin etwas gestohlen hat, zum Beispiel ein schönes Kleid. Un bel vestito, sagte er, die Sprache wechselnd, an mich gewandt, das war zwischen der ersten und zweiten Etage; es war eine zeitlupenhafte Fahrt, selbst in der Erinnerung dazu angetan, sie auch so wiederzugeben. Ob ich der Käufer des Kleides sei, fragte er, halb davor, es zu berühren, und ich nickte nur, schon mit Blick zu Cordes, um in unserer gemeinsamen Sprache zu flüstern, dass es eine Katastrophe geben könnte, wenn er sie anfasste, von ihrer, aber auch von meiner Seite – ohne dass mir klar gewesen wäre, was meinerseits hätte geschehen sollen. Und dann hielt die Kabine ruckend und grundlos im zweiten Stock, für Cordes die Gelegenheit zu ein paar ebenfalls geflüsterten Worten: der fasse sie nicht an, der höre sich nur gern reden, außerdem möchte er sie für eine Modekampagne haben, also ihn einfach reden lassen, der rede sich um Kopf und Kragen; und an seine Kontaktefrau gewandt, sagte er, als die Kabine mit einem Knirschen weiter fuhr, sie sollte bitte übersetzen, dass wir über Details der Aufzeichnung gesprochen hätten – woraus sie, wenn ich es richtig verstanden habe, einen optimistischen Ausblick auf die nächste Stunde gemacht hat: dass sich die Afrikanerin auf das Gespräch mit ihm, einem Unternehmer, freue und man dafür die luftige Terrasse habe wegen der anhaltenden Schwüle, wobei sie für Schwüle ein leicht missverständliches Wort gewählt hat, opprimente statt afoso, also drückend oder bedrückend, das Wort, bei dem der Aufzug endlich im dritten Stock hielt. Und ich sehe noch, wie das Aussteigen vonstattenging, in welcher Reihenfolge, weil es der sichtbare Beginn von etwas war, das mir noch vor dem Betreten der Wohnung aus den Händen geglitten ist – es war Cordes, der die Gittertür öffnete und wie ein monströser Liftboy für die Fahrgäste aufhielt, und es war Beatriz Picard, die mich am Arm nahm und mit mir die Kabine verließ, als wären wir ein Paar, und es war der hagere Elegante (eher als andersherum), der meiner afrikanischen Gefährtin mit theatralischer, also falscher oder unvollendeter Höflichkeit den Vortritt ließ, um vor dem Fahrstuhl wieder neben sie zu treten, auf den Schuhspitzen, wie mir auffiel, damit sie ihn weniger überragte. Benedikt Cordes aber hat mit seiner Gestalt den Abschluss gebildet, als gäbe es kein

Zurück mehr, nur noch das Vorwärts durch einen Flur mit blassgelbem Marmorboden, Pflanzen, die offenbar kein Tageslicht brauchten, und am Ende einer übergroßen Wohnungstür aus dunkelstem Holz, tatsächlich opprimente.

Die Tür war einen Spalt geöffnet und wurde auf unsere Schritte hin ganz geöffnet – von einem Kompakten in weißem Hemd und mit kurzem Bart, dem Mann aus dem Park, der Reden geschwungen hatte, als sich die Afrikanerin an dem Brunnen wusch, den er als eigenen ansah, sie so in den Strahl gebeugt, dass sie ihn höchstens gehört hat, verzerrt durch das Wassergeräusch – und der Moment, in dem er in der Tür erschienen ist, war der Moment, in dem ich sie hätte packen müssen, um mit ihr, an Cordes vorbei, durchs Treppenhaus nach unten zu laufen, so weit weg wie möglich. Aber ich hatte nur wieder unerbittlich ihre Hand gehalten und bin den anderen in die fremde Wohnung gefolgt.

18

Auf das Wort unerbittlich wäre ich nie gekommen, wenn meine Freundin aus Kindertagen nicht mit diesem Satz der Teresa von Ávila die Geschichte der geschenkten Stunde, so nannte sie den nächtlichen Gang mit der Afrikanerin zu der Adresse in Mailand, unterbrochen hätte. Dem aber war schon etwas vorausgegangen: Ich hatte auch von dem Irrsinn in der Tiefgarage erzählt, dem Tanz der Geretteten im Flüchtlingslook, und wie meine so unübersehbare Gefährtin vorher auf dem Rasen der Rotonda-Mitte gekniet hat, mit diesem Blick nach unten wie auf dem Da-Vinci-Bild, so dass ich nicht anders gekonnt hätte, als an Anmut und Güte zu denken; oder wie später, nach ihrem Davonlaufen aus der Show, ein Hauch von Angst im Gesicht dazukam, als wäre beim Malen der Anna Metterza ein kleiner Fehler passiert, etwa durch eine Stubenfliege auf der Nase des Meisters.

Wie auch immer: Was ich erzählt hatte, war Anlass genug, dass Maren mit mir ins Haus ging, wo sie das Bild auf den Schirm ihres Bürogeräts holte. Wir klären da jetzt etwas hinsichtlich alleinstehender Frauen, sagte sie und wies auf den Blick des Kindes hin, über die Schulter zu seiner Mutter Maria und deren Mutter, der heiligen Anna. Und jetzt achte auf Annas Blick, sowohl auf die eigene Tochter und jungfräuliche Mutter als auch auf ihr göttliches Kind, einen Blick, den man gar nicht sieht, der nur aus gesenkten Lidern besteht. Und die haben nichts mit Anmut und Güte zu tun, sondern dem Verschlossenen einer Frau, die allein durchs Leben geht, sich vielleicht aber nach einer anderen Liebe sehnt als nur der zu einem Enkel. Und die ihre jungfräuliche Tochter im Grunde bedauert, was sie aber nicht zeigen darf, weil es sie mitbetrifft. So wie ich nicht zeigen darf, dass ich mich manchmal bedaure – als Frau, die eine Familie verpasst hat, weil sie sich selbst schon zu viel ist, das muss ich dir nicht erklären. Gut, es gab Beziehungen, wie's so schön heißt, aber die sind im Sand verlaufen. Es gehört nicht viel dazu, sich zu verlieben, nur ist der Rest dann eine Lebensaufgabe. Du weißt, wovon ich rede?

Erst bei der Frage hat Maren mich angesehen, nur mit dem Licht des Schirms auf dem Gesicht, es war Abend geworden, dämmrig auch im Haus; mit einem Schimmer des Bildes, über das sie gesprochen hat, während mein Bild von ihr, das einer Pastorin im Reinen mit sich, gekippt ist. Ja, sagte ich, und sie sagte – sinngemäß, wie alles, was sie vor dem Gerät in ihrem Büro gesagt hatte –, Schau dir den versteckten Blick der heiligen Anna noch einmal an, ohne an das Heilige zu denken. Dann könnte es auch der Blick einer Frau sein, die sich und dem, der ihr am nächsten ist, beim Lieben zusieht, weil sie es nicht nur spüren, sondern wirklich wissen will, was da geschieht. Aber sie zeigt den Blick nicht, sie schützt sich, weil er ihre eigentliche Blöße ist, der Blick auf das gemeinsame Tun bis zum Gehtnichtmehr, das unerbittliche Einander-Beglücken, oder hast du ein besseres Wort dafür? Und hier hat sie mich erneut angesehen, ihr Gesicht immer noch im Schein des Schirms, und zu ihrer ersten Epiphanie – der als Frau, die ich zuvor nicht gekannt hatte – kam eine zweite: als Maren, die mir zu viel wurde, zu überwältigend. Ich denke schon, sagte ich und stellte mir danach Momente lang vor, wie ein Jahrzehnt an ihrer Seite ausgesehen hätte – sie anstelle von Lydia, immer wieder mit diesem versteckten Blick, der mich antreibt, aber auch in die Enge treibt –, und sie sagte, wenn ich mich richtig erinnere: Ich rede von Gier, und ich rede von Achtung, der berüchtigten Selbstachtung. Diese Arbeit, die ich mache, als Frau ein Pfarramt ausüben, ist kein Beruf, das ist etwas, um sich gut zu fühlen, wenigstens ein-, zweimal pro Woche, bei einer Taufe, einer Predigt, einer Hochzeit, und alles andere nur bei Bedarf fühlen zu müssen, dass du dich gehenlassen willst, im Unguten wälzen – Trinken ist das, was ich mir erlaube, abends der Rotwein, Weißwein wäre klüger wegen der Haut, aber wer ist schon klug, wenn er ein Auge bei sich zudrückt? Und mit der Frage ist sie einfach aufgestanden und hat es mir überlassen, ihr Gerät auszumachen; ich hörte sie in die Küche gehen und sah dabei auf das schläfrige Bild, die Lider der heiligen Anna, ihren versteckten Blick, und mir pochte das Herz wie seit langem nicht mehr, vielleicht seit unseren Schulwegen. Nur war es nicht allein das, was Maren gesagt hatte, es war etwas, das mich auch jetzt noch – wenn ich hier im Ort meiner Afrikanerin daran zurückdenke – in Atem hält: ihr besessenes Wissenwollen von allem. Wie schon auf diesen Kindheitswegen, als sie etwa Wespennester erkundet hat, ganz nah heranging und zu den Wespen hineinsah, oder einen verletzten Vogel aufhob und sein Geflatter in den Händen aushielt, drang Maren in fremde Geschichten ein und wollte alles wissen, was es zu wissen gab – und so auch in die Geschichte meiner geschenkten Nachtstunde von Mailand, bevor ich mit der Afrikanerin die Wohnung hinter der übergroßen Tür betrat. Maren, das war auch ein Wissenwollen bis zum Gehtnichtmehr, oder der Sturz in fremde Geschichten, ihr Personal, als Ersatz für eine Familie.

Sie kam mit zwei Flaschen Bier und Käsebroten aus der Küche, und wir gingen wieder in den Garten, in die hölzernen Liegestühle mit Fußauflage, die es bald nicht mehr geben würde. Ob ich ein besseres oder zeitgemäßeres Wort für Beglücken gefunden hätte, fragte sie, und die Antwort war, nach einem Nein, etwa folgende: mein Leben sei zu fortgeschritten für kurzlebige Wörter, vielleicht auch für Gefühle aufgrund solcher Wörter – Schwer zu sagen, sagte ich. Aber früher oder später merkt man, dass es einen unumkehrbaren Verlauf gibt im Leben, wie in einem Roman, dessen Handlung sich auch nicht mehr ändern lässt, wenn er einmal gedruckt ist, einen Verlauf, von dem man nur nach der einen oder anderen Seite etwas abweichen kann, mit einem So-Tun-als-ob: als ob es noch andere Wege gäbe, bis man wieder in die alte Richtung geht, still beschämt. Und auch wenn man ahnt, wohin einen dieser Weg bringt und ihn trotzig den seinen nennt, geht man ihn immer weiter, wenn ich an die Nacht von Mailand denke.

Das heißt, mit der Antwort auf Marens Frage hatte ich ausgeholt, von dem Geschehen in der Mailänder Wohnung zu erzählen, dem, was dort zu später Stunde – es war schon nach elf, als wir die Wohnung betraten – passiert ist; und auch dieses Reden hat zu später Stunde stattgefunden, in der längsten Nacht während meiner Zuflucht in dem früheren Forsthaus mit Blick auf den Wiesenhang, sein Ansteigen bis zu der verschlossenen Philosophenhütte am Waldrand.

Es war eine noch milde Nacht Ende September, während es drei Wochen zuvor eine drückende Nacht war, selbst in der Wohnung trotz Klimaanlage, etwas erträglicher auf der Terrasse bei leichtem Wind. Eine Wohnung war das, in der nichts herumlag, habe ich zu Maren gesagt. In dem großen Hauptraum gab es einen gläsernen Esstisch mit sechs auch durchsichtigen Stühlen und eine Sitzgruppe in Leder und Chrom, ausgerichtet auf einen riesigen TV-Schirm. Zu der Sitzgruppe gehörte ein flacher Tisch, ebenfalls mit Glasplatte, und auf der klappte die Weißblusige ihr Notebook auf, während ich mich noch umsah nach irgendetwas Persönlichem in dem Raum, Fotos, Zeitungen, angebrochene Flaschen, oder einem Buch, einem Stift, einer Brille. Aber es gab nur ein glattes, geometrisches Mobiliar, und auch die Balkonterrasse mit der Pinie an einer Seite hatte etwas Lebloses. Zwischen angestrahlten

Fächerpalmen in Marmorkübeln war eine Art Set aufgebaut, drei rote Sessel um einen runden Tisch, darauf drei Gläser sowie eine Karaffe mit Wasser, und der Kompakte aus dem Park war noch dabei, mit einem jungen Mann in Tarnfleckenshorts das Licht von zwei Standscheinwerfern einzurichten, während Cordes dem Eleganten das Arrangement erklärte, einen Arm halb um ihn, wie unter Männern in dem Land üblich. Er machte mir mit der freien Hand Zeichen, etwas Geduld zu haben, aber ich hatte weder Geduld noch den Willen, das Ganze platzen zu lassen, mit welchem Recht auch, wenn es der Afrikanerin weiterhelfen könnte, sie legitimierte. Wir hatten die Wohnung als Paar betreten, und jetzt sah sich jeder für sich in dem großen Raum um, obwohl wir nah beieinanderstanden, aber wenn alles um einen fremd ist, zählt nur, was jeder für sich sieht – Die Terrasse, sagte ich zu ihr, ist das nicht ein feiner Platz für ein Gespräch, A nice place to talk, und von ihr kam nur der Schatten eines Lächelns, wie ein Erzähl mir nichts, mir ist schon klar, wo wir hier sind, bei denen, die mich entweder nackt oder tot sehen wollen.

Und da hat mir Maren, soweit ich weiß, eine Hand auf den Arm gelegt, und zwar mit der Frage, ob das nicht eher meine Ansicht gewesen sei, nackt oder tot, und ich habe ihr gesagt, dass fast alles bezüglich meiner Mitreisenden auch auf eigene Ansichten zurückgehe, gestützt allein von dem, was sie erzählt hatte, ohne dass ich es irgendwie hätte prüfen können, das nur als weitere Scherben auf meinen Sprachhaufen fiel mit der Konsequenz, entweder gar nichts über sie zu sagen, um nichts Falsches zu sagen, oder bloß das zu sagen, was niemanden auf die Idee bringt, ich würde mit ihr nur mein eigenes Süppchen kochen, oder eben alles zu sagen, was mir durch den Kopf geht, in der Hoffnung, dass doch manches davon stimmen könnte. Es ist ein Dilemma, erklärte ich und wollte dann mit der Geschichte fortfahren, aber Maren war noch bei der Fahrstuhlszene: wie ich da stillgehalten hätte, nicht einmal mit einem Blick der Verbundenheit auf die Afrikanerin, um diesem Textilkrösus zu zeigen, dass sein Gerede auch an mich gegangen sei, an jeden, der sich eine dünne Haut bewahrt hat. Oder ist dein Fell so dick?, hat sie gefragt, ich glaube kaum, ich kann mir bloß vorstellen, dass es einem die Sprache verschlägt, wenn Leute so reden, ist es nicht so? Und hier hat Maren – in dem Fall gibt es keinen Zweifel – mir nicht nur eine Hand auf den Arm gelegt, sondern mich damit geradezu festgehalten und zu einer Antwort gezwungen, und ich sagte, die Sache im Fahrstuhl sei nur der Anfang gewesen, der Auftakt zu noch ganz anderen Reden, und ich hätte so gut wie keinen Einwand erhoben, kein Wort der Empörung dagegengehalten, nicht weil mein Fell so dick sei oder mir der Mut dazu gefehlt hätte, sondern tatsächlich die Worte. Das war das eine, sagte ich, und das andere war eben, dass mir das alles immer noch als Chance für die Afrikanerin erschienen ist, mit einem Anfang, durch den sie durchmusste, wir alle durch etwas durchmüssen, wenn wir weiterkommen wollen im Leben, oder nicht? Und damit habe ich meinen Arm zu mir gezogen oder genauer: ihn Maren entzogen, und sie sagte so etwas wie: Denk ja nicht, dass ich hier als Pastorin rede, ich rede als deine älteste und vielleicht einzige Freundin, die dir zuhört, ihr Ohr leiht und höchstens eine Verständnisfrage stellt. Die ist beantwortet, und jetzt leiht sie dir wieder ihr Ohr.

Gut, sagte ich, danke. Also es war so: Wir standen noch in dem Wohnraum, und ich wusste nicht, wohin mit mir, und war fast erleichtert, als mich die in der Unschuldsbluse heranwinkte, neben sich auf das Sofa. Kommen Sie, ich zeige Ihnen, wie berühmt Ihre große Schwarze schon ist, rief sie, und ich stellte mich hinter das Sofa, statt mich zu setzen. Eigentlich aber hätte ich mich, zugegeben, bereits gegen die Anwesenheit des Kompakten verwahren müssen, inzwischen im Gespräch mit dem Eleganten, der seine Zeitungen auf dem runden Tisch abgelegt hatte. Was der von meiner Begleiterin wollte, fragte ich, und die Antwort passte zu der ganzen unklaren Situation: Der will vor allem hofiert werden, sagte die Picard, mehr sein als nur Textilunternehmer, ein Visionär. Und er gehört zu den Männern, die bei jüngeren Frauen etwas loswerden müssen, sogar bei denen, auf die sie herabschauen, unter uns gesagt, Sie verstehen, was ich meine? Und bei der Frage hat sie sich wieder ihrem Notebook zugewandt und mich noch einmal neben sich gewinkt, um dann ein ganzes Feuerwerk aus Bildern und Kommentaren auf dem Schirm loszulassen, den bekannten Bildern, die nicht zeigten, was sie zeigen sollten, und denen, die bloß zeigten, was einen Zeichner bewegt hat, alle versehen mit halben und sogar ganzen Sätzen, im Grunde auch nur Ansichten zu der Großen ohne Gesicht, solchen, als wäre sie auf die Erde gekommen, um die Welt besser zu machen, und solchen, als wäre sie von der Hölle aufgestiegen, um die Leute noch mehr zu verderben, das Ganze gesammelt von den Plattformen, auf denen sich alle zu allem äußern können.

Es war, als hätte sich ihre Handwunde, das Aufgekratzte, im ganzen Internet ausgebreitet, habe ich zu Maren gesagt, auch wenn die anderen davon nichts sahen. Benedikt Cordes war mit dem Textilunternehmer und Visionär in den Wohnraum gekommen, er las einige der Kommentare vor, was etwas von einem Warmmachen für das Gespräch auf der Terrasse hatte und seltsam beruhigend wirkte, als ein Stück Routine – Cordes, dachte ich, würde einfach nur mit der Afrikanerin über das reden, was sich nicht erklären ließ, manchmal mit einer Zwischenfrage von dem Mann mit den Visionen oder Ambitionen, bis der auf einmal sein Deluxe-Gerät in die Höhe hielt und der Afrikanerin bedeutete, dass er ein Foto mit ihr wollte, sie beide auf der Terrasse, jetzt gleich. Es war nichts nach dem Motto Lass uns ein Selfie machen, es war ein stummer Befehl, in der

Hand die Waffe unserer Epoche – ohne die ich nun schon seit Wochen lebe, sagte ich von Liegestuhl zu Liegestuhl, und die alte Kindheitsfreundin wollte es wieder einmal genauer haben. Wie viele Wochen?, fragte sie, da waren schon die Käsebrote gegessen, unsere Stärkung für die Nacht, und ich sagte, drei Wochen sei ich jetzt bei ihr, also fünf Wochen seit Pentedattilo, als alles angefangen hatte, indem ich der Afrikanerin das Ding vor die Füße warf, und Maren sagte Erzähl weiter.

Aber wie soll man von etwas erzählen, das noch gar nicht beendet ist, das noch anhält in einem und bei dem jeder, der in eigener Sache spricht, die immer etwas schlechten Karten des Ichhaften hat – man darf darüber wohl nicht nachdenken, man muss es einfach tun. Als es plötzlich um das Selfie mit der Afrikanerin ging, wäre wohl noch Gelegenheit gewesen, das Ganze abzubrechen und mit ihr die Wohnung zu verlassen, sie zu schützen, wovor auch immer, aber ich rief nur, so gehe das nicht, No selfies with her!, und wie von diesem fehlenden Schutz angelockt, trat der Kompakte dazu und sagte etwas Leises zu dem Dottore, so hat er ihn angeredet, etwas, das mit dem Brunnen in dem Park zu tun hatte, und mein sofortiger Eindruck war, dass da einer mit seinem Brotherrn auf ziemlich vertraute Art sprach, eben der Kerl aus dem Park mit kurzem Bart, fleischigen Lippen und einer Stirnglatze, obwohl er noch jung war, keine dreißig, und ihm, dem visionären Unternehmer, riet, auf das Selfie zu bestehen. Er stachelte ihn förmlich an, nicht klein beizugeben, und bevor ich noch etwas einwenden oder gar tun konnte, ist die Situation außer Kontrolle geraten, ohne dass ich oder einer der anderen es schon bemerkt hätte, weil eben niemand weiß, was im anderen wirklich vorgeht, wann er die Nerven verliert oder genau das tut, was ihm entspricht. Es begann damit, dass sich die Afrikanerin plötzlich aus meiner Nähe löste und auf die Terrasse lief, und laufen heißt, sie machte ein paar große Schritte und war damit auch schon auf der Terrasse, aber nicht in vorauseilendem Gehorsam, auch wenn es so ausgesehen hat. Sie schritt samt ihrem Bündel zu der Seite, die von der Pinie neben dem Haus überragt wurde, und sah über die Brüstung nach unten, nur für einen Moment, dann drehte sie sich um, dass man annehmen konnte, sie wollte das Selfie mit der Pinie im Hintergrund; und wenn ich gesagt habe, die Situation sei bereits außer Kontrolle geraten, war damit auch gemeint, dass ich, ohne nachzudenken, ihren Namen rief, etwa wie man nach einem Kind ruft, das droht auf die Straße zu laufen – ein Fehler. Der Elegante griff den Namen gleich auf, um ihn aber in seine Sprache zu zerren, verstümmelt um eine ganze Silbe, da war er bereits auf der Terrasse, das Gerät der Marke, die ich weggeworfen hatte, gezückt für das Selfie. Und selbstverständlich wollte ich dazwischentreten, diesen ganzen Akt noch verhindern, aber da hatte mich die Picard schon eingeholt und wie einen Verwirrten, der in sein Verderben läuft, am Arm genommen. Lassen Sie die Dinge einfach laufen, sagte sie, dieser Mann ist wie ein großer Junge, und wenn er sein Bild mit ihr will, dann will er es eben, morgen ist das alles vergessen, aber jetzt möchten wir hier keine Unruhe.

Keine Unruhe, das hat sie geflüstert, sagte ich zu Maren, ebenfalls flüsternd – und immer noch beschäftigt es mich, wie sie darauf meine Hand suchte und fand und wohl eine Minute lang festhielt, als hätte sie gespürt – was natürlich Unsinn ist –, dass es auch gleich um eine Hand gehen würde, nicht meine, sondern die der Afrikanerin, ihre Hand mit der aufgekratzten Wunde. Sie stand mit dem Rücken zur Terrassenbrüstung, als der falsche oder, wer weiß, vielleicht auch echte Dottore für das Selfie auf sie zukam, und er stellte sich einfach neben sie, als wäre sie eine Skulptur auf der Terrasse, eine, die aber ihr Gesicht bedeckte, wie es Menschen machen, die etwas nicht fassen können oder verzweifelt sind oder sich schämen, und ich denke, bei ihr hat alles drei zugetroffen, als das Bild entstehen sollte. Und das Ganze, um das klar zu sagen, war nur eine Sache von Augenblicken, so dass ich es gar nicht mehr hätte verhindern können. Mir blieb nur zuzuschauen, wie der mit der Aschesträhne im dunklen Haar den Arm mit dem Gerät in der Hand streckte und seine andere Hand um ihre nackte Schulter legen wollte, was ja bei Selfies üblich ist, und wie sie mit ihrer Hand, der aufgekratzten, seine Hand ähnlich einem Schmutz wegstrich, und damit nicht genug: wie sie sich abwandte, zu der Pinie hin, und der dadurch Brüskierte nach ihrem Arm griff, um sie wieder in die Idealposition für das Selfie zu bringen, erneut eine Sache von Augenblicken, zwei, drei Sekunden höchstens, in denen ich aber wie gelähmt war, oder besser gesagt: tatsächlich gelähmt, nämlich unfähig einzugreifen, während Benedikt Cordes, der sich probehalber in einen der drei roten Sessel auf dem Set gesetzt hatte, aufstand und zu der Brüstung eilte, gefolgt von dem Kompakten. Und da hatte die, die nur durch mich in all das hineingeraten war, schon die Hand, die nach ihr greifen wollte, weggeschlagen, und der jetzt auch Düpierte, nicht nur Brüskierte, rief so etwas wie Holla, holla!, was seinen büttelhaften Angestellten mit der Stirnglatze das Verkehrteste tun ließ, was er nur tun konnte: Er streckte einen Finger, um der Afrikanerin, wenn auch nur symbolisch, an die Stirn zu tippen, mit dem Finger, der einem sagt: Bist du noch bei Trost, hast du noch alle, pass nur bloß auf!, während der hinzutretende Cordes etwas so Unsinniges wie Stopp oder Finito rief, was genau zum Gegenteil geführt hat: Der Finger ging zu ihrer Stirn, und ich erinnere mich nur an ein Please von meiner Seite, da hatte sie den Finger bereits gepackt und wie einen Bleistift angebrochen, mit einem Geräusch, das allein schon wehtat, ebenso der Aufschrei des Fingerbesitzers, während noch sein Helfer in den Tarnfleckenshorts dazukam, mit Wörtern, wie ich sie noch nie gehört hatte. Der Kompakte biss dann aber die Zähne zusammen, er stöhnte nur noch in sich hinein, und sein Arbeitgeber machte in dem ganzen Chaos doch noch das Selfie, wobei die Afrikanerin die Augen zukniff. Wie gesagt, es ging alles sehr schnell, so schnell, dass ich beim Hinzutreten am Ende, begleitet von der, die mich in Schach halten sollte, nur noch das Allerabsurdeste in der Situation sagen konnte: dass es mir leidtue, was passiert sei, und wie aus diesem Leidtun heraus wollte ich meine Gefährtin an mich ziehen, nur schlug sie auch mir die Hand weg. Nichts schien jetzt mehr zu sein wie noch eine Minute zuvor, aber immer glaubt man ja, nur ein falsches Wort oder eine falsche Bewegung wäre der Auslöser für ein Desaster mit dem anderen in der Minute danach, und dabei hat es viel früher begonnen, lautlos. Das heißt, ich kannte sie nicht mehr in dem Moment, wenn ich sie je gekannt habe und sie kannte mich wohl auch nicht mehr, oder hat mich in der Stunde kennengelernt. Wir standen nebeneinander, vor unseren Füßen meine Reisetasche und ihr Bündel, und der, der sein Selfie hatte, stieg über beides hinweg und steckte sich eine Zigarette an. Er machte ein paar Züge und sah im Gehen, die Zigarette jetzt im Mund, auf das Resultat, erst noch kopfschüttelnd, dann fast mit Kinderaugen, wäre nicht die Zigarette gewesen. So ging er langsam auf und ab, als wollte er allein sein mit dem Bild, während sich Cordes mit seiner Dame für alles beriet und der mit dem wehen Finger von seinem Helfer mit Eiswürfeln versorgt wurde, demnach gab es einen Kühlschrank in Gebrauch, irgendwer musste die leblose Wohnung bewohnen – was kaum zu glauben war, habe ich zu Maren gesagt, so kaum zu glauben wie der plötzliche Ausbruch der Afrikanerin und mein Please als Stoßgebet ins Leere.

Und die Freundin aus Kindertagen hat darauf gleich etwas erwidern wollen, dann aber nur ein- und ausgeatmet; wir haben in den betagten Liegestühlen mit Fußteil mehr gelegen als gesessen, zwischen uns, nach dem Bier zu den Käsebroten, eine Flasche Amarone Classico, von mir spendiert, und zwei Gläser. Maren trug das Haar offen, wie immer an ihrem freien Tag, als wären das Zurückgekämmte und der Pferdeschwanz nur eine Maskerade für den Rest der Woche, speziell den Sonntag. Sie hatte mich fast die ganze Zeit von der Seite angesehen, und das Haar war ihr immer wieder, weil etwas Wind ging, so ins Gesicht gerutscht, dass manchmal nur ihr Mund zu sehen war. Erst Minuten nach dem zuletzt Gesagten – es war stockdunkel geworden, eine bis dahin sternlose Nacht, mild auch durch den bedeckten Himmel –, dass mein Please in Richtung der Afrikanerin ein Stoßgebet ins Leere gewesen sei, nahm sie noch einmal unerwartet meine Hand und sagte, dass sie seit Jahren nicht mehr an das glaube, was sie den Leuten in den Gottesdiensten und auch bei anderen Gelegenheiten erzählte. Da ist nichts über uns, was uns hält. Wir müssen uns selbst halten, indem wir glauben, da sei etwas.

Natürlich war ich überrascht, viel mehr aber erschrocken von dem, was sie da preisgegeben hatte, und wie um mich und wohl auch sich selbst zu beruhigen, streichelte sie meine Hand, was sie noch nie getan hatte, auch nicht früher in aller Unschuld. Ein tastendes, suchendes Streicheln nur mit den Fingerkuppen war das, auch ihr Anlauf, um dem Ganzen noch etwas hinterherzuschicken: dass sie Christus und die Passion für eine zu wichtige Idee halte, um sich davon zu distanzieren – Nicht, solange ich das Amt habe, erklärte sie. Es fällt mir nur immer schwerer, von Gottes Sohn zu reden, weil es kindisch ist und als nur halbes Familienbild auch nicht zur Orientierung taugt, tut mir leid, das zu sagen. Und vielleicht kennst du mich ja jetzt auch nicht mehr. Ist es so? Und hier hat sie Halt an meiner Hand gesucht, während mir nur Gemeinplätze als Antworten eingefallen sind – was redest du da, wieso sollte ich dich nicht mehr kennen, du bist meine Kinderliebe, die immer schon skeptisch war, sich auch von mir nie etwas hat vormachen lassen –, ja, für Momente hat sie die Hand geradezu festgehalten, dann aber weggeschoben, als ginge Gefahr von ihr aus, und allem noch etwas angefügt, in dem Stuhl jetzt wie in einer Muschel auf der Seite liegend, das Haar wieder in einer Weise im Gesicht, dass nur der Mund und etwas von der oberen Wange zu sehen war. Es ist es nicht so, dass ich an nichts mehr glaube, sagte sie. Zum Beispiel glaube ich an die falschen Bilder von deiner Afrikanerin: dass es im Grunde die richtigen sind. Und dass jeder Mensch für den anderen fremd bleibt, auch bei Paaren, und das Grauen in der Welt darin seine tiefste Ursache hat, oder was denkst du? Und darauf hätte ich eine Antwort gehabt, ein klares Ja, nur war da zugleich der Wunsch, ihren Mund zu berühren und alles Fremde damit schlagartig zu überwinden – ein Wunsch, den Maren gespürt haben muss, so, wie sie mich geradezu dringend gebeten hat, weiterzuerzählen, wenn es sein müsste, auch die ganze Nacht.

Nun, der mit dem kaputten Finger ist mit dem anderen, dem Helfer in den Shorts, vor mich hingetreten, als hätte ich allein dagestanden, ohne die Afrikanerin. Er hat sich die Eiswürfel auf den Finger gehalten und etwas in einem Dialekt gemurmelt und dem anderen bedeutet, er sollte es übersetzen, und der sagte wiederum im Dialekt seiner Gegend, wo das T gesprochen wird wie ein D: Dadsache ist: Der Finger ist hin, und was tut sie, nur dastehen, ja? Gefährlich leise Worte an mich waren das, und das Ganze hätte sich noch weiter zugespitzt, wenn nicht etwas passiert wäre, das alle Aufmerksamkeit auf sich zog. Dem ist vorausgegangen, dass der Textilunternehmer – es fiel mir schwer, ihn so zu sehen – das Selfie, das offenbar keins geworden ist, an eine mit dem großen Schirm im Wohnraum verbundene Adresse geschickt hat, was es nahelegte, dass die Wohnung samt Terrasse ihm gehörte, vielleicht sogar das ganze Haus. Aber das Bild zu versenden, war nur der Weg; das Ziel erreichte er mit einer Fernbedienung. Er holte das Bild auf den Schirm, durch die weit offene Terrassentür bis ins Detail erkennbar, ein Bild ohne die geringste Verbindung zu dem gemachten Selfie. Statt ihm und der Afrikanerin sah man dort, fast über die ganze Breite des Schirms, ein Langhornrind in einer Lache leuchtend roten Bluts, das ihm aus seiner aufgetrennten Kehle brach, der Schädel an einem der Hörner zurückgebogen von dem, der noch das Messer hielt – das aus dem Bündel, war gleich meine Idee –, einer mit hellem Käppchen, der Moslem für das Schächten. Weit schlimmer als der Schwall an Blut aber war das verdrehte Auge des Rinds, das fast nur Weiße, Entsetzte darin – als wäre es das, was die, die eigentlich hätte im Bild sein sollen, in sich trug, alles Äußere an ihr überlagernd: auch nur eine Idee, kein Gedanke. Das heißt, ich war gar nicht imstande zu denken, während der wahrscheinliche Wohnungsbesitzer und elegante Visionär vor die Afrikanerin hintrat, sie immer noch mit geschlossenen Augen, und in der Allerweltssprache auf sie einzureden begann, mit dem Akzent, der einem sagt, du wirst nie auf meiner Höhe sein, auch wenn du einen Kopf größer bist. Hör jetzt genau zu, bevor ich dir später Fragen stelle, das war seine Eröffnung, im Grunde auch an mich gerichtet, den, der dafür zu sorgen hätte, dass sie sich nicht mehr danebenbenimmt, keinen mehr attackiert, und schon da wäre eine Klarstellung fällig gewesen, ein Wie reden Sie eigentlich mit ihr? oder unmissverständliches Respect, man!, aber stattdessen war ich es, der genau zugehört hat, so genau, dass mir fast jedes Wort in Erinnerung ist.

Ich lasse Kleidung herstellen, Tag und Nacht, sagte er zu der Afrikanerin. Die Sachen werden in China genäht, an drei Orten in der Provinz Hubei, T-Shirts und Jeans, aber auch Röcke und leichte Mäntel, Schlafanzüge, Slips und Tops, einfach alles für Mädchen und Frauen. Und wir vertreiben das in der ganzen Welt, auch bei euch. Aber dort muss es jemand den

Leuten zeigen, solchen, die anziehen können, was sie wollen, und trotzdem nicht hübscher werden. Und eine wie du könnte das tun, keine wäre sogar geeigneter, es muss nur das mit diesen verwirrenden Bildern aufhören – Tell me, how does it work, sagte er und sah zu dem Rind in der Blutlache auf dem großen Schirm, eine Hand am Kinn, den Zeigefinger an der Nase, als wollte er die Erklärung selbst finden, und das möglichst schnell. Und überhaupt schien der Ablauf jetzt unter Zeitdruck zu stehen, Cordes gab Anweisungen an dem Set, er wollte noch Verbesserungen am Licht, winkte mir aber schon, dass die Afrikanerin zu einer Sitzprobe kommen sollte. Sie hielt ihr Bündel inzwischen im Arm und hatte etwas herausgeholt, ich konnte es nicht sehen, weil sie es unter dem Bündel hielt, jedenfalls gab ich ihr Zeichen, sich in den Sessel zu setzen, den Cordes für sie bereitrückte, er hatte also aufgehört, mit ihr zu reden, als gäbe es eine Regel, selbst auch nichts mehr zu sagen, wenn der andere verstummt ist, und das war sie: verstummt. Auf mein Zeichen hin ging sie aber zu den jetzt ausgeleuchteten drei roten Sesseln zwischen den Kübelpalmen, oder besser gesagt: Sie schritt darauf zu, größer denn je für mich, eine Kriegerin auf dem Weg in die Schlacht, und ich war schon drauf und dran, Cordes vor ihr zu warnen, passen Sie auf, was Sie sagen, es könnte gegen Sie zurückschlagen, dieses Bild auf dem Schirm ist kein Zufall und so weiter. Aber etwas hielt mich davon ab – vielleicht dasselbe, habe ich zu Maren gesagt, das dich davon abhält, deiner Gemeinde zu erklären, dass es niemanden über uns gibt, der unsere Wege gnädig lenkt, wir uns selbst überlassen sind und höchstens an die Gunst glauben können, nicht an die Gnade. Und Benedikt Cordes glaubte an die Gunst der Stunde, was für ihn hieß: die große Rätselhafte als Erster ins Bild zu bekommen, ihr Gesicht zu zeigen, samt einem, der in ihr nur eine schwarze Kleiderpuppe sah, die richtige, um sein Modezeug in Afrika loszuwerden. Gibt es noch Wein?

Wie mit einer zweiten Stimme, der, um sich davonzumachen, hatte ich das gefragt, Gibt es noch Wein?, und Maren hat die Flasche angehoben, sie leicht geschwenkt und mir den Wein gezeigt; sie hat mein Glas genommen und es gefüllt, gesagt, wir könnten hier auch nur sitzen und trinken, ich müsste nicht weitererzählen – Bist du müde, willst du schlafen, sollen wir Schluss machen? Fragen, als sie sich selbst nachschenkte, und dann trank sie blind, wieder mit Haarsträhnen über den Augen; der Wind trug den Geruch nach Rinde vom nahen Wald mit sich, und die Geschichte von der Mailänder Nacht war schon zu weit für ein Davonkommen aus ihr.

Der mit dem Finger, sagte ich, der machte sich jetzt trotz Kühlverband an einer Kamera zu schaffen, und der andere, der mit dem weichen T, wollte die Afrikanerin verkabeln, und ich rief, er sollte das lassen, sie würde das selbst tun, sich das kleine Mikro an den Kleiderausschnitt heften, aber er trat auf sie zu, als wollte er dem Kompakten und ihrem gemeinsamen Brotherrn etwas beweisen, Du musst das dragen, sagte er in seiner Sprache, und ihre Sprache war, auf ihn herabzusehen und mit den Lippen ein No zu formen, ein Nein, das Cordes den Kopf schütteln ließ, bevor er mich beiseitenahm. Jetzt passen Sie gut auf, sagte er. Wir lassen mal alles Persönliche weg und konzentrieren uns auf das, worum es hier geht: Diese junge Afrikanerin, der Sie offenbar nahestehen, hat etwas, das es eigentlich nicht geben kann, da sind wir uns sicher einig. Und trotzdem ist es da und stellt unsere Welt auf den Kopf, wenn man es genau nimmt, und ich nehme es genau. Darum will ich sie dazu bringen, sich den Leuten zu zeigen, wie sie ist. Und dafür muss sie sich verkabeln lassen. Und auch ihre alten Sachen tragen bei dem Gespräch, nicht dieses Kleid – wollen Sie ihr das erklären, oder soll ich es tun? Genau das sagte er, ließ mir aber gar keine Zeit, die Dinge mit ihr zu besprechen, sondern wandte sich gleich an die, die für ihn die Welt auf den Kopf stellte. Cordes bat sie, durchaus freundlich, kann man sagen, das Kleid auszuziehen und dafür die Sachen von der Show in der Tiefgarage anzuziehen, er tippte dabei an ihr Bündel, und sie zog die Hand darunter hervor, darin das Messer, das sie mit sich führte – ein Bild, das man sich vorstellen muss: sie jetzt mit einem Messer wie dem, das dem Rind auf dem großen Schirm die Kehle durchtrennt hat. Und es reichte, die Hand mit dem Messer einmal leicht zu bewegen, damit alle auf der Terrasse, der elegante Visionär, die beiden in seinen Diensten sowie Cordes und die Weißblusige in dem Messer nicht nur das von dem Schlachthofbild sahen, sondern auch gleich eine Erklärung für das Bild anstelle des zuvor gemachten Selfies. Es waren Sekunden der Verblüffung und falschen Erkenntnis, in denen sich die Afrikanerin zu mir beugte, wie auf unserer Fahrt durch die kalabrischen Berge in scharfen Rechtskurven, wenn ihr Kopf an meine Schulter gekommen ist. Sie wollte etwas sagen, aber formte wieder nur die Lippen, jetzt zu keinem No, eher zu einem Help me – was womöglich Projektion war, weil ich mir selbst Hilfe erhofft hatte: dass etwas von ihr ausginge, mit dem das Ganze schlagartig beendet wäre. Ja, ich hatte sogar für Momente eine Idee dazu, eine von der Sorte, die einen heimsucht wie ein Stück Traum, ein Splitter aus dem eigenen Abgrund, nämlich die Idee, sie könnte sich in Luft auflösen und sich und mir damit aus der Klemme helfen; kaum für ein paar schnelle Herzschläge gab es diese märchenhafte Vorstellung, bevor mich Cordes am Arm nahm und mit mir an die Brüstung vor der Pinie trat; dort sagte er, in seiner Sendung gebe es Fragen und Antworten, keinen Hokuspokus, das nur vorweg. Meine Begleiterin könnte zwar auffallen, so viel sie wollte, aber nicht in diesem Haute-Couture-Kleid aus der Reihe tanzen, ob das klar sei? Wie mit einem Assistenten sprach er mit mir, während ich über die Brüstung sah, auf das Dach der Garage neben dem Haus, und von meiner Seite kam nur der Einwand, ob er wirklich glaube, auf seine Art etwas von ihr zu erfahren. Diese Bilder, das sind keine falschen, sondern die richtigen, sagte ich, und Beatriz / Beatrice übersetzte das für den Textilunternehmer und Hausherrn und damit auch Besitzer der alten Pinie, und der trat erneut auf die Afrikanerin zu und hielt eine Hand auf, damit sie ihm das Messer gebe. Er sah sie an, leicht von unten, und lächelte sogar elegant, und da machte der in den Tarnfleckenshorts den zweiten oder ersten richtigen Versuch, sie zu verkabeln, mit einem Griff in Richtung ihres Ausschnitts, um dort das Mikro anzuzwicken, wieder nur eine Augenblickssache, zu schnell, um sie noch verhindern zu können. Zwar bin ich herangestürzt, aber da hatte sie schon, noch schneller als der Griff nach ihr, erstens die Hand so weggeschlagen, dass das Mikro durch die Luft flog, und zweitens mit derselben, ganzen Armbewegung, ob absichtlich oder noch in dem Restschwung, eine der Standleuchten umgestoßen, so dass ihr Glas auf den Fliesen zersprang. Für den Eleganten im schwarzen Rollkragenpullover trotz warmer Nacht war es auf jeden Fall Absicht – Sie will kein Licht und will keinen Ton, aber will hier bei uns bleiben, sagte er in der Sprache, die sie verstand, um dann etwas zurückzutreten und sie im Ganzen zu betrachten – mustern wäre zu viel gesagt. Nein, er hat sie betrachtet wie ein Bild im Hochformat, von oben nach unten und umgekehrt, eingehend betrachtet, kann man sagen, sein Kinn dabei mit den Fingern gestützt, das Ganze sicher eine Minute lang, während Cordes vor sich hin sprach, so aber, als sollte ich es hören. Dass ihm das noch nie passiert sei kurz vor einem Gespräch, sagte er, weder in Afghanistan noch im Gaza-Streifen noch in El Salvador – die drei Weltecken hat er genannt und erst danach den Sachverhalt festgestellt: dass die Aufnahmen nicht anfangen könnten, weil jetzt das Licht ganz neu eingerichtet werden müsste. Das heißt, es war eine Zwangspause entstanden, ein Zeitfenster, wie Cordes es für den besonderen Gast bei dem Gespräch nannte, und in diesem Zeitfenster hielt der Textilunternehmer eine Rede an die Afrikanerin – zum Glück nachdenklich langsam, habe ich zu Maren gesagt, dadurch ist viel bei mir hängengeblieben, der Rest ist den menschlichen Ähnlichkeiten geschuldet. Der andere mag uns fremd bleiben, aber man kann sich zusammenreimen, wie er denkt, man muss nur bei sich hinter den Vorhang schauen. Die Rede ging etwa so: Leute wie du, sagte er – sein You war ein Du, keine Frage –, kommen hier in unser Land oder lieber noch in das hinter den Alpen, weil hier immerhin das meiste und dort sogar alles funktioniert, aber warum? Warum funktionieren bei uns die Dinge, hast du dich das einmal gefragt? Warum, glaubst du, ist in dem Land, aus dem dieser Fernsehmeister stammt, This master of TV or maestro del televisione, sagte er mit Blick auf Benedikt Cordes, jeden Tag alles in Ordnung, noch weit mehr als bei uns, aber wir werden das aufholen, sehr bald sogar, ich sorge dafür. Und dann wird auch hier jeden Tag alles in Ordnung sein, zum Beispiel verlässlich die Post kommen. Man gibt ein Paket auf, und einen Tag später ist es dort, wo es sein soll. Genau dort, nicht bei einer Nachbarin, dafür werde ich sorgen. Vieles andere funktioniert ja schon, wie es sein sollte. Busse und U-Bahnen fahren, Flugzeuge steigen in die Luft und landen wieder, die Börse steht jedem offen, und unsere Müllabfuhr sorgt für saubere Städte – nicht immer, aber auch das ändern wir. Wir lösen das Müllproblem und das der Post. Wir werden alle Übel beseitigen, auch das der Invasion in Schlauchbooten über unser Meer – du bist doch über das Meer gekommen, wie war noch dein schöner Name? Spell your name for me, hat er gesagt, und an der Stelle wollte ich dazwischengehen und war auch schon bei der, die ihren Namen buchstabieren sollte, es aber nicht tat; das heißt, ich wollte ihr eine Hand auf die Hand legen, die sie sich unter dem Bündel weiter aufkratzte, das war mein Eindruck, aufkratzte, ohne dass man es sah, womöglich mit dem Messer, und ihr etwas so Billiges sagen wie: Hab keine Angst, ich bin bei dir. Aber bevor ich noch ein Wort herausbekam, hielt mich Cordes' verlängerter Arm in weißer Bluse zum Glück davon ab – Genießen Sie einfach die warme Nacht auf einer Terrasse, sagte die Picard und zog mich von dem Set weg. Sie kennen diesen Mann nicht, er muss das alles loswerden, erst dann ist Ruhe, dann geht er vor die Kamera. Wissen Sie, was das bedeutet bei einem Mann, der seinen Willen für sein Werk hält? Und mit dieser Frage, die ja mehr ein Gedanke war und gar kein so dummer, wollte sie mich ein Stück in Richtung der Pinie bewegen, was mir wie ein Ausdruck der ganzen Situation erschien: in etwas hineingeraten zu sein und, wenn ich nicht aufpasste, immer noch tiefer hineinzugeraten. Daher löste ich mich von ihr, was fast ein Abschütteln ihrer Nähe war, und zog meinerseits die Afrikanerin noch weiter von dem Set zurück.

Man muss sich das so vorstellen: dass ich sie sachte aus der Schusslinie genommen habe, sagte ich zu Maren – und sogar mehr als das: Ich habe sie leise gefragt, ob wir verschwinden sollen oder ich irgendetwas tun könnte für sie, dem Mann in den engen Jeans sagen, dass man nicht so reden dürfe wie er, dass es menschenfeindlich sei – Inhuman and misanthropic, flüsterte ich, auch wenn diese Worte nichts besser machten, nichts; und sie erwiderte, nein, falsch: Sie brachte zum Ausdruck – mir war es nur vorgekommen, als hätte sie's gesagt –, dass sie selbst entscheiden könne, was für sie richtig sei, ihrem Herzen zuträglich – hier hatte sie sich kurz an die Brust gefasst, als Zeichen freilich von mir gedeutet, gemäß meinem Leben, nicht ihrem –, wobei ihr schon Schlimmeres passiert sei: Die lag für mich in ihren Augen, diese Aussage, muss also nicht stimmen, und dass böse Worte für sie nichts als verpestete Luft seien; ich meine, das sogar von ihr gehört zu haben, Mean words are just polluted air. Ganz sicher bin ich mir aber, dass sie danach meine Hand nahm, wenn auch nur für einen Moment, nicht um sich etwa an mir zu halten, sondern mir mitzuteilen, dass ich ich sei und sie, auch nach all unseren Tagen und Nächten, sie. Und kaum war die Hand wieder bei ihr, strich sie damit das Kleid glatt, das sie ausziehen sollte, sich wieder zum Set hinwendend, zu Cordes und dem Modemenschen, wie um beiden damit zu sagen: Das ist mein Kleid, es schützt mich, auch vor allen Reden – eine Geste, oder ich weiß nicht, was sonst an ihr, die für den Hageren im schwarzen Rollkragenpullover die reinste Herausforderung war.

Wie auch immer sich dein schöner Name schreibt, sagte er zu der Afrikanerin mit einer wirklich erstaunlichen Beweglichkeit in der Sprache, der sich so viele Nationen unterworfen haben – bleiben wir lieber bei den Unterschieden zwischen deinem und meinem Land. Hast du dich einmal gefragt, warum es hier jeden Tag frisches Fleisch gibt und Fisch, der nicht stinkt? Und warum wir das beste Eis haben und die süßesten Kuchen in den Konditoreien? Nur unser Brot muss besser werden, so gut wie in dem Land, aus dem dieser gute Herr kommt, This very gentleman, sagte er mit Blick auf Cordes. Aber wir werden unser Brot optimieren, dafür werde ich sorgen. Und hast du dich auch einmal gefragt, warum wir hier das Wasser aus der Leitung trinken können, ohne den nächsten Tag auf dem Klo zu verbringen? Oder warum wir überall Klos haben und unsere Notdurft nicht in Tüten über den nächsten Zaun werfen, wie es bei euch der Fall ist. All das funktioniert hier Tag für Tag, dazu kommt noch die Kultur – warum haben wir La Traviata und ihr nur euer Tamtam? Und warum Ferrari, während ihr schon staunt, wenn ein Auto überhaupt fährt und noch seine Radkappen hat? Warum, glaubst du, haben wir das alles, schöne Felgen und gute Weine, Verdi und Dante und Kleider wie das, was du anhast – das dir steht, aber nicht zusteht. Ich will es dir sagen: Weil wir dafür sorgen, dass wir unter uns bleiben, dass Leute wie du wieder dorthin kommen, wo sie ihr natürliches Zuhause haben. Und jetzt zieh aus, was nicht aus meiner Firma stammt, wir ziehen dir etwas von uns an, es liegt in der Wohnung bereit, etwas aus der nächsten Frühjahrskollektion. Es wird dir gefallen, auch wenn es in China genäht wurde. Unsere Kontakte zu China sind hervorragend, und die zu Afrika werden es bald auch sein, man wird dich dort auf jedem Billboard sehen, in Jeans und Top und bunten Kleidern, im Schlafanzug und bei deiner Figur auch in heißer Wäsche – Even in hot lingerie, sagte er, während die, mit der ich längst das Weite hätte suchen sollen, immer noch so regungslos dastand, als wäre die ganze Rede an ihr vorbeigegangen. Sie dachte gar nicht daran, das Kleid auszuziehen, sie sah über den Eleganten hinweg zu der Pinie, und für Momente herrschte ein Stillstand auf der Terrasse. Weder ging die Arbeit am Set voran, das erneute Einrichten des Lichts, noch gab es sonst eine Bewegung, außer dass Cordes schnell eine Nachricht tippte – an Lydia, war mein Gedanke. Und das Ganze wäre zu dem Zeitpunkt vielleicht noch herumzureißen gewesen, wenn ich gesagt hätte: Schluss, aus, sie behält das Kleid an, oder wir gehen! Nur hatte es eben andererseits auch seine Logik, dass sie vor der Kamera etwas aus der Kollektion des Hausherrn trägt, also sagte ich nichts und machte ihr nur Zeichen in dem Sinne: Tu ihm den Gefallen, morgen ist das alles vergessen; und ich sehe noch den Zug um ihren Mund, ein Lächeln in meine Richtung, so dünn wie die Klinge des Messers, das sie nicht aus der Hand nahm. Es war ein einziges Nein, während Cordes auf mich zutrat, schon die Antwort auf seine Nachricht las, so kam es mir vor, Was macht dein Rücken, Liebling?, etwas in der Art, das ihn zufrieden die Luft einziehen ließ, um mich dann zu beschwören, dass ich auf die Meine einwirken sollte, damit sie das Kleid auszieht und die Sachen anzieht, die für sie bereitliegen würden. Tun Sie das für Ihre große schwarze Freundin, und tun Sie es für sich, für eine Zukunft, für die Liebe, wofür sonst! – Das war seine Empfehlung, wörtlich, habe ich zu Maren gesagt, und meine alte Freundin mit verlorenem Glauben hat für Momente gefröstelt und dann zwei Decken aus dem Haus geholt, nachdem es kühl geworden war vom Wald her, Wolldecken, damit wir noch draußen bleiben konnten in unseren Liegestühlen mit Fußauflage, der ihre nun ganz an meinen gerückt.

Wann ist Liebe mehr als das so viel bemühte Wort dafür, überhaupt mehr als ein Wort? Seit den ersten Geschichten, die damit etwas tun hatten, Liebeleien während meines später abgebrochenen Studiums, war das immer wieder eine Frage, und auch in den ganzen Jahren mit Lydia, ohne dass ich dem je wirklich nachgegangen wäre, gebohrt hätte in mir oder dem anderen, unserem Gemeinsamen, aus dem entweder eine Zukunft hervorgeht oder schon beendet ist, bevor sie begonnen hat. Das heißt, es war nie eine mit aller Schärfe gestellte Frage an mein eigenes Dasein, was mich vielleicht weniger beschadet durch diese Nachtstunde auf der Mailänder Terrasse gebracht hätte, genauer gesagt, den Zeitraum, nachdem der visionäre Textilunternehmer seine Rede an die Afrikanerin beendet und Cordes den Appell an mich gerichtet hatte und alles noch offen schien für eine Lösung, bei der niemand sein Gesicht verliert, nur ein paar Nerven.

Ja, ich glaubte, es könnte alles noch gut enden auf der Terrasse, weil Cordes von einer Zukunft gesprochen hatte, und obwohl seine weißblusige Kontaktemacherin wieder in falsch besorgter Weise eine Hand an meinem Arm hatte, konnte sie nicht verhindern, dass ich neben die trat, der ich letztlich nur helfen wollte, und anfing, in ihrem Namen zu sprechen, über ihren Kopf hinweg, auch wenn das nur bildlich zutraf. Jemand habe auf sie geschossen, mit einem Luftgewehr, vor der Chiesa di San Domenico in Chioggia, einer, der sehen wollte, ob sie aus Fleisch und Blut sei, sagte ich, und der Elegante schob sich die getönte Brille ins Haar, als wollte er auch sehen, ob sie aus Fleisch und Blut war; er wiederholte den Namen der Kirche und knüpfte daran die Frage, an welchen Gott sie glaube, den der Bibel oder den des Korans, und weil ihre ganze Antwort aus dem erneuten Schließen der Augen bestand, erklärte ich an ihrer Stelle, dass sie getauft sei und sogar eine Missionsschule besucht habe. So, also eine Christin, nur passt das mit der aufgeschnittenen Kehle nicht dazu, sagte der Textilunternehmer. Und uns ansehen will sie auch nicht – was will sie denn sonst? Asyl, eine Staatsbürgerschaft, die Ehe mit Ihnen? Er schaute an mir herauf und herunter, ob ich ein Anwärter für die Ehe wäre, und ich konnte ihm nur bedeuten, dass auch mir nicht klar sei, was sie wollte, wenn sich überhaupt sagen ließe, was im anderen vorgeht – auf irgendeine Art muss ich das zum Ausdruck gebracht haben, weil Cordes darauf reagierte. Die Menschen auf der Welt sind nicht so verschieden, dass es schwer wäre, zu verstehen, was diese junge Afrikanerin will, sagte er. Sie will dieses Kleid anbehalten, gleichzeitig will sie, dass ihr der Auftritt in meiner Sendung weiterhilft. Nur funktioniert er nicht in dem Kleid, das Publikum würde den Eindruck bekommen, dass es ihr schon zu gut geht, um bei uns auch noch Karriere zu machen. Also weg damit, wir wollen hier in Kürze anfangen! Letzteres hat er mir vom Set aus zugerufen, dort saß er jetzt in einem der roten Sessel und wurde von Beatriz Picard – ich konnte es kaum fassen in dem Moment – abgepudert. Sie übersetzte dann seine Worte für den Hausherrn, und der trat noch einmal vor meine Gefährtin bis dato, während ich nun halb hinter ihr stand, entschlossen, auch in der Sache des Kleides irgendwie hinter ihr zu stehen, als säßen wir beide im selben Boot und müssten Ruhe bewahren, um nicht zu ertrinken.

Ob sie sich hier eigentlich in ihrer Haut wohlfühle, fragte

der Dottore – ist es denn nicht so, dass in deinem Ort zum Beispiel auf den Markt gehen heißt, seinen Korb nehmen und auf den Markt gehen und mit gefülltem Korb auf dem Kopf wieder zurückkehren in deine Behausung – To your private home, sagte er –, nun, ich meine, es ist so. Und wie soll es hier werden? Soll der abendliche Besuch einer Oper in eben diesem Kleid der abendliche Besuch einer Oper in unserer schönen Scala sein oder der Gang in unseren Dom, das Niederknien vor der Jungfrau, die Fürbitte für Arme und Kranke, der Gang in den Dom sei wie bei ihr vielleicht der vor ein Kreuz unter einem Blechdach, das neben unserem leidenden Herrn auch noch allen möglichen Geistern Schutz bietet? Wobei ich nichts gegen Geister habe, auch nichts gegen eure Mode. Meine Firma tut alles, um eurem Faible für das Bunte gerecht zu werden, gar nicht leicht mit chinesischen Partnern, für die es nur drei Farben gibt, Grau, Blau und Beige, so ist es doch, nicht wahr? Erst nach dieser Halbfrage hat er eine Pause gemacht, jeden auf der Terrasse angeschaut, am längsten mich, als könnte er es kaum verstehen, dass ich ihn ausreden ließ oder überhaupt noch mit meiner Begleitung auf seiner Terrasse war. Und dann ist etwas passiert, das ganz harmlos anfing, nur mit einem Blick des Visionärs, was sein Land und womöglich auch die Welt betraf: dem auf ihr Haar vor der zurückgeschobenen Kolosseumskappe, dem Haar über der Stirn mit den zwei Pailletten darin. Er hat sie gesehen, die beiden Silberplättchen, und ich wiederum sah, wie sie ihn provozierten, als wären es Perlen, die dort nicht hingehörten. Gleichzeitig fuhr er in seiner Rede fort, was mit dazu beitrug, dass ich nicht eingriff, einfach nur dastand und zuhörte, wie man eben einem Redner zuhört, selbst wenn er haarsträubende Dinge sagt, die aber so, dass man nur auf ihn achtet, seine Stimme, seine Miene, nicht seine Worte. Er werde für den Bestand des Bunten in ihrem Kontinent sorgen, mit seiner Kollektion und ihr als Botschafterin. Die Farben Afrikas, das Gewimmel in den Straßen, wunderbar, nur vor den vielen Kindern in den Lagern könnte es einen grausen – Nicht wahr, es gibt diesen Moment, sagte er, in dem man Verständnis hat für einen Herodes: keine Nachkommen mehr, kein weiteres Elend. Die Geschichte mit den Judenkindern, du kennst doch die Bibel, oder machst du uns da etwas vor? Und das hatte er kaum gefragt, immer noch mit dem Blick in ihr Haar, da konnte er nicht mehr an sich halten und streckte mit einem Excuse me die Hand nach ihr, Daumen und Zeigefinger zur Pinzette gelegt, um so die Plättchen aus dem Haar zu zupfen, als wären sie tatsächlich das i-Tüpfelchen auf dem Kleid, das Zuviele des Guten, und seine Sicht und meine würden sich in dem Punkt treffen – natürlich kein Gedanke in dem Augenblick, als es passierte. Die Wahrheit ist: Bei dem Griff nach ihr war da, was mich betrifft, und ich stand nur zwei Schritte entfernt, hätte mich also auf ihn stürzen können, nichts als Lähmung, noch ehe die Meine, die sie im Grunde nie war, die Pinzettenfinger packte, wie vielleicht sonst ein großes, aus der Luft geschnapptes Insekt, eine Heuschrecke, um sie zu töten. Das heißt, sie hielt die beiden Finger in der Faust, das aber nur für ein paar Herzschläge, verbunden mit einem Blick, wie ich ihn noch nie gesehen hatte an ihr, einem stummen Ich könnte dich töten, werde es aber nicht tun, du bist es nicht wert, dann öffnete sie die Hand und ließ ihre Beute, wenn man so will, einfach fallen; und während mein Schrecken über das Ganze noch anhielt, ich eben nur dastand, nur zusah, passierte Folgendes: Benedikt Cordes erklärte, so sei sie schon in dieser Kirche in Chioggia gewesen, von einem Moment zum anderen handgreiflich – Getting rough, sagte er, und seine Übersetzerin ergänzte es mit einem Violenta in Richtung des Eleganten, der wiederum selbst so überraschend, nur von seinem Willen her reagiert hat, dass ich nicht eingriff, mich weder bewegte noch etwas sagte, bloß dastand, ja genau genommen mich in dieser Untätigkeit dastehen sah, fast in einer Bewunderung für den, von dem man sich eigentlich nur abwenden konnte. Der Herr über alle möglichen Firmengeflechte und eine Anhängerschaft seiner Visionen zur Erneuerung des Landes hat sich nämlich bloß auf die Finger gepustet, was nichts anderes war als ein Davonpusten oder Ungeschehenmachen des Ganzen, um dann einfach weiterzureden. Er kam auf die Religion zurück – wenn sie Christin sei und eine Missionsschule besucht habe, müsste sie eigentlich wissen, wer hier bei uns den Vormarsch des Islam gestoppt hat. Karl Martell, sagte er, jetzt in der Rolle des Historikers, dabei auch an mich gewandt, während sein Hilfsangestellter, der in den Shorts, mit einem Wäschekorb voll frühlingshafter Kleidung auf die Terrasse kam. Er trat damit vor den Hersteller, so dass der bequem in den Korb greifen konnte, um der Afrikanerin einzelne Teile zu präsentieren, einen Rock in Regenbogenfarben, T-Shirts mit Glitzermotiven, einem Löwen wie aus Sternen, Giraffen und Strauße wie aus Gold, dazu passende Jeans. Und im Zuge davon ist das nächste Unerwartete passiert: Die, in deren Leben ich mich eingemischt hatte, beugte sich zu mir, mit dem Mund fast an mein Ohr, und sagte drei, vier derartig leise Worte – vielleicht die ersten und einzigen auf der Terrasse –, dass ich sie mehr wahrnahm als hörte, so etwas wie: Dies hier sei eine elende Welt. Und danach sah sie mich an, die Hände auf dem Kleid, als sollte ich ihr irgendeine Lösung für das Problem mit dem Kleid vorschlagen, nur hatte ich keine – wenn es überhaupt eine gegeben hat, die für sie erträglich gewesen wäre. Ich stand also mit leeren Händen da, die eine in dem Wäschekorb, als leere Hand versteckt, die andere am Herzen, aber eigentlich muss ich es wieder von außen betrachten: Ich sah mich da bei ihr, einer jungen Fremden, die nur aus sich selbst bestand, in den Armen ein Bündel, die Hand, die es hält, blutig aufgekratzt, bei ihr, ohne an ihrer Seite zu sein – ein älterer Mann, der sich ans Herz greift, wie um es zu suchen; denn das habe ich getan, als wäre es das Herz, von dem Pascal gesagt hat, dass es hohl und voller Unrat sei. Und das alles war einmal mehr nur eine Sekundensache seit ihren Worten über die Welt, in die sie geraten war, dann fuhr der Dottore mit seiner Geschichtsstunde fort. Ohne Karl Martell, sagte er zu ihr, wärst du hier kaum von Christen aus dem Meer gezogen worden, man hätte dich ersaufen lassen. Aber es gab eben diesen Mann, aufgestiegen ins Amt eines fränkischen Heereskommandeurs, und unter seiner großartigen Führung besiegten die Franken in der Schlacht von Tours und Poitiers, Oktober siebenhundertzweiunddreißig, die bis nach Gallien vorgestoßenen Muslime. Ansonsten hätten sie ganz Europa erobert, und wir würden heute nicht auf dieser Terrasse stehen, und es gäbe auch dieses Kleid nicht, das du anhast und jetzt ausziehen wirst, und nicht die Kleidung, die ich dir anbiete. Es gäbe nur den Tschador. Wir denken historisch, während ihr von einer Mahlzeit zur nächsten denkt. Aber ich kann das ändern für dich, wenn du dieses Kleid ausziehst und etwas von den Sachen in dem Korb anziehst. Sieh mal, sagte er wie zu einem Kind – die Schönen dieser Stadt, die von ihren Männern beschenkt werden, tragen so ein Kleid, weil es zu ihnen gehört, das hat kein Geringerer festgestellt als Napoleon. Du weißt, wer Napoleon war, wir denken hier immer noch gern an ihn. Er hat Mailand von den Habsburgern befreit und zu einer Hauptstadt gemacht, auch einer der Mode, des Schönen für die, die das Schöne verdienen. Napoleon schätzte die Frauen, die er hier traf, eine Stadt stolzer Frauen, das war seine Ansicht, Une ville des femmes fières. Und darum soll das Kleid auch an eine der Frauen meiner zwei tüchtigen Mitarbeiter hier gehen, sie werden darum würfeln, das Glück wird entscheiden. Ich habe immer Würfel bei mir, auf diese Weise gibt es nie Streit in der Firma. Und Sie – hier hat er sich noch einmal an mich gewandt –, Sie werden für den Kauf entschädigt.

Das war seine Schlussrede, habe ich zu Maren gesagt, und wie verrückt es dir auch vorkommen mag, er hatte das alles mehr oder weniger so vorgetragen, die Terrasse war eine Freilichtbühne für ihn, und dann holte er auch schon drei Würfel aus der Tasche und ließ sie in der hohlen Hand kollern, und man kann sich denken, wie Benedikt Cordes auf die Idee des Würfelns um das Kleid geflogen ist. Das sind die Bilder, die etwas erzählen, rief er, und ich wollte ihm klarmachen, was diese Bilder erzählten und auch der Afrikanerin erzählen würden, nämlich Lukas dreiundzwanzig, Sie verteilten seine Kleider und warfen das Los darum, sie würfelten um sein Gewand. Hören Sie, das kann man mit ihr nicht machen, sagte ich zu Cordes, aber da hatte sich der Kompakte schon die Würfel geben lassen und war neben dem Set auf die Knie gegangen für einen Probewurf über die Marmorfliesen, und ich sagte zu meiner Gefährtin der letzten zwei Wochen, dass es nur ein Spiel sei mit den Würfeln, dass es nichts zu bedeuten habe, worauf sie mich ansah und doch nicht ansah, mit einem Blick, als wäre es gar nicht ich, den sie ansah, sondern nur jemand, den sie von früher kannte. Und um dem etwas entgegenzuhalten, habe ich eine Hand auf ihre nackte Schulter gelegt, und damit nicht genug: Ich habe sie flüsternd gebeten, das verdammte Kleid auszuziehen und sich etwas aus dem Korb zu nehmen, einfach zu tun, wozu man sie auffordere, damit das hier für sie ein gutes Ende nähme. Just do it and smile, waren meine furchtbaren letzten Worte an sie.

Und wie ging das dann mit dem Kleid, wurde wirklich darum gewürfelt? Eine leise, ja schon ungläubig leise Frage von Liegestuhl zu Liegestuhl war das, wie eins mit dem ersten, verfrühten Vogelpfiff aus einem der Büsche im Garten, und es hatte etwas Zeit gebraucht, die von mehreren Pfiffen, mir das ganze Geschehen um das Kleid noch einmal ins Gedächtnis zu rufen, dorthin, wo es eigentlich gar nicht sein sollte, es mir zu viel war wie eine Überfülle im Magen. Der mit dem angebrochenen Finger, sagte ich, der Kompakte, hatte als Erster zu den Würfeln gegriffen, und auf Cordes' Wunsch hin saß er auf dem Boden, wie die Häscher auf der Erde Golgathas gesessen hatten, während der in den Tarnfleckenshorts die Kamera bediente, was ja heutzutage keine Kunst ist. Er machte also seinen Wurf, sogar aus der Hand mit dem bösen Finger und bewusst in die Richtung der Afrikanerin, und einer der Würfel landete vor ihren Füßen, mit sechs Augen nach oben, die zwei anderen mitten auf der Terrasse. Und der Hausherr oder Dottore selbst ging zu den Würfeln und sagte, eine Vier und eine Zwei, das macht zwölf – Dodici, bravo! Er moderierte das Ganze jetzt wie ein TV-Star, und Cordes nahm es mit seinem Teil aus dem Reich Apple noch zusätzlich auf, als hätte er kein Vertrauen in den Kameragehilfen, gleichzeitig machte mir Beatriz Picard Zeichen, aus dem Bild zu treten, samt der Afrikanerin, also zog ich sie etwas an der Schulter zurück, und sie strich mir die Hand weg, mit einer Ruhe, die schmerzlicher war als ein Schlag. Und überhaupt ist es in jeder Hinsicht ruhig zugegangen, kein lautes Wort, keine hastigen Bewegungen – der Dottore sammelte persönlich die Würfel auf, auch das elegant, wie im Vorbeigehen, und gab sie dem anderen, dem jüngeren Angestellten, während sein älterer Kollege die Kamera übernahm. Und der mit dem weichen T machte sofort seinen Wurf, zu zwei Fünfen und einer Drei; das heißt, er hatte ein Auge mehr als der Kompakte, wurde aber nur rot, statt sich zu freuen, während der Verlierer wegwerfende Gesten gegen das Kleid machte. Das Ganze war damit entschieden, allerdings nur aus Sicht der anderen – die Afrikanerin, das stand für mich fest, würde das Kleid nicht ausziehen, eher würde sie es mit ihrem Messer am eigenen Leib in Streifen schneiden. Und als wäre irgendetwas von diesem Gedanken, oder wie soll ich sagen, diesem jähen

Bild in mir auf sie übergesprungen, einfach, weil es mehr zwischen Himmel und Erde gibt, als wir sehen oder fassen können, höchstens uns vorstellen als eigene Idee oder gelöstes Rätsel, kam sie noch einmal mit dem Kopf an meinen, wie in den scharfen Kurven auf unserer Fahrt, und sagte, ohne dass die anderen es hörten, Life is a knife, um dann, während Cordes sich schon ansah, was er festgehalten hatte, und der Visionär im schwarzen Rollkragenpullover die Würfel wieder an sich nahm, auf die Brüstung neben der Pinie zuzugehen, weder besonders schnell noch langsam, nur wie gehabt als Hochspringerin, die ihren Anlauf abschreitet. Und dort hat sie als Erstes ihr Bündel nach unten geworfen, da hätte ich noch hinzueilen können, mit dem ganzen Pathos einer solchen Aktion, doch bin ich stehen geblieben, wie auch sonst niemand hinterhergeeilt ist, vielleicht weil es etwas Unwirkliches hatte, wie die Afrikanerin da auf einmal quer über die Terrasse ging in dem smaragdgrünen Abendkleid, als könnte ihr keiner was, kurz über die Brüstung sah und das Bündel vor der Pinie abwarf. Und wie sie mit einem Schritt auf die Brüstung trat, als wäre es nur eine Stufe, sich das Kleid bis über die Knie hochzog und einfach hinuntersprang, so im Dunkeln verschwand, als hätte man sich bei ihrem vorherigen Anblick geirrt – ein Sprung ins Geäst, anders war es nicht vorstellbar, obwohl es weder Knacken oder Brechen von Zweigen gegeben hat noch einen klatschenden Aufprall, auch wenn der in Cordes' gleich mehrfachen Nein! und No! untergegangen sein mochte, ich weiß es nicht; ich weiß nur, was der einzige Gedanke in dem Moment war: dass ich hätte mitspringen sollen, um mein Leben zu retten.

19

Eine Katastrophe nennen Mathematiker – ihre Kolleginnen drücken sich vielleicht zurückhaltender aus – die Zerstörung eines Systems durch ein anderes, grob gesagt: Wenn nichts mehr stimmt, weil zu viel stimmt. Und der Sprung meiner afrikanischen Reisegefährtin tief in der Nacht von einer Balkonterrasse im dritten Stock eines nobel zu nennenden Mailänder Wohnhauses war eine solche Katastrophe. Ihr System äußerster Wagnisse hat das meine der Abwägungen aufgelöst. Nichts, was mir vor dem Sprung noch stimmig erschienen war, stimmte mehr, weder, dass wir irgendwie zusammengehörten, noch, dass ich etwas dazu hätte beitragen können, dass sie keine Illegale mehr wäre und auch kein Phantom mehr noch dass sie durch ein Nachgeben, was das Kleid betraf, etwas für sich selbst hätte tun können. Gestimmt haben allein ihr Sprung, gemessen an allem Vorangegangenen, und meine Lähmung, die mich erst Sekunden danach zur Brüstung hat laufen lassen, für einen Blick nach unten, nur ohne etwas zu sehen, weil alles im Dunkeln lag. Und mit diesem Blick beginnt eine Lücke in der Erinnerung, endend erst bei Faustschlägen gegen die große Haustür von innen – ich kann bis heute nicht sagen, wer was auf der Terrasse auf die Katastrophe hin gerufen oder getan hat, und so hat es auch beim Wiedergeben des Ganzen, dem nächtlichen Erzählen von Liegestuhl zu Liegestuhl nur knapp einen Monat nach dem Geschehen diese Lücke gegeben und ihr Überspringen bis zu dem Moment, als ich unten im Foyer des Hauses an die Tür kam – eine, die sich von innen nicht ohne weiteres öffnen ließ.

Ich schlug mit den Fäusten dagegen und brüllte auch etwas, ich weiß nicht mehr, was, das Behalten von Einzelheiten hatte auch da noch nicht wieder richtig eingesetzt, habe ich zu meiner geduldigen Zuhörerin gesagt, und sie wollte dann auch nicht gleich wissen, wie es weitergegangen ist, sondern kam auf die Momente vor dem Sprung zurück. Ob das wirklich ein Sportlerinnengang an die Brüstung gewesen sei, fragte sie, oder nicht eher gemessene Schritte aus Verzweiflung, und meine Antwort hatte etwas Trotziges: Mir sei dieser Gang sogar graziös vorgekommen, sagte ich (im Sinne von grace, das ja nicht nur Anmut, sondern auch Gnade oder Aufschub bedeuten kann, während man beim Gegenteil, graceless, im Wörterbuch auf gottlos, schamlos, reizlos stößt). Ja, es hatte etwas Graziöses gehabt, wie die Afrikanerin nur aus der Hüfte heraus auf die Terrassenbrüstung zugegangen war, dort erst ihr Bündel nach unten warf und dann mit einem ihrer langen Beine den Schritt auf die Brüstung machte, als wäre es nur eine Stufe, um einfach ins Dunkle zu springen, auch wenn sie wohl gewusst hat, wohin. Und es war alles andere als anmutig, wie ich kurz danach, sagen wir, zwei Minuten später, mit den Fäusten von innen gegen die nicht zu öffnende Haustür schlug, die Reisetasche im Foyer abgestellt. Ich muss sie also in dem entfallenen Zeitraum an mich genommen haben, mit einem Rest an Verstand oder verbliebener Umsicht auch in der Katastrophe, dem, was einem sagt, dass das Leben weitergeht und dazu die Tasche erforderlich ist, darin Ausweis und Wohnungsschlüssel, etwas Bargeld und vor allem das Kärtchen, um nicht unterzugehen vor dem Erreichen der eigenen vier Wände. Der Rest war Schmutzwäsche, bis auf den Flusskiesel, das Geschenk der Afrikanerin an mich, als wir noch jede Chance gehabt hatten, dass aus uns etwas wird, ein glückliches Paar.

Ich hatte die Tasche erst abgesetzt, als sich die Haustür nicht öffnen ließ, und für Momente stand ich völlig ratlos in dem kleinen Foyer mit blassen Pflanzen in Kübeln und einer Büste aus dunklem Marmor, als hätte einst ein Berühmter das

Haus allein bewohnt – so allein, wie ich da stand. Dann kamen die Faustschläge und auch Tritte gegen die Tür, bis ich einen Messingknopf in der Wand neben der Tür sah, den drückte ich, und die Tür ging von selbst auf – in dem Moment wie ein Wunder, als könnte noch alles gut werden. Und die Tür war noch gar nicht ganz offen, da stürzte ich schon mit meiner Tasche ins Freie, halb um das Haus herum zu dem Garagenanbau mit der Pinie dahinter, und auf dem Rasen neben dem Anbau lag das smaragdgrüne Kleid, auf den ersten Blick wie präsentiert in einem Schaufenster, auf den zweiten Blick der Länge nach aufgeschnitten. Und jetzt erst rief ich ihren Namen, nicht nur einmal – dreimal, viermal, soweit ich mich erinnere, jedes Mal lauter, und das Verrückte war, dass mein Name dazukam, schallend von der Terrasse. Von dort rief Benedikt Cordes nach mir, als wären wir Freunde, ich der Vorausgeeilte, um zu sehen, was von einer gemeinsamen Freundin, die sich ins Nichts gestürzt hatte, übrig ist. Und übrig war eben nichts als das aufgeschnittene Kleid, was ja nur jemand tun kann, der noch zu ruhigen Bewegungen in der Lage ist, keine größeren Brüche oder Verletzungen hat. Es war auch nirgendwo Blut zu sehen, bis auf den Schnitt durch seine Mitte war das Kleid makellos, und für Momente war da die Überlegung, es in die Tasche zu stopfen, mitzunehmen, ja, es zu Hause zu der Änderungsschneiderin zu bringen, die mir seit Jahren Hosen kürzt oder erweitert, die nach dem Kauf nicht sitzen, und mir auch schon Sachen perfekt geflickt hat und das Kleid wieder so nähen könnte, dass man damit leben kann – blitzhafte Bilder waren das aus dem Gefühl, dass sie den Sprung, erst in das Geäst der Pinie, dann auf das Garagendach, zuletzt auf den Rasen, überstanden hatte und also noch irgendwo in der Nähe sein musste, wieder in ihren alten Sachen und die Kolosseumskappe auf dem Kopf, denn die war nirgends zu sehen, nur das Kleid mit dem präzisen Längsschnitt lag auf dem Rasen – und an dem Punkt hatte ich noch einmal nach ihr gerufen, jetzt eher leise, wie man nach einem versteckten Tier ruft, aber es gab keine Antwort, da war nur der eigene Atem, nicht etwa ihrer aus der Dunkelheit. Es war ein Warten höchstens von Sekunden, dann bin ich auch schon losgelaufen, hin zu der stillen Wohnstraße und dort in die Richtung, aus der wir gekommen waren, wie man es eben selbst bei geringer Hoffnung macht: Man wählt die Richtung, mit der die Verzweiflung abnimmt, und das tat ich, auch noch, als irgendwo hinter mir Cordes' Stimme zu hören war, mit einem Warten Sie, warten Sie!, und dann sogar nur einem Warte!, als wären wir Brüder im Nachsehenhaben und trotzdem noch hinter der her, die uns mit ihrem Sprung um den sicher geglaubten Erfolg gebracht hat.

Das heißt, ich lief einfach weiter, durch eine um die Zeit erst recht stille Gegend, habe ich zu Maren gesagt – wir beide jetzt einander zugedreht in unseren Liegestühlen, das war schon im Morgengrauen, wenn die Sterne ihr Funkeln verlieren. Ich sah in jeden Vorgarten, ob sie da vielleicht irgendwo liegen würde, doch verletzt, mit Schnitten und offenen Brüchen, aber sie lag nirgends, und ich hörte auch keine anderen Schritte als meine oder irgendein Stöhnen, nur wieder von weitem Cordes' Warten Sie, warte!, was mich in ein Laufen trieb, als würde ich gejagt, und so war es ja auch: Cordes hat mich verfolgt, er wollte das Ganze noch retten, so kam es mir vor, die Afrikanerin auf die Terrasse zurückbringen, sobald ich sie aufgespürt hätte, das traute er mir offenbar zu, dass ich es im Gefühl hätte, wo sie sich versteckt oder hinschleppt, um sich zu verstecken. Nur gab es für dieses Gefühl, wo sie sein könnte, keinerlei Raum in mir, da war einfach zu viel, sagen wir Verzweiflung, nicht ganz das richtige Wort – manchmal braucht es Worte von biblischem Ausmaß, um jemandem klarzumachen, wie man sich dann und dann gefühlt hat, habe ich zu Maren gesagt.

Und auf ihr Schweigen hin, mehr skeptisch als zustimmend, ist mir etwas von Goethe eingefallen, der für sein Paradoxes bekannte späte Satz aus dem Tasso, von mir aus Anlass des Elften September in einem Kommentar so gedeutet, als wäre er die Logik selbst. Und wenn der Mensch in seiner Qual verstummt, gab mir ein Gott, zu sagen, was ich leide – einer der Sätze, die man kaum mehr vergisst, wenn man einmal gemerkt hat, dass man irgendwie selbst darin steckt. Ich zitierte ihn, so nüchtern es ging, wie das Verlesen der Lottozahlen ohne Gewähr. Genau das trifft es, sagte ich. Mein Weg durch diese stille nächtliche Wohngegend, jeden Moment damit rechnend, sie irgendwo liegen zu sehen, war die Qual einer immer noch anhaltenden Katastrophe.

Was ich leide heißt es aber nur in Zitatensammlungen, hat meine Kindheitsfreundin entgegnet – und einmal mehr ihren Horizont bewiesen. Tassos Worte gegen Ende des Stücks lauten: gab mir ein Gott zu sagen, wie ich leide. Beide Verse hatte Goethe der Marienbader Elegie vorangestellt, nach seiner Trennung von der jungen Ulrike von Levetzow, noch in dem Schmerz über das unerfüllt gebliebene Glück. Und in manchen Inszenierungen des Tasso heißt es wie ich leide, in anderen was ich leide, wohl je nach Laune des Regisseurs oder der Ansicht einer Dramaturgin, die vielleicht mit wie ich leide mehr anfangen kann, ich könnte es jedenfalls. Wie ich leide, das ist Teil meiner Worte bei Beerdigungen, der Teil, an den ich noch glaube. Und jetzt erzähl weiter, oder bist du doch müde? Und hier hatte sich Maren zu mir gebeugt, in den Augen eine Wachheit, so ansteckend, dass ich es sogar riskieren konnte, meine Augen zu schließen, um mich besser zu erinnern oder überhaupt an etwas zu erinnern, das man lieber vergessen würde, statt es in sich wachzuhalten.

Was man am meisten liebt, liebt man schon in dem Gefühl einer Wehmut, des unabwendbaren Endes – der Tag wird kommen, an dem wir uns aus den Augen verlieren, an dem alles gewesen sein wird, von dem an nur noch die Erinnerung zählt. Es gibt diese Wehmut schon beim ersten Stofftier, das im Kinderbett nachts die Dämonen fernhält, später beim ersten Kaninchen, seinem Zittern in den Händen, die es halten und den schnellen Herzschlag spüren, während das eigene Herz bereits schwer wird, weil man weiß, dass Kaninchen nicht alt werden. Nur Kindern und Liebenden wird das Herz schwer, und mir war es bleischwer, habe ich zu Maren gesagt, die daraufhin mit etwas, wie es sich angehört hat, ganz anderem kam, meiner bevorstehenden Abreise. Ob ich ihr den Namen des Ortes aufschreiben könnte, aus dem die Afrikanerin stammt, des Ortes, an den ich wollte, um dort den klaren Kopf zu bekommen, der bei ihr im Haus offenbar nicht zu bekommen ist – eine zweifellos gereizte Bitte, das Ende unserer Nacht in den Liegestühlen. Wir sind dann ins Haus gegangen, und ich habe den Namen auf einen der kleinen gelben Merkzettel in der Küche geschrieben – in derselben sorgfältigen Schrift wie diesen Bericht, seit auf dem alten Notebook auch das O und das W ausgefallen sind –, und Maren hat Kaffee aufgesetzt und ist anschließend trotz Morgenkühle unter die Gartendusche gegangen und danach im Bad verschwunden, so, wie nur Frauen verschwinden können, um in aller Stille die Spuren der Zeit oder auch nur einer Nacht zu verwischen.

Bis auf das leise Gurgeln des Kaffees war es still in der Küche und, so kam es mir vor, auch still im Haus, ja an dem frühen Morgen überhaupt still, und dieses Gurgeln in der Kanne war wie ein Resümee der letzten Stunden, dass ich schon zu viel erzählt hätte. Ich stellte die Flamme kleiner, damit das Geräusch länger anhielt, und als es dennoch verebbte, begann ich so hin und her zu laufen, dass die alten Dielen knarrten, bis im Flur die Tür zum Bad aufging, ebenfalls hörbar. Maren kam zurück in die Küche, mit einer Maske in hellem Salbeigrün, sie schenkte uns beiden den Kaffee ein und setzte sich an ihren Platz am Tisch, hinter sich das Fenster, in dem es schon hell war, und sie sagte: Vielleicht erzählst du noch den Rest, soweit es geht, soweit du es kannst, oder brauchst du auch eine Maske? Und bei der Frage hat sie sich über den Tisch gebeugt und mich angesehen, aus glänzend dunklen Augen in den Schlitzen dieser so feinen, ihr Gesicht verwandelnden Zweithaut, ein Blick, aus dem sprach, was sie im Grunde wissen wollte: Warum ich mich zu ihr geflüchtet hatte, inzwischen aber auf dem Sprung war, sie zu verlassen, um in dem fernen Ort all das aufzuschreiben, was sich eben nicht einfach erzählen ließ, auch nicht in einer langen Nacht, ausgedehnt bis zum Frühstück, die Zuhörerin grün maskiert, der Erzähler dagegen das Gesicht zwischen den Händen.

Nun, irgendwann ist mir der Gedanke gekommen, habe ich nach dem ersten Schluck Kaffee gesagt, dass die, nach der ich suchte, wahrscheinlich gar nicht gefunden werden wollte. Dass sie schon wieder auf der Flucht war, sogar vor dem, der sie im Auto mitgenommen hatte, von Kalabrien erst bis nach Rom, später bis nach Chioggia, wo man auf sie geschossen hat, schließlich bis nach Mailand und auf eine Terrasse, auf der man am Ende um ihr Kleid gewürfelt hat, was ja irgendwie so aussah, als würde man um sie würfeln, und gut möglich, dass es so ankam bei ihr, auch wenn ich gesagt hatte: Es geht nur um das Kleid, zieh das verdammte Kleid aus, und nimm dir etwas von den anderen Sachen, dann ist Ruhe, dann wird dir auch weitergeholfen. Aber sie hat sich ihre eigenen Gedanken gemacht, als hätte es mich oder uns, unsere gemeinsame Reise nie gegeben – das ist mir klar geworden, als ich nach ihr suchte, hinter jedes in der Straße geparkte Auto sah, während Cordes schon so aufgeholt hatte, dass seine Schritte zu hören waren, gleichmäßig schnelle, trainierte Schritte, als hätte ihn Lydia in Form gebracht. Jetzt warten Sie mal, rief er in einer Art Befehlston, und tatsächlich bin ich stehen geblieben, schon kurz vor dem Kreisverkehr mit dem großen Kegel in der Mitte, ohne auch nur irgendein Fahrzeug um die Zeit. In keinem der Bürogebäude ringsherum brannte Licht, und die Stille hatte etwas Irreales, oder anders gesagt: Die ganze Wirklichkeit bestand aus Benedikt Cordes, seinen Schritten nun fast auf meiner Höhe. Sie muss hier irgendwo sein, selbst wenn sie sich etwas gebrochen hat bei dem Sprung, die wird mit Schmerzen anders fertig als wir, die hinkt uns ohne einen Laut davon, erklärte er, kaum dass wir nebeneinander gingen. Das heißt, Cordes hat sofort auf mich eingeredet, mir sogar eine Hand auf die Schulter gelegt, und wie ich es vermutet hatte, war er noch darauf aus, sie in dieser Nacht vor die Kamera zu bekommen – Would you please return!, rief er gleich zweimal, erst in das Wohngebiet hinter uns, dann in Richtung der Rotonda, im bleichen Licht der Straßenbeleuchtung wie eine unbewohnte Insel. Sie hätten ihr nicht dieses Kleid kaufen sollen, sagte er, jetzt mit beiden Händen an seiner Verbindung zur Welt. Cordes schrieb eine Nachricht, und das im Weitergehen auf die Kreuzung zu, er redete dabei auch weiter. Dieses Kleid hat alles kompliziert gemacht, und dann springt sie damit von der Terrasse und lässt es unten liegen, aufgeschlitzt wie die Kehle von dem Rind, ich habe ein Foto davon, wollen Sie es sehen? Er schrieb die Nachricht zu Ende und verschickte sie, dann suchte er das Foto. Das schöne Kleid, das Sie ihr gekauft haben, sorgfältig ausgebreitet, aber vollständig ruiniert, wie finden Sie das? Cordes hielt mir das Bild hin, und ich lief nach einem Blick, der keiner war, über die Straße zu der Insel ohne jeglichen Verkehr rundherum, während er, das Gerät noch in der Hand, auf meiner Höhe blieb. Man kann sagen, ich gab für Momente die Richtung an, aber gedankenlos, nur um nicht stehen zu bleiben, und Cordes schien sich mir anzuschließen, war dann aber der, der gleich bis zur Kuppe des flachen Kegels ging, wo das in den Rasen eingelegte Stadtwappen aus Feldsteinen, die gewundene Schlange mit dem Drachenkopf, der einen Mann gebiert, vor den Oleanderbüschen endete.

Und seine Idee dabei war, habe ich zu Maren mit ihrer salbeigrünen Maske gesagt, die Afrikanerin von dort sehen zu können, sollte sie aus dem Wohngebiet kommen. Nur hatte er auch noch eine andere, verrückte Idee oder so absurde Hoffnung, wie meine Hoffnung, sie später am Bahnhof wiederzufinden, wo denn auch sonst, nämlich die Idee, dass sie zwischen den Büschen versteckt sein könnte. Stell dir vor, er machte das weißliche Licht in seinem Gerät an und leuchtete zwischen die Büsche, aber da lagen nur Zigarettenkippen und leere Dosen, Taschentücher und auch Teile einer Zeitung, des Corriere della Sera, und die hat er ausgebreitet, damit wir uns halb zwischen den Büschen auf den Boden setzen konnten, wie Jäger, die nach einem Wild Ausschau halten, das im Morgengrauen in den Niederungen eines Kreisverkehrs auftauchen könnte. Die wird hier vorbeikommen, sagte er, es ist nur eine Frage der Zeit. Sie wird noch etwas abwarten, bis sie glaubt, wir hätten es aufgegeben, dann wird sie hier vorbeikommen, auch weil sie ihre Leute von der Eröffnungsschau noch in dieser Gegend vermutet. Und wir werden sie abpassen und mit Ihrer Hilfe beruhigen, wir werden sie zurückbringen für das Gespräch mit ihr, ansonsten findet auch keins mit dem Mann statt, der sie für seine Afrikamodekampagne haben will, und es hat mich Tage gekostet, an diesen Menschen mit der Vision vom neuen Römischen Reich überhaupt heranzukommen. Also bitte, schaffen Sie das, können Sie diese junge schwarze Frau beruhigen? Cordes schien daran zu zweifeln, sah wohl aber keinen anderen Weg, noch an seine Ziele zu kommen, ich war der, dem die Afrikanerin vertraute, nebenbei aber auch sein

Vorgänger bei Lydia. Denn nach einem Blick in die Zeitung, auf der wir teilweise saßen, sagte er plötzlich so etwas wie: Ach, wenn uns Lydia jetzt sehen würde. Oder: Mensch, wenn uns Lydia hier sehen könnte. Und was ich mich im Übrigen frage, wenn ich an Lydia und Sie denke, wie das zehn Jahre lang halten konnte. Ich meine, Lydia ist doch alles andere als einfach, sie weiß mehr über den Körper als alle Ärzte, die ich kenne. Aber Ihre Afrikanerin ist sicher auch kompliziert, nur anders, vielleicht erzählen Sie etwas von Ihrer Eroberung, Sie waren doch mit ihr mehr als nur einfach unterwegs, da gab es Übernachtungen, kleine Berggasthöfe in Kalabrien, schlichte Zimmer, ein schlichtes Bett, haben Sie das mit ihr geteilt? Wenn nicht, hätten Sie etwas versäumt. Und ich rede gar nicht vom Üblichen, ich rede von Blicken in ihre Augen. Wenn es ein Geheimnis bei afrikanischen Frauen gibt, liegt es in den Augen, dort findet man etwas von ihrer Seele! Und das hat er, soweit ich mich erinnere, gleich noch einmal verkündet, als seine höchstpersönliche Erkenntnis, um dann von einer Sudan-Reise zu erzählen, das muss man sich vorstellen: oben auf diesem Verkehrsinselkegel ohne Verkehr tief in der Nacht in der Bürogegend von Mailand eine Geschichte aus dem Südsudan, wo es drunter und drüber geht. Cordes schwärmte von seiner Dolmetscherin aus der Grenzregion zu Äthiopien, jung und klug, dazu noch schön, er und sie hätten auch ihre Fahrten gehabt, mit Nächten in Lehmbauten, die sich Hotel nannten, also wüsste er, was es heißt, in afrikanische Augen zu schauen. Etwas in der Art hat er gesagt und dann wie hinter vorgehaltener Hand, eine Andeutung, dass es unter uns bleiben sollte: Erst damit dringen Sie in eine solche Frau wirklich ein, das andere ist der Pflichtteil. Und ich werde Ihrer Afrikanerin bei dem Gespräch in die Augen sehen, ihr sogar sagen, was ich sehe, ein Verlangen nach Glück und Sinn, nicht nach irgendeinem Abendkleidchen. Außerdem werde ich sie auch einmal an der

Hand nehmen, haben Sie das je getan, einfach nur ihre Hand gehalten, haben Sie?

Das hat er fertiggebracht, mich zu fragen, sagte ich am frühmorgendlichen Küchentisch zu Maren, als sie schon an ihrer Maske zu zupfen begann. Und meine ganze Antwort war, dass ich aufstand, während er so weitersprach, als wäre er auf Sendung, aufstand und einmal um die Büsche herumging und dann auf die Steine sah, die den drachenartigen Schlangenkopf bildeten und aus einer Unruhe, meiner Aufgewühltheit heraus gegen den trat, den Cordes schon am Abend, beim Warten auf den Einlass in die Tiefgarage, etwas gelockert hatte, einen kantigen, sicher handballgroßen Stein. Ein-, zweimal und nur leicht habe ich dagegengetreten, mit anschließendem Blick zum Nachthimmel, als hätte mein Fuß gar nichts getan, einem Himmel mit sogar einigen Sternen, obwohl um uns die Stadt war, aber in den Bürohäusern brannte, wie gesagt, kein Licht, fünf Sternen in Gestalt eines W, das Kassiopeia-Bild. Manches ist mir ganz klar in Erinnerung, anderes nur wie ein Traum nach dem Erwachen, und zu dem Klaren gehört, wie sich Cordes noch einmal zu dem Kleid geäußert hat, als Korrektur zu dem Wort Abendkleidchen. Zugegeben, sagte er, sie sah phantastisch aus in diesem Teil. Weil sie zu den Frauen gehört, denen alles steht. Sie haben die Figur dazu, das Gesicht, das Haar und die Haut, das ist die Ungerechtigkeit der Natur, das genetische Glück oder Unglück, das Menschen beflügelt oder das sie mit sich herumschleppen. Schmale Lippen, dicke Beine, wenig Haar und wässrige Augen, das sind lebenslange Gebrechen. Und bei ihr ist es das Gegenteil, aber lässt sich nicht im Bild festhalten, als hätte es etwas Übernatürliches, oder sie wäre verflucht: schön, aber verflucht, eine schwarze Fee. Was halten Sie davon, ist es Betrug, ein Fluch oder ein Wunder? Mir wäre Wunder am liebsten, das wollen die Leute erklärt bekommen. Also: Waren Sie mit einem Wunder im Bett? Sie waren doch mit ihr im Bett, Sie können es mir sagen, ich sage Ihnen dafür, dass meine Frau das genetische Glück komplett verlassen hat und mein Sohn leider depressiv ist. Einmal im Monat gehen wir essen, und der liebe Max zieht nur die Panade vom Schnitzel und sagt kaum ein Wort, außer dass sich unsere Erde ungut erwärmt, und am Schluss kommt noch ein Ciao ciao, Papa, als wären wir in einem anderen Land zu Hause, und ich bleibe damit zurück und bin froh, dass es Lydia gibt, das sage ich auch ganz offen. Sie haben mit der Großen geschlafen, nicht wahr? Mehrfach oder nur einmal? Einmal als Ausnahme, das kommt vor, wenn eine Frau Mitleid hat. Ich denke aber, mehrfach. Und hat sie damit angefangen oder andersherum, darf ich raten? Sie hat damit angefangen, weil sie sich einen Vorteil versprach. Afrikanische Frauen wissen, was sie wollen, fern der Heimat umso mehr. Man täuscht sich in ihnen, weil sie dieses Stolze, Anmutige haben. Aber sie suchen nur anmutig ihren Vorteil, und wir halten den Atem an, ist es nicht so? Das waren seine Worte, sie suchen nur anmutig ihren Vorteil, und wir halten den Atem an, sagte ich zu Maren, und sie sagte, das wäre für sie der Moment gewesen, ihm nicht noch eine Sekunde länger zuzuhören – oder wann bist du gegangen?

Maren war immer noch mit ihrer Maske beschäftigt, die feine Haut Stück für Stück abzuziehen, wenn man so will mit mir als Spiegel, und ich erwiderte etwas, was ich ohne ihren Einwurf kaum so gesagt hätte, nicht in dieser Klarheit, nicht mit dem Satz: Ja, ich bin dann gegangen. Das heißt, ich habe ihn gefragt, ob er sich eigentlich zuhören würde beim Reden. Mir würde es jetzt reichen, er könnte hier oben sitzen bleiben und weiter glauben, dass sie noch auftaucht, ich würde zum Bahnhof gehen, sie dort suchen, und weißt du, was er geantwortet hat? Dass mir jeder Instinkt fehlen würde für solche Frauen. Die wird hier vorbeikommen, sagte er und zeigte dabei auf Schuhabdrücke neben der Zeitung, auf der er saß, die Abdrücke ihrer kaputten Laufschuhe noch vom Abend, als sie nach dem so langen Knien auf dem Boden ein paar Schritte auf der Stelle gemacht hatte. Afrikanische Frauen hinterlassen Spuren, denen sie später folgen, erklärte er im Ton eines Ethnologen, der einem Laien etwas verständlich macht, und das war für mich endgültig der Moment zu gehen, oder wenn du so willst: Benedikt Cordes seiner Bestimmung zu überlassen, dem Schicksal, das ihn ereilt hat. Viel Glück, habe ich ihm noch zugerufen, da war ich schon an der Straße um die Rotonda-Insel, noch immer ohne jeden Verkehr, als wäre die ganze Stadt in einem unnatürlichen Tiefschlaf, ja einer Art Narkose, sagte ich zu meiner Kindheitsfreundin, die mir auf einmal, kaum dass die grüne Maske ganz vom Gesicht war, so schutzlos gegenübergesessen hat, dass ich nur den Mund halten konnte, um nicht noch etwas Falsches von mir zu geben. Ich erinnere mich an das feine Ticken der Küchenuhr bei jeder Sekunde, auch an Vogelgesang vor dem offenen Fenster, und dass Maren schließlich mit einem Seufzer aufgestanden ist, gesagt hat, sie würde jetzt noch etwas schlafen, sie habe um elf eine Beerdigung und müsse dort wieder im Sinne von wie ich leide reden, die Eltern eines Unfallopfers trösten – ein Mädchen, vierzehn, ohne jeden Sinn mit ihrem Rad vor ein Auto gekommen, das hat sie mir noch mitgeteilt, als sie schon halb aus der Tür war, und ich habe sie gefragt oder ihr fast hinterhergerufen, wie man an einem Grab Trostworte sprechen könnte, wenn man nicht mehr daran glaube, dass es noch etwas jenseits des Grabs und einer Toten darin gibt, die nur vierzehn wurde – wie kann das gehen, ohne selbst im Boden zu versinken? Das höre ich mich noch sagen, mit derselben gespielten Ruhe, in der ich ihr vorher erzählt habe, dass ich von Benedikt Cordes genug gehabt hätte und zum Mailänder Bahnhof gegangen sei, und die, die mir eine Nacht lang zugehört hatte, jetzt schon im Flur mit ihrem Schlafzimmer am Ende, ist noch einmal bis zur Tür gekommen und hat über die Schulter gesehen, wie es ihre Art war schon als Kind, ein Blick zu mir, der noch am Küchentisch saß. Man muss die Zähne und das Herz zusammenbeißen, sagte sie. Und an den Trost glauben. Und an die Wahrheit, die darin liegt, an nichts Höheres zu glauben. Nur an den Trost.

20

Das achte Gebot, oft verkürzt zu Du sollst nicht lügen, betrifft eigentlich eher die öffentliche Rede als das Privatleben mit all seinen Besonderheiten – Du sollst nicht falsch Zeugnis reden wider deinen Nächsten, heißt es in Luthers Übersetzung. Nur war eben meine Kindheitsfreundin mit ihren Glaubenszweifeln dieser mir nächste Mensch in der langen Nacht meines Erzählens gewesen, und ihr am Ende zu sagen, dass ich Cordes seiner Bestimmung überlassen hätte und zum Bahnhof gelaufen sei, war nichts anderes als das falsche Zeugnis wider meinen Nächsten oder das mit Füßen getretene achte Gebot – etwas, das mir erst heute schmerzlich klar wird, viele Wochen später. Und ihre Antwort auf die Frage, wie man nicht mit im Boden versinkt, wenn man an einem Grab Trostworte spricht, ohne noch an ein Jenseits zu glauben, dass man die Zähne und das Herz zusammenbeißen müsste, die habe ich auch erst hier am früheren Ort der Afrikanerin verstanden – soweit wir überhaupt etwas verstehen können, das nicht uns selbst, sondern einem anderen oder eben dem Nächsten zustößt.

Es ging dabei ebenfalls um eine Beerdigung, allerdings von Träumen, ohne Grab und ohne Leichnam und ohne jeden Trost, und zwar vor zwei Tagen auf der Brücke über den inzwischen halb ausgetrockneten Grenzfluss. Und der andere, das war ein junges Paar mit Kleinkind aus der umkämpften Nachbarprovinz, das ins Land wollte, es war offenbar auf der Flucht und stand drei bewaffneten Soldaten und einer Grenzbeamtin gegenüber, die sämtliche Papiere prüfte. Sie ließ sich schrecklich viel Zeit, schrecklich für den Betrachter – ich war, vom Platz der Mopedtaxis kommend, bis fast zu den Sandsackanlagen vor der Brücke gegangen, mit freier Sicht auf ein Geschehen, das sich hinzog trotz widrigster Umstände, aufgewirbeltem Staub von heißem Wind aus dem Buschland, hinzog in zunehmend giftigem Licht. Die Beamtin prüfte die Papiere wieder und wieder, während die drei Soldaten das Paar mit Kind wegelagerisch umstanden; ganz besonders hatten sie den Mann im Auge, einen großgewachsenen mit je einer prallvollen Tragetasche in der Hand, und nachdem die Papiere endlich geprüft waren, ging es um den Inhalt beider Taschen. Einer der Soldaten machte Zeichen, dass sie zu leeren seien, auf der Stelle in dem Staubgewirbel, obwohl man einen Unterstand vor der Brücke dafür hätte nutzen können. Aber mit dem Paar dort hinzugehen, hätte schon den Grenzübertritt bedeutet, das war mein Eindruck, als einer der Soldaten auf eine unsichtbare Trennlinie zeigte, sie mit seiner Gewehrmündung nachfuhr und das Ausleeren der Taschen noch vor dieser Linie verlangte. Ich konnte in dem Wind nicht hören, was gesprochen wurde, ich sah nur, wie die junge Frau und Mutter in einer Art Kurzschlusshandlung samt ihrem hinterhergezogenen Kind in den schlammigen Fluss zu springen bereit war und ihr Mann sie an sich riss, mit der Folge, dass einer der Soldaten so gegen die beiden abgesetzten Taschen trat, dass fast aller Inhalt, Kleidung und Kochgeschirr, Medikamente in Röhrchen und Tuben, wenn ich es richtig sah, aber auch Essensvorräte, Papiere und kleines Werkzeug, hervorbrach und sich im Staub verteilte. Das Ganze war eine Sekundensache, als der Mann noch seine Frau vom Springen abhielt, zwei Verklammerte am Brückengeländer, von Gott und der Welt und mit einem heiseren Aufbrüllen der Frau vielleicht auch von allen guten Geistern verlassen. Es war wie das Verfluchen ihres Schicksals und eines ganzen Kontinents, aus dem es kein Entrinnen gab, ein Aufbrüllen noch im Klammergriff ihres Mannes, und dem gelang es, einen Arm um Frau und Kind, mit der freien Hand die verstreuten Sachen wieder in beide Taschen zu stopfen, während die Grenzerin und die Soldaten regungslos zusahen, vier Gestalten im Staubgewirbel, das Paar dazugerechnet sechs, die einzigen Menschen weit und breit; mich hatte einer der Hüttenbewohner am Fluss unter sein von alten Rohren gestütztes Planendach gewinkt, wo es etwas Schutz gab vor dem Gewirbel, und schon von dort aus wurde alles zu einer von weitem und mit Dach über dem Kopf gesehenen Szene, wenn man so will, einem Stück Theater, mit realen Personen und doch unwirklich: ein Paar mit Kind, das sich auf der Brücke über einen Grenzfluss wieder dorthin bewegt, von wo es vor Tagen oder gar Wochen aus Verzweiflung aufgebrochen ist, zwei ins Nichts Taumelnde, die mit tatsächlich zusammengebissenen Zähnen gegen den Staub und einfach nur leeren, in sich einstürzenden Herzen ihren Traum begruben. Alles war vergebens, umsonst erlitten, umsonst gehofft, ja selbst die Trauer um das umsonst Gelebte wäre auf diesem Rückweg für nichts und wieder nichts: Das Paar mit dem Kind ging in den Tod, das war mein Gedanke unter dem Planendach, sein Weitertaumeln war ein Sterben im Gehen, und um sich es vorstellen zu können, hätte man hinterherlaufen müssen, bis zum bitteren Ende an ihrer Seite bleiben. Der Hüttenbewohner hat mir Wasser angeboten aus einem Kanister, aber lieber hatte ich Staub im Mund, als mir etwas einzuhandeln, eine der Krankheiten mit Namen, vor denen man schon Angst hat; ich dankte ihm und trat unter der Plane hervor und lief in das Gewirbel, Hände vorm Gesicht mit Schlitzen für die Augen. Mal mit dem Wind und mal gegen den Wind, sein sprunghaftes Wehen, lief ich zu dem Hotel, das noch immer ein Rohbau ist, und dort, im einzig bewohnbaren Zimmer, war schon alles Papier vom Tisch gefegt; Wind und Staub drangen durch die Lamellen in der Tür zum Balkon, und selbst die unter dem Bett hervorgezogenen Blätter waren mit einer Schicht bedeckt, so fein wie auf einer Hotelbibel, die ewig in der Nachtischschublade gelegen hat – keine Bibel dieser Art, die ich früher nicht erlöst hätte von ihrem Schubladendasein.

Es hatte etwas Zeit gebraucht, um das zuletzt beschriebene Blatt zu finden, das mit Cordes' Ansichten über afrikanische Frauen, wie sie anmutig ihren Vorteil suchen, und es hat mehr als etwas Zeit gebraucht, bis ich, statt zum Mailänder Bahnhof zu laufen, die Afrikanerin dort zu suchen, sozusagen wieder, und mit Cordes auf der Kuppe der großen Rotonda-Mitte in noch immer nächtlicher Stille war, in unserem Rücken die Oleanderbüsche, und mir auch wieder bewusst wurde, wie ich ihn als Reaktion auf das Gerede von der falschen Anmut auf seinen wunden Punkt gestoßen hatte. Ihr Sohn, sagte ich plötzlich, wie nimmt er es auf, dass sich sein Vater mit einer Neuen zeigt, kennen sich die beiden schon, Lydia und Max?

Ich hatte mich wieder hingesetzt, auch auf ein Stück der Zeitung, und Cordes war etwas zur Seite gerückt. Ja, sie kennen sich, sagte er, ja. Lydia war mit ihm einmal bei Starbucks, dort soll er drei Chocolate Muffins gegessen haben und so gut wie nichts gesagt, aber sie fand ihn trotzdem nett, eben noch ein Junge, sagte sie. Typisch Lydia, nicht wahr, ihre klare Art. Wenn man lange in einer haarspalterischen Beziehung war, mit fast allem, was man sagt, auf der Goldwaage, empfindet man jedes klare Ja schon als Segen. Männer in unserem Alter wollen keine fragenden Blicke, ob da noch etwas geht, sondern die Blicke, mit denen etwas geht. Der Blick einer Frau kann uns über Wasser gehen lassen, er ist der Weg, die Wahrheit und das Leben, Johannes vierzehn, Vers sechs, aber das muss ich Ihnen nicht sagen. Sagen Sie mir nur eins: Hatten Sie etwas mit der Großen, ja oder nein? Cordes wollte das wissen, es hat ihm keine Ruhe gelassen, aber wie um Ruhe zu zeigen, sah er in die Zeitung, auf der wir saßen, er schlug sogar eine Seite halb um und gab sich lesend. Weder noch, erwiderte ich, was ein Fehler war, weil es ihn erst recht auf Gedanken brachte – Ein Wedernoch im Bett, da tun Sie mir leid. Und diese Schusswunde an delikater Stelle, war die nicht hilfreich? Das sagte er mit einem Seitenblick; ich erinnere mich an das Wort delikat und daran, wie ich da neben ihm saß und zuhörte. Oder genauer gesagt: Wie da einer neben Cordes sitzt, der zwar ich bin, es aber nicht sein will, einer, der es nicht geschafft hat, die Menschen bei sich zu halten, die er halten wollte, oder der Welt einen Menschen hinzuzufügen, das Leben weiterzureichen, diesen geringen Beitrag zu leisten, ohne den es ihn selbst gar nicht gäbe – deshalb vielleicht: Weil er keinen Sinn darin sieht, dass es ihn gibt. Ganz anders der Mann neben ihm, sozusagen der Sinn in Person, jemand, der die Welt nicht nur erklärt, sondern in Händen zu halten scheint – und einer Frau wie Lydia auch noch ein Kind machen würde, ohne Himmel und Hölle in Bewegung zu setzen, nur mit einem Komm, wir machen ein Kind, wir schaffen das, so würde er an die Sache herangehen, mit den berühmten drei Worten, die hätte er sich ausdenken können, niemals ich, der Mann, der von kleinen Radiogeschichten lebt und nicht die junge Afrikanerin halten konnte, die sein Wunder geworden wäre und die sich lieber mit einem Sprung aus dem dritten Stock davongemacht hat, als in seiner Nähe zu bleiben, dafür sollte er sich steinigen, wenn das möglich wäre. Steinigen war eins der Worte, die mir durch den Kopf geschossen sind, als ich auf dem Stück Zeitung saß und Benedikt Cordes beim Reden zuhörte, als liefe seine Sendung und die Fernbedienung wäre kaputt.

Ihr muss es ja erst einmal schwergefallen sein, dass Sie die Wunde an dieser Stelle versorgt haben, sagte er. Aber es war ein Anfang, nicht wahr? Danach war alles einfach, sie stand Ihnen offen. Und, was haben Sie gefunden, ihr Geheimnis? Ich denke, nein. Sie waren zu zaghaft. Es läuft ja mit Frauen, die einen beeindrucken, in der Regel auf ein simples Abkommen hinaus –

quid pro quo. Du gibst mir etwas, ich gebe dir etwas. Nur sehen afrikanische Frauen meist nicht nach Nüchternheit aus in ihren bunten Gewändern, und man vermutet in ihnen Geheimnisse, daher auch dieser Wunsch, sie zu öffnen, um zu sehen, was in ihnen steckt. Und ist es gelungen, haben Sie diese junge Frau geöffnet? Immer noch über die Zeitungsseite gebeugt, hat Cordes das gefragt, über ein Bild des chinesischen Parteivorsitzenden, stehend in einer offenen schwarzen Limousine mit dem unergründlichen Ausdruck eines Mandarins, was ihm wohl imponierte, und meine Antwort war, dass er still sein sollte, endlich still, ich kein Wort mehr hören wollte. Das habe ich, soweit ich weiß, leise gesagt, irgendwie noch freundlich oder höflich, und Cordes hat daraufhin Armbewegungen vollführt, wie um den Nachthimmel samt den paar Sternen auf seine Seite zu ziehen. Falls Sie mir erklären wollen, was die Welt braucht und was nicht, das ist mein täglich Brot, oder was dachten Sie? Und hier hat er eine Pause gemacht und zur Straße gesehen, als müsste die Verschwundene dort gleich auftauchen und ihm recht geben durch ihr Erscheinen, eine Kunstpause, wie mir schien, eine, bei der man ahnt, wie es weitergeht, seine Hände gaben bereits den Takt vor. Und wenn wir schon bei der Welt sind, sagte er nach der Pause – die Welt braucht Phosphor, sonst hat sie irgendwann kein Brot mehr, Unmengen von Dünger für die ausgelaugten Böden, nur ist der Vorrat an Phosphor begrenzt. Einzige Alternative: unser Urin, der Phosphat enthält. Man müsste ihn weltweit sammeln, statt die Spülung zu drücken, dem widme ich eine ganze Sendung. Und in der Sendung davor wird es um die große Rätselhafte gehen, auch wenn sie nicht selbst auftreten sollte. Ich werde erzählen, wie und wo ich ihr begegnet bin, welchen Eindruck sie auf mich gemacht hat – man muss diese hochaufgeschossene junge Frau gesehen haben, wie sie einfach nur reglos dasteht oder einfach nur schreitet. Sie zu sehen heißt, die Schöpfung zu sehen. Auf so einen Satz kommen Hunderte von Mails, ich kann baden im Shitstorm und baden im Zuspruch. Wir Menschen als die Krone der Schöpfung, und das Glück der Schönheit als dickster Brillant darin, diese Auffassung spaltet die Leute: Soll man sie bejahen oder verdammen? Eine junge, ins Auge springend schöne Afrikanerin, die sich auf beschwerlichstem Wege zu uns durchgeschlagen hat, als was darf man sie ansehen? Als von der Schöpfung Begünstigte, aber durch den Ort ihrer Geburt Benachteiligte, oder schlicht, wenn man sich um alles herumdrückt, als Mensch? Sie haben sie für eine Art Heilige gehalten, nicht wahr?

Cordes hatte sich bei der Frage halb zu mir gedreht, und ich könnte beschwören, ihn ein weiteres Mal gebeten zu haben, er solle still sein, auf der Stelle still, ich wollte jetzt nicht noch ein einziges seiner Worte hören – der verachtenden oder abscheulichen Worte, die ich hier mit eigenen Worten wiedergebe, wie noch von ihnen angesteckt, auch nach Monaten noch befallen –, aber er griff sich nur an den Kopf, wie einer, der es nicht fassen kann, was man von ihm verlangt, und sprach auch schon weiter. Schauen Sie, ich weiß es doch, dass Gestalten wie Sie das Heilige suchen in unserer heillosen Zeit – ich höre ihn das noch sagen: Gestalten wie Sie – und sich auf jedes Wesen stürzen, das nur irgendwie nach heilig aussieht. Aber dieses Wesen war alles andere als heilig. Oder was glauben Sie, wenn ich Ihnen auch das sagen darf, wie viele Schwänze Ihre Afrikanerin im Mund hatte, um aus der Ecke, aus der sie stammt, überhaupt wegzukommen – einige. Das ist die traurige Wahrheit, wenn man diesen Kontinent etwas kennt, da muss man hinschauen. Und ich gehöre zu denen, die hinschauen, überall und immer. Ich reise zu den Leuten mit langem Bart und Kalaschnikow und sehe, wie sie leben, und höre mir an, was sie zu sagen haben, und wenn sie dafür sind, dass man treulose Frauen steinigen sollte und alle Juden ins Rote Meer treiben, dann lass ich sie zu Wort kommen. Ich trinke mit ihnen am Hindukusch Tee und zitiere den Koran, wenn es sein muss, ich tue das, wozu andere zu bequem sind und auch zu feige. Die sitzen lieber in Gremien oder sehen sich von ihren häuslichen Sofas aus Netflix-Opern an, abends mit der Familie, nichts für mich. Meine Welt ist keine der Märchen. Wenn ich von irgendwo berichte, sieht man die Welt, wie sie ist. Sie können das auch umdrehen: Dort, wo ich nie auftauche, spielt unsere Welt keine Rolle. Ich zeige sie nicht nur, ich mache sie wahr, dasselbe gilt übrigens – und hier ist seine Stimme leiser geworden, einfühlend, könnte man sagen – für Frauen. Ein Mann muss die Wahrheit einer Frau freilegen, ihren Kern. Das haben Sie leider bei Lydia versäumt, deshalb ist es auch recht einfach mit uns beiden, nicht weil ich alles richtig mache, sondern Sie fast alles falsch gemacht haben. Und mit Ihrer Afrikanerin war es genauso, nehme ich an. Sie haben sie falsch angefasst, mit Samthandschuhen statt mit Händen, als wäre sie zerbrechlich, eine Frau, die eine Odyssee hinter sich hat. Wissen Sie, was Hände sind? Hände, die eine Frau öffnen können, wo sie verschlossen ist, die an ihre Wahrheit heranreichen, in ihr das berühren, was man nicht sehen kann, nur fühlen, schmecken und riechen. Haben Sie das, die Wahrheit dieser jungen Afrikanerin berührt, ihre Daseinsscheiße, haben Sie das, ja?

Und hier war erneut eine Pause entstanden, eine mit Gebell aus der nahen Wohngegend, was Cordes gleich einen Finger heben ließ, den Finger dessen, der immer recht behält, während mich noch die Daseinsscheiße beschäftigt hat, als Krönung seiner vorherigen Rede, aber auch etwas wie hinter meinem Rücken Freigesetztes – Hass wäre zu viel gesagt, Abscheu zu wenig. Was immer es war, es hat mich aufstehen und vor ihn hintreten lassen mit einem Das reicht, kein Wort mehr, kein einziges! Fast ohne Luft habe ich das gesagt, wie der Luft beraubt von seinem Reden, aber statt auch nur etwas einzulenken, sprach er einfach weiter und sah dabei zu mir auf. Nein, diese Wahrheit, die haben Sie nicht berührt, sagte er, denn dazu fehlen Ihnen die Hände. Sie können sich ja nicht einmal selber halten, höchstens über Wasser mit kleinen Gutenachtgeschichten, Ihnen zerrinnt das Leben zwischen den Fingern. Sehen Sie diese Hände hier, sehen Sie die? Als wäre ich blind, so hat er das gefragt und seine Hände für mich gehoben, wieder mit dem Rücken zu mir – ich war erneut um Cordes herumgegangen, um ihn nicht länger ansehen zu müssen und stand nun schräg hinter ihm, einen Fuß auf dem schon etwas lockeren Stein in dem Drachenkopf –, Hände, die, wie gesagt, gar nicht groß waren, aber gut geformt, dazu gebräunt, mit hellen Härchen auf einem Sehnen- und Adergeflecht. Das sind die Hände, um eine Frau zu halten, sagte er, und ich sagte, statt einfach zu gehen, ihn dort sitzen zu lassen, er sollte jetzt augenblicklich still sein, ich hätte ihn schon einmal darum gebeten und würde ihn nicht noch einmal bitten, und er sagte: Wie reden Sie mit mir, haben Sie auch mit ihr so geredet? Haben Sie geglaubt, das könnte die Hände ersetzen, die Ihnen fehlen, schon bei Lydia und dann auch bei Ihrer Anhalterin? Die doch nur darauf gewartet hat, dass jemand sich ihrer annimmt, sie öffnet, damit die Welt sieht, was sie ist: die Verkörperung der ganzen afrikanischen Scheiße unter dem Schleier einer Traumfigur. Aber ihr Chauffeur von Kalabrien bis Mailand war der falsche Mann dafür. Oder warum ist sie ihm sonst davongelaufen, in die Nacht gesprungen? Weil er nicht imstande war, sie zu halten, womit auch? Dafür war er imstande, sie zu verkaufen. Oder wiederum nicht imstande, für sich zu behalten, dass er mit ihr unterwegs war – Sie haben mir Ihre Afrikanerin auf dem Silbertablett serviert, schon in Rom, nur für etwas Aufmerksamkeit von Lydia. Mit der sie nachts telefoniert haben, nach unserem so vorzüglichen Essen. Lydia auf dem Klodeckel des Hassler, ich im Bett bei BBC World, der Ton aber leise. Ich konnte einiges hören, und den Rest hat mir Lydia erzählt. Das war der Anfang, was Sie da am Telefon gesagt haben, ohne Not. Und am nächsten Abend ging es mit einer Nachricht auf Lydias Mailbox weiter. Dass Sie die fragliche Person mitgenommen hätten und auch wieder mitnehmen würden, zu dieser kleinen Lagunenstadt. Schön, warum nicht. Sie hat Ihnen gefallen. Schade nur, dass es auf Autobahnen keine scharfen Kurven gibt – die kennen Sie doch, die c.o.b.-Rechtskurve mit Fliehkraft zum Fahrer: come over, baby. Nur hat sie am Schluss die Gegenrichtung gewählt, weg von Ihnen mit dem Sprung ins Dunkle, aber in eine Pinie und unten auf ein Garagendach, sie hat sich das vorher angesehen, sie wusste, was sie tat. Auch als sie nach ihrem Sprung das Kleid zerschnitt und auf den Boden legte – für den Mann, der sie nicht halten konnte, nur neben ihr gestanden hat, nur zugesehen, wie um das Kleid gewürfelt wurde.

Und da war er wieder, und nun erst recht: Der, der nur zusah, nicht eingriff und sich das alles anhörte, halb hinter dem stehend, der auf der Zeitung saß und weitersprach, trotz meiner Bitten, endlich still zu sein, einfach fortfuhr, so etwas sagte wie: Aber jemanden verkaufen sollte sich auch lohnen, mehr als nur durch nette Worte am Telefon. Wir waren ja im nächsten Tag noch im Hotel, ein freier fauler Tag im Bett, und mittags gesellte sich ein Dämon dazu, der kleine böse Gott der Trägheit und des Verlangens – das waren seine Worte, das hat sich der hinter ihm Stehende angehört und noch mehr. So ist das Leben, sagte Cordes mit einer Geste der Vergeblichkeit über dem Kopf: Der eine verschleudert sein Glück, und der andere zieht den Vorteil daraus. Lydias démon de midi: meine Belohnung für das Plaudern ihres Verflossenen. Nur hätte ihm für seine Fahrdienste auch so ein Lohn zugestanden, und ich denke, er bekam die Chance. Wie ich schon sagte: quid pro quo, dafür haben Afrikanerinnen ein Gespür. Sie hat Ihnen die Belohnung angeboten, sich für Sie hingelegt. Und Sie haben gezögert, wie Sie ein Leben lang gezögert haben, jede Chance verpasst, so war es doch, oder war es nicht so? Und hier kam ein fragender Blick über die Schulter, und dieser in mich gefahrene, nicht von mir lassende, mich für Momente, fünf, sechs Herzschläge höchstens, überwältigende Mann hat mit beiden, ihm angeblich fehlenden Händen den lockeren Stein hochgehoben und auf Benedikt Cordes niedergeworfen, um seinem Kopf den größtmöglichen Schaden zuzufügen.

21

Ist es ein Glück oder ein Unglück, dass es mich gibt? – die Frage der Fragen, wenn ich an das zu stillster Stunde auf der Verkehrsinsel Geschehene denke. Und ist man, in welcher Haut auch immer, einer dunklen oder einer hellen, womöglich schon seit Kindertagen der, der später, als Erwachsener, in einem einzigen Moment – von kaum zehn Herzschlägen, soweit mein Herz dabei nicht ausgesetzt hatte – etwas tut, das er schon im nächsten Moment nicht fassen kann, als wäre es die Untat eines anderen, und noch kurz zuvor für völlig unmöglich gehalten hätte? Ich weiß es nicht; ich weiß nur, dass jetzt endlich festgehalten ist, was ich meiner alten Freundin Maren nicht erzählt hatte in der langen Nacht mit ihr oder an ihrer Seite – handschriftlich abgelegt wie eine Last.

Ja, da war ein Gefühl von Erleichterung, als ich gestern am späten Abend, nach dem letzten Satz und schon fast dem Ende des Staubsturms, bei dem das junge Paar an der Grenzbrücke seinen Traum begraben musste, im Innenhof des Rohbauhotels ein Bier trank, in Gesellschaft von Moses Offaka, dem Hotelier mit nur einem Gast am auch einzigen Tisch in dem begrünten Hof, auf allen Blättern eine Staubschicht. Mister Moses hat sich zu mir gesetzt, aber nicht aus Geselligkeit, sondern um zu erzählen, dass in den nächsten Tagen ein zweites Zimmer bezugsfertig werde, mit WC und Dusche. Und das Beste sei, sagte er, dass es schon eine Reservierung gebe, von einem – hier zog er eine ausgedruckte Mail aus der Hemdtasche und las davon ab – Mister Zhouhong, Besitzer der chinesischen Hühnerfarm bei seinem jährlichen Kontrollbesuch. Und er entwarf auch gleich den Aufschwung, den das Hotel damit nehmen würde, so dass bereits ein weiteres Zimmer in Arbeit sei, fertig wohl noch vor Weihnachten – Christmas, ein Wort und auch Datum, das mich auf der Stelle erschreckt hat, als wäre ich von der Welt und der Zeit zugleich eingeholt worden und also auch von dem, was jetzt doch eigentlich auf Papier gebannt war, dem bekanntlich geduldigen oder gleichmütigen – zwei Eigenschaften, die mir fehlen.

Wenn ich tagsüber zu lange die Augen schließe, und das geht schon so, seit ich hier bin, seit mehr als zwei Monaten, ist da manchmal ein Geräusch wie von brechendem, trockenem Holz – das Geräusch, als der von mir niedergeworfene Stein auf Cordes' Kopf traf. Damit verbunden ist die Erinnerung an ein Erstaunen, noch kein Entsetzen, über das Unwiderrufliche einer zerstörten, klaffenden Schädeldecke; dazu kommen die Laute aus seiner Brust, ähnlich denen einer schleudernden Waschmaschine, bis zu einem in sich selbst zusammenbrechenden Laut – mit dem er zur Seite gekippt war, dann aber noch etwas vorwärtsgekrochen ist, sich in den Boden krallend, käferartig bis zwischen die Oleanderbüsche, wie in eine Deckung hinein, mit dem Rest an Leben, das leben will. Und immer wieder sehe ich mich noch auf das Unwiderrufliche herunterschauen und weiß, was mir dabei durch den Kopf gegangen ist zu meiner Entlastung oder gegen die Vertreibung aus dem Paradies – jetzt erst gedanklich klar geworden, im bald nicht mehr einzigen bewohnbaren Zimmer von Mister Moses' Hotel, an meinem Tisch mit immer noch feiner Staubschicht: dass ja schon Unzählige vor mir etwas Vergleichbares getan hätten, ihre Widersacher erschlagen, Jäger und Sammler andere Jäger und Sammler, aufgebrachte Sklaven ihre Herren, Söhne ihre grausamen Väter. Kaum mehr als ein Gefühl war das auf der nächtlichen Verkehrsinsel gewesen, aber ich glaube, es hat dazu geführt, dem, der nun keinen Laut mehr von sich gab, der tot war oder dem Tode geweiht, nicht mehr zu retten, das Gerät, das er noch hielt, aus der Hand zu ziehen und noch einmal den Stein zu nehmen, um damit das Bild des aufgeschnittenen Kleides aus der Welt zu schaffen, aber auch gleich alle Bilder von Lydia, die ja sicher darin waren, ihrer Freude in den Augen, wenn einer im richtigen Moment das richtige tat, etwas von ihrem Dasein festhielt. Und jetzt erst, mit der Zerstörung des flachen Gehäuses, ist in Wellen das Entsetzen gekommen – mir fällt kein besseres Wort ein –, mit der Linse, die zersprang, und all den Innenteilen, die, je kleiner sie wurden unter dem Anprall des Steins, das Klaffen in Cordes' Schädel noch größer erscheinen ließen als das Loch, aus dem die Existenz hervorquoll und zugleich erlosch.

Es war das Bild, bevor ich gegangen bin, eines wie von Bosch, dem Niederländer, dem die Hölle Modell gesessen hatte; über die ausgelegte Stadtwappenschlange bin ich hinunter bis zur Straße gegangen, meine Reisetasche in der Hand, darin der weiße Flusskiesel als einziger Beweis, dass es die gegeben hatte, die ich immer noch zu finden hoffte. Gegen drei Uhr früh mochte es da gewesen sein, die Unzeit auf dem Grund der Nacht, außer mir war kein Mensch, ja kein einziges Lebewesen zu sehen; schon eine Katze hätte mir vielleicht das Gefühl gegeben, nicht ganz allein zu sein, auch von dem in mich Gefahrenen verlassen, und ich erschrak vom Geräusch meiner Schritte beim Überqueren der Straße – was nur die verstehen, die schon einmal nachts durch eine wie ausgestorbene Stadt gegangen sind. Ich hörte meine Schritte auf dem Gehsteig vor den Bürohäusern und auch meinen Atem beim Überlegen, welche der Straßen, die von dem Kreisverkehr abgingen, die Straße zum Bahnhof wäre – nur dort könnte sie sein, das war mein Strohhalm, nur dort könnte ich sie treffen, um sie von da an auf Händen zu tragen, den Händen, die zu allem imstande waren. Das Blinken der Ampeln um diese Nachtzeit, statt auf Grün oder Rot zu springen, hatte etwas Verwirrendes und machte es nicht leichter, die richtige Straße zu finden, bis ich ein Gebäude erkannte, an dem wir vorbeigekommen waren, daneben ein paar Sträucher, angrenzend schon an das nächste Bürohaus mit steinernen Athleten an der Fassade, und aus den Sträuchern kam erstes, zaghaftes Vogelpiepsen – vor dem ich weggelaufen bin wie vor einem leisen, mich betreffenden Reden: Sieh nur, wer da geht, der, der einen anderen erschlagen hat. Ja, es war sogar ein Davonlaufen, auf ein Gebäude zu, in dem schon Etagenlicht brannte, das Licht für Putzkolonnen, die sich an den Fenstern zeigten, und als ich davorstand und immer noch die Vögel hörte, ihre Töne wie Getuschel über mich, drehte sich mir der Magen um, und das eigene Innere brach hervor, mehr flüssig als fest, und bildete eine Lache auf dem Boden – vor der ich auch davongelaufen bin, bis die Beine nachgegeben haben, mich auf die Stufen zu einem der Bürohauseingänge zwangen. Und dort saß ich, den Kopf so zwischen den Händen, als wäre der größtmögliche Schaden zweimal angerichtet worden.

Das heißt, ich habe auf diesen Stufen mehr gekauert als gesessen, im Grunde als einer, der seine Möglichkeiten als Liebender eingebüßt hat, dahinschwand, ohne zu sterben – ja im Gegenteil: der sich erneut übergeben hat, das aber nur noch schaumig, zu einer blasse Pfütze vor seinen Schuhen. Und schwer zu sagen, wie lange ich dort so gesessen oder gekauert hatte, ob eine Stunde oder länger, aber am Himmel war schon eine schwache Rötung im dunkel-tintigen Blau des frühen Morgens, als ich wieder auf die Beine kam, um weiterzugehen und den Bahnhof zu erreichen, noch bevor die ersten Züge abfuhren und die Afrikanerin, falls sie es bis dorthin geschafft hätte, womöglich versuchen würde, im letzten Moment irgendwo aufzuspringen. Nichts anderes hatte ich mir vorgestellt im Gehen: wie sie aus einer Gruppe anderer Afrikaner auf dem Bahnsteig, Illegale wie sie, plötzlich ausschert und mit einem Satz noch den hintersten Wagen erreicht, sich irgendwo festklammert, nur um wegzukommen, noch mehr zu verschwinden.

Mein Gehen war eher ein Taumeln in den neuen Tag, und es half mir, dass schon so Emsige in den erleuchteten Büros zu sehen waren, ihr gebeugtes Schaffen mit Lappen und Geräten, das Schnelle der Bewegungen, die sichtliche Routine. Ich fühlte mich dadurch wie einer, der jeden Morgen dort ging, auch zur Arbeit, und vor einer Kreuzung sah ich eine der Putzkolonnen, die ihr so frühes Tagwerk schon hinter sich hatte, drei schmale junge Frauen und zwei auch schmale Männer in hellgrauer Arbeitskluft, was die dunklen Hände und Gesichter umso mehr hervorstechen ließ. Die kleine Gruppe schwenkte in meine Richtung, wohl genauso mit dem Bahnhof als Ziel, und obwohl die fünf von sonst wo kamen, die Männer mit geöffneten Jacken, war da kurz der Gedanke, der Kolonne anzugehören, mit den gleichen Perlen redlichen Schweißes im Gesicht und nicht den Bächen, die mir herunterliefen. Ich blieb für einige Momente stehen, damit die fünf vor mir hergingen, nicht andersherum, und als sie dann vor mir hergingen, da war es ein Bild, das immer noch mehr aus mir herauspresste – ich sah diese Handvoll Redlicher von hinten und sah sie, wenn man so will, ihr Schicksal tragen, als würden sich auf ihren Schultern, am Rücken und im Kreuz, der Seite von ihnen, die sie nie zu Gesicht bekommen, alle Schmerzen sammeln, aber auch all ihre Hoffnungen, ja sogar die Hoffnungen ihrer Eltern und deren Eltern, all derer, die nie aufgebrochen waren, ihr Glück zu suchen, nie sich auf den Weg gemacht hatten einem Stern entgegen, auch wenn dessen Licht schließlich zu dem auf einer Büroetage würde, morgens um vier, um dort einen Staubsauger zu bewegen. Einer der Redlichen war langsamer geworden und lief auf einmal neben mir, er fragte nach einer Zigarette, erst in der Landessprache, dann in der, die alle verstehen, wenn es nur um Dinge wie Zigaretten geht. No, sorry, erwiderte ich und ging nun selbst langsamer, aber er blieb an meiner Seite und sagte leise My friend, zweimal sogar mit einer Pause dazwischen My friend, was die, die verschwunden war, nie gesagt hatte, schon gar nicht schmeichelnd. Ich tat so, als hätte ich nichts gehört und lief weiter; Gehsteig und Straße machten einen weiten Bogen, ebenso die Hausfassaden, und nach dem Bogen tauchte bereits der Bahnhof auf mit seiner Front wie von dem visionären Textilunternehmer in Auftrag gegeben. Der schmale Mann – Eritreer oder Somali, wer kann das schon immer auseinanderhalten – lief jetzt wieder etwas vor mir, aber halb umgewandt, und er fragte das Naheliegendste, wenn zwei Fremde kurz vor einem Bahnhof ins Gespräch kommen: Wohin? Es war die Frage, die ich mir selbst noch gar nicht gestellt hatte, und auf mein Zögern bot er mir auch gleich eine Antwort an. Home, my friend, home.

Heim – eins der Wörter, die wie Namen sind, reicher als ihre wenigen Buchstaben, und ich bin mir sicher, dass der Moment nach dem Home, my friend, home angesichts einer größenwahnsinnigen Bahnhofsfront im ersten Morgenlicht schon der Moment war, in dem mir meine Kindheitsfreundin eingefallen ist und damit der Ort, in dem sie noch zu Hause war – unser Ort, in dem wir über Jahre denselben Schulweg gehabt hatten, ich als einziges Kind eines bei jeder Gelegenheit Vorträge haltenden Dorfarztes und seiner früheren Praxishelferin, die als Frau Doktor auftrat, und sie als einziges Kind des Postboten Jakob Ganter und dessen Liebe seines Lebens Inge, geborene Rombach – die unvergessenen Namen einer zweiten, besseren Familie. In unserem Haus roch es nach Teppichen, Zigaretten und Konfekt, bei Maren daheim nach Fahrradöl und Petersilie.

Das Wohin, es hatte auf der Hand gelegen frühmorgens vor dem Mailänder Bahnhof, als es nur darum gegangen war, irgendwo Aufnahme zu finden, sich eine Weile nicht mehr fragen zu müssen, wohin – so wie selbst hier, fern der Heimat, das Wohin auf der Hand liegt, oder anders gesagt: sich eine Art von Heim ergeben hat, eine Zuflucht nach Anbruch der Dunkelheit, mit Livemusik und kaltem Bier an einem Plastiktisch auf lehmigen Boden, beleuchtet von mückenumschwirrten Lampions. Das Café Elijah ist mir schon nach einem Monat zu einem abendlichen Zuhause geworden, und vorigen Freitag, dem Tag des Staubsturms, bin ich nach der Abendstunde mit Mister Moses, als es mit dem Wind endlich vorbei war, gleich dorthin gegangen, um bei Musik und Bier zu vergessen, was ich vorher schwarz auf weiß festgehalten hatte, das Ende von Benedikt Cordes, es dort so loszuwerden, als wäre die Erinnerung nur eine angelockte Fliege, die man beobachtet, wie sie einem über den Arm läuft und sich an einem Schweißtropfen nährt, um sie dann abzuschütteln. Wie gesagt, es war Freitag, das heißt der Abend der besonders unsterblichen Lieder im Café Elijah, und ein Abend, der mir, nach dem, was Mister Moses erzählt hatte, in etwas anderem Licht erschien, weil nämlich zwei Tische weiter, ganz am Rand unter der Lampionkette, Major Ayago im Gespräch mit einem nach Verantwortung aussehenden Chinesen war, gedolmetscht von einem zweiten Chinesen, und immer, wenn der langatmig übersetzte, lehnte sich der andere in offenem Hemd mit blauem T-Shirt darunter zurück und machte Züge aus einer gelblichen Zigarette und sah dabei zu der Lichterkette, den immer wieder durch die Mückenwolken schießenden Fledermäusen, bis sein Hemd einmal so weit aufging, dass man rote chinesische Schriftzeichen auf dem Shirt darunter sah, für mein Gefühl dieselben wie auf dem, das meine Gefährtin zuletzt getragen hatte, es war eins aus dieser Serie. Und auf einmal standen die Chinesen auf und verschwanden im Dunkeln, und der Major kam an meinem Tisch vorbei und sagte, denen gehe es jetzt schon um ihr Neujahrsfest, und wir hätten noch nicht einmal Weihnachten! Es sollte ein Scherz sein, also lachte ich, und er rief noch so etwas wie: Weihnachten macht leichtsinnig, vielleicht reisen Sie lieber vorher ab!, als er schon an der von blinkenden Birnchen umkränzten Bühne vorbeiging und der Sängerin, die Stormy Weather sang, ein Daumenzeichen machte – die erhöhte Fassade der Bühne im Übrigen mit neuer Bemalung: Statt Ikonen der Rockmusik wie Bob Marley als kiffender Heiliger ist da nun ein Motiv, das die Chinesen ansprechen soll, auch wenn es auf unsere Weihnachtszeit gemünzt ist, eine Berglandschaft mit Schnee, im Vordergrund ein von Hirschen gezogener Schlitten, darauf aber eine Band aus vier Pandabären, Gitarre, Schlagzeug und Bass sowie ein Pandasänger mit Elton-John-Brille.

Es geht also auf Weihnachten zu, das ist mir an dem Abend mehr als klar geworden, und auf dem Rückweg zu Mister Moses' Hotel ist mir nach nur geringem Kopfrechnen auch klar geworden, dass die Nacht von Mailand damit schon drei Monate zurücklag, wenn man den Begriff Nacht etwas weiter fasst, ihn auf die Morgenstunden ausdehnt, bis zur Suche nach einer hochgewachsenen Schwarzen im Frühgedränge eines riesenhaften Bahnhofs, sie eventuell hinkend und mit Schrammen, auf dem Kopf vermutlich eine Kappe mit der Silhouette des Kolosseums, ansonsten in einem alten Trainingsanzug oder nur in ein Tuch gehüllt, die Füße auf jeden Fall in ausgetretenen Laufschuhen.

Ja, ich habe sie frühmorgens im Bahnhof Milano Centrale gesucht, meine Reisegefährtin, die ins Dunkle gesprungen ist, um sich zu retten. Überall suchte ich sie, auf jeder Ebene des Bahnhofs und im Dom seiner Halle, auch auf jedem der vielen Bahnsteige, die Sperren davor nur passierbar mit gültigem Fahrschein, den hatte ich gekauft, gültig für einen Zug, der aber erst kurz vor acht fuhr, einen Fernzug quer über die Berge und durch einen der Berge bis in mein Land, mit baldigem Halt in der Stadt, von der es nicht mehr weit war zum Dorf meiner Kindheit. Ich wollte sie finden und wollte weg, beides mit gleicher Kraft; in die Waschräume und Toiletten des Bahnhofs bin ich gelaufen, auch in die für Signore, Ladies oder Damen, um nach ihr zu rufen, mehr innerlich als tatsächlich – aber sind nicht auch Rufe, die niemand hört, die nur in einem selbst fallen, als Rufe der Fall? Bist du dort drin, in einer der Kabinen, rief ich im Stillen, hast du dich verletzt, beim Aufprall einen Fuß oder Rippen gebrochen, sag etwas, komm da heraus, ich kann hier nicht länger stehen bei den Damen – und tatsächlich scheuchte mich die Toilettenfrau mit wedelnden Bewegungen wie einen verirrten Vogel aus der Tür. Und nebenan, im Waschraum für Herren, sah ich mein Gesicht im Spiegel – da sah mir einer entgegen, der ich nie hatte sein wollen, ein nicht einmal alter, aber schmutziger Mann, der einen fremdartigen Namen vor sich hin sprach, als wäre er schon morgens betrunken oder einfach verrückt.

Und ich weiß noch, wie ich den Kopf unter Wasser gehalten habe, um dieses Schmutzige abzuwaschen, und wie ich mit nassen Haaren noch einmal vor den Bahnhof gelaufen bin, weil ja auch dort viele von sonst woher herumstanden, mit Sack und Pack, oft noch ein Kind im Arm. Trotz der frühen Stunde lag schon in der Luft, dass wieder ein Tag mit abnormer Hitze bevorstand, und mir ging durch den Kopf, wie sie versuchen würde, an Wasser zu kommen, die öffentlichen Brunnen aber meiden müsste, also womöglich Reste aus weggeworfenen Flaschen sammelte oder darauf hoffte, dass eins der Fahrzeuge, die die Straßen besprengten, nah genug an ihr vorbeikäme. Und dann war da plötzlich eine lange Gestalt in knittrigem Sportzeug, männlich oder weiblich, auf jeden Fall afrikanisch, auf dem Kopf eine Kappe, sie bewegte sich in einer Gruppe auf den Bahnhof zu, auf einen der Seiteneingänge, und ich rief den vorher nur gemurmelten Namen und eilte der Gruppe nach, zehn oder zwölf, alle wie von einem Stamm – ein Wort, auf das ich jetzt erst komme: Stamm. Ich hatte nie gefragt, ob sie von irgendeinem Stamm sei, weil man dabei gleich an Männer mit Speeren und geschmückte Frauen bei wilden Tänzen denkt – wenn überhaupt, dann kam sie vom Stamm der unruhigen Geister, dann waren wir Verwandte. Sie liefen vor mir her, die Zehn oder Zwölf, ich holte sie erst ein, als sie wie letzte Schatten der Nacht in den abgelegensten Teil der Vorhalle traten, geschart um die lange Gestalt, so dass ich um die Gruppe herumgehen musste, meine Tasche vor der Brust, damit sie mir niemand entreißen könnte. Und dann war es ein Schmalgesichtiger mit Puma-Kappe, Äthiopier vielleicht, der Typ Läufer mit hohlen Wangen und langen Beinen – der mich angesehen hat wie einen vom verpönten Stamm der schmutzigen alten, tränenden Männer, die sich schon morgens auf Bahnhöfen herumdrücken, ihre Habe in den Armen statt einen Speer in der Hand.

Es war der Blick, der mir gesagt hat, dass ich es aufgeben sollte, sie in dem Bahnhof zu suchen, ja überhaupt zu suchen, dass es besser wäre, mich zu verziehen; und nach einem Anlauf, im Stehen etwas zu frühstücken, ein Panino, das der Magen aber nicht wollte, war ich noch einmal im Herrenwaschraum, mich zu rasieren und auch etwas Ordnung in die Haare zu bringen – was alles in allem Zeit gebraucht hat, nur nicht genug. Immer noch war Zeit bis zur Abfahrt des Zuges übrig, aber die ließ sich damit verkürzen, in einem der schon offenen Modeläden der Halle nach einem Hemd zu suchen, das zu mir passte und das sich am Ende auch fand, langärmlig, grau, ohne Kragen – eins, das ich gleich angezogen habe, während das von Salzen getränkte Hemd der Nacht in einer Tonne für verderbliche Abfälle kam. Und wenigstens oben herum neu eingekleidet, dazu rasiert und gekämmt, bin ich schon auf den Bahnsteig gegangen, von dem der Zug abfahren sollte, um dort, an einem ambulanten Stand, doch noch etwas zu mir zu nehmen, Tee im Becher und ein Croissant, beides so schluck- und häppchenweise, dass der Magen überlistet wurde.

Aber erst nach Antritt der Fahrt in einem Großraumwagen mit dem so eigenen Gedämpften darin, leisem Telefonieren und Zeitungsknistern und dem gleichförmigen Takt der Räder, ihrem Ta-tam-dadamm, Ta-tamm-dadamm auf den Schienen und Schwellen, zog etwas Ruhe in mich ein. Es war ein Zug, der schon am frühen Nachmittag die Stadt erreichen sollte, in der ich auf halbem Weg ein Studium abgebrochen hatte, das der Philosophie, gescheitert, wenn man so will, unter demselben Dach, unter dem der Bewohner der durch ihn später berühmt gewordenen Hütte einst als führende Figur des Nachdenkens über das Sein in der Welt aufgetreten war. Und vom dortigen Bahnhof fuhr am Tag mehrfach ein Bus zu dem hochgelegenen Dorf, in dem mir das Alphabet beigebracht worden ist: Keiner würde mich dort finden, weil mich keiner dort suchen würde – ein Gedanke inmitten von Sekundenträumen im Rhythmus der Räder unter dem Großraumwagen, bis die Müdigkeit überhandnahm, ich in einen wohl tiefen, aber kurzen Schlaf gefallen sein muss, durch den baldigen Halt des Zuges an der Landesgrenze so verflacht, dass ich einen Traum daraus mitnahm: meine schwarze Gefährtin, vor mir hergehend, nackt, bis auf den weißen Mull auf ihrer Wunde, und die fragend über die Schulter schaut, und ich sage zu ihr: Ich war das nicht, ich habe die Gegend nicht unsicher gemacht – Worte, wie sie nur in Träumen vorkommen. Das heißt, ich war noch mit einem Fuß in dieser Gegenwelt, als behelmte Polizei und Zollbeamte und sogar ein Schäferhund an straffer Leine durch den Wagen gingen, mit Blicken zu allen Reisenden. Aber keiner hörte mein pochendes Herz, keiner wollte ein Dokument von mir, der Hauteindruck reichte; und ich weiß noch, wie seltsam es war, so unbehelligt geblieben zu sein, so frei über eine Grenze zu reisen mit Bildern in mir, die eigentlich Diebesgut waren, der gehörten, die sich verflüchtigt hatte – etwa sie unter blankem Himmel im Buschland mit zwei Kanistern, Wasser tragend, aber nur klein im Hintergrund, das Gesicht unkenntlich. Oder statt ihrer ein Rind mit durchtrennter Kehle; oder ein Dornbusch, wo sie hätte stehen sollen, in eine kardinalrote Decke gehüllt nach der Rettung aus dem Meer. Aber auch: sie auf dem Bauch liegend, das Gesäß entblößt, auf einer Hälfte der entzündete Einschuss – ein nur geliehenes, mir vorübergehend anvertrautes Bild, keins, um es über Grenzen mit nach Hause zu nehmen in einem Zug, den Zöllner und ein Schäferhund durchkämmen, der Hund darauf trainiert, Drogen zu riechen und keine heiße Ware von Bildern, die man sich zu eigen gemacht hat.

Nicht, dass ich das alles genauso empfunden hätte, aber da war, ausgelöst von den Zöllnern, ein Unbehagen, das etwas mit dem zu tun hatte, was die Afrikanerin in mir hinterlassen hat, ohne dass ich es zurückgeben oder dafür selbst etwas geben konnte, und das jetzt, so kam es mir vor, über die Grenze geschmuggelt wurde. Man kann das belächeln, nur gab es dieses Unbehagen – zeitweilig stärker als das Gefühl der begangenen unfassbaren Tat –, und es hat erst nachgelassen, als ich ein gutes Stück hinter der Grenze aus dem Fenster sah anstatt vor mich hin. Da waren bereits Berge zu sehen, noch keine hohen, aber unwegsame voll niederem Wald; erst allmählich sind sie höher geworden, bis der Zug in einen der Berge einfuhr, in den längsten aller Tunnel tief unter der Gebirgsmasse. Im Großraumwagen hat jetzt helles Licht gebrannt, und vor dem Fenster war nichts als Schwärze, als würde der Zug immer weiter und weiter unter die Erde fahren, und das durch den Tunnel gesteigerte Lärmen der Räder wäre in Wahrheit ein letztes Dagegenhalten, um nicht vom Berg verschlungen zu werden, eines wie das von Cordes, nachdem ihn der schwere Stein getroffen hatte. Jeder vorzeitig Sterbende, denke ich, hat das Recht, die grauenvollsten Laute auszustoßen, und jedem, der so einen Tod verursacht, ist es auferlegt, diese Laute für den Rest seines Lebens immer wieder zu hören. Es kann sein, dass man lange nichts davon hört, aber dann reicht ein ferner Kinderschrei, und schon ist alles wieder da, so wie auch alles Glück oder alle Wehmut auf der Stelle zurückkehrt, wenn einen von irgendwo nur zwei, drei Takte eines Liedes erreichen, bei dem man, vor wie langer Zeit auch immer, schon einmal in die Knie gegangen ist – so geschehen in dem Tunnel, als jemand vor mir, der über Stöpsel Musik hörte, den Ton neu regulierte gegen das Lärmen und ihm ein Stöpsel aus dem Ohr fiel, an weißer Kabelschnur über die Schulter hing und ich für Momente, zugegebenermaßen vorgebeugt, die Musik daraus hörte, etwas von einem Lied, das Malafemmena heißt, und aus einer Ferne wie zu dem jungen Mann, der ich war, erstmals in Rom, nachts Hand in Hand, es spielt keine Rolle, mit wem, als jemand das gesungen hatte, irgendwo a cappella in Trastevere. Dort ist es eingedrungen in mich, das Lied, und lagert seitdem nah am Herzen, was man wörtlich nehmen kann: denn es verengt, wenn es auch nur in Fetzen von irgendwo zu mir dringt, den Blutfluss vom Herzen zum Hirn – zuletzt vorgekommen mit Lydia, ohne dass ich ihr die Ursache eines kurzen Schwächeanfalls erklärt hatte, schon um dem vorzubeugen, dass sie sich sonst womöglich bei Spotify mit dem Lied bedient hätte, um mich dadurch jederzeit taumeln lassen zu können. Das Gesicht mit den Händen bedeckt, sozusagen für mich im Zustand halber Aufgelöstheit, habe ich das Ende des Tunnels mit seinem Lärm abgewartet; aber auch, als der Zug wieder unter freiem Himmel fuhr, blieben die Hände noch, wo sie waren, bis Herz und Verstand so arbeiteten, wie es sein sollte.

Und mit der Nase fast am Fenster ist mir dann als Erstes das Verdorrte der Landschaft aufgefallen, als gäbe es auch dort einen Ausnahmezustand. Ganze Maisfelder hatten etwas von Altpapier, ganze Äcker etwas von Wüste; Bäche waren nur noch Rinnsale, Vieh drängte sich, wo es etwas Schatten gab, und kleine Seen funkelten quecksilbrig ungut. Es war wie ein Blick auf mich selbst, und das viele Licht dieses weiteren Gluttags wäre ein falsches Licht, Betrug. Einmal führten die Gleise an einer Landstraße entlang, und da war ein Junge auf seinem Rad – der wäre ich gern gewesen. Und schließlich fuhr der Zug in eine Stadt mit Kopfbahnhof, bekannt für ihre Geldhäuser, und der mit der Musik im Ohr stieg aus, ein Mann in meinem Alter, so eins mit sich, wie es schien, dass ich ihm winken wollte, als er an meinem Fenster vorbeikam. Neue Reisende stiegen zu, und bald ging es weiter, nun durch eine Hügellandschaft mit wie für immer gesäuberten Orten, bis hinter der nächsten Stadt schon die Grenze zu meinem Land erreicht war, und wieder blieb ich unbehelligt, die Kontrolleure gingen an mir vorbei, keiner bemerkte die unverzollten Bilder. Und für den Rest der Strecke habe ich im Gang gestanden, die Stirn an einem der Fenster, und der Stadt entgegengesehen, die für mich früher die Welt war. Seitdem hatte ich nur bei Fahrten zu den Eltern, nach Aufgabe der Arztpraxis in eine Wohnanlage am Rande dieser Stadt gezogen, ihren lieblichen Kern mit dem Auto durchquert, mich aber auf den Verkehr konzentriert. Die Eltern starben kurz nacheinander, ein vergreister Hausarzt und seine ehemalige Helferin, sie liegen unweit der Wohnanlage auf einem neuen, übersichtlichen Friedhof, und was sie ihrem Einzelkind hinterlassen haben, ist ebenfalls übersichtlich, es reicht nur für das Gefühl einer Reserve, wie man es im Auto hat: dass man eben noch ein Stück fahren kann, wenn die Tankanzeige schon blinkt. Unerschöpflich ist dagegen die Wehmut, sobald ich Leute im Verschwarzwälderten meiner Kindheit reden höre, und das war der Fall, als sich welche redenderweise zu mir gestellt haben, um wie ich beim nächsten Halt auszusteigen, an dem Bahnhof, in den ich zuletzt als junger Mann eingefahren war – jetzt kaum mehr wiedererkannt. Der neue Bahnhof hatte etwas von der elterlichen letzten Ruhestätte, mit einer taghellen Halle ohne Sperre, ohne Nischen, ohne Herumtreiber und ohne das Schild Zu den Aborten, dafür mit zwei großen Bildschirmen, über die Werbung und Nachrichten liefen.

Ich sehe mich noch inmitten dieser lobbyartigen Halle stehen, unschlüssig, ob ich gleich zum Busparkplatz sollte, nach wie vor seitlich des Bahnhofs, oder mich erst telefonisch in dem Pfarrhaus anmelden, ja, ob ich überhaupt tun sollte, was mir am Naheliegendsten erschien, oder es nicht besser wäre, mich an Lydia zu wenden, als ahnungsloser Heimkehrer, der ihr natürlich zur Seite stünde, sobald die Nachricht von Cordes' Tod über alle Schirme liefe, auch die in der Bahnhofslobby, wenn da zu lesen wäre, dass Benedikt Cordes zwischen Oleanderbüschen auf einer großen Verkehrsinsel in der Bürogegend von Mailand mit eingeschlagenem Schädel gefunden worden sei, nahe der Tiefgarage, in der die von ihm besuchte Fashionweek-Eröffnung mit Afrikanern stattgefunden habe, wenn es diese Eilmeldung gäbe – was ja jeden Augenblick hätte passieren können, aber auch erst in ein, zwei Tagen möglich gewesen wäre. Noch waren da andere Meldungen, harmlose, und schließlich bin ich in den Zeitschriftenladen der Halle gegangen, wo man hingeht, wenn man etwas Zeit gewinnen oder Zeit totschlagen will. Ich wollte beides und trat zuerst vor die Fächer mit den Spezialmagazinen, als gäbe es zwischen all den Heften für Angler oder Kitesurfer, für Höhlentaucher, Autobegeisterte und Computerbastler auch eines für Untröstliche, und als Nächstes vor den Ständer der Tageszeitungen, obenauf das Blatt, das für meinen Vater das gültige war, mit einem Bild auf der Eins, das mich so herantreten ließ, dass es fast schon verschwamm. Ich kroch geradezu in dieses Pressefoto von der Eröffnung der Mailänder Modewoche, an einem Ort wie das

Tiefdeck eines rostigen Frachters, Einführung eines Refugee-Chics durch aus dem Meer gerettete Afrikaner, ein Bild mit etwas wankelmütiger Unterzeile – das kann man zynisch finden oder als Spiegel unserer Zeit sehen – und einem Hinweis auf den Auslandsteil der Zeitung, also gleich zwei Gründe, mir ein Exemplar zu kaufen. Und damit ging ich zum Busbahnhof, nur kaum aus plötzlicher Entschlossenheit, eher in dem Wunsch, bei der, die mir schon als Kind zugehört hatte, wenigstens das abzuladen, was sich mit dem Menschen, den sie kannte, noch vereinbaren ließ. Und ich hatte Glück: Der richtige Bus stand bereit, über der Frontscheibe die vertrauten Ortsnamen in laufender Zeile, am Ende das Ziel der Fahrt, ich musste nur am Automaten die Karte lösen und einsteigen und bekam sogar einen Einzelsitz, die Zeitung noch auf den Knien, um einen ruhigen Eindruck zu machen, den eines Mannes, der nicht gleich zu seiner Zeitung greift, weil er das Leben kennt und sich vom Weltgeschehen wenig Neues verspricht. Erst hinter Oberried, als es bergan ging, schlug ich den Auslandsteil auf, wo es zu einer dpa-Meldung, die die Eröffnungsschau betraf, ein weiteres Bild gab, eins, wie es dort hieß, das durchaus zu der Idee mit Afrikanern in einer Flüchtlingsgarderobe passe, aber angeblich in der Galleria von Mailand in einem feinen Damenmodegeschäft aufgenommen worden sei, nur eben alles andere als feine Damenoberbekleidung zeige, nämlich ein schwarzes Mädchen in blauem T-Shirt mit roten chinesischen Schriftzeichen, die so viel wie Glück am Spieß bedeuteten, auf dem Kopf eine bunte Wollmütze und in der Hand zwei Stäbchen mit dampfenden Fleischstücken.

22

Glück am Spieß, das hat mir gestern einer der Chinesen bestätigt, die gegen Abend die Grillstände an der Durchgangsstraße mit Fleisch aus der Hähnchenfarm beliefern, freilich erst nach Rücksprache mit einem Kollegen in weißem Hemd, wobei er Glück am Stäbchen sagte, Luck on a stick, was man so oder so übersetzen kann. Glück am Spieß erscheint mir aber am treffendsten, und auf die mehr angedeutete als gestellte Frage an den Kollegen, ob man eins der T-Shirts kaufen könnte, entfernte sich der im weißen Hemd ein paar Schritte und telefonierte, in den Augen einen Ernst, als würde er mit Peking sprechen. Ich habe dann woanders hingesehen, zu dem haushohen Billboard mit der Samsung-Werbung, die den Chinesen ein Dorn im Auge sein muss, genauer zu dem Menschenbündel am Fuße des Gestells, und war fast erschrocken, als der Verantwortliche für die abendliche Fleischlieferung, oder was er war, mit einem der T-Shirts und sogar einem Für Sie oder Für dich auf mich zutrat, For you a shirt from Hubei – ein Name, der mir nichts sagte, das For you aber sagte mir, dass es ein Geschenk war. Er schenkte mir das T-Shirt, weil er mich offenbar für jemanden hielt, der sich über das chinesische Wirken in Afrika positiv äußern könnte, und ich bedankte mich mit einer Verbeugung, die er nur mit kurzem Nicken quittierte, worauf ich – schwer zu sagen, weshalb gerade in der Situation – meinen Namen nannte (mir fällt dazu nur die Geschichte mit Robinson und Freitag ein, es war einfach der erste Kontakt mit einem Nichtafrikaner seit Wochen). Und nach etwas Zögern nannte er auch seinen – Zang, soweit ich es verstand, oder Zhang, wie man es wohl schreibt, um nach der berechnenden

Gabe mit einem denkbaren Anteil an Gefälligkeit gleich wieder seinen Aufgaben nachzugehen, während ich mir das fernöstliche Kleidungsstück vor die Brust hielt. Aber in das Geschenk, das mich für Chinas Aktivität in Afrika einnehmen sollte, hätte nur eins der Mädchen gepasst, die jeden Abend an der Lastwagenschlange entlangeilen, Spieße und Getränke in den Händen; es war das Hemd, das sie unter dem Overall tragen, die Jacke so geöffnet, dass man die Schrift lesen kann. Das heißt, ich hatte ein Hemd zu viel, und ein paar Meter weiter gab es das Menschenbündel unter dem Werbetafelgerüst, und es brauchte nur wenige Schritte, um das gute Stück dort so abzulegen, dass die knotige schwarze Hand am Rande dieses Gebildes aus Tüchern und Plastik, halb Kleidung, halb Behausung, danach greifen konnte.

Die jungen Frauen oder älteren Mädchen, die hier abends das Grillfleisch an Lastwagenfahrer im Stau verkaufen, tragen diese T-Shirts aber auch gern ohne den Overall, nur zu engen Jeans, die allerdings genormt sind. Ihr ganzer Dress erscheint einem wie vom Reich der Mitte bestimmt, aber der Eindruck trügt, weil sie immer eine in den Landesfarben gestrickte Mütze tragen, die zeigt, wo ihr Herz schlägt, wenn sie die Spieße schwenken und an den Fahrerkabinen hochklettern, mit einem Lachen, dass es den Männern, die von weit her kommen, oft die Sprache verschlägt, sie nur ihr Geld aus dem Fenster reichen und für Momente die Hand berühren, die ihnen das dampfende Fleisch übergibt. Erst wenn der Abendbetrieb abflaut und sich Lücken bilden zwischen den Lastern und eins der Mädchen wie allein auf weiter Flur in einer der Lücken steht, nur noch im Licht von Karbidlampen aus Buden am Rand der Durchgangsstraße, unter dem Arm einen Kasten mit noch zwei Dosen Cola, in der pendelnden Hand den letzten Spieß, dazu mit einem Blick, halb schläfrig, halb lauernd in die Richtung, aus der noch ein Fernlaster kommen könnte, fällt einem als Fremder diese haubenartige, in den Landesfarben gestrickte Mütze auf. Mir ist sie jedenfalls erst bei so einer Gelegenheit aufgefallen, spät abends auf dem Rückweg vom Café Elijah, und dabei hätte sie mir schon Wochen zuvor auf der Busfahrt zu meinem Kindheitsdorf in dem Zeitungsbild auffallen können, aber da hatte ich nur eines zu sehen geglaubt: Meine Afrikanerin unter eben dieser Kappe und wie vermischt mit dem nächtlichen Drumherum ihren halb abwesenden, halb lauernden Blick – der auch der Blick gewesen sein könnte, als der Mailänder Ladenbesitzer in der Storchenbeinhose durch seine asiatische Angestellte von der Kundin mit Traumfigur in dem Kleid ein Bild machen ließ.

Sorgfältig ausgeschnitten und geglättet, liegt dieses Pressefoto inzwischen auf dem Notebook noch aus Zeiten eines geregelten Einkommens, dem Gerät, das endgültig seinen Geist aufgegeben hat, den der maßgeblichen Buchstaben und Zeichen durch ein Versagen der Tasten dazu, das aber wegzuwerfen ich noch nicht über mich bringe. In der Bude mit dem Schild Mugie Comput Service hat mir vor zwei Tagen ein wie dort zur Welt gekommener und mit Aberhunderten von Rechnerteilen aufgewachsener Mann nach Prüfung des Notebooks gesagt, es liege am Staub in der Luft, außerdem sei das Gerät älter als er selbst; glücklicherweise ließ sich aber alles bis zu dem Totalausfall Geschriebene in seiner Bude ausdrucken, nachdem ich das Papier dazu gekauft hatte und mir auch gleich einen Vorrat für das Weiterschreiben samt tauglichen Stiften, das Ganze für zwanzig US-Dollar, der Währung, der man hier vertraut. Eigentlich hatte ich an dem Tag vorgehabt, irgendetwas Weihnachtliches für das so kahle Zimmer in dem Rohbau zu besorgen, das war dann nach dieser Ausgabe hinfällig, ganz gegen die eigene Gewohnheit in dem Punkt. In meiner früheren Wohnung hatte es in jedem Dezember einen stattlichen Kranz gegeben, und Lydia ist eigens zu mir gekommen, um etwas von dieser Stimmung aufzunehmen, hätte das nur nie eingestanden; ja, sie nannte mich sogar einen Adventsscharlatan, ließ sich aber, wenn wir nach Tee und Christstollen miteinander ins Bett gingen, Kerzenlicht im Schlafzimmer gefallen – alles aus und vorbei.

Scharlatan oder in der Sprache des Landes, in dem die Afrikanerin verschwunden ist, ciarlatano, das mit cerretano zu tun hat, dem Marktschreier, dem man bekanntlich nicht alles glauben darf, der die Leute mit Reden um den Finger wickelt, wie eben ein Scharlatan, der etwas vortäuscht, und wenn es nur Adventsstimmung ist. Oder der früher, auf den Schulwegen mit seiner Kindheitsfreundin, alles mögliche Wissen vorgespielt hat, zum Beispiel über Gott, dass er kein alter Mann mit Bart sei, sondern Ähnlichkeit mit Prinz Eisenherz habe, und über die Geheimnisse der Wälder unweit des Dorfs – dem ich mich nach vielen Jahren der Abwesenheit in einem Bus mit auch vorgetäuschter Ruhe wieder genähert hatte –, dass es dort Geister gebe, die er schon gesehen und sogar in die Flucht geschlagen habe, was ihm den Titel Aufschneider eingetragen hat, Du Aufschneider, du – ein Wort aus dem Mund der Freundin, die damals noch keine acht war, mich aber ins Mark treffen konnte, als wäre sie achtzehn gewesen.

Der Bus hat am Rathaus gehalten, wo seit jeher die Haltestelle war, weil man dort wenden kann, und was mir gleich beim Aussteigen ins Auge gesprungen ist, war ein Anbau am Rathaus mit Sonnenkollektoren auf dem Schrägdach; das alte Rathaus war ein neues, wie auch alle Dorfbewohner, männliche und weibliche, neue wären, und vielleicht auch Maren eine neue oder gänzlich andere als früher wäre – ein Gedanke, bei dem ich fast wieder kehrtgemacht hätte, um zurückzufahren bis zu dem ebenfalls neuen Bahnhof, auch wenn es keiner für Gestrandete war und bei dem ich schon so hatte aufgeben wollen wie jetzt an der Busendstation, als hätte mir einer aus dem Rathausanbau zugerufen Gib es auf, dich zu uns zu flüchten, oder einfach, wie es hier in der Gegend heißt: Steck's!

Nur hat das niemand gerufen, und die Bustür war schon zu, der Fahrer machte Pause, also ging ich mit meiner Tasche die leicht ansteigende Straße weiter, dem oberen Ortsteil entgegen. Das einstige Forsthaus, von der evangelischen Landeskirche gepachtet, stand ein gutes Stück hinter den letzten Häusern, ein Weg in der Spätnachmittagssonne vorbei am früheren Kindergarten, jetzt Bistro mit Außentischen, und auch vorbei an meinem Elternhaus, jetzt Drogeriemarkt, wo einmal ebenerdig die Praxis lag. Aber Dinge ändern sich, wie man weiß, auch ich habe es gewusst auf diesem Weg durch das Dorf, doch was heißt schon wissen, wenn kaum noch etwas so ist, wie man es gekannt hatte und womöglich geliebt, ohne es auch nur zu ahnen; selbst der steile Schriftzug vom Schwarzen Adler war nun einer in dynamischen Buchstaben an dem Gasthaus, an dem es kein Vorbeigehen gab, ohne an sonntägliche Ochsenzungen nach dem Kirchgang zu denken, im Sommer als Dessert kühles Rhabarberkompott. Und im Weitergehen hat in mir schon ein Zurechtlegen begonnen, was ich meiner einstigen Schulwegfreundin, wenn nicht Schulwegliebe – mal hatte ich sie von ihrem Elternhaus abgeholt, mal dorthin begleitet –, ja überhaupt Kinderliebe, wenn es das gibt, zu meinem plötzlichen Auftauchen sagen würde: dass ich in Schwierigkeiten sei, aber im Moment nicht darüber reden könnte, sondern erst einmal, wenn unter ihrem Dach ein Platz für mich wäre, dort etwas Ruhe finden müsste.

Schwierigkeiten, ein Wort, das alles und nichts sagt, es ist mir am Ortsrand eingefallen, wo die Straße schon fast wieder Landstraße war, gute alte Landstraße, so wenig befahren zu der Stunde, dass ich statt auf dem Fußgängerstreifen mit dürrem, zertretenem Gras halb auf der Straße ging, die Reisetasche mit ihren Henkeln über der Schulter, nur überholt von einem Traktor mit seinen Gerüchen nach Fett und Diesel sowie einem radelnden Jungen – schon der zweite an dem Tag, und ich hätte ihn gern gefragt, wie er heißt und wo er wohnt hier, wo er hingehört, ihn das gefragt, was man mich, wenn ich als Kind mit dem Rad unterwegs war, schon dort gefragt hatte, wo ich nicht täglich hinkam, Wem g'hörsch du?; und wäre mir jetzt jemand gekommen mit dieser Frage, ich hätte darauf keine Antwort gehabt. Der, der da mit seiner Tasche halb auf der Landstraße ging und hinter den letzten Häusern des Dorfs in einen einstigen Feldweg bog, inzwischen mit festem Belag, den Weg zum alten Forsthaus, gehörte nur der Geschichte an, in die er geraten war, seit er eine Afrikanerin ohne Papiere in seinen Mietwagen hat steigen lassen, und nicht nur dieser Geschichte, auch vergangenen, solchen, die mit Liebe und die mit Arbeit zu tun hatten und nicht zuletzt der einer Kindheit. Ich war den alten Feldweg oft gegangen als Junge, es war der Weg in den nächsten Wald, und als ich jetzt dort ging, war da plötzlich ein Gefühl von absurdem Dank, wem denn auch gegenüber, als der Teerbelag endete und es wieder der Weg von eh und je war, mit einer Abzweigung zu dem früheren Forsthaus, gerade noch breit genug für ein Auto, und da gab es auch frische Fahrspuren, das konnten nur die der Bewohnerin sein. Vor dem Haus stand dann aber kein Auto, und nach vergeblichem Läuten erlaubte ich mir, die hölzerne Gartentür zu dem heutigen Pfarrhaus zu öffnen und einfach in den Garten einzudringen, um mich dort auf eine Bank zu setzen und sogar eine Schlafhaltung zu suchen, wie einer, der nicht ganz bei Trost ist, sich aber auf Schwierigkeiten berufen will – die ja in Wahrheit Nöte waren, letztlich die Not, denke ich in dem Zimmer ohne Weihnachtsschmuck, nur mit feinem Staub überall, wie die im alten lutherischen Lied Aus tiefer Not schrei ich zu Dir, Herr Gott, erhör' mein Rufen.

Mit der Tasche als Kopfkissen, die Beine gestreckt, hatte ich eine Weile auf der Bank gedöst, immer wieder nah am Schlaf mit den Bildern, die nur angedacht sind, ehe sie schon auf einen zuströmen, darunter Maren, wie ich sie zuletzt im Gedränge des Kirchentags sah, in Jeans und einem Flanellhemd und mit dem Pferdeschwanz, der schon immer zu ihr gehört hatte, bei dieser halb erträumten Wiederbegegnung endlich in meiner Hand, als wäre er der Teil des anderen, den man will, weil man nicht anders kann, wie es bei Lydia der flaumige Nacken war und bei meiner schwarzen Reisegefährtin der Mund. Ich muss also doch etwas geschlafen haben, eine Stunde oder länger, auf jeden Fall stand die Sonne schon niedrig, als ich nach dem Liegen auf der Gartenbank um das Haus ging. Alle Fenster waren geschlossen, aber die Erde in den Gartentöpfen war feucht, jemand hatte dort noch vor Stunden gegossen, und an einer Leine bei der Gartendusche – die ich da erstmals gesehen hatte und gern benutzt hätte – hing etwas Wäsche, Blusen, Socken, Shorts und zwei Küchentücher, alles längst trocken. Ich machte kehrt und ging wieder vor die Gartentür, ich stellte mich auf einen Stein, doppelt so groß wie der geworfene, und sah über das tiefer gelegene Dorf in die Landschaft, die noch in mir war und nun vor mir lag, fast trügerisch, als bildete ich mir das alles nur ein. Da war ein Dunststreif über bewaldeten Bergen, und da war der ansteigende Wiesenhang hin zu einem Weg am Waldrand, vorbei an der Philosophenhütte, und da war ein Vogel, der in einem der Sträucher am Zaun die Töne machte, die man gern für Gesang hält – kurzum, da war Hoffnung. Maren und ich, wir würden abends nach ihrer Arbeit noch etwas trinken, wie eben zwei, die unter einem Dach wohnen und vor dem Schlafengehen plaudern, und irgendwann könnte ich so etwas sagen wie: Ich weiß nicht, ob ich glücklich bin, aber mir gefällt das Leben immer besser – die Hoffnung auf eine Idylle, oder das, woran sich jemand klammert, dem das Leben zwischen den Fingern zerrinnt.

Und auch das Nahen eines Autos, schwarzer Kombi, von innen Musik, laute Bässe, also wohl ein Fenster offen, hat noch zu diesen Ideen beigetragen. Die Fahrerin stoppte am Wegende vor dem Haus, sie stellte die Musik ab und stieg aus dem Wagen, und ich sprang von dem Stein, der ein Feldstein war, und ging auf sie zu, Arme nur leicht ausgebreitet, weil sie auf einmal schwer waren, wie nach einem Unfall lange ungenutzt – und seltsam: Ich weiß nicht mehr, mit welchen Worten ich auf sie zugegangen bin, und auch nicht, ob sie meinen Namen gerufen hat, nur, dass wir uns umarmt haben und ihr Haar wie in dem Fetzen von Traum durch meine Hand ging.

Das Andere im Anderen, in dem Fall beides groß geschrieben, ist sein nicht Einzuordnendes, das absolut Einmalige an ihm und damit immer auch irgendwo Unangemessene (oder bei Sokrates Atopische, vom Sittenstandard Abweichende), das aber, für den, der liebt, zum Maß aller Dinge wird, buchstäblich mit Händen zu greifen, wenn etwas am Körper des Anderen, ein für Außenstehende in der Regel unbedeutendes Detail mir ein Stück meiner Wahrheit mitteilt, oft das verborgenste. Und bei Maren, die ich als Kind geliebt hatte, waren es die Kniekehlen, ihr Blassbläuliches, wenn sie sich im Rock nach etwas gebückt hat, etwa einem Käfer, und das in Verbindung mit ihrem Schopf, der dann als Fächer über eine Schulter fiel, die herzseitige – so war es auch, als wir das Haus betraten, ich zwei Schritte hinter ihr, und sie sich, mit der vorher abgenommenen Wäsche im Arm, nach einer heruntergefallenen Socke bückte, auf den Kniekehlen das frühabendliche Licht.

Und in der Küche, während Maren die Wäsche auf dem Tisch zusammenlegte, sagte ich, was ich mir vorgenommen hatte zu sagen, dass ich in Schwierigkeiten sei, muss es aber so gesagt haben, dass sie in dem Moment gar nichts Näheres wissen wollte. Statt Fragen zu stellen, bestrich sie eine Scheibe Brot mit Butter und stellte Wurst und Käse und eine Flasche Bier auf den Tisch. Nur fürs Erste, sagte sie; und während ich aß und trank, erzählte sie, wer von unserer alten Klasse noch übrig war, im Dorf geblieben aus Anhänglichkeit, und wen es weggezogen hatte. Danach führte sie mich ins Gästezimmer und bot mir die Gartendusche an. Und dort im letzten Licht unter dem Strahl zu stehen, war reines, unverdientes Glück.

Später, schon bei Dunkelheit draußen, saßen wir wieder in der Küche, sie jetzt in den Shorts von der Wäscheleine, ich in ihrem Bademantel, weil meine ganze Kleidung in der Maschine war, ich hatte darum gebeten, als würde so auch aus dem eigenen Gewebe aller Schmutz gewaschen. Maren zeigte mir eine Mappe, darin jeder meiner längeren Artikel aus den Jahren bei der Christlichen Stimme, wie ein Dossier über den, der ich nicht mehr war. Manchmal habe ich einen Satz geklaut für eine Predigt, sagte sie. Betrachte den Aufenthalt hier als Ausgleich. Und wenn im Kühlschrank etwas fehlt: Die Metzgerei Stegmann ist noch an alter Stelle, auch der Bäcker hinter der Kirche. Hast du noch Hunger? Sie fragte das, obwohl sie schon dabei war, eine Art Notgericht zu machen, für uns beide aufgebratene Nudeln mit Kochschinken, und im Verlauf dieses Essens hat jeder mindestens einmal den Namen des anderen ausgesprochen, als wäre es sonst nicht zu glauben gewesen, dass man am selben Tisch saß. Ich weiß nicht mehr, worüber wir im Einzelnen geredet haben, wenn wir überhaupt geredet haben, aber am Ende des Abends hat Maren vorgeschlagen, ihr doch vielleicht nach und nach zu erzählen, in welchen Schwierigkeiten ich steckte. Es bleibt so bei mir wie deine früheren Geschichten, erklärte sie, und auf die Antwort, dass ich sie nicht belasten wollte, warf sie mir einen Blick zu, als wäre sie noch die Freundin der Schulwege, wenn ich da etwa mit einem abgerissenen Zweig Blumen geköpft hatte und sie nichts gesagt hat, nur auf ihre Art, obwohl sie kleiner war, auf mich herunterschaute.

Mit diesem Blick aus früherer Zeit war unser Wiedersehensabend beendet, und ich bin in dem Zimmer unter dem Dach ins Gästebett gefallen. Auf dem Nachttisch lagen wie in einem Hotel Block und Stift, dort für mich geradezu ausgelegt, und nach Löschen einer Leselampe und Gewöhnung an das noch Erkennbare um mich herum war ich wieder so weit bei Trost, dass es eine Idee für den nächsten Tag gab: an dem Tisch im Zimmer die erste Seite eines Berichts zu schreiben, nach dem letzten Wort zu übergeben in treue Hände.

23

Bei Trost sein – ein Ausdruck, der sich mir hier an meinem zweiten Zufluchtsort noch einmal neu erschlossen hat: nicht als Zustand einer wie auch immer gearteten Besserung, wenn man sich wieder bei Verstand glaubt und dazu noch getröstet fühlt, sondern als Hoffnung auf etwas Besseres als das Gegenwärtige, ja den Glauben an dieses Bessere und das Staunen, wenn sich einem etwas davon offenbart – wie es der Fall war nach einem meiner Wege durch den Ort, ausgelöst auch durch eine Beobachtung auf dem Schlachthof. In dem Sickerbach aus Spülwasser, Blut und dem letzten Urin der Tiere, seinen rötlich schäumenden Mäandern zum nahen Fluss hin, stelzten die Marabus umher, manche mir bis in Halshöhe reichend mit ihren langen Schnäbeln, wenn sie letzte Fleischfetzen aufgepickt hatten und, den Schnabel halb erhoben, herunterschlangen. Einer der großen Vögel aber hat gestern aus dem abgetrennten Schädel eines Rinds die Augen gezupft, und wenn ich gestern sage, ist damit der sechste Dezember gemeint, also Nikolaus. Mein Hotelier oder eher Zimmervermieter hatte mich am Morgen darauf aufmerksam gemacht, er kümmert sich jetzt mehr denn je um mich, weil der chinesische Gast für sein zweites fertiggestelltes Zimmer abgesagt hat; angeblich sei der Hühnerfarmbesitzer erkrankt und nicht reisefähig, was immer von derartigen Mitteilungen aus dem fernen China zu halten ist. Ich habe dieses Auszupfen der Augen also im Bewusstsein des Nikolaustags verfolgt, mit all den Erinnerungen an morgens gefüllte Schuhe und einen Weißbärtigen in rotem Mantel, der mit seinem rußigen Knecht abends durchs Dorf zog und den Kindern schöne Schrecken einjagte, das heißt in einem Anflug von Melancholie, der sich – ich könnte nicht sagen, warum – mit dem so Hässlichen der Marabus verbunden hat, aber auch ihrer Art, immer erst im letzten Moment mit kleinen, irgendwie traurig unterwürfigen Schritten zur Seite zu weichen, eben als das geduldete Gesindel des Schlachthofs, während die Rinder, die noch leben, aber eigentlich schon tot sind, entweder benommen dastehen, bis man sie zur Schlachtung zerrt, oder wie Geisteskranke im Kreis laufen, vorbei an denen, die sich bald ihre Augen holen.

Und einerseits erschrocken über das Gesehene, andererseits in Erinnerungen an die Nikolausbräuche in meinem Kindheitsdorf, also in einer Doppelstimmung, bin ich noch etwas am Fluss entlanggegangen, um dann als weiterhin einziger Logiergast von Mister Moses den Nachmittag zu verschlafen, so erschöpft vom Fremden wie von mir selbst. Es war ein Aufgewühlt- oder Dünnhäutigsein, das sogar noch zugenommen hat, als ich später über den Abendmarkt ging, im Gewimmel zwischen all den Garküchen mit ihren beißenden Schwaden und den Schönheitsbuden in grellem Licht, vorbei an Bergen alter Kleidung, Hosen, Hemden, Röcke und Kappen, Kappen aus allen Ecken der Welt, auf dem Schirm oder darüber die Zeichen, die jeder kennt; und vorbei auch an Heilern und Predigern, die in irrem Getanze umherziehen, sowie den Händen der Ärmsten, die nach einem greifen. Und all das ist mir plötzlich zu viel geworden, es hat mich Hals über Kopf davongehen lassen, was aber bald mehr als ein Gehen war, nämlich das Verfolgen einer Gestalt, die wohl auch auf dem Markt gewesen war und nun in Richtung einer Gegend mit nur geringer Straßenbeleuchtung lief oder besser gesagt: verschwand, erst als langer Schatten, dann als fixe Idee von einer Gestalt, die mich ihr hinterhereilen ließ, vorbei an Ziegen, die im Stehen zu schlafen schienen, bis sie noch einmal auftauchte, schmal und mit Kapuze, sogar eine Hand halb erhoben, wie einem Ansatz zum

Winken, um dann zwischen niederen Lehmhäusern erneut zu verschwinden, in einer Dunkelheit, die es aussichtslos machte, ihr noch weiter zu folgen – auch wenn ich es versucht hatte, zwischen den Häusern umhergeirrt bin, über Hunde hinweg und vorbei an Alten, die auf ihren Türschwellen saßen, bis ich völlig überraschend vor einer der beiden Kirchen stand, der kleineren, einem unscheinbaren, nach den Seiten hin offenen Holzbau mit Glocke auf dem Giebel, bisher nur bei Tagesgängen gesehen.

Und das Betreten dieses Holzbaus war so von Glauben bestimmt wie kein Betreten einer Kirche seit Jahren – den Anfängen mit Lydia, um genau zu sein –, dem absurden Glauben, meine Reisegefährtin würde in einer der Bankreihen sitzen, die Kapuze zurückgestreift, das Haar nachgewachsen, die Hände gefaltet in Erwartung einer Messe, die schon auf Weihnachten einstimmt. Und die Stille in dem überdachten Raum und sein Halbdunkel kamen diesem Glauben noch entgegen; das einzige Licht war das Ewige Licht in der Nähe des Tabernakels, so dass die Reihen der Bänke kaum zu sehen waren. Folglich hat es etwas gedauert, bis ich am Rand einer der mittleren Bänke eine halb zusammengesunkene Gestalt sah, ohne Kapuze, den Kopf in die Hände gestützt, und es verging noch einmal Zeit, bis ich sie mit dem Staunen erkannte, von dem vorher die Rede war.

Der außer mir einzige Kirchenbesucher war Major Ayago in Zivil, in einem alten Trainingsanzug wie aus der Schau in der Mailänder Tiefgarage, als wollte auch er sich auf den langen Weg ins Glück machen. Er sah mich nicht gleich, spürte aber wohl die Nähe einer anderen, fremden Person, so wie sein Körper sich spannte, bereit zur Abwehr einer Gefahr, und da setzte ich mich neben ihn und sagte, ich sei es, der Ausländer mit dem Notizheft. Zum Beweis zog ich das Heft aus der Tasche und hielt es ihm hin, als wäre es mein Pass, und der Polizeimajor schob es beiseite und sah mich an – der Auftakt zu einem kurzen, leisen Gespräch. Eigentlich bete man in einer Kirche, statt zu reden, und warum ich nicht nach Hause geflogen sei, um Weihnachten in meinem Land zu verbringen, wo es schneie, statt hier, wo nur Staub vom Himmel falle, und was ich überhaupt in der Kirche wollte, so hat Ayago angefangen, und meine Antwort, dass es bei uns schon lange kein weißes Weihnachten mehr gebe und ich mir die Kirche mit der Glocke auf dem Dach nur anschauen wollte, hat ihn noch leiser reden lassen. Die Glocke hätten Evangelikale aus Oklahoma gestiftet, Leute, die uns um ihre langen dürren Glaubensfinger (long skinny fingers of faith) wickeln wollten, gegen die Chinesen, die sich hier breitmachten. Und eine Kirche sei zum Beten da, nicht zum Anschauen – die Tochter der Kioskbesitzer, die nach dem Tod ihrer Eltern bei ihm im Haus gewesen sei, habe hier oft gebetet, in genau dieser Bank – Just where I sit, sagte er und rückte ein Stück, wie um ihren Platz freizumachen. Er sah mich immer noch an, und mir war die ganze Situation nicht geheuer, ich konnte nur nicht einfach weggehen; zwischen uns war jetzt gewissermaßen ihr leerer Platz, und über den hat er sich zu mir gebeugt und gesagt, er sei hier, um sich dafür zu bedanken, dass er diesen Tag überlebt habe. Es war eine Mitteilung, um mich zu locken, ich sollte ihm Fragen stellen, und das habe ich auch getan und von einem erst wenige Stunden zurückliegenden Schusswechsel mit Dieben am Rand des Buschlands erfahren. Ayago verdankte sein Leben, wie er es sah, einer Staubwolke, die ihn kurzzeitig so unsichtbar gemacht hat, dass er ein leeres Magazin gegen ein volles wechseln konnte, um dann einen der Schwerbewaffneten zu erschießen. Und in der Kirche war er angeblich auch, weil es ihn beschäftigte, was das für ein Leben sei, wenn es von etwas Staub abhänge. Das heißt, er war sich nicht sicher, ob er einfach nur Glück gehabt hat wie beim Würfeln oder ob ihn die Heilige Jungfrau, ein sicheres

Auge, sein ruhiges Abdrücken und eine Walther PPK aus meinem Land gerettet haben. Nach dieser Aufzählung hat sich Ayago von der Bank erhoben, aber noch einmal zu mir gebeugt und eine Art inneren Anlauf genommen, um etwas loszuwerden, von dem er wohl nicht sicher war, ob er bei mir damit an Ansehen gewinnt oder verliert – vielleicht sei ihm aber auch von der geholfen worden, die in dieser Bank immer gebetet habe, Hände unterm Kinn gefaltet, inniglich, indem die Staubwolke von ihr gekommen sei, ihren großen Schritten in der Nähe. You never know, when you feel close to somebody, hat Ayago gemurmelt und anschließend noch etwas in der ganz eigenen Sprache der Gegend, Wörter wie an die gewandt, die womöglich Anteil hatte an seiner Rettung, als wären wir zu dritt in der dunklen Kirche gewesen, bevor er durch den Mittelgang eilig davonging.

Hier hat sie gebetet, Hände unterm Kinn gefaltet, inniglich – deeply, passionately, devoutly, hatte Ayago geflüstert, als würde ein Wort gar nicht reichen, mir das Innigliche klarzumachen, und ich glaube, es waren diese drei Worte, die mir auf dem Weg von der Kirche zu dem Rohbauhotel etwas zwischen ihr und mir, das auch in der Dunkelheit passiert war, wieder ganz ins Bewusstsein geholt haben. In einer unserer Nächte im Freien, in der nach dem Schuss auf sie, hatten wir einmal über meinen Glauben geredet, was mir aber anderentags als ein Stück verwischter Traum vorgekommen ist – und auch jetzt wieder so vorkommt: als etwas nur unter Vorbehalt Festzuhaltendes. Ich hatte geschlafen, und sie hat mich mit der Frage geweckt, wie sehr ich nach meiner früheren Arbeit für eine kirchliche Zeitung noch an Gott glauben würde, deeply or not? Das war das Stichwort, deeply, das die Szene in mir wiederbelebt hat. Die Afrikanerin lag auf dem Bauch, die frische Wunde hatte sie nicht schlafen lassen, und das Wachliegen muss sie ins Grübeln gebracht haben bezüglich meines Glaubens, bis sie mich mit dieser Frage weckte, vielleicht ja aus ganz ähnlichem Impuls wie das Gretchen im Faust – wenn ich es richtig im Kopf habe, heißt dort der Reim auf Religion: Allein, ich glaub', du hältst nicht viel davon. Sie hat nur gleich nach dem Glauben gefragt, und meine Antwort hat sie nicht gelten lassen, ungefähr folgende: Wie sollte ich an Gott glauben, wenn ich kaum an mich glauben könnte, daran, dass es gut sei, dass es mich gibt. Nur an sie würde ich glauben, dass sie ihren Weg macht. Darauf sagte sie, dass ich so nicht reden dürfe, weil ihr Weg vorbestimmt sei, es etwas Größeres gebe als sie und mich, wir nur etwas in uns hätten, dass uns denken lassen würde, wir selbst seien das Größte – ob das mein Glauben sei. Und ich bin sicher, dass die Antwort ein leises No in der Dunkelheit war, mit der Folge, dass sie mir ins Haar griff – aber das kann schon wieder unter die ersten Bilder gefallen sein, die auf einen zukommen, statt von einem auszugehen, oder auch nicht: weil man nie wissen kann, wenn es um Schlaf geht, wie man auch nie wissen kann, wenn Liebe im Spiel ist.

Letzteres hatte ich von Maren gehört, schon nach wenigen Geschichten von der Fahrt mit meiner Afrikanerin durch Kalabrien, aus denen wohl hervorgegangen ist, dass ich sie erstens vermisste – auf Nachfragen nur nicht sagen konnte, was denn genau, ob es ihre Art war, aber welche, die stille, oder die Art, mir ein Messer zu zeigen, oder gleich ganz ihr Äußeres, nur was daran, der Mund, die Augen, die Figur, und kann man einer Figur überhaupt nachtrauern, oder ist es bloß Getrauere um sich in Verbindung mit dieser Figur –, und dass ich zweitens nicht glaubte, sie würde noch einmal auftauchen, worauf meine alte Freundin Kann man nie wissen, wenn Liebe im Spiel ist gesagt hat. Der Punkt ist doch, ob du mehr für sie warst als nur der Mann, der sie zu ihrem Cousin gefahren hat. Warst du am Ende mehr für sie?

Eine Frage zwischen Tür und Angel, noch schnell vor dem Zubettgehen, als wäre sie nicht wichtig, das war sie aber, und meine ganze Antwort bestand aus Achselzucken; danach ist Maren mit vollem Weinglas in ihr Zimmer gegangen. Und am nächsten Vormittag kam die Meldung von Benedikt Cordes' Tod, gehört beim Rasieren aus einem kleinen Radio in ihrem Bad, während sie schon aus dem Haus war. Gemeldet wurde, dass Cordes in der Bürostadt von Mailand mit eingeschlagenem Kopf gefunden worden sei, mehr als zwei Tage habe er unentdeckt zwischen Büschen auf der Kuppe einer Verkehrsinsel gelegen. Näheres kam dann im Fernsehen, in dem Sender, für den Cordes tätig war. Eine, die sonst Plauderrunden in Gang hielt, war in Kontakt mit Stellen in Mailand, und die wussten, aus welchen Quellen auch immer, dass Cordes vor seinem Tod die unter dem Namen Die große Schöne ohne Gesicht bekannt gewordene Afrikanerin für ein Interview getroffen hat, welches aber, nach deren Sprung von einer Balkonterrasse, nicht zustande gekommen war. Seitdem sei sie spurlos verschwunden, hieß es, und stehe im Verdacht, Cordes, der nach ihr gesucht habe, mit einem Stein aus dem in die Verkehrsinsel eingelegten Stadtwappen von Mailand erschlagen zu haben. Es folgten Bilder von dem Wappen, der Schlange mit dem Drachenkopf in der Rotonda-Mitte, auch Bilder von den Oleanderbüschen, aber keine von der Terrasse mit der Pinie daneben, dafür gab es ein Interview mit Beatriz Picard auf der Terrasse eines feinen Hotels, wahrscheinlich dem Chateau Monfort, in dem Zimmer für meine Gefährtin und mich reserviert gewesen waren. Und Cordes' Kontaktefrau in wieder makelloser Bluse mit aufgestelltem Kragen äußerte sich auch in dem Sinne, dass die so auffällige und zugleich undurchsichtige junge Frau schon vor dem Interview durch Gewaltbereitschaft aufgefallen sei, etwa dem Kameramann einen Finger gebrochen habe und eine der Standleuchten zerstört. Sie sagte das alles wie eine, die

Erfahrung mit dem Fernsehen hat, und ebenso ruhig fügte sie hinzu, dass man bei uns ja kaum mehr sagen könnte, was wahr sei, ohne an den Pranger gestellt zu werden, zum Beispiel, dass eine Afrikanerin wie die Gesuchte in ihre angestammte Umgebung gehöre, wo Gewalt ein Teil des Alltags sei. Nach diesem Beitrag kam schon eine erste Würdigung des Toten durch Einblendung von Bildern, Cordes vor Ruinen in Syrien, als wäre er dort im Rahmen seiner Arbeit erschlagen worden; Cordes auf einem Flugzeugträger, als würde er gleich in eine der Maschinen steigen und sich in die Nacht katapultieren lassen; Cordes in einer Trockenzone mit Rangers auf der Suche nach Wasser, aber auch in einem Überschwemmungsgebiet, bis zum Bauch in braunen Fluten, das Mikro wie ein kleines gerettetes Lebewesen in Händen. Ich hatte den Fernseher schließlich abgestellt und bin in Marens Bürozimmer gegangen, zu ihrem Festnetztelefon.

Der Sturz in einen Abgrund: sicherster Weg der Selbstauflösung, einer unerträglichen Dichte seiner selbst zu entgehen – als Herantreten an die Kante dieses Abgrunds, so muss man sich das Wählen von Lydias Mobilnummer vorstellen, jede Ziffer ein Schritt und die letzte der über die Kante. Dann ist die Verbindung da, dann wird auch ihre Stimme gleich da sein, ihr kühles Ja auf anonyme Anrufe hin. Und sie hat sich auch mit diesem Ja gemeldet, kühl zwar, aber etwas zerstreut, nicht ganz Lydia. Danach ist eine Pause entstanden, da muss sie schon geahnt haben, dass ich es bin, und dann sagte ich auch, ich sei es, und sie sagte Du weißt es also bereits, und das klang ebenfalls kühl, was bei ihr aber nichts zu bedeuten hatte. Für einen Moment war ich erleichtert, bis sie fragte, wo ich sei, es würde keine Nummer angezeigt, und ich sagte, irgendwo in den Alpen, in einer Pension. Damit gab sie sich zufrieden, auch in dem Punkt nicht ganz sie selbst, wollte aber als Nächstes wissen, wann ich Benedikt Cordes – und ich denke, ihr war klar, dass mich sein voller kategorialer Name kränken würde – zuletzt gesehen hätte, und ich erzählte von der Eröffnungsschau in der Tiefgarage, nicht von dem Späteren auf der Terrasse. Den Geräuschen nach ist Lydia dabei ins Bad gegangen, es gibt ein kleines Bad in ihrer Praxis, neben der Toilette für Patienten, und ich hielt es für möglich, dass sie dort geweint hat, aber kontrolliert vor dem Spiegel, auf jeden Fall berührt davon, dass ich Cordes noch kurz vor seinem Tod gesehen hatte, ja ihn vielleicht hätte retten können – Deine Afrikanerin soll aus dem dritten Stock gesprungen sein, bitte, wie übersteht man das, fragte sie, und ich erklärte es mit der Pinie neben dem Haus und dem Garagendach und der ihr eigenen Gewandtheit. Ich gab mir Mühe, es plausibel zu machen, und nach kurzer Stille – ich hatte sie wohl überzeugt – ist Lydia mit etwas gekommen, das voll und ganz zu ihr passte, wenn sie nicht weiterwusste, aber kein Auf-der-Stelle-Treten, kein Schweigen ertrug. Seit gestern habe ich ein neues Rad, sagte sie. Ein Schindelhauer mit Shimano-Acht-Gang-Nabenschaltung und Alutitanrahmen, extraschmale Reifen, handgenähte Ledergriffe, der Sattel von Brooks. Sie machte eine Pause, sie ging aus dem Bad in den Raum mit den Geräten und Matten und daher keinerlei Hall, dabei fragte sie, ob ich zu der Beerdigung käme – und nun hat es sich doch so angehört, als ob sie erschüttert gewesen wäre, aber nicht aufgelöst, gerade eben noch beherrscht. Schließlich kanntet ihr euch ja, sagte sie, um dann wieder nur zu atmen und mich zu prüfen, wie mir schien, ob ich sie etwa zu trösten versuchte oder mich zu dem Verdacht gegen die Afrikanerin äußern würde.

Aber ich tat weder das eine noch das andere, ich bat sie nur, auf sich aufzupassen, auch mit dem neuen Rad – so habe ich es am Abend zu Maren gesagt, nachdem wir die Nachrichten gesehen hatten, darin alle möglichen Spekulationen über Cordes' Tod, auch im Hinblick auf seine Kontakte zu radikalen Kreisen im In- und Ausland. Das heißt, ich habe Maren von dem Telefonat mit Lydia erzählt und auch gleich davon, wozu meine Kalabrientour eigentlich hatte dienen sollen: mir Lydia aus dem Kopf zu schlagen, was ohne die Afrikanerin vielleicht sogar funktioniert hätte. Und meine Freundin aus frühen Tagen hat geduldig zugehört, sicher eine Stunde oder drei Gläser Wein lang, um erst dann etwas zu sagen, wie idiotisch dieses Verfahren sei, sich jemanden, den man geliebt hat, durch die Wiederholung einer Reise auszutreiben, auf der man zusammen mit ihm oder ihr glücklich gewesen sei – das konnte nur danebengehen, erklärte sie und füllte ihr Glas auf und trank davon ab und sagte dann, das Glas noch am Mund, es hätte sie an meine früheren Geschichten erinnert, beim Trödeln nach der Schule, wenn sie immer wieder zugehört habe bei meinen Schwindeleien – Nur am ersten April hast du mich mit der Wahrheit überrascht, sagte sie und trank wieder in kleinen Schlucken, um das Glas dann abzusetzen und sich über den Tisch in der Küche zu beugen, das Haar an dem Abend offen, als wäre ihr freier Tag, so weit zu beugen, dass die feinen Linien auf den Lippen zu sehen waren, und mit dem Glas in beiden Händen noch etwas ganz anderes zu sagen, mehr zu sich als zu mir: Ich trinke zu viel, liebe zu selten und glaube zu wenig.

Schwindeln, um das Gesicht zu wahren, gegen den kleinlichsten aller bösen Geister, den des Gesichtsverlustes, etwas erzählen, das nicht stimmte, aber es so erzählen, dass alle es glaubten, war mein täglich Brot als Kind, nur eine wollte mir nie recht folgen, skeptisch trotz Schleifchen um ihren Pferdeschwanz – Maren, die auf einem unserer Wege, unvergesslich, plötzlich stehen geblieben ist und mich mit einem Ausdruck des Bedauerns, fast des Mitleids, denke ich heute, einen Aufschneider nannte. Ich hatte ihr auf diesen oft freiwilligen Umwegen durch hohe Wiesen und auch durch Wald immer wieder alles Mögliche erzählt, einmal sogar, dass mir Jesus nachts erschienen sei, seine letzten Worte am Kreuz erklärt habe. Es waren Geschichten, um das Halbwahre mit Unwahrem zu verbessern und für gänzlich Erfundenes halbwahre Belege zu liefern, und an einem Frühsommertag, als wir hitzefrei hatten, blieb sie eben in einer hohen Wiese stehen und nannte mich so, mit dem Ergebnis, dass meine Geschichte um ein Telefongespräch mit dem Vatikan, der Meldung, dass mir Jesus auf einer Waldlichtung erschienen sei, noch wilder wurde, einschließlich einer inmitten von Lupinen und Frauenschuh, Kletten und Sauerampfer erfundenen langen vatikanischen Telefonnummer – hier nur erwähnt, um klarzumachen, wie vorbelastet die Freundin aus frühen Jahren war und was es zu bedeuten hatte, wenn sie mir doch etwas glaubte.

Der knappe Monat bei ihr war eben auch bestimmt davon, dass ich bei jeder Gelegenheit, ob abends in der Küche oder auf unseren Gängen an ihrem freien Tag oder wenn ich sie im Schwarzen Adler zu einem Essen einladen durfte, von der Afrikanerin erzählt hatte, natürlich auch immer wieder vor dem Hintergrund neuer Vermutungen, was den Tod von Cordes betraf und das so vollständige Verschwinden einer Verdächtigen, von der es bloß Phantombilder gab, aber präzise Schuhabdrücke dort, wo Cordes erschlagen worden war; dagegen hatten sich auf dem Stein wohl keine verwertbaren Spuren gefunden, als wäre das Glück in höhnischer Weise auf meiner Seite. Und freilich standen auch die Leute in Verdacht, mit denen Cordes zuletzt in Verbindung war, Dunkelmänner, die in die Politik drängten, wie es in einer Zeitung hieß, allerdings fiel nicht der Name des Textilfabrikanten, nur der von Beatriz Picard, die sich mit einem weiteren Fernsehauftritt selbst ins Spiel gebracht hatte. Sie wurde in ihrer Heimatstadt Heidelberg befragt und sprach von Beweisen für eine Anwesenheit der Gesuchten in der fraglichen Nacht auf der Verkehrsinsel; Genaueres wollte sie dazu nicht sagen und erwähnte dafür ein

Haute-Couture-Kleid, das die Afrikanerin an dem fraglichen Abend getragen habe, ohne den zu erwähnen, der es bezahlt hatte, was wiederum kaum zu verstehen war, und auf Nachfragen wurde es noch wirrer. Beatriz Picard sprach von exotischer Schönheit als einem Befall durch die eigenen Gene, von den Befallenen selbst kaum bemerkt. Aber wir, sagte sie, sehen diese perfekten Körper und rennen ins Fitness-Studio, damit wir wenigstens den Speck verlieren, und legen uns in die Sonne, damit wir wenigstens etwas Farbe bekommen, und alles, was davon bleibt, sind kaputte Gelenke und Hautkrebs. Statt dass wir stolz sind auf das Helle unserer nicht ganz so trainierten und nicht ganz so elend langen Beine – hallo, das ist unser Pigment, das ist unsere Statur, das sind wir! Es war ihr Schlusswort, danach kam noch ein Schwenk zum Heidelberger Schloss mit dem Abspann zu dem Beitrag.

Maren und ich hatten das gemeinsam gesehen, und auch ihr war aufgefallen, dass meine Person in der ganzen Angelegenheit keine Rolle spielte. Nicht dass sie etwas dazu gesagt hätte, aber sie hat von da an, wenn wir abends noch zusammensaßen, sie unsere Gläser füllte – kleine, schlichte Gläser, die einem das Gefühl gaben, den Wein eher zu kosten, als zu trinken – ihren Ich-kenne-dich-Ausdruck gehabt, ohne dass daraus mehr geworden ist als eben diese leichte Distanz. Weder in der ersten noch in der zweiten und dritten Woche gab es von ihrer Seite irgendein Nachhaken, was meine Rolle bei den Ereignissen von Mailand betraf, es gab nur Verständnisfragen. Erst nachdem sie den Brief mit dem Absender Bridge Corporation, Partnering Immigration & Providing Solutions für mich in Empfang genommen hatte und es feststand, dass ich an den Ort der Afrikanerin reisen würde, ja auch einen Flug von Brüssel aus in das ferne Land gebucht hatte, war Anfang der vierten Woche so etwas wie Argwohn bei ihr geweckt, möglicherweise auch nur aus schlichter Enttäuschung.

Gleich am Montagabend, bevor jeder in seinem Zimmer verschwand, sagte sie, falls es bei dem Ganzen mit meiner Afrikanerin um Liebe gegangen sei, dann würde ich darüber reden, als hätte ich mir bei ihr einen Schnupfen eingefangen. Nach dieser Bemerkung küsste sie mich auf die Stirn, nahm den Kuss aber mit einem gemurmelten Naja, schon sich wegwendend, im Sinne einer Entgleisung zurück, während ich sogar daran gedacht hatte, dass sie daran gedacht haben könnte, mich mit auf ihr Zimmer zu nehmen. Also ein Moment beiderseitiger Verwirrung, der bei mir Stunden später, das heißt in der Frühe des nächsten Tages, zu einem Traum von der Afrikanerin in Marens Talar geführt hat; und sosehr man der Wiedergabe von Träumen auch misstrauen sollte, weil sie mit einer anderen Sprache erzählt werden als der des Traums, will ich hier doch ein Bild festhalten: wie sich die Afrikanerin in dem langen Talar, ihrer Haut?, zu mir beugt und etwas sagen möchte, aber nichts sagt, stattdessen die Augen schließt und für mein Traumempfinden das ist, was in Wirklichkeit niemand sein kann, nämlich tot. Sie hat mir ihr Totsein gezeigt, und ich bin aufgewacht in dem Gefühl, unberechtigt zu atmen und das Bett zu verlassen, auch unberechtigt das Fenster zu öffnen und in den Garten zu sehen und in den Bäumen die Vögel zu hören, eben einfach weiter die Welt zu erleben, ohne dazu noch ein Recht zu haben.

Und am nächsten Tag, während Maren in einem ihrer entfernteren Gemeindeteile war, habe ich von dem Hausanschluss gleich mehrere Telefonate geführt, noch mit den Fähigkeiten des alten Zeitungshasen, wie Cordes mich genannt hatte – gegen Abend wusste ich, wo Beatriz Picard in Heidelberg wohnte und was ihre Tätigkeit war, außer zweifelhafte Kontakte herzustellen: die Beratung örtlicher Unternehmen in ihren Beziehungen zu dem Land der Oper und den Geschäften unter der Hand in einem dafür eigens eingerichteten Büro unweit der Fußgängerzone, so dass sie ihre Mittagspause angeblich immer im beliebten Café Schafheutle verbrachte. Und erfragt hatte ich zudem einen Zug mit Halt in Heidelberg gegen zwölf, um erst am Nachmittag in meine Stadt zu fahren und mich am Abend mit Lydia zu treffen, sofern sie dem zustimmte; anderentags wäre dann alles noch Fehlende für einen wohl längeren Aufenthalt in Äquatornähe zu besorgen, um später einen Zug nach Brüssel zu nehmen, von wo mein Flug am nächsten Vormittag ins Herz der Finsternis ging.

Es war ein Bild, das von Maren kam, die ja belesen war, natürlich Heart of Darkness kannte, und der ich das alles, mit Ausnahme des geplanten Heidelbergabstechers, schon angedeutet hatte, ich weiß gar nicht mehr, wann; ich weiß nur, dass ich am Abend nach den Telefonaten lange auf sie gewartet habe, von Stunde zu Stunde besorgter. Maren war eine recht zügige Fahrerin, auch wenn sie ein Gläschen getrunken hatte, ja gerade dann. Sie brachte es aber ebenso fertig, irgendwo anzuhalten und aus dem Wagen zu steigen, weil ihr die Nacht so schön erschien und sie Lust hatte, ein paar Schritte zu machen, sogar in den Wald hinein, wenn sich ein Wald anbot. Meine Kindheitsfreundin, das sagte ich schon, besitzt eine unstillbare Neugier, die auch Erlebnishunger ist, etwas, das sie furchtlos macht, ein Zug an ihr, der mich als Kind mit Bewunderung und auch mit Neid erfüllt hatte – und je länger sich das Warten auf sie hinzog, je mehr ich von einer Flasche Ripasso trank, die eigentlich für uns beide an dem Abend bestimmt war, desto mehr fiel mir etwas von einer alten, in mir begrabenen Geschichte ein, dem Verschwinden von Maren für eine ganze Nacht, als sie noch keine zehn war, einer Geschichte mit mir als Verursacher, weil ich ihr erzählt hatte, mir sei in dem und dem Wald abends ein Wolfsjunge begegnet (beide hatten wir das Dschungelbuch gelesen), ein scheues und behaartes Menschentier, das sich erst bei Dunkelheit herauswagte, um nach Rehkitzen zu suchen, und Maren war entschlossen, den Wolfsjungen entweder in diesem Wald zu finden oder mich für immer zu widerlegen, mit der Folge, dass sie eines Abends, es war im Juli und wurde erst spät dunkel, nicht nach Hause kam, ohne vorher auch nur ein Wort gesagt zu haben. Ihre Mutter rief daraufhin bei meiner Mutter an, ob sie bei uns sei, und die Frau Doktor, die keine war, sagte Nein, liebe Frau, tut mir leid, und ich verkroch mich in meinem Zimmer, als Schuldiger, aber auch als Beschämter, weil sie es wirklich getan hatte. Die halbe Nacht lag ich unter der Decke und hasste Maren sogar für ihren Mut, bis ich aufstand und mich anzog, um sie zu suchen, nur waren da schon ganz andere unterwegs, Männer der Freiwilligen Feuerwehr und natürlich ihre Eltern, und ich schaffte es nicht einmal, den Wald zu nennen, den ich ihr genannt hatte, sondern lief nur hinter den anderen her und hatte die Hosen voll und betete Lieber Gott, mach, dass ihr nichts passiert, dass sie zurückkommt. Ich wollte aus der vollen Hose und meiner Haut, jemand sein, der nur noch die Wahrheit sagt, und sah mich schon in dieser strahlenden Rolle, während ihr Name wieder und wieder in den Wald gerufen wurde, den falschen Wald; und als früh die Sonne aufging – es war kurz vor den großen Ferien –, da stand sie auf einmal zwischen zwei Waldstücken auf einer Lichtung noch in den Sachen, die sie in der Schule angehabt hatte, aber mit offenem Haar, und im ersten Moment dachte ich, ihr wäre wirklich ein Wolfsjunge begegnet und sie hätte ihm erlaubt, den Pferdeschwanz zu öffnen. Zwei Feuerwehrmänner eilten auf sie zu, gefolgt von den weinenden Eltern und anderen, die nachts noch ausgeschwärmt waren, und ganz am Ende kam der Bärenaufbinder, wie sie mich auch einmal genannt hatte, aber nur ihn schien sie zu sehen; sie winkte mir und kam dann sogar auf mich zu, in einem Bogen um die anderen herum, bis sie zwei Schritte vor mir stehen blieb, mit einem Ausdruck, als wäre sie älter als ich, vierzehn bereits oder fünfzehn, würde rauchen und hätte ein Moped. Sie sah mich an, schon mit dem Ich-kenne-dich-Blick, und sagte etwas, das ich von da an mit mir herumtrug – und trotzdem war ich bei meinem Warten auf Maren nicht sicher, was sie damals genau gesagt hatte, Ich weiß jetzt, wie du bist, oder Ich weiß jetzt, wer du bist, eins von beiden, um dann fast beiläufig noch zu sagen, dass es keinen Wolfsjungen gebe; all denen, die sie gesucht hatten, aber erzählte sie später, sie hätte sich verirrt. Und dabei ist es geblieben, niemand hat je erfahren, warum sie eine Nacht lang weg war, und es blieb auch bei unserer Schulwegfreundschaft, ohne dass wir über das Ganze noch einmal geredet hatten.

Ich leerte die Flasche und brachte sie vor das Haus zu einem Karton mit schon anderen Glassachen, als ein Auto über den Feldweg kam, mich seine Lichter erfassten mit der Flasche in der Hand. Es war die Hausbewohnerin in ihrem Dienstkombi, und sie hielt knirschend im Kies vor der Garage, stieg aus und kam auf mich zu, als wären wir ein Paar. Maren nahm mir die leere Flasche ab und legte sie zu den anderen Flaschen. Was mit mir sei, fragte sie, und ich sagte, nichts sei mit mir. Es sei nur so, dass ich einen Tag früher weg müsste als gedacht, es gebe noch so viele Dinge zu erledigen vor meiner anderen, großen Reise. Und ich erfand schnell einige, als wir ins Haus gingen, wie Behördengänge und ein Gespräch in dem Sender, der mir meine Geschichten für schlaflose Hörer abnahm, und zählte sie einzeln auf, während wir noch in der Küche standen. Maren spülte mein Glas und auch ihres, das gar nicht gebraucht war, nur um irgendetwas zu tun, wie mir schien, und nicht noch einen Wein zu öffnen, sie trocknete beide Gläser ab und sagte beim Hineinstellen in den Schrank mit dem Rücken zu mir, wenn es so sein müsse, müsse es so sein – aber ein Abschiedsessen, das gönnen wir uns, ja?

Es war keine Frage an mich, es war ihr Wunsch, und kurz darauf, nachdem sie das Licht gelöscht hatte, waren wir beim gemeinsamen Verlassen der Küche für Augenblicke in der Türöffnung – den schmalen Türen des früheren Forsthauses – fast ineinander verkeilt, sie mit Schulter und Hüfte so an mich gedrückt, dass wir, sei es aus Überraschung oder um die Situation damit zu beherrschen, jeweils die Stirn an die Stirn des anderen legten; dadurch aber ist ihr hinten zusammengebundenes Haar halb nach vorn gefallen, und ich weiß noch, dass ich wie nach etwas Rettendem danach gegriffen habe und Ja, dieses Essen, das gönnen wir uns! sagte – mit einer Emphase, die so wenig gestimmt hat wie meine angeblich noch vielen zu erledigenden Dinge.

Und das Abschiedsessen mit Maren ist auf einen der letzten noch verstörend heißen Tage gefallen, verstörend, weil es fast Oktober war, auf ein nochmaliges Aufbäumen dieses nicht endenden Glutsommers, in den alles bisher Berichtete fällt. Bereits am Vortag hatte ich die Zutaten für eine sizilianische Beilage, caponata, gekauft – eine vegetarische Spezialität von Lydia, mit der ich seit unserem Telefonat in keinem Kontakt mehr gewesen war, dafür hatte ich sie auf Bildern von Cordes' Beerdigung in der Zeitung gesehen, die Maren jeden Tag mit der Post erhielt, mehr als zwei Wochen nach dessen Tod, bis die Leiche endlich freigegeben und überführt worden war: Lydia mit Sonnenbrille in einem engen schwarzen Kostüm; sie lief am Rande der zweiten Reihe, dadurch sah man sie und sah auch, wie gefasst sie war, nahezu entspannt, während die echte Witwe in vorderster Reihe, weiße Rosen im Arm, etwas von einem puppenhaften Gespenst hatte, begleitet von Max, dem Sohn, ein Bild mit der Überschrift: Letzter Weg eines Weltenbummlers, dahinter drei Pünktchen. Und ich kann nur sagen, dass es an dem Tag immer noch etwas Unfassbares gehabt hat, der Verursacher von alldem zu sein, und ich mich beim Blick auf das Foto von der Beerdigung wie eins der drei Pünktchen gefühlt habe. Rosen gehörten im Übrigen auch zu dem Abschiedsessen, nur keine weißen, sondern zartrote, erst am Nachmittag in der Gärtnerei Hug besorgt, nachdem ich beim Feinkostmetzger Stegmann noch zwei Flaschen Amarone, einen Daniele-Schinken und Ciabattabrot gekauft hatte, als wäre das Dorf meiner Kindheit eins hinter Bergamo und nicht im Schwarzwald.

Es war kein großer Rosenstrauß, aber ein edler, und mit dem bin ich über den Feldweg zurückgelaufen, bis zu einer Eiche, unter der eine roh gezimmerte Bank stand (und sicher noch steht). Dort saß ich eine Weile und dachte an meine Finanzen, um die es nicht gutstand; noch war, nach Abbuchung des Betrags für das Flugticket, Geld auf dem Konto, eben eine Reserve, aber auch das Leben an einem Ort des Mangels würde ins Geld gehen, und so war es eine Rechnerei auf der alten Holzbank: Zimmerpreise, Kosten für Essen und Trinken, Zuwendungen an Autoritäten im Ort, bis hin zum Kleingeld für Bettler. Ein Überschlagen und Neu-Überschlagen auch später noch bei den Vorbereitungen für das Essen, beim Schneiden von Auberginen und von Stangensellerie, beim Entkernen schwarzer Oliven sowie dem Bemessen einer Menge an Rosinen und Minzblättern. Ich gab mir jede Mühe, und was dann auf die Teller kam, wurde nach dem Probieren mit vorzüglich bewertet, ebenso der Wein, das Brot und der Schinken, und mein Strauß auf dem Tisch tat ein Übriges.

Maren war zu Beginn des Essens das, was Lydia scheinlocker genannt hätte. Sie wollte wissen, was ich schon über das Land wüsste, in das ich käme, aber es gab nur das, was die Afrikanerin auf unserer Fahrt im kleinen Fiat erzählt hatte, also strickte ich daraus etwas über die Verhältnisse in der Grenzregion, die mein Ziel war, und wir sprachen über ethnische Konflikte und Vertreibung, über Dürre, Armut und Bodenschätze und vom Ausland mit Waffen versorgte Kriegsherren. Maren war erstaunlich informiert, was diese Weltecke betraf, und ich trug mit Details über den Ort, den ich noch gar nicht kannte, so viel dazu bei, dass es bis zum Dessert reichte – einer Zabaione, wie sie nicht jedem gelingt, und mir ist sie unter den Augen meiner Kindheitsfreundin gelungen. Auf jeden Fall würde es eine Reise ins gänzlich Fremde, sagte ich nach Probieren eines luftig-leichten und dabei schwersüßen Schaums – den wir dann aus demselben Topf gelöffelt haben. Und wie als stumme Ergänzung des vorigen Gesprächs über den Krieg um Bodenschätze provozierte Maren geradezu ein Gefecht mit ihrem Löffel gegen meinen um den Schaum am Grunde des Topfes, was so weit ging, dass sie mir meinen erbeuteten Schaum vom Löffel nahm. Also sei ich ja dort gut aufgehoben, besser als bei ihr, sagte sie und tat etwas, das ebenso wenig zu ihr passte (oder zu der passte, die ich in ihr übersehen hatte): Sie strich mir den Schaum mit zwei Fingern auf die Lippen – Fingern der linken Hand, die sich aus ihrer Sicht nach rechts bewegt haben. Schon in der Schule hatte sie mit links geschrieben, jeden Buchstaben aber so, wie er sein sollte, ihre Berechtigung zu der falschen Hand; und die Art, wie sie zügig und doch in Schönschrift gleichsam gegen die Leseströmung anschrieb, ihr die Worte seitlich an der Hand herausflossen, statt sich in einer Krakelschleppe hinter der Füllerspitze aneinanderzureihen, hatte für mich, ihren stillen Verehrer, immer etwas Unheimliches gehabt, als wäre sie von einem Handgeist besessen gewesen – demselben kleinen Dämon, denke ich inzwischen, der sie Also bist du ja dort besser aufgehoben als bei mir! hat sagen lassen und ihr danach den Anschub gab, mir den Eierschaum auf die Lippen zu streichen.

Es war schon spät, nach zwölf, als Maren die zweite Flasche Wein plötzlich weggestellt hat, sozusagen unerreichbar auf den Geschirrschrank. Für mich, wenn ich morgen allein bin – ihr Kommentar, als sie hinter meinen Stuhl trat und mir eine

Hand um den Strang vom Hals zur Schulter legte, und das nicht über dem Hemd, sondern darunter; das heißt, sie griff um ein Stück von mir, etwas, das sie noch nie getan hatte. An dem Abend aber tat sie es, und ihr Daumen ging dabei an meinem Hals entlang, was ebenso Streicheln sein konnte wie eine zerstreute Bewegung. Ob ich ihr schreiben würde oder mal anrufen, fragte sie, und soweit ich weiß, war meine Antwort ein nur halb bejahendes Summen; darauf kam von ihr der Rat, oder eher die Bitte verpackt als Rat, mir vor dem Abflug vielleicht noch ein billiges Telefon zu besorgen – Wir könnten dann manchmal reden, wenn ich mir abends zu viel werde.

Erst damit hatte sie die Hand wieder an sich genommen und war ans Küchenfenster getreten, um mit dem Rücken zu mir weiterzusprechen. Der Letzte, mit dem ich ein Bett geteilt habe, war der Mann, der mir das Internet neu eingerichtet hat, sagte sie. Ein Iraner, hier aufgewachsen und wie ich mit Glaubensproblemen, Zweifeln an den schiitischen Märchen, dabei aber auf ganz eigene Art gläubig. Was ich auch bin. Ich glaube an das viele, was wir nicht wissen. Und ich wende mich sogar an dieses Immense, du kannst es beten nennen. Nur bitte ich um nichts, ich bin einfach still. Bitten kann man höchstens den anderen um etwas – den, der weniger liebt, als man selbst liebt. Und schreib mir dein Zabaione-Rezept noch auf.

24

Wir könnten dann manchmal reden, wenn ich mir abends zu viel werde – Worte, die mir erst hier richtig aufgegangen sind, seit es vorkommt, dass ich meiner nach ihrem Sprung wie vom Erdboden verschluckten Begleiterin von Pentedattilo bis Mailand bei Gelegenheit etwas sage, jeweils leise und im Schutze der Dunkelheit, als hätte sie eine neue Form der Existenz angenommen, als abwesend Anwesende. So geschehen letztens bei einem langen Abend im Café Elijah, neben dem angestammten Tisch von Major Ayago, dem sie das Haus in Ordnung gehalten hatte und das kleine Feld bestellt und von dem sie beim innigen Beten beobachtet worden war. Stell dir vor, wo ich gerade sitze, sagte ich hinter vorgehaltener Hand zu ihr – neben Ayagos Tisch im Elijah, und was mich interessieren würde: Hat er dich einmal abends dorthin mitgenommen, hast du an seinem Tisch gesessen, noch mit deinen langen Haaren, so dass alle dich sehen konnten? Ich denke, ja. Das gehörte dazu. Und was hat noch dazugehört? Warst du in seinem Bett, hat sich das so ergeben, oder hat er es verlangt?

Fragen in der Art habe ich ihr gestellt, und zwar an dem Freitagabend zwischen den Jahren; Weihnachten war unter den gegebenen Umständen gut überstanden, ohne es auf allzu billige Art ignoriert zu haben. Statt eine Messe zu besuchen, was mich nur in Erinnerungen gestürzt hätte – das Dorf der Kindheit im Schnee, Marens rote Wangen in der Kirche, später das Singen vor dem häuslichen Baum –, habe ich im Hof des Rohbauhotels mit Mister Moses und seiner alten Mutter gefeiert und einmal mehr verstanden, was das Bestechende am Christentum ist: dass es so von Vater und Sohn erzählt wie von Mutter und Kind, zweimal von einer Liebe stärker als der Tod. Wir haben Hühnchen aus der Chinesenfarm gegrillt, Wein aus Südafrika getrunken und Lieder aus dem Lande Luthers gesungen, das heißt, ich habe sie vorgesummt, und Mutter und Sohn summten sie nach – was weder besonders andächtig war noch ein Spaß bei Kerzenlicht; es war einfach nur ein Heiligabend, um das eigene Herz nicht ganz im Stich zu lassen.

Und am Freitag nach Weihnachten saß ich also abends neben dem noch freien Tisch des Majors und sprach hinter vorgehaltener Hand zu meiner Afrikanerin und sah sie auf Ayagos Veranda stehen, ihn dort abends erwarten, eine Hand so in die Hüfte gestützt, dass der lange, abgeknickte Arm wie zwei Schenkel eines Dreiecks mit dem Ellbogen als Spitze hervorsticht; sie sieht ihn halb über die Schulter an, wie sie es auch bei mir getan hat, mit dem Blick, der immer auch ein verächtlicher war, vor allem wenn sie gelächelt hat. Ihn aber schaut sie ganz ernst an, so hatte ich es vor Augen, vielleicht auch infolge der Hitze und schon einigem an Bier und der Musik an dem Abend; die Bühne gehörte einem mädchenhaft Blondierten im weißen Anzug, alles andere als männlich auch in seinen Bewegungen, aber mit einer Stimme, dass man ihm zuhörte. Er sang Great Pretender, als ginge es um sein Leben – und wie davon ermuntert, habe ich noch einmal zu ihr gesprochen, so abwegig das auch gewesen sein mochte, ihr gewissermaßen im Windschatten des Sängers versichert, dass alles gut werde, wenn sie erst einmal bei mir sei, in einem Rechtsstaat. Du nimmst meinen Namen an und bekommst einen Pass, sagte ich. Nur muss das Bild darin echt sein, man muss dich erkennen, dann findest du auch Arbeit, zum Beispiel in der Reisebranche, und hast auch bald eine Mastercard.

Ich höre mich noch dieses absurde Wort sagen, Mastercard, und wahrscheinlich wäre es in dem Sinne weitergegangen, ich hätte ihr, die gar nicht am Tisch saß, die wie aus der Welt war, und demzufolge mir selbst eine strahlende Zukunft ausgemalt, aber da hat Ayago auf einmal vor mir gestanden, im sandfarbenen Einsatzanzug mit Pistole am Koppel. Der Major lud mich ein, an seinem Tisch Platz zu nehmen, da reichte eine Fingerbewegung, und als wir dort saßen, jeder ein Bier hatte, eins von der besseren, eisgekühlten Sorte, nahm er das von den Flaschen abperlende Wasser zum Anlass für einen Vortrag über das immer knapper werdende Gut Wasser – der aber meines Erachtens ein Vortrag über das immer knappere Gut Liebe war. Er begann mit dem abgesunkenen Grundwasserspiegel und den dadurch immer tieferen Brunnenlöchern, kam dann auf die extreme Hitze und Trockenheit, nicht nur hier, auch in anderen Gegenden, und sprach von geplatzten Böden, in denen nichts mehr wächst, sowie dem durch ausgefallene Ernten folglich gestiegenen Preis von Weizen und damit von Brot, was wiederum zu Unruhen führe, ja zu Kriegen und damit zu Flüchtlingsströmen, von denen, wie er sagte, etwas Ansteckendes ausgehe, ein Jetzt oder Nie, und die auch die junge Frau, die in seinem Haus eigentlich zufrieden gewesen sei, angesteckt hätten – die, nach der ich hier Leute befragen würde, als wäre ich ein Kollege von ihm, einer, der nach ihr fahndet, oder was sonst – Or what?, das war sein Schlusswort, zu mir gebeugt, und statt darauf einzugehen, fragte ich den Major, ob sie einmal mit ihm abends hier gewesen sei, eine Frage, die ihn lächeln ließ, aber nur für einen Augenblick. Dann sagte er sinngemäß: Sie hatte Abwechslung nötig, darum nahm ich sie einmal mit und setzte mich hier an den Tisch, um mit ihr zu trinken, aber sie blieb einfach stehen. Sie stand die ganze Zeit, sicher eine Stunde lang, und wollte sich einfach nicht zu mir setzen, obwohl ich ihr fünf Dollar zeigte: die ihr gehören würden, wenn sie sich setzte. Natürlich sahen alle an den anderen Tischen zu uns herüber und erwarteten, dass ich sie auf den Stuhl ziehen würde. Aber ich blieb sitzen, wie ein Narr, und sie blieb stehen. Können Sie mir das erklären, warum ich das mitgemacht habe als Polizeikommandant, wie ein Narr auszusehen, während sie stehen blieb, sogar mit geschlossenen Augen, als wäre ich gar nicht da. Sie kannten sie doch, also warum? Und hier hatte sich Ayago ganz über den Tisch gebeugt, damit ich leise antworten konnte, dann aber noch vor einer Antwort – die ich gar nicht gehabt hätte – abgewinkt und aus dieser Bewegung heraus auf den so mädchenhaften Sänger gezeigt. Den da, den könnte er auf der Stelle festnehmen, wegen unmännlicher Umtriebe, ob mir das klar sei – unmanly activities, you know, sagte er. Oder mir auch klar sei, dass die, die wir beide kennen würden, einen Willen habe wie keine andere: zum Leben. Und nach diesem For life hat sich der Major, bereits im Aufstehen, mit militärischer Gebärde an die Schläfe getippt und ist ohne ein weiteres Wort gegangen, während der Mädchenhafte auf der Bühne seine ganz eigenen Gebärden machte und mir das Herz so pochte, als wäre von der unmännlichen Aktivität etwas übergesprungen.

Ich hätte auch wieder Umtriebe sagen können, nur haftet dem etwas halbironisch Harmloses an, ein Stück Alltagstheater, das eher in unsere Welt passt, zum Beispiel die beliebten Treffpunkte in Fußgängerzonen, wie die angestammten Cafés, in denen es ab der Mittagszeit eben umtriebig zugeht, wenn die Belegschaft aus nahen Büros und Kanzleien und den Läden der Umgebung ihre Pause macht, dort etwas zu sich nimmt, leichte Kost oder ein spätes Frühstück, nebenbei Mails liest oder welche schreibt oder auch nur dasitzt, um gesehen zu werden, als Teil des Alltagstheaters und zugleich sein Publikum an einem Ort, an dem jede Gebärde willkommen ist, wenn sie dazu dient, den Eindruck des Umtriebigen in einer Balance zum Gemütlichen zu halten – gemeint ist das Café Schafheutle in der Fußgängerzone von Heidelberg.

Nach einem künstlich knappen Abschied von Maren am frühen Vormittag und einer Bus- und Zugfahrt hatte ich das Café gegen ein Uhr betreten, so wie man ein Gehege betritt, von dem man weiß, dass man dort ein bestimmtes Tier antreffen kann, aber wo genau und in welcher Verfassung, und ob allein oder mit Artgenossen, das weiß man nicht. Und dann hatte Beatriz Picard im offenen Wintergartenbereich des Cafés gesessen, ohne einen Artgenossen und über Papiere gebeugt, wieder in sehr weißer Bluse mit halb aufgestelltem Kragen und einer Sonnenbrille im blonden Haar; neben einer aufgeklappten Mappe, darin die Papiere, standen eine kleine Schüssel mit Beeren und ein Glas Orangensaft. Ich konnte das alles in Ruhe erfassen, ein paar Schritte vor ihrem Tisch, weil sie ganz auf das konzentriert war, was vor ihr lag, und wäre ich einfach weitergegangen, hätte sie mich wahrscheinlich gar nicht bemerkt – nur hat sie plötzlich den Kopf gehoben, wie das Zootier, das seinen Besucher wittert, und mich ohne größeres Erstaunen angesehen, eher mit etwas halb Amüsiertem um den hübschen, aber irgendwie ungeküssten, einsamen Mund. Dem folgte eine Geste, dass ich mich doch setzen sollte, und als das geschehen war, sagte sie beim Zusammenschieben der Papiere nur mit den Mittelfingern und dem Schließen der Mappe aus Leder: Mir war klar, dass Sie sich früher oder später rühren würden, und siehe da: Sie tauchen hier auf. Wer einmal recherchiert hat, der weiß eben, wie es funktioniert. Und, was haben Sie herausgefunden? Sie winkte einer der Bedienungen, jede mit Unschuldsschürzchen, und ich erwiderte, nur wo sie ihre Mittagspause verbringe.

Sonst nichts? Wie zu einem Praktikanten hat sie das gesagt, um mir dann den Orangensaft zu empfehlen und dazu eine Erdbeertorte, und seltsam: Ich habe mich dem gefügt, beides bei der jungen Bedienung bestellt, wie es auch seltsam oder verwirrend war, dass mir Beatriz Picard gefallen hat, als hätte es die Mailänder Nacht nicht gegeben. Sie saß jetzt zurückgelehnt da, Arme gestreckt, die Hände auf der Tischkante, gepflegte Hände mit farblos lackierten Nägeln, und sprach über die anhaltende Hitze, dass man daraus keine voreiligen Schlüsse ziehen sollte, weil es immer Klimaschwankungen gegeben habe, dagegen in unserer Zeit, und das sei das wahre neue Phänomen, eine Propaganda in Bezug auf das Klima, wohin man auch schaue, in jeder Redaktion, jeder Schule, ja schon im Kindergarten! Leise und doch mit Nachdruck hat sie das gesagt, ihre Stimme war zweifellos durch ein Training gegangen, ausgebildet als Mittel der Verführung – und das hier Wiedergegebene dürfte folglich nicht ganz frei sein von dem Einfluss dieses Mittels.

Erst als meine beziehungsweise ihre Bestellung serviert war und ich von der Erdbeertorte gekostet hatte (der besten, an die ich mich erinnern kann), ist sie auf ihr leicht herablassendes Sonst nichts? zurückgekommen und hat etwa Folgendes gesagt, die Hände mit den Fingerkuppen aufeinandergelegt: ob ich nicht auch herausgefunden hätte, welcher Sender sie vor die Tür gesetzt hat, weil sie keinen Hehl aus ihrer Auffassung gemacht habe, dass man in diesem Land nicht mehr äußern könnte, was die Mehrheit empfindet – Zum Beispiel, dass wir als Volk ausgedünnt werden, sagte sie, jetzt etwas über den Tisch gebeugt. So wie ein guter Wein, den man mit billigen Weinen streckt, all den Leuten, die sich in unser Land drängen. Oder dass wir schon wie in China eine Sprachpolizei haben, die über unsere Ausdrucksweise wacht, wie finden Sie das? Hier hatte sie eine Pause gemacht, von dem Saft getrunken, und ohne diese Vorrede hätte ich sie kaum so schnell gefragt, ob das ihre Idee oder die von Cordes gewesen sei, die Afrikanerin diesem alle möglichen dunklen Fäden ziehenden Textilunternehmer und dessen Ansichten auszuliefern. Wir hatten jetzt beide das Glas mit dem Saft in der Hand, und mir ist aufgefallen, dass sie ein Freundschaftsbändchen um ihr Gelenk trug (hier nur erwähnt, weil ich in meinen Zeitungsjahren selbst welche getragen hatte, nach Ende dieser Zeit ist mir dann jede Freundschaft zu viel geworden, ich glaube, aus Scham). Es war seine Idee, von mir unterstützt, hieß ihre Antwort. Weil es der einzige Weg war, diesen Mann für ein nächtliches Treffen zu gewinnen. Er wollte die berühmte Große ohne Gesicht kennenlernen, sehen, ob sie in Afrika das Aushängeschild werden könnte für seine Billig-Mode. Unter Umständen wollte er auch mit ihr ins Bett, schwer zu sagen. Was sagen Sie, eher nicht oder doch?

Und bei diesem Eher nicht oder doch? hat sich die regelmäßige Besucherin des Cafés sogar zu mir gebeugt, bekam aber nur ein Schulterzucken; weil sie jedoch schon so vorgebeugt war, habe ich die Frage gestellt, die letztlich der Grund für den Abstecher nach Heidelberg war, warum sie mich in ihren Interviews nicht erwähnt hat – Um den Verdacht noch mehr auf die zu lenken, hinter der man ohnehin schon her ist? Sie war es nicht, sagte ich, und die Picard lehnte sich wieder zurück und verschränkte die Arme und sah mich an wie einen, dem nicht zu helfen ist. Ob sie es war oder nicht, sie ist verschwunden, und das Ganze hängt ihr an. Sie hätte Ihnen nie begegnen dürfen, während Sie mit ihr Glück hatten, was die ungeklärten Umstände auf dieser Verkehrsinsel betrifft. Ich habe Ihnen dieses Glück einfach gegönnt, in Ihrem Leben ist auch einiges danebengegangen, wenn ich richtig informiert bin. Und was haben Sie jetzt vor, wollen Sie zur Polizei gehen, sich etwa selbst anzeigen? Ihre Mappe wieder öffnend, hat sie das gefragt, und soweit ich mich an diese Stunde im Café Schafheutle erinnern kann oder erinnern will, bestand meine Antwort aus fahrigen Bewegungen, die sowohl ja wie nein heißen konnten, um ihr dann, ich weiß nicht, warum, ein Kompliment zu machen, dass sie hier im Tageslicht noch besser aussehe als nachts in Mailand.

Es war der reinste Leichtsinn, aber bevor daraus ein Stolperstein wurde, ging in einem Seitenfach der Mappe ihr Telefon mit Tönen nach einem Opernmotiv, ich meine, Nabucco, und binnen Sekunden wurde aus Beatriz mit leichtem Heidelberger Akzent Beatrice mit melodischer Stimme in anderer, auch melodischer Sprache, wobei sie am Tisch blieb, als sollte ich von dem Gespräch etwas aufschnappen.

Der Anrufer schien ihr Wünsche für ein Treffen am Comer See darzulegen, sie wiederholte immer wieder einzelne Punkte, besonders den der Diskretion bei einem aber glanzvollen Rahmen. Das Ganze hörte sich nach dem visionären Textilunternehmer an, und an dem Treffen sollte wohl jemand aus unserer Hauptstadt teilnehmen, eine umstrittene Persönlichkeit, zu diesem Eindruck kam ich, während sie eine Weile nur noch zuhörte, dabei mit einem Fingernagel die Törtchenkrümel auf meinem Teller verschob, mehr spielerisch als nervös, also wieder über den Tisch gebeugt war; das Telefonat war dann aber jäh beendet, und sie hat dort als Beatriz Picard weitergemacht, wo der Klingelton sie unterbrochen hatte. Ich sollte nicht zur Polizei gehen, mich selbst belasten, wozu. Ich sollte lieber zu der Frau gehen, die sich von mir getrennt hat, um ihr Leben an der Seite von Benedikt Cordes zu verbringen – Wenn ich ihn in der Pause einer La-Traviata-Aufführung in der Arena von Verona richtig verstanden habe, sagte sie, dann war diese Frau – Lydia, nicht wahr? – vorher ganze zehn Jahre mit Ihnen zusammen. Für eine Sorte Mann, die es heute bei uns nicht mehr gibt, wäre das ein Grund, jemanden zu erschlagen – treiben Sie Sport? Mit einer kleinen, von sich weisenden Handbewegung gegen meinen leeren Kuchenteller hat sie das wie aus dem Nichts heraus gefragt, auch wenn es mit der ausgestorbenen Sorte von Mann zu tun gehabt hatte, und meine Antwort – Sport, nein, warum, und habe sie nicht selbst gesagt, es würde nur bei kaputten Gelenken enden, aber ob sie sich eigentlich zuhörte beim Reden – muss eine empfindliche Stelle bei ihr getroffen haben, vielleicht die einzige. Auf einmal war da ein Zug um ihren Mund, dass sein eigentlich Weiches zu etwas Hartem wurde, ein Zug wie eine Spur von Verachtung für das eigene Weiche in den Lippen, in den Wangen, ebenso für ihre Rehaugen und das blonde Haar, ja sogar für die ewige weiße Bluse, als wäre sie gern eine gänzlich andere, die im Café Schafheutle ihre Mittagspausen verbringt, eine Frau, die es sich auch einmal erlauben kann, den Kopf an eine Brust zu legen und darauf zu vertrauen, dass sie verstanden wird, selbst wenn sie gar nichts sagt, sich weder verteidigt noch jemanden angreift oder erklärt, in einem Land zu leben, in dem man sich nicht äußern kann, wie man will.

Mein Beruf ist es, Menschen zusammenzuführen, sagte sie. Dem diente auch das Telefonat eben. Ich kann jeden mit jedem zusammenbringen, nur – und hier hatte sie eine Pause gemacht und den Satz dann mit fast verlegenem Lächeln beendet, als Zuhörerin ihrer selbst –, nur mich mit keinem. Und Sie fahren jetzt weiter, wohin? Beim Heranwinken der Bedienung hat sie das gefragt, und ich nannte ihr meine Stadt, und sie erwähnte, dass sie dort regelmäßig am Flughafen sei, ein guter Ort für Termine, ja, sie beschrieb ihre bevorzugten Plätze in den Terminals, während sie für mich mitzahlte. Bitte, ich mache das, erklärte sie, aber eins noch: Was genau war an ihr dran? War es die Figur, oder war es, dass alle über sie sprachen, oder war es nur das so schöne fremde Gesicht, von dem es keine Bilder gab? Beatriz Picard war aufgestanden, die Unterlagenmappe in der Hand, und ich beeilte mich, ebenfalls aufzustehen, nach meiner Tasche zu greifen. Das aber hat dazu geführt, dass wir für Momente voreinander gestanden haben, sie in Erwartung einer Antwort, den Kopf leicht zurückgelegt. Und meine Antwort wäre wohl anders ausgefallen, unbestimmter, ausweichender, hätte sie nicht etwas damit gewartet, die Sonnenbrille aus dem

Haar zu nehmen, dann aber hastig aufzusetzen; es waren nur ein paar Schläge meines arbeitenden Herzens, doch die reichten, um eine Leere in ihren Augen zu sehen. Es war gar nicht so sehr das Gesicht, sagte ich, das biometrische, wenn Sie so wollen. Ja überhaupt kaum das Äußere, sondern das, was sich nicht in Nullen und Einsen umwandeln lässt. Es war das Bild, das man eines Nachts findet, ohne vorher gewusst zu haben, wie sehr man es gesucht hatte – und danke für die Torte und den Saft, sagte ich noch und wollte daran ihren Namen anschließen, um die Stunde in dem Café ohne Missklang zu beenden, nur ist mir ihr Name von einem Moment zum anderen entfallen, so verschwunden, als hätte ich ihn auch nie gewusst. Stattdessen war da nur mein Atemholen, soweit ich mich erinnern kann, während ihr kleiner Finger kurz unter ein Glas der Sonnenbrille gegangen ist.

25

Der oder die habe ein gutes Namensgedächtnis, heißt es als Kompliment für eine Art sportlicher Denkleistung, und dabei ist es eine Gefühlsleistung, bei der Denken nur stört; oder wer hat nicht schon einmal verzweifelt nachgedacht, wie jemand heißt, den man seit Jahren kennt und irgendwo unerwartet trifft. Das Namensgedächtnis ist auch ein Liebesgedächtnis – an jedem Tag hier, ob in dem Zimmer mit Blick auf die rötlich staubige Durchgangsstraße, oder bei Wegen durch den Ort, gibt es den Moment, an dem ihr Name eine Übermacht in mir bekommt und ich ihn vor mich hin spreche, einmal, zweimal, dreimal, nicht etwa beliebig oft; ich gehe sparsam damit um, was mir während der Arbeit leichtfällt. Schwerer ist es, sobald ich etwa auf dem Balkon stehe (inzwischen solide abgestützt) und dem Treiben auf der Straße zuschaue, wenn die überfüllten Kleinbusse von sonst wo abends dort halten, ihr Dach voller Gepäck, und Menschen in unglaublicher Zahl herausdrängen, viele der Frauen verhüllt, und ich manchmal, wenn eine groß hervorsticht, denke oder glaube, im Grunde aber dem Gefühl erliege, sie könnte es sein. Und am schwersten fällt mir der gelassene Umgang mit ihrem Namen, wenn ich mich aus dem Ort wegbewege, allein ins Buschland gehe, wie ich es vor Tagen wieder einmal getan habe, trotz der Warnungen von Mister Moses, der aber gern von Gefahren spricht, von Hyänen und versprengten Söldnern, von Flüssigkeitsverlust und unerträglichem Durst und furchtbarsten Krankheiten nach dem Trinken von unreinem Wasser, nur damit ich sein etwas überteuertes Wasser kaufe, angeblich aus einer unterirdischen Quelle mit wertvollen Mineralien.

Und ich hatte mir eine Flasche gekauft, und bin mit diesem Proviant am späten Vormittag losgegangen, nur mit der Idee, für den Rest des Tages an nichts mehr denken zu müssen und vielleicht bis in die Gegend der alten Affenbrotbäume zu kommen. Der Weg zog sich hin, ich folgte den Mopedspuren, immer dort, wo sie am dichtesten waren, und schließlich war die Stelle erreicht, an der mich der Fahrer bei meiner ersten Erkundung abgesetzt hatte, eine versandete Lichtung mit Inseln aus welkem Gras, angrenzend an ein fast blattloses Gestrüpp. Es war das Motiv auf dem einen Zeitungsbild in der Gazzetta del Sud, das eigentlich die Afrikanerin hätte zeigen sollen, aber statt ihrer klein im Hintergrund eine Frauengestalt mit zwei Kanistern zeigte; beim ersten Mal war mir das an der Stelle gar nicht aufgefallen, weil alles zu fremd war, einschließlich Hitze und Stille, und auch vor Tagen war es mir noch vorgekommen, als wären Hitze und Stille das Alleinbeherrschende, umso erschreckender daher jedes leise Geräusch, etwa ein Knacken im Gestrüpp – Mister Moses hatte auch vor unberechenbaren Straußen gewarnt, folglich stand ich recht angespannt da, in der Hand die schon fast leere Wasserflasche, und rechnete bei jedem Geräusch mit einem Strauß, der gleich auf mich zueilt. Und als wirklich etwas zu hören war, ein Brechen trockener Zweige, sprach ich den Namen meiner verschwundenen Gefährtin vor mich hin, das ist einfach passiert, so wie ein Aufstoßen, bevor ich erfasste, dass die Kahlgeschorene in den Lumpen aus dem Gestrüpp trat, je einen großen gelben Kanister in der Hand, gegenläufig pendelnd; ihr fast auf den Fersen folgte das Mädchen, von dem es heißt, dass es ein Hexenkind sei.

Die Geschorene kam auf mich zu, sie stellte die Kanister, in denen Wasser schwappte, ein paar Schritte vor mir ab und zeigte mit dem Finger darauf, als hätte ich das Wasser bestellt oder könnte ohne die Kanister gar nicht in den Ort zurückkehren. Sie öffnete die Hand und schrieb mit einem Finger der anderen Hand eine Sechs auf die faltige Innenseite, den Preis für ihr sauberes Wasser, sechstausend Schilling in der Landeswährung, gut zwei Dollar, und ich hatte etwas Geld dabei, also gab ich ihr den Betrag in Dollar; sie schob die Scheine unter ihre Lumpen, hob noch eine Hand zum Dank oder Gruß und ging wieder in Richtung des Gestrüpps, während das Mädchen, das auch ein Junge hätte sein können, mein Geschenk hinter dem Rücken hervorholte, die Figur aus Stofffetzen auf dem beweglichen Einrad an der Drahthalterung, die es erlaubt, das Spielzeug vor sich herzuschieben, mit dem Effekt, dass die Figur derart die Beine bewegt, als würde sie das Einrad antreiben. Sie machte Zeichen, dass ich ihr folgen sollte, und lief um staubige Büsche herum zu einem Stück wohl von ihr glatt gestampftem Boden, in den kleine Stöcke nach Art eines Slalomparcours gesteckt waren, und um diese Tore herum ließ sie das Einrad so geschickt fahren, dass ich ihr und auch der Stofffigur applaudierte. Nach der Vorführung bot sie mir das Spielzeug an, um zu sehen, wie weit ich damit käme, aber selbst bei langsamer Fahrt gelang es mir nicht, um die Tore zu kommen, ohne einen der Stöcke dabei zu knicken, und das Mädchen machte Schadenfreudensprünge auf der Stelle und verwandelte sich, so kann man es sehen, in ein nicht verbanntes, richtiges Kind, auch wenn das eine Laienansicht ist. Es war mir aber unangenehm, noch weiter zu einer Verwandlung beizutragen, die nicht bleiben würde, darum ging ich zu den Kanistern zurück und nahm je einen am Griff, jeder mit fünfzehn Litern. Mit dieser Last von also dreißig Kilo machte ich ein paar kurze, torkelnde Schritte, begleitet, ja förmlich umtollt von dem Mädchen, und es war ihre immer noch schadenfreudige Ausgelassenheit, die mich sie etwas hat fragen lassen, das ich sonst kaum gefragt hätte, ob es noch jemand anderen gebe, der so wie sie hier im Busch lebte, nur von Mais, einer Ziege und dem Wasser aus der

Tiefe, zum Beispiel eine großgewachsene junge Frau. Just tell me!, habe ich ihr zugerufen und wohl so bedrängend, dass sie wieder etwas Verbanntes bekam, aufgehört hat zu tollen und mich mit Handbewegungen dorthin verwies, wo ich hergekommen war – Staub im Gesicht, die Augen wie verätzt, ist sie in ihren lappigen Sachen einfach stehen geblieben, wenn man so will, an der äußersten Grenze zu der Welt, von der sie ausgeschlossen war.

Und mit immer kürzeren, lächerlicheren Schritten hatte ich mich buchstäblich aus dem Staub gemacht, noch entschlossen, die zwei Kanister bis in den Ort zu schleppen, als würden die Menschen dort verdursten, wenn das Wasser nicht rechtzeitig einträfe. Nein, ich hatte nie Sport getrieben, und das Gewicht, das sicher größer war als das des verbannten Mädchens, zerrte so an mir, dass ich die Kanister immer wieder absetzen musste. Der Pfad, den ich eingeschlagen hatte, führte durch Grasland auf einen großen einzelnen Affenbrotbaum zu, wie als einsamer Vorposten dorthin verpflanzt, ein Anlaufpunkt in der flachen Landschaft, in seiner Krone, erst beim Näherkommen zu erkennen, ein Marabu, wie dorthin verirrt. Und im Halbschatten dieses Baums, unter einem fast kahlen, wie toten Geäst, habe ich die Verschlusskappen der Kanister geöffnet und beide umgestoßen. Auf dem trockenen Boden entstand so schnell eine Pfütze, und ich ließ sie versickern, statt das Wasser in den Ort zu tragen, wie es die Frau auf dem unerklärlichen Bild getan hatte. Der Marabu in der Baumkrone sah auf die Pfütze herunter, er öffnete seine großen Flügel und schloss sie wieder; zweimal, dreimal, viermal machte er das, jedes Mal mit mehr Entschiedenheit abzuheben, bis Kraft und Weite der Flügel reichten, sich aufzuschwingen, um dann über dem Baum zu kreisen, bereit, wie mir schien, vor der Pfütze zu landen, sobald der Stärkere von dort verschwunden wäre. Ich aber ließ die Kanister einfach liegen, irgendwer würde sie finden und wäre froh darüber, und ging auf dem Pfad im Grasland ohne die Last weiter, so erleichtert, dass es mir schwerfällt zu sagen, in was für einem Gefühl von Glück ich befreit vor mich hingegangen war, schon mit längerem Schatten in dieser Nachmittagsstunde und dazu der Aussicht auf den bevorstehenden Abend der unsterblichen Lieder im Café Elijah.

Glück ist ein Wort ohne Plural, ebenso sein Gegenteil, nur nicht so strikt; bei einer Häufung von Unfällen heißt es ja etwas lax Unglücke, und der Volksmund sagt, ein Unglück kommt selten allein, was die Mehrzahl andeutet. Das Singuläre von Glück und Unglück ist jedenfalls in die Sprache eingegangen, es sind Worte, die gleich den eigenen Punkt hinter sich setzen. Glück. Unglück. Selten ist mir das so klar geworden wie an dem Tag, als ich vom Dorf meiner Kindheit zur Stadt der Erwachsenenjahre gereist bin, auf diesem letzten Abschnitt eines verschlungenen Unterwegsseins zwischen Glück und Unglück und vor meiner Reise ins Unbekannte. Erst war da ein im Grunde verunglückter Abschied von Maren, nur mit einer flüchtigen Umarmung an der Bushaltestelle, dann gab es die Mittagsstunde mit Beatriz Picard, am Ende mit dem Punkt hinter ihrem Alleinsein und meinem. Und schließlich war da auf der Weiterfahrt zu meiner Stadt noch ein Foto, das ich vor Abfahrt des Zuges beim Illustrierten-Durchblättern im Zeitschriftenladen des Bahnhofs entdeckt hatte, ein Foto zu einem Artikel über die, die in Verbindung mit dem gewaltsamen Tod von Benedikt Cordes gesucht wurde, und von der es nur Bilder gab, die sie nicht zeigten oder auf andere Art zeigten – die Seite mit dem Foto schon im Zug aus der Illustrierten herausgelöst und seitdem aufbewahrt.

Es ist ein Bild, das die Afrikanerin eigentlich von vorn in einem kalabrischen Bergort hätte zeigen sollen, aber sie ist darauf allenfalls von hinten zu sehen, wie sie sich zu einem großen

Topf mit Fischköpfen auf einer Feuerstelle neben dem elterlichen Kiosk bückt und mit einem Stock darin rührt; man sieht ihr zu langen Braids geflochtenes Haar, das auch gut das Haar einer anderen sein könnte, und ihr Kleid, das mit seinem Muster an Schmetterlingsflügel erinnert. Sie ist barfuß neben der Feuerstelle, und was noch auffällt, ist ein Schild, Mobil Money Agent steht dort handgeschrieben und Pay Phone, Cheap Calls – Leistungen aus dem Kioskangebot, dazu das Mittagsgericht. Sie hatte davon erzählt, von ihrem Kochen, wenn ihr die Schule Zeit dazu ließ, ich könnte nicht sagen, wann, vielleicht bei einer Rast; mir ist nur in Erinnerung, dass sich das Blau des Himmels an dem Tag mit ihrer Stimme verbunden hat, die auch etwas Wolkenloses hatte, als könnte sie nie etwas Unwahres sagen – eine Szene, ihr Erzählen unter dem Spätsommerhimmel, an die ich seit dem Gang ins Buschland mit dem Ausleeren der Kanister am Ende immer wieder denken muss, was ebenfalls mit dem Wetter zu tun hat.

Schon seit Tagen ist der Himmel leergefegt, ohne dass ein Wind geht, und aller vorheriger Staub hat sich als rötlich braune Schicht auf jegliches gelegt; für einen wie den alten Scherenschleifer aber, der jetzt manchmal mit mir redet, ist es das Vorzeichen für neuen Staub, er muss es wissen. Das heißt, selbst nach drei Monaten ist hier vieles noch unverständlich, und es gab auch schon den Gedanken an eine Abreise, zumal das Geld langsam knapp wird, meine Reserve; nur gab und gibt es gleichzeitig die Hoffnung, noch irgendetwas über die zu erfahren, die den Ort für immer verlassen hat, einen Hinweis, wo sie inzwischen sein könnte. Und verlassen, das ist meine Sicht der Dinge – die Hals über Kopf von hier verschwunden ist, so sieht es der Major; die sein Haus und ihn oder umgekehrt: ihn und sein Haus im Stich gelassen hat, um ihr Glück woanders zu suchen, weit entfernt, für ihn aber immer noch da ist, wie ein schlecht gelöschter Torf in ihm glimmt. So könnte es sein, und nur er kennt die Wahrheit und nimmt sie jeden Abend mit in sein Haus, das er seit ihrem Verschwinden allein bewohnt, auch wenn dort wieder jemand fegt und das Feld versorgt. Er ist es, der mich hier hält, mit dem, was er bisher nicht erzählt hat, höchstens angedeutet bei unseren Begegnungen im Elija, wenn ich an seinem Tisch sitzen darf, in dem Café, das er als sein Reich betrachtet, wie den ganzen Ort und auch die Umgebung, was ja vielleicht normal ist für einen Polizeikommandanten oder überhaupt normal ist: dass man den Ort, in dem man lebt, als seinen ansieht. It's my place, das waren Ayagos Worte, ich weiß nicht mehr, bei welcher Gelegenheit, ich weiß nur, dass sie mich mit Neid erfüllt haben.

Die Stadt, die ich als meine betrachte, nicht im Sinne eines Besitzes (was besitzt man schon – hier im Ort einen Vorrat an Ibuprofen und Papier, zum Beispiel), sondern dem eines guten Gefühls, wenn ich sie nach längerer Abwesenheit wieder betrete, war bei meiner Rückkehr eine Stadt in voller Sommerlaune, obwohl es auf Oktober zuging, einem Treiben, als gäbe es weder die Neigung der Erdachse zum Herbst hin noch irgendetwas, das es vielleicht gefährlich machte, zu überschäumenden organischen Klumpen in den Straßencafés zu sitzen. Und statt des guten Gefühls gab es auf dem Weg zu meiner provisorischen Adresse nur eine Unruhe, als könnte ich jeden Moment in eine Personenkontrolle geraten, mit Fragen nach dem Woher und Wohin. Die gemessen an den Mieten in der Stadt noch fast günstige, aber eben auch recht kleine Wohnung lag in keiner Fußentfernung zum Hauptbahnhof, und dennoch bin ich zu Fuß gegangen, um irgendwie wieder warm zu werden mit der ja eigentlich so vertrauten Umgebung, wobei der heiße Spätsommertag nicht etwa ein Übriges tat, im Gegenteil: Die hinausgezögerte Sommerlichkeit machte alles noch etwas fremder. Besonders die Art, wie man eben überall zu Klumpen oder Trauben an den Tischen im Freien saß, als wäre man in einem ganz anderen, südlichen Land, einem mit natürlichem Anrecht auf Sonne, Nähe und sogar einem Glücklichsein, ließ mich an diesen Plätzen schnell vorbeigehen. Mein Eindruck war der einer Lebendigkeit auf Teufel komm raus, von letzten Stunden im Garten Eden, schon nach dem Biss in den Apfel, wenn das Versteckspiel vor Gott im Gang ist, aber in dem Fall jeder den anderen als Baum nimmt, um ungesehen weitermachen zu können; und unter diesem biblischen Eindruck lief ich zu einem der wenigen öffentlichen Fernsprecher, die es noch gibt, wenn auch ohne den Schutz einer Zelle, warf dort die guten alten Münzen ein, und wählte Lydias ewige Nummer.

In einem Gefühl von Unterlegenheit war dieses Tippen auf die Zahlentasten geschehen, eigentlich gar kein Recht zu haben, mich wieder bei ihr zu melden, und es hat nicht viel gefehlt, den Hörer nach dem drei- oder viermaligen Freizeichen am anderen Ende wieder einzuhängen, wohl nur ein nochmaliges Freizeichen. Aber stattdessen war da die Stimme, die von Anfang an eine Stimme der Resonanz gewesen war, einer Fülle, in der ich mich bewegt hatte wie in einem Raum. Ja bitte, sagte Lydia, leicht fragend, weil bei ihr keine Nummer angezeigt war, und ich sagte, ungeschickterweise als Erstes, dass ich es sei, leider zu spät, um nach der Beerdigung von Cordes zu fragen, und trotzdem: Wie war die Beerdigung? Die Frage wollte ich erledigt haben – komm, erzähl, damit wir danach über uns reden können. Das hatte ich natürlich für mich behalten und nur still geatmet und auf die Vorbeikommenden gesehen; der Fernsprecher hing an einer Metallsäule im Bereich eines bei Japanern und Chinesen beliebten Platzes mit nachgebauten Fachwerkhäusern. Sie war schlimm, sagte Lydia. Der Sohn wäre fast samt der Schaufel Erde ins offene Grab gefallen. Und seine Frau hat immer wieder zu mir geschaut, eine Magersüchtige in teurem Schwarz mit bitterrotem Mündchen. Gott sei

Dank waren viele Leute da, Hunderte, das hätte ihm gefallen. Wieso rufst du an? Ihre Stimme klang jetzt ganz nah, und meine Antwort war vorbereitet: Weil ich in der Stadt bin und morgen gegen Abend für länger verreise. Vielleicht kann man sich vorher noch sehen.

Man hatte ich gesagt statt wir, dieses kleine, inzwischen verpönte Wort gebraucht, und als wäre es die Quittung dafür, gab mir Lydia einen Termin durch: Morgen zwischen halb drei und halb vier in der Praxis, jemand hat abgesagt. Und wohin geht die Reise? Sie trank aus einer Flasche, das war zu hören, ihr täglicher Wasserverbrauch war enorm, Lydia glaubte, dadurch ewig um die vierzig zu bleiben, mit der Figur für ein Rennrad. Eigentlich gab es keinen Grund, ihr zu sagen, wohin die Reise ging, dennoch nannte ich das Ziel, weil es auch keinen Grund gab, es nicht zu nennen, und am anderen Ende ein Verblasen von Luft, halb Anerkennung, halb Hohn, wie ein: Da geht's also hin, um mal zu sehen, wo sie herkam, wie sie gelebt hat und warum man's dort nicht aushält, sich auf den Weg macht zu uns – etwas in der Art mag sie sogar gesagt haben, ich war zu durcheinander, um jedes Wort aufzunehmen.

Halb drei, das hieß bei Lydia frühestens fünf nach halb drei, wenn die vorige Behandlung von ihr abgefallen war, und höchstens bis zehn nach drei, wenn schon wieder jemand nahte, der sich den Rücken hielt. Es hatte etwas Aussichtsloses, dieses Zeitfenster – das Gefühl, das ich mitgenommen habe in meine provisorische Bleibe, eine dort irgendwie falsche Stille in dem Raum, der nicht mehr als ein besseres Lager um das Bett war. Und schwer zu sagen, wovon dieses Trügerische hergerührt hat, ob von meinen Büchern in Stapeln auf dem Boden, im Grunde nur noch Erinnerungsstücke, die seligsten obenauf (etwa Julien Greens Tagebücher und Spinozas Ethik, aber auch ein Prinz-Eisenherz-Band), oder von Umzugskartons mit Kleidung und alten Artikeln von mir darin oder den paar Möbeln, die ich behalten hatte, wie den Schreibtisch meines Vaters. Auf dem lag die vorgefundene Post, darunter nur zwei Sendungen, die es wert waren, geöffnet zu werden, die Einladung eines früheren Kollegen bei der Christlichen Stimme, einer der vier Halbstudierten, zu dessen Sechsundsechzigstem, in kleinem Kreis ohne Geschenke, wie es hieß, sowie die erhoffte Abrechnung des Senders mit dem Radioprogramm für Schlaflose. Eintausendachthundertundzwei Euro waren mir für die letzten Beiträge inklusive Mehrwertsteuer überwiesen worden – welch hübsches Sümmchen, mögen sich manche denken, mein Gedanke war: Schmerzensgeld.

Eine irgendwie falsche Stille, sagte ich, und das Irgendwie war der Situation geschuldet nach dem Telefonat mit Lydia und dem Betreten einer Einzimmerwohnung, in der sich alle Sommerhitze aufgestaut hatte und es anfangs nur ein Geräusch gab, den Atem in meiner Nase. Es war eine Art von Falschheit, die an etwas erinnert hat, ohne dass es gleich genaue Bilder dazu gegeben hätte, eher solche wie an Landschaften aus einem zurückliegenden Traum; nur nach und nach – und in vollem Umfang erst jetzt – hat sich das Vage dieses Falschen geklärt: Es hatte etwas von der Totenstille mit nur doch einem feinen Geräusch, die Lydia und mich auf der einzigen Bergwanderung in all unseren Jahren überrascht hat, an einem perfekten Herbsttag in der Felsregion des Wilden Kaisers, wo es unterhalb einer Geröllhalde bis auf ein manchmal für Momente unterbrochenes, eigentlich aber unablässiges Rieseln im ansteigenden Gestein eben auf trügerische Art still war. Und Lydia sagte plötzlich: Diese Geröllhalde, das sind wir, unser majestätisch starrer Zustand, in dem es bröckelt, ohne dass man es sieht, und ich rief in die Stille, dass wir uns später aber erzählen würden, welches Glück wir mit dem Wetter gehabt hätten. Oder wie wunderbar allein wir dort oben gewesen seien, allein genug, um sich lieben zu können auf den Steinen! Und soweit ich mich erinnere, ist es noch vor dem Abstieg zu einem Dialog gekommen, als hätte ihn jeder für sich schon seit Jahren geprobt. Lydia sagte: Du scheiterst an allem, was gerade ist, weil du es gleich mit den Augen der Erinnerung siehst oder als vollendete Zukunft, was auf dasselbe hinausläuft, und ich sagte: Was heißt da scheitern, wenn man in der Lage ist, aus Schmerz und Unglück Salz zu machen, das Salz einer Geschichte, zum Beispiel dieser Bergtour, wie wir uns unterhalb einer Geröllhalde geliebt haben, dein und mein Atem und das Rieseln im Gestein die einzigen Geräusche waren – so hätte es doch sein können, oder nicht? Und Lydia sagte: Es kommt der Tag, an dem es uns als Paar gegeben haben wird, pass nur auf! Und von diesem Ausruf im Gebirge an gab es eine Stille zwischen ihr und mir bis zu dem vorhergesehenen Tag, eine, die sogar noch da war, wenn wir laut geredet haben – und die mich eingeholt hat in dem Einzimmerlager mit auch einer Art Rieseln, im alten Schreibtisch aus der Ordination meines Vaters (wie nicht er, sondern seine Frau, meine Mutter, das Arztzimmer genannt hatte), einem Holzwurmgenage, das neben dem Atem in meiner Nase das einzige Geräusch in dem stickigen Raum blieb, bei nicht geöffnetem Fenster, weil mir jedes Geräusch von außen, ob von Autos oder Menschen, zu viel war, ein Zuviel an Gegenwart.

Ich hatte umgepackt für die Reise, mit der bewährten Tasche als Handgepäck und einem zusätzlichen, eher kleinen als großen Koffer, in dem alles Platz fand, was noch an leichter Kleidung da war. In die Tasche kamen dagegen der Flusskiesel, das mir gemachte Geschenk, und die Ansätze zu diesem Bericht aus den Wochen bei Maren, sowie mein Notebook und etwas Waschzeug. Gegen Abend war das meiste gepackt, fehlten noch die geplanten Einkäufe, vor allem gute Schuhe und die nötigen Medikamente. Und obwohl die Läden noch offen hatten, um wenigstens schon die Schuhe zu kaufen, blieb ich in meiner Stille, bis es auch auf der Straße still war; nur in einem türkischen Imbiss um die Ecke gab es noch Betrieb, dort aß ich etwas, um danach ins Bett zu fallen – das zuletzt mit Lydia geteilte, als es noch in meiner alten, zu teuer gewordenen Wohnung gestanden hatte; jetzt war es nur mehr der Platz für die Entlastung vom Denken, den Schlaf.

Und der Vormittag des Abreisetags hatte den noch nötigen Einkäufen gedient, dazu dem Besuch eines Internisten, einst fleißiger Leser der Zeitung, die es nicht mehr gab, und besonders meiner Beiträge darin. Er stellte das nötige Rezept für ein Malariaschutzmittel aus und erteilte mir noch Ratschläge zur Erhaltung der Gesundheit in ungesunder Umgebung; danach der Gang zur Apotheke und später eine Dusche plus Rasur. Der Abschied von meinem Wohndepot für längere Zeit war kaum ein letzter Blick, um danach bereits mit Gepäck, der Tasche und dem Koffer, eine Bahn bis in die Nähe von Lydias Praxis zu nehmen, gelegen im Bereich des Zoos mit auch rascher Verbindung zum Bahnhof, für den Fall, dass noch ein Patient abgesagt oder sie gar etwas erfunden hätte, um uns eine weitere Schulstundenlänge zu verschaffen – was ich nicht ernsthaft geglaubt habe, aber ernsthaft gehofft, als ich an der Zoomauer entlanggegangen bin und über der hohen Kante plötzlich der Kopf einer Giraffe aufgetaucht ist, vielleicht aufmerksam geworden vom Klackern der Kofferrollen und mit einem Blick auf mich herunter wie der einer Gesandten aus dem Land, in das ich anderentags fliegen würde, einer, die mich zu der Reise beglückwünschte. Ich will das nicht überbewerten, schließlich war es nur eine Zoogiraffe, aber kurz darauf habe ich an der Tür zu Lydias Praxis in dem Gefühl geläutet, dass etwas Erlösendes eintreten könnte.

Wer, frage ich mich manchmal, hat uns nur in den Kopf gesetzt, dass wir glücklich sein müssen, unsere Mütter (meine gewiss), weil es schon ihre Mütter getan hatten und auch deren? Oder waren wir es selbst, weil wir zu viele Fernsehopern gesehen haben, oder haben wir es im Blut, auf das Erlösende zu hoffen, das Ereignis, das unser Leben herumreißt, von der Armut zum Reichtum, vom Alleinsein zur Zweisamkeit, vom Dunkel ins Licht, von einer Schuld zur Unschuld? Wie auch immer: Um dieser Wende oder Kehre im Leben – Kehre: ein Lieblingswort des einstigen Hüttenphilosophen – ein Stück näher zu kommen, wäre am Tag meiner Abreise ein Strauß Blumen sicher besser gewesen, als gleich mit Tasche und Koffer zu erscheinen, als einer, der nur auf dem Sprung ist und noch etwas mitnehmen will.

Andererseits war Lydia selbst auf dem Sprung, nämlich zwischen zwei Patienten, daher auch im üblichen komplett weißen Praxisdress, Polohemd, Golfhose, Tennisschuhe, als wäre sie in jeder dieser Sportarten zu Hause. Ich hatte mir auf dem Weg zu ihr Anfangsworte zurechtgelegt, noch verspätete der Anteilnahme, aber mit einem Blick in die Zukunft; ich hatte mir auch vorgenommen, sie in den Arm zu nehmen, ganz in der Gegenwart, aber dann stand ich ihr im Flur der Praxis gegenüber, das Gepäck noch in Händen, und war einfach nur stumm, statt zu sagen: Ich hoffe, du kommst darüber hinweg, oder: Schau, das war Cordes' Leben, keine Gefahr zu scheuen, es hätte ihn auch woanders treffen können, durch eine Flutwelle oder Mine oder verirrte Kugel. Ob ich so stehen bleiben möchte mit meinem Gepäck wie auf dem Bahnsteig, ja oder nein? Ruhig und auf ihre halbe Art lächelnd, hat sie das gefragt, dem Lächeln, bevor wir ins Bett gegangen waren: ob es jetzt wirklich sein müsste, denn darunter hatte Lydia es nie gewollt, nur als etwas Dringendes, im Grunde als Notfall, der sich nicht anders beheben ließ. Und die Antwort, beim Absetzen von Tasche und Koffer, war natürlich ein Nein, worauf sie, mit einem Wink, ihr zu folgen, in einen der zwei Behandlungsräume ging, den mit allen möglichen Übungselementen wie Bodenmatten, elastischen Seilen und großen Bällen, aber auch einer Sprossenwand, die uns am Anfang auf allerlei Ideen gebracht hatte, wenn wir allein waren in der Praxis. Vielleicht willst du mein neues Rad sehen, sagte sie, und da stand es auch schon, an die Wand neben der Tür gelehnt, weil es ja keinen Ständer hatte, kein einziges überflüssiges Teil, weder Licht noch Klingel noch einen Gepäckträger, nur seinen Alutitanrahmen, das Extradünne der Reifen ohne Profil, die Acht-Gang-Nabenschaltung und den Sattel von Brooks, der Rahmen in einem Lachsrot, darauf diskret der Schindelhauer-Schriftzug. Schon als noch alles gut war zwischen uns, ausbalanciert, was meine und ihre Interessen betraf, hatte Lydia von diesem Rad gesprochen, und nun stand es in dem Raum mit der Sprossenwand, um damit von der Praxis zu ihrer Wohnung in dem Stadtteil auf der anderen Seite des Flusses zu fahren und am nächsten Tag wieder zur Arbeit. Aber es stand da nicht nur, wie ein Rennrad eben an die Wand gelehnt dasteht, es stand da in meinen Augen wie ein Ersatz für Cordes, obwohl der seine überflüssigen Teile hatte, mal mit Schutzweste, mal mit Stahlhelm, Kinnriemen offen, als Welterklärer aufgetreten war, gern auch mit einem Buch, das aus einer Brusttasche hervorsah, und Lesebrille am Bändchen vor der Brust, als würde er gleich nach seinem Kommentar wieder zwischen ausgebrannten Panzern Hemingways Depeschen lesen.

Und, fragte Lydia, wie gefällt dir mein Rad? Heb es mal, es wiegt fast nichts, du kannst dich auch draufsetzen, oder was willst du? Sie nahm das Rad und hielt es mir hin, als wären wir doch noch spät zu einem Kind gekommen, einem aus Alutitan mit handgenähten Griffen, und ich nahm es ihr ab, es wog tatsächlich nicht mehr als ein, sagen wir, wochenaltes Baby. Ich trug es an Lydia vorbei zum Fenster, einem Fenster mit Baum davor, ich glaube, einer Kastanie, und durch die fegte ein Wind, der die welken Blätter nur so von den Zweigen riss – das Wetter hatte sich geändert, noch schien die Sonne, aber ein Teil des Himmels war schon bedeckt. Ein wirklich gutes Rad, sagte ich und schwang mich probehalber auf den schmalen Sattel, während mir Lydia von hinten um die Rippen griff, etwas Halt gab, ja mich sogar ein Stück schob, als hätte ich einen Unfall gehabt und müsste Rad fahren neu lernen. Damit tröste ich mich etwas, sagte sie, nachdem ich wieder abgestiegen war und das Rad wie zuvor an der Wand lehnte. Nicht dass mich Cordes' Tod in eine Verzweiflung gestürzt hätte, aber er fehlt mir einfach. Und du kannst mir über die Nacht von Mailand nichts Neues sagen? Bei der Frage hatte Lydia bereits auf die Uhr gesehen, eine dieser armbandartigen Errungenschaften, die einem ständig vorhalten, was man an dem Tag schon geleistet hat und was noch zu tun ist, bevor man sich ausstrecken darf. Wir haben noch dreißig Minuten, sagte sie. Was könnten wir damit anfangen?

Als Lockung, mit aber schiefen Nachhall hat diese Frage im Raum gehangen; dazu kam, dass Lydia ihr Polohemd auszog, was das Haar leicht verwühlte, und in einem auch weißen Top vor die Sprossenwand trat, wie ganz am Anfang, als wir zusammen die Wände der Praxis gestrichen hatten, teils nüchtern-hell, teils apricot-warm, Farben zum Ertragen von Schmerz und zum Genuss seines Gegenteils. Und das mit dem ausgezogenen Hemd war nichts Ungewöhnliches, wenn Lydia etwa eine Übung für die Schultern vormachen wollte, in dem Fall aber nur dastand, Arme leicht ausgebreitet, die Hände auf einer der Sprossen. Eine halbe Stunde blieb uns also noch, und natürlich war die Frage, was damit anzufangen wäre, gar keine echte Frage, sondern ein Stich in den Ballon meiner Phantasie, um ihn platzen zu lassen. Und ja, ich war drauf und dran zu sagen, vergiss doch einfach, was war, wir haben nur noch diese halbe Stunde, wer weiß, wann wir uns wiedersehen, lass uns das mitnehmen, Lydia, und auch wenn vieles dagegenspricht: Im Grunde wollen wir es beide, du und ich, lass uns nicht noch einen Fehler machen und diese Zeit mit Reden verbringen, damit jeder diese halbe Stunde mitnimmt, ich auf meine Reise, du in deinen Alltag. Jetzt ist jetzt, und eine Minute ist schon verronnen, es bleiben noch neunundzwanzig, früher haben uns zehn gereicht, die Zeit zwischen zwei Patienten, du dann noch mit glühenden Wangen bei deiner nächsten Bandscheibe, ich zerfleddert im Bad.

Dein Flug, wann geht der?, hatte sie auf einmal gefragt, und ich erklärte den Reiseplan, wann und von wo der Flug ginge und welchen Zug ich nachher nehmen würde, und Lydia sagte nach höchstens zwei Sekunden des Nachdenkens, da könnte ich ja auch morgen früh noch nach Brüssel fliegen und sie heute Abend auf den Geburtstag von unserem alten Kalabrienfahrtfreund begleiten – der ist noch immer mit seiner Professorin zusammen, und alle möglichen Leute werden da sein, die wir kennen, die Helmers und beide Gremms, Elfie und Lutz, die Walters und Kleeberg, der Virologe, der nur durch meine Hände wieder laufen kann, und sogar Henze und seine Frau – die mal mit Cordes was hatte, wusstest du das? Lydia streifte ihre Schuhe ab, auch das tat sie oft vor einer Übung; sie stieg auf eine der Sprossen und kam mir mit noch mehr Namen: all der Leute, die immer wieder aufgetaucht waren, wo auch wir aufgetaucht waren, als hätte es eine große geheime Familie gegeben, der irgendwie anzugehören nicht unbedingt das Glück war, aber ein Bollwerk vor dem Unglück. Die alte Silvesterrunde ist auch dabei, sagte sie. Die Stubenrauchs, die Göllners, die Roths, Anne und Ludger, dann unser Syrer, der jedes Mal den Nachtisch mitbringt, und auch das Mäuschen, wie du sie immer genannt hast, eben alle, fehlen nur noch wir – aber ich denke, du solltest doch heute Abend fahren. Wirst du mal anrufen von dort, erzählen, wie es ist? Lydia hob jetzt die Arme und hängte sich an einer der oberen Sprossen ein, und mir fiel etwas auf, das neu bei ihr war, genau genommen aber alt, an unsere erste Zeit erinnernd – feiner dunkler Flaum in den offenen Achseln. Und es war dieses Zeichen einer stillen Bereitschaft, so sein zu wollen, wie von der Natur vorgesehen und sich vielleicht auch so hinzugeben, ohne Tricks und Drumherum, unplugged, wie man heute gern sagt, dass mich Momente lang daran denken ließ, ihr das Top und auch gleich die übrige Kleidung einfach herunterzureißen, um sie in ihrer ganzen Nacktheit auf eine der Matten zu werfen: das Bild eines Überraschungssieges, zu dem ich gar nicht imstande gewesen wäre, weil sie mich vorher niedergerungen hätte mit ihrer Sportlichkeit. Von dort anrufen, das dürfte schwierig werden, sagte ich und erfand, während unsere halbe Stunde dahinging, eine Geschichte, warum ich nicht mehr besaß, was alle Welt besitzt, wie mir das von ihr empfohlene Gerät abhandengekommen war und warum ich es bisher nicht vermisst hatte. Dort aber wäre so ein Ding nützlich, das gab ich zu, und Lydia sagte, bei ihr zu Hause liege noch eins, ein gutes sogar, das könnte sie schnell holen, nachdem hier Schluss sei, und zum Bahnhof bringen, wir könnten uns vor dem Gleis treffen. Und damit ist sie von der Sprossenwand gesprungen und vor mich hingetreten und hat gefragt, wann mein Zug geht, wobei sie sich mit den Daumen ihr Haar hinter die Ohren strich, früher oft die erste Stufe der Entkleidung, eine kleine Bewegung als Ausdruck ihrer manchmal nicht ganz so kleinen Schwäche für mich, ihren Adventsscharlatan, aber auch Philosophiehallodri und Sonntagswortschlawiner, und ich habe ihr die Abfahrtszeit genannt, verbunden mit einem Ja, komm da hin, mach das!, und sie sagte, schon wieder ihre famose Uhr im Blick: Du, mit dem neuen Rad kein Problem.

Ich höre sie das noch zu mir sagen, Du, mit dem neuen Rad kein Problem, und weiß noch, wie es in mir nachgewirkt hat, als ich in einem der Straßencafés auf dem Weg zum Zug – ich war am früheren Theaterplatz aus der Straßenbahn ausgestiegen, um noch etwas zu gehen – unter der Markise Schutz vor einem Guss fand, der sich ja angekündigt hatte – so nachgewirkt, als gäbe es auch zwischen uns keine Probleme. Eine Stunde war herumzubringen bis zur Abfahrt des Zuges, das heißt einer kurzen Zeitspanne davor, in der Lydia mir ihr Ersatzgerät bringen wollte, und nachdem ich einen Platz an einem Zweiertisch gefunden und auch etwas bestellt und beim Servieren gleich bezahlt hatte, war ich erst noch mit einem Flammkuchen beschäftigt. Danach blieb nur noch, die Arbeit des Seins zu verrichten, nicht aus der eigenen Haut zu können, nicht einmal in Gedanken, sosehr man sich auch welche macht, mit neuen aus den alten windet, nur bleiben sich die Windungen gleich, oder anders gesagt: Man bleibt ein Gewundener. Und als der habe ich den prasselnden Regen gesehen, bis ein junger Mann an meinen Zweiertisch trat.

Er bat um den noch freien Stuhl, um ihn an einen anderen Tisch zu bringen, schon mit einer Hand an der Lehne, in der anderen eine Zigarette, die noch nicht brannte, und ich sagte, Bitte, ich erwarte niemanden, worauf er die Zigarette zum Mund nahm und hin- und herbewegte, als Frage, ob ich Feuer hätte – etwas, mit dem man heute ja kaum noch rechnet, das einen in Verlegenheit bringt. Daher wollte ich auch nicht gleich Nein sagen, sondern im Gegenteil, mich sogar bemüht zeigen, mit einem Griff in die Reisetasche, schon weil ich selbst früher geraucht hatte, wie das in Redaktionen üblich war, um den Geist zu schärfen. Und als der junge Mann, noch keine zwanzig, bereits abwinkte, bevor ihm das Bemühen eines Fremden um seinen Zigarettengenuss peinlich würde, stießen meine Finger auf dem Grund der Tasche auf das geriffelte Rädchen am Kopf eines Plastikfeuerzeugs, und ich zog es zwischen Kleidung und anderem hervor. Es war eins der Feuerzeuge aus dem Bündel der Afrikanerin, bei einer unserer Übernachtungen im Freien offenbar in meiner Tasche gelandet. Hier, sagte ich und hielt dem jungen Mann das blassgelbe Feuerzeug hin, Sekunden lang, bis er es nahm, während ich noch weitergesprochen habe, mich jedenfalls an folgende Worte, die mir auch nur durch den Kopf gegangen sein könnten, erinnere: Das hat einer Reisegefährtin gehört, du kannst es behalten, musst immer aber wissen, dass sie einmal nachts im Auto, über eine Straßenkarte gebeugt, im Schein dieses Feuerzeuges etwas Anbetungswürdiges gehabt hatte.

Und der junge Mann hat mit dem Daumen am Zündrädchen gedreht, bis die Flamme aufschnappte, sich die Zigarette angesteckt und mir anstelle eines Danke zugenickt, um dann doch nicht zu wissen, wohin mit dem Feuerzeug, und es auf den Teller mit meinem Trinkgeld zu legen, bevor er den freien Stuhl ergriff und zu einem Tisch am Rand der Markise trug, da hatte das Schütten schon fast aufgehört. Aber noch bei Regen habe ich mein Gepäck genommen und bin in einer Flucht, so muss man es sagen, vor dem kleinen gelben Gegenstand der Erinnerung davongelaufen

Der Widerstand von Holz variiert bekanntlich, je nachdem, wo man einen Nagel einschlägt, mal geht er schwer hinein, mal so leicht wie durch Fleisch, dasselbe gilt für den Stoff, aus dem wir gemacht sind (für den Gekreuzigten hat es sogar buchstäblich gegolten); seine Schwachstellen sind dort, wo der Nagel sogleich ins Mark geht, und es braucht Zeit im Leben, die eigenen Stellen nicht nur kennenzulernen, sondern auch anzuerkennen. Auf dem letzten Stück Weg zum Bahnhof, im Gewimmel all der neben mir Gehenden und Entgegenkommenden, es war ja die frühe Feierabendstunde, eines Gedränges, das wieder einmal an Vogelkolonien denken ließ, war nicht viel Zeit geblieben, mir diesen Nagel aus dem Mark zu ziehen, mich wieder zu beruhigen, mir zu sagen, dass es gut und richtig war, ihr Feuerzeug nicht mitgenommen zu haben, so nicht bei jeder Gelegenheit die kleine Flamme aufschnappen lassen zu können, um dann zu sehen, dass ihr Schein nur auf mich fällt.

Der Hauptbahnhof meiner Stadt mit einer bronzenen Atlasfigur auf der Fassade ist ein Kopfbahnhof, was es fast unmöglich macht, sich am Anfang eines bestimmten Gleises innerhalb eines bestimmten Zeitfensters, etwa der Viertelstunde vor Abfahrt des Zugs, zu verfehlen. Aber genau das war für mein Gefühl passiert, als Lydia auch wenige Minuten vor der leider pünktlich angezeigten Abfahrt noch nicht aufgetaucht war, um mich vielleicht noch einmal zu küssen – was in ihrer Praxis ja nicht passiert ist – und mir ihr Reservesmartphone mit auf die Reise zu geben. Einige der Zugtüren waren schon geschlossen worden, und ich habe noch immer in Höhe des Prellbocks am Gleisanfang oder Gleisende gestanden und gedacht, Lydia hätte sich, noch in der Begeisterung für ihr neues Rad, vielleicht verhört und würde vor einem anderen Gleis warten; also habe ich nach beiden Seiten Ausschau gehalten, zu den benachbarten Bahnsteigen, ja bin auch einige Schritte in die eine und die andere Richtung gegangen, obwohl der Zug in aller Kürze hätte abfahren sollen und es keinen weiteren mehr nach Brüssel gab an dem Tag. Und zuletzt rief ich sogar ihren Namen über die Gleise hinweg, einmal, zweimal, dreimal, und da drang noch ein anderer Nagel ohne jeden Widerstand in mich ein, in das Fleisch unserer ersten Zeit, als Lydia einige Male derartig kam, oder gekommen war, wie es heißen sollte, mit einer höchstens lückenschließerischen Assistenz meinerseits, dass mir angst und bange geworden ist, nämlich mit einem Kopfwehkrampf, ausgelöst wohl von der enormen Belastung der Gefäße, und ich ihren Namen gerufen habe, Lydia, um Gottes willen, Lydia, was hast du? Erst viel später, sicher zu spät, ist mir klar geworden, dass es ein Schluchzen vor zu vielem Glück war, von dem gegenteiligen für einen Laien kaum zu unterscheiden. Es gibt dafür keine Schule, wir bleiben Anfänger in Sachen Glück, und als solcher rief ich ihren Namen über die Gleise und hoffte, dass sie noch im letzten Moment auftauchen würde (wie man's ja oft in Filmen sieht), um mir das Gerät in die Hand zu drücken, das es möglich machte, sich bei ihr zu melden oder auch nur ein Lebenszeichen zu geben – sogar in die Tiefe des Bahnsteigs hinein habe ich Lydia, Lydia! gerufen, bis mir ein Mann mit Dienstmütze und Pfeife, also der Schaffner, wenn dieser Begriff noch gilt, aus der letzten offenen Zugtür Zeichen gemacht hatte: dass es jetzt höchste Eisenbahn sei.

Und ich erinnere mich an ein Schließen der Augen auf dem reservierten Einzelsitz, als der Zug dann bei schon anbrechender Dunkelheit Richtung Brüssel fuhr, an eine Verflüchtigung in die eigene Nacht, alles hinter mir lassend, wie es schien, was mich verwundbar machte – Nacht nennen wir den Verlust der Begehrlichkeit im Verlangen nach all den Dingen, heißt es bei Johannes vom Kreuz, dem mir Liebsten unter den Mystikern. Und in etwa diesen Zustand war ich auf der Fahrt in die reale Nacht gefallen, viel mehr ist über die Zugfahrt und auch den späteren Abend in Brüssel nicht zu sagen, nur dass ich mir ein bezahlbares Hotel in der Nähe des Bahnhofs gesucht habe, im Restaurant noch etwas Warmes zu essen bekam und mit einer angebrochenen Flasche Rotwein aufs Zimmer gegangen bin und sie dort am offenen Fenster langsam trank – in dem fast feierlichen Gefühl des nun eigenen Verschwundenseins.

Natürlich hat es ein Telefon am Bett gegeben und damit die Versuchung, Lydia einfach anzurufen, sie zu fragen, warum sie nicht an das Gleis gekommen sei, nur hatte ich mir gleich ihre Ausflüchte vorgestellt, wie sie mit etwas künstlicher hoher Stimme erklärt, das Reservegerät nicht gefunden zu haben, nicht dort, wo es hätte liegen sollen, oder dass sie im Haus aufgehalten worden sei – ihr Nachbar auf der Etage, ein pensionierter Richter, verwitwet und alleinlebend, hat die Angewohnheit, Lydia um kleine Gefallen zu bitten, etwa eine Büchersendung für ihn entgegenzunehmen, obwohl er viel öfter als sie zu Hause ist, oder er spricht Lydia im Treppenhaus an, erzählt etwas, bis daraus ein Gespräch wird. Auf jeden Fall hätte sie gute Gründe geltend gemacht, um dann höchstens noch Tut mir leid zu sagen, Ja, tut mir wirklich leid, du. Also bin ich lieber mit dem Wein ans offene Fenster gegangen.

Und dort war es ein Nach-draußen-Schauen mit reinem Interesse an dem, was jenseits von mir war – erst nur der nächtliche Verkehr, bald aber die auf der anderen Straßenseite vor kleinen Geschäften rasselnd heruntergelassenen, und wie sich gezeigt hat, kunstvoll besprühten Rollläden, auf einem ein schwarzer angreifender Stier, auf dem nächsten ein Torwart bei der Parade, quer in der Luft, und auf dem kunstvollsten ein umschlungenes Paar mit wachendem Hund vorm Bett –, einem Interesse am Fremden wie zuletzt mit meiner Gefährtin in den Nächten noch unter dem Himmel Kalabriens, als es nichts weiter als sie und ihr Unerklärliches auf der Welt gegeben hat.

26

Wer längere Zeit auf keinem großen Flughafen war, nicht mehr geflogen ist (in meinem Fall drei Jahre, zuletzt für die gute alte Zeitung nach Rom), dem erscheint das Hin und Her dort wie ein Zeichen von Panik – als Beginn einer Flucht, um in Maschinen, die der Erdanziehung trotzen, mit anderen Fliehenden eng wie Bienen in ihren Waben so schnell wie möglich selbst fernste Regionen zu erreichen, Orte, an denen man, genau genommen, nichts verloren hat – und die noch zu meiner Schulzeit, nahegebracht im sogenannten Kulturfilm, kindliches Staunen ausgelöst hatten.

Aber da war zum Glück noch etwas von diesem Staunen, als ich nach gut drei Stunden in der Luft, erst über bewaldetem Land, dann hohem Gebirge, später dem Meer, schon über der Wüste war, dem Meer aus Sand mit den Linien der Dünen und hin und wieder einer Oase, unbegreiflichem Grün im hellbraunen Einerlei, einer Verlockung in der Tiefe: Komm, spring hier ab, lande bei mir, in meinem Garten bist du aufgehoben – einer von vielen schläfrigen Gedanken während des Fluges bis in die Mitte eines Kontinents, der ganz sich selbst überlassen erschien aus großer Höhe. Die ersten Speisen und Getränke hatte ich zurückgewiesen, mir reichten die Vorzüge eines Fenstersitzes mit der Möglichkeit, den Kopf, gepolstert vom kleinen, mir zustehenden Kissen, in die Mulde des Fensters zu legen, auf den Knien die Zeitung, bei der ich mich vergebens beworben gehabt hatte, erhältlich auf dem Abflughafen – Anlass für den Leitartikel: die jüngsten Belege eines alle Rekorde brechenden anhaltenden Aufschwungs, angeführt von China und den Vereinigten Staaten, aber auch mein Land schlug sich gut, mit ungeahnten Erträgen aus Beteiligungen und Immobilien; Wermutstropfen waren höchstens die Klagen von Bauern über Wassermangel in diesem nicht endenden zu trockenen Sommer, verbunden mit düsteren Stimmen zum Klima, das vor die Hunde gehe, so stand es da als Zitat einer Schülerin mit reizvollem Namen, Naomi – den hatte ich in einen flachen Schlaf mitgenommen, wo er sich sozusagen selbstständig machte, das Gedächtnis wie auch den Geist anzapfte, mich also träumen ließ. Da ist auf einmal meine Gefährtin als Stewardess mit ihrem Namen am Revers, weiß auf schwarzem Grund, schön und gut; nur fallen dann ein paar Buchstaben weg, der Name wandelt sich in Naomi, und sie beugt sich zu mir und fragt Chicken or fish, sir?, und ich sage so etwas wie: Um Himmels willen, was machst du hier?, und sie erwidert: Nur meine Arbeit. Damit war der Traum auch schon zu Ende, nämlich geplatzt, und für Momente nach dem Erwachen – das Land in der Tiefe war da schon in einem stumpfen Licht, dem zwischen Tag und Abend – hat es die Vorstellung gegeben, dass es immer so weitergehen würde, die Afrikanerin in meinen Träumen zurückkehrte, als hätte ich mich mit ihrem Verschwinden geirrt, meinen Kopf in die Arme nimmt und leise Was hast du? sagt, bin ich nicht bei dir?, bis es vielleicht nur noch den Wunsch gäbe, dass sie dort bleiben sollte, wo Verschwundene oder Tote hingehören.

Chicken or fish, sir?, das bin ich wohl wirklich gefragt worden, weil eine der Flugbegleiterinnen, wie ja die vormaligen Stewardessen längst heißen, bei meiner Sitzreihe stand, und ich bat sie um etwas Wasser, eingeschenkt und mir gereicht in einem beunruhigend nachgiebigen Plastikbecher. In kleinen Schlucken habe ich dann dieses stille, halb kühle Wasser getrunken, während es Nacht wurde, den Becher in beiden Händen, und als hätte es keinen besseren Halt gegeben, hielt ich den Becher sogar noch beim Aufsetzen der Maschine am Ende einer Landzunge in einen binnenmeerartigen See, der Karte nach mit ganzen Inselgruppen und Küsten zu mehreren Ländern, einer Karte als Anhang des einzigen Führers, der über das Herkunftsland der Afrikanerin im Rahmen der letzten Einkäufe zu bekommen war, mein Zielort darin nur als klein, geschäftig und staubig erwähnt – a small, busy, and dusty border town.

Die Luft in dem Ankunftsflughafen war feuchtwarm und roch nach Metall und Desinfektion; am Zoll hatte es kein Interesse an mir gegeben, drei Beamte in scharf gebügelten Hemden ließen meinen Pass samt Visum von Hand zu Hand gehen. Einer fertigte zwei Kopien an, ein anderer fragte nach Devisen, und ich nannte zwölfhundert noch in meiner Stadt gekaufte US-Dollar, worauf er empfahl, einiges davon gleich in die Landeswährung zu tauschen. Dem bin ich nach Entgegennahme meines Koffers vom Gepäckband an einem Wechselschalter nachgekommen und habe vier Packen seifiger Scheine erhalten, um jeden ein Gummiband. Und so ausgestattet, bin ich vom Zollbereich in eine schon offene Vorhalle gegangen, wo Aberhunderte rufend und fuchtelnd hinter einer Absperrung standen und ihre Fahrdienste in die siebzig Kilometer entfernte Hauptstadt anboten. Viele hielten Tafeln mit Namen in die Höhe, andere winkten mir, als würden sie mich seit langem kennen. Ich aber blieb erst einmal vor der wie aufgewiegelten Menge stehen, das Gepäck zwischen den Füßen, um mir Schweiß aus den Augen zu wischen, bis ich einen Mann mit pendelndem Autoschlüssel in der Hand sah, der weder etwas rief noch winkte, mich nur seinerseits ansah. Auf ihn bin ich zugegangen und habe gefragt, ob er mich zu einem einfachen Hotel in der Stadt fahren könnte, und er nannte neunzig Dollar als Preis; getroffen haben wir uns aber schnell bei fünfzig.

Und wenig später – etwa zehn Uhr abends Ortszeit – habe ich schon hinten in einem mehr als betagten japanischen

Wagen gesessen, auf einer Rückbank, in der man einsank, und mit offenen Fenstern als Klimaanlage; vorn saß eine junge Einheimische, die auch in die Hauptstadt wollte, sie und der Fahrer sprachen in einer Mischung aus Mundart und der Sprache der einstigen Kolonialherren, dem wohl, was man Kauderwelsch nennt, für mich aber etwas wild Musikalisches hatte. Es war die Begleitung zu der Fahrt auf einer nur schwach beleuchteten, bodenwelligen Straße mit Menschen ohne Zahl an den Rändern, in Trauben um dampfschwadige Garküchen oder vor kleiner und kleinster Ware auf nackter Erde, etwas Obst, Gemüse und ein paar Eiern oder Bananen, angeleuchtet von Karbidlampen, während andere mit Handkarren größere Ware transportierten, Brennholz, Bildschirme, Kleidung, beinlange Fische, und wieder andere nur dastanden, neben einem Bettgestell oder zwei Ziegen; das alles in wie mit Öl getränkter, brenzliger Luft und in Abständen dem Geruch nach etwas Fauligem aus den nahen Ausläufern des Sees – immer wieder ist ein Stück des Sees aufgetaucht, als Geschimmer zwischen dem Dunklen der Vegetation, ich kann es nur so pauschal sagen; vielleicht waren es Farne, vielleicht Mangroven, dazwischen Palmen, viele geköpft. Dazu immer wieder Bewegung jeder Art in dem nicht endenden Menschenlager, ob bei den Feuern in alten Ölfässern oder an schiefen Spieltischen, von Männern umringt, nur die Blößen bedeckt, oder in der Nähe von Musik aus großen Boxen, an die Palmstämme ohne Wedel gebunden – ein Drama der Details, das ich erst jetzt festzuhalten imstande bin. Die einen schwankten da zur Musik, das aber wie im Schlaf, andere standen mit erregten Gebärden an einem der Würfeltische, angestrahlt von einer Neonröhre, frei an einem Kabel hängend mit Strom von irgendwoher, ihr Licht so weißlich bleich bestimmend, als wäre es das gültige der Nacht, ja das Licht überhaupt, und die Sonne spielte auf dieser Landzunge in den riesigen See keine Rolle.

Erste Eindrücke von Übermächtigem wiederzugeben ist ja oft das Bemühen, sich an einen Rausch zu erinnern, im Grunde an Liebesmomente, auch wenn in dem Fall das Geschehen auf dem habitablen Streifen zwischen Sümpfen auf der einen Seite und den vorbeifahrenden Autos und Lastwagen auf der anderen etwas Erschreckendes hatte. Es sah ganz so aus, als würden all diese am Straßenrand Existierenden tatsächlich in einer immerwährenden Nacht leben, dem oft kaum eine Armlänge entfernten Tumult einer Vorhölle – links von mir bei dem Linksverkehr im Land. Und dennoch oder gerade deshalb bin ich keinen Augenblick vom offenen Seitenfenster weggekommen, ja habe sogar immer wieder einen Arm hinausgestreckt, nach Kindern, die mit Dosen kickten, und Schlafenden auf bloßer Erde, nach Männern, die um sich selbst tanzten, und Frauen, die im kleinen Kreis, wie mir schien, das Leben verteidigten, nach einer einzigen langen Ader des Menschendaseins, die bis in die Stadt gereicht hat.

Von der Stadt selbst könnte ich kaum etwas sagen, nur dass es dort noch mehr Menschen gab, die meisten wie an Ort und Stelle zu Hause, neben einer Mauer, unter einem Blechstück, zwischen zwei Büschen, in einem Karren, auf einem Stück Gras; festzuhalten ist in jedem Fall, dass es des Fremden am Ende zu viel war, einschließlich des Hotels, zu dem mich der Fahrer gebracht hatte, dreigeschossig mit geschwärzten Scheiben. Die Nacht dort ist nicht weiter der Rede wert, Stunden eines von Träumen in Untiefen gezogenen und wieder in Tiefen gesenkten Schlafs, beendet vom ersten Tageslicht, das trotz der geschwärzten Scheiben ins Zimmer fiel und etwas Rußiges hatte, das mich auf der Stelle für die Weiterfahrt aufstehen ließ. Und es würde ganze Seiten erfordern, hier im Einzelnen wiederzugeben, wie ich wenig später in einem verschachtelten Gedränge von bestimmt zweihundert weißen Kleinbussen auf einem Platz inmitten der Stadt, jeder schon vollbesetzt und mit

Sack und Pack auf dem Dach, den Bus gefunden hatte, der am Abend dort ankommen sollte, wo die Afrikanerin aufgebrochen war in ein besseres Leben, und wie der einzige hellhäutige Fahrgast gemessen an den übrigen noch auf einen der Sitze, die alle doppelt besetzt waren, platziert wurde – für die ganztägige Reise zu einem Grenzort, von dem ich schon geträumt hatte, ohne ihn betreten zu haben.

Erst war es eine Fahrt durch bewaldetes Hügelland, kurvenreich auf und ab, und nach einer Mittagsrast mit Imbiss von Straßenständen ging es an einem Fluss entlang, träge braun in der Sonne; später fuhr der Bus durch Grasland mit verstreuten Hütten, an der Straße immer wieder hockende Frauen, vor sich ein paar Tomaten oder Granatäpfel. Und als es schon dunkelte, war es ein Vorwärtsrumpeln am Rande einer kaum mehr fassbaren Welt, mal an Feuern vorbei, lodernden Büschen, mal an Buden in langer Reihe, Straßenorten, die, wie es schien, mehr aus Menschen bestanden als aus Gebäuden. Nahezu endlos ist mir zuletzt diese Fahrt in der hereingebrochenen Nacht vorgekommen, bis der immer noch volle Kleinbus langsam an einer Lastwagenschlange entlangfuhr, die ich so zu kennen glaubte, wie man manche Träume schon geträumt zu haben glaubt und dann auch, wenn man so will, wiedererkannte: an den jungen Frauen in blauen Overalls, die den Fernfahrern in ihren Kabinen Fleischspieße anboten, wie in den Erzählungen im kleinen Fiat. Nur noch im Schritttempo ist der Bus seitlich des Staus gefahren und hatte, zu meinem Glück, kurz vor dem Rohbau mit dem selbstgefertigten Schild Moses' Hotel, New Private Rooms, seine Endstation. Und Glück hatte ich auch mit dem einzig bewohnbaren und freien Zimmer gehabt, das mit noch dem unsoliden Balkon zu dem Zeitpunkt (Anfang Oktober) und einem Blick auf das Straßentreiben in dem geschäftigen und lauten Grenzort – dem Blick, der mit dazu beigetragen hat, dass mein Bericht seitdem Fortschritte macht, wobei es mir bis heute, dem ersten Februar, nicht gelungen ist, ein genaues Bild von der zu gewinnen, ohne die ich ja gar nicht hier wäre.

Und dabei lasse ich keine Gelegenheit aus, nach ihr zu fragen, vor allem natürlich den Mann, in dessen Diensten und in dessen Haus sie bis zu dem für ihn so plötzlichen, für sie aber wohl gut überlegten Weggang war – erst am letzten Samstag wieder im Café Elijah, von dem Major an seinen Tisch gewinkt, nachdem zwei Chinesen, zuvor in einer Besprechung mit ihm, gegangen waren, trotz einer Dekoration der Bühne eigens für die Männer aus dem fernen, die Welt erobernden Land, wo man an diesem Samstag das Neujahrfest gefeiert hat, nämlich Pappdrachen und rote Lampions und sogar einige an den Schwänzen aufgehängte tote Ratten, weil das Jahr der Ratte anbrach, was mir eins der Mädchen, die ihre Nächte in den Kojen der Fernfahrer verbringen, erklärt hatte.

Alle Tische im Freien waren besetzt gewesen, daher war mein Platz zunächst auf einer der seitlichen Bretterbänke, zwischen denen, die darauf gehofft haben, von irgendwem für die Nacht geholt zu werden. An dem Abend stand wieder der Unmännliche auf der Bühne, und vielleicht waren es die Lieder zum Träumen, die er vortrug, zum Beispiel Put Your Head on My Shoulder, vielleicht waren es die jungen Frauen oder Mädchen neben mir, ihr Geruch nach würziger Süße, wie von Weihrauch und Honigwaben, durch die meine Gedanken so sehr auf die gelenkt worden sind, die sich in Luft aufgelöst zu haben schien, als hätte ich sie gefunden und wir säßen abends in einer Wohnung mit Heizung und Internetanschluss und ich würde sagen: Weißt du noch, wie du mir den Flusskiesel in die Hand gedrückt hast, For you – dein erstes Wort an mich.

Dieses For you, das muss ich auf der Bretterbank zwischen den Mädchen sogar vor mich hin gesprochen haben, weil das Mädchen, das mir am nächsten saß, Sorry sagte, als knappe

Nachfrage, Sorry?, und ich musste ihr erklären, dass ich nichts hätte für sie, um es mit einem For you zu überreichen, worauf von ihr nur ein Why kam, aber kaum als Frage, eher als Bedauern, und das hat mich veranlasst, ihr ein Bier zu spendieren, eins von der besseren Sorte, ein Heineken aus der Flasche, und das trank sie ganz andächtig an meiner Seite, und natürlich erfuhr ich bei der Gelegenheit ihren Namen, Nafia, was auch noch Geschenk bedeutet – Nafia means present, sagte sie –, und von ihr erfuhr ich auch das mit dem Neujahrsfest. Sie bestand dann darauf, dass ich von dem Bier etwas mittrinke, aus der Flasche, weil es im Café Elijah keine Gläser gibt, und ich fragte, wie alt sie sei und was sie tagsüber mache, und sie erzählte in holpriger Allerweltssprache von ihrer Arbeit in einem Beauty Parlour auf dem Abendmarkt und ihrer Arbeit in dem Café, ohne sie näher zu benennen, beides, um Geld zu verdienen, weil das Stück Feld ihrer Eltern bei der Trockenheit verstaube. Der Staub sei überall, im Haus, im Bett, im Haar, sogar auf unserer Flasche, sagte sie, als hätte neben ihr ein Blinder gesessen. Und dabei waren mir erst kurz zuvor bei einem Gang durch die Gegend der kleinen Moscheen die verstaubten Minarette aufgefallen, spielzeughafte Türmchen, real allein durch den Staub, eine Gegend der Ziegen am Straßenrand, gleichmütig Papier kauend, und der Schöpfer von neuen Geräten aus alten Geräten, Fernsehern, Lichtorgeln, Frisierhauben, Motoren; es gibt hier eine ganze Straße mit Werkbänken und Lagern im Freien, dazwischen einstöckige, hell getünchte Häuser, zuletzt übergehend in die Piste, die ins Buschland führt, von wo der Staub kommt, seit Tagen wieder vermehrt.

Das Bier war fast getrunken, den Rest wollte sie gerecht teilen, ich einen Schluck, sie einen Schluck, und noch mit der Flasche am Mund sah sie zum Tisch des Majors. Der saß dort in Uniform, sogar mit Barett, das heißt offiziell, und hatte den Mädchenhaften auf der Bühne im Blick und notierte sich, wie es aussah, etwas zu dessen Darbietung von Owner of a Lonely Heart. Ein Einsamer sei das, sagte sie, meinte aber den Polizeikommandanten, nicht den Sänger, und das brachte mich auf die Idee, dass sie die Afrikanerin gekannt haben könnte, mehr als nur vom Sehen, allerdings erschien es mir klüger, keinen Namen zu nennen, sondern sie zu beschreiben, bis der Name von ihr käme. Nur – wie beschreiben, womit anfangen, ihrem Mund, den Augen, den Beinen, dem Ganzen? Auf einmal war da kein festes Bild mehr in mir, keins, das ich hätte beschreiben können; da waren höchstens noch Anhaltspunkte wie jene auf der Rätselseite in den Heftchen meiner Kindheit, zu verbinden mit einem Stift, woraus sich am Ende ein Bild ergab, das in der Nummernfolge all der Punkte, die noch kein Bild ergaben, schon enthalten war. Listen, Nafia, sagte ich – ein Anlauf, der steckengeblieben war, weil mich der Major im selben Moment an seinen Tisch gewinkt hat, wie in einer Ahnung, von wem ich da anfangen wollte: die seit seinen Bemerkungen über unmännliche Aktivität erste Gelegenheit, wieder mit ihm ins Gespräch zu kommen.

Zunächst aber hat er gar nichts gesagt, als wäre er weiter allein am Tisch gewesen, er hat nur durch Handzeichen für sogar geeiste Gläser gesorgt; erst als sie mit frischem Bier gefüllt vor uns standen, fragte er mit Blick auf Nafia, ob ich hier eine Freundin gefunden hätte, endlich, und nach meinem Nein war er schon bei etwas anderem. Letztes Jahr hätten die Chinesen hier noch gefeiert, heute nicht, vielleicht hänge das mit der chinesischen Krankheit zusammen, da gebe es jetzt täglich Meldungen aus China, immer andere als am Tag davor. Die Chinesen seien wie die Frauen: undurchsichtig. Opaque, hat er gesagt, nicht transparent, um mit einem Blick auf seine Boxerhände noch leise impenetrable hinzuzufügen. Nur hat Ayago selbst etwas Undurchdringliches, man weiß bei ihm nie, was als

Nächstes passiert; das heißt, ich wusste es nicht und war folglich überrascht oder eher getroffen wie durch einen Aufwärtshaken, als er den Namen derer nannte, die wir beide gekannt hatten.

Der Major hat mir den Namen geradezu ins Gesicht gesprochen und gesagt, sie habe hier im Ort für einige Verheerungen gesorgt, aber solche, die man nicht sehe. Internal devastation, sagte er und nahm meine Hand und führte sie erst an seine Brust und dann an den Griff seiner Waffe am Koppel. Das sei die Walther PPK aus meinem Land, die beste Handfeuerwaffe auf der Welt. Und die, wegen der ich hier sei – und er nannte wieder ihren Namen –, sei für ihn die beste junge Frau auf der Welt gewesen, bis zu ihrem Verschwinden. Erst damit hat Ayago meine Hand losgelassen und noch einmal, wie es schien, das Thema gewechselt, mit Blick auf den Mädchenhaften, der wie ihm zu Ehren My Way sang. Ob mir bekannt sei, was hier mit einem passiere, der für andere Männer die Hosen herunterlasse – We hang him high, erklärte er, und sein Blick bekam dabei etwas Endgültiges, wie der von Leuten, die alle menschlichen Schwächen durchschaut haben wollen; das heißt, ich habe für Momente an Benedikt Cordes gedacht, als der Major wieder auf das kam, was ihm in meiner Gegenwart immer weniger Ruhe ließ, je mehr ihm wohl klar geworden war, was mich hierhergeführt hatte und auch immer noch an dem Ort festhielt. In seinen Träumen, sagte er zu mir gebeugt, würde sie weiter Verheerungen anrichten, erst vorige Nacht wieder, da habe sie auf den Stufen zur Veranda im Dunkeln auf ihn gewartet – Yes, man.

Und mit diesem Yes, man ist er ins Reden gekommen, hier wiedergegeben, als wäre es in meiner Sprache geschehen und eins der flachen Geräte, die zu allem fähig sind, hätte es aufgezeichnet. Am Anfang war sie bloß die, die mein Haus und das Stück Feld in Ordnung gehalten hat, sagte Ayago. Die kaum sprach und sich zurückzog, wenn ich abends vom Dienst kam. Ich sah nur, dass es sie gab. Aber dann änderte sich etwas, eines Nachts saß sie auf den Stufen zur Veranda, als es bei mir spät geworden war nach einem Einsatz, so spät, dass man nur noch die Frösche vom Fluss hörte. Sie rückte etwas, damit ich vorbeikonnte, und kam dann barfuß hinter mir her und fragte, ob ich hungrig sei. Und dabei ist es geblieben, auch wenn ich keinen Hunger mehr hatte, nur Lust auf etwas Süßes. Dann schälte sie eine Papaya, freihändig im Stehen, und schnitt das rote Fleisch in gleiche Teile. Die hielt sie mir mit dem Messer hin und sah mich dabei an, als wollte sie sagen: Ich weiß, es war ein übler Tag, aber du kannst davon erzählen, alles bleibt unter uns. Und eines Nachts habe ich damit angefangen, von einem der übelsten Tage erzählt seit dem Überfall auf den Ort, bei dem ihre Eltern umkamen, einem Tag mit vier Toten. Wir saßen auf den Verandastufen, jeder mit einer Flasche Bier, und später erzählte ich auch von der Nacht des Überfalls, dass ich einen Einsatz weit im Busch gehabt hätte, was eine Finte der Angreifer gewesen sei, die Polizei dort zu beschäftigen, und sie biss sich auf die Lippen, das war alles. Aber als ich am anderen Morgen aufwachte, lag sie neben mir. Ich weiß nicht, ob sie auch neben Ihnen geschlafen hat – sein You war jetzt ein gepresstes Sie –, ich weiß nur, dass es der Anfang von etwas war, von dem ich gedacht hatte, es ginge immer so weiter. Und an dem Tag, als sie abends auf einen Pick-up gestiegen ist, hatte ich in der Hauptstadt zu tun, das wusste sie, sie hat ihr Weggehen gut vorbereitet. Als ich zurückkam, war sie schon eine Nacht lang unterwegs, und ich habe einzelne Haare von ihr aus dem Bett gesammelt – hier hat Ayago unsere Gläser aufgefüllt, bis zum Rand, um noch vor dem Abtrinken weiterzureden. Ein Mann sollte keine Frauenhaare aus einem Bett aufsammeln, sagte er, um mir nach dem ersten Schluck eine Hand auf den Arm zu legen: ihm sei bis auf ein Foto von ihr nichts geblieben.

Das hätte er ausgedruckt und gerahmt, aber nicht aufgehängt, sondern in einen Karton unter dem Bett getan. I buried it, sagte er und schien mit seinem Reden am Ende zu sein; er sah zur Bühne, zu dem Mädchenhaften, der sich alle Mühe gab, ihm zu gefallen, und bevor ich noch etwas zu dem Bild fragen konnte, in welcher Weise sie darauf zu sehen sei, beugte er sich noch einmal zu mir für eine eigene Frage: ob ich auch von ihr träumen würde, gegen meinen Willen – so tell me. Und für Momente hatte es im Raum gestanden, dem Luftraum über dem weißen Plastiktisch, dass wir einander unsere widerwilligen Träume erzählten, dann sank Ayago so in seinen Stuhl, dass es die Lehnen spreizte, das Ende dieser Gelegenheit. Er sah zu der Bank mit den hoffenden Mädchen und winkte die an den Tisch, mit der ich ein Bier geteilt hatte; und erst jetzt, im Schein einer der absurden Chinesenlaternen auf ihrem Gesicht, erkannte ich in Nafia die, die mir vor einiger Zeit, im alten Jahr, das Wort kuja zugeraunt hatte, komm. Der Kommandant der Polizei ergriff ihren Arm, er befahl ihr, sich um mich zu kümmern, ein Machtwort als Schlusswort: Care for him! Danach sah er nur noch auf seine Hände und hatte – mit aller Vorsicht gesagt – etwas von Grund auf Verlassenes, von der Verlassenheit des Mystikers, für den sein Gott und in dem Fall seine Göttin noch existiert, nur nicht mehr als ihn liebende.

Das war spät abends, und im Sinne dieses Berichts ist festzuhalten, dass ich das Rohbauhotel erstmals in Begleitung betreten habe. Mister Moses, immer auf dem Posten, sofort auf den Beinen, zeigte volles Verständnis für die Situation, er sprach von nur geringem Aufpreis für Bettzeug, Handtuch und das Extrafrühstück. Er schrieb eine Zwei für zwei Dollar in seine helle Innenhand, und mein Okay war zugleich das Einverständnis mit etwas zuvor in keiner Weise Gewolltem, das sich, wenn auch nicht gegen meinen Willen – aber was ist das schon, der Wille? –, kaum aber mit meinem Willen daraus ergeben hat: die Übernachtung von Nafia keine Armlänge neben mir, ohne dass es zu mehr gekommen ist als meinem Wachliegen im Zuge einer Erinnerung und ihrem baldigen Schlaf im Zuge einer Enttäuschung: sich nicht so erkenntlich gezeigt haben zu können, wie sie das gewohnt war.

27

Nach Schopenhauer, einem der mir liebsten Philosophen, ist nur der metaphysische Wille so frei, sich auch selbst zu verneinen; jedem irdischen, menschlichen Willen – etwa meinem zu schwachen, um das Mädchen Nafia nach Hause zu schicken – geht dagegen immer ein zureichender Grund voran; eine zurückhaltende bis pessimistische Sicht, während für einen wie Nietzsche der Wille als Wille zur Macht ein euphorisches Bejahen des ewigen Kreislaufes von Leben und Tod war, von Lust und Schmerz, allem, was das Rad des Seins in Schwung hält, eben auch Träume, gegen die kein Kraut gewachsen ist – und die mich in der ersten Nacht neben Nafia, nicht etwa mit ihr, am Schlaf gehindert haben.

Natürlich waren es Gedanken um das eine gerahmte Bild, das Ayago in dem Karton unter seinem Bett beerdigt hatte, ob es die, der wir beide verbunden waren, wirklich zeigte, also alles Rätselhafte um die Bilder von ihr erst später aufgetaucht ist – und hier sind die Gedanken wider Willen in Erinnerungen übergegangen –, zu ihr, während sie schlief, in Rom, in dem Billigzimmer zum Lichtschacht. Über die Lücke zwischen unseren Betten hinweg ist meine Hand zu der bloßen Haut über dem Saum ihrer Trainingshose gegangen, von da an ein Bild in mir: Wie die Hand dort die Haut berührt, wie sie an ihr entlangfährt – im Schutze des Schlafs der Afrikanerin, hatte ich angenommen, nur war es nicht so gewesen, sie war dabei wach, auch das fiel mir ein; es fiel mir so ein, als wäre das Ganze tief in der Nacht passiert, und ich hätte es nachträglich als wirren Traum abgetan und daher nur erwähnt, wie ich vorher einmal dort hingefasst habe, als sie tatsächlich geschlafen hat;

später aber, als sie wachlag, habe ich erneut dort hingegriffen, nun unter den Saum. Und mir fiel auch wieder ein – keine Armlänge neben dem Mädchen Nafia, ich wiederhole es –, dass die Afrikanerin, als meine ganze Hand dort war, wo später das kleine Geschoss einschlagen sollte, etwas gesagt hatte, immer noch zur Wand gedreht, nur zwei Worte: Und jetzt, And now, kaum als Frage, eher mit drei Punkten dahinter, und dass es für meine Hand danach kein Vor oder Zurück mehr gab, die Hand dort blieb, wo sie lag, als hätte sie sich im Schlaf verirrt, ohne Grund und ohne Absicht (weder im Sinne Schopenhauers noch Nietzsches). Das heißt, ich habe mich tot gestellt, so tot, dass die, auf der meine Hand gelegen hat, mit ihrem And now allein war und auch am anderen Morgen mit nichts darauf zurückgekommen ist – eine Parallele zu dem Morgen nach der ersten Nacht neben Nafia, als sie sich aus dem Betttuch schälte, mit Blicken, als hätten wir innigste Stunden hinter uns, nur eben den Abstand übergehend, den ich zu ihr gehalten hatte. Und dabei ist es morgens geblieben.

Seit einer Woche läuft das jetzt schon so, dass sie mich nach dem Aufwachen ansieht, als wären wir ein Paar – ich habe es versäumt, ihr gleich am ersten Tag zu sagen, dass sie bei mir nicht übernachten könnte und das eine Mal die Ausnahme gewesen sei; vielleicht liegt es daran, dass sie morgens kaum redet, nur diesen dankbaren Blick hat und mich fragt, welches frische Obst ich zum Frühstück möchte. Das holt sie dann vom Morgenmarkt mit Geld, das ich ihr gebe, und zählt mir den Restbetrag so genau auf unseren Tisch im Innenhof, dass ich nicht anders kann, als ihn ihr zu lassen, so wie sie nicht anders kann, als mich zu versorgen, soweit ich es dulde, wobei sie beim Frühstück den Unwillen von Mister Moses' Mutter auf sich zieht, als Frau des Hauses gewohnt, den einzigen Gast zu bedienen, auch mit Obst, das aber nie so fein zubereitet war wie das von Nafia besorgte. Dennoch bringt sie uns Rührei, Kaffee und warmes Fladenbrot, sagt aber außer You are welcome auf jedes Danke hin kein Wort – etwas, das nicht leicht zu ertragen ist und mich nach dem Frühstück gleich aufs Zimmer gehen lässt, um meine Arbeit fortzusetzen, während Nafia mit dem Restgeld in den Ort verschwindet, um erst am späteren Abend, nach ihrer Arbeit in dem Beauty Parlour, wieder aufzutauchen – so war es die letzten Tage, und so wird es heute wieder sein und wohl auch morgen.

Je näher man in einem Bericht der Gegenwart kommt, umso leichter kann die Falle des Tagebuchhaften zuschnappen. Man hält nur noch fest, was so frisch in Erinnerung ist, als würde es andauern und am Ende bis ins Festhalten hineinreichen, zuletzt gar, wenn alles andere gesagt ist, mit dem kümmerlichen Satz: Ich schreibe. Nur geschieht das einfach, Tag für Tag, und ist kaum der Rede wert, viel eher dagegen, dass mir die junge Nafia – höchstens achtzehn, was sie bestreitet –, mehr in ihrer Abwesenheit tagsüber als in ihrer nächtlichen Nähe, ein Rückhalt geworden ist. Zu wissen, dass es sie gibt, sie am späten Abend an meine Tür klopfen wird und mit dem Eintreten wartet, bis ich Come in! rufe, was nur ein Spiel ist, hilft mir, bei dem zu bleiben, was mein Leben in der Nacht von Mailand gespalten hat und mich in diesen Spalt des Seins gedrückt, wenn man so will; das heißt, es hilft, bei der Sache zu bleiben, nicht abzuschweifen, wenn auch immer wieder verführt von den Lockungen einer Chronik der laufenden Ereignisse, wie etwa zu erwähnen, dass die Werbetafel vis-à-vis, das haushohe Billboard, nur noch ein Gerüst um eine Leerstelle ist, ohne das Samsung-Motiv, was für das Menschenbündel am Fuße des Gerüsts keinen Unterschied macht.

Die Tage gehen also ruhig dahin, oft nur mit einer Reinschrift des am Vortag eilig Festgehaltenen, um es lesbar zu machen, in wessen Händen es auch einmal landen wird. Und gegen Abend dann im dämmrigen Hof des Rohbaus das erste, mit einer Eismanschette gekühlte Bier und dazu eine kleine Unterhaltung mit meinem Hotelier ohne Hotel; er erzählt von Fortschritten mit seinem dritten Gästezimmer, obwohl das fertige zweite nach wie vor leersteht, ist aber voller Hoffnung, dass ihm sein Projekt Glück bringen wird. Mister Moses ist Optimist auf Biegen und Brechen, ein immer Lächelnder im immer gebügelten sandfarbenen Hemd, und auf meine wiederholten Fragen nach der Tochter der umgekommenen Kioskbesitzer, ob er ihre Rückkehr für möglich halte, hat er bei unserem letzten Abendgeplauder etwas erzählt, dass zu ihr passen würde, danach aber gleich etwas, das nicht zu ihr passte – nicht für mich. Das Passende waren zwei angeblich wahre Geschichten mit Tieren; sie soll als Mädchen, langbeinig und schnell schon mit vierzehn, in den Busch gegangen sein, um mit einem Strauß um die Wette zu laufen – sehr unwahrscheinlich, aber ein schöner Gedanke. Und bei zwei Ziegen, die sie nach dem Tod der Eltern zum Schlachten hat bringen müssen für noch fehlendes letztes Schulgeld, soll sie sich bis zum Schnitt durch die Kehlen entschuldigt haben. Und die unpassende, nur vielleicht wahre Geschichte war die, dass sie und der Major heimlich ein Paar gewesen seien.

Im Grunde war es bloß ein Gerücht und keine Geschichte, eins, das Mister Moses kolportiert hat, aber an dem Abend führte es dazu, dass der Moment, an dem Nafia auf mein Come in! ins Zimmer trat, der beste des Tages wurde, einfach weil das passiert ist, was sich schon etwas eingespielt hat, und nichts ist geeigneter, unschöne Gedanken beiseitezuschieben, als ein kleines, aber verlässliches Alltagsglück – das in dem Fall so aussah und auch wieder aussehen wird: Nafia begrüßt mich nur flüchtig, weil ich noch am Tisch sitze, so tue, als wäre die Arbeit noch nicht beendet, streift dann hinter meinem Rücken ihre paar Sachen ab und tritt unter das Duschrinnsal, während ich umso tiefer über das Blatt gebeugt bin und nur mit den Ohren wahrnehme, wie das Rinnsal auf ihre Haut trifft, auf die spitzen Schultern, die steifen Brüste, ihre festen Schenkel, und wie sie sich einseift, überall, und den Schaum danach wegspült, wieder und wieder in dem dünnen Geplätscher. Aber etwas Wasser ist immer noch besser als gar kein Wasser, wenn die Haut von Schweiß und Staub verklebt ist nach ihrer Arbeit in einer der Schönheitsbuden auf dem Abendmarkt, es reicht für kleine seufzerische Laute unter dem Rinnsal, und auch diese Laute sind Teil des Rückhalts, den sie mir gibt. Erst wenn Nafia, in das zusätzlich bezahlte Handtuch gehüllt, die zuletzt ins Reine geschriebenen Seiten ansieht, so, als könnte sie alles lesen, wechsle ich vom Tisch zum Bett und sage in sachlichem Ton kuja, komm, worauf sie die mit zwei Fingern gehaltenen Seiten sorgfältig auf den Stapel zurücklegt und mit dem weißen Flusskiesel beschwert. Anschließend kommt sie tatsächlich, ohne das Handtuch und ohne jeden Versuch, sich im Bett noch ein Extrageld zu verdienen. Stattdessen legt sie sich einfach hin, mit dem Gesicht zu mir, wie es vielleicht bei einer Tochter der Fall wäre, arglos gegenüber dem Vater (wenn überhaupt ein Kind, hatte es den Gedanken an eine Tochter gegeben, mit von mir weit entfernten Eigenschaften, Geselligkeit etwa oder ein reines Herz, eine Tochter zum Verehren). Nafia liegt also mit dem Gesicht zu meiner Bettseite und schläft auf die Art auch gleich ein, während ich das abgeworfene Handtuch über einen Stuhl hänge. Ihr Schlaf ist so lautlos, als wäre sie tot, was dazu führen kann, dass ich mich irgendwann über sie beuge, um im schwachen Licht von außen zu sehen, ob sie noch atmet. Und wenn sich ihre Nasenflügel um eine Spur verkleinern und wieder weiten, bin ich beruhigt und lege mich so, dass wir einander zugewandt sind und auf die Weise auch – aber das bleibt Spekulation – schließlich beide schlafen.

Erst mit dem morgendlichen Erwachen gibt es wieder Gewissheiten, und eine davon ist jetzt, dass mein Verbleiben hier noch Sinn hat, solange ich das Zimmer teile, wenn auch nur nachts. Während Nafia auf dem Frühmarkt unser Obst holt, liege ich noch im Bett und horche auf die Rufe der Frauen, die ihre Ware anbieten, während ein Geruch nach Holzkohle ins Zimmer zieht, weil schon irgendwo Mais geröstet wird. Und komme ich dann in den Innenhof, hat Nafia dort das Obst schon gewaschen und schält, was es zu schälen gibt, Papayas und Mangos oder Granatäpfel; aber sie schlägt auch mit dem Messer eine ganze Ananas in exakt gleiche Scheiben, dass man zurückzuckt, öffnet Kaktusfeigen oder legt mir die Hälften einer Guave hin und erklärt ihre heilenden Kräfte als Myrtengewächs, gegen Durchfall, gegen Zahnfleischbluten, ja selbst gegen Mundgeruch – Halitosis, hat sie erst gestern wieder nicht ohne Stolz gesagt, und ich habe ihre Schulter gestreichelt, was mir ein gutes Gefühl gab, ganz und gar gedankenfrei.

Aber seltsam: Manchmal glaubt man, es gehe einem gut, bis auf weiteres sei man unsterblich, und eine Kleinigkeit kann schon das Gegenteil beweisen; diese Kleinigkeit gab es auch am gestrigen Tag – Aschermittwoch nach meinem Kalender, gegen Ende Februar –, nämlich eine Mitteilung von Mister Moses abends im Innenhof, ich sein einziger Gast bei zwei von der Straße geholten Fleischspießen, luck on a stick made in China. Er sah mich da essen und kam mit seinem Gerät in der Hand an den Tisch, tippte auf den Schirm und sagte etwas von der unbekannten Krankheit, die Ayago am chinesischen Neujahrsfest erwähnt hatte. Sie sei dabei, sich rasend zu verbreiten, es gebe auch in meinem Land bereits Fälle. Er hat sogar von Toten gesprochen, Menschen, die elend erstickt seien, um mir dann ein Bier zu spendieren, bevor er nach seiner Dauerbaustelle sah, dem dritten Gästezimmer.

Und elend ersticken, suffocate miserably, war das Stichwort, das ein zuvor gutes Gefühl aufgelöst hat: Es ging und geht mir höchstens äußerlich gut – jemand kann über die Zehn Gebote zwanzig Jahre lang alles Mögliche in einer Zeitung geschrieben haben, die befremdlichen zerpflückt und die für alle Welt gültigen eingefordert, aber wenn er das fünfte selbst übertreten hat, dann erstickt er daran, ohne zu sterben: ein Gedanke, oder besser gesagt, ein Bild, das mich bis in die ersten Märztage hinein beschäftigt hat, bis Nafia erstmals vor ihrer Arbeit auf dem Nachtmarkt bei mir aufgetaucht ist, um sich in meiner Gegenwart zurechtzumachen, mehr als konkurrenzfähig für die Tätigkeit in einem der ambulanten Beauty Parlours. Aber das Ganze hat allein dazu gedient, mir während der Verschönerung vorzuhalten, dass ich grausam sei, ihr nur das Restgeld geben würde und keine Chance im Bett. Bestimmt dreimal hat sie sich vom Spiegel zu mir gedreht und No chance! gerufen, bevor sie, ihr Haar mit was weiß ich geglättet, zum Nachtmarkt aufgebrochen ist, ohne ein weiteres Wort – was alles in allem so ungut war, so zum Bild eines langsamen Erstickens gepasst hat, dass ich ihr mit etwas zeitlichem Abstand gefolgt bin, im Grunde als vor den Kopf gestoßener Vater.

Night market heißt es nicht umsonst, es wird dort erst bei Dunkelheit lebendig, dann aber so, als wäre der ganze Ort auf den Beinen. Und es gibt schäbige und prächtige Beauty Parlours, manche nur Stände unter einer Plane gegen den Staub, andere sind dagegen wahre Salons, zwar zusammengezimmert, darin jedoch funkelnde Lichter und an jeder Wand Spiegel, die alles künstlich vergrößern, obwohl nur Platz ist für zwei, drei Kundinnen unter den Hitze verströmenden Hauben, jede offenbar zum Äußersten bereit, um dort ihr krauses Haar zu glätten. Der Weg über den Nachtmarkt ist ein Weg vorbei an Brutstätten der Schönheit, die man unzufrieden mit sich betritt und vorübergehend zufrieden mit sich verlässt. Und wo Nafia an dem Abend Handreichungen für eine wahrlich auf einem Thron thronende fast kugelförmige Frau mit kronenartigem Turban machte, Besitzerin der glamourösesten aller Buden, schienen mir die, die jede der Prozeduren überstanden hatten, sogar als Glückliche aufzustehen. Nafia tat dort, was sie jeden Abend tat, eben ihrer kolossalen Chefin assistieren, einer Frau, die trotz aller unter Tüchern versteckten Massen von größter Beweglichkeit war, wenn sie letzte Hand an eine Frisur legte – ich hatte das Geschehen aus einiger Entfernung verfolgt, ein paar Schritte neben einem Beinlosen, unter sich eine Holzplatte auf Rollen, vor sich auf dem Boden ausgebreitet seine Ware, gebrauchte Kappen aus aller Welt, und halb vor einem Stand mit Heilmitteln gegen die Beschwerden des Mannes, als Pulver oder magische Steine, für besondere Leiden auch als Schrumpfkörper von Schreckenswesen aus der Umgebung, Fledermäusen, Flughunden, Skorpionen, ja sogar Schlangen, die angeblich, dargestellt in comicartigen Vorher-nachher-Bildchen, die Neigung zum eigenen Geschlecht austreiben sollten, besser als der Galgen, ebenfalls angedeutet mit einer Zeichnung. Und ich war schon drauf und dran, in der Schönheitsbude mit der thronenden Besitzerin aufzutauchen, um mir von Nafia die Nägel machen zu lassen, was zu ihren Aufgaben gehörte, nur ging es, um dort hinzukommen, vorbei an dem Beinlosen mit den vielen Kappen, ausgebreitet vor seinem Rollbrett als bunter Fächer: Was es nicht alles in aller Welt gibt an Wörtern und Zeichen, die eine Kappe zieren und bis hierher gelangt ist – das war mir noch durch den Kopf gegangen, bevor ich zwischen zwei gewöhnlichen Kappen, die eine mit Ferrari-Pferdchen, den Umriss des Kolosseums entdeckt habe, fein auf dunkelblauem Schirm, einem Stoff, der auf seinem langen Weg kaum gelitten hatte, wie es schien.

28

Auf einen Stern zugehen, sonst nichts – so hat Cordes den Seinsbegründer zitiert, den mein Vater für einen Halbgott gehalten hatte, auch wenn der ihm in Kniebundhose als kleiner Bauernschrank auf Beinen bei einem Spaziergang begegnet war, bloß hatte der so berühmte Hüttenbewohner eben die Geisteskühnheit und zugleich das Maß besessen, sich einen Stern zu wählen und auf ihn zuzugehen, statt nach allen Sternen zu greifen – während ich auf der Stelle nach der Kolosseumskappe griff, als wäre ich damit schon am Ziel und hätte die zurück, die zwar verschwunden war, nur doch nicht spurlos: die mir, so der Gedanke beim Kauf der Kappe für zwei Dollar, ein Zeichen gegeben hat.

Aber je länger diese Allerweltskopfbedeckung in meiner Hand war, ich sie immer wieder angesehen, betastet und an ihr gerochen habe – sie riecht auch jetzt noch, tags darauf, vor allem nach Desinfektion –, desto weniger erschien sie mir als Stern in der Hand, dafür eher als Strohhalm, nach dem ich gegriffen hatte: als Kappe, wie sie in Rom an jedem Kiosk und Andenkenstand hängt und bestimmt viele sie kaufen und irgendwo liegen lassen, so dass sie mit etwas Glück in einer Kleidersammlung landet und über verschlungene Wege am Ende auf einem afrikanischen Nachtmarkt. Ja, so könnte es gewesen sein, dafür sprach die Vernunft, während mir alles Übrige sagte, dass es die Kappe war, die mir Lydia nachts in Rom aus einer Laune heraus geschenkt hatte, um mich und die Kollegen bei der Zeitung an das Martyrium der frühen Christen zu erinnern, danach lange von mir getragen und schließlich meiner schwarzen Weggefährtin überlassen, noch auf ihrem

Kopf, als sie vom dritten Stock sprang. Stern oder ein Strohhalm, das war die Frage bei der Kappe mit der Kolosseumssilhouette aus dem Weltbestand des Beinlosen, und in diesem Zwiespalt bin ich vom Nachtmarkt zum Haus des Majors gegangen, dem mit dem Hirsefeld dahinter und um diese Abendzeit noch ohne ein Licht, und habe mich auf die Stufen zur Veranda gesetzt, die Kappe in Händen, und auf den Kommandanten der Polizei gewartet, wie seine Mitbewohnerin bis zu ihrem Weggang dort auf ihn gewartet hatte, falls Ayagos Geschichte stimmte und auch die von Mister Moses: dass die beiden ein heimliches Paar gewesen seien.

Gut eine Stunde hatte ich auf den Stufen gesessen, die Kappe mal in die Stirn gezogen, mal nach hinten gerückt, aber auch in der Hand, um dann zu sehen, dass sich Staub auf ihrem Schirm abgesetzt hatte – Staub, der von dem Beinlosen immer wieder von seiner Ware gewedelt worden war. So wie es bei uns noch im März schneien kann, hatte hier das Staubgestöber wieder angefangen, nach vielen Tagen blauen Himmels. Und als ich gerade dabei war, den feinen Belag von dem Schirm zu streichen, ist der Major in seinem Jeep vorgefahren, mit ein paar Worten an mich schon beim Aussteigen: Seit unserem letzten Treffen habe er darauf gewartet, wann ich hier abends auftauchen würde, rief er. Um das einzige Foto von ihr zu sehen.

Kurz: Ayago hat mich in sein Haus gelassen, dort das Koppel samt Pistole aus meinem Land abgelegt und Bier aus dem Kühlschrank geholt, zwei Flaschen Heineken, ja, ich durfte sogar sein Bad benutzen, tatsächlich mit einem Freddie-Mercury-Poster, so angebracht, dass die Klorolle vor dem Schritt hing, wie inspiriert von dem blondierten Sänger, dem Dorn in seinem Auge, wenn es überhaupt ein Dorn war – je mehr mich der Major an sich heranließ, desto unverständlicher wurde er mir, kann man sagen.

Er hat mich im Schnellgang durch das eingeschossige Haus

geführt, von der kleinen Küche in einen Wohnraum, nur mit Couch, großem Fernseher und flachem Tisch, die Wände kahl bis auf ein gerahmtes Familienfoto, und weiter in einen Lagerraum, auf der einen Seite ein Berg von Rüben, auf der anderen Brennholz neben Getränkekisten; und von dem Lager ging es über einen Flur in das Schlafzimmer mit Bett und Schrank und einem Air-Condition-Kasten über dem Fenster. Es war kühl in dem Raum, fast kalt, und der Major hat sich vor mich gestellt, im Licht einer Deckenlampe mit verziertem Glas, so nah vor mich wie in Erwartung von Fragen zu dem Schlafzimmer, mit einem nicht besonders breiten Bett – ob es das Bett sei, in dem sie eines Morgens gelegen habe und von da an jede Nacht, in dem er mit ihr machen konnte, was er wollte, sie etwa auch im Bild festhalten. Aber statt solcher Fragen habe ich ihm die Kolosseumskappe gezeigt und dargelegt, welchen Weg sie möglicherweise genommen hatte bis zum Nachtmarkt, und am Ende hat sich Ayago unter das Bett gebückt und den erwähnten Karton hervorgeholt und ist damit zurück in den Wohnraum gegangen. Erst als wir auf der Couch aus weißem Kunstleder saßen, so beieinander, als wollten wir fernsehen, ging er auf das mit der Kappe ein, indem er sie mir aus der Hand nahm. Er sah sie sich an und roch an ihr, er klopfte die letzten Staubreste ab und strich am Schirm entlang und setzte sie mir am Ende auf, wie um zu sehen, ob sie mir steht, das Ganze verbunden mit einem kleinen Vortrag. Auf dem Markt gebe es Kleidung aus aller Welt, nächste Woche könnte schon wieder solch eine Kappe dort liegen, ich sollte nicht an Wunder glauben, nicht den Fehler machen, den alle hier machten. Don't trust your big silly heart, sagte er und öffnete den Karton und nahm das eine ausgedruckte, gerahmte Bild heraus. Noch konnte ich nichts erkennen, Ayago hielt die Hand darüber und fuhr mit seiner Rede fort – es sei das einzige Bild, das sie nicht gelöscht habe, irgendwann nachts, während er schlief, oder das sonstwie verschwunden sei, ein Bild, aufgenommen aus seinem Jeep am Rande des Buschlands, erklärte er und hielt es mir hin, keineswegs triumphierend, eher verlegen. Es zeigte nämlich nur eine lange, in ein rötliches Tuch geschlagene Gestalt, gehend mit zwei Kanistern je in einer Hand, die Pendelstellung gegenläufig, und war damit das Motiv, das ich längst kannte, die Afrikanerin aber mehr im Vordergrund als auf dem Foto in der Gazzetta del Sud, ihr Gesicht auch wie verdunkelt vor Sonne. Der Major tat das gerahmte Bild im Postkartenformat wieder in den Karton; er schloss den Deckel und fragte mich im Aufstehen von der Couch, ob ich sie geliebt hätte.

So unerwartet ist diese Frage gekommen – eigentlich war sie zu erwarten gewesen –, dass ich erst nur, ebenfalls im Aufstehen, fahrige Bewegungen machte, ein Hin und Her zwischen ja und nein, aber dem Ja wohl mehr zugeneigt, dabei außer Stande, einfach ja zu sagen, obwohl es doch so war, sondern nur in der Lage, eine Gegenfrage zu stellen: Ob er und sie hier im Haus ein Paar gewesen seien – das zu wissen, sei wichtig für meine Arbeit, für das, was ich hier schreiben würde. Ein mehr als offenes Wort war das, wenn ich daran zurückdenke, eine schon offene Flanke, aber Ayago hat weder als Mann noch als Kommandant der Polizei hineingestoßen, er sagte nur, wir beide würden im Grunde am gleichen Buch schreiben, auch wenn er dazu keine Worte auf dem Papier brauche – einem über das Scheitern. Danach bat er mich zu gehen, zu dem Mädchen, das bei mir die Nächte verbringe, weil er es dulde.

Das war letzte Woche, also noch nicht in bedenklicher Nähe zu dem Bemühen, es festzuhalten; und die Tage dazwischen waren zwar von Nafias Eingeschnapptheit bestimmt, der Enttäuschung darüber, dass ich nur die in ihr sah, die zur Schule gehen sollte, statt Leuten die Nägel zu machen und mir jeden Morgen einen Obstteller, mehr aber davon bestimmt, mit der

Kolosseumskappe auf dem Kopf das zu tun, was der Major gefordert hat: mich gefälligst zu erinnern, wie viele Seiten voller Erinnerung auch bereits auf dem Tisch lagen. Nur erinnern wir uns nicht – man mag mir widersprechen –, um etwas nachträglich zu verstehen, wir erinnern uns, um glücklich oder unglücklich zu sein. Es geht kaum um Fakten, es geht um Schmerz oder Nichtschmerz, daran hat auch das Auftauchen der Kappe nichts geändert; weder ist sie ein Beweis, dass die, die sie zuletzt getragen hat, in der Nähe sein muss, noch beweist sie das Gegenteil; an ihr zeigt sich nur, wie klein die Welt ist und wie groß die Sehnsucht nach einem glücklichen Ende.

Wenn es überhaupt etwas Handfestes in Verbindung mit dieser Souvenirkappe zu berichten gibt, ist es die Tatsache, dass Nafia ein Auge darauf hat, seit sie ihren Wert für mich spürt und folglich den Wert als Geschenk an sie, und inzwischen zeichnet sich ab, dass sie dieses Geschenk auch bekommt, weil sich mein Aufbruch hier abzeichnet. Es bedarf, glaube ich, nur noch eines Abends mit Ayago, am besten, wenn er beim Würfeln gewonnen hat, um zu erfahren, warum er verlassen wurde, und nur noch eines Wegs ins Buschland bis zu den alten Affenbrotbäumen, dorthin, wo sich unsere gemeinsam Vermisste zurückgezogen hatte nach dem Tod der Eltern, um nach ihrem Zufluchtsplatz zu suchen, irgendwelchen Spuren, die sie hinterlassen hat, damaligen oder frischen – und diese Suche müsste in den nächsten Tagen sein, bevor der Wind dreht, von Norden aus der Wüste kommt und die Luft wieder mit Staub erfüllt, alles in ein verdicktes, giftiges Licht taucht, wie vom alten Scherenschleifer vorhergesagt.

Mister Moses hat bereits einen Vorrat an Wasserflaschen angelegt, und zwei chinesische Arbeiter haben heute früh angefangen, das bis dahin immer noch leere Billboardgerüst zu verstärken, zusätzliche Streben angeschweißt, ein doppeltes Rätsel, zum einen, weil der Wind gar keine Angriffsfläche hätte, zum anderen, weil das Gerüst bisher in fremden Diensten stand, denen von Samsung – ein Rätsel, das sich aber im Laufe des Nachmittags gelöst hat, mit einem Schauspiel, das ich nur staunend vom Balkon aus verfolgen konnte und bei dem jedes Weiterarbeiten an meiner Reinschrift unmöglich war. Nicht nur zwei, sondern jetzt vier chinesische Arbeiter, beaufsichtigt von einem weiteren in weißem Hemd, hatten alle Hände voll zu tun, um mit Hilfe von Leitern ein haushohes neues Werbeplakat auf das Gerüst zu spannen, eins, das sich erst nach und nach entrollt hat, zu sehen darauf eine schwarze Familie in ihrem Haus – Vater, Mutter und zwei Töchter mit Sichtkontakt über das neueste Gerät von Huawei zu den Inseln der Seligen, so mein Eindruck, wo auf einem saftig grünen Campusrasen der wohlgenährte einzige Sohn sitzt und in das gleiche Gerät spricht, vor sich aufgeklappte Bücher, ein Hallo zwischen den Vorlesungen; nur drei Worte stehen unter dem Großbild, zuletzt enthüllt, Close to you!, ein Ausruf des Glücks über dem Menschenbündel am Fuß des Gerüsts, von der ganzen Operation unbehelligt. Und das neue Motiv war noch keine Stunde an dem Gerüst, da gab es schon den ersten angewehten Staub, und in das gewohnte rötlich warme Licht gegen Abend war etwas Ungutes, Fremdes gemischt, man kann es auch Ungemütliches nennen – Staubstürme, hatte mir Mister Moses am Morgen erklärt, könnten hier eine Stimmung wie bei Sonnenfinsternis erzeugen, für Tage; danach sei die Schicht auf allem, jeder Plane, jedem Blechdach, jedem Blatt und Lebewesen wie ein Beweis für die Worte Erde zu Erde, Staub zu Staub. Eine poetisch düstere Sicht, die noch nachgewirkt hat, als ich auf dem Balkon stand, um einmal mehr am frühen Abend dem wachsenden Treiben auf der Durchgangsstraße zuzusehen, in dem Fall eben auch in Gedanken an diese liturgische Formel Aus der Erde sind wir genommen, zur Erde sollen wir wieder werden.

Aber genauer gesagt, habe ich dort gestanden oder bin dort gestanden, wie es in meiner Kindheitsgegend heißt, und habe auf die Straße gesehen – nicht vor Stunden oder erst gestern, sondern in einer noch anderen, ihren gewohnten Lauf nehmenden Zeit, während gegenwärtig eine Art Ausnahmezustand herrscht, nachts auf dem einzigen großen Flughafen des Landes, wo sich in einer separaten Halle immer mehr Menschen einfinden, um mit einer Sondermaschine – keiner kann einem sagen, wann – ausgeflogen zu werden, was mit der neuartigen Krankheit zu tun hat. Vor Tagen dagegen, fünf oder sechs, die mir im Rückblick verschwimmen, habe ich vom Balkon nur arglos auf die Straße gesehen, ohne den leisesten Gedanken an eine überstürzte Abreise, und zwar dorthin gesehen, wo auf der Spur neben dem Lastenwagenstau wie jeden Abend der immer überfüllte Kleinbus aus der Hauptstadt gehalten hat und auch wie immer ein Tohuwabohu herrschte beim Aussteigen, ganze Familien aus der einzigen Tür drängten, und zwei auf dem Busdach das vertäute Gepäck entwirrten und herunterwarfen, während die, die es schon ins Freie geschafft hatten, schimpfend ihre Habe vom Boden klaubten, in einem Gestolper über Taschen, Säcke und Bündel – darunter keine Großgewachsene, eingehüllt bis auf die Augen, damit man sie nicht erkennt. Inmitten dieses Durcheinanders aber gab es zwei helle Hände und einen auch hellen Nacken, die Hände und den Nacken einer Frau, die nach ihrem Gepäck suchte und schließlich zwischen all dem Verstreuten eine pralle Sporttasche aufhob und sich mit halber Drehung über die Schulter hängte, einer Drehung, die reichte, sogar im Flackerlichtschein mit Staub darin, das Gesicht zu erkennen, das schon meine Kinderträume erfüllt hatte. Nur war da etwas auch ganz anderes, Neues – Maren hatte sich ihr Haar schneiden lassen, so kurz wie das der Afrikanerin.

29

Ein Flughafen am Ende einer Landzunge in einen binnenmeerartigen See am Äquator hat allein von der Geografie her etwas von einem point of no return. Und kommt noch die Nacht dazu und eine Gefahr, von der keiner Genaueres weiß sowie eine sich mit immer mehr aufgelösten Menschen füllende Halle in einem Licht wie dem von Schultoiletten und einer Luft wie der in Treibhäusern, dazu dem Blick durch dunkle Scheiben auf ein Vorfeld im Schein blassorangener Lampen vor dem Schwarzen des Sees, hat das Ganze etwas von einem Außenposten der Zivilisation, dem man nur mit Glück glaubt entfliehen zu können.

Und Hunderte warten hier auf dieses Glück, wie es aussieht, sitzen auf oder bei ihrer Habe, viele nur knapp bekleidet in der drückenden Luft – nach Mitternacht hat sich die Klimaanlage abgeschaltet –, einige, die ganz Besorgten, mit Tüchern um Mund und Nase, und so gut wie alle mit ihrer elektronischen besseren Hälfte in Händen, um sich die im Land gemachte Beute anzusehen, während der hier weiter Berichtende nach elf Stunden Fahrt in der Busenge, die meiste Zeit aber schlummernd, allmählich zu sich kommt; Angestellte seiner heimischen Fluglinie und möglicherweise auch Mitarbeiter des Außenministeriums, falls es nicht Sicherheitskräfte in Zivil sind, geben immer neue Abflugzeiten für eine noch gar nicht eingetroffene Sondermaschine bekannt – mit meiner Stadt als Ziel, durch ihre zentrale Lage für die Weiterverteilung der Ausgeflogenen geeignet. Das Ganze scheint Teil einer Luftbrücke zu sein, nachdem die regulären Flüge zu anderen Kontinenten aufgrund der raschen Ausbreitung der Krankheit eingestellt worden sind. Und vor dem Morgen, so sieht es aus, ist mit dem Start dieser Evakuierungsmaschine gar nicht zu rechnen, auch weil noch Leute aus dem entfernten Gebiet der Berggorillas erwartet würden. Das heißt, vor mir liegt reichlich Zeit, die Stunden des Fluges eingerechnet, um wiederzugeben, was sich in den letzten Tagen in keiner Weise hat festhalten lassen, angefangen damit, dass mir zwei helle Hände und ein heller Nacken in dem Durcheinander neben dem aus der Hauptstadt eingetroffenen Kleinbus aufgefallen sind und ich – fassungslos kopfschüttelnd – meine alte Kindheitsfreundin in dem Hin und Her erkannte, Maren in schwarzen Shorts, eine große Sporttasche geschultert, das Haar zu einem Rahmen um ihr Gesicht gekürzt.

Aber was bedeutet das, wenn man den Kopf schüttelt vor Freude? Etwa, dass man es nicht fassen kann wie einen hohen Lottogewinn in all seinem so Unwahrscheinlichen, oder könnte es auch bedeuten, dass man es im Grunde gar nicht will, es einem zu viel ist, ein zu großes, erdrückendes Geschenk – ich habe es nicht verdient, dieses Glück, nach all dem, was geschehen ist, ja am Ende schadet es mir sogar, das große Los gezogen zu haben, der Gewinn könnte mich ruinieren. Eine ganze Kette banger Halbüberlegungen fällt mir ein, wenn ich daran zurückdenke, ein Durcheinander in mir wie das der Gepäckstücke auf der Straße, während Maren mit der prallen roten Sporttasche über der Schulter etwas ratlos und natürlich erschöpft nach der langen Reise neben der Lastwagenschlange stand, zwischen den Mädchen mit den Spießen, um dann eins der Mädchen etwas zu fragen und sich noch im Laufe der Auskunft dem Rohbauhotel zuzudrehen – und mich, den noch fassungslos Kopfschüttelnden, auf dem Balkon gesehen hat. Und kurz darauf schon, im Gedränge am Rand der Durchgangsstraße, eine so gut wie fehlgeschlagene Umarmung, einerseits wegen der großen Tasche, die ich ihr abzunehmen versucht hatte, andererseits wegen ihrer ersten Worte – Du siehst mich und schüttelst den Kopf –, aber auch, weil meine andere Hand hingriff, wo seit jeher ihr Haar in den Rücken gefallen war, und sie sich etwas drehte, um mir zu zeigen, was nicht mehr da war, abgelöst von einem Schnitt, der sie so anders machte – ohne Visier, nur mehr mit der eigenen Haut als Schutz –, dass ich mich gescheut habe, sie an mich zu ziehen, und ihr doch noch die Tasche abnahm. Ich war beim Friseur, sagte sie, vor meiner Reise. Und das ist also dein Hotel, ist da vielleicht noch etwas frei?

Eine Frage war das, als hätte sie sich ohne freies Zimmer auf die Suche nach einem Zimmer gemacht, und erst auf mein Ja hin war es zu einer eher flüchtigen als stürmischen Begrüßung gekommen. Sie hatte eine Wange an meine gelegt und mir einen Kuss auf die Schläfe gegeben, während ich es immer noch nicht ganz glauben konnte, dass mir Maren, ohne zu wissen, ob sie mich überhaupt antreffen würde, nachgereist war, auch wenn sie sich den Namen des fernen Orts in ihrer Küche notiert hatte. Und alles Weitere an dem Abend spielte sich dann so ab, als wäre ihr Besuch von vornherein geplant gewesen: Ich stellte sie Mister Moses als meine erste und älteste Freundin vor, und sie bezog das zweite Zimmer des Hotels. Später, nach einer Dusche, hat sie sich mein Zimmer angesehen, da hatte ich Nafias paar Sachen – sie hatte inzwischen ein kleines Depot bei mir, Zahnbürste, Schminkzeug, Slips und irgendwelche Muntermacherpillen – schon in ein Handtuch gewickelt und unters Bett geschoben. Maren sagte, dass sie durstig und hungrig sei, aber in ihrer Stimme schwang etwas mit, das über Trinken und Essen hinausging – vielleicht hat es an ihrer neuen Frisur gelegen, vielleicht auch nur an mir, der ich so lange die eigene Sprache nicht mehr gehört hatte. Jedenfalls holte ich uns Spieße von der Straße, und wir setzten uns in den Innenhof, über den der Staubwind mit einer Art Genuschel hinwegging. Wir aßen das Fleisch vom Grill und tranken dazu Bier aus Dosen, und Maren, jetzt in weißem T-Shirt zu den Shorts, das kurze Haar noch nass vom Duschen, nahm meine Hand und sagte, alles Nähere morgen, wenn sie geschlafen hätte, nur eines jetzt schon – und dabei hat sie die Hand erst gestreichelt und dann an mich zurückgereicht – Ich bin nicht nur deinetwegen hier, auch meinetwegen. Eigentlich sogar vor allem meinetwegen.

Mehr wollte sie dazu nicht sagen, und umso mehr hat es mich beschäftigt, später beim Warten auf Nafia, die, wie ich annahm, noch nicht wusste, was ich wusste: dass ihr Aufenthalt bei mir beendet war. Als sie aber vor mir stand, ohne mein Come in! ins Zimmer getreten war, hatte sie einen Tipp erhalten, wohl von einem der Mädchen auf der Straße; ja sie wusste sogar, dass meine Besucherin – Your sweet visitor, das waren ihre Worte – das zweite Gästezimmer bewohnte und sie trotzdem nicht bleiben konnte, mich damit blamieren würde, so sagte sie es; da waren schon ihre Sachen unter dem Bett hervorgeholt und ein Zwanzigdollarschein dazugetan und obenauf die Kappe gelegt, mit einem For you, nur einem ganz anderen als dem, mit dem mir meine verschwundene Reisegefährtin den Flusskiesel geschenkt hatte; es war ein Wort für das Ende, nicht für den Anfang von etwas, und Nafia hat die Kappe aufgesetzt und sich im Spiegel über dem Waschbecken angeschaut, und ich habe ihr gesagt, wie gut sie damit aussehen würde, worauf sie nur genickt hat, aber kaum aus Freude, sondern weil die Kappe nichts besser machte, mit dem leuchtenden Blau eher wie ein Hohn auf ihre Stimmung war. Ich sprach dann von einer guten alten Freundin, ganz überraschend hier aufgetaucht, und es wäre doch seltsam – strange, sagte ich –, wenn sie jetzt noch weiter bei mir übernachten würde, die Zeit mit ihr sei aber gut für mich gewesen. Und das waren schon zu viel der Worte, weil Nafia dabei, noch mit zwei Fingern winkend, zur

Tür und aus dem Zimmer gegangen war – nur sagt eben der, der sich schämt, entweder gar nichts oder gleich zu viel. Gut möglich, dass ich sogar noch geredet habe, als sie bereits weg war, wer weiß schon genau, wann er laut gedacht hat; ich weiß nur, dass ich sie vom Balkon aus unten auf der Straße davongehen sah, in Richtung des Cafés und der Fernfahrer, die nachts nicht gern allein sind, den Schirm der Kappe jetzt über den wunden Augen. Und am Ende waren es nur noch Blicke einem Stück blauen Textil hinterher, bis es zwischen bunten Turbanen und schwarzem Haar ringsherum verschwand, nach womöglich jahrelangem Weg von einem römischen Kiosk über den Aufenthalt in meiner Stadt und später über Kalabrien und wieder Rom, von dort über ein Lagunenstädtchen mit Schützen aus dem Hinterhalt und weiter über einen stillen Bergort nach Mailand und schließlich per Schiff und Lkw bis auf einen afrikanischen Nachtmarkt.

Zwei Türen zum Vorfeld sind geöffnet worden, um frische Luft einzulassen, die größere von beiden mit Sicht auf die vor kurzem gelandete Sondermaschine mit dem vertrauten Symbol auf dem Leitwerk; ihr Start soll jetzt um neun Uhr früh sein, hat es geheißen, und noch ist es Nacht, für mich inzwischen mit etwas Komfort. Seit einer allgemeinen Unruhe nach der Landung der Maschine und der ganzen Aufmerksamkeit des Hallenpersonals bei den gleich Vorgepreschten dient mir ein bei der Gelegenheit schnell an mich genommenes, eindeutig für Gehbehinderte vorgesehenes Gefährt als Sitz- und Arbeitsplatz. Eigentlich eine gute Basis für den Rest der Nacht, wenn nicht die Reisegruppe, die bis zu den Berggorillas vorgedrungen war, nach ihrer späten Ankunft um mich herum auf dem Boden Platz genommen und sozusagen noch einmal ihr Lager aufgeschlagen hätte, um sich dort gegenseitig zu zeigen, was sie hoch in den Nebelwäldern – ich hatte das im Führer nachgelesen – von den so scheuen Tieren gesehen hatte, aber leider nicht nur gegenseitig. Ein fast zu meinen Füßen oder den Rädern des kleinen Gefährts Lagernder in mehr oder weniger militärischer Kleidung hat sich schon zweimal bemüht, mich in die Vorführung, ja sogar Bearbeitung seiner Bilder mit einzubeziehen, vielleicht weil er mich als vermeintlich Gehbehinderten, der eben nie aus eigener Kraft bis in die hochgelegene Region der Gorillas kommt, bedauert. Er hat mir Bilder gezeigt, auf denen außer Nebel und Tannen wie in meiner Schwarzwaldheimat fast nichts zu sehen war, nur zwischen hohen Farnen etwas Schwärzliches, ein Gorillamann, wie er erklärte – nicht etwa Männchen –, und meine Bemerkung, ob das nicht auch ein Fels gewesen sein könnte, wie ja überhaupt alles, was man aus diesem Kontinent mitnehme, ungewiss sei, letztlich in Bildern nicht festzuhalten, hat ihn Momente lang aus der Fassung gebracht, hier nur erwähnt, weil es die entgegengesetzte Art von Nichtweiterwissen war, als meine nach dem für mich kaum begreiflichen, eben fassungslos machenden Auftauchen meiner alter Kinderliebe.

Und dieses fassungslos Freudige hatte sich über Nacht gehalten, bis in die Träume hinein, und war auch am nächsten Morgen noch da, als hätte Maren gar nichts davon gesagt, dass sie eigentlich mehr ihretwegen als meinetwegen so weit gereist sei. Erst bei einem späten Frühstück im Innenhof, sie hatte fast zwölf Stunden geschlafen, hat sich binnen Minuten alles Träumerische, oder wie soll ich sagen, voreilig Selige aufgelöst. Wir waren ganz für uns, Mister Moses' Mutter hatte sich zurückgezogen, außer leisem Vogelgeflatter war es still in dem Hof, und wie davon angesteckt, sprach Maren auch leise. Sie fragte erst nach meinem Bericht, um nach der Antwort, dass er so gut wie fertig sei, weiterhin leise, aber entgegen ihrer Art fast herausplatzend zu sagen, dass sie sich eine Auszeit von einem halben Jahr genommen habe, um anschließend zu entscheiden, ob sie im Pfarramt bleiben wollte, und dass sie hier in der Region, so hat sie sich ausgedrückt, für ein von ihrer Kirche mitfinanziertes Projekt tätig werde. Und nachdem das heraus war, fragte sie, ob ich überhaupt eine Ahnung hätte, was in der Welt im Moment vor sich gehe, oder ob ich wüsste, was meiner langjährigen Freundin passiert sei, schon vor Monaten. Sie sah mich an, wie sie mich kaum zuvor oder noch nie angesehen hatte, so, als hätten wir uns gerade erst kennengelernt und würden einander abtasten, und auf ein Nein hin hat sie meine Hände genommen, ihre fest darumgelegt, und gesagt, dass Lydia am Tag vor meinem Abflug einen schweren Fahrradunfall gehabt habe, so schwer, dass sie vielleicht kaum wieder sein würde, was sie gewesen sei, das habe der Vermieter ihrer Praxis am Telefon erklärt. Und damit ließ sie meine Hände los und lehnte sich zurück, um etwas aus der Hosentasche zu holen, ein gefaltetes Blatt aus einem Block mit Karos, und beim Entfalten fielen mir ihre Nägel auf: die etwas länger waren als zuletzt – ein Detail, an das sich die Augen geheftet haben, während alles andere in ein Bodenloses fiel. Maren legte das Blatt vor sich hin, darauf waren einzelne Worte in ihrer Schrift, einige unterstrichen. Du hast ja von dieser Praxis erzählt, sagte sie. Und ich wollte deine doch wohl Immer-noch-Freundin fragen, ob sie irgendetwas von dir gehört hätte, weil ich mir nicht mehr sicher war, ob du überhaupt noch an dem Ort bist, den du mir aufgeschrieben hast. Ich holte mir die Website der Praxis und rief dort vorige Woche an, und es meldete sich der Vermieter, der gerade dabei war, die Räume neu zu vermieten. Und er erzählte mir, was passiert war und wie leid es ihm tue, weil Lydia, wie er sie nannte, mehr als eine Mieterin gewesen sei, aber jetzt, nach Lage der Dinge, suche er wieder jemanden. Und auf meine Frage, wie die Lage der Dinge sei, gab er mir den Namen eines Neurologen, der ihn auf Lydias Bitte hin über die Folgen des Unfalls unterrichtet hatte. Und den rief ich an, als

Pastorin, und sagte, dass ich zu dem langjährigen Freund von Lydia reisen würde, und da begann er von einer Fahrt durch Kalabrien zu erzählen, mit dir und Lydia und seiner Frau vor zehn Jahren, bis ich ihn bat, zur Sache zu kommen. So genau wie möglich.

Hier hatte Maren das Blatt wieder in die Hand genommen, mit einem Abstand zu den Augen, dass sie die Notizen lesen konnte. Der Unfall war vor dem Hauptbahnhof, sagte sie. Lydia wollte schnell abbiegen, kam auf nassem Laub ins Rutschen, fiel mit dem Rad und wurde von einem Auto seitlich erfasst, auch am Kopf, ohne Helm. Die Folge war ein akutes subdurales Hämatom, links, wo das Sprachzentrum ist, mit Auswirkungen auf die rechte Seite, die Motorik. Die Quetschung des Hirns war so stark, dass sie anfangs halbseitig gelähmt war und auch Sprachstörungen hatte, eine Aphasie. Sie ist dann operiert worden, sobald es möglich gewesen sei, sagte der Neurologe, aber das habe vorerst nur Schlimmeres verhindert. Und das Übrige bessere sich, wenn überhaupt, nur langsam, so hat er sich ausgedrückt. Mehr weiß ich nicht. Und versuche es nicht zu verstehen, es ist nicht zu verstehen. Sie hat keinen Helm getragen, sie ist zu schnell abgebogen, das nasse Laub war rutschig, sie ist gestürzt, und ein Auto hat sie erfasst. Das ist alles, die ganze Physik. Oder was willst du hören? Maren hatte wieder meine Hände genommen, sich etwas vorgebeugt und mich angesehen, mit Pupillen wie beim Lesen. Nur was wollte ich hören – dass es Lydias Idee war, zum Bahnhof zu kommen, nicht meine, auch wenn sie mir etwas bringen wollte, das Menschen normalerweise bei sich haben. Wenn du willst, lasse ich dich jetzt allein und sehe mich hier etwas um, sagte Maren. Aber ich kann auch bei dir bleiben. Oder du begleitest mich.

Und so sind wir zusammen durch den Ort gegangen, als fremdes Paar – die Frau in heller langer Hose, einen Stoffbeutel über der Schulter und mit Sonnenbrille, der Mann in seinen üblichen Sachen aus Leinen –, und Maren hat von ihren Plänen erzählt, die weit mehr waren als nur Pläne – sie hatte sich für ein Projekt zur Wiedereingliederung ehemaliger Kindersoldaten verpflichtet, ohne ihre üblichen Bezüge, für nur geringstes Geld, aber bei freier Verpflegung und Übernahme der Reisekosten – einer Reise, die bei mir bloß unterbrochen war und sie in das unruhige Nachbarland führen würde; Maren hatte alle nötigen Papiere dazu, sie sprach Französisch, und an Mut hatte es ihr noch nie gefehlt. Was soll mir schon passieren, sagte sie, als wir am Grenzfluss entlanggingen, vorbei an der gesicherten Brücke, das war der Anfang unseres Rundgangs. Sie hat sich an dem Vormittag alles zeigen lassen, was ich für sehenswert hielt, die Hütten am Fluss, die Gegend der Handwerker und kleinen Moscheen, das Polizeiquartier und beide Kirchen, den Platz der Mopedtaxis und das bei Tage so schläfrige Café Elijah. Ja sogar den Schlachthof wollte sie sehen, das Umherstelzen der Marabus in den rötlichen Lachen, die ganze Hässlichkeit dieser großen Vögel, die sie gar nicht hässlich fand, nur wie aus einer anderen, erschreckenden Zeit, der der Pest; und selbst bei der letzten Schlachtung – es war schon Mittag, und ein Hammel war noch an der Reihe – sah sie von weitem hin, um dann, als wir am Fluss entlang wieder zur Grenzbrücke gingen, mir oder sich und dem Glauben, mit dem sie nicht mehr eins war, eine wie aus der Luft, aber ihrer Luft, gegriffene Frage zu stellen: ob das eine gute göttliche Idee gewesen sei, Abrahams Sohn durch einen Schafbock zu ersetzen, statt etwa durch einen Schakal, und so den Hammel für immer zum Opfertier zu machen, das mit einem Schnitt durch die Kehle sterben muss. Nein, das war eine schlechte, blutrünstige Idee, sagte sie – und erst an diesem Punkt des Gesprächs hatte ich gefragt, warum sie sich die Auszeit genommen habe. Warum gerade jetzt und in einem Land, in dem alles drunter und drüber geht. Warum?

Wir waren noch immer am Fluss, auf dem Schlickstreifen zwischen den Hütten und dem bräunlich glitzernden Wasser, und Maren hatte meinen Arm genommen, sich etwas gehalten, was, wie ich dachte, an dem weichen Untergrund lag. Aber es hatte mit etwas ganz anderem zu tun, dem, was sie dann sagte im langsamen Weitergehen, immer noch einen Arm um meinen Arm, in der Stimme eine Verbindung aus Müdigkeit und Trauer – oder ist es meine eigene Trauer, wenn ich daran zurückdenke, und Müdigkeit im Übrigen auch, als hätte ich Fieber –, Warum, sagte Maren, ja warum. Weil ich dir zum Beispiel einmal abends nach einem Anruf erzählt hatte, in meiner entfernten Verwandtschaft hätte es einen Todesfall gegeben. Den gab es auch, nur bin ich an diesem Abend nicht dort hingefahren, um eine Hinterbliebene zu trösten. Stattdessen war ich ganz in der Nähe und habe den Iraner getröstet, der mir das Internet eingerichtet hat. Ich habe die Nacht in seinem Bett verbracht und auch mich getröstet, weil mir meine Arbeit wieder einmal unmöglich erschienen ist. So etwas passiert, oder darf es einer Frau nicht passieren? Und hier ist Maren stehen geblieben und hat die Sonnenbrille abgenommen, eine, die sie veränderte, fast mondän machte; ich sollte ihre Augen sehen, wie sie jedem ihrer Worte noch etwas gaben: den Stoß in mich hinein. Wenn du dich fragst, warum gerade er, sagte sie – er sah in mir nicht die Pastorin mit verbessertem Internet, sondern die Frau, die allein lebt.

Kurz darauf waren wir zurück im Hotel, so hatte sie den Rohbau einfach genannt, unser Hotel. Maren wollte mir etwas zeigen, sie kam umgezogen, wieder in Shorts, auf mein Zimmer, in der Hand ein großformatiges Heft, die periodische Beilage der Zeitung der Vernunft, bei der ich mich vergeblich beworben hatte, in dem Fall die Ausgabe mit den Pressefotos des Jahres. Und ohne ein Wort der Erklärung schlug sie das Heft an einer markierten Seite auf – einer, die beim ersten Hinsehen nichts als rot und schwarz war.

Das ganzseitige Foto, inzwischen gut geschützt in meiner Reisetasche, zeigt zwei Frauen und ein Kind, eingehüllt in tiefrote Decken, auf einer das Emblem des Roten Kreuzes, die Decken bei den Frauen, beide jung, Anfang zwanzig, auch um die Köpfe geschlungen, was zu Faltenwürfen wie auf Gemälden alter Meister geführt hat, jedenfalls auf dem Bild. Man sieht es und denkt – auch um andere Gedanken beiseitezutun, in meinem Fall die an Lydia, ihren furchtbaren Zustand – an van Eycks Lucca-Madonna oder Zurbaráns Märtyrerbild des heiligen Serapion, sogar an Michelangelos römische Pietà. Es ist ein Augenblicksdrama in Rot vor undurchdringlichem Nachthimmel und mit nahezu schwarzen, aber durch die Beleuchtung auf einem Küstenwachschiff, der Diciotti, wie aus der Unterzeile hervorgeht, schimmernden Gesichtern der Frauen und des Kindes. Nur Letzteres, ein kleines Mädchen, sieht in die Kamera, während eine der Frauen, die wie eine Säule dasteht, aus einem Spalt in der Decke in die Nacht hinter dem Schiff blickt, wo es vielleicht ferne Küstenlichter gibt – oder den Stern, dem es entgegenzugehen gilt –, und die andere sich wegdreht, nur mit ihrer Kieferlinie und etwas Wange zu sehen ist – der Wange, an der meine Wange einmal gelegen hat, das war schon beim ersten näheren Blick auf das Bild der Gedanke. Die Hand, die einen Teil der Decke hält, ist eine Hand mit frischer Kruste auf dem Rücken, der Kruste, die sie sich später immer wieder aufkratzen sollte, also kann es nach menschlichem Ermessen nur ihre Wange sein, an der meine gelegen hat, einmal nachts in dem Bergort, für den Moment, in dem bei ihr wie bei mir, bei uns beiden der Mut zum Lieben schon fast gereicht hat, bis wieder die Vorstellung dazwischenkam, was der andere einem alles antun könnte, wenn man sich ihm erst einmal zu Füßen geworfen hat.

Mut, dieses Wort hätte ich in dem Zusammenhang vielleicht gar nicht gebraucht, wäre es mir in der letzten Stunde nicht förmlich aufgedrängt worden, wenn auch aus ganz anderem Zusammenhang, dem der Berggorillas: wie viel Mut dazugehöre, sich diesen riesigen schwarzen Burschen zu nähern, vor allem, wenn sie einen anschauen und sich dabei auf die Brust trommelten – Ohne Mut keine Bilder, hat der in der Militärkleidung mit seinem Notebook auf den Knien zuletzt erklärt. Seitdem ist der Tag angebrochen, die Maschine auf dem Vorfeld steht im rötlich blauen Licht des frühen Morgens, und auch am Zielort wird es bald hell werden, weil der Flug ja nur etwas nach Westen geht, aber viele Stunden nach Norden, und für Lydia wird ein neuer Tag im Bett anbrechen, neben sich ihr Smartphone, um jederzeit Hilfe rufen zu können, außerdem ein Spiegel, um sich zu sehen, wenn es sein muss, ihr plattes Haar, die ungesund helle Haut, den Mund, der nur mehr dem Essen und Trinken dient – wer bin ich noch, wenn ich nichts als liege, mag sie sich fragen, meine Muskeln abbauen und ich nur darauf warte, dass eine kommt, die den Wohnungsschlüssel hat und mich versorgt. Oder mein Nachbar anruft, weil er selbst allein ist, fragt, ob ich etwas brauche, und wenn ich nichts brauche, kein Obst, kein Buch, keine Zeitung, mir etwas erzählt aus seiner Zeit, als er Richter war, bis ich ihm sage, ich müsste jetzt schlafen, und er sich förmlich verabschiedet, mit einem Dann schlafen Sie wohl, Lydia! Und danach ist sie erst recht wach, sie, die auf unserer Kalabrienfahrt hinten mit mir im Auto gesessen hat, träumerisch schläfrig verliebt – all dem, was ich auf meiner Trauerreise im Grunde noch einmal finden wollte, aber stattdessen die Afrikanerin fand –, wir sind dort hinten im Auto als Paar zur Welt gekommen, am Steuer der Neurologe, der jetzt so wenig Hoffnung verbreitet, was die Verbesserung ihrer Lage betrifft, und den ich noch Vorträge über Bienen halten höre, das Gelée royale, mit dem sie die Königin päppeln – mir wieder eingefallen, als ich das aus der Beilage mit den Pressefotos des Jahres herausgetrennte Bild noch einmal im

Dämmerlicht der Flughafenhalle angesehen habe, mit gewellten Stellen auf dem vielen Rot, entstanden, nachdem sich Maren für die zweite Nacht im zweiten fertigen Zimmer zurückgezogen hatte – den Spuren von Rotz und Wasser oder dem Gelee der verlorenen Fassung, als ich zu tief über das Bild gebeugt war.

Und bei dem Gedanken an Tag drei von Marens Anwesenheit fällt mir als Erstes ein gemeinsamer Gang ausgerechnet in der Hitze des frühen Nachmittags an den Rand des Buschlands ein, und wie ich in der Stille dieser Stunde ins Reden gekommen bin, von der aufgetauchten Kolosseumskappe und ihrer Geschichte erzählt habe; und wie ich im Haus des Polizeikommandanten war, dort, wo die Afrikanerin bis zu ihrem Weggang gelebt hatte, aber auch, wie mich seit Auftauchen der Kappe der Gedanke nicht loslassen würde, dass sie zurückgekehrt sei und sich tief im Buschland bei den alten Affenbrotbäumen aufhalte, wo sie schon nach dem Tod ihrer Eltern war, um ihnen nahe zu sein. Auch wenn es absurd ist, sagte ich, aber es lässt mir keine Ruhe, ich kann hier nicht abreisen, ohne einmal dort gewesen zu sein.

Maren hatte zu alldem nichts gesagt, sie war nur auf einer der Mopedpisten neben mir gegangen, eine Wasserflasche in der Hand, und hat mir zwischendurch die Flasche gereicht, mich zum Trinken ermahnt; schließlich haben wir kehrtgemacht und sind in der staubigen, sonnendurchglühten Luft bis zum Fluss gelaufen, dort schlug ich eine Rast im Schatten vor, aber Maren wollte sich noch etwas umsehen; sie ging einfach weiter, während ich mich auf eins der Boote im Schlick setzte, und um es kurz zu machen: Auf einmal war sie weg, irgendwo zwischen den Hütten und dem Gestrüpp am Fluss verschwunden, und ich fing an, sie zu suchen und schließlich, immer noch in der Stille dieser erdrückendsten Stunde des

Tages, ihren Namen zu rufen, so wie ich in der Bahnhofshalle nach Lydia gerufen hatte, als sie schon von dem Auto erfasst worden war, vorm Bahnhof auf der Straße lag, mit Blut, das ihr aus den Ohren lief, umringt von Leuten, bis der Rettungswagen eintraf; vielleicht hatte ich aber auch ihren Namen gerufen, als sie gerade auf den Unfall zusteuerte, noch auf dem neuen Rad saß, dem Schindelhauer mit extraschmalen Reifen – Lydia ist spät dran, der letzte Patient hat sie mit Fragen gelöchert, jetzt muss sie sich eilen, um mir noch in die Hand zu drücken, was eigentlich jeder normale Mensch dabei hat auf einer Reise. Fliegt der sonst wohin und hat nichts, um sich zurechtzufinden, mag sie gedacht haben, um sich ein Hotel zu suchen oder nützliche Wörter nachzusehen, Bitte, Danke, Guten Tag, auch nichts, um sie mal anzurufen oder ihr ein Bild zu schicken und eins von ihr zu bekommen, wie er es früher auf seinen Reisen wollte, Lydialiebste, ich bin einsam, schick zwei Bilder, eins von deinem Mund, eins von deinem Arsch. Schade eigentlich, dass die Zeit vorbei ist, mag sie auch noch gedacht haben auf ihrem Rad, nur einen Herzschlag vor dem Sturz, ehe sie vor das Auto kam – und am Arsch war: Wortwörtlich ist mir das durch den Kopf gegangen, als Maren plötzlich neben mir stand, von der Hitze eher aufgebaut als fertiggemacht, jünger als ich, das war mein Eindruck in dem Moment, jünger, obwohl wir fast gleichaltrig waren oder sind. Sie fragte, warum ich nach ihr gerufen hätte, ob meinetwegen oder ihretwegen, und ich sollte mir Zeit lassen mit der Antwort. Dann gab sie mir die Flasche mit dem restlichen Wasser, das sollte ich trinken, darauf bestand sie auf dem Rückweg zum Hotel. Wir liefen dicht nebeneinander, manchmal sah sie mich von der Seite an – vielleicht hatte ich da schon gemerkt, dass es die alte Kindheitsfreundin nur noch in der Erinnerung gab. Und ehe sie auf ihr Zimmer gegangen ist, um etwas zu schlafen, weil sie am Abend das Café Elijah kennenlernen wollte, hat sie noch Folgendes gesagt, in einer Bestimmtheit, als hätte sie es während meines Rufens nach ihr durchdacht: Wenn dir das mit dieser Kappe keine Ruhe lässt, nimm dir einen Tag, auch wenn ich noch hier bin, geh zu den alten Bäumen und such deine Verschwundene dort, nur ohne mich. Aussichtsloses sollte man allein machen, Aussichtsreiches zu zweit, oder was glaubst du? Und ich spüre noch, wie sie mir bei der Frage eine Faust an die Stirn gedrückt hat, um dahinter etwas in Bewegung zu setzen, das bei ihr schon längst in Bewegung war.

Das heißt, Sie haben gar keine Bilder? Der Mann in der Kampfkleidung, der den Aufenthalt bei den Berggorillas im Nebelwald abbrechen musste, um den Sonderflug in die Heimat zu erreichen, ist mir noch einmal mit seiner Ausbeute gekommen, darunter einem Bild, das immerhin zwei Gorillakinder zeigte, wie im Nebel verirrte Geschwister, und auf meinen wohl zu dürftigen Kommentar – Süß, die beiden – hat er fast schroff nach meinen Fotos gefragt, aber ich konnte nur auf die beschriebenen Blätter auf dem als Unterlage geeigneten breiten Sicherheitsbügel des Behindertengefährts verweisen, und ihm war anzusehen, dass es allmählich Zeit würde – es war inzwischen taghell, und die Maschine sollte jetzt um zehn Uhr starten – für ein offenes Wort. Was ich von alldem hier halten würde, fragte er, um dann gleich die eigene Ansicht loszuwerden: Eine Halle voller Menschen, die darauf warten, ausgeflogen zu werden, als wäre ein Krieg im Gange, aber wo ist der Krieg? Wir haben es mit etwas zu tun, an dem Leute sterben, die sowieso alt sind, und ich breche eine Tour ab, die Tausende gekostet hat, wer gibt mir das wieder? Niemand! Er war jetzt nicht mehr zu bremsen und hat verschiedenste Theorien über den Ursprung der neuartigen Krankheit von sich gegeben, dass sie aus einem chinesischen Labor stamme, um so die Weltherrschaft zu gewinnen, oder der russische Geheimdienst dahinterstecke, vielleicht aber auch Scientology mit Tom Cruise, oder Bill Gates, weil er schon das Mittel dagegen hat; man konnte nur weghören, während es Tage zuvor, an dem Abend mit Maren im Café Elijah, genau andersherum war, ich genau hingehört hatte.

Diese Krankheit, die sich jetzt überall ausbreitet, sagte sie, kann unsere Welt verändern, am meisten dort, wo sie am gemütlichsten ist. Und Anfang nächster Woche wird es einen Sonderflug nach Hause geben, weil es andere Flüge dann schon nicht mehr gibt, ich habe meinen Namen auf die Liste setzen lassen, aber nur um ihn zurückzuziehen für deinen Namen, da reicht eine Mail mit meiner Codenummer, und es wird deine Nummer, und du kommst aus dem Land raus. Deine frühere Freundin braucht dich jetzt. Oder willst du etwa hierbleiben wegen der Sache in Mailand?

Ja, sie hatte Sache gesagt, wegen der Sache in Mailand, und dabei zur Bühne gesehen, wo an dem Abend die Lieblingssängerin des Majors an der Reihe war, und ich wusste im selben Moment – an Maren vorbeischauend, zum Tisch von Ayago, an dem aber nur seine Bekannten oder Kumpane saßen, bei dem mir weiterhin unverständlichen Würfelspiel –, was damit gemeint war, der ungeklärte Tod von Cordes. Wir hatten schon etwas gegessen, Reis mit scharfer Soße und Fetzen von geräuchertem Fisch und hätten ohne diese paar Worte wohl einfach nur zur Bühne gesehen und der Musik zugehört und unser Bier getrunken. So aber hatte ich nach einer Weile gefragt – Ayago war inzwischen aufgetaucht und saß an seinem Platz –, ob sie dabei an etwas Bestimmtes, mich Betreffendes denke, und Marens Antwort kam nicht nur schnell, sie kam auch mit einer Gewissheit, die mich dem Kommandanten der Polizei fast hätte zuprosten lassen, um das schon etwas Vertraute zwischen uns zu zeigen. Ich denke, du hast in der einen langen Nacht im Garten nicht alles erzählt, sagte sie. Die Sache in Mailand war nicht mit dem Sprung der Afrikanerin beendet. Sie war damit beendet, dass jemand Benedikt Cordes erschlagen hat. Wer, das weißt vielleicht nur du. Das ist die ganze, sehr einfache Geschichte.

Die Sängerin war mit dem Mikro in der Hand von der Bühne gekommen, um mit dem unsterblichen Lied Woman in Love an Tischen mit besonderen Gästen vorbeizugehen, auch an dem von Maren und mir, und wie um dem Lied zu widersprechen, saß sie mit vor der Brust verschränkten Armen da, Kopf leicht zurückgelegt, den Mund einen Spalt auf, aparter oder marenhafter denn je. Und von unserem Tisch ist die Sängerin zum Tisch des Majors gegangen, immer noch mit dem alten Lied, und Ayago hat ihr ganz nebenbei einen Geldschein in die Hand gedrückt; und mindestens wie nebenbei ist dann seine Hand etwas in die Höhe gegangen, um mir zu winken. Maren hatte davon nichts bemerkt, sie saß mit dem Rücken zu Ayagos Tisch und sah zu denen, die ihre wie ins eigene Fett gebetteten Goldketten zeigten, die Hemden weit offen, bis sie plötzlich fragte, was meine Pläne für zu Hause seien; eine Frage in dem Moment, als Nafia nach der Arbeit in dem Beauty Parlour auf einer der Bretterbänke nahe der Bühne Platz nahm, die blaue Kappe auf dem Kopf, natürlich eine Demonstration: Sieh nur, ich muss das hier wieder tun, mich durchschlagen, darauf hoffen, dass ich die Nacht in einer Lastwagenkoje verbringen kann. Meine Pläne, sagte ich, es gibt keine Pläne, es gibt nur, was ich hier geschrieben habe, lies es meinetwegen – ein Angebot unter dem Eindruck, dass der Major aufgestanden war und auf unseren Tisch zukam, mit einem Ausdruck, als wüsste er über mich Bescheid.

Ayago trug seinen hellgrün-braun gefleckten Einsatzanzug, die Jacke aber offen, er fragte, zu Maren gebeugt und mit dem Blick in meine Richtung, ob sie die Frau dieses hierher Verirrten sei, den sie nach Hause hole, und meine alte Kindheitsfreundin – das war sie in dem Fall wieder – lehnte sich in dem Stuhl zurück, ja, man kann sagen: Sie hat es sich bequem gemacht und dabei die Augen etwas verkleinert, um zu lesen, was auf die herzseitige Brust der Jacke gestickt war. Major Ayago, sagte sie im Ton einer Begrüßung, und für die Zeit, die es braucht, zwei Knöpfe an einer Jacke zu schließen, war Ayago vom eigenen Dienstgrad und Namen beeindruckt, wie es schien. Jedenfalls sagte er nur noch Madam, im Sinne einer Feststellung, zwei Finger an der Schläfe, und ging dann nicht an den Tisch zurück, sondern zu einem Jeep; er stieg ein und fuhr davon, das Ende der Szene, und Maren gab einer der Bedienungen ein Zeichen, dass sie zahlen wollte. Ich mache das, ich, du machst den Rest, sagte sie – eine Einladung wie eine Zugabe zum vorher Geschehenen.

Rest, ein Kurzwort, das noch in mir nachwirkt – kurz ja auch in uns nahestehenden Sprachen, rest, reste, resto, ein Wort, dem zu wenig Aufmerksamkeit zukommt, als wäre es selbst nur die Schlacke von etwas Bedeutenderem. Und dieser vermeintliche Rest, das war zuerst der Gang mit einem Arm um Marens Schulter durch den vom Abendleben erschöpften Ort, vorbei am Rand des Markts, an zertretenem Obst, Hühnerköpfen und einzelnen Flipflops und wie schlafend vor unverkaufter Ware Hockenden, an Katzen im Abfall und den Spiegelwänden einer Schönheitsbude auf einem Handkarren; vorbei auch an den Lastwagen, die schon ihren Platz für die Nacht hatten, und zuletzt an dem Menschenbündel unter dem Billboard mit dem neuen Motiv, seiner hervorgeschnellten Hand, ohne dass Maren etwas bemerkt hatte – der Rest, das war auch, ihren Kopf an meinen zu ziehen, nicht um sie vor etwas zu bewahren, dem Anblick der knotigen Hand, sondern um etwas Gefühl in ihr zurückzuhalten, für den, der bei ihr war, statt für jedes Elend der Welt. Und der Rest, das war schließlich ein einfacher Satz in dem nur von einer nackten Birne beleuchteten oberen Stock des Rohbaus, seinem Gang mit Wänden aus noch unverputzten Hohlziegeln und ihrer und meiner Zimmertür, ein Satz in der Mitte von beiden Türen. Gehen wir schlafen, sagte ich, und Maren wiederholte es, aber mit einem Punkt dahinter, Gehen wir schlafen.

Wir, das hieß jeder für sich, jeder, so gut er konnte, in seinem Bett, soweit die nicht zur Ruhe kommenden Gedanken es einem erlaubten, ihr Kreisen wie bei Fieber, zäh um ein Bild oder einzelnes Wort, eben auch einen Rest, so war es bei mir. Von der Straße kam kaum mehr ein Laut, höchstens Gemurmel von zwei der Fernfahrer, beide noch in anderem Zeittakt, dem von Mombasa oder dem Kongobecken; kein später oder kein verfrühter Vogel ließ von sich hören, kein Ruf von den kleinen Minaretten tönte über die Dächer, nirgends bellte sich ein Hund heiser. Die einzig fernen Laute kamen vom Fluss, einem Nebenarm mit den Fröschen der Nacht, ihrem Konzert. Und in dieser Stille, bei der man sein Herz zu hören glaubt, hat es an der Tür geklopft, nicht spielerisch kurz, wie Nafia geklopft hatte, sondern zweimal im Abstand eines Atemzugs, wie um Mut zu schöpfen, und ich ging zur Tür und öffnete sie, und die, die ich länger kenne als mich selbst, trat barfuß ins Zimmer und sagte: Ich kann nicht schlafen.

30

Die Maschine mit meiner Stadt als Ziel hat nach Eintreffen der letzten Passagiere, einer Handvoll von Geschäftsleuten, erst gegen halb elf abgehoben. Bei der Ankunft wird es folglich schon dunkel sein, abendlich oder nahezu nächtlich – eine seltsam trunken machende Vorstellung, nicht tagsüber oder gar am frühen Morgen anzukommen, wie ja bei Flügen in diese Richtung üblich, sondern in der schon angebrochenen Nacht, als würden die letzten Tage, die im Ganzen etwas Nächtliches gehabt hatten, teils traumhaft halbwach, teils überwach albtraumhaft waren, zu Hause einfach weitergehen, so wie ein eben gelesener Roman in einem selbst noch weitergeht und man kaum angeben könnte, wo das Eigene endet und das Andere, Erfundene, beginnt.

Ich kann nicht schlafen, hatte Maren gesagt, aber ebenso gut hätte sie sagen können: Lass mich zu dir, oder: Schlafen wir doch besser in einem Bett, oder einfach nur: Halt mich. Und die unmittelbare Folge war wieder das dumpfe Gefühl eines zu vielen oder unwahrscheinlichen, auf jeden Fall so nicht verdienten Glücks, vor dem fast erschreckend klaren Gefühl fremder Lippen auf den eigenen, fremd, obwohl es die Lippen waren, die mich schon als Junge von acht oder neun beschäftigt hatten, in allen möglichen mir zurechtgelegten Geschichten, etwa dass Maren und ich auf einer Schiffsreise in einen Sturm gerieten und wir als die einzigen Überlebenden an den Strand einer einsamen Insel gespült würden und ich dort alles in die Hand nähme für unser weiteres Überleben, Feuer machte, Tiere erlegte, uns ein Dach baute, und sie mich als ihren Retter umarmte und küsste. In den Stunden nach ihrem Anklopfen aber hatte sie die Dinge in die Hand genommen, den Mut für zwei aufgebracht, ich glaube, auch für ein Überleben, und wenn ich Dinge sage, ist damit alles gemeint, was zwei Erwachsene, ob Mann und Frau oder Frau und Frau oder Mann und seinesgleichen (Robinson und Freitag?) nur unter vier Augen miteinander anstellen können, damit beide bekommen, was sie sich selbst nicht zu geben imstande sind, das Verlangen des anderen nach jedem Zoll der Haut, in der man steckt, jedem Teil des Körpers, der sonst nur Fleisch und Blut wäre, kaum der Rede wert. In der Bibel heißt es, was das betrifft: Sie erkannten einander – Adam erkannte Eva, Kain erkannte seine Frau, nur warum nicht auch umgekehrt: Eva erkannte Adam, und der Apfel war allenfalls die Beigabe. Maren hat mit mir geschlafen, so muss man es sagen, für ihr und für mein Glück, gemeint das Vergessen für die Zeit, die allein den Körpern gehört, der Haut, dem Geruch, den Geräuschen, wenn eins ins andere greift. Marens Schönheit, der Bereich, für den ich bis dahin blind war, als sie etwa die Unterlippe zwischen die Zähne nahm und mich irgendwie noch anzusehen bemüht war, blinzend in dem Restlicht, das von dem Billboard ins Zimmer fiel, hat mich so stumm werden lassen, wie man stumm wird durch ein übergroßes Geschenk. Und wenn ich jetzt daran denke – in der leichten Benommenheit, wie sie in Flugzeugen nach ein, zwei Stunden eintritt durch das monotone, wie mit einem verschmelzende Triebwerksgeräusch –, denke ich erstens an Lydia, unsere Umarmungen in den Nächten der Kalabrienreise, und wie sehr meine Wiederholungstrauertour auch die Suche nach der alten Verliebtheit war, durchkreuzt von der Afrikanerin. Und zweitens ist da der Gedanke an meine Mutter, die nur an sich interessiert war, nicht an mir. Mütter sagen von sich selbst ja gern, sie hätten einem das Leben geschenkt, die meine tat es bei jeder Gelegenheit, und nichts anderes hat Maren in den Stunden unserer ersten Umarmungen in Wirklichkeit getan, der einzigen Wirklichkeit, die zählt, wie es Lydia auf jener initialen Reise getan hatte, wenn auch für beide im freien Fall, als eine Doppelsturzgeburt, während Maren das Netz war, das mich aufgefangen hat – ein vielleicht zu rundes, zu bestechendes Bild, aber so war es in dieser Nacht: Ich fiel, ohne zu wissen, wohin, und landete weich. Und das spielte sich alles im Stillen ab, höchstens mit unserem Atem als Sprache; einmal nur, und das leise, leise mir ins Ohr, als meine Hand dorthin ging, wo sie zuvor noch nie war, hat sie Mach gesagt, ihrer Aufforderung aber Bitte hinzugefügt, und es war dieses Bitte, das allem die Last des Erstmaligen genommen hat, ohne das Gewicht davon zu nehmen, bis hin zu den Sekunden, an die es, was einen selbst betrifft, keine Erinnerungen gibt, wie an die Sekunden vor einem Unfall, und die sich bei meiner frühesten Liebe angehört haben, als wären Lust und Traurigkeit so nah beieinander, dass ihr Kommen schon ein Gehen war.

Später sah ich sie schlafen, nicht ganz so auf dem Bauch wie die Afrikanerin mit der Schusswunde, ein Bein etwas angewinkelt und das Gesicht statt in der Armbeuge flach auf der Seite, ein selbst im Schlaf noch lebendiges Gesicht, atmend durch den Mund, der meinen gesucht hatte, immer wieder, ja überhaupt alles gesucht hat, was ein Mund suchen kann. Und ich habe mich im ersten Tageslicht, noch vor dem eigenen Schlaf, gefragt – oder frage mich das jetzt erst mit Nachdruck, während im Flugzeug schon ein warmes Essen serviert wird –, wie viele Tage oder auch nur Stunden oder gar bloß Minuten ich im Leben so geliebt habe, dass kein Blatt mehr zwischen mich und den anderen gepasst hat, als sozusagen unabänderliche Figur in einem Liebesroman – womöglich nur für eine einzige gewagte Seite oder zusammengenommen eine mutige Nacht im Leben. Chicken or fish or vegetarian?, eine näher kommende Frage; die beiden Flugbegleiterinnen am Servierwagen beugen sich in jede Sitzreihe, nur ist das Klapptablett vor mir schon voll, neben all den beschriebenen Blättern hat nur noch der abgepackte Dessertkuchen Platz.

Die erste Nacht mit Maren war eine Nacht mit spätem, einer Ohnmacht ähnlichem Schlaf, und beim Aufwachen durch Mister Moses' Generator, weil einmal mehr der Strom ausgefallen war, saß sie mit dem Rücken zur Wand im Bett, in einer Hand ihre Verbindung zur Welt, die andere auf meinem Bauch. Wir organisieren jetzt deinen Rückflug, sagte sie – ihre Morgenworte nach einer Nacht, in der sich am Schluss alles so abgespielt hatte, als wäre Gefahr im Verzug gewesen, endend mit einem atomaren Wort, einem Ja, das bei Tageslicht immer noch galt. Ja, es war gut so, ja. Auch Jahrzehnte nach den gemeinsamen Schulwegen, am Wald entlang und oft durch Wiesen, war es gut so. Oder wäre sonst, im Licht des frühen Morgens, noch Folgendes passiert: das Küssen ihrer Kniekehlen, wie andere etwa eine Fahne küssen, als könnte ihnen das etwas von der eigenen Wahrheit erzählen, bis Maren, schon halb im Schlaf, hinter sich griff und mich am Haar – dem Haar, das dazu noch reichte – sachte nach oben zog, bis der Kopf lag, wo sie ihn haben wollte, ja bis alles genau dort war, wo sie es haben wollte, wie um das erste Bild in einem Traum noch mit dem Leben in Einklang zu bringen oder uns damit zu erbeuten, ein für alle Mal, unmissverständlich.

Erst am frühen Nachmittag war die Stromversorgung im Ort wiederhergestellt, und nach einem Essen im Innenhof war Maren auf die Idee gekommen, wir könnten eine Mopedtaxitour machen – der Fahrer und zwei Personen eng auf dem hinteren Sitz, das hatte sie am Vortag gesehen, das hat sie auf die Idee gebracht. Also liefen wir zum Platz der Mopedtaxis, und kurz darauf saß ich halb auf dem Rücklicht, meine Arme um Maren – eine Tour zu der Flussbiegung, an der junge Männer ihre Gefährte waschen, das war meine Idee. Und dort standen auch welche bis zu den Hüften im braunen Wasser und seiften ihre Gefährte ein; dazu kam noch ein Dutzend Rinder, von einem Jungen mit langem Stock zum Trinken geführt, als kleine irreale Karawane, das alles unter so weitem Himmel, als wäre die Erde doch eine Scheibe. Maren hatte ihre Schuhe ausgezogen, sie stand bis zu den Schenkeln im Wasser in ihren schwarzen Shorts und sah mich über die Schulter an und sagte etwas, das mir in dem Moment unbegreiflich war: eigentlich kenne sie mich kaum. Und dann winkte sie mich ins Wasser, und als ich vor ihr stand, zog sie meinen Kopf an ihren und sagte, wir müssten noch einmal über die Nacht von Mailand reden. Aber wir müssten auch noch einmal miteinander schlafen. Mehr sagte sie nicht, und wir stakten aus dem Wasser und sahen dem Jungen zu, wie er dafür sorgte, dass seine Rinder beieinanderblieben. Auf dem Rückweg war fast schon der Abend angebrochen, wenn Schwärme von Flughunden am gerade noch bläulichen Himmel als dahinziehende Schlieren erscheinen – sie hatte mich auf dieses Schauspiel hingewiesen, nicht andersherum, mit einer in die Luft geworfenen Hand wie früher in der Schule beim erregten Melden.

Wenig später an der Grenzbrücke – dort hatten wir uns absetzen lassen – war es schon dunkel. Maren wollte an der Lastwagenschlange entlanggehen, sie hielt mich an der Hand im Gedränge neben dem Stau, den fliegenden Händlern und denen, die einfach am Straßenrand standen, wartend auf nichts, oder solchen, die ein kleines Feuer in Gang hielten, Maiskolben rösteten, und auch einem, der nichts als kniete, die Hände zur Schale erhoben. Maren legte fünf Dollar in diese Hände und ging weiter; sie kaufte einen der Maiskolben, den teilten wir uns im Gehen, und etwas später noch zwei Fleischspieße und eine Dose Bier, als müssten wir dringend etwas zu uns nehmen, einer Schwäche, die auf uns zukäme, vorbeugen. Sie zog den Verschluss der Dose auf und trank den hervorquellenden

Schaum ab, und wir teilten auch das Bier. Was hast du, wollte ich sagen, aber bin nur weiter an ihrer Seite gegangen, und mir ist aufgefallen, wie sie eingeatmet hat, die Gerüche nach Kerosin und Holzkohle, nach verbranntem Fett und dem Haarspray der Mädchen mit den Spießen, wie sie das alles aufsog, samt der Musik aus den Kabinen der Lastwagen, den Klängen arabischer Schlager, oder was es war, ihr flehentlich händeringendes Auf und Ab, bis sie auf einmal stehen blieb, mich ansah und sagte Ich will mit dir schlafen, jetzt gleich.

Maren führte mich zu dem Bau, der für sie Unser Hotel war, sie ließ sich beide Zimmerschlüssel von Mister Moses geben und ging dann vor mir die nackte Betontreppe hinauf, noch immer ohne Geländer, um vor ihrer Tür, nicht vor meiner, für einen Moment über die Schulter zu schauen, ob ich ihr auch gefolgt bin und weiter folgte, ein wie gegen ihren Willen bittender Blick – das Flehentliche ist vielleicht die Essenz der Liebe, ein Salz, das sich nicht von außen zuführen lässt, das wie ein Krebs von innen streut, aber einer, der nicht zum Tode führt, höchstens zur Trennung. Und ich höre sie noch Komm sagen, komm, als wäre es die Silbe, auf die zuletzt alles hinausläuft; und wenig später, wir beide noch nass von auch ihrem Duschrinnsal, hatten unsere Umarmungen etwas von einem Mikado mit den Lippen, den Händen, den Augen und ein paar Lauten, um beim anderen die Stäbchen zu lösen, die dem Sichvergessen im Wege stehen, ohne den Rest – das, was wir nicht voneinander gewusst haben – damit zu berühren.

Man kann nicht von Liebe berichten, man kann höchstens von ihr erzählen, einfach, weil jede Liebe eine Geschichte hat, die das reine Berichten sprengt; und im Übrigen müsste es auch heißen: vom Lieben erzählen. Niemand ist ja mutig oder feige in der Liebe, das hieße im Umgang mit diesem Wort aber, jeder, ob Mann oder Frau, ist entweder mutig oder feige beim Lieben, aus der Erfahrung, dass es stets auf einen zurückschlägt. Man liebt nicht umsonst, der Preis ist immer die Gegenliebe, ihr Bleibendes oder ihr Entzug. In die Verliebtheit trudeln wir noch, aber zum Lieben entscheiden wir uns wie zu einer schweren, dauerhaften Arbeit des Herzens und des Verstandes – mir ist das alles nie so klar geworden wie in den wenigen Tagen und Nächten mit Maren, irgendwo immer noch die Kindheitsfreundin der Schulwege, wie ich im Grunde auch noch der war, der ihr einen Bären aufgebunden hatte, bis sie ihn bloßstellte. Zu dieser alten Last aber ist etwas völlig Neues hinzugekommen, so komprimiert, als hätten wir es nachzuholen gehabt in der kurzen, begrenzten Zeit – weder ließ sich der Sonderflug verschieben noch das Datum, an dem Maren ihre Arbeit in dem Nachbarland antreten sollte, aber ich hätte sie auch nicht begleiten können, dazu fehlten mir die Papiere, genauso ausgeschlossen war es, dass sie mit mir zurückflog, auf dem Nebensitz chicken and rice gegessen hätte, während bei mir sogar der Kuchen in der Packung geblieben ist, eingesteckt für später; statt Appetit auf etwas Süßes ist da im Moment, elftausend Meter über dem Sandmeer der Wüste, nur ein heißer Kopf, als gäbe es ein Fiebern vor Erinnerung, in dem Fall an die letzten Tage.

Anstelle von Maren sitzt einer der erst spät eingetroffenen Geschäftsleute neben mir und kommt jede Stunde damit, dass zu Hause jetzt alles Leben heruntergefahren sei, so drückt er sich aus, heruntergefahren, um so die Ausbreitung der Krankheit einzudämmen – Bitte, und das auf null, sagte er zuletzt in vertraulichem Ton –, eine für mich gar nicht unangenehme Vorstellung. Und das Ganze wäre bei meiner alten Zeitung natürlich zum gefundenen Fressen geworden: gegen den Schleudergang des Seins, die Massenmenschenhaltung in den Stadien, die ständige Reiserei in der Welt, die schwimmenden Städte der Kreuzfahrten, das Sichsuhlen in der Nähe. Wir hätten das Herunterfahren auf null begrüßt und ganz neue beziehungsweise alte Bilder aus unseren Parks gebracht: nur noch Paare oder drei, vier Nahestehende auf dem Rasen statt lärmender Gruppen, Bilder wie von Monet, sein Frühstück im Grünen. Und seltsam: Etwas von diesem Gedämpften, Abstandhaften hatte nach der weiteren Nacht mit Maren ohnehin schon geherrscht.

Wir waren spät aufgestanden und sind wieder auf dem Höhepunkt von Hitze und Stille durch den Ort gegangen, sie wollte mit mir reden, über Mailand, das hat sie angedeutet, dann aber nur mehrfach Atem geholt, um etwas zu sagen, und schließlich bot ich ihr noch einmal an, meinen Bericht zu lesen, hier noch in den nächsten Tagen, sagte ich, was mehr dahergesagt war, weil es sicher eine Woche gebraucht hätte, alles zu lesen – vor mich hin gesprochen, als wir in der Nähe des Schlachthofs waren und Maren zum Himmel sah, wo über dem Areal der rötlichen Lachen bestimmt dreißig Marabus kreisten, unwirklich langsam, fast ein Verharren in der flirrenden Luft und mit den Flügeln immer wieder einen Moment lang wie schwarze Kreuze im Blau des Himmels. Maren ist stehen geblieben, sie hat ihr Gerät für alle Gelegenheiten – ohne das ich jetzt nicht auf dem Heimflug wäre – aus der Tasche geholt und machte ein Bild von dem Bild in der Höhe. Vielleicht will ich das ja alles gar nicht wissen, sagte sie auf mein Angebot hin. Gib es jemanden, der dich nicht kennt, oder wozu schreibt man so etwas? Sie sah sich an, was sie aufgenommen hatte, und zeigte es mir, den einen festgehaltenen Moment in der Luft, zwanzig oder dreißig der so großen Vögel, bereit zu landen, sobald es sich lohnte. Es hat etwas von dir und mir, sagte sie, von uns beiden mit einer Konstellation, wie es sie nur einmal gibt, wie sie nie wiederkommt, oder was glaubst du? Und damit ist sie weitergegangen, weiter in Richtung Fluss, ohne dass ich ihr geantwortet hätte.

Wir haben uns einen schattigen Platz gesucht, halb unter einer Plane, die über Gestrüpp geweht war, wohl schon vor Tagen, weil sie eine Staubschicht hatte, dort saßen wir auf Sand und schauten zwei Ziegen zu, die Papier kauten, und als die Ziegen davongetrabt waren, lagen wir nebeneinander, und Maren hatte eine Hand auf meinem Bauch; gut möglich, dass wir sogar etwas geschlafen haben, wie Obdachlose mitten am Tag, ich weiß nur, dass sie irgendwann sagte, noch gebe es unsere Konstellation, und sie würde das Bild davon mitnehmen. Erst mit dem Wind des schon späteren Nachmittags, darin die Gerüche nach schwelendem Plastik und Holzkohle, sind wir aufgestanden, und das Wiedererwachen des Ortes hat ein Übriges getan, uns von uns selbst abzulenken. Wir zogen umher, Arm in Arm den Gerüchen und Geräuschen und dem Abend entgegen, wie getragen vom Gehämmere und Geschleife und leisen Palaver der Handwerker mit ihren Werkstätten unter freiem Himmel, nach Anbruch der Dunkelheit im umschwirrten Licht von Neonröhren – so getragen wie am Mittag die Marabus von der heißen Luft, gehalten von etwas, das gar nicht wir waren, sondern ein Stück der Welt. Und Maren hat es sich nicht nehmen lassen, dem einen und anderen bei der Arbeit zuzusehen und Fragen zu stellen in der Allerweltssprache, wie viele Personen von seinem Verdienst leben müssten und ob er in die eigene Tasche wirtschafte oder für andere arbeite, ob er Schulden habe und manchmal daran denke wegzugehen, für immer. Sie ist von einem Gewerbe zum anderen gezogen, bis zu den Resteverwertern am Ende der Handwerkerstraße, schon im Übergang zu einem der Pfade ins Nirgendwo, und da riet sie mir wieder, meine Afrikanerin bei den alten Baobabs (ich nenne sie der Einfachheit halber Brotbäume) zu suchen, um zu begreifen, dass der liebe Gott sie nicht auf Händen zurückgetragen hat, sie nicht zurückgekehrt sein kann ohne Geld und ohne Papiere – Diese Kappe aus Rom beweist so wenig wie das Grabtuch von Turin, sagte sie, das war schon auf dem Rückweg zum Hotel, zu unserem Bett in meinem Zimmer, immer noch Arm in Arm, selbst als wir im Gehen etwas aßen, Chips aus einer Tüte und später Lammfleisch in Fladenbrot und dazu aus einer Dose tranken, ohne einander loszulassen, nach wie vor in der unwiederbringlichen Konstellation, bei der man sich selbst vergisst, hineinreichend in die Stunden, die vor uns gelegen hatten – und die im Ganzen hier wiederzugeben etwas so Falsches hätte wie das erwähnte Turiner Tuch.

Sagen lässt sich aber, dass Maren blass war nach der nur kurzen Nacht, auf eine erschöpfte Art schön, als sie eine Augenblicksordnung in meine Haare brachte, oder später, als sie auf dem Bauch lag, eine Hand dort, wo alles Erleben und Vergessen zusammengeströmt war; kurz, wir haben diesen Tag verschlafen, auch wenn es wache Stunden gab, solche, wie man sie zählen kann in einem Leben, nur einander zugewandt, staunend, dass es den anderen gibt, Stunden, die es irgendwann vielleicht erträglicher machen, auch vom Leben zu lassen; erst nach Einbruch der Dunkelheit gab es einen Grund, sich anzuziehen: weil wir Hunger hatten. Wir holten uns etwas von den Ständen an der Straße, Spieße und in Eiswasser gekühltes Bier, und gingen damit noch einmal an den Fluss, ich weiß nicht, warum, ja, ich könnte nicht einmal angeben, wer wen dorthin geführt hat. Ich kann nur festhalten, dass dort drei Kinder im Schlick standen, aus Schlauchteilen inhalierend, Buben mit Körpern wie einem Atlas der menschlichen Knochen, und Maren auf einmal sagte: Gleich morgen wirst du sie suchen, damit das erledigt ist – fast ein Befehl, ehe sie drauf und dran war, den Kindern die Schlauchteile und den Klebstoff abzunehmen, schon auf sie zuging und ich sie packte und weiterzog und rief, sie sollte das lassen, mehr hätten diese Kinder nicht, sie könnte nur wegschauen oder bereits vor ihrer künftigen Arbeit verzweifeln.

Sag, willst du das, habe ich gerufen, und sie hat sich an mir gehalten im Weitergehen, zum ersten Mal mehr als andersherum.

Dabei ist es auch geblieben, als wir im Zimmer waren und im Schein des Billboards auf der anderen Straßenseite ineinander verkeilt lagen, Stunde um Stunde, und ich manchmal, wenn sie meinen Kopf für Momente freigab und ihren zurückwarf, auf die glücklichen schwarzen Eltern sah, die wiederum ihren glücklichen Sohn auf dem so gepflegten Campus sahen und die drei Worte darunter las, Close to you!, das Ausrufezeichen wie ein Lachen über jeden, der sein bisschen Glück der Verzweiflung abringt, statt es sich einfach nur bei Huawei abzuholen. Ich fürchte, ich liebe dich, hat mir Maren irgendwann in dieser Nacht zwischen Wachen und Halbschlaf, über mich gebeugt, in den Mund gesprochen, als wäre es noch Teil eines Sekundentraumes gewesen, und soweit ich mich erinnere – während tief unter mir schon das Meer liegt, das die Afrikanerin im Boot überquert hat –, war meine ganze Antwort, danach ihren Kopf zu halten, wie ich als Kind einmal einen neuen Ball gehalten hatte, den Größere mir nehmen wollten. Und dabei ist es ebenfalls geblieben, bis sich Maren in der Morgendämmerung von mir gelöst hat, um aus dem Bett zu kommen und sich über der Kloschüssel zu übergeben, erst fast lautlos, am Ende würgend, das alles aber so, als wollte sie keine Hilfe, auch keine Fragen, keine Aufmerksamkeit, sich dort ganz für sich befreien. Und als sie wieder bei mir lag, war sie schweißnass und zitterte, und ich habe sie mit dem Betttuch getrocknet und zu wärmen versucht; denkbar, dass wir danach noch etwas geschlafen haben, eingeschlagen in das Tuch wie Tote, bis sie auf einmal sagte, es sei das Eiswasser gewesen, in dem die Bierdosen geschwommen hätten, und dass sie im Bett bleiben möchte. Ich aber sollte jetzt losziehen, mir ein Mopedtaxi nehmen, mich ins Buschland fahren lassen, so weit wie möglich, und den Rest des

Wegs zu den alten Affenbrotbäumen zu Fuß gehen und dort nach meiner Afrikanerin rufen – so wie man nach Gott ruft, wenn man nur noch das eigene Herz hört, wieder und wieder ihn anruft, bis man sich von der Idee, dass es ihn gibt und er einen erlöst, verabschieden kann, sagte sie, da war ich längst aufgestanden.

Alles Weitere war Minutensache, stumm und zügig, wie so häufig, wenn der eine geht und der andere bleibt. Ich habe mich angezogen, den Rest an Bargeld eingesteckt, für das Moped und Proviant, und mich danach zu Maren gebeugt, noch einmal den Kopf so umarmt wie den Ball, um den ich gebangt hatte, ihr gute Besserung gewünscht und Wir sehen uns am Abend gesagt, ich glaube, das waren die Worte an sie und zugleich auch an mich, als Verabredung, die es einzuhalten galt, und sie hat nur Bis dann, Lieber gesagt und mir einen leichten Stoß versetzt, den Stoß, der mir aus dem Zimmer geholfen hat, erst hinunter in den Innenhof, um mich mit Mister Moses' Wasser zu versorgen, dann auf die Straße mit dem Morgenmarkt, um einem Mopedtaxi zu winken, und inmitten von Gerufe und Hupen glaubte ich meinen Namen zu hören, diese wenig hermachende Silbe, an die Maren früher manchmal ein i gehängt hatte, in dem Fall aber nicht.

31

Lydias letztes, noch liebendes Wort an mich war ein Passaufdichauf, wenige Tage bevor sie von ihrem Umsatteln auf Cordes erzählt hat, und das letzte Wort meiner Mutter dieser Art hieß Kleiner, da war ich zehn und frisch im humanistischen Gymnasium, und sie hat mir noch den Scheitel gezogen; bald darauf war ihr Sohn nur noch ein künftiger Großer, der einmal den Alten von der Hütte beerben sollte. Und Maren? Die hat ihr Bis dann, Lieber fast geflüstert, und das bei geschlossenen Augen, aber Minuten danach meinen Namen hinterhergeschickt, vom Bett aus über den Balkon bis auf die Straße hinunter als den Namen von einem, der in den vergangenen Nächten wohl einiges richtig gemacht hatte, ungefähr wusste, wo ein Mann aufhört und eine Frau beginnt. Das heißt, ich habe wenig später in dem guten Gefühl, ein Liebhaber zu sein, hinten auf einem Bodda-Bodda gesessen, Hände um die Hüften eines Typen, der auf einem der Buschpfade, die man kaum sieht, Staub aufwirbelte. Die Sonne brannte da schon von einem Himmel voll gleichmäßig verteilter, unbewegter Wolken, zum Horizont hin kleiner und kleiner werdend wie aus einem Lehrbuch der Perspektive. Der Fahrer von höchstens zwanzig wollte mich nur in die Nähe der Frau mit dem Hexenkind bringen, wie er erklärte, nicht weiter, nicht bis zu den ersten der alten Riesenbäume, als hätte er vor ihnen Angst. No, sagte er, verbunden mit einem My friend, das ehrlich klang, nicht wie das sonst überall zu hörende lyrische My friend (erst jetzt, hingeschrieben, kommt es mir vor wie einer Ballade entnommen, wahr und falsch zugleich).

Und in der Gegend der Wasserhändlerin stand die Sonne

bereits so hoch, dass mein Schatten nur noch ein Stummel vor den Schuhen war, nachdem mich der junge Mann abgesetzt hatte, mit einem Take care, and save your water! Drei Flaschen aus dem Bestand von Mister Moses waren in einem Rucksack, und das Wasser aus einer goss ich mir über den Kopf, um wach zu werden. Aber ich trank auch davon und wollte eben weitergehen, als die Kahlgeschorene in den Lumpen aus einem Gestrüpp trat, dürres Brennholz in den Armen und in der Hand eine Sichel. Sie war ohne das Mädchen und kam auf mich zu, als hätte sie mich beobachtet und wüsste, warum ich unterwegs bin, wen ich suchte, ja, als wüsste sie sogar um das Vergebliche dieser Suche, also fragte ich auch nicht wieder nach einer Hochgewachsenen, irgendwo im Busch für sich lebend, ich fragte sie nach dem Mädchen, wo es sei, und sie zeigte mit der Sichel in Richtung der alten Brotbäume, ihrer Kronen, die an die kleinen Wolken über dem Horizont stießen, wie es schien – womit ich sagen will, dass es auch im Ganzen eine Sinnestäuschung gewesen sein konnte, die fernen, dornenkronigen Baumwipfel als Fata Morgana wie vielleicht schon auf dem ersten rätselhaften Bild in der Gazzetta del Sud, dort als mögliche Luftspiegelung aufgrund der Hitze nicht erkannt. Und nach ein paar Schritten vor mir her, den Packen Brennholz jetzt wie ein Kind auf dem Arm, zeigte die Wasserhändlerin auf einen Pfad, so schmal im welken Gras, als wären dort nie zwei nebeneinander gelaufen.

Das war die ganze Begegnung, dann bin ich schon dem Pfad gefolgt, erst quer durch eine Gestrüppregion, noch mit Schatten, bis der Pfad durch offenes Grasland führte, mehrmals vorbei an einzelnen, wie abgestorbenen Gewächsen. Und nach gut zwei Stunden – dazwischen eine längere Rast bei einem der kahlen Gewächse, sein Schatten schon lang genug, mich darin auszustrecken – ging es in weitem Bogen auf die jetzt immer höher aufragenden alten Bäume zu, und das auf keinem klaren

Pfad mehr, nur auf Sicht. Ich glaubte, sie bald zu erreichen, aber die Entfernungen trügen in der heißen, trockenen Luft, dem, was man sieht, ist nicht zu trauen, nur sieht man es eben und geht darauf zu – Geh, so weit das Auge reicht, dann wirst du sie finden, hat mir die Geste mit der Sichel gesagt. Und ich bin immer weiter in den Nachmittag hineingegangen, bis die ersten der dickstammigen Riesen nur noch einen Steinwurf entfernt waren, als Rand eines lichten, sozusagen falschen Waldes, seine Bäume wie im Laufe ihrer tausend Jahre auseinandergerückt, als wollte jeder im Alter für sich sein. Dort habe ich den Namen der Afrikanerin gerufen, in diesen Wald, der keiner war, in sein so Lichtes, Weites, Stilles, und meine Rufe hatte noch im selben Moment etwas Vergebliches, als zerfiele der Name in der trockenen Luft in seine Mitlaute und Selbstlaute. Und genau genommen waren es Rufe nach ihren Augen, die zu mir zurückkehren sollten, und ihrem Mund, nach ihren Beinen, die sie im kleinen Fiat gefaltet hatte, und selbst nach der von mir versorgten Wunde. Man glaubt ja gern – auch als Frau, meine ich –, es sei das Wesen des anderen, das glücklich machte, aber viel eher sind es, in meinem Fall, Blicke aus Augen wie aufgelöster Bernstein und an Flügel erinnernde Schulterblätter oder gezirkelte Lippen, die einen, meist unbemerkt, ans Kreuz einer erfüllten Sehnsucht nageln.

Vier-, fünfmal hatte ich ihren Namen gerufen, ohne ein Echo, dazwischen Pausen, in denen nur mein Atem zu hören war oder, wenn man so will, die Stille, die von den unfassbar dicken Stämmen und mehr noch von dem leeren Raum bis zum nächsten der alten Bäume ausging, und schließlich bin ich in den Scheinwald hineingegangen, auf so trockenem Laub, dass es unter meinen Schritten fast zerstäubte, über die Wurzeln hinweg, die wie Gestein aus dem Boden ragten, oft so lang, dass sie die Wurzeln des nächsten Baumes fast erreichten oder womöglich unterirdisch mit ihnen verbunden waren, zu einem dann dichten Wald, den man aber nicht sah, höchstens ahnte. Ich ging in eine Richtung, die mir als Achse erschien, ein Gehen in stehender Luft, ihr Geruch leicht bitter vom Laub, das erst sandfarben war und auf einmal dunkler wurde, feuchter, bis ich vor einer Senke mit schwärzlichem Wasser in ihrer Mitte stand, einem gekrümmten Tümpel, darin Stümpfe kleinerer Bäume wie verkohlte Finger, Farninseln und Sumpfklumpen, in einem Wasser wie ein schwarzer Spiegel; das alles jetzt in gespanntester Stille, der Atem in meiner Nase, sein Strömen, das einzige Geräusch, und etwas hielt mich davon ab, erneut ihren Namen zu rufen, und hielt mich dazu an, mich nicht zu bewegen – da hatte ich wohl schon gespürt, dass ich nicht ganz allein an der Senke war. Aber erst als sich die Augen etwas an die Abstufungen vom Schwarzen des Tümpels zum feuchtdunklen des Laubs an seinen Rändern und dem Elefantenhautartigen der Baumrinden gewöhnt hatten, erschien da die Gazelle, die von dem Wasser trank, ihren Kopf mit langen, in sich gedrehten Spitzhörnern tief gebeugt, die Vorderläufe auseinandergenommen, während ich nichts als dastand und den Atem anhielt, als wäre sie mehr als nur eine Gazelle beim Trinken – ein, mit aller Vorsicht gesagt, letzter Verweis auf die Genesis.

Und dann hatte sie mich auch schon gewittert, den Kopf gehoben, die Ohren gedreht, und ist mit Sprüngen entflohen, gleich nicht mehr zu sehen, wie eins mit den sie umgebenden Farben, ja auch mit keinem Ästeknacken zu hören, als wäre sie nie da gewesen. Dennoch bin ihr sozusagen hinterhergelaufen, halb um die Senke herum und hinein in einen auch lichten, schütteren Buschwald, immer wieder mit sandigen Freiflächen und jeweils inmitten der Flächen, umgeben von seinen felshaften Wurzelgebilden, ein einzelner Affenbrotbaum, jeder, so schien es, mächtiger als der vorige. Mein Weitergehen hatte jetzt keine Richtung mehr, es war nur noch eines von Baum zu

Baum, bis mich ein wiederholtes Rascheln stehen bleiben ließ. Es kam aus einem Gewirr hoher blattloser Sträucher, als bewegte sich dort etwas, die Gazelle, dachte ich und dachte oder hoffte zugleich: meine Gefährtin – mehr ein Sekundentraum als ein Gedanke war das, wie erzeugt von Müdigkeit und der drückenden Luft. Schweiß lief mir in die Augen, und ich wusch sie mit dem Wasser aus einer der mitgenommenen Flaschen, den Kopf weit im Nacken; und als der Blick wieder nach vorn ging, war da zwischen zwei Büschen ein Vogel Strauß, sein schwarzes und graues Gefieder geplustert, die langen dünnen Beine aber in einer Art Tanzschritt anmutig gekreuzt, wobei er in diesem Schritt innehielt; und reglos auch der halb verdrehte, gereckte Hals, wodurch der Kopf seitlich stand, er nur mit einem, wachen Auge zu mir sah. Dann aber, als sich meine Hand wie zu einem Gruß bewegte, bewegte sich auch der Strauß: Er ging einfach davon, erst sehr langsam und ebenso langsam schneller werdend, dabei immer noch gemessenen Schritts, kein Fliehen vor mir, höchstens ein Weichen vor dem so anderen, fremden Zweibeiner; und das Ganze soll hier kein Einblick in die afrikanische Tierwelt sein, eher schon einer in mich.

Je mehr einem die Natur die Sprache verschlägt, ohne dass man deshalb aufhören würde, von ihr zu sprechen, desto mehr ist Misstrauen angebracht – leichter gesagt als getan, wenn die Eindrücke frisch sind, noch keine drei Tage zurückliegen; ich müsste mich sehr verleugnen, um den Wald der alten Bäume, in den es mich immer weiter hineingezogen hat, nicht irreal und doch überwältigend zu nennen. Und so hatte es auch etwas von einer Erscheinung, als hinter einem der dickstammigen Riesen das Mädchen hervortrat, das als Kind an allem Unheil Schuld gehabt haben soll. Sie – oder es, das ist Ansichtssache – war jetzt geschoren wie ihre Ziehmutter, nur um die Blößen ein Gebinde aus grobem weißem Tuch; in der einen

Hand hielt sie einen Stock, vielleicht als Waffe, mit der anderen machte sie Zeichen, ihr zu folgen, und ging auch schon in Richtung des nächsten Baums. Das tat sie mit kleinen, eiligen Schritten, barfuß auf dem Laub, so welk, dass es, wie gesagt, zerstäubte, mit feinem Knistern, außer meinem Atem das einzige Geräusch. Zwischen den alten Riesen – ich komme um dieses bildhafte Wort nicht herum – lagen jetzt immer gleich große Räume, als hätte es jemand vor tausend Jahren so geplant, für genau diese Stille und auch genau das Licht, wenn der Nachmittag übergeht in den Spätnachmittag, ein Licht, in dem das Mädchen manchmal für Momente zu verschwinden schien oder anders gesagt, wieder nach Abwägung: als Seele von Kind vor mir herging – in all den Jahren bei der Christlichen Stimme hatte ich immer Abstand gehalten zu diesem Begriff, ihn wenn überhaupt in Anführungszeichen gesetzt, als hätte er einen Erreger in sich, der vom Denken Besitz ergreift, es schwächen kann wie die neuartige Krankheit die Atemwege, angeblich bis zum Ersticken. Aber dem Mädchen, das vor mir herlief, mir offenbar einen Weg wies – mag sein als später Dank für das Drahtspielzeug – gebührte dieses Wort.

Ohne zu zögern, bin ich hinter ihr hergegangen, und was sich daraus ergeben hat, kann hier nur distanziert dargestellt werden (etwas erleichtert durch die Flughöhe, den Abstand zur Erde, nicht einmal zu festem Boden, sondern Wasser, immer noch das mare nostrum). Das Mädchen ist auf einen Baum zugegangen, der alle anderen an Alter und Umfang zu übertreffen schien mit seinem felsblockhaften Stamm, darin ein Spalt so breit wie ein Mensch, die aus dem Sand ragenden Wurzeln um sich ausgebreitet wie für die Ewigkeit – mein Eindruck, als das Mädchen schon bei dem Spalt war, mit dem Stock hineinzeigte, mich, den älteren Mann, aufforderte, einen Blick in den Baum zu werfen. Das tat ich, halb in den Spalt gebeugt, und als die Augen in dem dämmrigen Licht dort etwas sahen,

sahen sie erstens ein Bündel Kleidung – nein, Kleidung ist zu viel gesagt, ein Bündel aus Kleidungsartigem – und zweitens ein Messer wie das der Afrikanerin. Es lag zwischen der Kleidung, und ich nahm es an mich, prüfte die Klinge mit dem Daumen und legte es wieder zurück. Der Baumspalt diente als Depot, aber was darin zu sehen war, hat nur eine plötzliche, wie seit Tagen aufgestaute Erschöpfung ausgelöst, zu erklären durch das lange Gehen in der Hitze und den Wassermangel, vielleicht aber auch, weil übergroße Wünsche am Ende unter ihrem Gewicht zusammenfallen.

Nach dem Hineinbeugen in den Spalt hat es mir geflirrt vor Augen, und gestützt an seinem Stamm, bin ich um den Riesenbaum herumgegangen, erst auf meine Schritte achtend wegen der Wurzeln, dann mit dem Blick nach vorn, das Mädchen suchend, und statt ihrer stand meine Verlorene am nächsten der alten Bäume, dazwischen die langen Wurzelgebilde beider, die sich vielleicht tief im Boden berührten. Sie trug den Trainingsanzug aus zwei Teilen, wie bei unserer ersten Begegnung, auf dem Kopf jedoch die Kolosseumskappe – das hätte mir zu denken geben können, nur war da eben diese wunschlose Erschöpfung, und ich habe auch nur matt ihren Namen gerufen und bin nicht etwa auf sie zugeeilt, sondern langsam auf sie zugegangen, wobei die Entfernung gleich geblieben ist; andererseits hat sie mir mit dem Kopf Zeichen gemacht, doch näher zu kommen, was ja eben nicht möglich war, bis die Entfernung sogar größer wurde und am Ende – hier bin ich mir sicher – der zuvor gesehene Strauß sich noch einmal von mir entfernt hat, wieder ohne jede Hast zwischen hohem Gesträuch verschwand, während hinter mir ein Klöppeln war, dass ich mich umdrehte: Das Mädchen schlug mit dem Stock gegen eine der Baumwurzeln und wies mit der anderen Hand in die Richtung, aus der wir gekommen waren – Zeit für unseren Rückweg, klöppelte sie. Folge mir einfach.

Die Sinne betrügen nicht, heißt es bei Kant (mir im letzten meiner Zeitungsjahre nähergestanden als alle, die man ins Feld geführt hat, um den Himmel auf die Erde zu zwingen); sie betrügen nicht, nicht weil sie immer richtig urteilen, sondern weil sie gar nicht urteilen; weshalb der Irrtum immer nur dem Verstande zur Last fällt, Zitat Ende. Gleichzeitig ruft einem Kant aber aus dem Grab zu: Habe Mut, dich deines eigenen Verstandes zu bedienen! Aber das waren andere, preußisch soldatische Zeiten – mein Weg war der, wieder hinter dem Mädchen herzugehen, ihm jetzt mit geringem Abstand zu folgen und mich nicht umzuschauen, ob der Strauß noch einmal auftauchte oder was da vorher war, nur nach vorn zu schauen und nicht hinter mich, das alte Bibelgebot, nur auf den kleinen geschorenen Kopf vor mir zu achten – was kaum etwas mit Verstand zu tun gehabt hat, sondern eher dem Wunsch, nichts weiter zu empfinden als dieses Hinterhergehen, nichts weiter zu sein als ein aus dem Wald Geführter, endlich der Dichte zu entkommen, die einen für alles, an dem man beteiligt ist, verantwortlich macht, im Grunde ein Zustand von stiller Freude auf diesem Rückweg hinein in die Nacht – was erst mit Autolichtern in der Ferne geendet hatte, Lichtern, die auftauchten und wieder verschwanden und erneut auftauchten und schließlich auf der Stelle blieben, als Lichter eines Polizeijeeps, wie sich gezeigt hat, in ihrem Schein Major Ayago und die Wasserhändlerin mit einem Kanister.

Eine Befragung im Freien bei Nacht, danach hat es ausgesehen, und das Mädchen ist gleich in diese Nacht eingetaucht, ohne noch ein Wort zu mir, welches auch, während Ayago der Ziehmutter den Kanister abnahm, ihr Geld dafür gab und mit der Last in der Hand auf mich zuging. Er sei meinetwegen hier, das Wasser habe er nur bei der Gelegenheit mitgenommen, das beste weit und breit – Better than wine, sagte er und ging auf den Jeep zu, gefolgt von mir. Aber erst als er am Steuer saß – als mein Fahrer, was schmeichelhaft war –, kam er damit, weshalb er bei Dunkelheit ins Buschland gefahren ist. Ihre neue Freundin war heute Mittag bei mir, auf dem Weg zur Grenzbrücke, zum einzigen Bus, der jeden Tag auf die andere Seite fährt. Sie sah blass aus, und ich habe ihr geraten, diese Fahrt nur anzutreten, wenn sie wohlauf ist, aber sie war nicht davon abzubringen, sie hatte auch alle Einreisepapiere und eine Adresse, wo sie erwartet wurde. Eine mutige Frau, die sich um sich Sorgen um Sie gemacht hat, mir sagte, dass Sie im Wald der alten Bäume nach der suchen wollten, deretwegen Sie seit Monaten hier seien. Und die mich bat, nach Ihnen zu suchen, wenn Sie bis zur Dunkelheit nicht zurück wären. Und das waren Sie nicht, also fuhr ich los. Weil ich es Ihrer Freundin versprochen hatte. Sie gab mir noch etwas für Sie, es liegt in meinem Büro. Und von der, die wir beide kennen, hat es da irgendeine Spur gegeben, irgendeinen Hinweis auf sie? Is there anything you can tell me?

Hier hatte Ayago nach dem Kanister auf der Rückbank gegriffen, ihn im Fahren aufgeschraubt und sich etwas von dem Wasser über den Kopf geleert und dann sogar daraus getrunken, ein wahres Kunststück mit einer Hand bei dem Gewicht des Wassers, danach hat er den Kanister an mich weitergereicht, mit einem Try it, das sich nicht ausschlagen ließ, auch wenn bei mir beide Hände nötig waren, um aus dem Plastikhals zu trinken – das Wasser war kühl, und es schmeckte nach Stein, und Ayago nahm mir den Kanister wieder ab, um ihn im Fahren zu schließen und dann zwischen die Sitze zu stellen, und jetzt erst sagte ich, es habe keine Spur von ihr gegeben. No, Major, no – das waren die abschließenden Worte dazu, und Ayago sagte, das habe er schon vor zwei Tagen gehört, aber zeternd vom Leiter der Hühnerfarm, der ihm eine Liste geben sollte von all seinen Mitarbeitern, samt der Versicherung, dass sie alle gesund seien, No, Major, no, no! Und dabei machte er den Chinesenton so nach, dass wir lachen mussten.

Der Jeep war offen, und die Fahrt führte auch durch offenes Grasland, in einer warmen, von Verdorrtem erfüllten Luft; am Himmel standen immer noch gleichmäßig verteilte Wolken, zu sehen, nachdem der Mond aufgegangen war, Wolken als helle Flecke vor dem Dunkel dahinter, zum Horizont hin kleiner und kleiner; und ich glaube, es war diese Weite, die mein Gefühl von Auflösung noch umfassender gemacht hat, etwas, das erst nachließ, als Ayago vor dem Polizeiquartier stoppte. Er stieg aus und ging um den Jeep und öffnete meine Tür, als wäre ich verhaftet; er führte mich in sein Büro und machte Licht und nahm einen Umschlag und ein Buch vom Schreibtisch und drückte mir beides in die Hand. From Mrs. Ganter for you, sagte er, und ich setzte mich auf den Besucherstuhl vor dem Tisch, als hätte mich Ayago dazu aufgefordert. Das heißt, es ging gar nicht anders, als mich zu setzen, die Beine erlaubten kein längeres Stehen mehr, oder besser gesagt: Erst im Büro des Majors, das Buch und den Umschlag in der Hand, ist mir klar geworden, dass Maren nicht im Zimmer wäre, wenn ich zurückkäme, dass sie ihren Weg gegangen war und etwas für mich dagelassen hat, aber nicht dort, wo wir uns umarmt hatten, nicht im Zimmer auf dem Bett, weder auf noch unter dem Kopfkissen, wie man sich das ja gern vorstellt, um dieser Art von Abschied noch einen Rahmen zu geben, eine Art Trauerrand, sondern in dem Büro eines Polizeikommandanten, als wären es zwei Beweisstücke.

Ich hatte erst einen Blick auf das Buch geworfen, einen Roman, Ennio Flaiano, Alles hat seine Zeit, mir nicht bekannt, dann den Umschlag aufgerissen und Marens Schrift gesehen, die mit der falschen Hand und doch fließend, nur anders geneigt, zum Herzen hin. Lesen Sie das später, sagte Ayago. Die, die wir beide gekannt haben, ist ohne Brief gegangen, den Rest dazu morgen Abend an meinem Tisch. Und die Nacht in dem Wald, die hätten Sie überstanden. Es gibt dort kaum noch Tiere, vereinzelt Gazellen, selten Hyänen, mal ein verirrtes Nashorn oder ein Strauß. Viel gefährlicher als wilde Tiere sind alte Brunnenlöcher. Noch gefährlicher sind Menschen, am gefährlichsten die, die wir lieben.

32

Wer einen Brief hinterlässt, hinterlässt noch vor jeder Zeile die Botschaft: Ich habe an dich gedacht. Nur was heißt das, an jemanden denken in Form eines Briefs? Gelassen betrachtet, könnte es heißen, ihn einerseits vor sich auftauchen und andererseits verschwinden zu lassen. Wir schließen den Umschlag, und der andere wird darin mit eingeschlossen; kurz zuvor, beim Schreiben, war er noch gegenwärtig und doch schon dem Ad acta unterworfen. In Abschiedsbriefen, und so einen hatte Maren in Ayagos Büro zurückgelassen, geht es nicht mehr um Korrespondenz, es geht nur darum, noch einmal das eigene, in sich begrabene Verlangen in wenigen Zeilen festzuhalten, mit einer Sprache der Enttäuschung, die das letzte Wort hat.

Noch auf dem Weg vom Polizeiquartier zu dem Hotel, das nicht mehr unser Hotel war, sondern wieder der Rohbau, hatte ich den Brief gelesen, das heißt wie eine Mahnung oder einen Bußgeldbescheid überflogen, um ihn dann gleich wieder in den Umschlag zu stecken, dort verschwinden zu lassen, und erst vor keiner halben Stunde, bei mit Kapitänsstimme angekündigten Turbulenzen, noch einmal hervorzuholen und seitdem so gelesen, dass ich ihn innerlich aufsagen kann. Mein Lieber – nur auf die Art konnte ich gehen, sonst wäre ich, wer weiß, am Ende geblieben. Aber ich muss zu mir kommen (das mir unterstrichen), nicht zu dir. Wie einfach und schön wäre es zu sagen: Zieh in mein Haus, wir werden einander nicht zur Last fallen. Tagsüber mache ich meine Bestattungen oder rede mit Paaren, die von mir getraut werden möchten, am Abend bereite ich die nächste Predigt vor und öffne uns einen Wein, und nachts mach mit mir, was du willst. Nur müsste ich dazu erstens wissen, wer ich noch bin, wenn ich jemanden liebe, der womöglich getötet hat, und zweitens, wer du noch bist, wenn es so war. Die Liebe ist hart und unerbittlich wie die Hölle – du erinnerst dich? Wir hatten getrunken, und du hast von deiner Afrikanerin erzählt, der jungen Frau mit der Figur einer Hochspringerin, von der sich keine Bilder machen lassen, keine, die sie zeigen, aber dafür ihre Welt, und mir ist dieser Satz eingefallen, als ich dich ansah, den, der mich noch nie geküsst hatte – erst ganz am Schluss. Schade eigentlich, zu schade, M. Und darunter ein PS: Dieser Roman könnte dir gefallen, ich habe ihn auf der Reise zu dir gelesen.

Die angekündigten Turbulenzen – kaum dass unten die Küste aufgetaucht ist, schon im Abenddämmer – haben den Brief auf dem Tablett vor mir zittern lassen, aber Marens Schrift schien dagegenzuhalten mit ihrem Schwung nach links wie bei keiner anderen, die ich kenne – ja, als könnte überhaupt die Handschrift bald überholt sein, ausgeübt nur noch von Lebensmüden in den Abschiedszeilen, diskreten Bankern und Liebenden, für die drei Pünktchen schon drei Smileys sind. Mein Sitznachbar, den Rubriken auf seinem Notebook nach im Transportgewerbe, hat mir noch während des Brieflesens beim Gerucke der Maschine in ruhigem Ton etwa Folgendes erklärt: dass es sich bei Turbulenzen nur um vertikale Verwirbelungen durch ein dichtes Nebeneinander von schnell aufsteigender warmer und schnell absinkender kalter Luft handle. Ein Flugzeug könnte dem standhalten, weil seine Tragflächen auf Biegsamkeit hin konstruiert seien, wie die Flügel eines Vogels, der in starkem Wind ja auch nicht abstürze – und ich hätte gern in ebenso ruhigem Ton erwidert, ob er mir nicht meine Angst lassen könnte, die sei im Augenblick alles, was mich zusammenhalte, nur wer sagt so etwas schon.

Angst wäre auch nicht das richtige Wort gewesen, mein Bodenloses hätte es heißen müssen, und das gab es schon vor den Turbulenzen, die nach kurzer Zeit vorbei waren; es hatte beim Überfliegen des Briefes angefangen, bereits vor zwei Tagen. Mit dem Umschlag unter dem Hemd bin ich, statt in das Zimmer der letzten Nächte zu gehen, zur kleineren der beiden Kirchen gelaufen, unter ihr Dach, wo Fledermäuse in Zickzackflügen Jagd auf Mücken machten, die eine Leuchtröhre am Deckengebälk umschwirrten, gerade hell genug für das Antlitz einer Marienfigur mit Kind, Zügen, wie man sie bei uns in romanischen Kirchen findet, an den Apostelfiguren, eins mit Gott und sich und dem Gestein, aus dem sie sind, auf ewig ichlos. Neben der Maria mit Kind gab es eine Spendenbox und Kerzen zum Entzünden, ja sogar ein Feuerzeug lag bereit, und folglich gab es die Versuchung, für Maren und Lydia und die Afrikanerin je eine Kerze brennen zu lassen, so absurd auch der Gedanke war, die zwei Verschwundenen würden dadurch zurückkehren und Lydia könnte damit wieder auf die Beine kommen. Und trotzdem habe ich drei Münzen in die Box getan und die Kerzen entzündet – jede Sehnsucht ist eben eine Abzweigung vom dünnen Ast der Vernunft, und meine ist so weit gegangen, dass ich angesichts der brennenden Kerzen gedacht habe, Maren könnte gleich auf Zehenspitzen zur Kirche hereinkommen, hinter mich treten und mir ihre Hände auf die Augen legen, so wie früher im noch bachdurchrauschten Dorf, wenn ich raten musste, wer das wohl sei hinter mir, und sie am Geruch der Finger erkannt habe, nach Tinte. Ach du nur, du, hieß dann die Parole, und sie nahm die Hände weg – wie aus tiefer Nacht sind diese vier Worte zurückgekehrt: Ach du nur, du.

Wir sind machtlos in unserem Sehnen und Imaginieren, den Turbulenzen, die am Verstand rütteln; der Weg von der Kirche zu Moses' Hotel war ein Weg in dieser Hin-und-Hergerissenheit, zuerst ein Stück am Fluss entlang, an schmalen Holzbooten im Schlick, jedes mit Namen am Bug, Kimberley, Abuya, Imani,

Jamila – Namen, vor denen ich davongelaufen bin – schwer zu sagen, mit welcher Kraft nach dem so erschöpfenden Tag –, vorbei am Nachtmarkt zu den Fernlastern, die den Morgen abwarten mussten, vorbei an der Musik aus den Kojen und dem Knienden, der die Hände zur Schale hob und mich denken ließ, er wäre ich, oder andersherum: Ich wäre er auf Knien: ein Bild, das ich ins Zimmer mitnahm und dort abwaschen wollte wie allen Staub und Schweiß, den Salzmantel dieses schier endlosen Tages, aber aus der Dusche kam nichts als Knurren. Und so war es ein Zu-Bett-Gehen als Bündel, keins wie das unter dem Billboardgerüst, jetzt im Dienst der Chinesen, aber doch als ein nur mehr atmendes Etwas.

Zweimal haben in dieser Nacht anhaltend Hunde gebellt, ein Aufruhr vom Fluss her, als hätten dort welche übergesetzt, und schon war da ein Pochen in mir und der Gedanke, es könnte bald an der Tür klopfen, bald die vertrauteste aller Stimmen sagen: Hier bin ich wieder, über den Fluss gekommen, halte mich, nimm mich. Das Herz ist ein Schwellkörper, manchmal dem Platzen nah vor Glück, und es ist das Organ, das unter der eigenen Schwere einstürzen kann, beides macht es als Geschenk unbrauchbar – mein Empfinden, als die Hunde noch bellten: einer zu sein, der eben nur noch Atem holt, um noch einen und noch einen Moment länger zu sein, das Ganze erst beendet durch ein Zischen aus der Dusche. Das Wasser ist wieder geflossen, genug, um die Krusten aus Salz und Staub aufzulösen, da wurde es schon hell, und bald danach kam der erlösende Schlaf – aus dem mich erst die Hitze im Zimmer geholt hatte, die einer schon steilen Mittagssonne.

Das heißt, der Tag hatte für mich spät begonnen, und die Stunden bis zum Abend waren Stunden eines langsamen Wachwerdens, damit verbracht, einfach zu tun, was nötig war, nämlich zu packen, um früh am nächsten Morgen den Kleinbus in die Hauptstadt zu nehmen und rechtzeitig am entfernten Flughafen zu sein. Die ins Reine geschriebenen Seiten, eingeschlagen in ein eigens gekauftes Tuch, kamen in die Handgepäcktasche, desgleichen der Flusskiesel, alles, was nicht verlorengehen durfte, wie Marens Brief und auch der Roman, von dem ich noch nie gehört hatte. Blieb noch das Bezahlen der letzten Nächte und ein abschließendes Feierabendbier mit Mister Moses – der die Arbeiten an seinem dritten Gästezimmer eingestellt hatte aufgrund der sich immer weiter ausbreitenden Krankheit, für ihn hier schon angekommen mit all dem Staub –, I can feel her, sagte er gleich zweimal, als ginge es um eine gefürchtete Frau, und ich riet ihm, das dritte Zimmer fertig zu machen, just in case. Wir waren vom Innenhof vor den Rohbau getreten, ich auf dem Sprung ins Café Elija, um den Major dort zu treffen, und Mister Moses erklärte, er würde über den Rat nachdenken, um mir dann noch etwas anzuvertrauen: was meine leider abgereiste Freundin beim Bezahlen ihres Zimmers gesagt habe, dass sie ihm Glück wünsche für sein Haus, aber auch das Beste für seinen Geist. All the best for your mind, soll sie angeblich vor der Baustelle im oberen Stock zu ihm gesagt haben, und das mit Augen, als wäre etwas von dem Zementstaub hineingekommen, weil er kurz zuvor noch den letzten Sack ausgeleert hatte.

Mind – Geist oder Gemüt, aber auch Herz oder Seele, außerdem Sinn und Verstand, des Weiteren Neigung, Verlangen und Wille, ebenso Wunsch und Lust sowie Meinung, Ansicht und Sorge, außerdem Erinnerung und Gedächtnis (mind your step, liest man in den Staaten vor jeder unerwarteten Stufe), oder einfach allgemeiner Geisteszustand: was auf mich am ehesten zugetroffen hat, als ich an Ayagos noch freiem Tisch saß, mit Blick auf die Bühne, wo an dem Abend der Mädchenhafte im blütenweißen Anzug, nur um meinen Geisteszustand zu verbessern – das war die Ansicht, die ich hatte –, What a Wonderful World sang.

Der Major ließ mich warten, und ich stellte mir vor, dass er zu tun hatte in seinem Büro, vielleicht ein Bewerbungsschreiben prüfte oder über die Abschrift einer Aussage gebeugt war. Nur hätte er in Gedanken auch bei der sein können, die er vermisste, und er saß träumerisch im Büro, unter den Augen seines ewigen Staatspräsidenten auf einem großen, gerahmten Foto an der Wand hinter dem Schreibtisch, links und rechts davon – kann sein, dass dieses Arrangement schon erwähnt wurde – je eine Fahnenstange, schräg in einer Halterung am Boden, wodurch beide Stangen ein großes V ergeben; von der einen hängt leicht verdreht die Staatsflagge, von der anderen wohl ein Banner der Polizei, alles in allem ein patriotischer Rahmen, der die Phantasie beschäftigt, wenn man kein Patriot ist – meine an dem Abend so, dass Ayago mich überraschen konnte: Plötzlich stand er am Tisch, seiner Kleidung nach als Privatperson, und er setzte sich auch gleich, die Bühne mit dem Mädchenhaften im Blick; und der ganze weitere Ablauf ist mir im Gedächtnis wie ein vor Stunden gesehener Film, wenn die Erzählung darin noch nachwirkt.

Der Major hat Rum und Bier und Gläser bringen lassen, die Gläser, die es sonst nicht gab, und er schenkte mir ein und nannte seinen Vornamen, einen, der sich zum Flüstern im Dunkeln eignet, Asante. Und obwohl er meinen Namen schon einmal notiert hatte, nannte ich ihn im Gegenzug, und Asante Ayago schien mich, noch vor dem Trinken, für einen Moment zu bedauern. Nach dem Trinken erklärte er den Namen dann für sehr einfach – Very simple name, das war sein Urteil, und ich sprach über den so simplen Namen, auf den ich getauft war: ein Tribut an den jung im Krieg gefallenen älteren Bruder meines Vaters, woraus er den Schluss zog, dass Hitler an dem Namen beteiligt war. Und wie von dieser Idee, ich will nicht sagen ermuntert, aber um seine übliche Vorsicht gebracht (die Vorsicht des alternden Boxers), ist Ayago ins Reden gekommen, zuerst noch den Sänger betreffend: Den könnte er verhaften, sagte er, als hätte ich bei früherer Gelegenheit nicht zugehört. Und er sagte auch wieder, wer es mit seinesgleichen mache, werde hier gehängt, nannte aber jetzt den Paragraphen und erläuterte ihn, um anschließend beim Entzünden einer Zigarette, nachdem ich das hingehaltene Päckchen zurückgewiesen hatte, leise I loved her zu sagen, drei Worte über die kleine Flamme hinweg, wie mitentzündet.

Ayago hat mich auch danach noch angesehen, mit einem Blick, als wollte er sagen, das ist mein ganzer Text, oder hätte sogar damit gesagt: Das bin ich, dieser Text. Und der, der dich ansieht, dir gegenübersitzt, in Zivil, aber immer noch Polizeikommandant, der wichtigste Mann im Umkreis, ist die Ikone dazu. Das alles stand ihm ins Gesicht geschrieben, während er rauchte und mich im Auge behielt, seine eigene Erscheinung war, ein schwarzer Revolverheld mit Zigarette, und schließlich fragte ich ihn, warum er von ihr verlassen worden sei, wo sie doch alles gehabt habe in seinem Haus, oder nein? Und gute zehn Sekunden lang hat er darauf nichts erwidert, nur von seinem Bier getrunken und mich dabei weiter angesehen, über den Glasrand hinweg aus Augen, die sich auf jeder Leinwand gut gemacht hätten, solchen, wenn es ungemütlich wird, dann kam er mit einer Gegenfrage: Wie jemand, und damit war ich gemeint, eine ihm völlig Fremde aus einer anderen Welt lieben könnte, falls es so gewesen sei, und ich sagte, das sei schwer zu beantworten, das Letztere, das andere dagegen leicht: weil man die Idee von einer solchen Person liebe, mehr als die Unbekannte von sonst wo, die man im Arm halte.

Danach ein Abwarten auf beiden Seiten, bis die Zigarette geraucht war; Ayago drückte die Glut mit der Schuhspitze im sandigen Boden neben dem Tisch aus, was überhaupt nicht nötig war im Freien, was keiner an den anderen Tischen tat, was er nur für mich machte, wie es schien, um mir zu zeigen, dass auch ich eine Art Stummel wäre, wenn es darauf ankäme, eine Restglut, die er austreten würde, und selbst bei diesem Akt hat er mich weiter angesehen, ohne die kleine Glut mit dem Schuh zu verfehlen. Er begrub sie im Sand, und als das erlegt war, erkundigte er sich nach meiner Rückreise, ob ich auf dem letzten Flug aus dem Land einen sicheren Platz hätte; er wollte alle Details, und noch während ich die Angaben machte, hat sich Ayago zu mir gebeugt und etwas gesagt, als hätte er zu viel getrunken: dass es Frauen gebe, vor denen sich Gott fürchten müsste, und sie dazugehört habe. Niemand werde, was er nicht schon sei, und sie sei unerbittlich gewesen – uncompromising, sagte er. Sie hat mich verlassen, weil sie mehr wollte, aber nicht mehr Geld oder Freiheit und auch nicht mehr von meiner Liebe. Sie wollte einfach mehr lieben.

Die letzten Worte – She simply wanted to love more – hatte er nur noch geflüstert, in den Augen einen Glanz wie bei Fieber, was mir auch so vorgekommen sein kann, weil der Mädchenhafte das unsterbliche Fever sang, fast mit dem Schmelz von Peggy Lee (eines von Lydias Lieblingsliedern). Asante Ayago beugte sich wieder zurück, er sah zur Bühne und war nicht mehr der Leinwandheld in Schwarz, eher war er Momente lang ein Bruder im Bekämpfen von Schmerz mit Schmerz. Vielleicht sollte ich den heute noch verhaften, sagte er und gab sich jetzt Mühe, in der Allerweltssprache zu reden, nicht nur für mich, auch für die an den Tischen um uns herum und den Sänger in Weiß – verhaften für ein Nachtverhör. So so, du hast einen Freund, keine Freundin, und macht dir das Spaß mit einem Mann? Aber was sollen da unsere jungen Soldaten denken, wenn sie hier an ihrem freien Abend sitzen, dir zuhören, dass sie es auch versuchen sollten, singst du für sie? Da bleibt für dich bloß der Galgen, und das geht so: Du fällst erst einmal mit dem Strick, bis der Strick endet, das bricht dir die Halswirbel, alle sieben. Aber etwas in dir lebt noch und bringt dein

Ding ein letztes Mal hoch – meine Worte für ihn, sagte der Major, damit er sich in die weiße Hose scheißt. Und ich einmal nicht an sie denken muss, denn das tue ich jede Nacht. Yes, I do, hat er gesagt und mich anschließend gebeten zu gehen, als Verabschiedung matt eine Hand an der Schläfe, die Hand, die jeden Zoll ihres Körpers gehalten hatte, sofern er kein Linkshänder war, und so sah es nicht aus, weil er mich mit derselben Hand noch wegwinkte, aus dem Café, aus dem Ort, aus seinem Kontinent.

Das Unerträgliche ist eine Gefühlshäufung, die auch mit Abstand zu dem, was sie ausgelöst hat, noch anhält – die letzte Nacht in dem Rohbauhotel war eine, als wäre jeder eigene Schutz verlorengegangen, einschließlich des schützenden Schlafs. Ein Wehen zog an mir vorüber, es sträubten sich die Haare mir am Leibe, heißt es, wenn ich mich richtig erinnere, im Buch Hiob, mit Wehen gemeint der Geist des Unheils, und sosehr mir die gängigen Auslegungen zu dem Buch immer zu einseitig waren, weil das simple Pech darin keinen Platz hat, die Kehrseite von Glück als Schwein oder Dusel, so sehr hatte ich in dieser Nacht das Gefühl, vom Unheil eingeholt zu sein. Im Buch Hiob heißt es auch, noch ganz am Anfang, unter Verlust des Reichtums: Nackt kam ich hervor aus dem Schoß meiner Mutter, nackt kehre ich dahin zurück. Und später heißt es: Der Mensch, vom Weibe geboren, lebt kurze Zeit und ist voll Unruhe, geht auf wie eine Blume und fällt ab, flieht wie ein Schatten und bleibt nicht. Über beides hatte ich anlässlich von Nachrufen geschrieben, nicht besonders originell, aber unvermeidlich, und beides ist mir wieder eingefallen, nach Ausfüllen eines Fragebogens über den noch schneebedeckten Alpen. Die Flugbegleiterinnen hatten die Bögen schon nach dem Überfliegen der Küstenlinie verteilt, man musste seine Heimatadresse eintragen, außerdem alle Aufenthaltsorte der letzten zehn Tage und den derzeitigen Gesundheitszustand, ob etwa Fieber, Husten, Atembeschwerden, das waren bei mir drei Querstriche. Ich habe nur einen heißen Kopf, was am Luftdruck liegen kann, aber es sind auch die falschen Fragen auf dem Bogen, eigentlich sollte es dort heißen: Was war Grund Ihres Aufenthalts in dem afrikanischen Land, und hatten Sie im Rahmen dieses Aufenthalts Berührung mit Einheimischen – wenn ja, welcher Art? Haben Sie den Wunsch, von Ihrer Reise zu erzählen, oder reicht Ihnen das Zeigen von Bildern? Würden Sie sich eher als schwach oder als nachdenklich bezeichnen, wurden Sie im zurückliegenden Jahr verlassen – wenn ja, warum? Erinnern Sie sich noch an Ihren Kinderkörper, das Befinden darin? Wann haben Sie zuletzt geweint, glauben Sie, dass Sie lieben können? Und: Was hat die Beantwortung der Fragen bei Ihnen bewirkt, gab es einen Temperaturanstieg, Abweichungen im gewohnten Schriftbild, eine Reizung der Augen, haben Sie Tränen bemerkt? Hier hätte ich wieder drei Querstriche gemacht, beim letzten Punkt aber ein Fragezeichen, das alles ohne Unterlage, weil es schon geheißen hat, die Tabletts wieder in die Lehnen der Vordersitze zu klappen und die Fensterblenden hochzuschieben – die Maschine ist im Landeanflug, die Gegenwart ist erdrückend, kaum mehr festzuhalten; unten sieht man schon Lichter, die in keiner Gefahr von Stromausfall sind, solche von Vorstädten und Gewerbegebieten. Aber dann war und ist doch etwas anders als vor Monaten: eben auf einer Autobahn und gleich auf einer weiteren gab es kaum ein Fahrzeuglicht. Und jetzt, wenig später, nach dem Aufsetzen, rollt die Sondermaschine zur sonst betriebsamsten Abendzeit ohne Unterbrechung über den großen Flughafen bis zu ihrer endgültigen Parkposition.

Man schreibt, um festzuhalten, was war, aber man schreibt auch, um zu ertragen, was gerade ist – nämlich das Stehen in einer Schlange vor den Zollschaltern, wo ergänzend zur Grenzpolizei Medizinpersonal in weißer Kleidung, einige gar mit halber Gesichtsmaske, die ausgefüllten Fragebögen vor dem Einsammeln überfliegt. Und gerade ist noch einmal aus der Wartereihe neben meiner Reihe der militante Besucher der Berggorillas auf mich zugetreten und hat mir ein weiteres Bild gezeigt – Jetzt, da sehen Sie ihn, den Alten, sagte er, und fast hätte ich ihn nach diesem Jetzt gefragt, wann das sei – wenn der alte Gorilla von einem Augenblick zum anderen zwischen den Farnen erscheint und einen anstarrt, in diesem einen Glücksmoment, oder wenn man im nächsten Moment, geistesgegenwärtig, das Bild von ihm schießt, oder wenn man das Bild der Bilder jemandem zeigt und so den Glücksmoment preisgibt; aber dann ist es schon weitergegangen in meiner Reihe, vorbei an ihm und dem Bild, und eine in Weiß mit Maske warf einen Blick in meinen Fragebogen und verlangte die Angabe einer Adresse statt des Querstrichs; zu dieser Adresse sollte ich mich hinbegeben, auf schnellstem Wege, und mich in den nächsten zwei Wochen dort aufhalten, telefonisch erreichbar. Sie hat mir dann ein Tischchen zugewiesen, um dort, im Luftzug einer Klimaanlage, meine Angaben zu machen – und ich lasse mir Zeit damit, ja habe sogar den Flusskiesel der Afrikanerin aus dem Gepäck geholt und den Fragebogen gegen sein Immer-wieder-Aufflattern durch den Luftzug mit dem Stein beschwert.

Man will mich also festnageln auf meine vier Wände, nur muss ich zu Lydia, nach ihr sehen, und womöglich, falls sie das wünscht, bei ihr bleiben – Erwägungen vorm Ausfüllen eines Straßennamens, der mir noch fremder ist als meine provisorische Wohnung. Schon bei den Anfangsbuchstaben gab es Verschreiber, ich strich sie durch und sah auf den runden Stein, so undurchdringlich wie die, die ihn mir, glaube ich, von Herzen geschenkt hatte. Oft macht man ja das Gegenteil dessen, was das Herz gebietet, viel seltener umgekehrt, sich selbst übertreffend – aber das war wohl der Fall, als ich hinter die gestrichenen Buchstaben Lydias Adresse gesetzt habe, und zwar in seltsamer Stille, obwohl um mich ein einziges Lärmen all derer geherrscht hat, die nicht wussten, wie es mit ihnen weitergeht. Und diese interne Stille ist beim ersten Schritt ins Freie zur Stille um mich herum geworden. Vor dem Terminal standen nur vereinzelt Taxis; Menschen so gut wie keine.

33

Mein Fahrer war Inder, ein Sikh mit Bart und Turban, der sich auskannte – beim Nennen der Adresse hatte er nur genickt. Er fuhr dann aber eher gemächlich als schnell, obwohl die Straße vom Flughafen zum Südteil der Stadt fast frei war, und sogar ganz frei, als es in die Stadt hineinging; das war um zehn Uhr abends, wie die Uhr an einer Kreuzung zeigte, nur schien es auf den Straßen drei Uhr morgens zu sein oder der so tote Abend des ersten Januar.

Es war die Kreuzung, an der es links zum Bahnhof geht und geradeaus in den Stadtteil, in dem Lydia schon ihre Wohnung hatte, bevor ich erst als Patient, dann als Liebhaber und Gefährte in ihr Leben getreten war – drei Zimmer, Küche und Bad, sanierter Altbau bei noch erträglicher Miete. Das Taxi stand vor dieser Kreuzung ohne Verkehr, nur mit roter Ampel; es gab auch keine Fußgänger, die bei Grün über die Straße gingen. Erst die dritte Fahrt sei das heute, sagte der Inder, als die Ampel umsprang. Kurz darauf bekam er einen Anruf und sprach in seiner Sprache, teils erregt, teils besänftigend, und es tat gut, dabei zuzuhören und nichts zu verstehen, oder nur zu verstehen, was man bei Musik versteht. Er fuhr jetzt so langsam, als wollte er die Fahrt ausdehnen, weil keine mehr nachkäme, und ich sah aus dem Fenster und hielt nach etwas Ausschau, das mich willkommen heißen könnte, wie einen Italiener, den Lydia und ich gern besucht hatten. Das Lokal lag auf dem Weg mit seiner roten Markise, und es hatte geschlossen, wie auch andere Lokale, an denen es vorbeiging; nicht dass ich darauf nicht vorbereitet war – der Sitznachbar im Flugzeug hatte sogar von Schließungen sämtlicher Begegnungsstätten gesprochen, das aber in dem Ton, mit dem er mir die Turbulenzen erklärt hat, zu sachlich, um es glauben zu können. Die Stadt kam mir vor wie versunken, lichtlos auf dem Grund eines Sees; mein Fahrer telefonierte noch immer, und ich stellte mir vor, dass am anderen Ende, etwa in einem Dorf im Ganges-Delta, seine alte Mutter am Apparat war und anders als meine zu Lebzeiten einfach nur wissen wollte, wie es ihm geht. Erst beim Halt vor der genannten Adresse beendete er das Gespräch, noch einmal die Frau beruhigend, die ihn zur Welt gebracht hatte, so hörte es sich an. Er zeigte auf das Taxameter, und ich bezahlte mit der Währung, die von nun an wieder galt – und hätte ich in dem Moment einen Wunsch freigehabt, dann den, mit ihm bis in das Dorf im Ganges-Delta zu fahren, dort seine Mutter zu besuchen, seine ganze Familie. Alles Gute, sagte er noch beim Herausheben meines Koffers und der Tasche auf den Gehsteig vor dem Haus, als würde ich eine Reise antreten und nicht eine beenden.

Nur in zwei Wohnungen brannte Licht, auch das ungewöhnlich um diese Abendstunde, wie eine frühe Flucht in die Träume. Das eine war bei Lydia im Schlafzimmer, der warme Schein einer Stehlampe, die wir zusammen ausgesucht hatten, das andere bei ihrem Nachbarn auf der Etage, dem pensionierten Richter, ein weißlicher Schein hinter Milchglas, also im Bad. Seit dem Wegfahren des Taxis war es still auf der Straße, es gab auch keine Schritte, keine Stimmen. Als einziger Mensch weit und breit stand ich vor dem Altbau und sah zu den beiden erhellten Fenstern, hinter dem einen die, die ohne mich auf den Beinen wäre, kerngesund, hinter dem anderen ein Witwer, der mich seit Jahren vom Sehen kannte. Und dann war es alles andere als nur Sache zweier gesunder Beine, an die Haustür zu treten, und auch alles andere als nur Sache eines Fingers, auf den Klingelknopf neben Lydias Namen zu drücken; es war die eines ganzen gefassten Herzens, während ich zur Sprechanlage sah, die Arme verknotet gegen das Kalte der Märznacht, immer noch so sommerlich gekleidet, wie ich am Vortag morgens den Kleinbus bestiegen hatte.

Sicher eine halbe Minute hat es gebraucht, bis mir der Gedanke gekommen ist, dass Lydia vielleicht gar nicht zur Tür gehen konnte, um zu fragen, wer um diese Zeit klingelt, und umso erschreckender war dann ihr klares Ja bitte?, das eine auch klare Antwort verlangte, nur welche – es gibt kein Protokoll für eine Rückkehr dieser Art, man ist wie ausgesetzt und muss sich alles erobern, selbst das Atmen. Ich bin es – drei Wörter als schwere Geburt, gefolgt von einer Pause, sechs, sieben, acht Herzschlägen, Lydia in meiner Vorstellung mit der Stirn an der Wohnungstür, Augen geschlossen, den Hörer der Sprechanlage in der Hand, bevor sie Was willst du sagte, fast im Ton einer Antwort, keiner Frage. Dich sehen, rief ich, darauf von ihr ein Warum, und ich sagte: Aus Sorge, und sie: Dazu gebe es keinen Grund mehr. Sie könnte sich wieder bewegen, zur Tür gehen, wenn es klingelt. Langsam zwar, aber gehen. Und da bat ich sie, die Haustür zu öffnen, mich zu ihr zu lassen – Bitte, Lydia.

Mit dem Mund an den kleinen Löchern in der Sprechanlage habe ich das gesagt, Bitte, Lydia, und danach war die Stille um mich herum, in der Straße mit ihren dunklen Cafés und Schaufenstern, und die Stille in der Anlage oder in mir wie eins, beendet erst vom Summen der sich entriegelnden Haustür, gerade lang genug, um mich gegen die Tür werfen zu können und mit Tasche und Koffer das Haus zu betreten, einen kleinen beleuchteten Vorraum mit einer Nische neben dem Zugang zum Keller, gelegentlich Abstellplatz eines Kinderwagens, wenn Lydias Nachbar Besuch von der Tochter hatte, die den Enkel mitbrachte. Jetzt aber stand dort ein Rollstuhl, ihrer natürlich – der Gedanke, oder besser gesagt: das Bild, sie in diesem Rollstuhl, das aus den drei Treppen zu ihrer Wohnung den Anstieg auf einen Berg gemacht hat. Lydias Tür war einen Spalt offen, in der Art, in der man eine Tür offen lässt, wenn man schon wieder woanders ist, bei sich und nicht dem Besuch. Gleich ins Schlafzimmer zu gehen wäre das Normalste gewesen, stattdessen stellte ich das Gepäck unter die Garderobe und warf einen Blick in den Spiegel, auf mein Unrasiertes und irgendwie Schlafloses, als schaute mir da der beste Hörer meiner Nachtprogrammgeschichten entgegen, gleichzeitig suchte ich Lydias Geruch, den ihrer Hautcreme, Aesop, nur war davon nichts in der Luft, wie bei langer Abwesenheit, daher rief ich ihren Namen, fragend wie jemand, der den Grundriss einer Wohnung nicht kennt, nicht weiß, wo das Schlafzimmer liegt. Und die Stille nach diesem Lydia? war eine wie die im Gebirge, jene falsche Stille in der Nähe einer Geröllhalde – unsere einzige Bergtour fiel mir wieder ein, Lydia und ich unter den Zinnen des Wilden Kaisers, und in der Stille dort dieses nicht versiegende Rieseln im Geröll über uns, wie Vorboten einer Katastrophe. Und endlich kam als Antwort ein Hier, und ich lief, vorbei an Küche und Bad, zu dem Raum, in dem wir uns, anders als in meiner Wohnung, immer nur umarmt hatten, wenn es galt, uns damit über Wasser zu halten, irgendwie so zu tun, als wollten wir damit doch noch ein Kind in die Welt setzen.

Auch die Tür zum Schlafzimmer war etwas offen, trotzdem klopfte ich, ein Anklopfen eben wie an die Tür zu einem Krankenzimmer, Blumen in der Hand, nur hatte ich keine Blumen, dafür eine Ausrede, falls nötig: am Flughafen sei alles dicht gewesen. Ich trat mit leeren Händen ein und sah Lydia auf ihrem Bett, mehr sitzend als liegend und in einem Sportanzug – einem, wie er irgendwann in Afrika landen könnte. Sie hatte Kissen im Rücken und in der Hand das Gerät, das einem vormacht, man sei nicht allein auf der Welt. Neben dem Bett, an der Seite zur Wand hin, stand ein Rollator, darübergebreitet ein großes graues Seidentuch, eins meiner Irrsinnsgeschenke, gekauft in Paris, nur erkannte man noch, was es verdecken sollte; ferner gab es Blumen auf dem Tisch zwischen Bett und Fenster, einen Strauß wie von einem Verehrer. Außerdem ist mir noch aufgefallen, dass Lydia eine neue, randlose Brille trug, anstatt wie meistens Kontaktlinsen, eine, die sie unnahbar machte, wodurch es mir aber leichter fiel, näher zu treten, bis sie mich mit der freien Hand zurückdirigierte, vor das Bett. Noch hatte sie nichts gesagt, mich auch kaum angesehen, aber nun sagte sie, verbunden mit einer Kopfbewegung hin zu dem Geschenk aus der Rue Saint-Honoré, damals weit über meine Verhältnisse: Nimm das Tuch dort und binde es dir um Mund und Nase. Mir reicht, was ich habe, ich will nicht auch diese Krankheit, oder wo kommst du jetzt her und platzt hier nach Monaten herein.

Das heißt, Lydia hatte mir fast eine Frage gestellt, und als das Tuch zu einer breiten Binde gerollt und um Mund und Nase gebunden war, sagte ich durch die feine Seide, dass ich erst vorige Woche von ihrem Unfall erfahren hätte, von meiner alten Kindheitsfreundin, die ganz unerwartet bei mir aufgetaucht sei, aber um in Afrika zu bleiben, für ein Projekt ihrer Kirche – und die mir einen Platz auf dem einzigen und letzten Flug hierher verschaffen konnte, habe ich hinzugefügt, bevor das Gerät in Lydias Hand klingelte – ein erwarteter Anruf, so, wie sie sich gemeldet hat, mit einem Ja, bei dem die Stimme nach oben geht. Der Anrufer war ihr Nachbar, offenbar wollte er wissen, ob sie für morgen etwas brauche, wenn er einkaufen gehe, weil Lydia Nur wieder Obst sagte. Kiwis und die Blutorangen und eine Mango, wenn sie frisch ist, und vielleicht noch einen Rotwein, der Ripasso von neulich, oder wird das zu viel? Und dann hat sie kurz zugehört und gelächelt, so gelächelt wie eh und je, und das Gespräch mit einem Danke und schlafen Sie mal etwas! beendet, und ich konnte gerade noch sagen:

Einkaufen könnte auch ich – oder dich in dem Rollstuhl schieben, der unten steht, da unterbrach sie mich, Beine jetzt angezogen, einen Arm um die Knie gelegt, wie die Afrikanerin oft über Stunden auf unseren Fahrten. Er hat dich gehört, sagte sie, deshalb hat er angerufen. Weil er sich kümmert, seit es passiert ist. Es war mein erster Sturz mit einem Rad, auf dem Weg zu dir. Inzwischen kann ich wieder gehen, mit dem Ding, das ich immer zudecke, mit deinem Tuch. Und der Rollstuhl steht unten zur Abholung. Mehr gibt es nicht zu sagen.

Lydia nahm die Brille ab, sie legte sie neben sich auf das Bett, mit dem Randlosen der Gläser und den dünnen Bügeln kaum zu sehen. Es war jetzt an mir, doch noch etwas zu sagen, notfalls zur Totenstille in der Stadt, um den Faden nicht abreißen zu lassen, den Kopf nicht in den Sand dieser Minuten zu stecken, und je länger ich nichts sagte, desto größer war der Sog, dabei zu bleiben, sich darin aufzulösen, allem, auch mir, zu entgehen. Lydia saß jetzt inmitten des Betts, ihres alleinigen, und sah mich an oder tat so, weil sie mich ja gar nicht scharf sehen konnte mit ihren graugrünen, leicht kurzsichtigen schönen Augen. Und dann war sie es, die mit ein paar Worten allen Sand nahm, um den Kopf hineinstecken zu können. Mailand, eine Spätsommernacht, sagte sie. Dein Nachfolger an meiner Seite ist in der Nacht erschlagen worden, und die Polizei hat in alle Richtungen ermittelt, nur nicht in deine, warum? Weil du damit nichts zu tun hast? Ganz ruhig hat sie das gefragt und sich danach hingelegt, so auf die Seite, als wollte sie in dem Sportzeug schlafen, und ich wäre überzählig im Zimmer und überhaupt in ihrem Leben, um dann aber auf mein Einfach-nicht-Antworten hin etwas zu sagen, als existierte noch immer das Band zwischen uns, das alle Errungenschaften der Datenübertragung stümperhaft aussehen lässt. Du erinnerst dich vielleicht an unsere einzige Bergwanderung, die falsche Stille dort oben mit dem Gerieselt aus der Gesteinshalde über uns, immerzu, auch wenn es für Momente weg war. So ist es, seit du hier bist. Darum geh jetzt einfach wieder.

Letzteres hat sie im Ton einer Bitte gesagt, wie ein Sei so nett, geh jetzt, und meine Erwiderung kam durch das Tuch: dass ich natürlich gehen würde, wenn sie es wollte, ihr aber etwas dalassen möchte, alles seit meiner Abreise Geschriebene, einen Bericht, auch über die Nacht von Mailand, und Lydias ganze Antwort war, dass sie dafür nicht zuständig sei. Dann bat sie mich noch, das Licht im Zimmer auszumachen, ich weiß nicht, warum, und die Wohnungstür hinter mir mit einem Geräusch zu schließen. Damit mein Dr. Branzger hört, dass du gehst, sagte sie.

Ich hatte diesen Namen schon vergessen, und jetzt ging er mir im Kopf herum, und ich hätte gern noch gefragt, wie das Sichkümmern um sie im Einzelnen aussah, aber Lydia hatte sich noch mehr in eine Schlafhaltung gerollt, auch wenn ihre Augen noch offen waren, nur nicht für mich, den, der zu der Stehlampe ging, die wir zusammen ausgesucht hatten, und ihr warmes Licht ausmachte, das einzige im Raum, und der sich anschließend das Tuch abnahm, um es wieder über den Rollator zu breiten – in der plötzlichen Dunkelheit, auch ohne jedes Licht von der Straße, schwer zu finden. Es war ein Vortasten durch das Zimmer, von der Lampe zum Fußende des Betts bis zu den Griffen der Gehhilfe, um sie wieder zu bedecken, und als ich damit noch beschäftigt war, um es auch richtig zu machen, in Lydias gründlichem Sinne, da hat sie Wo bist du gesagt, leise und doch in dringendem Ton Wo bist du, ich kann dich nicht sehen, und ich sagte: Neben dem Bett, um das Tuch wieder hinzutun, wo es war, aber gleich bin ich weg, und sie sagte: Es ist das Tuch aus Paris, das von dir, und ich sagte: Lange her, lange her. Möglich, dass Lydia darauf noch etwas erwidert hat, auch das weiß ich nicht; ich war da schon an der Garderobe und habe mein Gepäck genommen.

34

Wo bist du, Adam? Die Frage, die durchs Paradies schallt, bis zum Baum der Erkenntnis, Adams Versteck nach dem Biss in die verbotene Frucht. Er hat den Ruf genau gehört, aber es wäre ihm lieber, er hätte ihn nicht gehört, viel lieber. Natürlich könnte er keine Antwort geben und sich dazu noch kleinmachen, dann wäre er zwar unten durch bei Gott, hätte jedoch Ruhe (Warum eigentlich nicht, hatte ich einmal in einem Kommentar gefragt, warum sich nicht ein Leben lang in der eigenen kleinen Welt verstecken?). Aber Adam hat die Nerven verloren und Gott geantwortet: Ich hörte dich im Garten und fürchtete mich, denn ich bin nackt, darum verstecke ich mich – soweit das erste Buch Mose, oder was einem nicht alles durch den Kopf geht, wenn man tief in der Nacht in einem zur Abholung bereiten Rollstuhl sitzt, als sollte man mit abgeholt werden.

Aus Gewohnheit oder um nicht den Kopf zu verlieren oder aus beiden Gründen halte ich diese näheren Umstände noch fest – auf einer der überzähligen Seiten hinten in dem mir von Maren überlassenen Roman –, obwohl mein Bericht aus der Hand gegeben ist, ob in treue Hände, das bleibt zu hoffen; nach dem hörbaren Schließen von Lydias Wohnungstür und auch festen Schritten zur Treppe, vorbei an der Tür des Nachbarn, war da von einem Augenblick zum anderen die Idee, den Reinschriftpacken auf seine Fußmatte zu legen, noch eingeschlagen in das afrikanische Tuch und versehen mit drei Zeilen auf der Rückseite meiner aufgehobenen Bordkarte, der Bitte, einen Blick in den Bericht zu werfen, um ihn nach Möglichkeit auch ganz zu lesen und sich dementsprechend weiter darum zu kümmern, ihn einer zuständigen Instanz zu übergeben.

Das war vor einer Stunde, vielleicht auch länger – die Batteriezelle in meiner Uhr ist erschöpft oder der Staub der letzten Tage hat die Uhr ruiniert. Vor Verlassen des Hauses wollte ich wissen, wie spät es ist, um wenigstens diese Orientierung zu haben in den stillen Straßen, mir sagen zu können: Dann und dann werde ich da und dort ankommen, oder fünf Stunden noch, und schon beginnt ein neuer Tag. Aber die Uhr zeigte in dem Licht des kleinen Vorraums zehn nach drei, was ja nicht sein konnte; sie war irgendwo noch über dem fremden Kontinent stehen geblieben. Zwar war ich jetzt im Reinen mit mir, den Bericht aus der Hand gegeben, dafür aber ohne Halt, mit nichts in der Hand, und es war, glaube ich, vor allem dieser Umstand der nicht einmal mehr sicheren Zeit, der schließlich dazu geführt hat, mich einfach in den Rollstuhl zu setzen, zumal der so abgestellt war, dass ich bei gestrecktem Arm den Schalter für das Licht, das immer wieder ausging und ausgeht, erreiche. Und nach einer Weile, mal im Dunkeln, mal im Hellen, kam mir der Gedanke, den Roman, der mir schon mit seinen hinteren Leerseiten für Notizen gedient hatte, auch einmal vorn aufzuschlagen – Ich war erstaunt, am Leben zu sein, doch war ich es müde, auf Hilfe zu warten, so lautet der Anfang von Alles hat seine Zeit, gleich in einem traurigen Ton, der auch so weiterging, bis ich den Roman vorerst Roman sein ließ und das Buch wieder als letzten Papiervorrat genutzt habe, um noch festzuhalten, dass ich den in einer straffen Klarsichthülle abgepackten Flugzeugkuchen aus meiner Reisetasche geholt habe, eine Schokoladenschnitte, darin zwei Schichten heller Sahne und obenauf, gleichmäßig verteilt, glänzende Streusel.

Nur mit Geduld hätte sich die Hülle gut öffnen lassen, ohne Geduld war es ein Aufreißen vor Verlangen, um an den Kuchen zu kommen – der wiederkehrendste Gedanke aller Liebenden ist eben der, dass ihnen der Andere schuldig sei, was sie zu ihrem Glück brauchen, und diese Schnitte, dachte ich, sei mir ihre Süße schuldig, bloß war da nichts weiter als eine weiche Masse im Mund, im Grunde gar kein Geschmack mehr. Und auch wenn der Vergleich mit einer oder einem Liebenden hinkt, hatte ich doch gehofft, das Stück Kuchen könnte mich über diese stille Nacht bringen und das einzige Geräusch darin, ein hier erst in dem Rollstuhl eingesetztes Rieseln wie von einer Halde in mir, vertreiben. So aber komme ich zu dem Schluss, dass sie es war, meine Gefährtin, die all die Steine und Steinchen in mir gelöst hat und immer noch löst und dieses Rieseln ein Geräusch des Lebens ist.

* * *

MIX
Papier aus ver-
antwortungsvollen
Quellen
FSC® C083411

© Frankfurter Verlagsanstalt GmbH,
Frankfurt am Main 2021
Alle Rechte vorbehalten
Herstellung und Umschlaggestaltung: Laura J Gerlach
Unter Verwendung eines Motivs von © universalerror/iStockphoto.com
Satz: psb, Berlin
Druck und Bindung: CPI books GmbH, Leck
Printed in Germany
ISBN 978-3-627-00288-6